Debatiendo leyes

Estudios sobre
justificación parlamentaria
de la legislación

Debatiendo leyes

Estudios sobre justificación parlamentaria de la legislación

A. Daniel Oliver-Lalana
Editor

Este libro ha sido sometido a evaluación por parte de nuestro Consejo Editorial
Para mayor información, véase *www.dykinson.com/quienes_somos*

Foto de portada: Fotomontaje realizado a partir de la foto de sesión plenaria de 26 de mayo 2022.
https://www.congreso.es/

Editorial DYKINSON, S.L. Meléndez Valdés, 61 - 28015 Madrid
Teléfono (+34) 91 544 28 46 - (+34) 91 544 28 69
e-mail: info@dykinson.com
http://www.dykinson.es
http://www.dykinson.com

ISBN: 978-84-1122-753-7
Depósito Legal: M-28637-2022

Preimpresión por:
Besing Servicios Gráficos S.L.
e-mail: besingsg@gmail.com

ÍNDICE

Prólogo

Una porción del sueldo que pagamos a diputados y senadores remunera el trabajo de considerar y discutir públicamente propuestas de ley. La publicidad de ese debate es un rasgo característico de la producción parlamentaria de derecho frente a la mayoría de contextos de decisión jurídica: cuando en una asamblea representativa se legisla, el procedimiento incluye algún estadio que posibilita la confrontación *pública* entre *decisores,* i.e. entre quienes, mediante sus votos, han de aprobar, enmendar o rechazar una iniciativa. No ocurre así en los tribunales y órganos administrativos colegiados, cuyos miembros deliberan en secreto –también cuando legislan–. En la tramitación de una ley, por supuesto, hay previstas de igual forma discusiones a puerta cerrada (en fase de ponencia, señaladamente); lo singular es que además las haya públicas, y que su contenido quede registrado en actas o diarios de sesiones y hasta en grabaciones audiovisuales que cualquiera puede consultar. Esto obedece a una elemental exigencia democrática: los legisladores electos se consideran representantes de la ciudadanía y, como tales, tienen el deber de exponer –y aun de motivar– ante ella sus posturas sobre la legislación. El ideal de autonomía que legitima las leyes en una democracia constitucional se desvanecería si no lo hicieran, y otro tanto vale decir del derecho fundamental de participación política: ambos implican debates legislativos públicos. Pues bien, al margen de que puedan cumplir otras finalidades, ¿podríamos afirmar que esos debates justifican la aprobación (o el rechazo) de la legislación? O sea, ¿contienen los debates legislativos en el parlamento una justificación suficiente para nuestras leyes?

La pregunta misma acaso suene extraña, porque ni solemos esperar gran cosa de los debates parlamentarios ni, menos aún, considerarlos un escenario propicio para justificar las leyes. Antes al contrario, tendemos a verlos como un trámite obligado que se realiza de cara a la galería, pero que, en realidad, carece de sustancia y sirve de poco en términos legislativos: a fin de cuentas, las decisiones sobre las leyes (casi) nunca se toman en el curso de las sesiones parlamentarias, de manera que los motivos y las razones para legislar tendrían que buscarse en otro sitio. Esa falta de expectativas, por lo demás, cuadra bien con la imagen popular de la labor de quienes ocupan un escaño en el parlamento y del grueso de la clase política –una imagen, digamos, bastante desalentadora, que los medios refuerzan interesadamente a diario.

No cuesta demasiado, de hecho, encontrar pegas a la capacidad justificatoria de las deliberaciones legislativas. Puede objetarse, por ejemplo, que diputados y senadores no hablan con sinceridad y se limitan a maquillar ante la opinión pública lo que ya se ha decidido en privado, a menudo bajo la presión de lobistas y grupos de interés; que se aferran a visiones y argumentos predefinidos por los aparatos de partido, y que sus votos son previsibles de antemano, sin que importe cómo discurran los debates; que no se esfuerzan por entablar una discusión racional ni están dispuestos a reconocer la validez de las posturas rivales –a veces, ni tan siquiera a escucharlas–; que procuran solo airear mensajes políticos y consignas estratégicas, y se guían únicamente por una lógica de posicionamiento; que desempeñan un papel muy marginal en la preparación y elaboración de leyes (tarea que recaería en manos de expertos, asesores y cuadros gubernamentales); e incluso que tienen una comprensión limitada de los temas sobre los que deliberan o votan. Y la lista de objeciones, desde luego, se podría ampliar y radicalizar más. Pareciera, en suma, que el debate legislativo en el parlamento resulta inútil, pobre y engañoso; desde ahí, apenas resta un pequeño paso para creer que no puede suministrar una justificación adecuada para las leyes. El propósito que subyace al presente libro es, básicamente, poner a prueba esta creencia.

Queríamos examinar ejemplos reales de deliberaciones parlamentarias e intentar, a partir de ellas, reconstruir la justificación de las leyes o las medidas concretas que se discutieron en cada caso, para poder después analizar críticamente esa justificación y evaluar su calidad. Nuestro objetivo, en otras palabras, es estudiar sobre el terreno el potencial y el rendimiento justificatorio de los debates legislativos (públicos) que tienen lugar en el parlamento. Nos lo planteamos como un objetivo exploratorio y, por tanto, relativamente modesto: solo pretendemos tantear si, o hasta qué punto, es posible extraer de (algunos de) esos debates una argumentación capaz de justificar una ley y de sustentar la legitimidad que se supone a la legislación parlamentaria. Para evitar malentendidos, quizá convenga añadir que no partimos de premisas idealistas. Somos conscientes de las circunstancias bajo las que se debaten las leyes, y de cuán desfavorables son desde la perspectiva de cualquier concepción ideal del diálogo, de la argumentación o de la deliberación. Es obvio que el parlamento es una institución política, y sus miembros, actores políticos que portan intereses políticos y pugnan por plasmarlos en la legislación. Inevitablemente, por tanto, el debate legislativo hereda rasgos propios de la discusión política de la que forma parte, al igual que esta, a su vez, hereda y potencia rasgos de la cultura cívica general. Que detrás de las intervenciones públicas de los parlamentarios exista un mundo de acuerdos, negociaciones o cambalaches privados tampoco nos parece nada extraordinario: en grado variable, sucede algo semejante en todos los procesos colectivos de toma de decisiones.[1] No deseamos, pues, proyectar aspiraciones utópicas sobre los debates legislativos: lo único que hemos procurado ha sido, simplemente, tomárnoslos en serio. Y lo que nos interesa explorar es si, aun dentro de un contexto fuertemente politizado –en el peor sentido de la expresión–, nuestros representantes son capaces de aducir (buenas) razones para justificar la legislación.

Con ese objetivo, seleccionamos una serie de leyes que fueron debatidas con cierto detalle en el parlamento, y que tuvieron además una considerable repercusión social y mediática –que eventualmente persiste todavía–. Tratamos de asegurar así una mínima riqueza y extensión en el contenido de las deliberaciones. En las que hemos escogido para este libro se abordan cuestiones muy diferentes, pero que comparten el haber sido objeto de intensas controversias: desde la lucha contra la violencia de género o la tauromaquia hasta la protección de las víctimas del delito o el ingreso mínimo vital, pasando por la eutanasia o –ya en el nivel autonómico– la custodia compartida. Seguramente no sean escenarios rutinarios de legislación, pero pensamos que la muestra, aun con un sesgo "de conveniencia", es lo bastante amplia y diversa para un estudio prospectivo sobre el valor de los debates parlamentarios como fuente de justificación de la ley.[2]

---

1 Sin que pueda excluirse que suceda también en las –o en algunas– deliberaciones judiciales: cfr. e.g. M. Sen, «Courting Deliberation», *Notre Dame Journal of Law, Ethics & Public Policy* 27 (2013), p. 303-333; o U. Kranenpohl, *Hinter dem Schleier des Beratungsgeheimnisses*, Wiesbaden: VS Verlag, 2010, p. 162 ss.

2 En su mayor parte, estudiamos debates sobre proyectos de ley del gobierno (uno de los cuales transponía una directiva europea) y sobre proposiciones de ley presentadas por

El volumen está organizado en dos grandes bloques. Los trabajos que componen el primero (capítulos 1 a 7) adoptan una perspectiva legisprudencial; es decir, estudian las deliberaciones parlamentarias a la luz de la teoría y metodología de la justificación legislativa. Dado que la legisprudencia proporciona pautas sobre cómo legislar y cómo justificar la legislación, parecía muy natural recurrir a ella para valorar el potencial y el rendimiento justificatorio de los debates legislativos. No obstante, hemos intentado reforzar esta perspectiva con aportes de otras áreas de estudio, como el análisis crítico del discurso (político), la teoría de la argumentación (y la teoría de la argumentación jurídica) o la investigación aplicada sobre democracia deliberativa. El segundo grupo de contribuciones (capítulos 8 a 11) se inscribe ya en marcos teóricos y enfoques ajenos a –pero compatibles con– la legisprudencia, y pone el ojo en aspectos clave como las estrategias retóricas que siguen nuestros representantes o su aptitud como intérpretes constitucionales. Aun sin basarse explícitamente en una teoría normativa de la legislación, también estos otros trabajos ayudan mucho a comprender la faceta justificatoria de la deliberación parlamentaria sobre las leyes.

Veamos ahora un panorama breve de los contenidos de cada capítulo. El que da comienzo al libro plantea nuestra hipótesis de partida –la consideración del debate legislativo como una fuente concentrada de justificación de las leyes–, y presenta el enfoque legisprudencial para reconstruir, analizar y evaluar debates parlamentarios que hemos tomado como referencia de base (capítulo 1). Todos los estudios de caso que integran el primer bloque emplean elementos de este enfoque.[3] En mi propia contribución (capítulo 2) lo aplico a las deliberaciones sobre la *Ley Orgánica 11/2015 para reforzar la protección de las menores y mujeres con capacidad modificada judicialmente en la interrupción voluntaria del embarazo.* Seis debates monográficos sobre una proposición de ley con solo dos artículos brindan un excelente campo de pruebas para ver lo que diputados y senadores

grupos parlamentarios; pero la selección incluye además debates sobre una iniciativa legislativa popular (tramitada luego como proposición de ley) y sobre la convalidación de un real decreto-ley (que se tramitó como proyecto de ley por el procedimiento de urgencia). También hay cierta diversidad en cuanto a la distribución de escaños y la fragmentación del arco parlamentario (se abarcan situaciones de mayoría absoluta del grupo de gobierno, de mayorías relativas y de gobierno de coalición), así como respecto a periodos de sesiones y legislaturas.

3 En especial, una tipología de niveles de justificación basada en el modelo multidimensional de racionalidad legislativa elaborado por M. Atienza, *Contribución a una teoría de la legislación*, Madrid: Civitas, 1997.

pueden dar de sí en términos de justificación; y permiten también ejemplificar la inescapable tensión entre votos y (otras) razones que atraviesa muchas deliberaciones legislativas.

Si el acceso de menores al aborto es un asunto ideológicamente espinoso, quizá lo sea todavía más el problema de la muerte digna y la autonomía decisoria al final de la vida: en él se centraron los debates sobre la reciente *Ley Orgánica 3/2021 de regulación de la eutanasia,* que José Antonio Seoane disecciona en el siguiente trabajo (capítulo 3). Su estudio –que incorpora también perspectivas de bioética, argumentación y democracia deliberativa– arroja un resultado ambivalente. Aunque en estos debates podríamos hallar líneas de justificación razonable para algunas de las medidas centrales finalmente aprobadas, una evaluación de conjunto revelaría igualmente graves fallas justificatorias: en particular, el uso inapropiado de los conceptos que vertebran la ley habría tenido una incidencia muy negativa sobre los argumentos aportados a lo largo de las deliberaciones.

De dos escenarios legislativos muy polémicos pasamos a otro que, en apariencia, podría ser más proclive al consenso: la protección de las víctimas (capítulo 4). Jorge Gracia Ibáñez analiza los debates de la *Ley 4/2015 del Estatuto de la víctima del delito* para mostrar cómo, por encima –o por debajo– de falacias y recursos retóricos, la argumentación que puede reconstruirse desde el debate parlamentario resulta mucho más rica y compleja de lo que parece. Tanto la discusión sobre los principios básicos de la ley como, sobre todo, la relativa a la participación de la víctima en la ejecución de la pena revelarían, además, que los acuerdos alcanzados escondían una pugna de fondo entre modelos de política criminal y victimal –lo cual no haría sino reflejar, a la postre, la paradójica construcción que se ha hecho en nuestra sociedad de la noción misma de víctima y de su posición ante el sistema de justicia.

Piedra de toque para cualquier democracia constitucional que se diga garante de los derechos humanos es la legislación migratoria. En este ámbito, una de las prácticas más criticadas en los últimos años ha sido la de las llamadas “devoluciones en caliente”, que fueron reguladas, para las fronteras de Ceuta y Melilla, en una disposición final de la *Ley Orgánica 4/2015 de protección de la seguridad ciudadana.* El trabajo de Daniel Jiménez Franco examina los debates parlamentarios sobre esa disposición desde un marco mixto que combina legisprudencia y análisis crítico del discurso (capítulo 5).

A su juicio, estas deliberaciones ofrecen exactamente lo contrario de una justificación, i.e. una "injustificación". Dicho de otro modo, en ellas se intentaría justificar algo que no puede justificarse: la cobertura legal de prácticas ilegales. Los debates legislativos mostrarían en escenarios como este su peor cara, marcada por la pobreza dialéctica y la polarización huera. Como sucede a menudo en este campo legislativo, el contraste entre funciones manifiestas (garantistas) y latentes (xenófobas) nos pone frente al espejo de nuestras propias y severas contradicciones en cuanto Estado constitucional.

El estudio de caso que sigue justo a continuación aborda los debates sobre uno de los casos más célebres de legislación en las últimas décadas: la *Ley Orgánica 1/2004 de Medidas de Protección Integral contra la Violencia de Género* (capítulo 6). Roberta S. Nascimento revisa las deliberaciones parlamentarias sobre esta "superley",[4] y además las procura vincular tanto al contexto social y jurídico en que se elaboró como a su impacto e interpretación en la etapa post-legislativa. Tras el aparente consenso de diputados y senadores en torno a la ley –aprobada por unanimidad– abundarían los argumentos falaces y encontraríamos, en especial, un tratamiento muy deficiente de las causas de esta violencia. El examen legisprudencial de los debates parlamentarios, no obstante, contribuiría al menos a clarificar algunas piezas de la justificación de la ley y a entender mejor las dificultades que ha supuesto –y sigue suponiendo– traducir su espíritu en hechos.

El trabajo que cierra este bloque se ocupa ya de la deliberación legislativa en un parlamento autonómico (capítulo 7). José Félix Muñoz Soro analiza dos series de debates en las Cortes de Aragón sobre la legislación foral en materia de custodia compartida: la *Ley 2/2010 de igualdad en las relaciones familiares ante la ruptura de convivencia de los padres* y la *Ley 6/2019 de modificación del «Código del Derecho Foral de Aragón»*. Este análisis saca a la luz cómo se forjaron acuerdos a partir de principios comunes y, sobre todo, permite comparar las razones mediante las que se justificaron dos medidas opuestas. En los debates se apreciarían, en especial, variaciones en el peso de tópicos y prejuicios frente a las opiniones expertas y basadas en evidencias, o en la atención que prestaron los diputados a los efectos

4 Sobre la noción de "superley", véase J. Eskridge y J. Ferejohn, «Super-statutes», *Duke Law Journal* 50 (2001), p. 1215-1276; y «Super-statutes: The New American Constitutionalism», en R.W. Bauman y T. Kahana (eds.), *The Least Examined Branch. The Role of Legislatures in the Constitutional State*, Cambridge (Ma.): Cambridge University Press, 2006, p. 320-353.

sociales de una y otra ley –aunque en la discusión de ambas se ignoraron puntos importantes, e.g. respecto a la atribución de la vivienda familiar o la pensión por alimentos, que están en el origen del problema social que pretendía resolverse con esta legislación.

Abre la segunda parte del libro María José Bernuz, con un análisis de la deliberación sobre la *Ley 18/2013 para la regulación de la tauromaquia como patrimonio cultural* (capítulo 8). En este caso confluyen varios ingredientes de interés, como el origen popular de la iniciativa legislativa, la interpretación parlamentaria del derecho europeo, o el reparto de competencias estatales y autonómicas –un tema recurrente en nuestra experiencia legislativa–. Desde el punto de vista del contenido y de la dinámica de los debates, Bernuz identifica la médula de un debate razonable sobre los derechos de, y la crueldad contra, los animales: pero esa incipiente argumentación quedaría, en última instancia, arrinconada por una estéril disputa identitaria y por las maniobras partidistas de algunos grupos parlamentarios, que reorientaron el debate hacia una discusión competencial en la que se acabó olvidando a los destinatarios de la ley: los toros.

Para hablar con sentido de los debates legislativos en el parlamento hay también que ponerse en la piel de quienes los protagonizan. Nadie mejor que Pau Marí-Klose –antropólogo, sociólogo y diputado en la actual legislatura– para aportar esta perspectiva (capítulo 9). Su estudio del debate parlamentario sobre la *Ley 19/2021 por la que se establece el ingreso mínimo vital* (y sobre el real decreto-ley del que proviene) reconstruye y analiza las estrategias argumentales –o "retóricas"–[5] utilizadas por los diputados que perfilaron la ley. Pero también realiza una valoración de las deliberaciones y de los factores que pueden condicionar su mayor o menor calidad y facilitar u obstaculizar los entendimientos. Entre sus conclusiones, quizá destacaría una que engarza bien con las de otros estudios de caso: que en los debates legislativos se ponga el acento en las discrepancias no significa que nuestros representantes sean incapaces de dialogar y alcanzar acuerdos.

Pero no son precisamente acuerdos lo que hallamos en debates como los que analiza José Manuel Paredes (capítulo 10) para comprobar de qué forma los discursos políticos populistas se reflejan en el tratamiento parlamentario de asuntos político-criminales. Tras sintetizar los caracteres del populismo

5 En la acepción que da a este concepto A.O. Hirshman, *The Rhetoric of Reaction: Perversity, Futility, Jeopardy*, Cambridge (Ma.)/London: Harvard University Press, 1991.

político y su impacto en las discusiones sobre temas penales, Paredes toma como ejemplo dos cambios legales recientes y muy polémicos: la introducción de la pena de prisión permanente revisable (por la *Ley Orgánica 1/2015 por la que se modifica la Ley Orgánica 10/1995 del Código Penal*), y la reforma de los delitos sexuales que está ya próxima a aprobarse. En su opinión, un repaso crítico de los correspondientes materiales justificatorios (incluidas intervenciones en el Congreso y el Senado) muestra que los parlamentarios que impulsaron estas dos propuestas, al intentar fundamentarlas, recurren a argumentos abiertamente populistas de un modo poco habitual hasta ahora en nuestros debates legislativos. Además de reconstruir esos argumentos, Paredes desvela las trampas retóricas que esconden, lo que le permite ilustrar cómo operan los discursos punitivista y populista en la política criminal.

El capítulo de cierre aborda un aspecto crucial dentro de la función justificatoria de las deliberaciones legislativas: la interpretación constitucional.[6] Aunque varios de los trabajos anteriores tocaban ya este punto, el de Alejandro Magallón lo encara de manera específica, y lo pone además en relación con la actual contienda teórica entre modelos políticos y jurídicos de constitucionalismo (capítulo 11). A propósito de los debates acerca de la *Ley Orgánica 2/2010 de salud sexual y reproductiva e interrupción voluntaria del embarazo,* la *Ley Orgánica 4/2015 de protección de la seguridad ciudadana* y la *Ley Orgánica 3/2021 de regulación de la eutanasia,* Magallón discute cómo emplean los parlamentarios la jurisprudencia constitucional y rastrea en sus intervenciones los criterios hermenéuticos y las estructuras argumentativas que solemos asociar a la interpretación iusfundamental.

A pesar de la variedad de escenarios legislativos y de aproximaciones al debate parlamentario que abarca, el volumen deja traslucir un mensaje compartido. De un lado, las deliberaciones legislativas en el parlamento (español) encierran un considerable *potencial* de justificación: diputados y senadores no solo avanzan sus posturas sino que parecen *capaces* de proporcionar a un público interesado razones y argumentos con que valorar la legitimidad de las leyes. De otro lado, los debates estudiados aquí pueden considerarse, en alguna medida, representativos de la discusión social que tiene lugar antes, durante y después del proceso de legislación. Este doble mensaje –formulado en términos de *capacidad* y *potencial*–, desde luego, no quita para que hayamos observado abundantes y graves deficiencias cuali-

6 Véase, por ejemplo, L. Fisher, «Constitutional Interpretation by Member of Congress», *North Carolina Law Review* 63 (1985), p. 707-747.

tativas, tanto en el plano dialéctico o deliberativo como en el del contenido. No obstante, siquiera sea solo en la limitada muestra con la que hemos trabajado, la exploración ha permitido al menos deslindar, por así decir, la paja del grano: *además de* todas las imperfecciones que tengan como arena de lucha partidista y escenificación política, los debates legislativos pueden cabalmente tratarse como una fuente de justificación de la legislación. Sin duda, esa justificación podrá ser de mejor o peor calidad –como puede serlo cualquier justificación, empezando por las judiciales–. Pero eso es algo que habría que analizar y valorar caso a caso, en atención a cada escenario legislativo. El descrédito de la política institucionalizada y la pésima percepción social del desempeño de los legisladores electos no deberían trasladarse, sin más, a las deliberaciones parlamentarias sobre las leyes.

Gracias sobre todo a las ciencias políticas –y, por descontado, también a otras disciplinas– conocemos bastante acerca de la realidad de los debates legislativos en el parlamento.[7] Pero la escasez de estudios jurídicos aplicados o empíricos hace que sepamos todavía relativamente poco sobre su valor de cara a la justificación de las leyes. Como vengo repitiendo, nuestro objetivo al emprender la investigación era exploratorio: este libro tan solo es un primer paso, que publicamos con la esperanza de que pueda estimular nuevas investigaciones, más completas y más diferenciadas, que mejoren el enfoque de análisis y evaluación que hemos seguido como referencia o desarrollen herramientas alternativas. El campo de trabajo que queda por delante es grande, y puede reportar varios beneficios a quienes nos dedicamos al estudio o la enseñanza del derecho. Señalaré seis para terminar esta presentación.

Hace ya algunos años que se observa entre juristas un creciente interés por la teoría y la práctica de la legislación, hasta el punto de que se habla ya de un "renacer" de la legisprudencia a escala global.[8] En este resurgimiento sigue quedando un pozo ciego: la deliberación legislativa en el parlamento. La legisprudencia dominante hoy se ha desarrollado a espaldas de los legisladores *electos*, así que estudiar de qué son capaces al debatir las leyes daría un tono más democrático a esta disciplina, y aportaría nuevos elementos para la reflexión sobre el papel de la legislación parlamentaria y del propio parlamento en una democracia constitucional. Y no solo eso: podría ofrecer

---

7 Véase e.g. H. Bäck, M. Debus y J.M. Fernandes, *The politics of legislative debate*, Oxford: OUP, 2022, así como las referencias recogidas en el Cap. 1 (Secc. 3) del presente volumen.

8 Así, I. Bar-Siman-Tov, «The Global Revival of Legisprudence», en A.D. Oliver-Lalana (ed.), *Conceptions and Misconceptions of Legislation*, Cham: Springer, 2019, p. 275-294.

asimismo a investigadores de –o participantes en– la producción normativa instrumentos de análisis crítico orientados a la práctica legislativa. Por sus obvias implicaciones sobre la legitimidad de la legislación, el estudio de los debates es una vía para reivindicar o restaurar la dignidad de la legislación parlamentaria, pero también para reconsiderar la legitimidad de su control judicial o, al menos, para introducir más información empírica en la polémica entre detractores y partidarios de la justicia constitucional. Otro potencial beneficio de esta línea de investigación se encuentra en el plano de la metodología y la teoría de la interpretación jurídica: afinar nuestra comprensión de la deliberación parlamentaria sería útil en las discusiones teóricas respecto al uso interpretativo de la historia y los materiales legislativos y al problema de la intención legislativa –discusiones que han recobrado impulso últimamente–.[9] El nexo entre los debates y la justificación de la legislación, en cuarto lugar, podría abrir camino a una teoría del razonamiento sobre los hechos legislativos –algo así como una teoría de la prueba legislativa–, donde podríamos aprovechar lo que los juristas conocemos sobre argumentación probatoria para articular, por ejemplo, estándares de evidencia en el ámbito de la legislación. Un quinto punto de interés en el estudio de deliberaciones legislativas es que ayudaría a definir pautas y criterios de evaluación que orienten a los tribunales sobre cómo revisar la calidad de los debates dentro de un control constitucional o convencional de la ley.[10] Por último, analizar y discutir casos legislativos a partir de los debates parlamentarios podría enriquecer mucho la enseñanza y el aprendizaje del derecho que practicamos en nuestras facultades –tanto como enriquece la formación jurídica el análisis y discusión de casos judiciales a partir de la fundamentación de los fallos.

Todo esto son, no obstante, razones teóricas o académicas para profundizar en el estudio de la deliberación legislativa. Y quizá habría que añadir un incentivo más: estudiar cualquier práctica social –a lo que nos interesa: la de justificar leyes en el parlamento– no deja de ser siempre un modo indirecto de contribuir a mejorarla. No pienso que saberse observados por estudiosos

---

9 Cfr. e.g. V. Nourse, *Misreading Law, Misreading Democracy*, Cambridge (Ma.), Harvard University Press, 2016; R. Ekins, «Intentions and Reflections: The Nature of Legislative Intent Revisited», *The American Journal of Jurisprudence*, 64/1 (2019), p. 139-162; o M. Sehl, *Was will der Gesetzgeber?*, Baden-Baden: Nomos, 2019.

10 Véase, por ejemplo, A.D. Oliver-Lalana, «Legislative Deliberation and Judicial Review», en A.D. Oliver-Lalana (ed.), *Conceptions and Misconceptions of Legislation*, Cham: Springer, 2019, p. 207-242.

del derecho vaya a transformar de forma radical la agencia argumentativa de nuestros representantes, aunque tal vez les lleve a esforzarse un poquito más. En cualquier caso, tiene que haber alguien que observe, y que confronte a nuestros representantes con modelos normativos en que inspirarse para absolver su deber constitucional de justificar las leyes públicamente –si es que quieren tomarlo en serio–. Al fin y al cabo, si en el parlamento no se argumenta públicamente sobre las leyes, si las personas a quienes elegimos para –y pagamos por– ello no se molestan en dar razones donde tienen que darlas, uno se pregunta por qué habría de respetarse lo que votan.

* * * *

Este libro ha sido elaborado en el marco del proyecto *Análisis, evaluación y visualización de argumentaciones legislativas (AEVAL)*, dentro del Programa «Retos» de la Secretaría de Estado de Universidades y la Agencia Estatal de Investigación (RTI2018-095843-B-I00, MCIN/AEI/FEDER-UE) –en el desarrollo del proyecto hemos contado también con el apoyo de la Estrategia de Grupos de Investigación del Gobierno de Aragón–. Las versiones preliminares de todos los capítulos fueron presentadas y discutidas en un congreso celebrado en Zaragoza en diciembre de 2021, bajo el título «Argumentación legislativa y justificación parlamentaria de las leyes». Por su amable colaboración en la organización del congreso, me gustaría dar las gracias a la Facultad de Derecho de la Universidad de Zaragoza y a su (entonces) decano, Javier López Sánchez, así como al Laboratorio de Sociología Jurídica y a su directora, Mª José González Ordovás. A Manuel Calvo García le brindo desde aquí un agradecimiento muy especial, y no solo por su participación en el proyecto que da origen al libro, sino también, y sobre todo, por su inspirador magisterio y su inmensa generosidad durante tantos años; somos muchos quienes hemos quedado para siempre en deuda con él.

Zaragoza, 29 de junio de 2022
D.O-L.

Capítulo 1
LOS DEBATES LEGISLATIVOS EN EL PARLAMENTO COMO FUENTE DE JUSTIFICACIÓN DE LA LEY: UN ENFOQUE DE ANÁLISIS Y EVALUACIÓN

A. DANIEL OLIVER-LALANA*

Resumen – En una democracia constitucional, al menos sobre el papel, los debates legislativos en el parlamento deberían ser una pieza fundamental de la justificación pública y, por tanto, de la legitimidad de las leyes. Estudiar su potencial y su rendimiento justificatorios sobre el terreno, sin embargo, apenas ha interesado hasta ahora a la teoría del derecho ni –sorprendentemente– tampoco a la legisprudencia. Este capítulo plantea la hipótesis general de que los debates legislativos constituyen una fuente concentrada de justificación de la ley, y esboza un enfoque *legisprudencial* para reconstruirlos, analizarlos y evaluarlos que ayudaría a explorar en qué medida esa hipótesis resulta plausible de hecho. El enfoque se compone de cuatro bloques, que intentan dar cuenta del alcance, de la corrección estructural, de la adecuación dialéctica (y deliberativa) y de la plausibilidad de la justificación legislativa contenida en los debates parlamentarios.

* Por sus comentarios y críticas a versiones preliminares de este texto estoy en deuda con los participantes en las *Jornadas sobre argumentación legislativa y justificación parlamentaria de las leyes* (Zaragoza, diciembre de 2021) y en seminarios en las universidades de Alicante, A Coruña, Málaga, Milán y Zaragoza, en especial con M. Atienza, R. Chueca, J.L. Díez Ripollés, F. Ferraro, G. Marcilla, R.S. Nascimento, J.A. Seoane y S. Zorzetto. El trabajo forma parte del proyecto RTI2018-095843-B-I00 (financiado por MCIN/AEI/10.13039/501100011033 y por FEDER - Una manera de hacer Europa).

Dentro de la variada familia de concepciones normativas acerca de la legislación puede identificarse hoy una tesis común que cabría formular así: las leyes, como entramados de decisiones vinculantes que se insertan en el orden jurídico de una democracia constitucional, implican una pretensión de justificabilidad que los legisladores deben (intentar) satisfacer. En función de cómo se interpreten los términos de esa tesis sería posible articular diversas maneras de entender la *debida justificación legislativa.* La que adoptamos en este libro se centra en las razones que los representantes electos de la ciudadanía aducen e intercambian en los debates parlamentarios que preceden a la aprobación de leyes. Sobre el papel, esos debates deberían ser una pieza fundamental del proceso de justificación *pública* y, por tanto, de la legitimidad de las decisiones legislativas en una democracia constitucional. En la práctica, sin embargo, no está nada claro que lo sean. Antes al contrario, según una opinión social y académica muy generalizada, la contribución de los legisladores electos a la justificación legislativa sería pobre e irrelevante, y sus discusiones en el parlamento no pasarían de ser escenificaciones del consabido teatro político. Quizá convenga, pues, comenzar aclarando en qué sentido los debates parlamentarios se abordan aquí como una fuente de justificación de las leyes (Secc. 1). Para explorar la viabilidad de esta idea, hace falta algún método o enfoque que permita reconstruir y analizar dichos debates a la luz de una teoría de la justificación legislativa, i.e. de una teoría legisprudencial (Secc. 2). El propósito último de ese enfoque habría de ser, no obstante, evaluativo y crítico: tendría que ayudar a saber si la justificación legislativa que ofrecen públicamente nuestros representantes resulta satisfactoria. Hay instrumentos ya disponibles para valorar la calidad de argumentaciones y deliberaciones en contextos de legislación, pero se han desarrollado al margen de la legisprudencia y no logran dar cuenta de las peculiaridades de la justificación de leyes (Secc. 3). De ahí que sean necesarias pautas más específicas para evaluar el rendimiento justificatorio del debate legislativo en el parlamento y completar así la labor de reconstrucción y análisis legisprudencial (Secc. 4). Aunque esta propuesta metodológica deja bastantes cuestiones abiertas (Secc. 5), abre una primera vía para estudiar sobre el terreno si –o hasta qué punto y en qué circunstancias– las deliberaciones parlamentarias pueden considerarse una fuente de justificación legislativa.

1. RAZONES LEGISLATIVAS Y DELIBERACIÓN PARLAMENTARIA: LA «HIPÓTESIS DEL CONCENTRADO»

En las facultades de derecho se aprende en seguida que criticar una decisión judicial sin antes examinar su justificación es un típico error de lego, y que, como juristas, debemos distinguir entre sentencias correctas e incorrectas según cómo se fundamenten, según los argumentos en que se basen. Las decisiones judiciales y las legislativas son equiparables a este respecto: que sean más o menos correctas o incorrectas depende de cómo hayan sido justificadas o motivadas.[1] Obviamente, no es lo mismo aplicar leyes que hacerlas, ni se argumenta igual en uno u otro caso (cfr. e. g. Duxbury 2013, p. 11 ss.).[2] Pero, como tal, nuestra manera de valorar decisiones vinculantes –a la luz de su justificación– no tiene por qué cambiar.

La duda que surge inmediatamente es dónde localizar la justificación de las leyes o de sus disposiciones, dónde se expresan las razones legislativas. Las posibilidades, simplificando mucho, serían dos: en un preámbulo o exposición formal de motivos, o entre los materiales justificatorios generados o usados en el proceso de legislación (en la medida en que sean públicos). En este libro nos centramos principalmente en la segunda opción.

Como razones legislativas hay que contemplar, por supuesto, las incorporadas a exposiciones de motivos o preámbulos, así como las que se agregan al cuerpo de la ley, por ejemplo, en disposiciones de objeto o finalidad. Sin embargo, en términos justificatorios, el valor de estas motivacio-

1 Las palabras "justificar", "argumentar", "motivar" y "fundamentar" se emplean aquí –y normalmente también en el resto del libro– de forma intercambiable, para designar la práctica de dar razones o argumentos. Salvo que se indique otra cosa, de "deliberar" se hace asimismo un uso descargado de connotaciones ideales.

2 Véase, sobre el entrelazamiento entre justificar y aplicar normas, Alexy (1995, p. 52 ss.); para un contraste entre argumentación judicial y legislativa, Atienza (2005, p. 297 ss.; 2013, p. 712 ss.). Si bien los paralelismos entre legisladores (parlamentos, procesos legislativos) y jueces (tribunales, procesos judiciales) son casi un tópico en el pensamiento jurídico (cfr. Horack 1938), hay tres puntos de convergencia que interesan especialmente ahora: la constitucionalización de ambos planos de justificación, el legislativo y el judicial (véase García Figueroa 2015, p. 311 ss.); la simetría entre criterios de interpretación y de justificación legislativa (Atienza 1997, p. 95 ss. y 2013, p. 718; Krell 2018, p. 132: «when filtered through judging, [legisprudence] becomes statutory interpretation»); y el carácter representativo que comparten los discursos de justificación de normas generales, sea en sede parlamentaria o judicial –sobre el intento de legitimar democráticamente la justicia constitucional como un tipo de "representación argumentativa" de la ciudadanía, véase Alexy (2005); cfr. Oliver-Lalana (2011, p. 147 ss.).

nes formales u oficiales es muy limitado. Para empezar, porque puede no haberlas: su existencia suele responder a prácticas constitucionales que no siempre se reconocen como vinculantes,[3] e incluso hay países donde rige la convención opuesta y las leyes se promulgan sin exposición de motivos (lo cual, desde luego, no significa que no se hayan justificado). Segundo, porque a menudo no aportan información suficiente sobre el proceso justificatorio ni sobre quiénes ni cómo han contribuido a él.[4] Aunque contienen un resumen, más o menos extenso, de las razones que animan la ley en su conjunto (o sus medidas centrales), omiten argumentos relevantes barajados y discutidos al elaborarla. En tercer lugar, porque tienden a ofrecer justificaciones sesgadas o parciales, tal como desea hacerlas públicas la mayoría parlamentaria o el gobierno al que da sustento, por lo que no es raro que estén cargadas ideológicamente. Contrastar la motivación oficial con la que deriva del expediente legislativo es quizá la única forma de saber cómo y de dónde surgen las razones que se aducen, y de indagar a su vez en qué medida pueden considerarse "auténticas" (Reicherzer 2006).[5] Y en esta misma línea destacaría una última insuficiencia. Por cuanto suelen limitarse a dar razones solo a favor de la ley, las exposiciones de motivos no reflejan la naturaleza conflictual, o "conductiva",[6] de la justificación de leyes: silencian objeciones, contraargumentos y, en general, cualesquiera "consideraciones en contra". Acaso esto evite debilitar la autoridad de la legislación (cfr. Radbruch 1929, p. 239 ss.), pero supone un grave déficit justificatorio. Las consideraciones en contra de las leyes son parte de su justificación, del mismo modo que los votos particulares lo son de la jus-

---

3 Cfr. STC 49/2008 (FJ 5): «sin desconocer su posible papel en la interpretación de los preceptos (...), no debe olvidarse que (...) el legislador democrático no tiene el deber de expresar los motivos que le llevan a adoptar una determinada decisión en ejercicio de su libertad de configuración. (...). De ahí que (...) la ausencia de dicha justificación no pueda considerarse generadora de arbitrariedad, aunque pueda ser tenida en cuenta al analizar la constitucionalidad (...) desde otros puntos de vista».

4 La legislación europea es un caso singular en este sentido: cfr. Klimas y Vaiciukaite (2008).

5 Con relación al control constitucional, véase Linde (1975, p. 231). En este contexto, la "autenticidad" viene a equivaler a ausencia de captura legislativa; i.e. no alude a un atributo de sinceridad u honestidad en el sentido de las teorías de la argumentación (jurídica) o de la democracia deliberativa.

6 Sin perjuicio de otras acepciones, llamo "conductiva" a la argumentación en la que convergen razones a favor y en contra de una conclusión (Wellman 1971, p. 57; Govier 2010, p. 352 ss.). Sobre la distinción entre contraargumentos y objeciones, véase Marraud (2017, p. 64 ss.), Walton (2009) o Sartor (2018).

tificación de las sentencias judiciales.[7] Es decir, también las razones minoritarias importan –y mucho– al valorar la corrección de una decisión (o argumentación) mayoritaria, sea judicial o legislativa.

Al poner el ojo en el proceso de legislación, esos límites decaen, pero topamos a cambio con un nuevo problema: puesto que la producción de leyes es tremendamente compleja e involucra gran volumen y variedad de contribuciones, ¿qué elementos del proceso cuentan como justificación legislativa? En principio, se diría que debe contar el proceso entero, o al menos todo elemento justificatorio que se encuentre documentado.[8] Una de las fases del proceso, no obstante, sobresale por encima de otras: el debate parlamentario de las propuestas de ley, en pleno y en comisión, que se registra oficialmente en actas o diarios de sesiones (y, en su caso, también en formato audiovisual).[9] Este debate no solo es un momento institucional destinado justamente a la presentación y confrontación *pública* de razones legislativas –a la abogacía legislativa, digamos–. Además, quienes intervienen en él son legisladores *electos*, los únicos dotados de genuina legitimidad democrática (representativa) para modelar el orden jurídico. En principio, sus deliberaciones debieran por tanto ser una fuente privilegiada de justificación legislativa, siquiera sea solo una *justificación concentrada* o condensada. El matiz es decisivo, porque en los debates parlamentarios públicos nunca es posible ahondar en todos los detalles de una ley, y la discusión se ha de orientar a sus aspectos nucleares (y más controvertidos). Y no solo por eso: debido a su ubicación dentro del proceso de legislación –es la última oportunidad de justificar una ley antes de aprobarla– y a su carácter de discurso representativo y público, los debates podrían verse asimismo como el destilado o "concentrado", como una

7 Que «la exposición de motivos de la ley [sea] el equivalente a la motivación de la sentencia» (Atienza 2005, p. 308) resultaría, pues, una tesis equívoca. Cfr. Santaolalla (1991, p. 47 ss.; 2013, p. 47 ss.), quien en su día defendió eliminar las exposiciones de motivos y reivindicaba el debate parlamentario como elemento clave de la justificación y la legitimidad democrática de la legislación.

8 Así, Gartz (2015, p. 45-46): «Die Begründungs des Gesetzes umfasst alles Dokumentierte, also sowohl Hinweise im Gesetz, als auch in allen Materialien, die über angenommene Tatsachen, Regelungsanlässe, Absichten, Intentionen, Zielvorstellungen und Motivationen Auskunft geben».

9 Quedarían al margen, pues, los debates secretos o reservados que tienen lugar dentro del procedimiento legislativo (como los debates de ponencia en nuestro país), si bien su contenido puede reflejarse en los debates públicos: véase e.g. Santaolalla (2019, p. 300 ss.).

suerte de condensación, de una empresa justificatoria previa y simultánea mucho más amplia, que puede alcanzar incluso escala social.[10]

Ahora bien, una cosa es que la deliberación parlamentaria sobre las leyes debiera ser una pieza clave de la justificación de las leyes, y otra distinta es su papel real: ¿de veras sirve o puede servir para justificar leyes públicamente mediante el intercambio de argumentos y razones? A mucha gente, la respuesta negativa le resultará bastante obvia. De hecho, es probable que la primera actitud ante esta pregunta sea rechazar la hipótesis misma en que se asienta: encontrar en el debate parlamentario las razones legislativas, un fundamento razonado –no digamos ya razonable– para una ley, sería ilusorio. Pero el *nego suppositum* tiene aquí dos inconvenientes. Uno, de índole normativa, es que implica renunciar a un elemento capital de la legitimidad de las decisiones legislativas en una democracia constitucional.[11] Habrá quien piense que esto no es ninguna traba, al revés: tomarse demasiado a pecho el relato que la ideología liberal hizo en su día de las asambleas legislativas no llevaría sino al autoengaño. Casi sería mejor reconocer las cosas como son y ser realistas; y a poco que lo seamos, lo que habría que asumir es que la discusión pública de los legisladores electos ni justifica sus decisiones ni cabe esperar que lo haga. Pero justo ahí, si hemos de ser verdaderamente realistas, está el otro inconveniente, pues apenas contamos con estudios específicos, i.e. desde el ángulo de la producción de leyes, acerca de la capacidad real de los parlamentos y sus miembros para justificarlas. Luego tampoco tenemos evidencias sólidas que corroboren, en este punto concreto, la percepción negativa que solemos tener de los legisladores y del trabajo que desempeñan.[12]

---

10 Cfr. Hübner (2018, p. 67). La legisprudencia no debería desatender el costado público o cívico de la justificación legislativa (Bello-Hutt 2021, p. 200; Oliver-Lalana 2005, p. 254-255). Más adelante (Secc. 2 y Secc. 5) volveré a aludir al nexo entre la deliberación legislativa "social" y la parlamentaria.

11 Cfr. Rozenberg (2018) o Waldron (2006), así como Stuart Mill (2001, p. 54 ss.) o Luce (1922, p. 312).

12 Entre juristas, esta percepción escéptica viene de lejos. Pound (1908, p. 405-406) ya nos invitaba a ser «más cautelosos» al criticar a los legisladores, y recordaba que «la falta de cuidado caracteriza la producción legislativa de derecho tanto como la judicial», sin que los defectos «sean necesariamente más propios de la una que de la otra». Cfr. Cohen (1956, p. 389): «four notions seem to dominate the account of the legislative process: (1) that those in control of it will respond *only* to the interests of dominant private pressure groups; (2) that (...) argument and persuasion serve *no* useful function; (3) that force (power of the stronger) is the only *real* arbiter of group conflicts; and (4) that (...) rational criteria for dealing with conflicts between competing private group interests are unavailable. Because these views furnish the

Si bien existen abundantes investigaciones empíricas o aplicadas sobre debates legislativos y deliberación parlamentaria, la gran mayoría proviene de disciplinas ajenas al derecho, donde se trabaja sin atender a la legisprudencia como teoría de la (justificación de la) legislación; así que, propiamente, no permiten ni corroborar ni refutar la hipótesis del concentrado. En cualquier caso, al considerar la hipótesis a la luz de esas investigaciones tampoco hallamos pruebas definitivas para desecharla. Su valoración de la deliberación parlamentaria sobre las leyes tiende a ser negativa, pero sobre ese trasfondo puede uno espigar juicios algo más optimistas.[13] Para quien sea capaz –se ha dicho– de filtrar las falacias que contiene, los debates legislativos «suelen proporcionar la información esencial necesaria para tomar buenas decisiones» y es «raro que [en ellos] se ignoren totalmente» los mejores argumentos (Mucciaroni y Quirk 2006, p. 201). Los críticos más severos del parlamentarismo exagerarían al ver los debates como puros ejercicios de cinismo: en ocasiones, los legisladores justifican sus decisiones de un modo que llegaría a parecerse al que siguen los tribunales con las suyas (Thomson 2008, p. 46); incluso se han observado en algún parlamento deliberaciones «cuidadosas» y «razonablemente informadas» que aportan argumentos constitucionales «mejores comparativamente» que los judiciales (Fisher 1985, p. 732). Siquiera en ciertos casos, los legisladores electos mostrarían el debido respeto por sus interlocutores y sus argumentos, y lograrían articular consensos a través de la discusión pública (Lord 2013, p. 256). Y, por más que sus deliberaciones legislativas no alcancen un buen nivel en general, su calidad podría variar mucho en función de diversos factores (Bächtiger 2018, p. 152; Spörndli 2004, p. 176 ss.; Steiner 2012, p. 143 ss.); habría un «potencial deliberativo» latente capaz de aflorar bajo condiciones favorables (Bächtiger y Wyss 2013, p. 166), pero no cabría afirmar rotundamente que los debates sean un diálogo de sordos sin interés por escucharse unos a otros (cfr. Weale et al. 2012, p. 664). Hasta las discusiones en pleno podrían albergar un «intercambio real» entre visiones rivales con «propósito deliberativo», y operar como un examen público de la justificación de las leyes que reforzaría el procesos previo de preparación de la ley (Bessette 1994 [1980], p. 168-69 y

basis (…) of the current attitude towards the practice of legislative law, it would seem desirable to determine whether they (…) suffer from distortion and exaggeration» –con respecto a los debates legislativos, sin embargo, Cohen (1952, p. 35-36) se mostraba bastante escéptico.

13 En especial, si se consideran bajo una perspectiva deliberativa "sistémica" (Mansbridge et al. 2012): cfr. Bächtiger y Parkinson (2019, p. 85 ss.) o Rico (2017, p. 353 ss.).

p. 175).[14] En el hemiciclo encontraríamos a menudo «pepitas» y hasta «islotes» deliberativos, y discusiones que conducen al «arbitraje consensual» entre puntos de vista divergentes e igualmente legítimos (Viktorovitch 2013, p. 185-86). En la misma línea, ya entre nosotros, un análisis de la función legislativa del Congreso en la IX Legislatura (2008-2011) concluía que «la deliberación no es una lógica ajena al parlamento», si bien aparecería «con mayor facilidad en los encuentros celebrados con discreción» o ante cuestiones que no son estratégicas para los grupos políticos (Rico 2016, p. 189-190). En fin, aunque ni estos ni otros estudios transmiten una impresión especialmente buena del debate legislativo, parecen al menos abrir un portillo a las matizaciones.[15]

El desprestigio de la política institucionalizada o del propio sistema parlamentario podrá ser merecido en muchos aspectos, pero no basta para descartar de antemano que nuestros representantes sean capaces de razonamiento legislativo, y menos para afirmar su ineptitud o su negligencia legisprudencial de una manera indiferenciada o global. A conclusiones como esas habría que llegar tras estudiar empíricamente el rendimiento y el potencial justificatorio de sus deliberaciones. Y a los juristas, a salvo de unas pocas excepciones,[16] no nos ha interesado esa clase de estudios.[17] De ahí que la hipótesis general de que el debate parlamentario contiene (en forma condensada) una justificación para las leyes pueda seguir en pie.

14 Así también, otros autores recuerdan que la deliberación meramente ritual en un debate legislativo no siempre carece de mérito, y puede reforzar por vía indirecta una deliberación democrática auténtica: «it can establish the currency of political discourse as being reasoned argument; it can help frame and inform arguments feeding into the broader deliberative system» (Tanasoca y Sass 2019, p. 159).

15 «For those interested in deliberative democracy: don't give up on the institution of parliament. Parliament can and does, at times, meet all of the criteria for effective deliberation, including not only "the giving of good reasons" but also "reflection upon the points advanced by others"» (Blunt 2015, p. 104).

16 Entre otros, por ejemplo, Sieckmann (2005), Atienza (2019), Nascimento (2019) o Paredes (2021).

17 El desinterés resulta particularmente llamativo en el caso de la legisprudencia (Wintgens 2012) y demás proyectos teóricos que buscan restaurar la "dignidad de la legislación" (Waldron 1999; cfr. Zapatero 2019), pero sin estudiar el desempeño y las capacidades reales de los legisladores electos. Aunque el estudio de los debates parlamentarios como campo de confrontación política y legislativa viene de lejos (e.g. Hamilton 1808 o Bentham 1843), los trabajos que específicamente analizan los debates con relación a la producción de derecho son más recientes: cfr. Landowski (1977), quien, sobre bases semióticas, encaró los debates legislativos como área de intersección entre las racionalidades jurídica y política.

Según apuntaba en la presentación, nuestro propósito es *explorar* esa hipótesis a la luz de varios ejemplos de deliberaciones parlamentarias sobre medidas legislativas recientes aprobadas en nuestro país.[18] Para la exploración pueden adoptarse enfoques y métodos diversos. El que hemos priorizado en este libro se apoya en la *legisprudencia,* i.e. en la teoría y metodología (de la justificación) legislativa, y en la teoría de la argumentación (jurídica), aunque procura incorporar aportes puntuales de otras disciplinas. El enfoque fue concebido, en principio, para la *reconstrucción* y el *análisis* de debates parlamentarios *como fuente de justificación de las leyes.* Con ciertos añadidos, no obstante, puede extenderse asimismo al plano de la *evaluación* y *crítica,* y servir para valorar la calidad o rendimiento justificatorio de la deliberación legislativa en el parlamento; para saber, en fin, si la contribución de nuestros representantes a la justificación de las leyes es mejor o peor. Como varios de los capítulos que siguen han empleado componentes de este enfoque, explicaré a continuación sus líneas básicas. Pero sobra decir que las opciones para analizar y evaluar debates legislativos no acaban ahí: también desde otros puntos de vista y marcos teóricos pueden obtenerse conclusiones relevantes para nuestra hipótesis general. Esta pluralidad metodológica resulta enriquecedora, así que hemos sumado a nuestro enfoque de base otros que, aun sin marchamo legisprudencial, ayudan igualmente a entender mejor la dimensión justificatoria de la deliberación legislativa en el parlamento.[19]

2. RECONSTRUCCIÓN Y ANÁLISIS LEGISPRUDENCIAL DE DEBATES LEGISLATIVOS

Aunque no cabe abordar ahora los pormenores de la legisprudencia como teoría de la justificación legislativa,[20] ni los retos metodológicos que supone estudiar debates parlamentarios,[21] lo esencial del enfoque de re-

18 Operacionalizar la hipótesis del concentrado exigiría una formulación más circunstanciada, ya que los rasgos y la calidad de la deliberación legislativa en el parlamento pueden variar mucho según los escenarios y las condiciones en que se legisla (cfr. Lascher 1996, p. 511 ss.; Bächtiger y Parkinson 2019, p. 81 ss.) –más adelante hemos de volver sobre esto–. No obstante, tratándose solo de un estudio exploratorio, la hipótesis puede mantenerse en un plano genérico.

19 Véase Cap. 8, Cap. 9, Cap. 10 y Cap. 11 de este volumen.

20 Cfr., por ejemplo, Zapatero (2019), Rubin (2018), Xanthaki (2014), Díez-Ripollés (2013), Paredes (2013), Wintgens (2012), Atienza (1997), Seidman (1992) o Noll (1973).

21 Cfr., por ejemplo, Quirk et al. (2018) o Bächtiger (2018), así como Oliver-Lalana (2013, p. 144 ss.).

construcción y análisis que hemos tomado como referencia podría resumirse alrededor de cuatro puntos.[22] Antes de entrar en ellos, recordemos que nos interesan los debates *públicos* que tienen lugar dentro del *procedimiento parlamentario* de legislación y se registran en diarios o actas de sesiones; y nos interesan como un *concentrado* de la justificación de la ley. Esta restricción implica que no pueden abordarse como una fuente "autosuficiente" de justificación: reconstruir su contenido, analizarlos y evaluarlos requiere integrarlos con materiales justificatorios "externos" al debate, invocados o aludidos expresa o implícitamente por los intervinientes. Puede tratarse de documentación generada o utilizada en fases preparlamentarias del procedimiento legislativo (evaluaciones de impacto, informes de órganos consultivos, etc.) o dentro del propio parlamento (comparecencias, motivaciones de enmiendas...), pero también de aportaciones a la justificación de la ley en la esfera pública general o en ámbitos especializados.[23] Por otra parte, esta reconstrucción (al igual que el análisis y la evaluación posteriores) se acomete además bajo la *perspectiva del participante*, del legislador electo que discute una propuesta de ley, y en el momento en que la discute.[24] La cara argumentativa y conflictual de la justificación legislativa –su naturaleza esencialmente conductiva– pasa entonces a primer plano, y obliga a tener en cuenta tanto las consideraciones a favor como las consideraciones en contra de la ley.[25]

2.1. Argumentos legislativos

Reconstruir el contenido de los debates presupone, en primer lugar, una noción de argumento legislativo: no podemos analizar o evaluar justificaciones legislativas sin estipular antes cómo identificar los argumentos que las integran. Desde el punto de vista legisprudencial, conviene siempre

22 Para más detalles, véase Oliver-Lalana (2005; 2008; 2013; 2014). De cómo evaluar la calidad de debates legislativos (ya reconstruidos y analizados) me ocuparé en los apartados subsiguientes (Secc. 3 y Secc. 4).

23 Como veremos luego (Secc. 4), evaluar la calidad de una deliberación legislativa exige también contrastar su contenido con materiales que no han sido siquiera utilizados a lo largo del proceso legislativo.

24 El proceso de justificación legislativa es, en realidad, un ciclo que no termina con la aprobación de la ley, sino que se prolonga en el tiempo de manera indefinida; véase Wintgens (2012, p. 267 ss. y p. 302-303).

25 Cfr., con relación a la interpretación legislativa, Nourse (2016, p. 64 ss.) o Sehl (2019, p. 151 ss.).

vincular esos argumentos al texto de una propuesta legislativa concreta,[26] y concebirlos, además, como producto o creación colectiva (que emerge de un proceso también colectivo). Vistos así, los argumentos legislativos consistirían en una tesis o posición –como "la disposición o medida X debe (o no debe) ser aprobada"– que sostienen los parlamentarios en vista de una cuestión legislativa planteada en los debates, junto con el racimo de razones que apoyan esa tesis. Serían, en una palabra, *posiciones razonadas* acerca del borrador de una medida legal. Esto cubre cualquier intento de justificar (i.e. defender o criticar) el contenido de la propuesta debatida y posibles enmiendas o propuestas alternativas (incluida la inacción). Por tanto, tendríamos un argumento legislativo cuando un interviniente avanza una posición "P" y en el curso de los debates se aduce, ya sea por el mismo actor o por otro (en la misma o en distinta sesión), al menos una razón para "P". Aunque el nivel de detalle con que se examinan las propuestas puede variar según el momento procesal y el marco de debate, el enfoque no establece distinciones entre las sucesivas lecturas del texto, y toma el conjunto de las deliberaciones (en ambas cámaras) como una unidad o un *corpus* integral.[27] Esta visión unitaria y colectiva de los argumentos que conforman la justificación legislativa permite manejar rasgos típicos del debate parlamentario, como la multiagencia, o la fragmentación y la redundancia argumentativas.[28] Y responde de paso al propio rol institucional

26 Sobre la importancia de un debate estructurado que se centre en el texto de las propuestas legislativas, véase Waldron (1999, p. 82): «the positing of a formulated text as the *resolution under discussion* provides a focus for the ordering of deliberation at every stage. The existence of a verbalized bill, motion, or resolution is key to norms of relevance, and key to the sense (...) that participants' contributions are relevant to another (...). The sense of a determinate focus for discussion (...) is indispensable for a large and diverse assembly of people whose knowledge and trust of one another is limited»; cfr. Waldron (2006, p. 18 y p. 29).

27 Cfr. Agne (2011, p. 161-162); o Palonen (2018, p. 16): «the (...) parliamentary present contains both the item just under debate and more broadly all of the other items in the parliament's "possession" at that time, at whatever stage of their respective deliberations. The stages of debate in the plenum and committees are successive, but each is a part of a continuous present insofar as each refers to the same motion»; más en general, Walton (1998, p. 245): una intervención puede ser puntualmente «irrelevante para la cuestión a la cual responde», pero, considerada globalmente, tener «relevancia para la conclusión última que se discute».

28 En comparación con los debates legislativos a puerta cerrada, los públicos están sujetos a numerosas restricciones de tiempo y turno de palabra. De aquí que muchos argumentos aparezcan truncados y hayan de reconstruirse desde varias intervenciones (de uno varios actores, en una o más sesiones, eventualmente en ambas cámaras). Como al debate contribuyen muchos oradores, cualquiera puede emplear su turno para completar o replicar a otro. Es frecuente también que diferentes participantes, sobre todo miembros de la misma fracción, aduzcan razones idénticas o muy coincidentes que sería confuso tomar por separado.

del parlamento como centro de legislación: no solo aprobar sino también justificar las leyes son tareas de la institución, más que de sus miembros individuales.

2.2. Niveles de justificación legislativa

Tras identificar los argumentos aducidos durante las deliberaciones, el segundo paso sería reorganizar las razones que sustentan cada posición conforme a un modelo de cinco niveles de justificación (J), que está basado primordialmente en la concepción de racionalidad legislativa de M. Atienza.[29] Según este modelo, justificar leyes obliga a argumentar sobre su formulación lingüística (J1), su sistematicidad jurídica (J2), sus expectativas de realización social (de observancia, de uso o de aplicación) (J3), su instrumentalidad (J4) y su corrección axiológica (J5). Cada una de estas dimensiones puede asociarse con un atributo ideal de la legislación, que debería ser *tan comprensible* (clara y precisa), *tan consistente y coherente* (internamente y respecto al entorno jurídico preexistente, incluida la distribución de competencias normativas), *tan realizable* (observada, usada o usable, o aplicada de hecho), *tan capaz de lograr sus fines* legítimos con el menor impacto negativo y los menores costes, y *tan aceptable ético-moralmente* (en términos sustantivos y procesales) como resulte posible. También hay que justificar, por supuesto, la constitucionalidad de la legislación, pero esta dimensión se suele intercalar con otras y cuesta deslindarla.[30]

---

29 Véase Atienza (1997, p. 27 ss.; 1992, p. 269 ss.). El modelo considera asimismo aportes de autores como Wróblewski (1979b), La Spina (1989), Seidman (1992), Díez Ripollés (2013), Wintgens (2012) o Waldron (2006), entre otros. La multidimensionalidad de la justificación legislativa es un lugar común hace ya mucho tiempo: «it is far easier to conceive justly what would be useful law than so to construct that same law that it may accomplish the design of the lawgiver. The task calls for mastery of language, lucidity of style, familiarity with technical significances, command of both constitutional and statutory law, logical capacity, unusual powers of foresight, and a knowledge of the field concerned that cannot be too extensive» (Luce 1922, p. 566, al hilo de ideas de J.S. Mill sobre la deliberación parlamentaria).

30 Por ejemplo, los problemas de competencia legislativa, característicamente constitucionales, afectan al encaje de la ley en el sistema jurídico (J2); y el nivel axiológico (J5) lo suelen ocupar hoy interpretaciones de la constitución o de convenciones de derechos, además de principios institucionales como la democracia. Sobre la transversalidad de la argumentación constitucional al justificar leyes, Oliver-Lalana (2008, p. 562; 2013, p. 155 ss.). En cuanto a la capacidad de interpretación constitucional de los legisladores electos, véase e.g. Brest (1986), Fisher (1985), Burgess (1992), Whittington (2001), Pickerill (2004), Evans y Evans (2006), Tushnet (2009), Jackson (2016), Appleby y Olijnyk (2017), o Webber et al. (2018), así como el trabajo de A. Magallón en este volumen (Cap. 11).

Ninguno de estos atributos aspiracionales (y graduales) de la legislación ha de maximizarse a cualquier precio y en toda circunstancia –el modelo acabaría siendo entonces unidimensional–. El postulado clásico de la legalidad formal, pongamos por caso, podría tener que sacrificarse, en grado considerable incluso, para facilitar el logro de los objetivos legislativos. Y como no hay prelación o jerarquía fija entre esas aspiraciones, que entran en frecuente conflicto, a la empresa de justificar leyes pertenece también la argumentación sobre cuál deba ser el equilibrio adecuado entre ellas.[31]

2.3. Espectro de razones legislativas

Una vez identificados y reconstruidos los argumentos (posiciones y razones), el análisis prosigue adscribiendo las razones a cada uno de los niveles de justificación legislativa. Esto permite visualizar la paleta de cuestiones, posiciones (iniciales y alternativas) y razones consideradas durante los debates, es decir, la cobertura de las deliberaciones o *espectro* de razones sobre una propuesta de ley –más abajo retomaré esta idea–. Ese espectro puede representarse gráficamente así:

Figura 1
Representación del espectro de razones legislativas

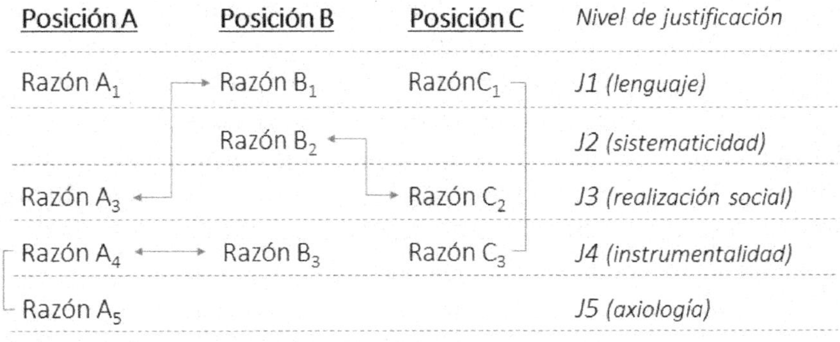

31 Esto daría lugar a un sexto nivel de justificación, de carácter transversal, que Atienza llama eficiencia como "razonabilidad" (2013, p. 715), "equilibrio óptimo" (1997, p. 93) o "ajuste razonable" (2005, p. 312). Cfr. también, en una línea pareja, Van Aecken (2005, p. 86 ss.) y Habermas (1998, p. 524-525); ese ajuste puede resignificarse como el resultado de una ponderación entre niveles de justificación legislativa.

Según ilustra la Figura 1, se trata, básicamente, de reordenar el contenido de los debates parlamentarios con arreglo al modelo multidimensional de justificación legislativa. Así podemos comprobar cómo interactúan sus diversos niveles y qué papel juegan los correspondientes criterios justificatorios. Las actas pueden analizarse para ver, por ejemplo, cómo operan las razones de eficacia social (J3) o de sistematicidad jurídica (J2) con respecto a las de corrección ético-moral (J5); qué relaciones hay entre las razones sobre (in)determinación lingüística (J1) y las que versan sobre la consecución de los objetivos legislativos (J4), etc.[32]

La justificación de una ley es, sin embargo, algo más que un conjunto estático de argumentos en conflicto; por decirlo así, justificar leyes no es hacer listas de pros y contras. Ni todas las razones legislativas son igual de importantes ni juegan el mismo papel justificatorio ni pueden tratarse, sin más, como si estuvieran solo yuxtapuestas o contrapuestas: un análisis legisprudencial ha de mostrar también –y este sería el cuarto punto clave del enfoque– la estructura *dinámica* o procesal de la justificación contenida en los debates.

2.4. Estructura teleológica de justificación

Para representar esa estructura justificatoria, puede asumirse que toda ley o medida legislativa se aprueba por o para algo, que persigue algún propósito o fin, el cual se presenta además como legítimo.[33] Esta asunción es discutible en varios sentidos, pero ahorra intrincadas discusiones filosóficas, e.g. sobre intencionalidad colectiva y acción de grupos. Lo importante es que, si vemos la legislación como una empresa finalista y las leyes o medidas legislativas como decisiones autoritativas dirigidas a lograr algo en el mundo, su justificación puede tratarse como un caso especial de argumentación teleológica.[34] De hecho, cabe suponer que al menos un eje de razones

32 A las dos formas de relación entre razones que refleja la Figura 1 ("continuidad" y "contraposición") habría que añadir la de independencia (Atienza 1997, p. 58 ss.; Oliver-Lalana 2008, p. 547 n. 24). Con respecto a la sintaxis de las argumentaciones complejas puede verse, por ejemplo, Van Eemeren et al. (2006, p. 69 ss.).

33 Legislar en una democracia constitucional implica la pretensión de que tanto los medios como sus fines declarados son constitucionalmente justificables. Recuérdese que interesa la cara pública de la justificación, y no los motivos privados –más o menos– ocultos que puedan guiar a parlamentarios individuales.

34 La legislación es «teleological, purposive creation of law», «goal-directed social behavior»; «when the lawgiver makes an evaluative decision, this means that he regards a certain

instrumentales (J4) aparecerá en cualquier debate legislativo; y otro tanto vale para las axiológicas. Los valores (constitucionales o ético-morales) se requieren para justificar los fines y decidir entre medios legislativos para lograrlos, y también permean la discusión de cuestiones empíricas, técnicas y científicas, con lo que las justificaciones axiológica e instrumental tienden a solaparse.[35] También es habitual, en el debate parlamentario, argumentar en los niveles de justificación ligados al lenguaje (J1), la sistematicidad (J2) o la realización social (J3) de la ley, pero los aspectos axiológicos e instrumentales conforman normalmente el grueso de las deliberaciones.

Así pues, para capturar la estructura justificatoria subyacente al debate legislativo se necesita un modelo que refleje patrones elementales de razonamiento teleológico (los que previsiblemente usen los parlamentarios), y que conecte la instrumentalidad con valores. Ese modelo podría inspirarse en la estructura general del análisis de proporcionalidad,[36] que integra ambos aspectos y, además, tiene especial relevancia en nuestro contexto: en

---

final result as worth advancing, i.e. as good», «wants certain final states to be realized [and] deems lawmaking as a means for achieving them. The talk about evaluative decisions can thus (...) be rendered into the language of teleology» (Aarnio 1983, p. 245-247; cfr. Weinberger 1989, p. 278 ss.). Véase ya Zitelmann (1904, p. 7 ss.) y, más recientemente, Sartor (2010), Zamboni (2017), Kornhauser (2018), Mousmouti (2018) o Frandberg (2018, p. 297 ss.). En cierto modo, el nivel teleológico o instrumental de justificación atrae hacia sí los demás niveles (cfr. Oliver-Lalana 2008, p. 546 y 2013, p. 156-157). No puedo ahondar aquí en los abundantes problemas que abre el análisis teleológico, tanto en general como respecto a la justificación de leyes. Cfr. e.g. Linde (1975, pp. 212 y 215): «It is a realistic postulate that laws do not get enacted for no reason at all (...) but they (...) often are enacted for improper reasons»; «identification of the goals of a law offers wide choice between the past assumptions of a policy and its present justifications, between actual and merely hypothetical goals, between immediate objectives and larger social aims, between a series of separate goals or a single accommodation of competing interests, and between the statements of legislators, executive officers, or state courts. A formula for testing (...) a law as a rational means to an end needs to specify how to identify the relevant legislative purpose among these different choices».

35 Aunque la argumentación legislativa tiende a ser instrumental, en ella no falta «el aspecto justificativo en sentido estricto»: los objetivos legislativos han de responder a necesidades sociales y «ser conformes con las normas y valores constitucionales» (Atienza 2006, p. 202; cfr. 2013, pp. 183-185 y 437-438). En la misma línea, tras un análisis de debates en el parlamento europeo, Lord (2013, p. 256): «normative elements are well represented in the (...) debate, even if instrumental arguments are most frequent». Acerca del entrelazamiento de teleología y axiología en la argumentación práctica, Walton (2007, p. 206 y p. 234).

36 El modelo se inspira en la versión "canónica", secuencial o sucesiva, de la proporcionalidad (cfr. e.g. Alexy 2011, p. 11 ss.; Schlink 2018, p. 718 ss.), pero no precluye otras versiones, que podrían ser convenientes, en especial, cuando se legisla sobre derechos sociales (cfr. Clérico 2019, p. 32 ss. o Bernal 2017, p. 497 ss.). De hecho, la justificación legislativa parece exigir la iteración de –i.e. volver una y otra vez sobre– los distintos estadios del análisis de proporcionalidad.

diversas variantes, se ha consolidado como estándar de control constitucional de las leyes en numerosas jurisdicciones, ha sido acogido por muchas iniciativas institucionales de mejora legislativa y regulatoria,[37] y es moneda común entre teorías legisprudenciales.[38] Sin duda, es posible motivar bien una ley sin recurrir expresamente al discurso de la proporcionalidad, pero pienso que hará falta siempre alguna estructura justificatoria análoga que ayude a organizar razonamientos sobre cómo conciliar valores, principios o derechos en colisión (y cómo equilibrar las exigencias contrapuestas dimanantes de distintos planos de justificación legislativa).

Con apoyo en la idea de proporcionalidad se puede entonces proponer una sencilla representación gráfica de la teleología legislativa que deja espacio para las relaciones entre planos de justificación (Figura 2).[39]

Figura 2
Teleología legislativa

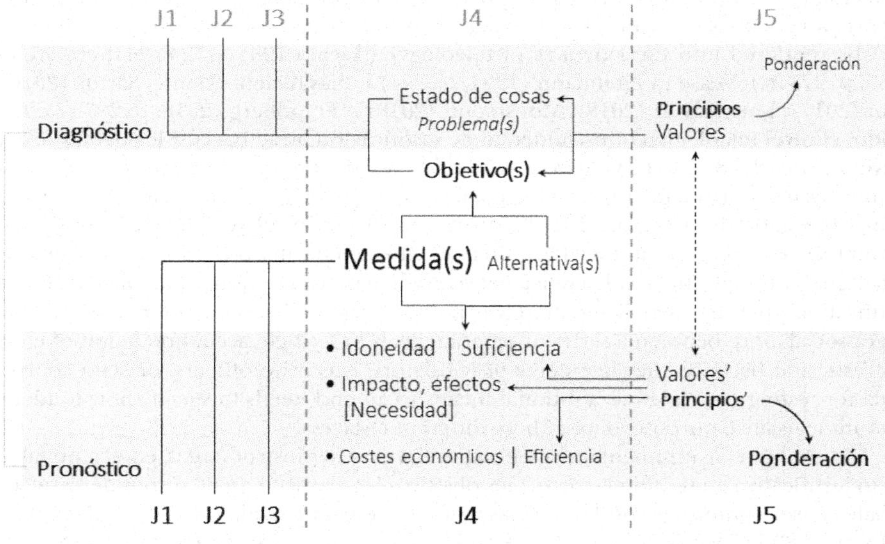

37 Cfr., por ejemplo, el art. 5 del Protocolo nº 2 del Tratado de Funcionamiento de la Unión Europea.

38 «Le principe de proportionnalité infuse de manière systématique l'ensemble de la démarche légistique» (Flückiger 2019, p. 117).

39 Sobre el aspecto estructural de la evaluación de las deliberaciones, véase Secc. 4, donde este gráfico sirve de base para definir un esquema argumentativo de justificación legislativa.

Sería posible elaborar representaciones mucho más sofisticadas y detalladas de la teleología legislativa, pero este modelo gráfico solo pretende capturar la estructura básica de la justificación de leyes en una democracia constitucional, al menos tal como podemos encontrarla en las deliberaciones parlamentarias.[40] Para analizar cómo tratan la teleología legislativa los parlamentarios bastaría con acoplar a esta estructura gráfica el espectro de argumentos (posiciones razonadas) previamente reconstruido: las posiciones defendidas durante los debates ocuparían el lugar de la medida propuesta y sus alternativas, y las razones aducidas se ubicarían en cada uno de los niveles que refleja el modelo. El contenido de las deliberaciones quedaría de esta manera organizado conforme a las prescripciones metodológicas que hace la teoría de la legislación (y a la jurisprudencia constitucional o internacional) acerca de cómo se deben justificar las leyes.[41]

Aunque confío en que el cuadro se entienda sin gran dificultad, dentro del nivel axiológico (J5) hay dos duplicidades que precisan aclaración: una es la del conjunto de valores o principios constitucionales, y otra, la doble referencia a la ponderación legislativa. La primera duplicidad se debe a que los valores o principios[42] utilizados para definir los problemas sobre los que se legisla y los objetivos de la intervención no siempre coinciden del todo con –o no necesariamente agotan– los que pueden emplearse para justificar la selección de las medidas legislativas que se barajan. Por ejemplo, puede suceder que un derecho fundamental no sea relevante al construir el problema legislativo, pero sí al debatir una propuesta de solu-

40 «A Congressman or Senator introduces a bill. (...) this seemingly simple act (...) involves a complex of at least three distinct elements. It means, first of all, that the author of the proposal assumes the existence of a fact situation, the correction of which is sought on the legislative level; secondly, that the method advanced for dealing with the situation is believed to be an appropriate method or means for bringing about an immediate end or goal; thirdly, that the immediate end sought would be instrumental in achieving an even higher or more inclusive end or goal. These constituent elements–the present fact situation, the means-ends hypothesis, the instrumental value judgment, together constitute the very essence of a legislative proposal» (Cohen 1952, p. 34). La literatura legislativa y sobre políticas públicas ofrece reconstrucciones diversas, más o menos complejas, de esta estructura dinámica de justificación, pero tienden a coincidir en lo básico (por ejemplo, cfr. Noll 1973; Seidman 1992; Atienza 1997; Wintgens 2012; o Rubin 2018).

41 Esto supone una diferencia importante respecto a otros enfoques de reconstrucción y análisis, en especial a los que se elaboran en la teoría general de la argumentación: un ejemplo de reconstrucción pragmadialéctica de debates legislativos puede verse en Romano (2012).

42 No entraré a diferenciar entre valores y principios ni, dentro de los principios, entre bienes colectivos y derechos. Recordemos que, en este modelo, el plano axiológico pueden ocuparlo tanto principios materiales como formales o institucionales (e.g. el de democracia).

ción o sus alternativas. Por su parte, la doble referencia a la ponderación quiere reflejar que esta operación no solo aparece al decidir entre soluciones legislativas (pronóstico), sino también al calificar un cierto estado de cosas como un problema que requiere intervención. Es decir, justificar que se debe intervenir en la sociedad a través de legislación, al margen de cuál sea el contenido de las medidas que se propongan, puede exigir razonamientos ponderativos (e.g. para mostrar que la situación actual comporta una realización desproporcionadamente insuficiente de un derecho social). Esta ponderación inicial o diagnóstica puede separarse de la que se realiza, de manera prospectiva, en vista de un conjunto de medidas ya perfiladas.[43]

Habría que decir más sobre los fundamentos, los problemas metodológicos y las limitaciones de este enfoque para reconstruir y analizar debates legislativos, pero estas cuatro claves serán suficientes para poder seguir el primer grupo de estudios de caso incluidos en el presente volumen (Cap. 2 a Cap. 7). Al explorar la hipótesis del concentrado desde el punto de vista de la legisprudencia, desde luego, no nos podemos contentar con la reconstrucción y el análisis de los debates. Como señalaba al principio, habría además que poder determinar si la argumentación de nuestros representantes es mejor o peor –y si lo es, por ende, la legislación resultante–.[44]

43 Sobre la ponderación legislativa, véase Sieckmann (2016, p. 349 ss. y 2019, p. 133 ss.), para quien esta ponderación se distingue de la judicial por su apertura, pureza y complejidad, si bien ambas comparten estructura básica: al igual que los tribunales, los legisladores «deben considerar los factores relevantes en la ponderación, asignar valores a cada factor y agregar sus evaluaciones en un resultado global» (Sieckmann 2016, p. 360). También según Atienza (2006, p. 169 ss.), la ponderación judicial de derechos y de bienes colectivos es trasladable al campo legislativo. En otro lugar (Oliver-Lalana 2021) he caracterizado la ponderación legislativa como un deber legisprudencial triple: *grosso modo*, los legisladores deben ponderar *(i)* argumentos que justifican intervención legislativa frente a los que justifican la inacción; *(ii)* argumentos que justifican la elección de una modalidad concreta de intervención entre un elenco de opciones regulatorias; y, si la intervención se configura como una regla, *(iii)* deben analizar la proporcionalidad de su contenido a la luz de una evaluación comparativa de contenidos alternativos. Y aún cabría añadir un cuarto ejercicio ponderativo, de corte transversal, entre niveles de justificación legislativa.

44 Para la legisprudencia, la calidad de la legislación depende tan solo de la calidad de su justificación. Menos tajantemente, vale decir que «la "calidad" de una decisión colectiva está estrechamente vinculada a la calidad del debate (de la deliberación colectiva) que la precede» (Aguiló 2015, p. 16), con el matiz de que la justificación legislativa es dinámica o cíclica, i.e. es un proceso siempre inacabado: abarca también la fase post-legislativa y cubre, por tanto, la consideración de cuál ha sido el efectivo impacto de la legislación. Sobre la diferencia y la relación entre justificar y reivindicar (buenos) resultados, véase Hart (2013, p. 660).

Esto obliga a ampliar el enfoque a un plano *cualitativo*, donde el propósito no es ya reconstruir y analizar argumentaciones legislativas, sino evaluarlas y criticarlas.[45] Entre ambos planos, por supuesto, tiene que haber cierta continuidad. Es decir, el análisis legisprudencial conforma la base sobre la que debería articularse la evaluación y la crítica de la justificación legislativa contenida en los debates. Pero adentrarse en la cuestión de la calidad hace todo más complicado, porque hay que adoptar algún modelo normativo desde el que evaluar. Para extraer argumentos legislativos de debates parlamentarios y analizarlos sobra con una noción muy débil o subjetiva de justificación, en la que caben cualesquiera razones que se aduzcan durante los debates. Evaluar y criticar, sin embargo, exige una noción más densa y objetiva, que discrimine las buenas de las malas razones, y exige desarrollar también herramientas específicas que permitan valorar la calidad justificatoria de las deliberaciones. A falta de un modelo legisprudencial de argumentación legislativa en el parlamento que solvente ese reto, quizá podamos aprovechar los métodos e instrumentos de evaluación ya disponibles.

3. EVALUACIÓN Y CRÍTICA DE DEBATES LEGISLATIVOS

En las ciencias políticas, la teoría de la argumentación (en varias de sus ramas) o el análisis (crítico) del discurso (político) proliferan en los últimos años investigaciones aplicadas o empíricas que estudian la calidad de debates legislativos, o al menos los examinan a la luz de criterios normativos.[46] De modo más o menos explícito, estos trabajos toman también las deliberaciones parlamentarias públicas como una fuente (potencial) de justificación y legitimidad de las leyes, y en ese sentido comparten planteamiento con la legisprudencia. En estas disciplinas no jurídicas, el abanico de investigaciones que evalúan debates legislativos es muy rico, aunque despuntan dos grandes líneas u orientaciones que cabría llamar *politológica* y *argumentativista*.[47] En ambas se han desarrollado métodos o (se han

45 Sobre la diferencia entre evaluar y criticar argumentaciones, véase Johnson (2000, p. 180 ss. y p. 217 ss.).

46 E incluiría aquí el giro argumentativo del análisis de políticas públicas (Hansson y Hirsch Hadorn 2016).

47 No es sencillo encuadrar en esta bipartición el análisis (crítico) del discurso (político), un campo prolífico en estudios sobre debates legislativos que intentan desvelar ideologías y

adaptado) herramientas de evaluación que ayudan a juzgar, incluso a medir, la calidad de la justificación de las leyes a partir de las deliberaciones parlamentarias.

3.1. Evaluaciones politológicas: calidad discursiva e inteligencia deliberativa

El interés politológico por evaluar debates legislativos en el parlamento es antiguo, pero se dispara en la primera década del siglo con el giro empírico de la teoría de la democracia deliberativa.[48] Es entonces cuando J. Steiner et al. (2004) propusieron el primero de los denominados "índices de calidad discursiva" (DQI, por sus siglas en inglés), que codifican propiedades normativamente relevantes de la deliberación (legislativa) con objeto de medir su rendimiento justificatorio y correlacionarlo con otros factores.[49]

Aunque hoy existen ya distintas variantes de este método, funcionan todas de modo similar. Por referencia a determinados ideales deliberativos se define, en primer lugar, un conjunto de indicadores o criterios de calidad, casi siempre en forma de preguntas con respuesta múltiple o graduada, y se asocian a una escala de valores numéricos; después, con arreglo a esos indicadores, se "califican" las intervenciones individuales (actos de habla) de los parlamentarios, de manera que cada una recibe su respectiva puntuación; lo que permite, al final, cuantificar el rendimiento justificatorio de los debates. Por ejemplo, una versión revisada del DQI original (Tschentscher et al. 2010) fija estos seis indicadores, inspirados

---

condiciones sociales de producción del discurso (cfr. e.g. Starck 1992 o Weckesser 2016; o, más en general, van Dijk 2004). Algunos pueden adscribirse a la línea argumentativista (Fairclough y Fairclough 2012; cfr. Ihnen y Richardson 2011), y otros a la politológica (Schonhardt-Bayley 2008, Bara et al. 2007, Weale et al. 2011). En ambas líneas se tienen en cuenta también aportes de la retórica (e.g. Wiesner et al. 2017; Palonen et al. 2014; Palonen 2018). De todos modos, más que la adscripción disciplinar, interesan los problemas de fondo (cfr. Finlayson 2017).

48 Sobre los precursores y el estado de la cuestión, Bächtiger (2018 y 2014); Quirk y Bendix (2011); y Quirk et al. (2018); cfr. también Bächtiger y Beste (2017); Bächtiger y Parkinson (2019); y, al margen ya de problemas de justificación legislativa, Proksch y Slapin (2015), Laver (2022) o Goplerund (2022).

49 Los proyectos de medición de la calidad deliberativa con índices como el DQI u otros comparables (e.g. Stromer-Galley 2007) han perdido impulso en favor de un mayor pluralismo metodológico. Cfr. Bächtiger y Parkinson (2019, p. 138): «we declare that the time of searching for a grand, unified index of deliberative quality [is] over». Para una crítica general del DQI puede verse, por ejemplo, Rico (2019, p. 4 ss.); y para una aplicación del índice a los debates sobre el Código de Familia en Eslovenia, Kuhar y Petrovčič (2017).

en el discurso ideal habermasiano:[50] (1) la densidad y profundidad de la justificación *(Do speakers just forward demands or do they give reasons for their position? If so, how sophisticated are the justifications?)*; (2) el tipo de interés que canalizan los argumentos *(Do speakers cast their justifications in terms of common good conceptions or of narrow group/constituency interests?)*; el grado de respeto (3) por los colectivos afectados *(Do speakers degrade, treat neutrally, or value groups that are to be helped?)*, (4) por las posturas ajenas *(Do speakers degrade, treat neutrally, value, or agree with demands from other speakers?)*, y (5) por los contraargumentos u objeciones *(Do speakers degrade, ignore, treat neutrally, value, or agree with counterarguments to their position?)*; y (6) la disposición para una política constructiva *(Do speakers sit on their positions or submit alternative or mediating proposals?)*. Como puede advertirse, esta clase de índices evalúa rasgos procedimentales: la sustancia o la estructura de los argumentos legislativos juega un papel residual; y, sobre todo, la plausibilidad de la justificación no se contrasta con parámetros externos.[51] De ahí que un debate repleto de razones infundadas o de mentiras legislativas no obtendría necesariamente, solo por ello, una calificación negativa, que sí podría merecer, en cambio, un debate donde, a pesar de emplearse buenos argumentos, abundaran las intervenciones irrespetuosas.

Y ese sería el problema que procuran salvar los modelos politológicos orientados al contenido. Hasta donde conozco, el más elaborado es el modelo de "inteligencia deliberativa" (Mucciaroni y Quirk 2006 y 2010; Quirk y Bendix 2011). Su idea de fondo sería que los mejores debates –los más inteligentes– son aquellos que generan decisiones legislativas mejor informadas, con mayor probabilidad de lograr sus fines y provocar un impacto positivo en la sociedad. Para establecer el nivel de inteligencia deliberativa, el modelo opera en cuatro pasos. Primero, el evaluador identifica las cuestiones centrales que se discuten con relación a la efectividad y las consecuencias de la ley *(effect issues)*, y las tesis *(effect claims)* que sobre esas

50 Aparte de la ética discursiva habermasiana, se deja ver aquí el influjo de Rawls. El índice original incluía un indicador de "participación", operacionalizado en términos de "actos de interrupción" (Steiner et al. 2004, p. 56-57), que fue después abandonado (Tschentscher et al. 2010, p. 26), al menos en la versión parlamentaria del índice (cfr. Steiner 2012, p. 268). Otros índices de calidad discursiva han tratado de capturar nuevos aspectos, como la reciprocidad, la estructura (causal) de los argumentos, o las formas narrativas y el *story-telling* (Steiner 2012; cfr. Lord 2013; Lord y Tamvaki 2013; Agne 2011).

51 Sobre la recepción entre nosotros de este enfoque, véase Rico (2016, 2017 y 2019); entre las aplicaciones, e.g., Marcos-Marné (2015) o, fuera ya del contexto parlamentario, Brugué y Parés (2012).

cuestiones sostienen los parlamentarios. Luego hay que examinar, ya aparte, si esas tesis se encuentran respaldadas por el conocimiento experto o científico del que pudieron disponer los legisladores.[52] Se comprueba entonces si en los debates se imponen las tesis que, según ese examen previo, han resultado más sólidas, y, correlativamente, si se rectifican las tesis más débiles. Para lo cual se contabilizan ciertos movimientos argumentativos o dialécticos: refutaciones, concesiones explícitas (e implícitas: falta de respuesta ante una refutación y abandono de la tesis refutada) y reafirmaciones de tesis.[53] A partir de ahí –y considerando eventualmente factores como la frecuencia de los movimientos y la extensión con que se justifica cada tesis–, puede asignarse a los debates, ya sea en su totalidad o tesis a tesis, un "valor informativo" con arreglo a la escala *muy bueno - bueno - aceptable - pobre - muy pobre*. Para entendernos: un debate donde la mayoría de pronósticos legislativos fuesen arbitrarios y no los cuestionase nadie ocuparía la grada inferior de la escala (deliberación poco inteligente); mientras que alcanzaría el máximo valor si esos pronósticos son rebatidos y quienes los defendían los abandonan en favor de otros apoyados por mejores evidencias.

3.2. Esquemas argumentativos y preguntas críticas

La segunda línea de investigaciones que quiero mencionar cae en la órbita de la teoría de la argumentación y adopta un enfoque de evaluación, habitual en esa disciplina, basado en esquemas argumentativos y en las baterías de "preguntas críticas" que se acoplan a ellos.[54] Sin entrar en

52 «On the basis of our constructions of the available evidence, we rate effect claims as either "supported," "partially supported," or "unsupported" in light of that evidence» (Mucciaroni y Quirk 2006, p. 46).

53 Se trata, pues, de un modelo híbrido de evaluación dialéctica y epistémica. Véase, más abajo, Secc. 4.4.

54 «An argument scheme is an abstract characterization of the way in which in a particular type of argumentation a premise used in support of a standpoint is related to that standpoint in order to bring about a transfer of acceptance from that premise to the standpoint. Depending on the kind of relationship that is established in the argument scheme, specific kinds of evaluative questions – usually referred to as critical questions – are appropriate to evaluate the argumentation. The critical questions that are associated with an argument scheme capture the specific pragmatic rationale for bringing about the transition of acceptance from the premise to the standpoint. Thus the argument scheme that is used in a specific type of argumentation defines, as it were, how the "internal organization" of the argumentation is to be judged» (van Eemeren et al. 2014, p. 19; cfr. Walton et al. 2008, p. 7 ss. o Kienpointer 1996).

matices, ahora nos interesan los esquemas argumentativos como patrones típicos de razonamiento informal, como estructuras inferenciales que usamos a menudo para conectar plausiblemente unas premisas con una conclusión. Estos esquemas ayudan a reconocer y reconstruir diferentes tipos de argumento y constituyen una buena herramienta para analizar argumentaciones. Pero sirven asimismo para evaluarlas: de un lado, permiten verificar si un argumento se ajusta a la estructura de su respectivo esquema y, por tanto, está bien construido; de otro, para todo esquema podemos concebir una serie de cuestiones o preguntas "críticas" dirigidas a señalar eventuales puntos flacos, y usarlas para valorar la solidez o la suficiencia de los argumentos. Esa evaluación está orientada a establecer la calidad *dialéctica*, y no –necesariamente– implica un examen de la información relevante para valorar la corrección o plausibilidad material de las razones aducidas. Es decir, si un actor emplea un "argumento-tipo" y un interlocutor o el mismo actor formula alguna(s) de las preguntas críticas ligadas al esquema correspondiente, el evaluador, en principio, se limita a examinar si el actor responde o no a esa(s) pregunta(s), y si lo hace de forma (dialécticamente) completa y adecuada.[55] Pues bien, entre la nutrida reserva de argumentos ya esquematizados que existe en la teoría de la argumentación, un grupo encaja muy bien en la tarea de justificación legislativa: el de los argumentos teleológicos. Consideremos e.g. este esquema de "razonamiento práctico basado en valores" (Walton 2007, p. 234 y 2015, p. 3):

(i) tengo el objetivo "O";
(ii) "O" se justifica por el conjunto de valores "V";
(iii) realizar la acción "A" es necesario (o suficiente) para alcanzar "O";
(iv) por tanto, tengo que (debo, en términos prácticos) realizar "A".

A este esquema se vincula un elenco de preguntas críticas (*critical questions*, CQ) referidas a otros objetivos perseguidos que tropiecen con los fijados en la primera premisa, a las consecuencias positivas y negativas de la acción (o medida), a eventuales alternativas, etc.:

55 En la teoría de la argumentación no termina de haber acuerdo sobre cuáles sean las obligaciones dialécticas de quien argumenta y cuándo pueda considerarse que han sido cumplidas o "descargadas". Véase al respecto, por ejemplo, Johnson (2000, p. 332-33 y 2003, p. 49); cfr. Blair (2012, p. 3 ss.). Respecto a las obligaciones dialécticas en el debate político, véase, en especial, Köck (2017, p. 190 ss.). Tampoco está claro cuán fuerte deba ser la carga justificatoria a la que someter a los proponentes de una ley (cfr. Walton 2015, p. 215 ss.).

(CQ1) ¿Qué otros objetivos tengo que puedan entrar en conflicto con "O"?

(CQ2) ¿Qué tan bien está "O" apoyado por mis valores "V" (o al menos es consistente con ellos?

(CQ3) ¿Qué acciones alternativas a realizar "A" que también logren "O" deberían ser consideradas?

(CQ4) Entre realizar "A" y esas acciones alternativas, ¿cuál es probablemente *(arguably)* la mejor opción, en términos de eficiencia para lograr "O"?

(CQ5) Entre realizar "A" y esas acciones alternativas, ¿cuál es probablemente (*arguably*) la mejor opción, a la luz de mis valores "V"?

(CQ6) ¿Qué razones hay para sostener que es posible para mí, desde el punto de vista práctico *(practically possible)*, llevar a cabo "A"?

(CQ7) ¿Qué consecuencias resultantes de realizar "A", que puedan tener un valor negativo superior al valor positivo de "O", deberían ser tenidas en cuenta?

Así, cuando detectamos en el debate legislativo un argumento práctico basado en valores, podríamos evaluarlo examinando si los parlamentarios abordan esta batería de cuestiones y de qué modo lo hacen.[56] Dada la importancia que el razonamiento teleológico tiene al legislar, los diversos esquemas con que se tipifica esta forma de razonamiento en la teoría de la argumentación pueden emplearse, en combinación con las correspondientes series de preguntas críticas, para juzgar la calidad de la justificación legislativa en el parlamento.[57] Y eso es, en definitiva, lo que permiten hacer los modelos que adscribo a la línea argumentativista.[58]

56 Un ejemplo análogo proporciona el esquema de "argumentación pragmática" o "por consecuencias" que se usa en la pragmadialéctica, donde la conclusión figura primero: *1. Se debe (no se debe) realizar la acción X; 1.1a. La acción X conduce a la consecuencia Y; 1.1b. La consecuencia es (in)deseable; 1.1a-1b'. En principio, si la acción X conduce a la consecuencia Y, y si la consecuencia Y es (in)deseable, entonces la acción X (no) debe realizarse* (Feteris 2002 e Ihnen 2012, p. 17 ss.). O, en una variante más sencilla: *1. Se debe (o no se debe) realizar acción X; 1.1 Acción X conduce a consecuencia (in)deseable Y; 1.1' En general, aquellas acciones que conducen a una consecuencia (in)deseable (no) deben realizarse* (cfr. Ihnen 2017, p. 223). De nuevo, ante este argumento se pueden plantear preguntas sobre la viabilidad de la acción, los costes y beneficios, los medios alternativos, etc.

57 En el ámbito de la abogacía política hay enfoques similares a este uso evaluativo de esquemas argumentativos y preguntas críticas: cfr. e.g. Rybacki y Rybacki (1996, p. 191 ss.) o Dalton y Butler (2015, pp. 25 ss., 42 ss.).

58 No todos esos modelos usan igual los esquemas argumentativos y las respectivas baterías de preguntas críticas. En la pragmadialéctica (Ihnen 2012), esquemas y preguntas se combinan con una pareja adicional de instrumentos: el "procedimiento intersubjetivo de comprobación", con el que se determina, a través de las contribuciones de los participantes, si

3.3. Semántica legislativa y evaluación legisprudencial

De la literatura politológica y argumentativista puede aprenderse mucho –y, desde luego, mucho más de lo resumido aquí– sobre cómo evaluar debates legislativos: no solo aborda cuestiones teóricas y metodológicas fundamentales, sino que también ofrece numerosos estudios de caso en diversos parlamentos, e incluso investigaciones transversales y comparadas. Para juristas que se interesan por la debida justificación de la ley, sin embargo, ambas líneas resultan insatisfactorias por el mismo motivo, y es que abordan el potencial justificatorio del debate parlamentario en términos de argumentación o deliberación política, y no propiamente *legislativa* (en el mejor de los casos, incorporan elementos de la tradición de estudios sobre debate y abogacía en materia de políticas públicas). Sin duda, los enfoques provenientes de la teoría de la argumentación o del campo de la democracia deliberativa –o del análisis crítico del discurso– son muy útiles para evaluar aspectos procesales y sustantivos de la justificación legislativa. Pero toman el debate parlamentario, por así decir, como una manifestación del "discurso civil". Al diseñar el instrumental de evaluación, quienes trabajan en esas áreas no parecen pensar en la justificación de leyes *en cuanto tales leyes,* i.e. como conjuntos de enunciados o disposiciones legales integrados en un orden jurídico preexistente (que suele ser, además, múltiple o compuesto, e intensamente constitucionalizado); ni tampoco prestan atención a los criterios de calidad que fijan las teorías normativas de la *legislación,* a las exigencias justificatorias de la metodología *legislativa,* o a los estándares de control judicial de leyes (e.g., a los vinculados al debido proceso legislativo y a la debida deliberación parlamentaria).

El asunto va más allá de la nomenclatura disciplinar: cuando la semántica de la legislación no se incorpora al instrumental de (análisis y) evaluación de los debates, se corre el riesgo de no poder capturar ni valorar puntos relevantes; o de equiparar la justificación de las leyes, sin más, a la de las decisiones políticas –lo que trasluce una imagen algo tosca de la

el esquema argumentativo ha sido bien aplicado; y un "perfil dialéctico" que representa una secuencia de movimientos argumentativos en la que se integran las preguntas críticas. La nueva dialéctica (Walton 2015) se orienta más al modelado de la argumentación y la construcción de sistemas expertos, y las preguntas se agregan como premisas implícitas al esquema argumentativo. Otra variante de uso ofrecen las investigaciones que combinan análisis crítico del discurso político y teoría de la argumentación (Fairclough y Fairclough 2012), en las que las preguntas críticas activan la sospecha ideológica.

legislación–. Es cierto que los métodos propuestos hasta ahora modulan sus postulados deliberativos o argumentativos y buscan adaptarlos a las peculiaridades contextuales e institucionales de los debates parlamentarios. Pero, aun con esas adaptaciones, siguen siendo bastante inespecíficos a la hora de evaluar debates como fuente de justificación de la ley.[59] Cubren desde luego facetas centrales de esa justificación, pero tienden a verla bajo un prisma político o generalista. Ni en los índices de calidad discursiva ni en el modelo de inteligencia deliberativa hallamos mucho que sugiera que la sistematicidad jurídica o el principio de proporcionalidad, por ejemplo, tengan especial significación al legislar y debatir leyes;[60] y los estudios argumentativistas se sirven de esquemas de razonamiento práctico demasiado simples para aprehender la estructura profunda de la justificación legislativa, y no incluyen, en sus baterías de preguntas críticas, cuestiones esenciales para una buena legislación. Necesitaríamos, por tanto, algún enfoque que, aprovechando las enseñanzas de esos modelos y de sus marcos teóricos, permita evaluar debates legislativos de una manera más diferenciada y específica, de acuerdo con una teoría normativa de la justificación de la ley.

Como veíamos, la evaluación tiene que mantener una continuidad con el análisis legisprudencial previo, y dar cuenta de los diversos planos en que se desenvuelve la justificación de leyes, así como de su configuración teleológica y dinámica. En otras palabras, la materia evaluable sería una justificación

---

59 Con al menos dos excepciones: en la pragmadialéctica, Ihnen (2017, p. 218 ss.) ha planteado una batería de preguntas críticas específicas para evaluar la suficiencia de la justificación de proyectos que el gobierno somete a "discusión general" en el congreso chileno (equivalente a nuestro debate de totalidad). Sus preguntas serían «la versión contextualizada» de las preguntas críticas generales, y se adaptan «a los objetivos, principios y normas del marco institucional que regulan el proceso de la formación de la ley en Chile». Estas preguntas cubren, entre otros, aspectos morales, políticos, constitucionales y de viabilidad o factibilidad legislativa, pero siguen colgando del esquema básico de argumentación por consecuencias, que sigue siendo inespecífico. La otra propuesta es la de I. Fairclough (2016; 2018; cfr. Fairclough y Fairclough 2012). Ella combina el análisis crítico del discurso con la teoría de la argumentación para sugerir un esquema de deliberación sobre políticas públicas más sofisticado, que trata de capturar la argumentación «a partir de las circunstancias, los objetivos y la relación entre medios y objetivos» que caracteriza discusiones (colectivas) sobre decisiones o medidas normativas. Pero las preguntas críticas que asocia a este esquema continúan siendo genéricas. Sobre el uso evaluativo de esquemas y preguntas críticas, véase Secc. 4.2 y Secc. 4.3.

60 No obstante, cfr. Thomson (2008). Dentro de una democracia constitucional y una "cultura democrática de la justificación", debería esperarse de los parlamentarios una implicación activa y responsable en la construcción de los derechos fundamentales (Hiebert 2012).

legislativa ya reconstruida a partir de los debates.[61] El enfoque habría de integrar, en segundo lugar, las tres perspectivas básicas bajo las podemos evaluar y criticar argumentaciones: la de su estructura o forma, la del proceso (dialéctico-deliberativo) en el que se insertan, y la del contenido de las razones aducidas.[62] Y al mismo tiempo, en consonancia con la noción colectiva y unitaria de la argumentación legislativa que estamos manejando, debería permitir una evaluación del conjunto de las deliberaciones. Obviamente, uno puede limitarse a evaluar aspectos parciales o puntuales de la justificación de una ley, pero conviene hacerlo sobre el trasfondo de una aproximación global o integral a la calidad de (la justificación contenida en) los debates. Es decir, se trataría de evaluar el conjunto de la argumentación antes de centrarse en evaluaciones fragmentarias (de ciertas líneas o piezas argumentativas). Al igual que en fase de análisis, la evaluación ha de adoptar, además, la perspectiva del participante que se toma en serio su trabajo y la práctica en que participa: debatir y justificar públicamente la legislación en un parlamento democrático.[63] Esto no significa que la perspectiva del participante sea homogénea, pero sí que se aceptan los presupuestos constitucionales implícitos en la práctica.[64] Esta perspectiva obliga a centrarse en lo que debaten los parlamentarios durante las sesiones (típicamente, las medidas o disposiciones centrales de una ley, o sus partes estratégicas). Pero la evaluación no puede ceñirse tan solo a lo expresado en las deliberaciones.[65] Al igual que en el análisis, y frente a quienes trabajan con índices de calidad discursiva (algo similar vale para los

61 Si el análisis no arroja suficiente riqueza de contenidos, emprender una evaluación pierde bastante interés.

62 Que equivaldrían a las dimensiones formal, pragmática (dialéctica-retórica) y material que distingue M. Atienza (2006 y 2013). Cfr. ya Weinberger (1989, p. 381 ss.). La teoría general de la argumentación conoce triparticiones análogas (Johnson 2000). Aquí prescindiré de la distinción entre dialéctica y retórica que hace Atienza dentro de la dimensión pragmática (cfr. Van Eemeren et al. 2014, pp. 10 ss., 425 ss. y 552 ss.).

63 Véase Secc. 1. Una vía para incorporar la perspectiva del participante al enfoque de evaluación es tener en cuenta, en el diseño del método y en la interpretación de resultados, las propias opiniones y percepciones de los implicados (cfr. e.g. D'Auria et al. 1997; Pickerill 2004; Schonhardt-Bailey 2013; Esterling 2011; Rico 2016; Hedlund et al. 2016). Mi impresión es que las evaluaciones más negativas de debates legislativos provienen de enfoques –pienso sobre todo en el análisis crítico del discurso– que no adoptan la perspectiva del participante. Ocurre algo similar, por cierto, con las justificaciones judiciales.

64 Sobre los componentes de la perspectiva de un legislador participante "pro-constitucional", véase Jackson (2016, p. 1757 ss.). Las caracterizaciones de la perspectiva y los presupuestos implícitos en la argumentación legislativa varían según autores (cfr. Atienza 2005). Dejo abierto cuál sea el acto de habla "superior" (cfr. Ihnen 2016) o el "sentido" del debate legislativo (i.e. su adscripción a uno u otro tipo ideal de debate: Aguiló 2015, p. 16 ss. y p. 25-26).

65 En la misma línea crítica, Rico (2019, p. 5-6).

enfoques argumentativistas), los debates no pueden verse como una fuente autosuficiente de justificación. Importan asimismo otros materiales, por cuanto hayan de vincularse a los debates en virtud de la hipótesis del concentrado (así, por ejemplo, las motivaciones de enmiendas, la documentación invocada en la deliberación, etc.); y porque para evaluar el contenido de argumentos legislativos puede haber que recurrir a información que, aun estando disponible antes de aprobarse la ley, acaso no se encuentre entre los materiales generados o usados en el proceso legislativo. Por último, un buen método de evaluación tendría que poder adaptarse a diferentes contextos y escenarios legislativos, lo cual exige combinarlo con alguna tipología de leyes. Es claro que no todas plantean exactamente las mismas clases de problemas, y que tanto el foco como los intereses de la evaluación pueden variar considerablemente según los caracteres particulares de la ley de que se trate. No obstante, para un trabajo exploratorio como este, puede bastar con esbozar un enfoque legisprudencial que ayude a evaluar los debates parlamentarios en un escenario genérico o estándar de legislación.

4. UN ENFOQUE LEGISPRUDENCIAL PARA EVALUAR DEBATES LEGISLATIVOS

Nuestra propuesta para evaluar debates se articula en cuatro grandes bloques o capas, que tratan establecer el *alcance*, la *estructura*, la calidad *dialéctica* (o dialéctico-deliberativa) y la *plausibilidad* de la justificación legislativa reconstruida desde las deliberaciones parlamentarias. Los cuatro están interconectados, y operan como bloques sucesivos que permiten afinar cada vez más la evaluación (el grado de exigencia normativa aumenta al pasar de uno a otro), pero que también son de complejidad creciente para quien evalúa, es decir, los bloques se ordenan de menor a mayor dificultad evaluativa: el primero requiere menos esfuerzo que el último, aunque también es menos concluyente respecto a la calidad justificatoria. A pesar de que el enfoque puede parecer complicado (Atienza 2019, p. 178), esta suerte de escalabilidad resulta útil, pues dependiendo del propósito y contexto de la evaluación puede no hacer falta agotar las cuatro capas.[66] Por ejemplo, un tribunal constitucional o internacional que revise el proceso legislativo para

66 Cfr. Mendes da Rocha (2010, p. 132-133) sobre la gradualidad de la calidad de la deliberación legislativa.

ajustar la deferencia que debe a los legisladores podría contentarse con saber si hubo un debate parlamentario significativo sobre la medida legislativa bajo escrutinio.[67] Y a un tribunal más exigente puede interesarle si las deliberaciones fueron tan buenas (o tan malas) como para merecer un peso positivo (o negativo) en el control constitucional, para lo cual habría que activar otras capas del enfoque. Por su parte, los teóricos de la legislación o los analistas de políticas públicas –e incluso también los tribunales– pueden querer saber si los argumentos de los parlamentarios eran objetivamente plausibles o estaban basados en evidencias, y realizar una evaluación más completa para establecer en qué grado la medida legislativa resultante puede considerarse legisprudencialmente válida o correcta.[68]

4.1. Alcance de la deliberación legislativa

A falta de etiqueta mejor, la noción de *alcance* intenta aprehender dos implicaciones cualitativas del análisis legisprudencial de los debates. Este análisis no solo conforma la base sobre la que articular la evaluación, sino que también ofrece, por sí mismo, indicios acerca del mayor o menor valor justificatorio de la argumentación legislativa en el parlamento. La primera implicación cualitativa es que, al analizar los debates como justificación de la ley, obtenemos una imagen del "espectro" de los argumentos legislativos aducidos, es decir, de la amplitud o cobertura de las deliberaciones. Y la amplitud de ese espectro (la variedad de temas, argumentos, niveles de justificación y alternativas tratados durante los debates) puede considerarse ya como indicadora de conciencia o responsabilidad legislativa. Que los diputados y senadores argumenten en diversos planos justificatorios demostraría, por ejemplo, que son conscientes de que hacer leyes supone bastante más que tomar decisiones de principio o impulsar iniciativas políticas; de que están a punto de introducir cambios (legítimos) en el orden jurídico de un Estado constitucional con los que pretenden, además, incidir sobre la realidad (social); y, por encima de todo, de que son actores dentro de un complejo sistema normativo y de que sus márgenes decisorios no son ilimitados. Eventualmente, como sugiero más tarde (Secc. 5), la variedad de razones y puntos de vista podría además dar pistas sobre la

67 Cfr. e.g. STEDH de 6 de diciembre de 2005, *Hirst v. UK (No. 2)*, § 79; o STEDH de 20 de mayo de 2010, *Alajos Kiss v. Hungary*, § 41, así como Oliver-Lalana (2019).

68 Sobre el tipo de juicios de calidad que permite este enfoque, véase Secc. 4.5.

inclusividad (y aun la representatividad) de la argumentación y, por tanto, sobre una faceta de su calidad democrática.

La otra implicación tiene que ver con el grado de riqueza o "profundidad" de la justificación. Al representar el espectro de razones legislativas (véase *supra*, Fig. 1), se recogen tan solo razones de primer orden, pero estas pueden y suelen ser, a su vez, tesis o conclusiones sostenidas por razones y consideraciones de segundo orden. Solo en este segundo orden puede apreciarse el nivel de detalle de los argumentos, la pluralidad de puntos de vista representados o de los que los parlamentarios se hacen eco a lo largo de los debates, el recurso a narraciones y pruebas anecdóticas, el modo de tratar con saberes expertos, etc. En este sentido, cuanta mayor sea la profusión de razones (i.e., cuanto más rica o profunda sea la justificación), más aumenta el valor informativo del debate legislativo, también a efectos de interpretación jurídica y control constitucional.

Pues bien, la conjunción de ambos aspectos –espectro y profundidad– sería el "alcance" de la deliberación que constituye el primer criterio de la evaluación.[69] Puede servir como indicador elemental de responsabilidad legislativa, y operar por tanto como parámetro evaluativo básico. Normalmente, una argumentación de mayor alcance (que involucre más planos justificatorios y más razones dentro de cada plano, y que repose sobre mayor profusión de consideraciones de segundo orden) será mejor que una de alcance inferior. Es decir, a mayor alcance, más probable es que los debates parlamentarios contengan una debida justificación legislativa. Bajo este parámetro podrían ya considerarse deficientes, como fuente justificatoria, debates de escaso contenido argumental, muy pobres en razones (como suelen ser los que han de amoldarse a trámites de urgencia o de lectura única).[70] Se dirá que para llegar a conclusiones así sobra tanto

69 Agradezco a M. Alemany su observación de que el "alcance" no es realmente un parámetro cualitativo, sino cuantitativo, pues se basa en el número de niveles de justificación implicados y en la cantidad, variedad y extensión de las razones legislativas. Sin embargo, esto no excluye que estos criterios cuantitativos puedan ser relevantes al enjuiciar la calidad de la deliberación. Ocurre algo similar, por ejemplo, con los criterios de solidez (un atributo cualitativo) de las inferencias probatorias en un proceso judicial: la cantidad y la variedad de los datos o hechos probatorios tienen notables implicaciones cualitativas: véase e.g. González Lagier (2022, p. 383 ss.). Los índices de calidad discursiva, como hemos visto (Secc. 3.1), tienen también en cuenta criterios análogos al del alcance.

70 No obstante, bajo ciertas circunstancias o por causas de urgencia, puede ser razonable que el debate sea rápido y escueto en razones. Al igual que ocurre con las sentencias, no todas las decisiones legislativas requieren idéntico esfuerzo y grado de justificación.

aparato, y que el criterio resulta demasiado débil. Pero apenas hemos comenzado a evaluar, y aún hemos de agregar el resto de capas del enfoque.

4.2. Corrección estructural

Mientras que una consideración conjunta o global de las razones a favor o en contra de una medida o disposición legislativa solo permite valorar el alcance de los debates, proseguir evaluando exige alguna estructuración. La justificación legislativa no es una amalgama aleatoria de argumentos, sino que responde a patrones de razonamiento que podemos identificar y utilizar con fines evaluativos. Desde antiguo, los juristas ya hacemos algo similar con las decisiones judiciales: concebimos su estructura profunda como un silogismo o un epiquerema, y tomamos estas formas de razonamiento como modelo prescriptivo de justificación judicial. A partir de ahí, siempre es posible un doble ejercicio de evaluación: podemos examinar, de un lado, la corrección formal o estructural de cualquier esquema de razonamiento judicial (la subsunción es el más recurrente, pero lo mismo vale para otros, como la analogía o la ponderación); y, de otro, podemos valorar la corrección sustancial de las premisas que se introducen en el esquema, o sea, determinar si estas premisas han sido bien justificadas –que es lo más interesante y controvertido–. Adaptando la famosa distinción de J. Wróblewski (1979a, p. 281-282) entre las caras interna y externa de la justificación judicial, cabría diferenciar entonces entre la *justificación legislativa interna*, que respondería a un esquema o estructura inferencial cuya validez fuese posible establecer al margen de la plausibilidad de sus premisas, y la *justificación legislativa externa* de esas mismas premisas, y emplear esta distinción para continuar evaluando la calidad del debate parlamentario. La cuestión es qué esquema subyace, o qué estructura profunda atribuimos, a la justificación legislativa.

4.2.1. Un esquema argumentativo de justificación legislativa

Veíamos antes que, para reconstruir y analizar debates, podemos servirnos de una estructura gráfica de teleología legislativa (Secc. 2.4, Fig. 2); y que los enfoques de evaluación argumentativistas se apoyan en esquemas argumentativos de razonamiento práctico (Secc. 3.2) o de argumentación pragmática.[71] Si comparamos ahora nuestra estructura gráfica con esos es-

71 Véase *supra* nota 56.

quemas teleológicos, podemos advertir con facilidad que la justificación legislativa los desborda. El modelo representado en la Figura 2 es más complejo y, sobre todo, más específico: no encaja bien, o encaja solo limitadamente, dentro de los esquemas argumentativos habituales. Pero podríamos tomarlo como referencia para armar un esquema *de justificación legislativa* que pueda usarse, en la evaluación de debates parlamentarios, del modo en que se emplea en la teoría de la argumentación. Se trataría, primero, de especificar un patrón estandarizado o típico de razonamiento teleológico para el contexto de la legislación parlamentaria: una estructura inferencial que conecte ciertas premisas legislativas a una conclusión como "debe aprobarse la medida M" o "la disposición D". Este esquema permitiría evaluar el lado interno de la justificación de la ley. Después, tendríamos que definir una batería de preguntas críticas dirigidas a poner de relieve eventuales puntos débiles en ese patrón argumentativo, de forma que el tratamiento de estas preguntas durante los debates parlamentarios ayudase a evaluar si, o en qué grado, las premisas legislativas están bien justificadas (dialécticamente) y conducen a una conclusión aceptable.

El esquema argumentativo que se sugiere a continuación viene a ser una traducción del modelo gráfico de teleología legislativa.[72] Está pensado, pues, para las medidas o disposiciones centrales de la ley (las que normalmente se discuten en pleno y en comisión), y para un escenario genérico de legislación. El esquema consta de cuatro premisas que procuran capturar piezas fundamentales de la justificación legislativa en el parlamento. Construir y aducir esas premisas es, en principio, una obligación o carga justificatoria de los proponentes de la medida. La primera premisa es la de *intervención legislativa* (P1), y está sostenida por tres subpremisas, referidas al resultado de una *descripción diagnóstica* (P1a) y una *valoración diagnóstica* (P1b), así como a la ocasión u *oportunidad* de adoptar una acción legislativa bajo las circunstancias actuales (P1c). La segunda premisa formula el objetivo o los objetivos –constitucionalmente amparados– que persigue la *medida legislativa propuesta* (P2). La tercera comprende la *idoneidad y suficiencia* de esa intervención para lograr los objetivos declarados (P3). Por último, dado que las deliberaciones legislativas no solo se limitan a una única medida sino que también abordan sus alternativas, se agrega una premisa de *selección* (P4). Si todas estas premisas son correctas, enton-

72 La subsección siguiente (Secc. 4.2.2) recoge la serie de preguntas críticas asociada a este esquema.

ces la propuesta legislativa debe aprobarse, que sería la conclusión (C) de la argumentación.

Esquema argumentativo de justificación legislativa

(P1) El parlamento debe legislar para mejorar el estado de cosas o situación S_0

(P1a) Existe la situación S_0, definida por los hechos $H_1 \ldots H_n$

(P1b) La situación S_0 ($H_1 \ldots H_n$) afecta negativamente a los valores [o principios] constitucionales $V_1 \ldots V_n$ [$Prin_1 \ldots Prin_n$]

(P1c) Una intervención legislativa sobre S_0 ($H_1 \ldots H_n$) en este momento está justificada

(P2) La intervención legislativa propuesta [disposición D, medida M] persigue el objetivo u objetivos $O_1 \ldots O_n$ basado(s) en los valores constitucionales $V_1 \ldots V_n$ [principios $Prin_1 \ldots Prin_n$] y pretende alcanzar la situación S_1, definida por los hechos $H'_1 \ldots H'_n$

(P3) La intervención legislativa propuesta [disposición D, medida M] contribuirá suficientemente al objetivo u objetivos $O_1 \ldots O_n$, y conducirá a la situación S_1 ($H'_1 \ldots H'_n$)

(P4) Ninguna otra alternativa propuesta [disposición D', D"..., medida M', M"...] para lograr el objetivo u objetivos $O_1 \ldots O_n$ [para realizar la situación S_1 ($H'_1 \ldots H'_n$)] es preferible a la luz de todos los valores o principios en juego

por tanto,

C Debe aprobarse la disposición D [medida M]

Las premisas y subpremisas podrían formularse de otras maneras –de hecho, es probable que algunos escenarios legislativos requieran de un conjunto de premisas ampliado o adaptado–; no obstante, al margen su formulación, pueden considerarse relevantes en muchos contextos de legislación.[73] El esquema sirve también cuando un parlamento está ya obligado a adoptar una acción legislativa y tiene poco margen, si alguno, para fijar por sí mismo los objetivos de la ley (así, por ejemplo, cuando los Es-

73 Cfr. Cohen (1952, p. 35): «a bill would be defective and thus vulnerable to attack if the assumptions which underly any one or all of the three constituent elements [present fact situation, means-ends hypothesis, instrumental value judgment] would be found wanting. In the same way, a judicial decision would be defective when a law would be applied to an erroneous set of facts-when, for example; a criminal statute making it unlawful to take the life of another human would be applied with full sanction to one who really did not commit the act. In the legislative realm, what would result would be a non-realization of a value goal; in the judicial, it would be a denial of justice». Véase, no obstante, Linde (1975, p. 222 ss.).

tados miembros de la UE implementan directivas marco). Como ocurría con el modelo gráfico de teleología legislativa, se objetará que el esquema es demasiado simple y no refleja todo lo que implica justificar una ley. Pero, cuando menos, captura puntos esenciales de la estructura teleológico-axiológica de la justificación legislativa en una democracia constitucional. De tal manera, si el esquema es reconocible en los debates, tendremos un indicador de calidad justificatoria: el criterio permite evaluar si los parlamentarios han avanzado las premisas que se necesitan para justificar una medida legislativa, y si la justificación que dan en los debates resulta internamente correcta, i.e. si está bien formada y respeta la estructura típica que le hemos asignado.

Este esquema argumentativo de justificación legislativa *interna* ofrece tan solo una estructura inferencial básica, como lo es la estructura silogística de las justificaciones judiciales. Adoptarlo es compatible, por supuesto, con el empleo de otros esquemas argumentativos típicos en la legislación. Pero es en el plano de la justificación *externa* de las premisas del esquema donde se ubicarían esquemas argumentativos adicionales (que, a su vez, pueden evaluarse interna y externamente). Así ocurre, señaladamente, con los esquemas teleológicos que usan los enfoques de evaluación argumentativistas (Secc. 3.2). Esos esquemas expresan, en realidad, una "subestructura" –y una muy importante– de la justificación legislativa, pero no contienen el esqueleto general de la justificación de una ley. Sirven, en particular, para justificar la necesidad de la medida legislativa (para responder a preguntas críticas sobre la premisa de idoneidad y suficiencia, y sobre la premisa de selección), del mismo modo que un esquema ponderativo puede acoplarse a las premisas de intervención o de selección.[74] De hecho, en la justificación externa de cada premisa pueden operar muy diversas subestructuras de argumentación o, si se quiere, diferentes "tópicos legislativos" y "patrones argumentativos" característicos en el debate parlamentario.[75] Sucede igual con las sentencias: su gramática profunda –su justificación interna– es silogística, pero las premisas del silogismo pueden colgar de estructuras como la analogía o la ponderación, o resultar de la aplicación de otros esquemas y tipos de argumentos que se encuentran en el plano de la justificación externa.

---

74 No comparto, por tanto, que «el esquema de la ponderación [venga] a ser algo así como la justificación interna de la argumentación legislativa (el equivalente del silogismo judicial)» (Atienza 2019, p. 389).

75 Para el parlamento europeo, véase e.g. Garssen (2016); cfr. también, irónicamente, Guibourg (2001, p. 155 ss.).

Este criterio de calidad estructural también resulta bastante débil: es presumible que se cumpla en la mayoría de deliberaciones legislativas, y que podamos identificar en ellas todas las premisas del esquema argumentativo. Por eso, para aumentar algo más el valor discriminatorio del criterio, puede ser conveniente incorporar un indicador complementario, y considerar también dentro de este mismo bloque qué y cuántas preguntas críticas asociadas al esquema se han planteado durante los debates. Este indicador daría así entrada, en la capa estructural de la evaluación, a quienes se oponen a la medida propuesta, aunque también los proponentes, desde luego, pueden plantear dichas preguntas respecto a las medidas alternativas. Sobre unos y otros pesa la carga de abordar en las deliberaciones ciertas cuestiones clave dentro de cualquier justificación legislativa.

4.2.2. *Preguntas críticas y cuestiones clave en los debates legislativos*

En las últimas décadas, los cuestionarios preparatorios y las listas de comprobación *(checklists)* se han convertido en una herramienta estándar para la toma de decisiones y el *drafting* legislativo. Si bien estos instrumentos están normalmente diseñados para los estadios pre-parlamentarios del proceso legislativo, también letrados o personal especializado que trabaja en el parlamento pueden usarlos para mejorar la calidad de la legislación. Una lista de comprobación legislativa es algo parecido a un conjunto de preguntas críticas para evaluar la calidad de la argumentación de los parlamentarios sobre propuestas de ley. Como en cualquier práctica justificatoria, cuando se trata de justificar la legislación surgen problemas recurrentes sobre los que debe argumentarse si se pretende que el resultado final, la ley, esté debidamente justificado. Así pues, los legisladores electos habrían de considerar también, al fundamentar y debatir sus propuestas, ciertos "puntos clave" *(stock issues)* –por emplear una expresión usual en la literatura de abogacía política (Rybacki y Rybacki 1996, p. 59 ss.; Dalton y Butler 2015, p. 25 ss.)–. Se puede discutir cuáles sean esos problemas o puntos, pero en nuestro caso ya están en gran medida predeterminados por el enfoque seguido para analizar los debates (en especial, por el modelo de teleología legislativa). Esa sería la base sobre la que podemos definir la siguiente lista de preguntas críticas,[76] que ayudan a cuestionar la justificación una la propuesta legislativa (o de sus alternativas):

Preguntas críticas asociadas al esquema de justificación legislativa

(P1) Premisa de intervención legislativa

(P1a) Descripción diagnóstica

1. ¿Es plausible la descripción de la situación o estado de cosas S_0 (o la afirmación de los hechos legislativos $H_1 \ldots H_n$)?
   1.1. ¿Qué datos o evidencias sostienen esa descripción de S_0?
   1.2. ¿Hay otras circunstancias o hechos relevantes que deban incluirse en la descripción de S_0?

(P1b) Evaluación diagnóstica

2. ¿Realmente supone S_0 una afección negativa de valores $V_1 \ldots V_n$ [o principios $Prin_1 \ldots Prin_n$] constitucionales, y qué tan grave es esa afección?
3. ¿Hay otros valores [principios] implicados en S_0 que deban ser considerados?

(P1c) Oportunidad legislativa

4. ¿Debería evitarse o posponerse una intervención legislativa sobre S_0?
5. ¿(Hasta qué punto) está democráticamente legitimada una intervención legislativa sobre S_0?

(P2) Premisa de objetivos y medida propuesta

6. ¿Están suficientemente bien definidos los objetivos $O_1 \ldots O_n$ [¿Está bien definida la situación deseada S_1 ($H'_1 \ldots H'_n$)], o deberían redefinirse en términos más precisos?
7. ¿Son compatibles $O_1 \ldots O_n$ (S_1) con otros objetivos de la misma ley o paquete legislativo?
8. ¿(Hasta qué punto) está democráticamente legitimada la medida propuesta M?

(P3) Premisa de idoneidad y suficiencia legislativa

9. ¿Qué tan fiable es el pronóstico de que M contribuirá suficientemente al objetivo u objetivos $O_1 \ldots O_n$ y a lograr S_1 ($H'_1 \ldots H'_n$)?

76 Se trata de una versión revisada de la lista tentativa sugerida en Oliver-Lalana (2018). La formulación concreta de las preguntas importa menos que las ideas que hay tras ellas. Prescindo aquí de las distinciones (y discusiones correspondientes en la teoría de la argumentación) sobre diferentes maneras de cuestionar argumentos, y simplemente vinculo preguntas críticas a cada premisa o subpremisa del esquema. Pero las objeciones pueden afectar no solo a premisas individuales sino también a la propia conclusión ("debe aprobarse la medida M"), mostrando que es insostenible y, por tanto, debe abandonarse. En los debates, las preguntas normalmente no aparecen como tales preguntas, sino como objeciones o contraargumentos (refutaciones); aunque también pueden formularse como preguntas genuinas, i.e. como simples demandas de razones o de justificación para alguna de las premisas.

9.1. En vista de tales objetivos, ¿está bien formulada M, y cómo se interpretará su formulación (por tribunales, administración, usuarios finales)?

9.2. ¿Provoca M antinomias, o invade competencias legislativas de otros órganos?

9.3. ¿Será M socialmente eficaz? (¿Qué expectativas hay sobre cumplimiento o uso de M?)

9.4. ¿Cómo se promoverá o asegurará la eficacia de M, cómo será ejecutada (hecha cumplir) o implementada?

9.5. ¿Qué costes económicos implica M? (¿Cuál es la previsión presupuestaria para, o el impacto presupuestario, de M)?

10. ¿Qué consecuencias negativas (y positivas, además de contribuir a los objetivos declarados) resultarán de adoptar M?

(P4) Premisa de selección legislativa (necesidad y ponderación)

11. ¿Alguna otra propuesta debatida contribuirá igual o más a $O_1...O_n$ (S_1) con menor impacto negativo y/o con menores costes económicos?

12. ¿Es M proporcionada?

12.1. De no serlo, ¿alguna de las otras propuestas debatidas, aun contribuyendo menos al (o a los) objetivo(s) perseguido(s), es proporcionada?

Las preguntas recogen aspectos básicos de método legislativo (incluidas cuestiones de constitucionalidad y proporcionalidad), así como elementos del modelo multinivel de justificación en que basábamos la reconstrucción y análisis de los debates (lenguaje, sistematicidad jurídica, realización social, instrumentalidad, axiología). Vendrían a conformar una suerte de *checklist* legislativa para parlamentarios, que no pretende ser exhaustiva, sino cubrir –al igual que el esquema argumentativo– algunos puntos de interés legisprudencial que suelen aparecer en las deliberaciones.[77] De ahí que pueda aprovecharse para reforzar la capa estructural de la evaluación. El esquema argumentativo solo permite saber si la justificación legislativa contenida en los debates está correctamente construida (si respeta la estructura típica que le corresponde). Pero, si además de las premisas del esquema, podemos identificar en los debates (algunas de) estas preguntas críticas, en particular las más relevantes en cada escenario regulativo, tendríamos un indicador suplementario de cuidado o responsabilidad legislativa y, por tanto, de calidad justificatoria.[78] Cuantas más preguntas aparez-

77 La importancia (relativa) de cada pregunta puede depender del tipo de legislación y escenario regulativo.

78 La batería de preguntas ha de ser lo bastante variada como para dar cuenta de la justificación externa de propuestas de ley en un amplio rango de escenarios legislativos, pero

can, mejor será probablemente la justificación de la ley. El planteamiento de las preguntas mostraría, de un lado, que los legisladores electos han sido capaces de argumentar sobre aspectos centrales de la justificación de leyes y que lo han hecho, además, en línea con la teoría y metodología de la legislación. Y, de otro lado, indicaría la capacidad de los parlamentarios para cuestionar (o cuestionarse) la solidez del razonamiento que justifica la ley, plantear objeciones clave y avanzar contraargumentos y propuestas alternativas. Nada de eso garantiza una buena argumentación, pero tampoco es desdeñable. En cualquier caso, este examen de corrección estructural es un paso necesario para llegar a los restantes componentes de la evaluación. Y es ya en el siguiente bloque donde las preguntas críticas desempeñan su función evaluativa característica.

4.3. Adecuación dialéctica (o dialéctico-deliberativa)

El tercer bloque de la evaluación encara ya la dimensión dialéctica (o deliberativa) de la justificación legislativa, con el fin de establecer su corrección, calidad o rigor.[79] Siguiendo el ejemplo de los estudios que he llamado argumentativistas, el objetivo sería ahora examinar si los parlamentarios tratan satisfactoriamente las preguntas críticas que hemos acoplado al esquema de justificación legislativa y que ellos mismos plantean en los debates.[80] La discusión de estas cuestiones constituiría, por así decir, la justificación *externa* de las premisas de nuestro esquema argumentativo. Interesan, sobre todo, las réplicas a las objeciones y a los contraargumentos con que se cuestiona el borrador de la propuesta de ley. Si convenimos en que proponer una medida legislativa en el parlamento implica aceptar

---

tampoco es imprescindible que en los debates se aborden siempre todas las preguntas de la lista: cuántas y cuáles deban tratarse puede depender de cada caso.

79 Aquí, "corrección" alude a rigor o calidad dialéctica (no a plausibilidad o corrección sustantiva).

80 Eso permite valorar la *suficiencia* argumentativa. Una argumentación «es suficiente si la aceptabilidad de sus premisas hace efectivamente plausible la aceptabilidad del punto de vista. Los esquemas presuntivos (...) generan una presunción de aceptabilidad del punto de vista. Esa presunción, sin embargo, es cancelable en determinadas circunstancias. Por ejemplo, en el caso de la argumentación por consecuencias, la presunción a favor del punto de vista "Se debe realizar acción X" es cancelable cuando los costos de X son mayores que sus beneficios. El método de preguntas críticas sirve para determinar si esas condiciones excepcionales que cancelan la presunción de un esquema existen en determinado contexto» (Ihnen 2017, p. 225). Sobre los criterios de aceptabilidad, relevancia y suficiencia, véase e.g. Blair (2012, p. 87-100; cfr. Marraud 2017).

unas mínimas obligaciones o cargas dialécticas –digamos, dar explicaciones y razones a quien las pida y responder a las críticas–, cómo afronten los parlamentarios esas obligaciones y cargas resulta un indicador válido de calidad justificatoria.[81] Conviene recordar que caracterizamos la justificación legislativa condensada en los debates como una tarea colectiva, a la que pueden contribuir todos los parlamentarios que toman la palabra, con independencia de cuándo o en qué sesión lo hagan. En este enfoque, cualquier defensor de la medida propuesta podría, hasta la última intervención antes de la votación final, completar o mejorar las respuestas de otro parlamentario a objeciones o refutaciones, o subsanar la falta de réplica en diálogos previos en los que no haya participado.[82] Aunque esto estira bastante la idea de calidad *dialéctica*,[83] una evaluación legisprudencial puede excusar que un interviniente no descargue sus deberes dialécticos si otro lo hace en su lugar: lo importante, a fin de cuentas, es que la asamblea descarte los eventuales problemas de la futura ley o argumente sobre cómo solucionarlos.

Para orientar esta parte de la evaluación cabría utilizar cuatro grandes criterios. Uno es la *exhaustividad*: dialécticamente, los debates serían exhaustivos si ninguna de las preguntas críticas (objeciones o contraargumentos) que se plantee en los debates es ignorada o queda sin respuesta al final de las deliberaciones, en el momento de votar sobre la aprobación de la ley. Como el peso negativo de las lagunas u omisiones puede variar mucho, este criterio operaría en principio como un parámetro positivo. Quiero decir que, debido a las restricciones temporales o de turno en el uso de la palabra, los proponentes de la ley no siempre pueden (ni se les puede cargar con el deber de) responder a todo. Que lo hagan sirve como un indicio de la buena calidad dialéctica del debate, pero un tratamiento

81 Un evaluador podría usar las preguntas críticas directamente para determinar, por sí mismo, la corrección sustantiva o la plausibilidad de cada una de las premisas del esquema. Pero no hay que precipitarse: antes de llegar a esa capa de la evaluación, hemos de considerar qué han justificado los legisladores y cómo.

82 En este sentido, las preguntas críticas son iterativas, y permanecen abiertas durante la fase de intercambio argumentativo *(argumentation stage)* y hasta el final del debate. Correlativamente, la base de conocimiento de que disponen los participantes no se cierra hasta la clausura de la argumentación mediante el voto. Sobre este punto, véase Walton (2015, p. 180-181).

83 Es decir, "dialectico" ha de entenderse aquí en un sentido amplio que cubre intercambios argumentativos indirectos en toda la serie de debates (de ahí que use la expresión de adecuación "dialéctico-deliberativa"). Sobre la distinción entre situaciones dialógica y dialéctica, Freeman (2011, p. 39-40).

no exhaustivo o parcial de las objeciones podrá dispensarse algunas veces. Un segundo criterio podría ser, entonces, el de la *importancia*, que se cumpliría si los defensores de la iniciativa legislativa responden por lo menos a las refutaciones de su posición y a las objeciones más fuertes en contra de las premisas legislativas (en el sentido de que los propios intervinientes las consideran las más relevantes en el respectivo escenario legislativo). En tercer lugar, tendríamos que determinar si las respuestas ofrecidas durante la deliberación son pertinentes y no elusivas, o sea, si se refieren en efecto al núcleo de las objeciones, o bien a aspectos meramente accesorios o a cuestiones no planteadas en realidad o aun irrelevantes (ahí entraríamos en el campo de las falacias de la argumentación legislativa).[84] Cabría referirse a este criterio como el de *pertinencia* (o adecuación) de las respuestas.[85] Los debates podrían considerarse ya como dialécticamente correctos o rigurosos si no tienen lagunas dialécticas o deliberativas sobre puntos importantes y si las réplicas a las objeciones son pertinentes. Pero aún es posible añadir un último criterio para dar cuenta de las concesiones: si los proponentes de la medida admiten debilidades en la justificación que han ofrecido, deberían estar dispuestos a enmendar su propuesta correlativamente. De hecho, esa reconsideración de las propuestas iniciales en vista de la discusión puede ser un dato cualitativo crucial.[86] A fin de cuentas, la legislación parlamentaria no es un asunto de producir obras legislativas maestras, sino de mejorar propuestas legislativas.

En teoría de la argumentación, las evaluaciones dialécticas de debates legislativos son mucho más sofisticadas (cfr. Ihnen 2012). A su lado, este planteamiento ha de resultar rudimentario. No obstante, al juzgar si los debates han sido satisfactorios, los estudios argumentativistas suelen centrarse en detectar respuestas no pertinentes y lagunas en el tratamiento de

84 Sobre las falacias pragmáticas, Atienza (2013, pp. 116-117 y 370-371). Cfr. también Vega (2016, p. 119 ss.). Conviene notar, con todo, que en términos legisprudenciales lo negativo no es tanto la mera presencia de respuestas falaces cuanto que se den por buenas, o no sean detectadas y corregidas durante la deliberación; i.e. lo positivo es que al final se cambien por buenas respuestas (en este sentido, Laehn 2004).

85 Sobre la adecuación como criterio de corrección dialéctica, Johnson (2003, p. 49); cfr. Van Eemeren et al. (2014, p. 385 ss.). Sobre el criterio de pertinencia, Santibáñez (2011, p. 453 ss.).

86 Véase Mucciaroni y Quirk (2006), sobre la trascendencia de las concesiones en la deliberación legislativa, y Viktorovitch (2013, p. 175-176), sobre las reconsideraciones no condicionadas como criterio de calidad deliberativa. Incluso aunque la aceptación de enmiendas (ordinarias o transaccionales) sea el precio que haya de pagarse a cambio de apoyo parlamentario, o si resulta de negociaciones informales entre grupos o partidos, los parlamentarios suelen dar al menos alguna justificación genérica en público cuando debaten la ley.

las preguntas críticas; y mi impresión es que, en cuanto a la calidad de la justificación legislativa, no llegan a conclusiones muy diferentes de las que pueden alcanzarse con estos cuatro criterios.

A diferencia de los dos primeros bloques (alcance y estructura), la capa dialéctica de la evaluación proporciona una visión bastante fiable de la calidad justificatoria. Pero soporta al mismo tiempo una limitación decisiva: la evaluación dialéctica se ciñe tan solo a las contribuciones que efectivamente se hagan durante las deliberaciones legislativas. Si bien tiene en cuenta el contenido de estas intervenciones, la evaluación no va más allá del examen dialéctico del discurso de los propios parlamentarios. En otras palabras, los cuatro criterios apuntados no permiten pronunciarse sobre si, o en qué grado, lo que se sostiene durante los debates es cierto o correcto.[87] Eso exige ya trascender el discurso de los parlamentarios y valorarlo "desde fuera", o sea, a la luz de otros materiales justificatorios. Un evaluador externo todavía puede preguntarse si los argumentos esgrimidos –y las decisiones resultantes– se pueden considerar objetivamente acertados. Y la única forma de responder pasa por contrastar el contenido de los debates con información recabada fuera de las deliberaciones parlamentarias, es decir, con las fuentes de conocimiento externas que estaban a disposición de los legisladores en el momento de la aprobación del proyecto de ley, incluso aunque estas fuentes no se reflejen ni se usen en los debates. La evaluación, en suma, habría de completarse con un último bloque en el que se compruebe la plausibilidad del contenido de la argumentación. Esta es la parte más difícil.

4.4. Plausibilidad

Un método integral para evaluar la justificación contenida en los debates tendría que permitir verificar si las premisas legislativas son plausibles o correctas desde el punto de vista material, i.e. habría de juzgar el contenido de la argumentación. Entendida en este sentido denso, la plausibilidad no puede establecerse ya en el nivel dialéctico-deliberativo, considerando solo las contribuciones de los parlamentarios al debate, sino que se precisan parámetros de contraste. Dado que los debates son una fuente

87 Las evaluaciones argumentativistas del contenido de los intercambios dialécticos son bastante abiertas y no suelen basarse en fuentes de información externas; tampoco cuando, ante la falta de respuesta a una pregunta crítica, el evaluador asume rol de participante y completa la discusión truncada (cfr. Ihnen 2012, p. 245 ss.).

condensada y, por tanto, *no autosuficiente* de justificación, hace falta alguna evidencia confirmatoria del exterior para asegurarse de que las razones legislativas aducidas son realmente sostenibles. El problema es qué criterio ayudaría a completar esta fase de la evaluación. Sin descartar otras vías,[88] cabría contemplar tres opciones.

La estrategia más simple –y menos reveladora– para evaluar la plausibilidad del contenido de los debates sería verificar la congruencia de las afirmaciones y tesis de los parlamentarios con los materiales que invocan explícita o implícitamente al justificar cada una de las premisas legislativas o al abordar las respectivas preguntas críticas. Esto permitiría al menos descubrir manipulaciones o tergiversaciones de la documentación que manejan (e.g. dictámenes de órganos consultivos, memorias de análisis e impacto normativo y demás trabajos preparatorios, estadísticas e informes oficiales, estudios especializados, jurisprudencia constitucional, etc.). No obstante, que las intervenciones de los parlamentarios cuadren en efecto con los materiales con que se respaldan dice aún muy poco sobre la plausibilidad de sus argumentos.

Una segunda aproximación, ya mucho más exigente, sería revisar la evidencia y las opiniones expertas disponibles sobre los asuntos legislativos en juego, y evaluar el contenido de los debates a partir de ahí. Esto ayudaría a detectar lagunas sustanciales en la justificación (por ejemplo, que los parlamentarios ignoraron un aspecto central que deberían haber considerado), así como a identificar argumentos mal fundados o sin apoyo en ninguna evidencia. Esa venía a ser la propuesta de Mucciaroni y Quirk (2006; 2010). Como vimos, su modelo de inteligencia deliberativa aúna la evaluación epistémica con otra dialéctico-deliberativa.[89] Tras identificar en los debates qué tesis se sostienen sobre la efectividad de la ley, el evaluador revisa la evidencia disponible *ex ante* para los legisladores, y determina si dichas tesis son (más o menos) correctas materialmente. Sobre esa base, la inteligencia deliberativa se valora contabilizando refutaciones, concesiones y reiteraciones de las tesis.[90] Un enfoque legisprudencial tendría que

---

88 Por ejemplo, alguna adaptación al entorno legislativo de criterios para evaluar la corrección material de argumentaciones judiciales (Atienza 2013, p. 553 ss.) o la aceptabilidad de las diferentes clases de premisas que se usan en una argumentación general (Freeman 2005, p. 318 ss.).

89 Véase Secc. 3.1.

90 Nótese que las concesiones, en este contexto, solo cuentan positivamente cuando el argumento que se reconoce mejor lo es, en efecto, a la luz del examen previo de las evidencias

ampliarse a otros aspectos aparte de la efectividad de la ley (véase Mucciaroni y Quirk 2006, p. 200) y aplicar este método a las premisas del esquema argumentativo de justificación legislativa. Primero se seleccionarían entonces las tesis y contratesis clave relativas a cada una de las premisas y subpremisas en que se sustenta la medida propuesta, para luego averiguar, en un examen externo, hasta qué punto esas tesis y contratesis están apoyadas por el conocimiento experto del que podían disponer los legisladores. A continuación, habría que señalar si las tesis que carecen de respaldo son rebatidas y si, tras ser rebatidas (por contratesis mejor fundadas), quienes las introdujeron en el debate siguen sosteniéndolas o bien las abandonan, e incluso las reconocen como erróneas.

El modelo de la inteligencia deliberativa tiene el problema de que la valoración de referencia queda expuesta a oscilaciones cognitivas y normativas o ideológicas entre los evaluadores, quienes tendrían además que dedicar gran esfuerzo a estudiar cada escenario legislativo. Y a ese problema se suma que a menudo será difícil pronunciarse sobre si una premisa legislativa está bien o suficientemente fundada desde el punto de vista material.[91] Cuesta en verdad escapar a estas dificultades al valorar la corrección sustancial de argumentos en cualquier contexto. Quizá, para reducir las dificultades –y esta es la tercera opción–, se podría recurrir a criterios de tipo procesal, como los que proporciona la metodología legislativa y se utilizan en el control constitucional de las leyes en algunas jurisdicciones. Así, ante valoraciones controvertidas de la información experta disponible, o cuando falten evidencias claras sobre la corrección o la fiabilidad de las premisas, el evaluador examinaría si el proceso por el que se ha llegado a ellas cumple criterios básicos de calidad metodológica.[92] Eso ayudaría

---

que realiza el evaluador. Mucciaroni y Quirk emplean el término "refutación" en un sentido general.

91 Sobre la plausibilidad de las declaraciones de expertos en el proceso legislativo, véase Esterling (2011).

92 Por ejemplo, si tomamos como inspiración las pautas que en ciertos casos aplica el Tribunal Constitucional Federal alemán (BVerfG) para apreciar la plausibilidad de diagnósticos y pronósticos legislativos, habría que ver si los que se manejan en los debates parlamentarios son fruto de un proceso justificatorio "cuidadoso" y "tan exhaustivo como sea posible"; un proceso en el que se recopile información "suficiente", se "agoten" las todas las fuentes de conocimiento disponibles y se efectúen ponderaciones bajo la consideración de "todos" los intereses implicados, sin ignorar circunstancias "relevantes". Sobre las doctrinas de control procesal del BVerfG, véase Oliver-Lalana (2016). Cfr. Atienza (2013, p. 370), para quien las falacias materiales pueden verse como incumplimientos de reglas metodológicas al establecer las premisas de una argumentación.

al menos a estimar la plausibilidad del contenido de la argumentación en situaciones de incertidumbre.[93] Pero tampoco creo que esto solucione los desacuerdos evaluativos. Salvo en casos extremos, cuando se trata de revisar la plausibilidad sustancial de los argumentos legislativos –ocurre así también con los judiciales–, es probable que lo único que podamos hacer es intentar justificar razonablemente nuestras evaluaciones. Evaluar razones, al final, también es un asunto de dar razones.

4.5. Limitaciones del enfoque de evaluación

El objetivo de esta sección era sugerir pautas metodológicas para *explorar* la hipótesis del concentrado en el plano de la evaluación, de modo que pudiéramos completar así la reconstrucción y el análisis de los debates (Secc. 2). En esta etapa de ensayo, los juicios de calidad que resulten de aplicar este enfoque solo podrán ser, por tanto, tentativos e indiciarios. Esto puede ser suficiente para una exploración preliminar de nuestra hipótesis, aunque es obvio que restan numerosas cuestiones pendientes de resolver. Por ejemplo, no se ha contemplado realizar ningún tipo de agregación de las cuatro capas de la evaluación, que acaso permitiese formular una valoración global o de conjunto de la calidad de los debates.[94] Tampoco hay ningún desarrollo particular de la reconstrucción, análisis y evaluación de las ponderaciones legislativas, ni de la conexión entre la argumentación legislativa dentro del parlamento y la que tiene lugar en la esfera pública o en otros contextos de decisión jurídica (señaladamente, en los tribunales que interpretan o que controlan la legislación). Un método integral habría de incluir además algún componente retrospectivo, y no limitarse a una perspectiva *ex ante*. No me extenderé más sobre estos y otros cabos sueltos que dejan las pautas metodológicas que acabamos de ver,[95] pero sí quisiera apuntar una de las principales dificultades que ha de afrontar un enfoque legisprudencial: cómo evaluar la calidad democrática del debate legislativo.

---

93 Al ejemplificar el enfoque de evaluación, intentaré mostrar cómo podría funcionar esta propuesta con las apreciaciones empíricas que sustentan un diagnóstico legislativo (véase Cap. 2, Secc. 6).

94 La calidad de la argumentación legislativa es un atributo gradual y compuesto, lo que dificulta hacer juicios integrales acerca del nivel de satisfacción de una pretensión de justificabilidad.

95 Véase Ferraro (2018) y Nascimento (2019, p. 165 ss.). Una teoría de la argumentación legislativa habría de ofrecer además un tratamiento específico de muchos aspectos que no están cubiertos por este enfoque.

5. DEBATES LEGISLATIVOS Y DEMOCRACIA REPRESENTATIVA

Determinar la plausibilidad de la justificación legislativa condensada en los debates (ya sea según las evidencias disponibles para los legisladores o de alguna otra manera) tampoco puede ser, con todo, el punto final de la evaluación. Y ello porque, desde la perspectiva de los participantes, legislar es una tarea no solo epistémica, sino también voluntarista y representativa.[96] Bajo este ángulo, por ejemplo, corregir o abandonar una premisa legislativa mal fundada podría implicar renunciar a una posición política predefinida que refleje expectativas y preferencias de los votantes, o de la sociedad en general. Las inclinaciones sociales y las convicciones ideológicas o políticas de la ciudadanía, como sabemos, pueden ser irrazonables, y eso complica la evaluación de la argumentación legislativa como discurso representativo vinculado con el principio democrático. Recordemos que, más allá de su ubicación en el proceso legislativo y del marco institucional en que se producen los debates, la principal motivación para estudiarlos como fuente de justificación era la condición de legisladores *electos* y, por tanto, la especial legitimidad de quienes participan en ellos para cambiar el derecho. Al evaluar la argumentación legislativa, pues, debería darse alguna relevancia a su dimensión representativa y democrática.[97] Dos cuestiones principales se abren aquí: con qué criterios o indicadores establecer el valor democrático de los debates, y qué importancia (o cuánto peso) asignar a ese valor en el conjunto de la evaluación.

Como criterios generales de calidad democrática, dos buenos candidatos podrían ser la *inclusividad* y la *representatividad*. Así, una deliberación legislativa "inclusiva", que incluya las voces o perspectivas (o los intereses

96 Sobre el carácter representativo de los debates, véanse Rinne (2020), así como Mendes da Rocha (2010) o Valentini (2019); cfr. Oliver-Lalana (2005, p. 135 ss.). Acerca de la doble lógica, discursiva y "posicional" de la deliberación parlamentaria, Schäfer (2017, p. 419 ss.). Véase también Aguiló (2015, p. 25 y n. 18; y 2019, p. 92 ss.) y Jackson (2016, p. 1735 ss.). En la medida en que los parlamentos son órganos de representación popular, creo que desvincular la justificación legislativa de la democracia encierra cierto sesgo racionalista y elitista –nada infrecuente entre juristas (cfr. Waldron 1999, p. 8 ss.).

97 En la Secc. 4.4.2 he tratado de hacerlo con las preguntas críticas quinta y octava, referidas a la subpremisa de oportunidad (P1c) que contiene la premisa de intervención legislativa (P1) y a la premisa de objetivo y medida propuesta (P2). Estas preguntas críticas permiten discutir hasta qué punto están democráticamente legitimadas una intervención legislativa y las medidas concretas con las que se quiere intervenir. Pero afectan solo a dos premisas del esquema de justificación, y hacen apenas una consideración global de la dimensión democrática (en la que podrían caber indicadores diferentes y hasta incompatibles).

y discursos[98]) de todos los colectivos afectados por la legislación resultaría democráticamente más valiosa que otra que refleje tan solo algunas. El carácter más o menos inclusivo de la deliberación podría quizá evaluarse al tiempo que se examina su alcance (Secc. 4.1). Parece también que, si un argumento legislativo es verdaderamente representativo, o sea, si quien lo aduce actúa en efecto como "representante argumentativo" de un sector de población o del electorado, ese argumento gana fuerza en términos democráticos como expresión de la autonomía política de los ciudadanos. Esta representatividad podría tratarse, por ejemplo, durante la evaluación dialéctica, extendiendo a toda la deliberación la idea que subyace a las preguntas críticas quinta y octava (Secc. 4.2.2); pero también en el bloque relativo a la plausibilidad (Secc. 4.4). Así, si los parlamentarios aducen en nombre de sus electores un argumento (una posición y razones que la apoyen) o invocan el respaldo de la ciudadanía o la demanda social para justificar la ley (lo que suelen hacer a menudo en conexión con promesas y programas electorales),[99] se examinaría si esa suerte de «pretensión representativa» (Saward 2006; cfr. Rehfeld 2018) está bien fundada, si es contestada o no, y cómo se desarrollan los intercambios dialécticos al respecto. Esto podría ser un modo de evaluar la calidad de la abogacía legislativa como tarea representativa (cfr. Urbinati 2000). Igualmente, al valorar la plausibilidad del contenido de los debates, se podrían examinar evidencias externas para averiguar si las pretensiones representativas que se formulan están bien fundadas materialmente –i.e. si la argumentación de los parlamentarios es, de hecho, representativa–.[100] En este sentido, un criterio convergente de calidad democrática podría ser el de la *autenticidad*, que permitiría discriminar si las decisiones legislativas son justificadas en representación de todos los ciudadanos, o si, por el contrario, son resultado de una captura legislativa o del abuso de la legislación para promover un interés particular opuesto al interés común. Los índices de

98 Dryzek y Niemeyer (2008); con relación a la representación del colectivo LGTB, cfr. Tremblay (2022).

99 A menudo, el apoyo de programas y promesas electorales sirve solo para justificar el impulso de la legislación, pero no ya una disposición concreta (al menos, si programas y promesas están vagamente formulados, como suele ser frecuente). Véase, con todo, Fairclough y Fairclough (2012, p. 228 ss.).

100 El problema es que los intereses, convicciones y valores que canalizan nuestros representantes pueden cambiar desde el momento electoral (o pre-legislativo). Es decir, la representatividad no tiene por qué ser "monolítica" o estática, sino que a menudo es dinámica. Cfr. Bächtiger y Parkinson (2019, p. 125) y, con respecto a las diversas y mudables "representaciones" que puede encarnar un representante, Saward (2014).

calidad discursiva, que son los instrumentos más detallados para evaluar argumentaciones parlamentarias, suelen fijar indicadores específicos para medir este aspecto.[101]

La segunda cuestión –qué importancia se debería asignar a la democracia en la evaluación– se plantea al margen de cuál sean los criterios o indicadores utilizados para establecer la calidad democrática. Supongamos, por ejemplo, que empleamos como criterio los votos, i.e. el respaldo electoral de la ciudadanía: ¿tendríamos que tratar ese respaldo como un argumento más, o marcarlo como un argumento de tipo *formal* que opera dentro de la deliberación? Y, de hacerlo así, ¿jugaría en igual plano que los argumentos *materiales* o en un plano distinto? Tampoco estoy seguro de cuál debería ser el valor del respaldo electoral, o con relación a qué debería tenerse en cuenta: si respecto de todos los argumentos, o solo para modular el peso de cierto tipo de argumentos materiales (típicamente los axiológicos; pero entonces, ¿también los constitucionales?).[102] Otra pregunta sin responder es si se habría de vincular ese respaldo electoral únicamente a las posiciones que tratan de justificarse (a las tesis o conclusiones de la justificación legislativa), o también a (cada una de) las razones a favor de esas posiciones.

Todos esos interrogantes sin resolver nos traen al núcleo mismo de nuestra manera de comprender la legislación, y nos sitúan ante la vieja tensión entre democracia y racionalidad, entre voluntad y sabiduría legislativas. Se trata, en cierto modo, de una opción teórica fundamental ante (familias de) concepciones de la legisprudencia que compiten entre sí. Dependiendo de si uno acoge una teoría racionalista y objetivista de la legislación, o más bien una democrática y relativista, la relevancia que se

101 Me refiero, en especial, a indicadores sobre el tipo de interés que expresan los argumentos: *Do speakers cast their justifications in terms of common good conceptions or of narrow group/ constituency interests?* (Tschentscher et al. 2010, p. 26); *How far do representatives justify their views with reference to notions of the public good that cover different publics, including (a) their constituents, (b) the public of the polity as a whole, or (c) all affected individuals?* (Lord 2013, p. 252); otro problema es qué tan honestos o sinceros sean los parlamentarios cuando aducen argumentos en público. Cfr. también Steiner et al. (2004, p. 58) y Steiner (2012, p. 270). Desde la teoría de la legislación, Nascimento (2022) utiliza el enfoque de las preguntas críticas para estudiar este aspecto.

102 Cuestiones análogas suelen discutirse con relación al papel de los llamados "principios formales" –como el de democracia– en la ponderación judicial: cfr. Oliver-Lalana (2016, p. 363 ss. y 2019, p. 431 ss.).

conceda a la voluntad popular a la hora de evaluar la justificación legislativa que ofrecen los representantes electos puede variar enormemente.

6. RECAPITULACIÓN

La capacidad deliberativa y legislativa de nuestros representantes políticos se ha puesto tantas veces en entredicho que habrá quien piense que estudiar los debates parlamentarios sobre propuestas de ley como fuente (concentrada) de justificación legislativa carece de sentido. La hipótesis de que puedan contener buenas razones legislativas, i.e. una justificación razonada e incluso razonable para las leyes, sería casi rocambolesca. Esta idea parece bastante extendida entre juristas: más allá de cierto uso interpretativo, no solemos ver en los debates nada interesante. Como la mayoría de la gente, tendemos a pensar mal de quienes ocupan escaños parlamentarios (al menos, de quienes no son juristas), y damos por sentado que sus deliberaciones no sirven para justificar gran cosa, menos aún leyes. Ese escepticismo, sin embargo, no está suficientemente respaldado por estudios legisprudenciales aplicados o empíricos sobre la capacidad justificatoria de los parlamentos y de sus miembros. Y justamente con el objetivo de explorar la "hipótesis del concentrado" en escenarios reales, se ha esbozado aquí un enfoque que permite reconstruir, analizar y evaluar deliberaciones legislativas desde el punto de vista de la legisprudencia. Aunque se trata de un enfoque tentativo, permite al menos realizar un ensayo preliminar que podría tomarse como base para investigaciones más pormenorizadas. Seguramente habrá quien cuestione que hayamos de ser los juristas –que vivimos sobre todo de la argumentación *de lege lata*–, desde las facultades de derecho, quienes debamos emprender esta clase de investigaciones. Se le podría responder señalando, por ejemplo, que tienen notables implicaciones para la legitimidad de las legislación y la posición del parlamento como centro normativo de una democracia constitucional; para el control judicial de la ley y para la contienda teórica entre detractores y partidarios de la justicia constitucional (digamos, entre positivistas y post-positivistas); o para la metodología jurídica y la teoría de la interpretación. Aunque quizá la primera razón para continuar con esta línea de trabajo sea mucho más simple. Los juristas, como decía al principio, debemos valorar las decisiones vinculantes según su justificación, según los argumentos que se aducen para justificarlas; así que, si no tenemos un modelo para distinguir entre mejores y peores argumentaciones legislativas en el parlamento, no termina de estar claro que nuestros juicios sobre las leyes estén, a su vez, tan bien justificados como deberían.

REFERENCIAS

Aarnio A (1983) Towards a theory of legislation and its role in societal change. *Philosophical Perspectives in Jurisprudence.* Akateeminen Kirjakauppa, Helsinki, 245–261.

Agne H (2011) Answering questions in parliament during budget debates. *Parliamentary Affairs* 64: 153-174.

Aguiló J (2015) *Acuerdos jurídicos y debate.* Fontamara, Ciudad de México.

Aguiló J (2019) En defensa del Estado constitucional de derecho. *Doxa* 42: 85-100.

Alexy R (1995) *Recht, Vernunft, Diskurs.* Nomos, Baden-Baden.

Alexy R (2005) Balancing, constitucional review, and representation. *International Journal of Constitucional Law* 3/5: 372-381.

Appleby G, Olijnyk A (2017) Parliamentary deliberation on constitutional limits in the legislative process. *UNSW Law Journal* 40: 976-1007.

Atienza M (1992) Practical reason and legislation. *Ratio Juris* 5: 269-287.

Atienza M (1997) *Contribución a una teoría de la legislación.* Civitas, Madrid.

Atienza M (2005) Reasoning and legislation. En: Wintgens LJ (ed), *The Theory and Practice of Legislation.* Ashgate, Aldershot, 297-316.

Atienza M (2006) *El derecho como argumentación.* Ariel, Barcelona.

Atienza M (2013) *Curso de argumentación jurídica.* Trotta, Madrid.

Atienza M (2019) Un modelo de análisis de la argumentación legislativa. En: Oliver-Lalana AD (ed) *La legislación en serio. Estudios sobre derecho y legisprudencia.* Tirant lo Blanch, Valencia, 343-395.

Bächtiger A (2014) Debate and deliberation in legislatures. En: Martin S et al. (eds), *The Oxford Handbook of Legislative Studies.* OUP, Oxford, 145-166.

Bächtiger A (2018) A preface to studying deliberation empirically». En: Bächtiger A et al. (eds), *The Oxford Handbook on Deliberative Democracy,* Oxford: OUP, 657-662.

Bächtiger A, Bendix W, Quirk P (2018) Institutional deliberation. En: Bächtiger A et al. (eds), *The Oxford Handbook on Deliberative Democracy.* OUP, Oxford, 273-299.

Bächtiger A, Beste S (2017) Deliberative citizens, (non) deliberative politicians: a rejoinder. *Prospects and limits of Deliberative Democracy* (*Daedalus* - Special Issue), 106-118.

Bächtiger A, Parkinson J (2019) *Mapping and measuring deliberation.* OUP, Oxford.

Bächtiger A, Wyss D (2013) Empirische Deliberationsforschung – eine systematische Übersicht. *Zeitschrift für vergleichende Politikwissenschaft* 7:155-181.

Bara J, Weale A, Bicquelet A (2007) Analysing parliamentary debate with computer assistance. *Swiss Political Science Review* 13/4: 577-605

Bello-Hutt D (2021) Deliberative, republican, and egalitarian institutional alternatives for popular constitutionalism. *Revista Derecho del Estado* 48: 183-214.

Bentham J (1843) *The book of fallacies. The works of Jeremy Bentham*, vol. 2. W. Tait, Edinburgh.

Bernal C (2017) The constitutional adjudication of positive social and economic rights by means of the proportionality analysis. En: Borowski M et al. (eds) *Rechtsphilosophie und Grundrechtstheorie.* Mohr Siebeck, Tübingen, 497-522.

Blair AT (2012) *Groundwork in the theory of argumentation.* Springer, Dordrecht.

Blunt D (2015) Parliamentary speech and the location of decision-making. *Australasian Parliamentary Review* 30/1: 83-104.

Brest P (1986) Congress as constitutional decisionmaker and its power to counter judicial doctrine. *Georgia Law Review* 21: 57-105.

Brugué Q, Parés M (2012) Entre la deliberación y la negociación: el caso de la Mesa de la Montaña en Aragón. *Revista de Estudios Políticos* 158: 75-100.

Burgess S (1992) *Contest for constitutional authority.* University Press of Kansas.

Clérico L (2019) Proportionality in social rights adjudication: making it workable. En: Duarte D, Silva Sampaio J (eds) *Proportionality in law.* Springer, Cham, 25-48.

Cohen J (1952) Hearing on a bill: legislative folklore. *Minnesota Law Review* 37: 34-45.

Cohen J (1956) Good man and the role of reason in legislative law. *Cornell Law Review* 41/3: 386-398.

D'Auria A et al. (1997) *Las razones de nuestros representantes.* EUDEBA, Buenos Aires.

Dalton P, Butler JR (2015) *Public policy argumentation and debate.* P. Lang, New York.

Devins NE, Fisher L (2015) *The democratic constitution.* OUP, New York.

Devins NE, Whittington K (eds) (2005) *Congress and the Constitution.* Duke UP, Durham.

Díez Ripollés JL (2013) *La racionalidad de las leyes penales.* Trotta, Madrid (2ª ed.).

Dryzek JS, Niemeyer S (2008) Discursive representation. *American Political Science Review* 102/4: 481-493.

Duxbury N (2013) *Elements of legislation.* Cambridge UP, Cambridge.

Esterling K (2011) "Deliberative disagreement" in U.S. Health Policy Committee hearings. *Legislative Studies Quaterly* 63: 169-198.

Evans C, Evans S (2006) Evaluating the human rights performance of legislatures. *Human Rights Law Review* 6: 545-569.

Fairclough I, Fairclough N (2012) *Political discourse analysis.* Routledge, London.

Fairclough I (2016) Evaluating policy as argument. *Critical Discourse Studies* 13: 57-77.

Fairclough I (2018) Conductive argumentation in the UK fracking debate. *Argumentation and inference. Proceedings of the 2nd European Conference on Argumentation (II).* College Publications, London, 297-310.

Ferraro F (2018) La "legisprudenza" e i problemi della giustificazione legislativa. En: Ferraro F, Zorzetto S (eds) *La motivazione delle leggi.* Giapichelli, Torino, 127-147.

Feteris E (2002) Pragmatic argumentation in a legal context. En: van Eemeren F (ed) *Advances in pragma-dialectics.* Sic-Sat, Amsterdam, 423-459.

Fisher L (1985) Constitutional interpretation by members of Congress. *North Carolina Law Review* 63: 707-747.

Flückiger A (2019) *(Re)faire la loi.* Stämpfli, Bern.

Frändberg A (2018) *The legal order.* Springer, Cham.

Freeman JB (2005) *Acceptable premises.* Cambridge UP, Cambridge.

Freeman JB (2011) *Argument structure.* Springer, Dordrecht.

Finlayson (2017) What is the point of parliamentary debate? Deliberation, oratory, opposition and spectacle in the British House of Commons. *Redescriptions* 20/1: 11-31.

García Figueroa A (2015) Legislación y neoconstitucionalismo. *Anales de la Cátedra Francisco Suárez* 49: 311-332.

Garssen B (2016) Problem-solving argumentative patterns in plenary debates of the EP. *Argumentation* 30: 25-43.

Gartz H (2015) *Begründungspflicht des Gesetzgeber.* Baden-Baden: Nomos.

González Lagier D (2022) Inferencia probatoria y valoración conjunta de la prueba. En: Ferrer J (ed) *Manual de razonamiento probatorio.* SCJN, Ciudad de México, 353-396.

Goplerud M (2022) Methods for analizing parliamentary debates. En: Bäck H et al. (eds) *The politics of legislative debates.* OUP, Oxford, 72-90.

Govier T (2010) *A practical study of argument.* Wadsworth, Belmont (10th ed.).

Guibourg R (2002) *Provocaciones en torno al derecho.* Eudeba, Buenos Aires.

Habermas J (1998) *Facticidad y validez.* Trotta, Madrid.

Hamilton WG (1808) *Parliamentary Logick.* E. and R. Baldwin, London.

Hansson SO, Hirsch Hadorn G (eds) (2016) *The argumentative turn in policy analysis.* Springer, Cham.

Hart HLA (2013) Discretion. *Harvard Law Review* 127: 652-665.

Hedlund D, Cederborg AC, Zamboni M (2016) The art of the (im)possible: legislators' experiences of the lawmaking process when reforming migration law. *The Theory and Practice of Legislation* 4/1: 45-63.

Hiebert J (2012) Parliamentary engagement with the Charter. *Supreme Court Law Review* 58: 87-107.

Horack FE (1938) Do legislators think like judges? *State Government* 11/9: 163-178.

Hübner C (2018) *Cortes constitucionales y democracia deliberativa.* M. Pons, Madrid.

Ihnen C (2012) *Pragmatic argumentation in lawmaking debates.* Sic Sat, Amsterdam.

Ihnen C (2016) Negotiation and deliberation: grasping the difference. *Argumentation* 30/2: 145-165.

Ihnen C (2017) La argumentación por consecuencias en el debate legislativo chileno. *Onomázein* 37: 218-243.

Ihnen C, Richardson JE (2011) On combining pragma-dialectics with critical discourse analysis. En: Feteris E et al. (eds) *Keeping in touch with pragma-dialectics.* John Benjamins, Amsterdam, 231-244.

Jackson V (2016) Pro-constitutional representation. *William & Mary Law Review* 57: 1717-1788.

Johnson RH (2000) *Manifest rationality: A pragmatic theory of argument.* Erlbaum, Mahwah.

Johnson RH (2000) The dialectical tier revisited. En: van Eemeren FH et al. (eds) *Anyone who has a view. Theoretical contributions to the study of argumentation.* Kluwer, Dordrecht, 41-53.

Kienpointner M (1996) *Vernünftig Argumentieren.* Rohwolt, Reinbek bei Hamburg.

Klimas T, Vaiciukaite J (2008) The law of recitals in European Community legislation. *ILSA Journal of International and Comparative Law* 15: 1-33.

Köck C (2017) *Deliberative rhetoric.* University of Windsor, Windsor.

Kornhauser LA (2018) Choosing ends and choosing means: teleological reasoning in law. En: Bongiovanni G et al. (eds) *Handbook of legal reasoning and argumentation.* Springer, Dordrecht, 387-412.

Krell MR (2018) Judging as soccer: jurisprudence, legisprudence, and metaphor. *Elon Law Review* 10: 125-164.

Kuhar M, Petrovčič A (2017) The quality of parliamentary deliberation: the case of the Family Code debates in the Slovenian Parliament. *Javnost – The Public* 24/1: 71-86.

Laehn T (2004) Legislative deliberation and the rhetorical foundations of democracy: A preface to an assessment of the quality of senate deliberation [https://www.drake.edu/media/departmentsoffices/dussj/2006-2003documents/LegislativeLaehn.pdf].

Landowski E (1977) Le débat parlementaire et l'écriture de la loi. *Revue française de science politique* 27: 428-441.

Lascher EL (1996) Assessing legislative deliberation. *Legislative Studies Quarterly* 24: 501-519.

Laver M (2022) Analyzing the politics of legislative debate. En: Bäck H et al. (eds) *The politics of legislative debates.* OUP, Oxford, 21-33.

La Spina A (1989) *La decisione legislativa.*Guiffrè, Milano.

Linde H (1975) Due process of lawmaking. *Nebraska Law Review* 55: 197-255.

Lord C (2013) No representation without justification? *Journal of European Public Policy* 20: 243-59.

Lord C, Tamvaki D (2013) The politics of justification? *European Political Science Review* 5: 27-54.

Luce R (1922) *The science of legislation I – Legislative procedure.* Houghton Mifflin Co., Boston.

Mansbridge J et al. (2012) A systemic approach to deliberative democracy. En: Parkinson J, Mansbridge J (eds), *Deliberative systems: Deliberative democracy at the large scale.* CUP, Cambridge, 1-26.

Marcos-Marné H (2015) El debate sobre la descentralización en el Parlamento español. *Revista Española de Ciencia Política* 38: 41-61.

Marraud H (2017) *¿Es lógico? Análisis y evaluación de argumentos.* Cátedra, Madrid (4ª ed. ampliada).

Mendes da Rocha M (2010) Representação, deliberação e estudos legislativos. *Revista Brasileira de Ciências Sociais* 74: 121-137.

Mousmouti M (2018) *Designing effective legislation.* E. Elgar, Cheltenham.

Mucciaroni G, Quirk P (2006) *Deliberative choices. Debating public policy in Congress.* University of Chicago Press, Chicago.

Mucciaroni G, Quirk P (2010) Rhetoric and reality. *Legisprudence* 4: 35-52.

Nascimento RS (2019) *Teoria da Legislação e Argumentação Legislativa.* Alteridade, Curitibia.

Nascimento RS (2022) Political rationality and the argumentative approach in lawmaking. En: Ferraro F, Zorzetto S (eds) *Exploring the province of legislation.* Springer, Cham, 85-101.

Noll P (1973) *Gesetsgebungslehre.* Rohwolt, Reinbeck bei Hamburg.

Nourse V (2016) *Misreading law, misreading democracy.* Harvard UP, Cambridge (Ma.).

Oliver-Lalana AD (2005) Über die Begründungsfähigkeit der legislativen Argumentation. En: Sieckmann J (ed) *Verfassung und Argumentation.* Nomos, Baden-Baden, 129-143.

Oliver-Lalana AD (2008) Los argumentos de eficacia en el discurso parlamentario. *Doxa* 31: 533-566.

Oliver-Lalana AD (2011) Representación argumentativa y legitimidad democrática de las decisiones judiciales. En: Clérico L et al. (eds) *Derechos fundamentales, principios y argumentación.* Comares, Granada, 147-175.

Oliver-Lalana AD (2013) Rational lawmaking and legislative reasoning in parliamentary debates. En: Wintgens L, Oliver-Lalana AD (eds) *The rationality and justification of legislation.* Springer, Cham, 135-184.

Oliver-Lalana AD (2014) Normas y razones: un estudio sobre argumentación legislativa, en Grández P, Morales F (eds) *La argumentación jurídica en el Estado Constitucional.* Palestra, Lima, 491-528.

Oliver-Lalana AD (2016) El control judicial del proceso de justificación legislativa y la teoría de los principios formales. En: Portocarrero J (ed), *Ponderación y discrecionalidad.* Universidad Externado, Bogotá, 311-376.

Oliver-Lalana AD (2018) Migliori e peggiori argomentazioni legislative. En: Ferraro F, Zorzetto S (eds) *La motivazione delle leggi.* Giapichelli, Torino, 67-125.

Oliver-Lalana AD (2019) Deliberación legislativa y control judicial de las leyes. En: Oliver-Lalana AD (ed), *La legislación en serio.* Tirant lo Blanch, Valencia, 397-465.

Oliver-Lalana AD (2021) 'Thou shalt balance': making sense of the delegation of proportionality testing to the end users of laws. En: Sieckmann J (ed) Proportionality, balancing, and rights. Springer, Cham, 231-252.

Oliver-Lalana AD, Wintgens L (2019) Legisprudence. En: Sellers M, Kirste S (eds) *Encyclopedia of the Philosophy of Law and Social Philosophy.* Springer, Dordrecht, 1-9.

Palonen K (2018) A comparison between three ideal types of parliamentary politics: representation, legislation and deliberation. *Parliaments, Estates and Representation* 38: 6-20.

Palonen K et al. (eds) (2014) *The politics of dissensus.* McGraw-Hill, Madrid.

Paredes JM (2013) *La justificación de las leyes penales.* Tirant lo Blanch, Valencia.

Paredes JM (2021) Instrumental rationality of the legislator and social stereotypes about crime. En: Becerra J (ed), *Criminal law-making.* Springer, Cham, 147-170.

Pickerill JM (2004) *Constitutional deliberation in Congress.* Duke UP, Durham.

Pound R (1908) Common law and legislation. *Harvard Law Review* 21: 383-407.

Proksch SO, Slapin JB (2015) *The politics of parliamentary debate.* Cambridge UP, Cambridge.

Quirk P, Bendix W (2011) Deliberation in Congress. *The Oxford Handbook of The American Congress.* OUP, Oxford, 550-574.

Radbruch G (1929) *Einführung in die Rechtswissenschaft.* Quelle & Meyer, Leipzig (*Gesamtausgabe. Rechtsphilosophie I,* CF Müller, Heidelberg, 1987).

Rehfeld M (2018) On representing. *The Journal of Political Philosophy* 26/2: 216-239.

Reicherzer M (2006) *Authentische Gesetzgebung.* Duncker und Humblot, Berlin.

Rico C (2019) Deliberation in parliaments. *Revista de Sociologia e Política* 27/72: 1-14.

Rico C (2017) El estudio de la deliberación en los parlamentos. *Revista de Estudios Políticos* 176: 343-363.

Rico C (2016) *Deliberación parlamentaria y democracia representativa.* Congreso de los Diputados, Madrid.

Rinne J (2020) *Deliberative representation in parliament.* Doctoral Dissertation, University of Helsinki [https://helda.helsinki.fi/handle/10138/308783].

Romano MB (2012) El debate en torno al aborto. *Cogency* 4/1: 159-183.

Rozenberg O (2018) Why should parliaments continue to debate? *Redescriptions* 21/2: 148-166.

Rubin E (2018) Statutory design as policy analysis. *Harvard Journal on Legislation* 55: 143-183.

Rybacki KC, Rybacki DJ (1996) *Advocacy and opposition. An introduction to argumentation.* Allyn and Bacon, Boston (3rd ed.).

Santaolalla F (1991) Exposiciones de motivos de las leyes: motivos para su eliminación. *Revista Española de Derecho Constitucional* 33: 47-64

Santaolalla F (2013) El debate parlamentario y el uso de la palabra. *Revista de Derecho Político* 86: 47-80.

Santaolalla F (2019) *Derecho parlamentario español.* Dykinson, Madrid (2ª ed.).

Santibáñez C (2011) Pertinencia. En: Vega L, Olmos P (eds) *Compendio de lógica, argumentación y retórica.* Trotta, Madrid, 453-455.

Sartor G (2010) Doing justice to rights and values: teleological reasoning and proportionality. *Artificial Intellingence and Law* 18: 175-215.

Sartor G (2018) Defeasibility in law. En: Bongiovanni G et al. (eds) *Handbook of Legal Reasoning and Argumentation.* Springer, Dordrecht, 315-364.

Saward M (2006) The representative claim. *Contemporary Political Theory* 5: 297-318.

Saward M (2014) Shape-shifting representation. *American Political Science Review* 108/4: 723-736.

Schäfer A (2017) Deliberation in representative institutions. *Australian Journal of Political Science* 52: 419-435.

Schlink B (2018) Proportionality. *The Oxford Handbook of comparative constitutional law.* OUP, Oxford, 718-737.

Schonhardt-Bailey C (2008) The congressional debate on partial-birth abortion. *British Journal of Political Science* 38: 383-410.

Schonhardt-Bailey C (2013) *Deliberating American monetary policy.* The MIT Press, Cambridge (Ma.).

Sehl M (2019) *Was will der Gesetzgeber?* Nomos, Baden-Baden.

Seidman RB (1992) Justifying legislation. *Harvard Journal on Legislation* 29/1: 1-77.

Sieckmann J (2005) Argumentation im Parlament. En: Sieckmann J (ed) *Verfassung und Argumentation.* Nomos, Baden-Baden, 113-128.

Sieckmann J (2016) Rational lawmaking, proportionality and balancing. En: Meßerschmidt K, Oliver-Lalana AD (eds) *Rational Lawmaking under Review.* Springer, Cham, 349-372.

Spörndli M (2004) *Diskurs und Entscheidung: Eine empirische Analyse kommunikativen Handelns im deutschen Vermittlungsausschuss.* Wiesbaden: VS Verlag.

Starck A (1992) "Political-discourse" analysis and the debate over Canada's lobbying legislation. *Canadian Journal of Political Science - Revue canadienne de science politique* 25/3: 513-534.

Steiner J (2012) *The foundations of deliberative democracy.* CUP, Cambridge.

Steiner J et al. (2004) *Deliberative politics in action.* CUP, Cambridge.

Stromer-Galley J (2007) Measuring deliberation's content: a coding scheme. *Journal of Public Deliberation* 3/1: article 12.

Stuart Mill J (2001) *Representative government* [1861]. Batoche Books, Kitchener.

Tanasoca A, Jensen S (2019) Ritual deliberation. *The Journal of Political Philosophy* 27/2: 139-165.

Thomson RK (2008) *Deliberation in New Zealand's House of Representatives.* University of Otago (Diss.).

Tremblay M (2022) *LGBQ legislators in Canadian politics. Out to represent.* Palgrave Macmillan, Cham.

Tschentscher A et al. (2010) Deliberation in parliaments. *Legisprudence* 4: 13-34.

Tushnet M (2009) Is congress capable of conscientious, responsible constitutional interpretation? *Boston University Law Review* 89: 499-509.

Valentini C (2019) The legislative assembly and representative deliberation. *The American Journal of Jurisprudence* 64/1: 105-123.

Vega L (2016) *La fauna de las falacias.* Trotta, Madrid.

Viktorovitch C (2013) Les pépites délibératives au creux du tamis parlementaire. En: de Galembert C et al. (eds) *Faire parler le parlement.* LGDJ, Paris, 171-187.

van Aecken K (2005) Legal instrumentalism revisited. En: Wintgens LJ (ed), *The Theory and Practice of Legislation.* Ashgate, Aldershot, 67-92.

van Eemeren F et al. (2014) *Handbook of argumentation theory.* Springer, Dordrecht.

van Dijk T (2004) Text and context of parliamentary debates. En: Bayley P (ed) *Cross-cultural perspectives on parliamentary discourse.* John Benjamins, Amsterdam, 339-372.

Waldron J (1999) *Law and disagreement.* Clarendon, Oxford.

Waldron J (2008) *Parliamentary recklessness: why we need to legislate more carefully.* Maxim Institute, Auckland.

Walton D (1998) *The new dialectic,* University of Toronto Press, Toronto.

Walton D (2007) Evaluating practical reasoning. *Synthese* 157: 197-240.

Walton D (2009) Objections, rebuttals and refutations. *Argument cultures.* OSSA, Windsor, 1-10.

Walton D (2015) *Goal-based reasoning for argumentation.* CUP, Cambridge.

Walton D et al. (2008) *Argumentation schemes.* CUP, Cambridge.

Weale A, Bicquelet A, Bara J (2012) Debating abortion, deliberative reciprocity and parliamentary advocacy. *Political Studies* 60: 643-667.

Webber G et al. (2018) *Legislated rights – Securing human rights through legislation.* CUP, Cambridge.

Weinberger O (1989) *Rechtslogik* [1970]. Duncker und Humblot, Berlin (2ª ed.).

Weckesser C (2016) El debate parlamentario desde un enfoque sociodiscursivo. *Revista iberoamericana de argumentación* 12: 1-33.

Wellman C (1971) *Challenge and response.* Southern Illinois UP, Carbondale.

Whittington K (2001) *Constitutional construction.* Harvard UP, Cambridge (Ma.).

Wiesner C et al. (2017) *Debates, rhetoric and political action.* Palgrave, London.

Wintgens LJ (2012) *Legisprudence. Practical reason in legislation.* Ashgate, Aldershot.

Wróblewski J (1979a) Justification of legal decisions. *Revue Internationale de Philosophie* 127: 276-293.

Wróblewski J (1979b) A model of rational law-making. *ARSP* 65/2: 187-201.

Xanthaki H (2014) *Drafting legislation.* Hart, Oxford.

Zamboni M (2017) Goals and measures of legislation. En: Xanthaki H, Karpen U (eds) *Legislation in Europe.* Bloomsbury, Oxford, 96-108.

Zapatero V (2019) *The art of legislating.* Springer, Cham.

Zitelmann E (1904) *Die Kunst der Gesetzgebung.* Zahn & Jaensch, Dresden.

Capítulo 2

¿«Y NO HA SERVIDO PARA NADA»? LA DELIBERACIÓN LEGISLATIVA SOBRE EL ACCESO DE MENORES AL ABORTO (L.O. 11/2015)

A. DANIEL OLIVER-LALANA*

Resumen – Este trabajo estudia los debates legislativos sobre el acceso de menores al aborto que precedieron la aprobación de la *Ley Orgánica 11/2015 para reforzar la protección de las menores y mujeres con capacidad modificada judicialmente en la interrupción voluntaria del embarazo.* Se ha seguido para ello un enfoque legisprudencial, i.e. basado en la teoría y la metodología (de la justificación) legislativa, que trata de capturar cuatro aspectos de la calidad de la deliberación parlamentaria sobre una ley: su alcance, su corrección estructural, su adecuación dialéctica y la plausibilidad de su contenido. A la luz de este enfoque, las discusiones sobre la regulación del acceso de menores al aborto muestran algunas deficiencias graves –que los propios diputados y senadores identifican como tales–, pero también permiten apreciar el considerable "potencial justificatorio" de los debates legislativos en el parlamento.

* Por sus comentarios y críticas a versiones preliminares del texto estoy en deuda con los participantes en las *Jornadas sobre argumentación legislativa y justificación parlamentaria de las leyes* (Zaragoza, diciembre de 2021) y en seminarios en las universidades de Alicante y A Coruña, en especial con M. Atienza, R.S. Nascimento y J.A. Seoane. El trabajo se inscribe en el proyecto RTI2018-095843-B-I00 (financiado por MCIN/AEI/10.13039/501100011033 y por FEDER - Una manera de hacer Europa).

La legislación parlamentaria, como cualquier otra legislación, alza la pretensión de ser respetada, de que quienes están llamados a cumplirla, aplicarla o usarla le reconozcan autoridad legítima. Para la legisprudencia, la respetabilidad de la ley depende de su justificación, es decir, de los argumentos (formales, procesales y materiales) en que se base –y de nada más–. Pues bien, dentro de la compleja empresa justificatoria que subyace a la elaboración y aprobación de leyes en una democracia constitucional, los debates legislativos públicos en el parlamento ofrecen un espacio privilegiado para la justificación, debido a su marco institucional y ubicación procedimental y, sobre todo, a la condición de legisladores electos de sus protagonistas. La legisprudencia, sin embargo, apenas ha estudiado el potencial y rendimiento de estos debates como fuente de justificación legislativa. En el capítulo anterior hemos planteado por eso un enfoque legisprudencial que podría ayudar a evaluar si una medida legislativa ha sido justificada razonablemente por quienes la aprueban. Y lo que me propongo ahora es ejemplificarlo con los debates sobre la *Ley Orgánica 11/2015 para reforzar la protección de las menores y mujeres con capacidad modificada judicialmente en la interrupción voluntaria del embarazo.* Tras repasar rápido los elementos en que se descompone la evaluación (Secc. 1) e introducir el escenario legislativo escogido (Secc. 2), discutiré hasta qué punto las deliberaciones parlamentarias sobre dicha ley lograron justificarla. Para ello, examinaré de manera tentativa el alcance (Secc. 3), la corrección estructural (Secc. 4), la adecuación dialéctico-deliberativa (Secc. 5) y la plausibilidad (Secc. 5) de la argumentación reflejada en estos debates. El resultado del ensayo es ambivalente. Atendiendo tan solo al discurso de quienes propusieron y defendieron la ley, podría pensarse que estamos ante un caso claro de error legislativo: la regulación del acceso de menores al aborto que introdujo la L.O. 11/2015 no resultaría de las mejores razones, sino de las peores. No obstante, y frente a la mala impresión que pudieran dar las deliberaciones parlamentarias –de ahí el título del trabajo, tomado de la intervención de una senadora de la oposición–, pienso que traen consigo un provecho doble: no solo sirven para entender mejor, en perspectiva teórica, lo que requiere la justificación legislativa en una democracia constitucional, sino que también suministran al público interesado argumentos con que valorar críticamente la legitimidad de esta ley.

1. UN ENFOQUE PARA EVALUAR DEBATES LEGISLATIVOS

Para explorar la hipótesis de que los debates parlamentarios contienen –siquiera en forma condensada o concentrada– argumentaciones capaces de justificar las leyes, se ha esbozado antes un modo de reconstruirlos, analizarlos y evaluarlos como fuente de justificación legislativa (Cap. 1). En este trabajo me centraré únicamente en ejemplificar las pautas sugeridas para la evaluación de debates, y dejaré al margen las tareas de reconstrucción y análisis.[1] Como vimos, la principal carencia de los métodos e instrumentos de evaluación disponibles es la falta de especificidad, pues no incluyen en su diseño la semántica legisprudencial: es preciso articular algún enfoque que –sin desatender los aportes provenientes de otras disciplinas– permita valorar la calidad del debate legislativo a la luz de una concepción normativa de la justificación de la ley. El enfoque propuesto en este libro está compuesto por cuatro grandes capas o bloques, que tratan de capturar otras tantas facetas de la calidad de la justificación legislativa contenida en las deliberaciones parlamentarias: su alcance, su corrección estructural, su adecuación dialéctica (o deliberativa) y su plausibilidad. Recordemos brevemente en qué consiste cada uno de los bloques.[2]

Bajo la noción de *alcance* podemos aprehender dos implicaciones cualitativas que derivan del análisis legisprudencial de los debates. De un lado, este análisis revela ya la amplitud del "espectro" de las razones legislativas y la cobertura de las deliberaciones (la variedad de asuntos o cuestiones, argumentos, niveles de justificación y alternativas discutidas por los parlamentarios). De otro lado, muestra la riqueza o "profundidad" justificatoria de las deliberaciones (i.e., el grado de detalle en las intervenciones y en el recurso de los legisladores al conocimiento experto, o a evidencias anecdóticas, así como la pluralidad de perspectivas sociales representadas o reflejadas en los debates). El alcance de los debates puede usarse como indicio de responsabilidad o conciencia legislativa y como parámetro mínimo de calidad: cuanto mayor sea su alcance, más probable es que la deliberación contenga una buena justificación legislativa. Es obvio que se trata de un criterio muy débil, pero todavía podemos agregar más capas a esta consideración básica. Con ellas se intenta dar cuenta de tres planos en

1 Según se expuso en el Cap. 1 (Secc. 2), la evaluación se basa en una labor previa de reconstrucción y análisis.

2 Para más detalles, véase Cap. 1 (Secc. 4).

los que pueden evaluarse argumentaciones en cualquier contexto: el de la forma o estructura, el de la dialéctica y el de la sustancia o el contenido.

La capa de evaluación estructural se ocupa de comprobar si los elementos básicos de la justificación de una intervención legislativa en la sociedad son identificables en los debates, y si los parlamentarios han abordado cuestiones típicamente relevantes cuando se trata de justificar esa intervención. Con este fin, se ha sugerido un esquema de razonamiento legislativo (que subyace a la justificación de leyes en una democracia constitucional), asociado a su vez a un conjunto de preguntas críticas o puntos clave que los parlamentarios pueden (y deberían) plantear al discutir propuestas legislativas. Si en los debates se expresan las premisas de dicho esquema de justificación legislativa y se formulan las preguntas que permiten discutir su solidez, la deliberación legislativa puede considerarse estructuralmente adecuada. Esto no asegura, desde luego, que la calidad legisprudencial de los debates sea alta, pero aumenta su valor justificatorio global. El esquema argumentativo y la batería correlativa de preguntas críticas son asimismo la base sobre la que se evalúan los otros dos aspectos de calidad que cubre el enfoque: la adecuación dialéctico-deliberativa y la plausibilidad.

Para valorar la adecuación dialéctico-deliberativa, se examina cómo manejan los parlamentarios las preguntas críticas que se han planteado en los debates acerca de la justificación que sustenta la propuesta legislativa. Los criterios de adecuación en este bloque serían la *exhaustividad* y la *pertinencia* de las respuestas, la *importancia* de las preguntas respondidas y la disposición a la *reconsideración* de los propios argumentos. Cuanto más adecuado sea el debate en este sentido, más probable será también que contenga una buena justificación legislativa. A diferencia del alcance y de la estructura, este parámetro proporciona una valoración bastante fiable de la calidad justificatoria, aunque tiene, no obstante, una limitación crucial: la evaluación dialéctica se ciñe a las efectivas contribuciones de los parlamentarios a la deliberación. Un observador externo, sin embargo, debería todavía valorar si esas contribuciones –y, por tanto, las decisiones que resulten de ellas– pueden considerarse objetivamente razonables. Y eso supone contrastar su contenido con información obtenida fuera de los debates, o sea, con fuentes de conocimiento externo disponibles para los parlamentarios en el momento de aprobar a la ley (ya se reflejen o no en los debates). De ahí que el modelo haya de incorporar algún examen de la plausibilidad del contenido. Este bloque final de la evaluación puede intentar completarse, según veíamos en el capítulo anterior, de diversas formas. Aquí ensayaré una adaptación del modelo de "inteligencia deliberativa" de Mucciaroni y Quirk (2006) y me apoyaré también en algunos criterios procesales de metodología legislativa.

Resumidas las líneas generales del enfoque de evaluación, procuraré en lo que sigue ilustrar cómo podríamos aplicarlo a un caso real de deliberación parlamentaria: los debates sobre la –aún vigente– regulación del acceso de menores al aborto aprobada en nuestro país en 2015. Veamos algo más de cerca el escenario legislativo que nos ha de servir como campo de pruebas.

2. EL ESCENARIO LEGISLATIVO: *LA LEY ORGÁNICA 11/2015*

Hace doce años, a iniciativa del gobierno socialista, el parlamento aprobó la llamada "ley del aborto" (*Ley Orgánica 2/2010 de salud sexual y reproductiva y de interrupción voluntaria del embarazo,* LOSSR), cuyo objetivo declarado era garantizar el derecho a tomar «libremente las decisiones» sobre vida sexual y reproductiva y a «la maternidad libremente decidida» como parte de la autodeterminación individual (art. 3). Y con ese propósito, la ley redefinió la interrupción voluntaria del embarazo (IVE) como una prestación sanitaria más del sistema público de salud;[3] la liberalizó en las primeras catorce semanas de gestación;[4] y articuló una panoplia de medidas sobre salud sexual y reproductiva que incluían directrices de educación y sensibilización con la mira puesta en la población joven. Uno de los puntos más polémicos de aquel proceso legislativo fue cómo regular el acceso de las menores al aborto. El gobierno socialista quería derogar la excepción a la mayoría de edad médica (16 años) que la ley básica de autonomía del paciente (Ley 41/2002, LAP) preveía entonces para la IVE; o sea, pretendía que, con dieciséis años

3 El art. 12 LOSSR establece una «garantía de acceso» al aborto voluntario bajo «las condiciones» fijadas «en esta ley», las cuales han de interpretarse «en el modo más favorable para la protección y eficacia de los derechos fundamentales de la mujer», en especial de «su derecho al libre desarrollo de la personalidad, a la vida, a la integridad física y moral, a la intimidad, a la libertad ideológica y a la no discriminación».

4 A condición de que se informe a la mujer de «los derechos, prestaciones y ayudas públicas de apoyo a la maternidad» y de las consecuencias de la prosecución del embarazo o su interrupción y, de que hayan pasado tres días entre dicha información y el aborto (arts. 14 y 17.4 LOSSR).

cumplidos, una menor pudiese abortar como adulta. Pero, tras el primer debate en el Congreso, se adoptó una enmienda transaccional al proyecto de ley (pactada por el grupo del gobierno y varios grupos opositores) que fijaba notables modulaciones. El texto de la enmienda, que no fue alterado ya en el Senado, pasó a convertirse en el art. 13.4 de la LOSSR:

> En el caso de las mujeres de 16 y 17 años, *el consentimiento para la interrupción voluntaria del embarazo les corresponde exclusivamente a ellas* de acuerdo con el régimen general aplicable a las mujeres mayores de edad. *Al menos uno de los representantes legales,* padre o madre, personas con patria potestad o tutores de las mujeres comprendidas en esas edades *deberá ser informado de la decisión* de la mujer. *Se prescindirá de esta información cuando la menor alegue fundadamente que esto le provocará un conflicto grave,* manifestado en el *peligro cierto de violencia* intrafamiliar, amenazas, coacciones, malos tratos, o se produzca una situación de desarraigo o desamparo (art. 13.4 LOSSR, énfasis añadido).[5]

Que el requisito fuese de notificación parental y no de autorización, y que la menor, en ciertos casos, pudiese incluso objetar a que sus padres fuesen informados irritó a mucha gente y, por descontado, al principal partido de la oposición, el Partido Popular (PP). Sus parlamentarios recurrieron el art. 13.4, entre otras muchas disposiciones de la LOSSR, ante el Tribunal Constitucional (TC), que a estas alturas guarda silencio todavía. Y cuando se pronuncie –si se pronuncia–, no lo hará ya sobre la cuestión de las menores (al menos, no en relación con la LOSSR original). No bien se aprobó la ley, el PP proclamó su intención de modificar radicalmente la regulación del aborto si ganaba las próximas elecciones. Las ganó con mayoría absoluta en 2011 y, aunque el nuevo gobierno no llegó a remitir al parlamento ningún proyecto de ley, su grupo en el Congreso sí presentó en 2015 una proposición que afectaba solo al art. 13.4 de la LOSSR, para derogarlo y restaurar, con leves adiciones, la exigencia de autorización parental que recogía la ley de autonomía del paciente. Al ser una proposición legislativa parlamentaria, no tuvo que cumplir los trámites

---

5 Previsiones adicionales contenía el art. 8 del RD 825/2010, de 25 de junio: «1. La mujer de 16 ó 17 años prestará su consentimiento acompañado de un documento que acredite el cumplimiento del requisito de información (...). El documento será entregado personalmente por la mujer acompañada de su representante legal al personal sanitario del centro en el que vaya a practicarse la intervención. 2. En el caso de prescindir de esta información, cuando la mujer alegue las circunstancias previstas en el [art. 13.4 LOSSR], el médico encargado de practicar la interrupción del embarazo deberá apreciar, por escrito y con la firma de la mujer, que las alegaciones de ésta son fundadas, pudiendo solicitar, en su caso, informe psiquiátrico, psicológico o de profesional de trabajo social».

preceptivos en la elaboración de los proyectos de ley (e.g. dictámenes de órganos consultivos). La proposición atravesó sin cambios el trámite legislativo y se aprobó como *L.O. 11/2015 para reforzar la protección de las menores y mujeres con capacidad modificada judicialmente en la interrupción voluntaria del embarazo*, apenas unas semanas antes de terminar la legislatura. Según leemos en su preámbulo, la reforma pretendía asegurar que las jóvenes estén acompañadas en «situaciones de vital importancia e impacto futuro» como es un aborto. Lo cual requería corregir el régimen legal anterior, i.e. el requisito de notificación parental salvo objeción justificada de la menor. Ese régimen habría impedido «a progenitores y tutores cumplir» con los deberes inherentes a la patria potestad y habría despojado a las menores de la debida protección «en un momento crucial y complicado de su vida».[6] Según el gobierno del PP, era obligado, pues, recuperar la excepción a la mayoría de edad médica que impedía a las menores decidir libremente someterse a un abordo, y así se hizo con la L.O. 11/2015, que suprimió el art. 13.4 de la LOSSR y modificó la LAP en estos términos:

> Para la interrupción voluntaria del embarazo de menores de edad o personas con capacidad modificada judicialmente *será preciso, además de su manifestación de voluntad, el consentimiento expreso de sus representantes legales.* En este caso, *los conflictos que surjan* en cuanto a la prestación del consentimiento por parte de los representantes legales, *se resolverán de conformidad con lo dispuesto en el Código Civil* (art. 9.5 LAP, énfasis añadido).

En espera de una anunciada contrarreforma (que eventualmente podría obligar al TC, después de todo, a tomar partido),[7] es la justificación legislativa contenida en la deliberación sobre la reforma de 2015 la que he procurado (analizar y) evaluar, al menos parcialmente, siguiendo el enfoque sintetizado en la sección precedente. Hay cuatro razones por las que he elegido este escenario. Para empezar, incluye seis debates monográficos sobre un solo tema,[8] que tiene implicaciones ético-morales de gran repercu-

6 Diario de Sesiones del Congreso, X Leg., Serie B (Proposiciones de ley), núm. 219-1, 27/2/2015, p. 1 ss.

7 Entre los compromisos electorales de los partidos que apoyan el actual gobierno estaba la contrarreforma de esta ley, actualmente en fase de anteproyecto (tramitado con carácter de urgencia). El anteproyecto añade a la LOSSR un nuevo art. 13 bis con este tenor: «1. Las mujeres podrán interrumpir voluntariamente su embarazo a partir de los 16 años, sin necesidad del consentimiento de sus progenitores o tutores». Cfr. la *Memoria de Análisis de Impacto Normativo* (pp. 9 ss., 17, 19, 38, 40 y 44) en https://www.igualdad.gob.es.

8 Diario de Sesiones del Congreso, X Leg., núm. 270, 14/4/2015, pp. 15-33 [D1]; Diario de Sesiones del Congreso, X Leg., núm. 287, 11/6/2015, pp. 74-89 [D2]; Diario de Sesiones

sión pública, y que fue socialmente bastante polémico, lo que asegura una mínima riqueza argumental, un *corpus* más que suficiente de deliberaciones. En segundo lugar, la ley debatida es muy breve, apenas dos artículos, y podía esperarse una discusión centrada o focalizada, o al menos más que en otros escenarios (por ejemplo, en la deliberación de 2010 sobre la LOSSR eran muchas las cuestiones que competían por espacio discursivo). La tercera razón es que la proposición de ley no se modificó a resultas de los debates: el grupo del gobierno, con mayoría absoluta en ambas cámaras, se valió de su rodillo parlamentario, y esto es interesante para encarar el problema de la calidad democrática de la deliberación. Por último, estudiar este escenario permite comparar el rendimiento justificatorio de los debate*s* de 2015 con el de los debates de 2010 sobre el derogado art. 13.4 LOSSR (Oliver-Lalana 2014) y, eventualmente, con los que se ocupen de la contrarreforma en ciernes. Sobra decir que no sugiero en absoluto que los debates de 2015 (en adelante, "los debates") sean muestra fiel de cómo deliberan los legisladores españoles –ni los de ningún otro país–. Tan solo es un escenario que parecía útil para probar algunas pautas de evaluación y explorar así el *potencial* justificatorio de la argumentación legislativa en nuestro parlamento.

3. ALCANCE O COBERTURA DE LAS DELIBERACIONES LEGISLATIVAS

Apuntaba antes que las implicaciones cualitativas de la fase de análisis legisprudencial de debates parlamentarios pueden agruparse bajo la idea de "alcance" o cobertura: esta noción unifica los criterios de la amplitud del "espectro" de razones (de primer orden) y de la "profundidad" o riqueza de los argumentos aducidos. El cuadro de la página siguiente (Fig. 1) representa gráficamente el resultado del análisis de los debates sobre el acceso de menores al aborto, y proporciona la base de toda la evaluación.

del Congreso, X Leg., núm 859, 7/7/2015, pp. 2-14 [D3]; Diario de Sesiones del Congreso, X Leg., núm. 298, 16/7/2015, pp. 58-70 [D4]; Diario de Sesiones del Senado, X Leg., núm. 513, 25/8/2015, pp. 2-15 [D5]; y Diario de Sesiones del Senado, X Leg. núm. 171, 9/9/2015, pp. 16942-983 [D6].

Figura 1
Espectro de razones legislativas en los debates sobre la L.O. 11/2015

A. Consentimiento parental (reforma LAP, derogación art. 13.4 LOSSR)	B. Notificación parental salvo objeción fundada (art. 13.4 LOSSR)	
A_1. Art. 13.4 y grueso de la LOSSR aprobados sin consenso en 2010 ⇆ A_4 A_4. Aborto exige trato ético diferenciado: grave impacto psicofísico, trauma ⇆ $A_{1,12}$ { Debida protección de *nascituri*, art. 15 CE } ▸ B_{14} A_6. No debe reconocerse autonomía a la menor ▸ B_{24} A_9. Art. 13.4 viola arts. 39 (protección menores, apoyo parental) y 27.3 CE, y la reforma recupera el valor de la familia como pilar social (Art. 39 CE) ⇆ A_9 A_{12}. Reforma canaliza demanda social mayoritaria ⇆ A_1 A_{13}. El proceso ha sido legítimo, la reforma se basa en informes de 2010 ▸ B_{10} A_{14}. Reforma cumple promesa electoral, tiene gran respaldo ciudadano ▸ $B_{9,12}$ A_{16}. Art. 13.4 excluye arbitrariamente a niñas de 15 años	B_1. Reforma obedece a intereses particulares (engaño legislativo) B_5. Reforma viola derecho a la salud (y vida) de mujeres (menores) ⇆ B_4 B_9. Reforma rompe consenso político sobre Ley 2010 ▸ A_1 B_{10}. Proceso legislativo deficitario ("trampa") ▸ A_{13} B_{11}. Reforma viola autonomía (derecho a decidir) de las menores ⇆ B_{24} ▸ $A_{6,18}$ B_{12}. No existe demanda social de reforma ▸ A_{12} B_{13}. Reforma viola/incumple deber estatal protección de menores ⇆ $B_{2,3,4,15,24}$ B_{14}. Reforma (diferencia) arbitraria: si madura para madre, madura para no serlo B_{16}. Reforma encierra discriminación socio-económica ⇆ B_{15}	J5
<u>OBJETIVO</u>: proteger a las menores, asegurar intervención parental A_{11}. Art. 13.4 ha privado y priva de protección (parental) a las menores ⇆ A_4 { Aborto supone trauma para las menores } A_{15}. Reforma sin impacto negativo en casos extremos: remisión a CC ▸ $B_{3,4,19}$ A_{19}. Existe (y continúa el) riesgo de abuso de la objeción (art.13:4.3º) A_{20}. Número de objetoras irrelevante: «aunque fuera una» ⇆ A_9 ▸ B_7 A_{21}. Sin riesgo de abortos en centros clandestinos (no los hay) ▸ B_4	B_3. Reforma agravará casos extremos y [B_{3bis}] otros conflictos (divorcio) ⇆ $B_{4,15,24,19}$ B_4. Reforma provocará abortos clandestinos/inseguros (contraproducente) ⇆ $B_{3,15}$ B_6. Éxito de la LSSR de 2010: menor tasa abortos (entre jóvenes) B_8. Gobierno ignora prioridad: reducir embarazos indeseados con educación sexual B_{7bis}. Premisa falsa: apoyo parental normal (reforma innecesaria) ⇆ B_7 ▸ $A_{2,11,19}$ B_{15}. Reforma perjudicará (más) a menores sin recursos ⇆ $B_{3,4,16}$ B_{22}. Reforma se revertirá pronto (ineficiencia procedimental) B_{23}. Reforma puramente formalista (insuficiente) B_{24}. Reforma provocará presiones y decisiones forzadas ⇆ $B_{3,15}$ X B'. **<u>Refuerzo asistencial a objetoras</u>** B'$_1$. Protección más efectiva	J4
A_{22}. Los jueces saben qué hacer { resolverán bien casos extremos } ▸ B_{19}	B_7. Número objetoras (2014) insignificante ⇆ B_{14} ▸ A_{14} B_{19}. Solución casos extremos inviable: ineficacia de uso ⇆ $B_{3,4,24}$	J3
A_2. Art. 13.4.3º prácticamente invalida deber información parental ⇆ A_{11} A_5. Art. 13.4 incoherente con otras regulaciones ⇆ A_4 A_7. Art. 13.4 basa regla general en excepción, *no en norma* ⇆ $A_{1,2,4,5,8,9}$ ▸ $B_{7bis,17}$ A_8. Art. 13.4 desvirtúa patria potestad, art. 154 CC (y art. 269 CC) ⇆ $A_{9,1}$ A_{10}. Reforma coherente con nueva legislación protección menores ▸ B_3 A_{17}. Reforma coincide con derecho comparado UE A_{18}. Reforma no limita derecho (a decidir) de la menor, pues no existe ▸ $B_{11,25}$ X A'. **<u>Autorización menores; incapacitadas según sentencia</u>** A'$_1$. Menor e incapacitada, figuras jurídicas distintas	B_{17}. Falso diagnóstico: el art. 13.4.3º es solo para casos extremos, no invalida información ▸ $A_{2,11}$ B_{18}. Art. 13.4 no afecta a la patria potestad (art. 154 CC) B_{19bis}. Reforma (remisión a CC) no cubre desacuerdo padres/menor ⇆ $B_{4,19,24}$ B_{20}. Reforma incoherente con el resto de legislación B_{21}. Reforma contradice legislación internacional ratificada por España B_{25}. Reforma incoherente con art. 12 LOSSR	J2
A_3. Art. 13.4 usa lenguaje contradictorio: *menor/mujer* ⇆ A_6 ▸ B_{26}	B_2. Reforma manipula lenguaje ⇆ $B_{3,4,17}$ B_{26}. *Menor/mujer*: da igual ▸ A_3	J1

Como puede observarse, las dos posiciones fundamentales fueron [A] aprobar la proposición de ley presentada por el Grupo Parlamentario Popular (GPP); y [B] rechazarla. Una implica derogar el art. 13.4 LOSSR y restaurar (en los términos del texto propuesto) el consentimiento parental a que obligaba la LAP original; la otra, mantener dicho artículo tal como se introdujo en 2010. Así pues, el arco parlamentario se dividió, a lo que nos interesa, en dos grandes bandos.[9]

Las razones de primer orden que se avanzaron en los seis debates –siempre según mi reconstrucción– se reparten en dos columnas y van precedidas por la letra que corresponde a la posición que sustentan. El número (subíndice) de cada razón señala su orden de aparición en las deliberaciones. Algunas razones se adujeron directamente a favor de la respectiva posición, mientras que otras, en realidad, atacan la posición contraria, aunque puede entenderse que sostienen la propia posición por vía indirecta. Entre corchetes {…} figuran razones que cabe considerar claramente implícitas. Las conexiones entre dos o más razones a favor de una posición aparecen marcadas con el símbolo de continuidad o interrelación⊏⊐; y con el signo ▶ he señalado a qué razones de un bando replican de modo expreso las de otro. El cuadro muestra también, en negrita, dos posiciones satelitales, una por cada bando, que alteraban ligera pero significativamente las posiciones centrales. Una pretendía excluir de la regulación propuesta a las mujeres incapacitadas, para que fuese la sentencia de incapacitación la que resolviera sobre eventuales abortos [A']. La otra posición era reforzar la asistencia a las menores que objetaran a la notificación parental y supervisar las circunstancias de la objeción [B']. El aspa que las precede [X] señala que ambas enmiendas se rechazaron. Cabría identificar una tercera posición en la argumentación del bando reformista, que sería permitir abortar sin autorización parental a menores que superen un examen de madurez, pero no la he recogido en este cuadro (sí en la Fig. 2, donde aparece como propuesta implícita de la medida {C}). Quisiera anotar, por último, que la identificación de cada una de estas razones, así como su asignación a uno u otro nivel de justificación,[10] presuponen una labor de interpretación en la que

9 En realidad, el número y variedad de enmiendas presentadas (incluidas las enmiendas a la totalidad con texto alternativo) permitiría reconstruir una paleta de posiciones más rica, pero durante los debates la discusión se estructuró alrededor de dos posiciones básicas: aceptar o rechazar la proposición de ley.

10 Como vimos en el Cap. 1 (Secc. 2), la justificación legislativa abarca el plano de la formulación lingüística (J1), la sistematicidad jurídica (J2), la realización social (J4), la instrumentalidad (J4) y la axiología (J5).

pueden surgir algunas dudas y zonas grises: no pretendo, por tanto, que esta sea la única reconstrucción posible del contenido de los debates, pero, a los efectos de este trabajo, podemos dejar esta cuestión de lado.[11]

Por razones de espacio, no puedo aquí ofrecer una explicación detallada de todos los argumentos vertidos durante las deliberaciones. Me parece, con todo, que el cuadro resulta elocuente respecto a la amplitud del "espectro" de razones legislativas: no solo son numerosas y bastante variadas, sino que juegan en todos los niveles de justificación legislativa (J1-J5); y la presencia de dos posturas minoritarias razonadas (enmiendas) también cuenta como indicio cualitativo positivo. Lo que ya no vemos aquí es la "profundidad" de los argumentos, es decir, no incluyo las consideraciones y razones de segundo orden en las que se sustentan los argumentos –sería imposible representarlas inteligiblemente dentro del cuadro, ya bastante abigarrado–. Pero se puede afirmar, en general, que la argumentación legislativa durante estos debates fue satisfactoria en este sentido. Es cierto que alguna razón de primer orden se esgrimió sin ninguna fundamentación de apoyo. Por ejemplo, que el art. 13.4 LOSSR, según quienes querían derogarlo, fuese arbitrario por dejar fuera a las muchachas de quince años [A_{16}] no intentó justificarse ni desarrollarse de ninguna manera (cfr. D2 p. 87, González Vázquez). No obstante, detrás de casi todas las razones de primer orden encontramos justificaciones y explicaciones adicionales más o menos amplias –que a veces llegan a ser muy pormenorizadas–. La profundidad de los argumentos, por lo demás, es visiblemente superior en el bando que rechaza la reforma. Esto no resulta sorprendente: a falta de escaños, los grupos opositores se ven abocados a esforzarse a través de los argumentos. Da incluso

11 Por ejemplo, el pasaje de los debates del que extraigo la razón B_{26} podría entenderse referido, no a la defensa de la formulación del art. 13.4, sino tan solo al discurso de los impulsores de la reforma: «Nos traen ahora directamente una proposición de ley (...) en la que incluyen unas modificaciones que afectarían solamente a las mujeres, a las jóvenes o adolescentes, llámenlas como quieran, de entre 16 y 17 años. Son (...) mujeres que están en la fase suficientemente madura en muchas culturas para ser madres, son fértiles reproductivamente hablando, aunque (...) muchas (...) aún son demasiado pequeñas para poder educar y avanzar con un hijo al lado. Está claro que son mujeres que (...) viven en nuestro país y (...) tienen que tener los mismos derechos que tenemos todas las mujeres. ¿Por qué son mujeres? Porque las consideramos mujeres en muchos sentidos y ustedes lo reconocen hasta en algunas modificaciones, como (...) en la (...) de la ley de la autonomía del paciente que se hizo (...) aprovechando la ley de la infancia. Ahí mantuvieron que a partir de los 16 años solo se necesitaría tener el permiso paterno para las decisiones sanitarias en el caso de ensayos clínicos y (...) reproducción asistida. O sea, ustedes nos están planteando la paradoja de que a partir de los 16 años una niña con un cáncer podrá decidir (...) sobre su enfermedad, pero no puede decidir sobre un embarazo. ¿Eso es lo que están proponiendo a la sociedad española?» (D5 p. 8, Almiñana).

la impresión, en algunos momentos, de que los parlamentarios contrarios a la reforma albergaban esperanzas no ya de *persuadir*, sino hasta de *convencer* al grupo del gobierno, con mayoría absoluta en ambas cámaras, de que debía retirar o, cuando menos, modificar su proposición de ley.

En vista del espectro y de la profundidad de la argumentación, la aplicación del criterio del "alcance" a estos debates permite, por lo tanto, hacer un juicio positivo de la calidad del debate. Y si agregamos a este criterio de evaluación algún componente de inclusividad o de representatividad democrática, creo que esta valoración positiva podría mantenerse –acaso con una salvedad: lo único que no se escucha en los debates es la voz misma de las menores a quienes afectará la medida discutida, voz que solo queda reflejada en los términos en que la interpretan algunos parlamentarios.[12]

4. ESTRUCTURA Y CUESTIONES CLAVE DE LA JUSTIFICACIÓN LEGISLATIVA

Para ilustrar el segundo bloque de evaluación, referido a la corrección estructural, presentaré primero un esquema gráfico (Fig. 2) que refleja la teleología subyacente a la L.O. 11/2015, y que ayudará a resumir la justificación aportada por sus impulsores. Luego trasladaré las razones principales que adujo el GPP al esquema argumentativo de justificación legislativa que hemos definido en el capítulo anterior (como vamos a ver, todas las premisas del esquema son identificables en los debates); y señalaré cuáles de las preguntas críticas o cuestiones clave asociadas al esquema fueron planteadas durante la deliberación.

Gráficamente, la estructura básica de la justificación de la L.O. 11/2015 podría representarse, a grandes rasgos, como ilustra la Figura 2 (página siguiente):

12 Cfr. Kavanagh et al. (2012, p. 159 ss.), en relación con una legislación similar en Illinois. Obviamente, las menores no pueden participar en el debate si no es a través de los parlamentarios. Pero estos, más que la perspectiva de las menores, asumieron la de padres o madres, en una línea parecida a esta: «a mí, como padre, me molesta que se ponga en duda que los que votamos en contra de esta proposición de ley estamos en contra de la familia o estamos dejando a los niños desprotegidos. Perdóneme, (...), yo tengo una hija de 13 años –usted lo sabe– y le aseguro que mi hija me va a informar. Estoy seguro; (...) apoyamos estos vetos, y (...) seguimos siendo igual de buenos padres y seguimos teniendo igual de buenas familias» (D6 p. 16978, Cazalis). Los parlamentarios también hablaron en nombre propio o de su grupo político (y de sus electores), en el de otros grupos (o de personas de otros grupos), y en el de la sociedad en su conjunto; y tuvieron en cuenta, además, el punto de vista de las mujeres incapacitadas, de los médicos, y de los jueces.

Figura 2
Teleología legislativa en la L.O. 11/2015

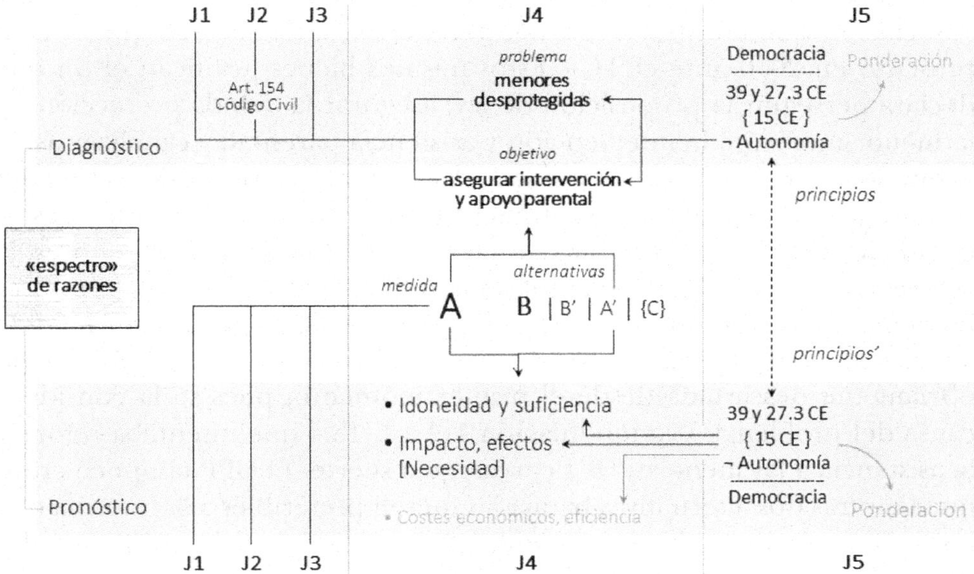

Con ayuda de este cuadro, podríamos resumir la justificación de la iniciativa que presentó el Grupo Parlamentario Popular (GPP) como sigue. El GPP desea resolver un doble problema. Por un lado, el art. 13.4 LOSSR faculta a menores de edad para consentir en la práctica de un aborto, pese a que carecerían por definición de madurez suficiente para tomar tal decisión de manera autónoma [— Autonomía]; y eso, para el GPP, a más de colocarlas en situación de desprotección, estaría socavando los derechos e impidiendo cumplir los deberes inherentes a la patria potestad (así aparece también en el preámbulo de la proposición de ley). Por otro lado, existiría a su vez una fuerte demanda social de derogar la regulación vigente; demanda que habría sido reconocible ya desde que la ley del aborto fue aprobada en 2010, y que el Partido Popular había hecho suya como promesa electoral en 2011 (valor democrático-representativo).

Este doble problema se construye a la luz de los principios constitucionales de protección al menor y a la familia (art. 39 CE); de la patria potestad (art. 154 del Código Civil) en conexión con el derecho fundamental de los padres a educar a los hijos según su religión o moral (art. 27.3 CE);

y del principio democrático (leído no solo electoral sino también sociológicamente). Aunque quiere derogarse el art. 13.4 LOSSR, y no el conjunto de la ley del aborto, de modo implícito se asoció la reforma a la protección constitucional del *nasciturus* y, por tanto, al derecho a la vida ({art. 15 CE}) –asociación que era muy explícita, por cierto, en el recurso que el GPP presentó en 2010 ante el TC–. Estos mismos bienes justifican el fin que declara perseguir la proposición de ley: asegurar la debida protección de la menor mediante la intervención y asistencia parental, y canalizar así la voluntad mayoritaria de la sociedad. Para lograr ese propósito, el medio propuesto [A] es exigir consentimiento explícito de padres o tutores; y, como tal exigencia podría acarrear efectos adversos sobre las menores, la reforma prevé solucionar eventuales conflictos con sus padres o tutores mediante una remisión a las normas generales del Código Civil. La medida alternativa central, dejar la regulación de 2010 como estaba [B], quedó obviamente descartada desde el primer momento, pues se la consideró causa del problema; y la modulación del art. 13.4 que intentaba reforzar la asistencia a las menores [B'] corrió igual suerte. El GPP tampoco creyó que las otras dos alternativas barajadas fuesen preferibles a la reforma que había pergeñado: de hecho, no entró siquiera a debatirlas, ni la que distinguía entre menores y mujeres incapacitadas [A'], ni tampoco la opción, indirectamente aludida desde su propia bancada en el primer debate, de que las menores pudiesen abortar tras un examen de madurez ({C}).En los debates no se adujeron argumentos (teleológicos) relativos a eficiencia o los costes económicos, ni tampoco son identificables, al menos en la justificación que aportó el GPP, argumentos ponderativos: a lo sumo, podrían intuirse trazas de una ponderación en el debate de toma en consideración, si bien parece referida más bien al aborto en sí, y no al problema particular de las menores.[13]

13 Véase D1 p. 18 y p. 22, donde la diputada González Vázquez confronta los derechos de la mujer con la protección del no nacido. También hay atisbos ponderativos respecto al conflicto entre autonomía de la menor y patria potestad: «por un lado, existe un elemento, que es la capacidad de obrar de las menores de dieciséis años, capacidad que efectivamente tienen (...) [pero] existe otro elemento a conjugar muy importante, que es el deber de ejercer la patria potestad» (D1 p. 32, Ciuró i Buldó). Al menos el esqueleto de cierto razonamiento ponderativo puede entreverse en el bando opositor, a la luz de la estructura del art. 13.4 LOSSR: una estructura clásica de regla general derrotable bajo circunstancias excepcionales (donde la ponderación de bienes en conflicto justifica la excepción a la notificación parental) –lo que ya cuesta más reconstruir a partir de los debates es la ponderación subyacente a la propia regla general.

Frente a la justificación que ofreció el GPP, sus opositores sostienen que el doble problema alegado es una tosca invención: ni habrían existido desde 2010 situaciones de desprotección ni tampoco habría ninguna demanda social de cambio legislativo en 2015. El "verdadero" fin de la proposición de ley sería muy otro, a saber: contentar a ciertos sectores sociales, señaladamente antiabortistas, en un contexto pre-electoral, para ganar sus votos.[14] De ahí que la medida escogida sea –según sus detractores– por completo innecesaria, puesto que no existiría ningún problema que solucionar (de haber alguno, sería el subdesarrollo de las políticas de sensibilización que perfila la LOSSR). Peor aún: la proposición de ley sería inidónea e incluso contraproducente respecto al fin que se alega –falazmente, a juicio de la oposición– de proteger a menores desamparadas. La reforma tendría consecuencias perversas sobre la autonomía, la salud y aun la propia vida de las menores que supuestamente se quería proteger. Pero volveremos a esto en la siguiente sección. Este bloque de evaluación se ocupa solo de la corrección estructural, así que basta con verificar si todas las premisas del esquema de justificación legislativa se pueden identificar en los debates y si los parlamentarios, además, plantearon las preguntas críticas acopladas al esquema.[15]

La posición reformista [A] del GPP pretende cambiar el ordenamiento jurídico y tiene la carga inicial de argumentación, asumida ya en el preámbulo de la proposición y desarrollada en los debates –decir "descargada" o "absuelta", como veremos, sería quizá muy generoso–. Traslademos ahora los argumentos en que se fundamenta la proposición de ley a nuestro esquema argumentativo de justificación legislativa:

P1 Premisa de intervención legislativa

Está justificado (el parlamento debe) intervenir legislativamente en este momento para corregir la afección negativa del derecho de padres/madres a educar y asistir a sus hijas (arts. 39.3 y 27.3 CE) [$Principio_1$] y del deber estatal de proteger a (y del derecho a protección de) las menores (arts. 39.2 y 39.4 CE) [$Principio_2$] provocada por el art. 13.4 LOSSR, que también afecta negativamente al deber estatal de proteger a la familia (art. 39.1 CE) [$Principio_3$] {y a la debida protección del no nacido *ex* art. 15 CE] [$Principio_4$]}.

14 La «ley es arbitraria porque no responde ni a una necesidad social ni a una demanda mayoritaria de la sociedad, [sino] (...) a una minoría minoritaria y no porque el grupo (...) que hace la propuesta (...) crea que es justa y razonable, sino [por] un mero ejercicio de oportunismo electoral» (D4 p. 59, Fernández).

15 Véase Cap. 1 (Secc. 4.2).

P1a Subpremisa de descripción diagnóstica

[Situación de partida S_0] El art. 13.4 LOSSR permite a las menores abortar sin permiso e incluso sin información parental [$Hecho_4$], lo cual, en la práctica, impide a las menores recibir asistencia de sus representantes legales [$Hecho_1$], y a estos/as asistirlas al decidir si continuar el embarazo o abortar [$Hecho_2$], decisión que tiene o puede tener un gran impacto psicofísico [$Hecho_3$].

P1b Subpremisa de valoración diagnóstica

La norma expresada en el art. 13.4 LOSSR afecta negativamente y provoca efectos contrarios al derecho de padres/madres a educar y asistir a sus hijas (arts. 39.3 y 27.3 CE) y al deber estatal de proteger a (al derecho a protección de) las menores (arts. 39.2 y 39.4 CE), así como al deber estatal de proteger a la familia (art. 39.1 CE) {y a la debida protección jurídica del no nacido *ex* art. 15 CE}.

P1c Subpremisa de oportunidad

La afección de los derechos de padres/madres y de las menores (y del deber estatal de protección) provocada por art. 13.4 LOSSR es muy grave [razón material]; existe una fuerte demanda social de cambio legislativo para corregir esa afección y el partido en el gobierno lo prometió a sus votantes [razones democráticas].

P2 Premisa de objetivos y medida propuesta

Esta proposición de ley [Medida A: condicionar posibilidad de que la menor aborte lícitamente al consentimiento expreso de sus representantes legales] persigue asegurar intervención activa y asistencia parental en caso de embarazo no deseado [Objetivo O, situación perseguida S_1], lo que corregiría la afección negativa de los derechos de padres/madres y de las menores (y del deber estatal de protección) provocada por la regulación en vigor.

P3 Premisa de adecuación y suficiencia

Condicionar la posibilidad de que la menor aborte lícitamente al consentimiento expreso de sus representantes legales, i.e. aprobar esta proposición de ley [Medida A], asegurará la intervención activa y asistencia parental y la protección de la menor embarazada [O/S_1].

P4 Premisa de selección (necesidad y ponderación)

Las disposiciones o medidas alternativas debatidas en el proceso legislativo o bien [Medidas B y B'] no contribuirán a asegurar la intervención activa y asistencia parental y la protección de las menores en caso de embarazo no deseado, i.e. no corregirán en el sentido pretendido la afección negativa de los derechos de padres/madres y de las menores (y del deber estatal de protección) {o bien [Medidas A' y {C}] contribuirían al objetivo pero, en vista de todos los principios constitucionales en juego, no son preferibles a esta proposición de ley}.

Conclusión

Debe aprobarse exigir consentimiento expreso de los representantes legales para que una menor o incapacitada pueda abortar, i.e. debe aprobarse la proposición de ley que deroga art. 13.4 LOSSR-IVE y reforma el art. 9.4 LAP [Medida A].

Como vemos, todas las premisas [P1, P2, P3 y P4] y subpremisas [P1a, P1b, P1c] del esquema argumentativo se pueden reconstruir desde las intervenciones de los parlamentarios del bando reformista sin mayor problema. Que apenas se pronuncien acerca de otras alternativas [A', {C}] no impide identificar la premisa de selección [P4], aunque los proponentes se centren solo en argumentar que dejar intacta la regulación [B] o modificarla levemente [B'] implicaría mantener la situación de partida [S_0] y la afección de valores que se debe corregir.[16]

Y si en las intervenciones de quienes defendieron la reforma se aprecia bien el esquema argumentativo, entre las objeciones formuladas del lado opositor es posible reconocer casi todas las preguntas críticas que acoplamos al esquema. Solo quedaron sin plantear cinco, las relativas a la formulación lingüística (pregunta 9.1), a posibles antinomias y desajustes competenciales (pregunta 9.2), al coste económico e impacto presupuestario (pregunta 9.5) y a la proporcionalidad en sentido estricto (preguntas 12, 12.1).[17] Así, en la argumentación en contra de la propuesta de ley se pueden identificar las siguientes cuestiones acerca de las premisas aducidas por el GPP para justificarla:

16 «Respecto a las enmiendas del Grupo Parlamentario Catalán de Convergencia, la 20 [refuerzo asistencial a objetoras (Medida B')] y la 21 [mantener el art. 13.4 LOSSR (Medida B), acceso al aborto de las mujeres incapacitadas según sentencia judicial (Medida A')], bastaría referirnos de igual manera al espíritu y al objeto de esta ley para justificar su rechazo. Señoría, simplemente queremos remarcar que en la enmienda número 20 ustedes no asumen, como regla general y mayoritaria, la relación fluida, habitual y cariñosa que, como norma general, afortunadamente existe entre las menores y sus progenitores. Todo lo contrario; ustedes la excepción la hacen norma. Permítanme también opinar que sobre la enmienda 21 –y lo digo con todo respeto– hacen una argumentación un tanto extraña de por qué las menores de dieciséis y diecisiete años no deben necesitar el consentimiento de sus padres para abortar, en relación con la reproducción asistida. En todo caso, lo que sí queda claro es que (…) sus dos enmiendas chocan con el objetivo de esta ley de conseguir, de permitir ese consentimiento y conocimiento de los padres, progenitores o tutores» (D3 p. 11, Bonilla).

17 Véase Cap. 1 (Secc. 4.2.2).

(P1) Intervención legislativa

(P1a) Descripción diagnóstica

1. ¿Es plausible la descripción de la situación o estado de cosas S_0 (o la afirmación de los hechos legislativos H_1... H_n)? (

1.1. ¿Qué datos o evidencias sostienen esa descripción de S_0?

1.2. ¿Hay otras circunstancias o hechos relevantes que deban incluirse en la descripción de S_0?

(P1b) Evaluación diagnóstica

2. ¿Realmente supone S_0 una afección negativa de valores [principios] constitucionales V_1... V_n [$Principio_1$..., $Principio_n$], y qué tan grave es esa afección?

3. ¿Hay otros valores [principios] implicados en S_0 que deban ser considerados [deban ser incluidos en la evaluación de S_0]?

(P1c) Oportunidad legislativa

4. ¿Debería evitarse o posponerse una intervención legislativa sobre S_0?

5. ¿(Hasta qué punto) está democráticamente legitimada una intervención legislativa sobre S_0?

(P2) Objetivos y medida propuesta

6. ¿Están bien definidos los objetivos O_1 ... O_n [¿Está bien definida la situación deseada S_1 (H'_1...H'_n)], o deberían redefinirse en términos más precisos?

7. ¿Son compatibles O_1... O_n (S_1) con otros objetivos legislativos (de la misma ley o paquete legislativo)?

8. ¿(Hasta qué punto) está democráticamente legitimada la medida M?

(P3) Adecuación y suficiencia legislativa

9. ¿Qué tan fiable es el pronóstico de que M contribuirá suficientemente al objetivo u objetivos O_1... O_n y a lograr S_1 (H'_1...H'_n)?

    9.3. ¿Será M socialmente eficaz? [¿Qué expectativas hay sobre (...) uso de M?]

    9.4. ¿Cómo se promoverá o asegurará la eficacia de M, cómo será ejecutada (hecha cumplir) o implementada?

10. ¿Qué consecuencias negativas (...) resultarán de adoptar M?

(P4) Selección legislativa (necesidad y ponderación)

11. ¿Alguna otra propuesta debatida contribuirá igual o más a O_1...O_n (S_1) con menor impacto negativo (...)?

Cómo se manejaron estas preguntas durante las deliberaciones es ya materia de evaluación dialéctico-deliberativa. Bajo el punto de vista estructural, lo que importa como indicio de calidad es que se haya aplicado bien el esquema argumentativo de justificación legislativa. Y pienso que así fue en este caso: si realmente las premisas que usa el GPP son correctas, podrá decirse que la conclusión ("debe aprobarse la proposición de ley") está justificada. A su vez, que los parlamentarios de la oposición plantearan al deliberar casi todas las preguntas críticas relevantes muestra que fueron capaces de cuestionar el razonamiento que sustentaba la reforma del régimen de acceso de las menores al aborto. Evidentemente, ni aplicar bien el esquema ni plantear preguntas críticas aseguran mucho en términos de calidad justificatoria, pero al menos podemos hacer un juicio favorable en esta parte de la evaluación. Puestas las preguntas sobre la mesa, los promotores de la reforma quedaban además sujetos a la obligación dialéctica de responderlas. Veamos ahora un ejemplo de cómo lo hicieron.

5. VALOR DIALÉCTICO-DELIBERATIVO DE LA JUSTIFICACIÓN LEGISLATIVA

Para ilustrar el bloque de evaluación dialéctica, me centraré en la décima pregunta crítica, que apunta a los efectos y al impacto de la ley: *¿Qué consecuencias negativas tendrá (o resultarán de adoptar) esta medida legislativa?* Esta pregunta está asociada a la premisa de idoneidad y suficiencia (P3) y ayuda también a establecer la premisa de selección (P4). El punto débil que podría revelar en la justificación expresada en el esquema es que la medida propuesta sea contraproducente para el legítimo fin perseguido (declarado); o que tenga, en general, efectos ético-morales o constitucionales inaceptables. Elijo esta pregunta porque los argumentos sobre consecuencias ocupan gran parte del debate de la L.O. 11/2015;[18] suele ocurrir así en las deliberaciones parlamentarias, donde predominan los niveles instrumental (J4) y axiológico (J5) de justificación legislativa. Pero también porque los ataques consecuencialistas a una propuesta de ley pueden fácilmente resignificarse como un contraargumento completo, i.e.

18 Objeciones consecuencialistas encontramos, entre otros muchos pasajes, en D1 p. 19 y D2 p. 81, Montón; D1 p. 25, Fernández; D1 p. 26, Enbeita; D1 p. 29-30, de las Heras; D2 p. 78, Enbeita; D2 p. 78, Enbeita; D3 p.5, Agirretxea; D3 p. 8-9, Ros; D4 p. 61, Agirretxea; D4 p. 65-66, Ciuró; D4 p. 67, Álvarez; D5 p. 3, Julios; D5 p. 8, Almiñana; o D6 p. 16969-70, Mora. Y réplicas a esta clase de objeciones aparecen en D1 p. 21, González Vázquez; D2 p. 87, González Vázquez; D3 p. 11, Bonilla; D4 p. 69, González Vázquez; D5 p. 12, De Aragón; D6 p. 16966, Pan; y D6 p. 16973-74 y p. 16980, De Aragón.

como una refutación.[19] Aunque el ejemplo que voy a utilizar abarque solo una pregunta (con lo que dice poco de la *exhaustividad* del conjunto del debate),[20] es al menos una pregunta decisiva, ya que puede mostrar que la conclusión de la argumentación del GPP es insostenible y debe abandonarse (o sea, que no debe aprobarse la reforma). Sería una refutación a la que, según el criterio de la *importancia*, debería darse una respuesta satisfactoria (pertinente y no elusiva) antes de la votación. Reconstruiré la refutación con ayuda de este esquema de "argumentación pragmática" (Feteris 2010), donde la conclusión figura primero:

1. Se debe (no se debe) realizar la acción X;
   - 1.1a. La acción X conduce a la consecuencia Y;
   - 1.1b. La consecuencia es (in)deseable;
     - 1.1a-1b'. En principio, si la acción X conduce a la consecuencia Y, y si la consecuencia Y es (in)deseable, entonces la acción X (no) debe realizarse.[21]

En la reconstrucción gráfica que vemos en la página siguiente (Fig. 3), la conclusión del contraargumento aparece arriba a la izquierda ("la reforma no debe aprobarse"), coronando tres premisas: una [1], de orientación empírica, afirma un pronóstico sobre los efectos de la medida, mientras que la segunda [2] es normativa: formula un juicio de valor positivo o negativo sobre los efectos pronosticados (en la práctica argumentativa, ambas premisas se funden). La tercera [3] es una suerte de conjunción silogística de las otras. Adviértase que ahora el lado izquierdo del cuadro lo ocupa la posición contraria a la reforma [B], desde la que se contraargumenta, y las réplicas del bando reformista quedan a la derecha [A]. Y lo que habría que ver en este bloque de la evaluación es si los impulsores de la medida respondieron de forma completa y pertinente a los pronósticos negativos que animan esta pregunta crítica (y, en su caso, si reconsideraron la justificación inicial); o si,

19 Cfr. Walton (2009; 2015, p. 30), Fairclough y Fairclough (2012, p. 63-64) y Fairclough (2016 y 2018).

20 En general, los debates fueron dialécticamente exhaustivos, en el sentido de que (casi) todas las objeciones fueron replicadas, y se intentó contestar a las objeciones más importantes; otra cosa es si las respuestas fueron elusivas y si condujeron a reconsiderar la justificación de la reforma.

21 Como vimos (Cap. 1, Secc. 3.2 y Secc. 4.2.1), los enfoques pragmadialécticos usan este esquema como estructura general de justificación legislativa. Sin embargo, para mí es solo una de las diversas subestructuras de justificación que operan en el plano de la justificación legislativa externa, es decir, una forma de organizar la argumentación sobre una de las preguntas críticas (una que es, por supuesto, especialmente importante).

por el contrario, el contraargumento consecuencialista fue desatendido o mal replicado. Me limitaré, por no extenderme mucho, a la parte empírica del pronóstico, que vaticina cuatro consecuencias de la reforma. Del espectro de razones de primer orden que veíamos antes (Fig. 1), las que están en juego aquí, del lado de los opositores a la L.O. 11/2015, son las razones B_3, B_{3bis}, B_4, B_{15}, B_{19}, B_{19bis} y B_{24}, a las que sumo otra que he considerado implícita [{las menores no recurrirán al procedimiento civil para solucionar conflictos con sus padres}]. En la réplica del GPP operan las razones A_{21}, A_{15}, A_{19}, A_{20}, a las cuales he añadido cinco razones implícitas –eso deja intuir ya que este bando se esforzó menos dialécticamente–. No puedo recuperar ahora toda la justificación de segundo orden aducida con relación a las cuatro consecuencias negativas que prevén los opositores, pero a título de ejemplo será suficiente con una breve porción referida a la tercera: "la reforma provocará continuaciones no deseadas del embarazo".

Figura 3
Contraargumento consecuencialista y réplicas

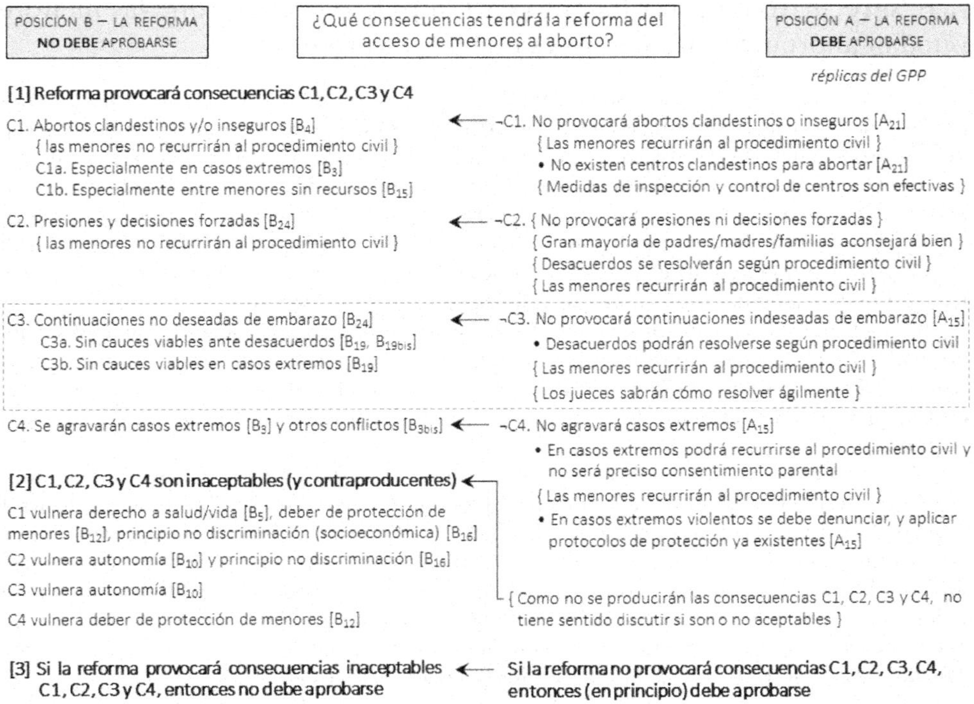

Según los opositores, la reforma, en primer lugar, abocará a las menores a abortos clandestinos o inseguros,[22] en especial a las que sufren algún maltrato familiar o viven una situación difícil que impida contar con el apoyo de su familia [B_3, B_{3bis}],[23] así como a las que disponen de menos recursos económicos [B_{15}].[24] Un segundo efecto sería que la reforma ocasionará presiones y decisiones forzadas [B_{24}], pues algunos padres de ciertas religiones o etnias coaccionarán a sus hijas para que no aborten.[25] En tercer lugar, cuando la chica desee abortar y sus padres se opongan, acudir al juez supondrá continuar con el embarazo, ya sea en casos extremos o ante simples desacuerdos, pues el procedimiento es complejo y la eventual autorización judicial no llegaría a tiempo [B_{19}, B_{19bis}]. Por último, la reforma agravará conflictos familiares preexistentes, y no solo los violentos, sino también otros dañinos para la menor, como las desavenencias entre padres divorciados o separados que usen su facultad de autorizar como "moneda de cambio" [B_3, B_{3bis}]. Las dos primeras consecuencias implican la predicción de que las menores no utilizarán la opción del procedimiento civil prevista en la reforma. Y la tercera implica, a su vez, justificar ese pronóstico: si recurrir al procedimiento civil impide o dificulta que las menores puedan abortar, lo más seguro es que lo descarten.

---

22 Este pronóstico –que a su vez implica la predicción de que las menores no usarán el procedimiento civil– se sustenta en justificaciones de segundo orden como esta: «a nadie escapa que la consecuencia de la reforma (...) es abocar a las mujeres más jóvenes al aborto clandestino e inseguro. Cualquier mujer joven, con un móvil y conexión a Internet, accede con facilidad a los fármacos no específicos que pueden provocar un aborto. Con el *misoprostol*, entre otros, una mujer puede provocarse un aborto; eso sí, a costa de poner en peligro su salud y su vida, porque puede provocar una hemorragia tan fuerte que requiera una intervención médica de urgencia. (...) se pueden imaginar perfectamente la situación» (D1 p. 19, Montón; cfr. D2 p. 81).

23 «Con esta reforma, una mujer joven con un embarazo no deseado y que está sufriendo maltrato de su padre, de su madre o de ambos (...); una joven, que no se atreve o que no puede pedir permiso a su familia ni mucho menos contar ella, consigue las pastillas en el mercado negro y puede desangrarse en solitario. (...) Les estoy retratando la realidad» (D1 p. 19, Montón).

24 «Con esta modificación (...) vuelven a hacer una diferencia entre los que tienen dinero y entre quienes no lo tienen, porque la gente que tenga dinero, si no quieren decírselo a sus padres, no se lo dirá, podrá irse a Portugal o a Francia a interrumpir ese embarazo, se inventarán una buena excusa para irse y no pasará nada. Pero la gente que no tenga dinero se verá obligada a buscar otras vías. Y eso es lo que nos da miedo (...). Que una mujer que quiera interrumpir un embarazo acabe buscando otras vías para hacerlo, y las encontrará. Las encontrará en Internet o las encontrará en clínicas clandestinas» (D5 p. 8, Almiñana). Cfr. e.g. González Agudelo (2016, p. 29-30) o Méndez y Gascó (2015, p. 12 ss.).

25 O para imponer la IVE en contra de la voluntad de la menor: cfr. Andreu (2012), comentando un Auto del Juzgado de Primera Instancia núm. 3 de Murcia (2/2/2011) que resolvía a favor de la menor.

En las intervenciones del bando reformista hallamos respuestas explícitas sobre tres de las cuatro consecuencias.[26] Entre esas respuestas destaca una, que se reitera desde el primer al último debate: las menores con algún problema *podrán* recurrir al procedimiento civil (y será el juez quien resuelva), y así se ha establecido en la nueva regulación [A_{15}]. Para sacar de ahí una mejor réplica a las consecuencias que afirman los opositores hay que añadir una asunción implícita, y es que las menores, de hecho, emplearán ese recurso si lo necesitan[{las menores recurrirán al procedimiento civil}]. No cuesta inferir esa asunción desde pasajes como este:

> Se ha aludido (...) a los casos de las menores víctimas de malos tratos, de abusos, de desarraigo por parte de sus padres que se verán obligadas a contar con su consentimiento para interrumpir su embarazo. Tengo que contestar a esto que el Código civil al que la proposición de ley recurre, ya aporta soluciones a este tipo de problemáticas y, por supuesto, en esos casos las menores no tendrán que contar con el consentimiento de sus progenitores (D1 p. 21, González Vázquez).

Vemos que la objeción clave es la consecuencia C3 (destacada en el cuadro de la Fig. 3), ya que aporta una razón concluyente –aunque pueda haber otras– por la cual las menores no usarán la solución prevista: siguiendo la vía civil, a lo que ya de por sí pueden ser muy reticentes, nunca obtendrán a tiempo la autorización judicial para abortar. Es decir, la reforma provocará continuaciones indeseadas de embarazo e impedirá abortos legales y seguros, porque el procedimiento civil al que remite el nuevo art. 9.4 LAP no es un cauce procesal viable para solventar casos extremos en que la menor sufra maltrato [B_{19}] ni tampoco cuando haya un simple desacuerdo con sus padres [B_{19bis}]. En el cuarto debate, por ejemplo, el pronóstico se expresa así:

> ¿Acaso pueden asegurar que la correspondiente sentencia autorizando la interrupción se dictará dentro de los plazos legales que la Ley 2/2010 [LOSSR] contempla? ¿Lo pueden asegurar? ¿Qué creen ustedes que harán

26 No siempre satisfactorias. Por ejemplo, hallamos una única réplica a la idea de abortos clandestinos: «no es cierto que se aboque a las menores a abortos ilegales (...). España es un Estado de derecho y se persiguen e inspeccionan los centros para que no los haya clandestinos. Yo no conozco ninguno, pero si sus señorías saben de alguno en sus respectivas comunidades autónomas, tienen la obligación de denunciarlo. No vengan a decir aquí que estamos abocando a las menores a abortos ilegales» (D6 p. 16966, Pan). O sea, a la afirmación de que se abocará a las menores a abortos clandestinos se contesta que no hay centros clandestinos. Esto puede ser cierto, pero (además de presuponer que las menores recurrirán al cauce civil y que las medidas de control sanitario impiden abortos clandestinos) deja sin contestar el problema de la obtención de fármacos abortivos por Internet.

estas menores ante este frío panorama administrativo? (...) señorías del Partido Popular, ¿de verdad quedan tranquilos con confiar en que se emita a tiempo una resolución por parte de la autoridad competente? (D4 p. 65-66, Ciuró).

Esta justificación de segundo orden de las razones B_{19} y B_{19bis} aún no queda muy definida. Pero los opositores procuraron fundamentar más su predicción de la tercera consecuencia, y para ello hicieron un análisis jurídico (o socio-jurídico) de la cuestión, argumentando que los lentos plazos judiciales impedirían a la menor abortar, al menos dentro del límite estándar de catorce semanas de gestación que fija la LOSSR. Veamos un extracto de ese análisis:

> La única posibilidad sería que utilizáramos el art. 158 del Código civil (...), en el que los jueces pueden, por vía de urgencia en procedimientos de familia, resolver (...) conflictos con los progenitores (...) Lo primero que esta menor tendría que hacer (...) es solicitar un defensor judicial mediante un procedimiento de jurisdicción voluntaria. Mientras tanto el tiempo irá corriendo, y esta menor se tiene que enfrentar a sus padres y solicitar el defensor judicial. (...) Segundo paso. ¿Cuál es el procedimiento (...)? Porque no solo no lo han dicho, es que no está previsto. ¿Sería el procedimiento de jurisdicción voluntaria? Pues va a resultar que no, porque la mayoría de la jurisprudencia dice que (...) cuando se tienen que dirimir cuestiones [...] en la[s] que hace falta alguna prueba, no puede utilizarse (...). Si se utilizara, lo normal es que se citara a comparecencia a los padres (...); después la norma indica que se solicite un informe psicosocial, que en Sevilla por lo menos tarda unos dos meses; mientras tanto el tiempo va corriendo en una menor en desamparo. (...) Si este procedimiento no sirve, (...) [la única opción] sería el procedimiento de juicio ordinario. (...). El trámite sería el siguiente: primero, solicitar el defensor judicial; segundo, ir a solicitar al colegio de abogados, abogado y procurador. El tiempo va corriendo. Tercero, poner una demanda. La demanda tarda más o menos un mes en ser admitida. (...). Se emplaza a la otra parte, veinte días. Sumen, ya llevamos dos meses, el tiempo sigue corriendo. ¿Cuánto tiempo vamos a tener a esa menor en desamparo enfrentándose a sus padres, viviendo con ellos? La fecha de juicio en Sevilla suele durar unos seis meses (...), y aquí no cabría petición de medida cautelar (...) ¿Ustedes creen que una menor se va a enfrentar a esa confusión jurídica que ni los juristas van a saber cómo meterle mano? (D6 p. 16969-70, Mora).

Si lo que plantea esta senadora fuese cierto, el pronóstico de la consecuencia C3 sería muy fiable, lo cual, a su vez, daría fuerza a los otros pronósticos [C1, C2, C3] y, por ende, al contraargumento entero: habría entonces muy buenas razones para no aprobar la reforma, por lo menos tal como se había planteado. Como poco, debería introducirse en el texto de la proposición de ley alguna mejora o previsión adicional a este respecto. Uno esperaría, pues, que el bando reformista respondiera a la tercera objeción consecuencialista con argumentos. Y ello, sobre todo, porque, para justificar la proposición de ley, sus impulsores venían insistiendo desde el primer debate en que, a fin de evitar los efectos negativos de la exigencia de consentimiento parental en caso de desacuerdo entre la menor y sus padres (sobre todo en situaciones de riesgo), se había previsto el recurso al Código Civil expresamente: ahí estaría la única vía para prescindir del consentimiento parental. Sin embargo, la mejor réplica que podemos encontrar en los debates es esta, que contesta justo al pasaje anterior:

> Señoría de Podemos, no se preocupe, no hay guirigay. Según usted, los jueces no van a saber qué hacer, porque son unos ineptos; el Gobierno es otro inepto, etc. Pero no, hay unas leyes claras de protección al menor y de violencia de género en las que el menor es protagonista, y eso está recogido por el Partido Popular. Lo único que pretendemos para la mayoría de las familias normales, para las niñas en esa situación, es que estén protegidas por aquellas personas que, con todos los respetos para sus señorías, les van a proteger mejor que cualquiera de los que estamos aquí; cada uno, sobre todo, con su familia (D6 p. 16974, De Aragón).

Insatisfecha con esta respuesta, la senadora interpelada volvió a recordar el mismo problema y pidió de nuevo explicaciones sobre cómo funcionaría el recurso previsto en la nueva regulación. Pero no tuvo más suerte con la contestación que recibió:

> A la senadora de Podemos no le he contestado antes a todo, pero es que lo trae usted escrito. Nos ha pedido explicaciones, y está continuamente con el explíquenme, [nos] están exhortando. Cuando alude a la declaración de derechos humanos, ¿de qué derechos humanos hablamos? ¿Hablamos del humor negro de alguno de sus militantes? ¿Hablamos quizá de quemar a católicos en una iglesia, como ha manifestado alguno de sus militantes? ¿O hablamos de los derechos de los presos políticos, algo a lo que ustedes votaron en contra? (Aplausos). Tantas lecciones al Partido Popular, tantas explicaciones y tanto que usted nos quieres exhortar y que expliquemos, pues igual ustedes también tienen que explicar cuál es el valor de los derechos humanos, los suyos; los nuestros son los que nosotros consideramos, y defendemos a las mujeres y a los menores con esta ley (D6 p. 16980, De Aragón).

La objeción C3 se había formulado casi dos meses antes en el Congreso: júzguese si la respuesta que acabo de transcribir, ofrecida ya en el último debate en el Senado, se puede considerar satisfactoria desde el punto de vista dialéctico, si es pertinente y no elusiva. Concedamos que, en el contexto de las deliberaciones parlamentarias, no conviene imponer cargas justificatorias demasiado pesadas a los proponentes de una medida legislativa.[27] Pero, aun rebajando al mínimo las exigencias, parece imposible decir que los impulsores de la L.O. 11/2015 absolviesen satisfactoriamente sus obligaciones dialécticas respecto a la consecuencia C3. Ni siquiera cabría hablar de réplicas incompletas o deficitarias, pues no hubo. Y no creo que esta laguna pueda achacarse a falta de tiempo –se celebraron seis debates monográficos a lo largo de varios meses–, ni a la necesidad de responder solo a las objeciones más importantes –esta lo era–. Lo único que podemos presumir es que los parlamentarios del GPP no reflexionaron sobre el problema (falta de preparación o de interés); que no se atrevieron a arrojar ninguna sombra sobre una decisión previamente tomada –por los motivos que fueran– en el seno del gobierno o del partido (falta de voluntad); o que, a fin de cuentas, les importaba poco (falta de responsabilidad).[28] Eso no son ya meros indicios de mala justificación: demuestran un defecto cualitativo muy serio.

Ahora bien, podría ocurrir que la posición reformista sea, así y todo, correcta. En vista solo de lo que reflejan las actas del debate, el contraargumento consecuencialista parece aplastante, pero, bien mirado, no sabemos aún si lo que afirma es verdad; si, por ejemplo, el procedimiento civil en una ciudad como Sevilla es incompatible con los plazos legales para abortar. Para ello sería necesario realizar algún contraste con información o evidencias –obtenidas al margen de los debates– que permitiesen establecer la plausibilidad de los pronósticos realizados por impulsores y detractores de la reforma. Llegamos así al último bloque de la evaluación.

27 Véase Cap. 1 (Secc. 3.2, nota 55).

28 Y eso que objeciones similares se habían planteado ya contra el «engorroso procedimiento» (Laurenzo 2014, p. 32 ss.) previsto en el *Anteproyecto de Ley Orgánica para la protección de la vida del concebido y de los derechos de la mujer embarazada* (2013) que el gobierno del PP elaboró para reemplazar la LOSSR, y que no llegó a remitir como proyecto de ley al Congreso. Sobre las reticencias de las menores a acudir a los juzgados para poder abortar, cfr. e.g. Kavanagh et al. (2012, p. 163).

6. PLAUSIBILIDAD DE LA JUSTIFICACIÓN LEGISLATIVA CONTENIDA EN LOS DEBATES

Para sondear cómo podría evaluarse la plausibilidad de la argumentación cambiaré de ejemplo: dejaré el contraargumento consecuencialista y me centraré en la descripción diagnóstica expresada en la subpremisa P1a de nuestro esquema argumentativo. Voy a apoyarme tentativa y algo libremente en el modelo de "inteligencia deliberativa" (Mucciaroni y Quirk 2006; 2010), y a continuación me serviré de una pauta procesal que puede ayudar también a valorar la plausibilidad de los argumentos legislativos.

Recordemos que, para establecer si los debates son "inteligentes", hay que seguir cuatro pasos.[29] Primero, el evaluador identifica las cuestiones centrales que se hayan discutido con relación a la efectividad y las consecuencias de la ley *(effect issues),* y las tesis *(effect claims)* que sobre ellas sostienen los parlamentarios. Después se examina, ya aparte, si esas tesis están apoyadas por el conocimiento experto y científico del que pudieron disponer los legisladores. Se comprueba entonces si durante los debates se imponen las tesis que, según ese examen previo, han resultado más sólidas, y si se rectifican las más débiles. Para lo cual se contabilizan las refutaciones, las concesiones explícitas (e implícitas: falta de respuesta ante una refutación y abandono de la tesis refutada) y las reafirmaciones de tesis.[30] A partir de ahí, y considerando factores como la frecuencia de esos movimientos y la extensión con que se justifica cada tesis, puede asignarse a los debates un "valor informativo" (conforme a la escala *muy bueno - bueno - aceptable - pobre - muy pobre*). Se trata, pues, de un modelo híbrido que conjuga la evaluación epistémica de la plausibilidad del contenido de los argumentos a la luz de evidencia externa disponible con una evaluación dialéctica-deliberativa.

Si nos queremos inspirar en este modelo para evaluar la plausibilidad del contenido de los debates sobre la L.O. 11/2015, tendríamos prime-

---

29 Véase Cap. 1 (Secc. 3.1).

30 Como apunté en el Cap. 1 (Secc. 3.1), en modelo original, la inteligencia deliberativa se mide computando esos movimientos argumentativos, pero aquí me limitaré a comprobar si los parlamentarios cuestionan las tesis mal (o peor) fundadas, y si estas se eliminan de la justificación de la medida propuesta o son reemplazadas por otras bien (mejor) fundadas (lo cual habría de acarrear cambios en la propuesta inicial). La falta de críticas ante argumentos débiles y la mera reiteración de tesis materialmente rebatidas debilitaría la plausibilidad de la justificación, mientras que el abandono de estas tesis la reforzaría. Esto basta para un juicio aproximativo de calidad justificatoria.

ro que identificar tesis clave en la justificación de la propuesta de ley, y estudiar luego si estaban, o no, avaladas por evidencias disponibles para los legisladores. Si no lo estaban, su no refutación o su mantenimiento (no abandono) supondrían una deficiencia cualitativa bajo el punto de vista del contenido. Pues bien, ilustraré cómo podría encararse esta última parte de la evaluación con otro punto muy controvertido en los debates, que afecta a la subpremisa de descripción diagnóstica [P1a], una de las que fundan la *occasio legis*. Según la reconstrucción de esta premisa desde los debates, la descripción de la situación de partida [S_0] incluye cuatro circunstancias o hechos [H]. Tres conforman la situación fáctica antes de la reforma: "las menores no cuentan con la asistencia de sus representantes legales" [H_1], quienes, "en la práctica, no pueden asistir a aquellas ante la decisión de abortar" [H_2]; el tercer hecho es que "el aborto tiene gran impacto psicofísico sobre la menor" [H_3]. Y el cuarto describe la situación legal o jurídica así: "el art. 13.4 LOSSR permite a las menores abortar sin autorización *e incluso sin información parental*" [H_4]. Interesa este último inciso: la afirmación de que las menores, con la regulación de 2010, podían abortar lícitamente sin que sus padres ni siquiera lo supiesen (el artículo que se quiere derogar permite sin ninguna duda que la menor aborte sin autorización parental, pero, sobre el papel al menos, circunscribe la posibilidad de omitir la notificación a casos muy excepcionales). Para los impulsores de la reforma, entre unos y otros hechos existiría una relación causal (incluso se señala el art. 13.4 como única causa), que en términos de los estudios sobre debate y abogacía llamaríamos una relación de "inherencia" (Dalton y Butler 2015, p. 29 ss.; Ihnen 2012, p. 42 ss.).[31]De aquí podríamos sacar al menos dos "cuestiones clave", que se refieren al periodo que va desde la entrada en vigor de la LOSSR (2010) hasta el momento en que tienen lugar los debates (2015):

[1] ¿Son asistidas las menores por sus representantes legales? [H_1, H_2]

[2] ¿Son informados "en la práctica" los representantes legales de la intención de abortar de las menores? [H_2, H_4]

31 En los debates, los proponentes de la L.O. 11/2015 presentaron la relación entre la situación fáctica y la jurídica como una conexión causal (y el art. 13.4 LOSSR como única causa), pero podría plantearse en otros casos como una correlación o incluso una mera conjunción; el análisis de las causas del problema reaparece y podría tratarse a propósito de la premisa de idoneidad (P3).

Aunque son posibles respuestas graduales y matizadas, en las deliberaciones de 2015 las tesis sobre las dos cuestiones se defendieron, más bien, en términos binarios: los impulsores de la reforma respondieron "no" [1.A, 2.A], y los opositores, "sí" [1.B, 2.B] en ambos casos. Sus tesis conectan a su vez con razones de primer orden aducidas en los debates, según muestra la reconstrucción del espectro argumentativo (Fig. 1).[32] De acuerdo con el modelo de la inteligencia deliberativa, seguidamente habríamos de realizar un examen de contraste y determinar si esas tesis están o no fundadas. Se trata de analizar, en otras palabras, el conocimiento experto o las evidencias que pudieron utilizar los legisladores, para averiguar si sus posturas pueden calificarse como bien o mal –mejor o peor– justificadas desde una perspectiva *ex ante.*

Con relación a las dos cuestiones clave, los legisladores disponían básicamente de dos grandes fuentes de información –ambas se invocaron en los debates–. Tenían a su alcance, en primer lugar, los datos y las estadísticas oficiales sobre IVE que recopila y elabora el Ministerio de Sanidad;[33] y en segundo lugar, disponían de una suerte de estudio de evaluación retrospectiva sobre la LOSSR que publicó poco antes del debate de toma en consideración, en noviembre de 2014, la asociación de clínicas autorizadas para practicar abortos en nuestro país (ACAIVE)[34] –lo que acaso podría generar cierta suspicacia sobre la neutralidad del informe–. En realidad, las fuentes de conocimiento pudieron y probablemente fueron más. Por ejemplo, se hubiese podido consultar también a entidades de apoyo a menores, educadores sociales o médicos –de hecho, algunos parlamentarios afirmaron tener información de ese tipo–;[35] y, desde luego, a las propias

32 La respuesta positiva de los impulsores de la ley a ambas cuestiones clave se basa en las razones A_{11} (el art. 13.4 LOSSR ha privado de protección parental a las menores), A_{19} (sigue existiendo el riesgo de abuso de la objeción a la notificación parental prevista en el art.13.4.3° LOSSR), A_{20} (el número de objetoras es irrelevante: bastaría con que hubiese una) y A_{2} (el art. 13.4.3° LOSSR prácticamente invalida el deber información parental). Por el contrario, la negación de ambas cuestiones por parte de los opositores a la proposición de ley se basa en las razones B_{6} (la LOSSR de 2010 ha tenido éxito, por cuanto hay una menor tasa de abortos entre jóvenes), B_{7} (el número de objetoras en 2014 ha sido insignificante), B_{7bis} (el apoyo parental es normal, así que la reforma resulta innecesaria) y B_{17} (el art. 13.4.3° LOSSR regula solo casos extremos, y no invalida el deber de notificación parental).

33 Cfr. https://www.sanidad.gob.es/profesionales/saludPublica/prevPromocion/embarazo/home.htm y https://www.inmujeres.gob.es/MujerCifras/Salud/IVE.htm.

34 Disponible en: http://www.acaive.com.

35 «Esa enmienda ha sido presentada de común acuerdo con organizaciones no gubernamentales y asociaciones que se dedican a prestar asistencia a estas menores que se encuen-

menores. Pero esto no es imprescindible de cara a nuestro ejemplo, así que me ceñiré a las dos fuentes principales de información, para, sobre esa base, valorar cuál de las dos parejas de tesis está mejor fundada.

Según las estadísticas oficiales disponibles cuando se debatió la L.O. 11/2015 –las últimas correspondían a 2013–, en los años 2010 y 2011 se aprecia un repunte leve en el número de abortos entre las menores afectadas por el art. 13.4 de la LOSSR de 2010, mientras que en los años 2012 y 2013 la tendencia se invierte y desciende incluso por debajo de las cifras previas a la aprobación de la LOSSR (MSSSI 2013, p. 214; 2014, p. 214; 2015, p. 214). No parece, pues, que pueda achacarse a la norma que se quería reformar el efecto de incrementar el número de abortos en la franja de edad relevante. Y poco más podemos inferir de esas estadísticas, pues no consignan nada sobre los detalles de uso del art. 13.4 LOSSR. Por el informe de ACAIVE –que tan solo cubre el año 2014– sabemos únicamente que el porcentaje de jóvenes de dieciséis y diecisiete años que se someten a un aborto se cifra en el 3,6% del total de mujeres que abortan. De esa cifra, en cerca del 90% de los casos las menores acudirían acompañadas de progenitores o tutores (es posible que la cuota de objetoras por riesgo intrafamiliar fuese inferior al 10% restante, pero el informe no aporta datos desagregados en función del motivo de la objeción). Si suponemos que estas son las estadísticas que debemos tener en cuenta, y si no queremos poner en duda los datos que aportan, habría que concluir que la premisa de descripción diagnóstica está mal justificada: las tesis de los impulsores de la reforma [1.A, 2.A] son infundadas; y las de la oposición [1.B, 2.B], cuando menos, estarían mejor respaldadas por la evidencia estadística disponible. Queda por ver, entonces, si las primeras fueron rebatidas y si, en su caso, se abandonaron.

Desde la primera intervención contra la proposición de ley se negó la descripción diagnóstica del GPP, que, sin embargo, se mantuvo hasta el final de los debates. Solo es posible identificar algunos atisbos de concesión, pero seguidos inmediatamente por reafirmaciones de las tesis infundadas. Por ejemplo, una diputada del GPP procuró restar importancia al informe de la

tran algo desprotegidas cuando deciden interrumpir su embarazo no deseado, porque les falta el recurso, ya que a lo mejor el profesional sanitario que tenían delante no tenía la preparación suficiente para informarlas y atenderlas y, en definitiva, convenían con nosotros que era necesario velar por este acompañamiento. Sería bueno que cuando la menor decidiera interrumpir su embarazo, pudiera contar con el acompañamiento psicológico y clínico que le pudieran dispensar los profesionales en esta materia» (D3 p.7, Ciuró).

asociación de clínicas alegando que, «aunque fuera solo una menor» la que hubiese abortado o pudiese abortar sin informar a sus padres, eso justificaría ya la reforma (la cual pretendería reflejar jurídicamente la normalidad de las situaciones de aborto entre menores) [A_7, A_{20}].[36] Pero su argumento resulta muy problemático. No solo porque ignore la eventual situación de desamparo en la que podrían quedar otras menores debido al requisito de autorización parental (lo que debería abocar a alguna ponderación), o porque luego se volviese a insistir en la justificación inicial de la intervención legislativa. Además, el GPP, en 2010, había centrado su rechazo al art. 13.4 LOSSR en el pronóstico de que iba a suponer un "coladero", y que serían muchas las menores que pretextarían cualquier cosa para acogerse a la posibilidad de objetar a la notificación parental. Frente a la importancia que el GPP dio en 2010 a ese riesgo (Oliver-Lalana 2014), durante los debates de 2015 no usó ningún dato de evaluación retrospectiva para motivar la reforma que impulsaba, y sin embargo continuó afirmando el riesgo de abuso.[37]

36 «Y dicen ustedes que solo unas poquitas no piden permiso; aunque fuera una, es una menor y a una menor no se la puede dejar en condiciones de vulnerabilidad como ustedes hicieron con esta ley. Nosotros protegemos a la menor, es lo que quiere hacer el Partido Popular, porque es su obligación, y en caso, como decía la senadora de Podemos y creo que el senador Guillot, de un menor maltratado, si ese conocimiento existe hay que denunciarlo» (D6 p. 16973, De Aragón). «Si ustedes mismos han utilizado en su argumentación, una y otra vez, el hecho de que la mayoría de las adolescentes de dieciséis y diecisiete años abortan con el conocimiento de sus progenitores que las acompañan durante el proceso –dato que conocemos por la información proporcionada por las clínicas donde se realiza la interrupción del embarazo y que ustedes mismos, en sus intervenciones, hace un momento han evaluado en un 0,4 % de los abortos realizados en menores de dieciséis y diecisiete años–, ¿por qué no quieren ustedes que se legisle en función de esa realidad, es decir, del 99,3 % restante de las menores? (…). «¿Por qué no asumen que se confundieron cuando consideraron que la mayoría de esas adolescentes abortarían a espaldas de sus padres o madres? ¿Por qué no permiten que aquellos casos excepcionales, que ustedes mismos reconocen como excepcionales, se rijan por las excepciones que nuestro Código Civil establece y contempla? Deberían ustedes reflexionar sobre la lógica de esa premisa, cuyo punto de partida ustedes mismos aceptan, utilizan y enarbolan una y otra vez en el debate sobre este tema» (D2 p. 86-87, González Vázquez).

37 Mientras que parlamentarios de otros grupos que en su día se opusieron al art. 13.4 LOSSR sí rectificaron. En 2015, un diputado contrario a la reforma justificó así su cambio de postura respecto a 2010: «como reiteradamente se han recordado unas declaraciones que (…) hice en su momento, las quiero recordar en su literalidad. Dije en aquella ocasión: Si mi hija tuviera que abortar, a mí me gustaría que me lo dijera para poder acompañarla. Pero también me he acordado ahora, al escuchar a la portavoz» del GPP, «y sobre todo al resto de los parlamentarios que han intervenido en el debate, de lo que dijo una vez Keynes cuando le reprocharon que había cambiado de opinión o que había matizado una opinión porque le habían convencido los argumentos. Dijo: Cuando cambia la realidad y cambian las circunstancias y me convencen nuevos argumentos, yo cambio de posición. Y preguntó: ¿Usted qué hace, caballero? Yo he cambiado de posición porque me han convencido los argumentos que he escuchado (…) sobre este asunto» (D4 p. 70, Barreda).

Si replanteamos en términos procesales el defecto sustantivo que acabamos de ver con ayuda del modelo de inteligencia deliberativa, el resultado no varía mucho. Al considerar la plausibilidad del diagnóstico en que se basaba la reforma bajo el punto de vista procesal (con criterios de metodología legislativa), observaríamos dos cosas.

De un lado, la iniciativa legislativa, presentada directamente por el GPP como proposición de ley, no contaba con –ni necesitaba– los informes preceptivos para los proyectos del gobierno. Con eso no tengo ningún problema: nada tiene de malo que una iniciativa legislativa no provenga del gobierno, y con cierta frecuencia se recurre a proposiciones de ley para acelerar la aprobación de medidas urgentes o polémicas. Lo que sí cabría esperar es que cualquier iniciativa viniese avalada por algún dato o evidencia respecto a la situación social en la que se justifica la legislación (como exige el art. 124 del Reglamento del Congreso): una violación tan crasa del deber de averiguación de los hechos legislativos relevantes constituye una carencia procesal legisprudencialmente intolerable. Pues bien, frente a las críticas que la falta de esos informes preceptivos suscitó en los debates [B_{10}], el GPP adujo que se habían tenido en cuenta los informes de la LOSSR de 2010 [A_{13}].[38] Sin embargo, esos informes eran inútiles con respecto a cuántas menores abortaron a espaldas de sus padres o tutores en el periodo que importaba: entre 2010 y 2015.

De otro lado, veríamos que los impulsores de la reforma no explican por qué, sin haberse molestado en recabar información acerca del número y circunstancias de las jóvenes objetoras a la notificación parental, fundamentan la oportunidad legislativa en la situación de desprotección de las menores y en la imposibilidad para sus padres o tutores («en la práctica») de acompañarlas en el trance de abortar [S_0]. A lo largo de los debates, los opositores a la reforma invocaron una y otra vez el informe difundido por ACAIVE. Fue su gran baza argumentativa, pese a lo limitado de los datos y al carácter no oficial del estudio –ahí también cabría poner pegas desde el punto de

38 «Las críticas sobre el procedimiento seguido a través de una proposición de ley orgánica (...) son infundadas, en tanto en cuanto la ausencia de informes no es real. El precepto que se modifica fue informado en su día en el anteproyecto de la Ley Orgánica 2/2010 por el Consejo Fiscal, la Fiscalía General del Estado, el Consejo de Estado y por el Comité de personas expertas que iluminó la elaboración de ese anteproyecto. Por lo tanto, cuando proponemos (...) la supresión de este artículo, lo hacemos basándonos en esos informes que establecen este punto como el más controvertido de la ley» (D1 p. 21, González Vázquez).

vista de la metodología legislativa–.[39] Aunque al menos tenían algo con lo que podían cuestionar la descripción diagnóstica: según el único estudio específico disponible, en el año 2014 las objeciones a la notificación parental, reguladas como excepción para casos extremos [B_{17}, B_{18}], habían sido asimismo excepcionales (sin que hubiese nada que indicara un abuso de la posibilidad de objetar). No parece muy razonable, a la luz de esos datos, afirmar un efecto considerable de desprotección de las menores, o sostener que sus padres, de hecho, no les prestan o no pueden prestarles la debida asistencia [B_7, B_{7bis}]. Pese a ello, como digo, la premisa de descripción diagnóstica que justificaba la reforma no se abandonó ni se matizó en un ápice.

Ahora bien, tampoco eso implica, de suyo, que la reforma sea *injustificable*: tal vez fuera posible salvarla con otros argumentos (que no se adujeron). Y los impulsores de la ley aún podían invocar el respaldo de la ciudadanía, especialmente el de sus electores: no en vano el GPP tenía mayoría absoluta en ambas cámaras. Pero lo primero no deja de ser un argumento más, susceptible a su vez de ser evaluado como una "pretensión representativa" (cfr. Saward 2010) en este bloque o en el anterior (dialécticamente); y otro tanto vale para el argumento de la promesa electoral –ambos fueron discutidos en los debates–.[40] Tampoco el argumento de la coheren-

39 Aunque el informe se invocó ya desde el debate de toma en consideración, solo en el último debate en el Senado pareció apuntarse algo así como un problema metodológico: «Permítanme (...) una aproximación a la realidad de lo que estamos discutiendo. En 2014, del total de mujeres que abortaron, el 3,6 % eran menores de 16 y 17 años, unas 4000. De estas, no llegan a 500, lo hicieron sin informar a sus tutores legales. *Y como es difícil desagregar los datos del número de mujeres entre 16 y 17 años*, les daré un dato aproximado. En España hay unas 245 000 mujeres comprendidas entre estas edades. Han abortado, pues, un 1,6 % del total; y sin informar a sus tutores legales, el 0,2 % del total. Les recuerdo los datos porque, a veces, oyéndoles a ustedes, parece que la [LOSSR] (...) haya provocado una especie de botellón abortista entre estas jóvenes, y esto es mentira. Los datos son los que son» (D6 p. 16952, Guillot, cursivas añadidas).

40 Supongamos, por ejemplo, que evaluamos la pretensión representativa del GPP a la luz de los debates: «Lo siguiente que le voy a decir es que ustedes se arrogan un respaldo de la ciudadanía que yo no entiendo muy bien (...). Tienen el apoyo del 45% del electorado. Bien, en 2011 votó el 32,4 % del electorado y, a ustedes, el 45 % del 32,4 %. Perdóneme, pero yo no veo a toda la sociedad votando por la modificación (...). Pero le daré más datos (...) En la última encuesta del CIS, de abril de 2005, en la que se habla de la Ley del aborto, cuando se pregunta a los españoles cuál es el principal problema para ellos actualmente en el Estado español, la Ley del aborto lo es para el 0,0 %. Esta ley afecta personalmente al 0,0 %. En la encuesta del GAD3, de febrero de 2014, se recoge que el 88 % de los españoles piensa que el PP debería buscar el consenso del resto de las formaciones políticas –mucho no lo están buscando– y el 81,8 % cree que el PP no ha buscado consenso –es obvio–. Y, según la encuesta del Instituto DYM, de febrero de 2014, solo el 8 % está a favor de que la actual ley se modifique en sentido restrictivo. Perdóneme, pero mucho apoyo social para esta modificación no hay. Ustedes mantienen

cia política (digamos: "como nos opusimos en 2010, debemos oponernos ahora") resulta nada convincente.[41] Sea como fuere, la proposición de ley no debiera haberse justificado alegando una situación generalizada de desprotección de las menores y de *imposibilidad* de asistencia parental. Si a eso sumamos que los defensores de la reforma no supieron, no pudieron o no quisieron descargar sus deberes dialécticos respecto a las objeciones consecuencialistas, parece que estamos ante un ejemplo palmario de error legislativo: la ley no resulta de los mejores argumentos, sino de los peores.[42] Lo expresa con las siguientes palabras una senadora de la oposición:

> Señorías, llegados a este punto, no sabemos ya ni qué decir sobre este tema. Está todo dicho. Hemos argumentado (...) y parece que no ha servido para nada (D4 p. 59, Enbeita).

En la misma línea, Manuel Atienza (2019, p. 360 y p. 366), después de estudiar estas deliberaciones, resumía así su valoración del último debate en el Senado: «no es sólo que los argumentos del partido popular resulten más débiles que los esgrimidos por los grupos de la oposición (...); sino que, en mi opinión, todos los que adujeron (...) no fueron propiamente

---

que, porque en 2011 les haya votado la mayoría de la gente, todos están de acuerdo con lo que hagan en estos cuatro años, pero me parece que eso es pretender bastante y no tiene nada que ver con la realidad. (...) así que, por favor, no se arroguen el apoyo de la ciudadanía para esta reforma cuando las cifras dicen todo lo contrario» (D6 p. 16975, Mora). Esta argumentación en contra de la pretensión representativa del GPP no fue contestada.

41 «Senadora Julios, igual a mí tampoco me parece serio que Coalición Canaria votara en contra de esta ley y ahora cualquiera diría que la hicieron ustedes. Manifiesta que no es serio lo que yo digo, pero nosotros somos coherentes siempre. En su día votamos en contra, y ahora no nos gusta la ley y nos sigue sin gustar» (D6, p. 16979-80 de Aragón). Algún grupo pareció apoyar la reforma por mera coherencia política, separando votos de razones: «Ya hemos manifestado que, por coherencia con lo que dijimos en su momento (...), votaríamos a favor, pero ese voto a favor no significa que compartamos buena parte de las explicaciones que ha hecho la ponente del grupo mayoritario» (D6 p. 16978, Sedó). Pero una justificación basada en el propio gusto o el mantenimiento de la propia posición no es fácil de conjugar con los principios constitucionales implicados.

42 No para los impulsores de la reforma, claro, quienes decían legislar «en función de la realidad» (D2 p. 87, González Vázquez); mientras que, para los opositores, la reforma propuesta «sería fantástica en el mundo de Yupi, en el mundo ideal en el que todas las familias fueran maravillosas, en el que ninguna mujer tuviera problemas con sus padres, en el que todo sería fantástico» (D3 p.5, Agirretxea). A los tres años de aprobarse la ley, el Comité de Derechos Económicos, Sociales y Culturales de Naciones Unidas recomendaba a España que considerase eliminar el requisito del consentimiento de los representantes legales «para que las adolescentes de entre 16 y 18 años y las mujeres con capacidad modificada judicialmente» pudieran acceder a la IVE (*Observaciones finales sobre el sexto informe periódico de España*, E/C.12/ESP/CO/6, 25/4/2018).

argumentos, sino meras falacias». De ahí que considere que este no es «un buen caso de estudio para afrontar el tema de la evaluación de la argumentación legislativa». Estoy en parte de acuerdo con él: la calidad *dialéctica* y *sustantiva* de la justificación que aportaron los *proponentes* de la ley fue pobre, e incluso a ratos da impresión de ser calamitosa. Ahora bien, creo que cabe una lectura menos negativa de otros aspectos de la justificación, y que, como escenario de estudio para reflexionar sobre la evaluación de deliberaciones legislativas, las de la L.O. 11/2015 ofrecen algunas lecciones de interés.

7. ¿«NO HA SERVIDO PARA NADA»?

¿Realmente no sirvieron para nada estos debates? Depende. Si vemos la justificación de una medida legislativa como una tarea que incumbe tan solo a quienes la proponen (i.e. como una práctica monológica o unidireccional), estos debates no son ejemplares precisamente; pero, entendida como una tarea "conductiva" (conflictual) y colectiva (asamblearia), quizá el juicio podría mejorar. Las objeciones y contraargumentos que plantearon los parlamentarios contrarios a la proposición de ley también importan en términos justificatorios; y al incluir en la valoración esas "consideraciones en contra", la argumentación construida entre todos alrededor de la L.O. 11/2015 tal vez no sea *tan* mala. Incluso en la justificación aportada por el GPP también hay partes, como el alcance y la estructura, que cabría valorar positivamente, por más que el desempeño de sus diputados y senadores mostrase notables carencias en los planos dialéctico-deliberativo y sustancial.

¿No sirvieron para nada? Bueno, todos sabemos que en el parlamento no son las razones de fondo las que determinan los resultados, sino los votos –que también son, por supuesto, un tipo muy relevante de razones–. Ocurre así siempre que una decisión ha de tomarse por mayoría, también en el marco de deliberaciones judiciales. El lamento de la senadora de la oposición, o uno bastante aproximado, podemos hallarlo igualmente en votos particulares a sentencias de tribunales constitucionales o superiores.[43] La gran diferencia es que en el parlamento hay una deliberación

43 Cfr. e.g. el voto particular de J.A. Xiol a la STC 39/2016: «quiero hacer constar que, *en aras de la búsqueda del consenso* (…), *ofrecí en la deliberación* que el fallo estimatorio (que a juicio

pública, y se puede –y debe– invocar el valor representativo o democrático de cada postura; el "rodillo" de una mayoría judicial, aparte de ser más silencioso, ni tiene respaldo ciudadano directo ni cumple ninguna promesa electoral ni es fácil de anudar a la representación decisoria o argumentativa de la ciudadanía. Justo por no haber incidido en la votación final sobre la L.O. 11/2015 –nada sorprendente–, estos debates se revelan como un caso de estudio interesante: ilustran la dificultad que encierra integrar la democracia y la representatividad (electoral y discursiva) en la evaluación de la deliberación legislativa en el parlamento; y también dan alguna muestra de la continuidad entre los argumentos utilizados en la esfera pública, en el parlamento, e incluso en un contexto judicial (varios argumentos vertidos en estos debates ya se emplearon al debatir la LOSSR y en el subsiguiente recurso de inconstitucionalidad presentado por el GPP).[44] Y, al mismo tiempo, los debates sobre la L.O. 11/2015 desvelan graves irresponsabilidades de todos nuestros legisladores, con independencia de su adscripción partidista: que en 2015 no hubiera datos oficiales detallados sobre el impacto del art. 13.4 LOSSR (referidos específicamente a jóvenes de dieciséis y diecisiete años que objetaron a la notificación parental), y que tampoco los tengamos hoy –al menos, yo no he sabido encontrarlos– sobre el impacto del recurso excepcional al procedimiento civil previsto en la L.O. 11/2015 es, sencillamente, inaceptable.[45]

¿No sirvieron para nada? En fin, pienso que no será ningún consuelo para las menores que hayan pasado por las situaciones reguladas por el art. 13.4 LOSSR y por la L.O. 11/2015, pero diría que estos debates sirvieron para algo importante: enseñan que, por más que sean las mayorías y no las consideraciones legisprudenciales las que decidan el resultado final, las deliberaciones en el parlamento encierran un *potencial* significativo como fuente de justificación y pueden ofrecer a quien se interese por ellas argumentos con los que valorar críticamente la legitimidad de una ley. En última instancia –podría decirse–, no hay mal debate legislativo que por bien no venga.

---

de varios de nosotros era ineludible) fuera acompañado del mantenimiento de las sentencias que dieron lugar al recurso de amparo (...). *No puedo sino lamentar haber sido vencido sin que esta propuesta fuera siquiera considerada*» (cursivas añadidas).

44 Un modo conocido de expresar esta continuidad argumentativa sería, por ejemplo, la tesis de la sociedad abierta de intérpretes constitucionales de P. Häberle (1978).

45 No reflejan esos datos ni las estadísticas oficiales (*supra*, nota 33) ni la *Memoria de Análisis de Impacto Normativo* del anteproyecto de reforma de la LOSSR (p. 40), que, por demás, tampoco prevé evaluación retrospectiva (p. 45): https://www.igualdad.gob.es/servicios/participacion/audienciapublica/Paginas/index.aspx.

REFERENCIAS

Andreu MB (2012) Aborto y menores. ¿Es necesario un nuevo cambio en la legislación? *La Ley* 7868: 1-13.

Atienza M (2019) Un modelo de análisis de la argumentación legislativa. En: Oliver-Lalana AD (ed) *La legislación en serio. Estudios sobre derecho y legisprudencia.* Tirant lo Blanch, Valencia, 343-395.

Fairclough I, Fairclough N (2012) *Political discourse analysis.* Routledge, London.

Fairclough I (2012) Evaluating Policy as Argument. *Critical Discourse Studies* 13: 57-77.

Fairclough I (2018) Conductive Argumentation in the UK Fracking Debate. *Argumentation and Inference (Proceedings of the 2nd European Conference on Argumentation II).* College Publications, London, 297-310.

Feteris E (2002) Pragmatic argumentation in a legal context. En: van Eemeren F (ed) *Advances in pragma-dialectics.* Sic-Sat, Amsterdam, 423-459.

González Agudelo C (2016) Los derechos sexuales y de salud sexual y reproductiva de los menores de edad y la validez de su consentimiento después de las últimas modificaciones legislativas. *Derecho y Salud* 26/1: 9-38.

Häberle P (1978) *Verfassung als öffentlicher Prozess.* Duncker & Humblot, Berlin.

Ihnen C (2012) *Pragmatic argumentation in lawmaking debates.* Sic Sat, Amsterdam.

Ihnen C (2017) La argumentación por consecuencias en el debate legislativo chileno. *Onomázein* 37: 218-243.

Kavanagh EK et al. (2012) Abortion-seeking minors' views on the Illinois Parental Notification Law. *Perspectives on Sexual and Reproductive Health* 44/3: 159-166.

Laurenzo P (2014) Desandando el camino: la contrarreforma del aborto. *Revista Electrónica de Ciencia Penal y Criminología* 16: 9 (1-39).

Méndez E, Gascó M (2015) *Maternidad en la adolescencia.* Asociación Salud y Familia, Barcelona.

MSSSI [Ministerio de Sanidad, Servicios Sociales e Igualdad] (2013) *Interrupción voluntaria del Embarazo. Datos definitivos correspondientes al año 2011.* MSSSI, Madrid.

MSSSI [Ministerio de Sanidad, Servicios Sociales e Igualdad] (2014) *Interrupción voluntaria del Embarazo. Datos definitivos correspondientes al año 2012.* MSSSI, Madrid.

MSSSI [Ministerio de Sanidad, Servicios Sociales e Igualdad] (2015) *Interrupción voluntaria del Embarazo. Datos definitivos correspondientes al año 2013.* MSSSI, Madrid.

Mucciaroni G, Quirk P (2006) *Deliberative choices. Debating public policy in Congress*, Chicago UP, Chicago.

Mucciaroni G, Quirk P (2010) Rhetoric and reality. *Legisprudence* 4: 35-52.

Oliver-Lalana AD (2014) Normas y razones: un estudio sobre argumentación legislativa. En: Grández P, Morales F (eds) *La argumentación jurídica en el Estado Constitucional.* Palestra, Lima, 491-528.

Oliver-Lalana AD (2018) Migliori e peggiori argomentazioni legislative. En: Ferraro F, Zorzetto S (eds) *La motivazione delle leggi.* Giapichelli, Torino, 67-125.

Oliver-Lalana AD (2022) On the structure and stock issues of legislative justification (in parliamentary debates). En: Ferraro F, Zorzetto S (eds) *Exploring the province of legislation.* Springer, Cham, 57-83.

Saward M (2006) The representative claim. *Contemporary Political Theory* 5: 297-318.

Walton D (2009) Objections, rebuttals and refutations. *Argument Cultures (Proceedings of OSSA 09).* OSSA, Windsor, 1-10.

Walton D (2015) *Goal-based reasoning for argumentation.* CUP, cambridge.

Capítulo 3
DEBATES LEGISLATIVOS SOBRE MUERTE DIGNA Y EUTANASIA: UNA APROXIMACIÓN AL CASO ESPAÑOL

José-Antonio Seoane*

Resumen – La *Ley Orgánica 3/2021, de 24 de marzo, de regulación de la eutanasia* es el resultado de los debates sobre la atención al final de la vida y la muerte digna en el Parlamento español. Una forma de evaluar su corrección es analizar los argumentos utilizados en los debates legislativos, objetivo desarrollado en este capítulo desde una doble perspectiva: en primer lugar, examinando la racionalidad de tales argumentos; y, en segundo lugar, estudiando los modelos de debate empleados. Conocer las razones a favor y en contra de la Ley y cómo han sido argumentadas por los legisladores ofrece orientaciones para comprender la tarea parlamentaria, interpretar la ley y reforzar las garantías jurídicas de sus destinatarios. Además, permite caracterizar la argumentación parlamentaria como un sistema deliberativo y sugerir mejoras para futuros procesos legislativos.

* Este capítulo es uno de los resultados del proyecto de investigación *Los nuevos derechos humanos: teoría jurídica y praxis política (NDH)* (código PID2019-111115GB-I00), financiado por el Ministerio de Ciencia e Innovación de España para el periodo 2020-2023, y de la Ayuda para grupos con potencial de crecimiento (número ED431B 2020/50) de la Xunta de Galicia. Agradezco a Daniel Oliver-Lalana sus sugerencias a los borradores del capítulo, y a las personas participantes en las Jornadas sobre «Argumentación legislativa y justificación parlamentaria de las leyes» (Zaragoza, 16-18 de diciembre de 2021) su actitud deliberativa.

1. PLANTEAMIENTO

Toda norma jurídica formula una pretensión de corrección (Alexy 2000), y así sucede con la *Ley Orgánica 3/2021, de 24 de marzo, de regulación de la eutanasia* (LORE).[1] Un modo de evaluar si esta ley satisface dicha pretensión y ha sido justificada razonablemente es analizar cómo se ha desarrollado su fase legislativa, en concreto los debates parlamentarios de la Proposición de Ley Orgánica de regulación de la eutanasia[2] que han conducido a la LORE. Cabría responder a esta cuestión comparando el punto de partida –la mencionada Proposición de Ley– y el punto de llegada –la Ley definitivamente aprobada– e identificando los cambios introducidos durante el debate legislativo. Sin embargo, esta valiosa aproximación solo se ocuparía de la consecuencia o el efecto del debate, y dejaría desatendido el itinerario argumentativo que ha unido ambos momentos, esto es, las razones, los argumentos y el diálogo legislativos producidos desde la admisión de la Proposición de Ley hasta su aprobación. En otras palabras, serviría para analizar la racionalidad y la corrección del resultado legislativo (la ley) pero no la racionalidad y la corrección de la actividad legislativa (el procedimiento y los debates legislativos).

Estas páginas se ocuparán de la segunda opción, la actividad legislativa, y examinarán el debate legislativo de la LORE desde una doble perspectiva. Desde la primera, que se centra en el "alcance" de la argumentación parlamentaria, analizaré el grado y los niveles de racionalidad manejados por nuestros legisladores y, en concreto, las variadas razones a favor y en contra de la mencionada Proposición de Ley. Una ventaja del análisis de tales razones es que también ofrece un panorama de la calidad dialéctica, la calidad democrática y la plausibilidad de los debates parlamentarios, aspectos que, junto a la corrección estructural y el mencionado alcance, configuran un enfoque más detallado para evaluar argumentaciones legislativas que no procede abordar aquí en su integridad.[3] La segunda perspectiva atiende al modelo de discurso o argumentación empleado, es decir, de qué modo se han transmitido e intercambiado las antedichas

1 Boletín Oficial del Estado núm. 72, 25 de marzo de 2021, Sec. I, pp. 34037-34049.

2 Cfr. Proposición de Ley 122/000020. Proposición de Ley Orgánica de regulación de la eutanasia. Presentada por el Grupo Parlamentario Socialista. *Boletín Oficial de las Cortes Generales*. Congreso de los Diputados, XIV Legislatura, Serie B: Proposiciones de Ley, núm. 46-1, 31 de enero de 2020, pp. 1-11.

3 Véase el Cap. 1. del presente volumen, así como Oliver-Lalana (2018 y 2022).

razones. Para ello evaluaré la corrección y la legitimidad de la tarea legislativa identificándola con un tipo de discurso: disputa, controversia, negociación, deliberación o debate consensual (Aguiló 2015).

En orden a establecer el alcance, la calidad y la plausibilidad de la argumentación legislativa de la LORE, analizaré los debates desarrollados en el Congreso y el Senado desde la presentación de la Proposición de Ley Orgánica de regulación de la eutanasia en enero de 2020 hasta su aprobación en el Congreso de los Diputados el 18 de marzo de 2021.[4]

2. CONTEXTO Y *OCCASIO LEGIS*

La LORE pertenece a la última etapa de la evolución jurídica de la autonomía y los derechos en el final de la vida en España, iniciada con la Constitución de 1978. No es, por tanto, una respuesta aislada sino la iniciativa legislativa más reciente en la sucesiva ampliación de los escenarios, las posibilidades jurídicas de decisión y los derechos (Webber, Yowell, Ekins et al. 2018), en esta ocasión con el reconocimiento y la regulación del derecho a solicitar una prestación de ayuda para morir mediante la administración directa –eutanasia– o la prescripción y el suministro de fármacos –suicidio médicamente asistido– por parte de un profesional sanitario y la despenalización de tales conductas.

---

4 Para facilitar su consulta y notación me referiré a los debates parlamentarios (Congreso y Senado) de forma cronológica y abreviada indicando el número del debate seguido de la página o páginas correspondientes a cada argumento:

– D1. Diario de Sesiones del Congreso de los Diputados, XIV Legislatura, Pleno y Diputación Permanente, núm. 7, 11 de febrero de 2020, pp. 27-44.

– D2. Diario de Sesiones del Congreso de los Diputados, XIV Legislatura, Pleno y Diputación Permanente, núm. 43, 10 de septiembre de 2020, pp. 34-57.

– D3. Diario de Sesiones del Congreso de los Diputados, XIV Legislatura, Comisiones (Justicia), núm. 249, 10 de diciembre de 2020, pp. 1-22.

– D4. Diario de Sesiones del Congreso de los Diputados, XIV Legislatura, Pleno y Diputación Permanente, núm. 72, 17 de diciembre de 2020, pp. 1-20.

– D5. Diario de Sesiones del Senado, XIV Legislatura, Comisión de Justicia, núm. 146, 25 de febrero de 2021, pp. 1-26.

– D6. Diario de Sesiones del Senado, XIV Legislatura, Pleno, núm. 43, 10 de marzo de 2021, pp. 93-131.

– D7. Diario de Sesiones del Congreso de los Diputados, XIV Legislatura, Pleno y Diputación Permanente, núm. 89, 18 de marzo de 2021, pp. 1-33.

La Proposición de Ley que se ha convertido en la actual LORE no ha sido tampoco la única propuesta reciente de estas características, pues ha venido precedida por tres intentos similares.[5] Esta perspectiva histórica revela la mencionada evolución en nuestro país de la atención al final de la vida en los ámbitos clínico, ético y jurídico. En este último se aprecia la consolidación de la facultad de decisión autónoma y los derechos en la legislación estatal y autonómica y la jurisprudencia constitucional y ordinaria, mientras que en el nivel internacional destacan la jurisprudencia del Tribunal Europeo de Derechos Humanos y los procesos –minoritarios– de despenalización y regulación de la eutanasia y suicidio asistido en otros países (Arruego 2019; Marcos del Cano y Torre 2019; Cámara Villar 2021).

3. ALCANCE DE LOS DEBATES LEGISLATIVOS

Bajo la denominación de "alcance" de la argumentación legislativa se pretende identificar, analizar y evaluar las razones a favor y en contra de la Proposición de Ley, organizándolas en un modelo de justificación legislativa con diversos niveles de racionalidad (Atienza 1997), que aquí serán seis: lingüístico (formulación comprensible y precisa del texto de la ley); comunicativo (transmisión fluida y eficaz del mensaje normativo); sistemático (inserción armónica y sin contradicciones en el ordenamiento jurídico); pragmático (capacidad de influir y orientar la conducta de los ciudadanos); teleológico (capacidad de producir los efectos perseguidos y deseables, y de evitar o reducir los efectos negativos); y axiológico (promoción y realización de valores y fines legítimos y aceptables). Por consiguiente, el objetivo de un buen legislador es conseguir leyes tan claras (comprensibles) y precisas, tan consistentes y coherentes (interna y externamente), tan realizables, tan capaces de lograr sus fines con los menores impactos o

5 Cfr. Proposición de Ley 122/000060. Proposición de Ley Orgánica sobre la eutanasia. Presentada por el Grupo Parlamentario Confederal de Unidos Podemos-En Comú Podem-En Marea, XII Legislatura, Serie B: Proposiciones de Ley, núm. 77-1, 30 de enero de 2017, pp. 1-11; Proposición de Ley 122/000239. Proposición de Ley Orgánica de regulación de la eutanasia. Presentada por el Grupo Parlamentario Socialista. *Boletín Oficial de las Cortes Generales.* Congreso de los Diputados, XII Legislatura, Serie B: Proposiciones de Ley, núm. 270-1, 21 de mayo de 2018, pp. 1-11; Proposición de Ley 122/000030. Proposición de Ley Orgánica sobre la eutanasia. Presentada por el Grupo Parlamentario Confederal de Unidas Podemos-En Comú Podem-Galicia en Común, XIII Legislatura, Serie B: Proposiciones de Ley, núm. 62-1, 22 de julio de 2019, pp. 1-11.

consecuencias negativas (y el menor coste económico) y tan aceptables éticamente como resulte posible (Oliver-Lalana 2018, p. 81; 2022, pp. 61-62).

Comenzaré explicando brevemente el correspondiente nivel de racionalidad y luego presentaré las distintas argumentaciones legislativas en dos bloques: el primero incluye aquellas que consideran que la Proposición de Ley alcanza el nivel de racionalidad exigible, mientras que el segundo contiene las que cuestionan dicha racionalidad. En ambos casos omitiré quién es el autor o emisor de cada argumento y el grupo parlamentario al que pertenece, por varios motivos. En primer lugar, porque el objetivo es analizar la racionalidad del argumento en sí, con independencia de la persona que lo formula; en segundo lugar, porque evita el prejuicio de atribuir o descartar *ad personam* el valor y la corrección de tal argumento; en tercer lugar, porque no persigo analizar la racionalidad legislativa de los parlamentarios y de los grupos, sino la del cuerpo legislativo en su conjunto; y, por último, porque no pretendo realizar un juicio político. Esta elección aporta una ventaja adicional, que es comprobar cómo en ocasiones comparten argumentos y conviven en un mismo bloque partidarios y detractores de la LORE, separando el análisis de la racionalidad de la argumentación y el texto legislativos de la posición o votación a favor o en contra.

3.1. Racionalidad lingüística

La racionalidad lingüística atiende a la formulación comprensible y precisa del texto de la ley, entendida como un conjunto de enunciados lingüísticos. Autores como Atienza (1997, pp. 27-29) consideran esta clase de racionalidad conjuntamente con una dimensión de comunicación y transmisión de mensajes normativos y, contemplando el sistema jurídico como un sistema de información, prefieren la denominación de racionalidad comunicativa. Aquí, sin embargo, examinaré por separado los niveles lingüístico y comunicativo de la racionalidad legislativa. En el primero, el nivel lingüístico, la irracionalidad de la ley derivaría de defectos sintácticos u oscuridades semánticas.

Los proponentes y los partidarios de la Ley afirman que esta no es una mera herramienta de despenalización, sino que su objeto principal tiene mayor calado, pues consiste en ofrecer una detallada regulación de la ayuda médica para morir e introducir un nuevo derecho.[6] En aras de ofrecer seguridad jurídica, la LORE precisa las conductas despenalizadas y reguladas. Por su parte, el nuevo derecho, que no impone ni obliga,[7] se configura como una pretensión garantizada y no como una mera libertad negativa,[8] alineándose con el significado jurídico de la vida derivado de la evolución de la interpretación constitucional y de la jurisprudencia comparada,[9] Así exponen su planteamiento:

> La ley precisa las conductas y el contexto eutanásico en aras de la seguridad jurídica, y lo hace desde la ponderación de derechos fundamentales en concurrencia y en los principios y valores constitucionales, que también están presentes. Hablamos, por tanto, sí, de un derecho que en la termino-

6 «[E]l propósito de esta norma no es solo ni prioritariamente una herramienta de despenalización de excepción a las previsiones del Código Penal en el artículo 143 ni tampoco es solo una disposición propia del ámbito del derecho sanitario con el objeto de incluir una determinada prestación en la cartera común de servicios del Sistema Nacional de Salud; no. Uno y otro aspecto se encuentran en la ley, pero no como objeto principal, sino como consecuencia de un propósito de más largo alcance. Como se explica en la exposición de motivos, con esta proposición de ley se trata de introducir un nuevo derecho, sí, mediante la detallada regulación de la eutanasia o de las prácticas eutanásicas legalmente aceptables bajo exigentes y pautados requisitos, procedimientos y garantías que alcancen a todos los que intervienen en él: al propio paciente –y, por ende, a su familia– y al equipo sanitario, en su caso, asistencial» (D5, p. 10).

7 Cfr. D2, p. 45; D3, p. 8; D6, p. 113.

8 «Bien entendido –y esta es una precisión de técnica jurídica que podemos discutir–: no nos encontramos ante lo que denominaríamos una mera libertad negativa nacida del principio constitucional de autonomía de la voluntad, la voluntad en este caso de dejar de sufrir y de anticipar la muerte, que es obvia. Lo que la ley deja claro desde su artículo primero es que su objeto es un derecho, un derecho que se define con precisión en el artículo cuarto» (D5, p. 10; cfr. también D6, p. 100).

9 «Para reforzar el argumento de constitucionalidad, comencemos por recordar lo básico. Nuestro Tribunal Constitucional reconoció muy tempranamente, en la sentencia [...] de 11 de abril de 1985, que la vida no puede entenderse en ningún caso como un imperativo incondicional, porque, por definición, en un sistema de derechos no hay derechos ni deberes que se puedan considerar absolutos, sin ninguna limitación, y añadamos que en la jerarquía constitucional de bienes jurídicos la vida es, por supuesto, un bien de primer orden, el primero como condición cronológica de facto de todos los demás, pero el valor axiológicamente prioritario constitucionalmente hablando en nuestro ordenamiento es la libertad. La pregunta es si es posible entonces hablar de ese derecho a la eutanasia como un derecho constitucional, y en ello nos puede ayudar la evolución de la jurisprudencia comparada, que ha ayudado a que evolucione nuestra propia jurisprudencia constitucional. En la jurisprudencia constitucional comparada, y en particular la del Tribunal Europeo de Derechos Humanos, a partir del caso *Pretty*, y sobre todo desde 2011, del caso *Haas v. Suiza*, se sostiene que no se puede imponer el deber de vivir a quien libre y conscientemente rechaza seguir viviendo, esto es, se reconoce que los poderes públicos tienen el deber de abstenerse e impedir que muera quien expresa esa decisión libre y conscientemente, y eso en coherencia con el respeto al principio de autonomía de la voluntad del paciente» (D5, p. 11).

logía más clásica puede entenderse como un derecho civil personalísimo. En realidad, más que de un derecho subjetivo, categoría demasiado genérica que aún sigue utilizándose, se trata de lo que la teoría del derecho contemporánea, desde el análisis de los estatutos deónticos propuestos por Hohfeld, identifica con mayor precisión como una pretensión garantizada –*claim* en la teoría anglosajona–, es decir, regulada por los poderes públicos frente a las interferencias de cualquier tercero (D5, p. 10).

En cambio, la racionalidad lingüística de la Proposición de Ley es cuestionada desde distintas perspectivas, algunas enunciadas como réplica a los argumentos favorables expuestos. En primer lugar, se subraya que el concepto de eutanasia es engañoso e idealizado, y que ni los profesionales ni la sociedad entienden su significado, con la grave consecuencia de impedir el diálogo parlamentario y social.[10] Se añade que tal confusión aumenta al evitar el uso de expresiones aceptadas –suicidio asistido– y buscar neologismos para enunciar situaciones reguladas en la Ley.[11] Además, se reprocha a los proponentes la consideración contraintuitiva de la eutanasia como muerte natural,[12] así como la falta de definición del significado del concepto de "ayuda para morir", que debería ser entendido como "ayuda médica para morir".[13] Finalmente, la crítica se dirige a los requisi-

---

10 A esta Ley le «falta exhaustividad y profundidad en la reflexión. Engloba todo en el concepto engañoso e idealizado de eutanasia, cuando eutanasia y suicidio asistido son dos procesos distintos, sanitaria, técnica y administrativamente. En una ley como esta –seguramente en todas, pero en esta todavía más– es necesario ser exquisitos, cuidadosos, hilar muy fino; se necesita una gran claridad conceptual, porque sin conceptos claros no hay diálogo posible» (D5, pp. 17-18).

11 «Y les iba a preguntar hoy aquí, señorías del Partido Socialista, ¿por qué les da tanto miedo mencionar el suicidio asistido? ¿Por qué? ¿Por qué no llamar a la ley como yo creía que se pretendía, es decir, regular la eutanasia y el suicidio asistido, sin olvidar ni enmascarar nada? Y resulta que, fíjense ustedes, es de tan poca calidad normativa que yo, personalmente –y cuidado que le he dedicado tiempo, pero no solo yo–, entendía que la ley regulaba los dos procesos clínicos pendientes de norma al final de la vida: eutanasia y suicidio asistido, y resulta que no. Me lo explicaron ustedes, algunos dirigentes del Partido Socialista: que solo regula la eutanasia, como dice su título. Aunque, eso sí, hemos innovado mucho, hemos aprobado la eutanasia como la entiende todo el mundo, es decir, como la provocación de la muerte de una persona que cumple determinados requisitos a manos de terceras personas, y además la autoeutanasia, la autoprovocación de la muerte de una persona en la misma situación» (D6, p. 111; D6, p. 114).

12 Cfr. D5, p. 23; D6, p. 98.

13 «Insistíamos en el concepto de ayuda médica a morir. ¿Por qué? Pues porque consideramos que no era solamente una ayuda a morir, una ayuda individual, una ayuda suelta, una ayuda que cualquiera puede ejercer, sino que la arquitectura de esta ley debe contemplar precisamente que es una ayuda médica. Y cuando incluimos el concepto médico estamos hablando de un criterio sanitario, de cobertura legal sanitaria que haga que esta persona que ha accedido, por medio de las condiciones que dice esta ley, a dar fin a su vida esté bajo un paraguas que está puramente marcado, legislado y definido con una asistencia sanitaria. Por eso, aunque no

tos del contexto eutanásico, y en concreto al carácter imposibilitante del padecimiento o la enfermedad, que es impreciso y puede estigmatizar a las personas con discapacidad;[14] a la indeterminación del equipo asistencial que interviene en el procedimiento de ayuda para morir,[15] con repercusiones en la identificación de los titulares del derecho a la objeción de conciencia;[16] o a la influencia del cambio de denominación en las funciones de las Comisiones de Garantía y Evaluación.[17] En suma,

> Parece que sí, pero claro, ¿qué entiende por eutanasia ese 72% que dice estar de acuerdo con la eutanasia? Esa es la duda que yo tengo, porque hoy en día todavía hay una gran confusión en la sociedad, pero también entre los profesionales sanitarios, sobre los términos que he mencionado antes, es decir, acción paliativa, limitación de tratamiento de soporte vital, eutanasia, suicidio… Hay confusión. Si entre los propios profesionales sanitarios hay confusión, díganme ustedes si en la sociedad no la habrá (D5, p. 8).

---

se haya incluido en el articulado, al incluir en el preámbulo esta definición de que todas las veces que se diga ayuda a morir es una ayuda médica a morir, creo que queda patente y por ello es interesante ese acuerdo» (D3, p. 4).

14 «Y volviendo a la discapacidad, el artículo 3 recoge la expresión imposibilitante. Pues bien, tal y como está redactado el actual texto de la proposición, supone un perjuicio serio para las personas con discapacidad. Esta expresión, esta palabra, imposibilitante, estigmatiza a las personas con discapacidad y la consecuencia es que esta ley no está acorde con los mandatos, valores y principios de la Convención internacional de los derechos de las personas con discapacidad. Sí, señorías, imposibilitante, estamos hablando de un señalamiento, un señalamiento a todas las personas con discapacidad. Y yo les pregunto, ¿no son muchas veces las condiciones que nos propone el Estado las que nos abocan a esto? Imposibilitante, señorías, no aporta nada, confunde y señala» (D6, p. 115).

15 «[U]na demostración más de que la ley se ha aprobado con unas prisas absolutamente excesivas y, desde luego, inaceptables. Nosotros proponíamos que fuera el que en la ley es denominado médico responsable, quien, en el caso de la eutanasia, inyectara el fármaco –por cierto, como pasa en Holanda, ese modelo por el que ustedes dicen que se han guiado–, porque la ley no especifica quién lo va a hacer. Y lo hacíamos por considerarlo importante en sí mismo y también para saber quién puede hacer objeción de conciencia, porque si no sabemos quién es el agente último, el agente directo que realiza la prestación de ayuda para morir, tampoco sabremos quién puede objetar» (D6, pp. 111-112).

16 Cfr. D3, p. 3.

17 «Para nosotras son muy importantes las enmiendas relativas a todo el control previo que durante todos los trabajos en ponencia hemos especificado y concretado muchos grupos, sobre todo, el requisito del control previo, a pesar de que el Gobierno haya cambiado la terminología y haya pasado de llamarle control previo a control de garantías. Vemos que se ha cambiado la terminología, aunque no se ha cambiado la función, que es lo que nosotras considerábamos importante» (D3, p. 7).

3.2. Racionalidad comunicativa

La racionalidad comunicativa alude a la transmisión fluida y eficaz del mensaje normativo, de modo que una ley sería irracional si fracasa como acto de comunicación (Atienza 1997, p. 29). Por tanto, es posible diferenciar y separar el nivel de racionalidad lingüística precedente, referido a la formulación de la ley, del nivel de racionalidad comunicativa, que atiende a su transmisión y recepción. Es decir, una ley puede no ser clara para quien debe cumplir los mandatos que contiene sin ser defectuosa lingüísticamente.[18]

Los proponentes de la LORE subrayan la importancia de no confundir, contraponer o considerar incompatibles diversas conductas, bienes o valores y derechos que suelen presentarse de forma dilemática y enfrentados entre sí. En primer lugar, los cuidados paliativos y la asistencia médica para morir.[19] En segundo lugar, la defensa de la vida y la libertad, pues no hay en esta Ley tal contraposición.[20] En tercer lugar, mantener una noción del derecho a la vida como algo sagrado que se torna un deber para el sujeto e incluso para el Estado.[21] En cuarto y último lugar, pensar que la LORE no reconoce un derecho sino una mera libertad negativa o de no interferencia, una libertad abstracta y paternalista que no pueden ejercer quienes no tienen medios y recursos, en lugar de un derecho a decidir tener una muerte propia que los poderes públicos de-

18 Véase Atienza (1997, p. 29 y p. 27), quien, como apunté antes, trata conjuntamente ambos niveles y habla de «racionalidad comunicativa o lingüística».

19 «La ley arranca de una primera distinción que ustedes se empeñan en confundir, al plantear como contrapuestos e incompatibles dos supuestos que son, en todo caso, distintos y complementarios. Los cuidados paliativos y la asistencia médica para morir, objeto de la ley. Es una distinción tan clara que no merece la pena abundar en ella. Nuestro grupo, como otros grupos, queremos que se mejoren los cuidados paliativos, pero sabemos que tienen un propósito diferente del remedio que necesitan quienes, por determinadas condiciones y, en determinadas situaciones, quieren que se les ayude a morir, y por eso planteamos esta ley» (D6, p. 99).

20 «La segunda confusión consiste en pretender que esta ley suponga una contraposición entre la defensa de la vida y la libertad o la autonomía de la voluntad. Señorías, en esta ley no hay tal contraposición; es más, precisamente porque tenemos el más firme de los respetos por el bien jurídico que es la vida, respetamos el genuino derecho a decidir dejarla, que corresponde al propio sujeto, a nadie más» (D6, p. 99-100).

21 «[U]na tercera confusión, que consiste en mantener una noción del derecho a la vida como algo sagrado, que se torna en realidad en un deber, un deber para el propio sujeto e, incluso, un deber para el Estado, y no es así. Nuestra jurisprudencia constitucional, la jurisprudencia comparada, la jurisprudencia del Tribunal Europeo de Derechos Humanos deja claro, inequívocamente, que no hay tal deber de vivir y que, menos aún, es un deber absoluto» (D6, p. 100).

ben garantizar mediante prestaciones positivas exigibles, que sería la interpretación correcta.[22]

Contra estos argumentos se objeta de forma global el carácter chapucero e insensato de la LORE[23] y se describen los efectos perjudiciales de la falta de claridad conceptual descrita antes en sede de racionalidad lingüística.[24] De una parte, repercute en sus destinatarios, confusos ante la falta de claridad del mensaje de la LORE;[25] de otra, dificulta el diálogo parlamentario y social,[26] que debería conducir a una ley más segura y con mayor corrección técnica.[27] Se insiste también en el tipo de relación entre los cuidados paliativos y la ayuda médica para morir, aunque aquí aquellos son concebidos como una alternativa y no como un complemento.[28] Y se completa lo anterior con un apunte crítico final sobre la desaparición del uso desdoblado del lenguaje por motivos ideológicos.[29] He aquí una síntesis de tales argumentos:

22 "[U]na cuarta confusión, la de pensar que en todo caso no cabría hablar de un derecho, sino de una libertad de morir entendida como libertad negativa, de no interferencia. [...] [L]es recordaré que la libertad para una gran parte de la ciudadanía es algo vacío, sin significación moral ni política cuando no pueden ejercerla porque carecen de medios y recursos para ello. Esa libertad abstracta, en el fondo paternalista, es la que utilizó con su conocido sarcasmo Anatole France cuando dejó escrito: Todos los pobres tienen la libertad de morir de hambre bajo los puentes de París. El propósito de esta ley es hacer asequible a todos, sean cuales sean sus medios y sus posibilidades, el derecho a decidir tener una muerte propia; poner al alcance de todo el que lo necesite el ejercicio de ese derecho. Un derecho civil personalísimo que no consiste en una modalidad abstracta, sino lo que en la teoría contemporánea en los derechos se identifica con una pretensión tan justificada que se entiende que los poderes públicos deben garantizarla mediante prestaciones positivas exigibles. Por tanto, es un derecho que lleva consigo la facultad de exigir de los poderes públicos, no solo la abstención de la interferencia, sino también la prestación asistencial» (D6, p. 100).

23 «Por eso han secuestrado el debate y la ley. Y van a aprobar una ley frívola, una ley atropellada y chapucera, sin conocer en profundidad las consecuencias de sus actos. [...] [H]oy cruzan una línea roja, que afectará sustancialmente a la vida y la muerte de los españoles. Hoy ustedes eligen poder provocar la muerte de forma intencionada a los que sufren, en lugar de legislar, presupuestar y profundizar en aliviarles el sufrimiento a través de los cuidados paliativos y permitir una muerte digna» (D3, p. 13).

24 Cfr. D5, p. 8; D5, pp. 17-18.

25 Cfr. D5, p. 8; D6, p. 124.

26 Cfr. D6, p. 114.

27 «[C]uando una ley contiene defectos de técnica legislativa se empobrecen la calidad normativa y la seguridad jurídica, y es lo que nosotros pensamos que le pasa a esta ley» (D5, pp. 17-18). Sobre la seguridad jurídica cfr. también D6, p. 121.

28 «La alternativa a la eutanasia son los cuidados paliativos. Según la definición de la Organización Mundial de la Salud, los cuidados paliativos suponen mejorar la vida del paciente en múltiples aspectos, es decir, tenemos que quitarle el sufrimiento no solo a nivel físico, sino también el psíquico, social o incluso espiritual» (D6, p. 95).

29 «Cuando esta ley llegó al Senado, vimos con sorpresa que había desaparecido el uso desdoblado del lenguaje; [...] no podemos considerarlo como una observación técnica, sino

> [E]s más importante hacer una buena ley tardando un poco más, que aprobar una regular en menos tiempo, y es que esta, tal y como está redactada, es de poca calidad normativa y ofrece escasa seguridad jurídica. También dije que en una ley como esta –seguramente en todas, pero en está aún más– es necesario ser exquisitos, cuidadosos, hilar muy fino. Se necesita una gran calidad conceptual, porque sin conceptos claros no hay diálogo posible; la oscuridad conceptual es antidemocrática, impide la deliberación (D6, p. 111).

3.3. Racionalidad sistemática

La racionalidad sistemática o jurídico-formal (Atienza 1997, pp. 32-36) pretende garantizar la inserción armónica y sin contradicciones de la ley en el ordenamiento jurídico. Una ley sería irracional si contribuye a erosionar la estructura del ordenamiento jurídico, bien porque no respeta los criterios establecidos para su producción, bien porque, aun respetándolos, incurre en contradicciones, introduce criterios ajenos a los principios del ordenamiento o afecta negativamente al Derecho establecido –derogaciones, remisiones– (Atienza 1997, p. 33), pudiendo referirse tanto a la forma o estructura de las leyes como a su contenido (Atienza 1997, p. 60).

En el plano de la sistematicidad, los defensores de la ley intentan justificarla subrayando que la LORE tiene en cuenta el ordenamiento jurídico español,[30] resulta conforme a la interpretación constitucional[31] y toma en consideración la jurisprudencia comparada en la materia.[32] Por otra parte,

---

como una declaración ideológica. El uso del lenguaje no sexista no es opcional, es un compromiso de casi todos los grupos y partidos, es un compromiso de esta Cámara, es lo que demanda la sociedad y es lo que exige la ley» (D6, pp. 115-116).

30 Cfr. D1, pp. 27-28.

31 «Para reforzar el argumento de constitucionalidad, comencemos por recordar lo básico. Nuestro Tribunal Constitucional reconoció muy tempranamente, en la sentencia constitucional de 11 de abril de 1985, que la vida no puede entenderse en ningún caso como un imperativo incondicional, porque, por definición, en un sistema de derechos no hay derechos ni deberes que se puedan considerar absolutos, sin ninguna limitación, y añadamos que en la jerarquía constitucional de bienes jurídicos la vida es, por supuesto, un bien de primer orden, el primero como condición cronológica de facto de todos los demás, pero el valor axiológicamente prioritario constitucionalmente hablando en nuestro ordenamiento es la libertad» (D5, p. 11).

32 «La pregunta es si es posible entonces hablar de ese derecho a la eutanasia como un derecho constitucional, y en ello nos puede ayudar la evolución de la jurisprudencia comparada, que ha ayudado a que evolucione nuestra propia jurisprudencia constitucional. En la jurisprudencia constitucional comparada, y en particular la del Tribunal Europeo de Derechos Humanos, a partir del caso *Pretty*, y sobre todo desde 2011, del caso *Haas versus Suiza*, se sostie-

critican a los parlamentarios contrarios a la Proposición de Ley que sus intervenciones no pretenden mejorarla con enmiendas centradas en las conductas y situaciones que pretende regular la LORE, sino que aluden a disposiciones jurídicas distintas a las de dicha Proposición cuyo objeto serían los cuidados paliativos; en cambio,[33] los proponentes y los partidarios de la futura LORE centran su atención en esta Proposición, respetando los derechos constitucionales para regular un nuevo derecho,[34] que llega a calificarse como un nuevo derecho humano.[35] Así pues, un triple fundamento normativo sustenta sistemáticamente la iniciativa legislativa:

> Este nuevo derecho se asienta sobre tres grandes leyes –a las tres me atrevo a calificarlas de grandes– de nuestro país. La primera es la Constitución española, que regula derechos fundamentales, como la dignidad de la persona, el valor superior de la libertad, el derecho a la vida y a la integridad física y moral, la libertad ideológica y de conciencia, y sobre todo la libertad que envuelve toda nuestra carta magna. También la Ley 41/2002, de 14 de noviembre, reguladora de la autonomía del paciente, que dice que es la libertad de la persona la que debe decidir sobre sus tratamientos, evidentemente, siendo previamente informada. Por último, nuestro Código Penal, que hasta ahora penaliza las ayudas que se pueden prestar a las personas en estas circunstancias, aunque con atenuantes. Pero una legislación compasiva debe tener en cuenta estas situaciones (D1, pp. 27-28).

Frente a la defensa del procedimiento de tramitación elegido –una proposición de ley a iniciativa de un partido parlamentario, y no un proyecto de ley–, afirmando que es tan legítimo como la iniciativa legislativa del gobierno,[36] los detractores de la LORE sostienen argumentos opuestos,

ne que no se puede imponer el deber de vivir a quien libre y conscientemente rechaza seguir viviendo, esto es, se reconoce que los poderes públicos tienen el deber de abstenerse e impedir que muera quien expresa esa decisión libre y conscientemente, y eso en coherencia con el respeto al principio de autonomía de la voluntad del paciente» (D5, p. 11).

33 Cfr. D2, p. 52.

34 «Nos encontramos ante una propuesta legislativa en la que vamos a tener que trabajar de manera exhaustiva, minuciosa, porque tenemos que respetar derechos constitucionales: el derecho fundamental a la vida, el derecho a la libertad y el derecho a la dignidad de las personas. Además, tenemos que lograr que sea una ley garantista para los profesionales sanitarios. Estamos hablando de un asunto muy importante que es la libertad individual. Hoy ponemos a las personas en el centro, algo que cualquier persona liberal debe defender sin reparos. Todos tenemos derecho a una vida digna, pero también tenemos derecho a irnos de la vida con la misma dignidad» (D1, p. 37). Cfr. también D1, p. 27.

35 Cfr. D2, p. 44.

36 «Las iniciativas legislativas de los grupos parlamentarios son tan legítimas como las [...] del Gobierno. El Reglamento dice en qué no pueden tener iniciativa legislativa los grupos

dirigidos tanto a la forma como al contenido. A pesar de la necesidad de un debate serio y sosegado,[37] afirman que los proponentes han mostrado miedo al debate social[38] y parlamentario[39], ejemplificado en la elección de la Proposición de Ley como vía de tramitación, una opción oscurantista y sin garantías jurídicas y procedimentales, sin consulta pública, sin análisis del impacto normativo y sin informes, dictámenes y consultas que redundarían en una mejora de la calidad legislativa.[40] De este modo la LORE, además de quebrantar el derecho a la vida como fundamento esencial del

---

parlamentarios, y en eso evidentemente el Grupo Socialista, porque conoce el Reglamento, no lo hace, pero en esta materia sí. Respecto a si es la tercera vez que viene y la tercera vez que tenemos que presentar esta iniciativa, es por algunas argucias que hicieron que decayera en dos ocasiones, y esperemos que esta vez no suceda. Además, el Partido Popular, estando en el Gobierno, presentó también aquí leyes orgánicas a iniciativa propia» (D1, p. 31).

37 Cfr. D2, p. 49.

38 «Señorías, han tenido miedo al debate social. Han tramitado la ley por la puerta de atrás, ni siquiera se ha atrevido a traerla el Gobierno. Lo han hecho con nocturnidad y alevosía en medio de una pandemia terrible, cuando han muerto más de ochenta mil personas; en el momento más inoportuno de nuestra historia, cuando muchas personas sin medios, sin atención y en muchos casos en la más absoluta soledad han fallecido. Quizás oculta el proceso o el fracaso de la gestión del vicepresidente Iglesias, que ha permitido a lo largo de estos nueve meses que se haya desatendido el SOS de los centros para afrontar el COVID. ¡Vaya escudo social!» (D3, p. 12).

39 «Señorías, sepan que el Partido Socialista ha eludido consciente y de forma voluntaria –absolutamente a propósito– toda la información relevante, indispensable, ética –obligatoria, diría yo– para tomar una decisión de estas consecuencias. Señorías, la sociedad española tiene que saber que el Partido Socialista ha buscado deliberadamente hurtar este debate a la sociedad española, a todos los españoles, y pretende meternos a hurtadillas, por la puerta de atrás, sin todas las garantías a las que tiene derecho esa sociedad española, una norma grave que cambiará para siempre la idiosincrasia de nuestra sociedad, de nuestros servicios sociales, de nuestros servicios sanitarios, de nuestra sociedad, en definitiva, y de la indispensable confianza de la relación médico-paciente» (D1, p. 37).

40 «Un proyecto de ley, señorías, a diferencia de una proposición como esta, precisa de dar audiencia a los ciudadanos afectados, obtener cuantas aportaciones puedan hacerse de personas y entidades, y también de las organizaciones y de las asociaciones reconocidas por la ley que agrupen o que representen a las personas cuyos derechos o cuyos intereses legítimos se viesen afectados por la norma. De esta manera, señorías, se evita el dictamen del Consejo de Estado y también de otros organismos y de instituciones en materia tan relevante como esta, que tiene una clara relación con los derechos fundamentales consagrados en los artículos 10, 14 o 15 de nuestro texto constitucional. ¿Dónde están los informes de congruencia con el resto del ordenamiento jurídico nacional y el de la Unión Europea? ¿Dónde está el informe jurídico que incluya la derogación expresa de normas o de refundir otras? ¿Dónde está la inducción de una sistemática de evaluación posterior a la aplicación de la norma, vital en una norma como esta? ¿Dónde están los informes de los consejos generales de colegios profesionales de este país? ¿Dónde están los de sociedades científicas, sindicatos sanitarios? ¿Dónde el Comité Español de Bioética? ¿Dónde está toda esa información, señorías, imprescindible para que esta Cámara pueda tomar una decisión justa y responsable?» (D1, p. 37).

orden social y del Estado constitucional democrático,[41] pretende regular un derecho inventado[42] y de dudosa constitucionalidad:[43]

> [E]l proponente, el Partido Socialista, quiere legislar hurtando a la sociedad española todas las garantías jurídicas y procedimentales que una norma de estas características debería tener. No en vano señorías, el Grupo Socialista no presenta hoy un proyecto de ley, presenta una proposición de ley, y la diferencia no es baladí. Mientras que un proyecto de ley, según el artículo 88 de la Constitución y el 26 de la Ley de Gobierno, precisa estar precedido por estudios y por las consultas necesarias para garantizar el acierto y la legalidad de la norma, la proposición de ley de un grupo parlamentario no lo hace. Mientras que un proyecto de ley debe sustanciar una consulta pública donde se recabe la opinión de todos los sujetos potencialmente afectados por la futura norma y también de las organizaciones más representativas acerca de los problemas, de las necesidades, de las oportunidades, de los objetivos o de las posibles alternativas también, regulatorias y no regulatorias, a la proposición de ley no se le exige. Ni exige una memoria del análisis del impacto normativo que tenga, del contenido y el análisis jurídico con referencia al derecho nacional, al derecho de la Unión Europea, ni la adecuación de la norma al orden de la distribución de competencias ni el impacto económico y presupuestario ni las cargas administrativas que conlleva. Esta norma como proposición de ley no permite someterla,

41 «Su objetivo es realizar una transgresión cultural e implantar la cultura del descarte y de la muerte, una cultura, por cierto, que es contraria a la esencia del orden social y del Estado constitucional democrático» (D3, p. 9), que ha «quebrantado el fundamento principal y la esencia del orden social y democrático: el derecho a la vida» (D4, p. 14). «En el fondo, lo que esta ley produce es la destrucción de las bases y fundamentos de una sociedad que precisó incluir en las constituciones el derecho a la vida, después de los desmanes ocurridos en el siglo XX por los regímenes nacionalsocialista y comunista» (D4, p. 14).

42 «Creemos que el derecho a morir es un derecho que se han inventado ustedes, no es un derecho que exista» (D2, p. 42).

43 «La sociedad española se encuentra ante esta ley, señorías, que tiene que tramitarse de esta forma oscurantista y sin garantías por ser un tema de dudosa constitucionalidad por los derechos fundamentales concernidos: el derecho a la vida, el derecho a la integridad física y moral, el derecho a los principios de la dignidad humana y el libre desarrollo de la personalidad y al valor de la libertad. ¿Por qué no se ha solicitado, señorías, el informe al Consejo de Estado? Yo se lo diré. Porque el Gobierno duda claramente –duda claramente– de que sus informes y consultas fueran favorables a la legalidad de las pretensiones del Gobierno y porque esas instituciones del Estado podrían interpelar este texto como una forma encubierta, y a todas luces inconstitucional, por los derechos fundamentales a los que afecta y porque podría afectar también al bloque de constitucionalidad, por ejemplo a las competencias de sanidad transferidas a las comunidades autónomas, en cuyo caso sería preceptivo ese dictamen. Eso sin entrar a valorar la Ley de transparencia, acceso a la información pública, de buen Gobierno o de normativa de desarrollo» (D1, p. 29). Cfr. también D3, p. 11.

> señorías, a la Comisión General de Secretarios de Estado y de Subsecretarios, tampoco al Consejo de Ministros para que decidan sobre los trámites ulteriores, y algo muy importante: sobre las consultas, los dictámenes y los informes que resulten preceptivos y convenientes para garantizar el acierto y la legalidad. Tampoco necesita ser informada por la Secretaría General Técnica del ministerio o ministerios afectados, ni por el Ministerio de Hacienda, al afectar a la inspección de los servicios (D1, p. 37).

Esta crítica de la calidad legislativa no es novedosa en sede parlamentaria: el reproche de la actual oposición (Grupo Parlamentario Popular y otros) es similar, por ejemplo, al planteado por la oposición de 2015 (Grupo Parlamentario Socialista y otros) contra la *Ley Orgánica 11/2015 para reforzar la protección de las menores y mujeres con capacidad modificada judicialmente en la interrupción voluntaria del embarazo.*[44]

3.4. Racionalidad pragmática

La racionalidad pragmática se evalúa a partir de la capacidad de la ley para influir y orientar la conducta de los ciudadanos, y consiste en la adecuación de la conducta de los destinatarios a lo prescrito en ella. Aquí se concibe en un sentido normativo amplio –que incluye no solo obligaciones o prohibiciones, sino también permisos o derechos y normas que confieren poderes–, a partir de la idea de eficacia como uso (Oliver 2008). Una ley se considera irracional si fracasa en su propósito directivo de influir en el comportamiento humano, bien por motivos subjetivos –falta de motivación de los destinatarios–, bien por factores objetivos –falta de cobertura financiera, administrativa, etc.– (Atienza 1997, pp. 36-37).

Los proponentes de la LORE afirman que se trata de una legislación para todos, guiada por el respeto a la dignidad de la persona.[45] Una ley que no impone ni obliga a ejercer el derecho en ella reconocido[46] y que pretende dar cobertura legal a conductas que eviten una prolongación innecesaria del sufrimiento.[47] Además, la LORE procura el equilibrio entre

44 Véase el Cap. 2 del presente volumen.

45 Cfr. D3, p. 4.

46 «La eutanasia no es una imposición, es un derecho; nadie está obligado a ejercerlo y, en cambio, todas estamos obligadas a respetar su ejercicio» (D2, p. 52). Cfr. también D2, p. 45; D3, p. 8; D4, p. 13; D6, pp. 113 y 127.

47 La despenalización de la eutanasia médica es «una cuestión a todas luces urgentes dar cobertura legal a conductas que la inmensa mayoría de la población está demandando.

los valores de las partes implicadas: el médico, el personal sanitario y el paciente.[48] Así lo expresan:

> [N]os hemos guiado principalmente por dos principios, la dignidad de la persona y la legislación para todos. Esos dos criterios han sido los ejes vertebradores de nuestra posición en cuanto a este tema, que han derivado en un apoyo a la toma en consideración de esta ley, en la participación por medio de enmiendas y en la constatación de la necesidad de una ley que regule la ayuda médica a morir o la eutanasia. En ese sentido, creemos que hay que legislar más allá de las creencias propias –todas respetables, como no podía ser de otra manera– y más allá de los códigos morales intransferibles, porque así lo son. La sociedad es moderna y adulta [...] y, por tanto, necesita sobrellevar nuevas situaciones con nuevas soluciones (D3, p. 4).

En cambio, los oponentes insisten en la confusión conceptual generada en los profesionales y la sociedad,[49] y sostienen que la LORE, debatida en un momento inoportuno –durante la pandemia de covid-19–,[50] constituye un fracaso de nuestra civilización[51] y nuestro sistema.[52] Es una tragedia que dice adiós a la cultura a favor de la vida,[53] traerá más dolor y dejará sin sentido el Estado de bienestar.[54] Representa una ley eugenésica que ataca a los más débiles: los más pobres y los que están solos o sin apoyo,[55] los ancianos dependientes[56] y las personas con discapacidad.[57] Además, si se garantizase la atención paliativa como un derecho apenas existirían per-

Es urgente socialmente porque la falta de soluciones legales está prolongando innecesaria y cruelmente el sufrimiento de centenares de personas en situaciones vitales insoportables. Si no damos paso a esta ley, la desigualdad social que está ocurriendo en los últimos años de la vida se seguirá manteniendo» (D3, p. 2).

48 Cfr. D2, p. 41, respondiendo de forma crítica *a contrario sensu* la propuesta de los oponentes.

49 Cfr. D5, p. 8; D6, p. 124.

50 «Los proponentes de la LORE son un peligro para nuestra democracia, no solo un peligro para la unidad de España, la economía o la salud, son un peligro para nuestras vidas, y además lo hacen en un momento en el que 70 000 familias están llorando a sus muertos. Esta ley no responde a un fin legítimo, supone un quebrantamiento de los fundamentos de nuestro orden constitucional, el más importante de ellos, la vida» (D3, p. 9).

51 Cfr. D6, p. 97.

52 «La eutanasia es el fracaso del sistema sanitario que no puede ofrecer otra alternativa a los problemas de salud del paciente, salvo la muerte» (D5, p. 4). Cfr. D6, p. 95.

53 Cfr. D7, p. 18. Cfr. también D4, p. 14.

54 Cfr. D1, p. 44; D2, p. 42. «La eutanasia, el suicidio asistido, es una derrota para todos» (D2, p. 43).

55 Cfr. D1, p. 44; D3, p. 13; D4, p. 8.

56 Cfr. D2, p. 42.

57 Cfr. D6, p. 97, p. 128.

sonas candidatas al suicidio asistido.[58] Esta Ley desnaturaliza la ética de la profesión médica[59] y cambia la relación médico-paciente,[60] introduciendo desconfianza entre familiares, médicos y pacientes[61] y deteriorando las relaciones sociales y familiares;[62] en resumen,

> [L]a eutanasia no es muerte asistida; la eutanasia es muerte procurada. Por ello es indispensable asegurar que todas las personas con enfermedad avanzada y sus seres queridos reciban esta atención [paliativa] que necesitan por cientos de miles en nuestro país y que no la tienen garantizada, independientemente del lugar donde vivan. Que sea un derecho, señorías, un derecho social, un derecho sanitario, y no un privilegio. Porque donde se garantiza este tipo de atención médica los candidatos al suicidio asistido prácticamente desaparecen; y, al contrario, en un contexto eutanásico se abandonan los cuidados paliativos (D2, p. 40).

3.5. Racionalidad teleológica

La racionalidad teleológica evalúa la capacidad de la ley para producir efectos perseguidos y deseables y evitar o reducir los efectos negativos. Así, una ley se considera irracional si «no produce efectos o produce efectos no previstos y que no puedan tampoco considerarse deseados o deseables» (Atienza 1997, p. 38).

El preámbulo de la LORE expresa su propósito y permite evaluar la mencionada racionalidad:

> La presente Ley pretende dar una respuesta jurídica, sistemática, equilibrada y garantista, a una demanda sostenida de la sociedad actual

---

58 Cfr. D2, p. 38.

59 «La legalización de la eutanasia, señorías, desnaturaliza definitivamente la ética de la profesión médica. El cometido de los médicos antes era solo salvar vidas; ahora, con esta aportación suya, será también destruirlas» (D2, p. 36). Cfr. también D7, p. 19.

60 «[E]sta ley vulnera la Constitución y la ética, es eugenésica, es ilegítima y es un ataque a una profesión milenaria como es la médica» (D7, p. 19). «[U]na ley que atacará los lazos familiares y la relación médico paciente; una ley que se ensañará y presionará a los más débiles de nuestra sociedad, a los más pobres y a los que están solos. Eso es lo que hará esta ley, y producirá una pendiente hacia la muerte imposible de controlar» (D1, p. 44). Cfr. también D1, p. 33.

61 Cfr. D5, p. 7; D7, p. 20.

62 «Esta ley traerá consecuencias aterradoras, quebrará la necesaria confianza entre el médico y el enfermo, deteriorará las relaciones sociales y familiares hasta el punto de que tu hijo se puede convertir en tu amenaza. Es un ataque a nuestro sistema asistencial, es una tragedia para España y para los españoles» (D4, p. 14). Cfr. también D1, p. 44.

> como es la eutanasia. [...] La legalización y regulación de la eutanasia se asientan sobre la compatibilidad de unos principios esenciales que son basamento de los derechos de las personas, y que son así recogidos en la Constitución española. Son, de un lado, los derechos fundamentales a la vida y a la integridad física y moral, y de otro, bienes constitucionalmente protegidos como son la dignidad, la libertad o la autonomía de la voluntad. Hacer compatibles estos derechos y principios constitucionales es necesario y posible, para lo que se requiere una legislación respetuosa con todos ellos. No basta simplemente con despenalizar las conductas [...]. Se busca, en cambio, legislar para respetar la autonomía y voluntad de poner fin a la vida de quien está en una situación de padecimiento grave, crónico e imposibilitante o de enfermedad grave e incurable, padeciendo un sufrimiento insoportable que no puede ser aliviado en condiciones que considere aceptables, lo que denominamos contexto eutanásico. Con ese fin, la presente Ley regula y despenaliza la eutanasia en determinados supuestos, definidos claramente, y sujetos a garantías suficientes que salvaguarden la absoluta libertad de la decisión, descartando presión externa de cualquier índole.

Quienes proponen la Ley afirman que se logra este nivel de racionalidad, porque el respaldo y el consenso sociales reflejado en los estudios sociológicos anticipan la futura eficacia de la LORE,[63] sobre todo para hacer frente a la demanda urgente de no prolongar innecesaria y cruelmente el sufrimiento y permitir el rechazo libre del sufrimiento innecesario.[64] Con todo, el principal argumento a favor es el carácter garantista de la LORE,[65] sostenido con convencimiento por sus partidarios.[66]

> Esto va de derechos, del derecho a escoger cómo terminar nuestra vida cuando el sufrimiento es insoportable e incurable. Es también una lucha por la libertad. Va de la voluntad de las personas a tomar decisiones libres y coherentes con sus convicciones. La criminalización, en cambio, impide la voluntad de ejercer libremente un derecho personalísimo, porque morir es inevitable, pero el sufrimiento no debería serlo. Estamos ante el derecho a elegir una muerte digna y a preservar el derecho a la integridad personal, a dejar de recibir medicación o tratamiento cuando la enfermedad es incurable y a ser asistido por cuidados paliativos que alivien el dolor hasta el momento mismo de la defunción. En definitiva, es-

---

63 Cfr. D2, p. 53; D6, pp. 125 y 131.

64 Cfr. D1, pp. 40-41; D3, p. 2.

65 Cfr. D5, pp. 13 y 21, 23; D6, p. 102.

66 La LORE es una norma «muy garantista» (D6, p. 106), «extremadamente garantista» (D3, p. 15), «totalmente garantista» (D4, p. 14; D5, p. 24), «absolutamente garantista» (D4, p. 16).

tamos hablando del derecho a rechazar el sufrimiento innecesario. Nada de eso tiene que ver con el crimen, el pecado, el suicidio o el asesinato (D1, pp. 40-41).

Sin embargo, los oponentes discrepan y afirman que tal respaldo social es falso[67] y que la LORE carece de suficientes garantías,[68] entre otros extremos para evitar la coacción de las personas enfermas en situación de vulnerabilidad o con discapacidad,[69] a las que discrimina, al igual que estigmatiza al profesional objetor.[70] Asimismo, plantean reservas sobre las garantías en su aplicación futura por la falta de uniformidad en la composición y criterios de las Comisiones de Garantía y Evaluación.[71] Estiman que se trata de una Ley chapucera, frívola y atropellada que no contribuirá a aliviar el sufrimiento,[72] menos aún con la disminución de financiación

67 «Justifican la presentación de esta proposición de ley en el respaldo social. Yo creo que es inoportuna, en un momento en el cual hemos vivido en el último año una pandemia terrible que se ha llevado por delante más de 90 000 vidas, 90 000 personas que han fallecido con sufrimiento físico, psicológico y muchos de ellos en soledad. Creo que es inoportunidad, pero lo argumentan diciendo que tiene un respaldo social mayoritario, y lo basan en estudios sociológicos que, básicamente, preguntan algo que todo el mundo desea: no tener sufrimiento, morir y vivir sin sufrimiento. Y también dicen que existe un respaldo humanitario de las personas y de los profesionales. Yo creo que estos dos argumentos son falsos» (D5, p. 6). «¿Por qué, si no hay demanda social ni está entre los problemas que refieren los ciudadanos cuando se les pregunta? ¿Por qué, si en el 97% de los países del mundo no hay una ley así y los muy pocos donde existe los resultados son muy negativos porque retroalimentan el problema, porque relajan las garantías jurídicas legales y los controles y aumenta la presión psicológica y social sobre los ancianos y los enfermos» (D2, p. 38).

68 «Nosotros discrepamos en que sea garantista. Creemos que la introducción del término padecimiento grave, crónico e imposibilitante que cause sufrimiento supondrá una brecha en la que se introducirá cualquier padecimiento crónico. El portavoz del Partido Socialista hablaba anteriormente de la pendiente resbaladiza. Creo que por aquí se colarán absolutamente todas las patologías crónicas, como ha ocurrido en otros países, donde, al final, el niño o el mayor, sin otras patologías, son invitados a solicitar la eutanasia. Además, con la incorporación que hacen en este texto legal, el médico puede decidir en determinadas circunstancias iniciar el proceso de eutanasia. En esa redacción del artículo 5.1.d) y el 5.2, cualquier patología crónica: una insuficiencia renal, una insuficiencia cardiaca, una artritis reumatoide, un alzheimer, una depresión, una anorexia nerviosa, con sufrimiento, pueden ser víctimas de muerte prematura por eutanasia» (D6, p. 106). Cfr. también D5, p. 23.

69 «¿Podrán evitar que se coaccione a los enfermos más vulnerables y a personas con discapacidad para que pidan morir? Por supuesto que no, no van a poder evitarlo. Esta ley disminuirá la protección jurídica de la vida de las personas más vulnerables» (D3, p. 10).

70 Cfr. D5, p. 7.

71 Cfr. D6, pp. 113-114.

72 «Por eso han secuestrado el debate y la ley. Y van a aprobar una ley frívola, una ley atropellada y chapucera, sin conocer en profundidad las consecuencias de sus actos. [...] Hoy cruzan una línea roja, que afectará sustancialmente a la vida y la muerte de los españoles. Hoy ustedes eligen poder provocar la muerte de forma intencionada a los que sufren, en lugar de

para la atención del dolor y los cuidados paliativos.[73] Y apuntan un último argumento general que cuestiona su eficacia, que es el insuficiente plazo de entrada en vigor para una adecuada formación de los profesionales y una correcta comprensión por parte de la ciudadanía:

> La ley reconoce la necesidad de formación de los profesionales: técnica, farmacológica, en deliberación, en bioética, en acompañamiento, en duelo –esto lo añado yo–, y también de la ciudadanía, pero dice que se abordará en el plazo de un año de su entrada en vigor. Es decir, que se va a poner en marcha sin formación. ¿No les parece esto es un horror? [sic] El texto afirma, finalmente, que la ley entrará en vigor a los tres meses de su publicación. Antes de eso, los gobiernos autonómicos tendrán tres meses para crear las comisiones de garantía, de las que, insisto, a día de hoy no se han especificado ni los criterios y cualificación necesarios para formar parte de estas, sin que sepamos si se van a nombrar a dedo por los gobiernos autonómicos o si se van a abrir procesos para que quien quiera tomar parte en ellos pueda presentarse (D6, p. 113).[74]

3.6. Racionalidad axiológica

La racionalidad axiológica atiende a la promoción y realización de valores y fines legítimos y aceptables. Una ley se considera irracional si no está justificada éticamente, bien porque la ha dictado quien carece de legitimación ética, bien porque prescribe comportamientos inmorales o porque no prescribe lo que éticamente sería obligatorio que prescribiese, bien porque persigue fines ilegítimos (Atienza 1997, p. 39).

---

legislar, presupuestar y profundizar en aliviarles el sufrimiento a través de los cuidados paliativos y permitir una muerte digna» (D3, p. 13).

73 Cfr. D3, p. 10.

74 Y continúa: «Señorías, las últimas legislaciones aprobadas al respecto en el mundo se han dado entre doce y dieciocho meses para su entrada en vigor. Nosotros hemos propuesto que su entrada en vigor sea de un año. Miren, en el estado de Victoria, Australia, tras dos años de consultas, la ley fue aprobada en noviembre de 2017 y entró en vigor en junio del 2019. En Nueva Zelanda, tras otro largo proceso deliberativo de dos años, su aprobación en el Congreso en 2019 y la aprobación en un referéndum por un 65 % en octubre de 2020, la ley entrará en vigor un año después de ser aprobada. Y no tengo ningún motivo para pensar ni que la ciudadanía ni los profesionales de cualquiera de estos dos países son más torpes o menos inteligentes que nosotros. Lo que sí está claro es que entienden que algunas decisiones han de ser tomadas con mucha reflexión, diálogo y participación y puesta en práctica con una buena formación de quienes las vayan a desarrollar» (D6, p. 113).

Empleando el lenguaje de los derechos –con ocasionales imprecisiones técnico-jurídicas–,[75] los partidarios de la LORE afirman que es una ley que avanza en derechos[76] y que se presenta como una cuestión de humanidad.[77] Libertad, igualdad[78] y dignidad son los pilares axiológicos y normativos de la interpretación jurídica del derecho a la vida[79] y de la despenalización y regulación de la eutanasia y la ayuda al suicidio objeto de la norma.[80] Libertad en el sentido de libre elección y autodeterminación de la persona;[81] igualdad de derechos mediante una legislación para todos que incluya de la prestación de ayuda para morir en la cartera común de servicios de

75 Cfr. «un nuevo derecho humano» (D2, p. 44); un derecho constitucional «a la libertad» –en el sentido de autodeterminación o autonomía decisoria– y «a la dignidad de las personas» (D1, pp. 37 y 42).

76 Cfr. D4, pp. 4 y 16.

77 «Proyecto verdaderamente humano y humanizador. Humanidad, empatía y compasión, en el significado de ponernos en el lugar del que sufre» (D4, p. 16). Cfr. también D1, p. 37.

78 Cfr. D1, p. 39.

79 Cfr. D1, p. 37.

80 «El objetivo de la proposición de ley de despenalización de la eutanasia y la ayuda al suicidio no es otra cosa que la defensa al derecho a la muerte digna y de acuerdo con la dignidad y la libertad de la persona que se proclaman en el artículo 10.1 de la Constitución. La Declaración universal de derechos humanos proclama que todos los seres humanos nacen libres e iguales en libertad y derechos; una libertad que no se debe perder en ningún momento de la vida, tampoco en el proceso final. También el artículo 10.1 de la Constitución [...] expresa unas características fundamentales del Estado de derecho cuando afirma que la dignidad de la persona es el fundamento del orden político y de la paz social. Los derechos fundamentales de la persona proclamados en la Constitución son, por tanto, inherentes a su voluntad y la dotan de contenido material. Este precepto, pues, debe ser considerado de tipo rector de la interpretación constitucional de los derechos y libertades. En otras palabras, los derechos fundamentales de la persona emanan de la proclamación de su dignidad como fundamento del orden político y la paz social y de conformidad con los valores superiores del ordenamiento jurídico proclamados en el artículo de la propia norma fundamental; una interpretación que debe ser integradora de la vida y la libertad y, en consecuencia, una interpretación del artículo 15 del derecho a la vida, a la luz del libre desarrollo de la personalidad, y obliga a considerar que la vida impuesta contra la voluntad de su titular nunca puede merecer el calificativo de bien jurídico protegido. Dicho de otra manera, la vida es un derecho, no una obligación ni un deber y, por tanto, debe rechazarse esa confrontación ficticia entre vida y libertad. La regulación jurídica de las conductas relacionadas con el suicidio ha de ser abordada desde una perspectiva basada en estos principios y afirmar el reconocimiento de la disponibilidad sobre la propia vida y, correlativamente, el derecho a morir. La concepción del derecho a la vida que implica el mantenimiento de esta, incluso en contra de la voluntad de su titular, debe ceder paso a concepciones acordes con el Estado aconfesional, el respeto a la libertad individual y el derecho a la autodeterminación de la persona» (D6, p. 105).

81 Cfr. D3, p. 8. «Cada vida es un tesoro que debemos salvaguardar. Ofrezcamos una alternativa a la muerte. [...] Nosotros creemos que la vida del que sufre vale tanto como la de cualquiera, incluso más» (D2, p. 37).

nuestra sanidad para una sociedad más igualitaria;[82] y dignidad de la persona como eje vertebrador de la LORE, entendida como respuesta de una sociedad madura a la necesidad de regular la ayuda médica a morir para aquellos que libremente quieran acceder a ella.[83]

> La LORE va de derechos, concretamente va de dignidad, de libertad y de autodeterminación personal. Va de dignidad, porque morir dignamente es un derecho humano y, al contrario, prolongar la vida de una persona cuyo sufrimiento es insoportable y su causa incurable constituye una vulneración del derecho a la dignidad, derecho inalienable de la humanidad. Y va de libertad y autodeterminación personal. La eutanasia no es una imposición, es un derecho; nadie está obligado a ejercerlo y, en cambio, todas estamos obligadas a respetar su ejercicio. Eso es un derecho. La eutanasia se basa en la libertad y en la autonomía personal para decidir acerca de la propia vida. Negar dicha autodeterminación personal solo puede plantearse desde posiciones reaccionarias que consideran la vida como un don divino y del que no podemos disponer (D2, p. 52).

En cambio, los parlamentarios contrarios a la despenalización sostienen que el derecho a morir es un invento.[84] Desde la concepción de la vida como el bien humano más excelso,[85] interpretan de forma distinta la dignidad intrínseca de la persona y defienden la dignidad de la vida desde la concepción hasta la muerte natural.[86] Carece de sentido, por tanto, una ley de muerte que destruye la vida,[87] una ley que pretende legalizar la eutanasia sin haber resuelto los cuidados paliativos y que desnaturaliza la ética de la profesión médica.[88] Estamos en presencia de una ley reaccionaria, excluyen-

---

82 Cfr. D1, p. 39; D2, p. 44; D3, p. 4; D5, p. 15.

83 Cfr. D2, p. 52; D3, pp. 4 y 6; D6, p. 105.

84 «Nosotros rechazamos de pleno la eutanasia porque, además, creemos que el derecho a morir es un derecho que se han inventado ustedes, no es un derecho que exista» (D2, p. 42).

85 Cfr. D4, p. 12.

86 Cfr. D3, p. 11; D6, p. 120.

87 «[U]stedes apuestan claramente por la muerte en lugar de por la vida, porque es lo que hacen siempre. [...] Frente a su ley de muerte, venimos a proponerles una ley de vida, una ley de vida» (D2, p. 35).

88 «No se puede hablar de eutanasia si no están resueltos los cuidados paliativos. [...] Los cuidados paliativos son una solución ética que respeta el valor único de cada vida humana, el fin de la medicina y los criterios deontológicos» (D1, p. 30). «La legalización de la eutanasia, señorías, desnaturaliza definitivamente la ética de la profesión médica. El cometido de los médicos era antes salvar vidas; ahora, con esta aportación suya, será también destruirlas» (D2, p. 36).

te y que deja indefensos a los ciudadanos más débiles y vulnerables,[89] y que resulta, en suma, una ley injusta e inconstitucional:[90]

> Qué enorme es la arrogancia de quienes creen que tienen autoridad para decidir quién vive y quién muere. Qué enorme la arrogancia de los hombres que hacen leyes que permiten la destrucción de la vida, como si lo legalmente permitido acabara siendo lo moralmente correcto. [...] Pretenden, con esta ley, convertir en una prestación sanitaria lo que no es otra cosa que matar a una persona. [...] Quieren introducir en nuestro ordenamiento el derecho a la muerte. [...] [P]orque los que creemos en la dignidad intrínseca de la persona y en que la vida es el bien más precioso que poseemos, tenemos la obligación moral de intentar convencerles para que paren esta locura (D2, p. 35).

4. EL ARGUMENTO DEL IMPACTO ECONÓMICO, EL ARGUMENTO DEL RESPALDO SOCIAL Y LA PRECIPITACIÓN LEGISLATIVA

La abundancia argumental de los debates parlamentarios de la LORE permitiría examinar dicha argumentación de acuerdo con otros bloques del modelo de análisis de la argumentación legislativa, en particular los referidos a la calidad dialéctica, la calidad democrática y la plausibilidad. Sin embargo, y aun teniendo en cuenta tales criterios, resulta más oportuno centrar la atención en tres puntos clave del debate y la aprobación de la LORE: la objeción económico-utilitarista, la existencia y la magnitud del respaldo social –cuyo alcance se extiende, asimismo, a diversas dimensiones de la racionalidad legislativa: pragmática, teleológica o axiológica–, y

89 «[L]o progresista es el resultado del progreso de la raza humana; es la solidaridad, es la inclusión, es la diversidad de inclusión del débil y del vulnerable; es atender con cuidados y con recursos a las personas que más lo necesitan del Estado del bienestar. No es indicarle el camino de salida, *exit*; este es su proyecto, ese es su mensaje político y social a las personas mayores y a los enfermos crónicos complejos de este país que ven con mucha preocupación, créame, su proyecto de ingeniería social, su solución final o su banalización de la eutanasia. Lo progresista, señoría, lo humano, es cuidarlos. Créame que acabar con los enfermos indefensos es lo realmente reaccionario» (D1, p. 32).

90 «Ley injusta e inconstitucional. [...] [E]s injusta porque va a actuar contra los más débiles, contra los más vulnerables, contra los más deteriorados, contra los que están más solos, contra los más indefensos, con los que menos autonomía y más dependencia presentan» (D3, pp. 11-12). Cfr. también D4, p. 8; D6, p. 94.

la precipitación en la deliberación y, sobre todo, en la entrada en vigor de la Ley.

4.1. El impacto económico

La calidad dialéctica evalúa si los participantes (parlamentarios) afrontan y responden correctamente sus obligaciones argumentativas a partir de cuatro criterios: 1) exhaustividad: ningún argumento u objeción queda sin respuesta; 2) importancia: las refutaciones y objeciones más relevantes han sido respondidas; 3) pertinencia: las respuestas a las objeciones no son evasivas y se refieren a los aspectos nucleares, y no a aspectos accesorios, a cuestiones no formuladas o a cuestiones irrelevantes; 4) reconsideración: se admiten los puntos débiles de la medida legislativa y la posibilidad de modificarla o mejorarla a la luz de las críticas (Oliver-Lalana 2018, pp. 89-92; 2021, pp. 66-67).

El argumento económico ha rebajado la calidad dialéctica, tanto por no distinguir los aspectos nucleares de los accesorios o irrelevantes de la Ley como por su endeblez argumentativa, desatendiendo el tema objeto de debate y reprochando la "ruindad" de sus proponentes.[91] Se sostiene que disminuirá la financiación de los cuidados paliativos, que ahora existen de forma precaria.[92] Y con mayor énfasis, apoyándose en los ejemplos neerlandés y canadiense,[93] se afirma que la eutanasia sería una forma de ahorrar,[94] pues rebajaría costes y pensiones y reduciría problemas, llegando a sugerir que una consecuencia legal será la expropiación de los ahorros de los ayuntamientos y los españoles.[95] En cambio, la reconsideración de los argumentos iniciales mediante la transacción y la admisión de enmiendas han fortalecido la calidad dialéctica.[96]

91 Cfr. D2, p. 47.

92 Cfr. D3, p. 10.

93 «[E]sto es lo que subyace a estas regulaciones; suponen ahorros; suponen ahorros para el coste de las personas mayores, de los más frágiles, de los más vulnerables; son recortes sociales en toda regla, recortes sociales en toda regla (aplausos), con la excusa, eso sí, del derecho a morir. Y mientras, señorías, su Gobierno permite que haya más de un millón de personas esperando en listas de espera de dependencia sin tener recursos ni apoyo ni familiar ni económico ni de los recursos sociales y sanitarios del Estado» (D1, pp. 32-33).

94 Cfr. D6, p. 95.

95 Cfr. D2, p. 40.

96 Cfr. D2, p. 57; D3, pp. 16-21; D4, pp. 18 y 19; D6, pp. 108-110; D7, p. 22.

En consecuencia, el cumplimiento de las obligaciones argumentativas de los parlamentarios que determina la calidad dialéctica solo puede considerarse parcialmente satisfecho, perjudicado por el uso excesivo de argumentos impertinentes o secundarios para el objetivo legislativo, al menos desde la perspectiva material de la argumentación. Es el caso mencionado de los argumentos económicos, y no tanto por su incorrección *qua* argumentos –a pesar de no ser razón suficiente para establecer la calidad legislativa (Mercado Pacheco 2013, p. 107)– cuanto por no ocuparse de aspectos nucleares y por su indefinición y carácter genérico. Además, desde esa perspectiva material de la argumentación surgen dudas acerca de las razones de la reconsideración de los argumentos y la aceptación de enmiendas y modificaciones, que pueden no referirse al argumento en sí, y cuya aclaración exigiría definir el modelo de diálogo o debate seguido.[97] Finalmente, conviene recordar que una vía complementaria para analizar la calidad dialéctica desde la perspectiva del resultado sería la comparación del texto de la Proposición de Ley que dio inicio a estos debates y el texto finalmente aprobado y convertido en la actual LORE.

4.2. El respaldo social

Para evaluar la calidad democrática procede examinar la oportunidad de la intervención legislativa en función de dos criterios, que son la inclusividad: si la deliberación legislativa incorpora las voces, perspectivas, intereses y discursos de todos los colectivos afectados; y la representatividad y autenticidad: si la decisión legislativa se justifica en representación de los ciudadanos o, por el contrario, es resultado de un abuso de la legislación para promover un interés particular contrario al bien común (Oliver-Lalana 2018, pp. 94-97).

Los proponentes no dudan de la calidad democrática de la Proposición de Ley y afirman su inclusividad y representatividad en razón del aumento de personas que apoyan la eutanasia,[98] que forman un apoyo sociológico

97 Cfr. *infra* Secc. 5.

98 «Ha habido un incremento de treinta puntos en los últimos cuarenta años en relación con las personas que apoyan la eutanasia y es transversal, de todas las ideologías. Bien es cierto que, según la ideología, varía. Las personas creyentes practicantes suponen el 56% y las personas no creyentes el 97%, pero todas mayoritariamente opinan que se debe de regular la eutanasia, y a las sociedades científicas y a los colegios profesionales que han preguntado, sabemos los resultados de las encuestas» (D2, p. 41).

de más del 80% de la ciudadanía.[99] Lo mismo sostienen en relación con los profesionales de la medicina, que no estarían representados por el rechazo de la LORE expresado por la Organización Médica Colegial.[100] Y refuerzan ambas características señalando que la Proposición de Ley atiende y equilibra los valores del médico, la decisión del personal sanitario y del paciente.[101] Por el contrario, los detractores ponen en entredicho este apoyo porcentual a la eutanasia por la confusión conceptual de las preguntas[102] y reiteran su rechazo por los profesionales sanitarios y la mayoría de la sociedad española.[103]

Pese a diversas críticas justificadas, la Proposición de Ley ha procurado incluir y representar las diferentes perspectivas involucradas y afianzar la calidad democrática. No obstante, la omisión de varios dictámenes y consultas, en este caso como consecuencia del procedimiento de tramitación elegido,[104] impide considerar plenamente cumplida esta dimensión.

4.3. La precipitación legislativa

Por último, la plausibilidad de la deliberación legislativa analiza si las medidas propuestas en la legislación son admisibles, recomendables o co-

99 Cfr. D6, p. 131.

100 Cfr. D6, p. 126.

101 Cfr. D2, p. 41, en respuesta crítica a la propuesta del Grupo Parlamentario Popular y el Grupo Parlamentario de Vox.

102 «Yo tengo mis dudas también –coincido con el portavoz del Grupo Parlamentario Popular– sobre si es verdad que el 72 % de la población española, como decía el CIS en esa encuesta de enero, está de acuerdo con la eutanasia. Parece que sí, pero claro, ¿qué entiende por eutanasia ese 72 % que dice estar de acuerdo con la eutanasia? Esa es la duda que yo tengo, porque hoy en día todavía hay una gran confusión en la sociedad, pero también entre los profesionales sanitarios, sobre los términos que he mencionado antes, es decir, acción paliativa, limitación de tratamiento de soporte vital, eutanasia, suicidio… Hay confusión. Si entre los propios profesionales sanitarios hay confusión, díganme ustedes si en la sociedad no la habrá» (D5, p. 8).

103 «Señorías, frente a esta ley oscura, introducida por la puerta de atrás y que rechazan los profesionales sanitarios en su conjunto "la Organización Médica Colegial, el Consejo General de Colegios de Médicos de España, y todos sus organismos colegiados y bioéticos están absolutamente en contra" y la mayoría de la sociedad española, el Partido Popular defiende para los españoles una alternativa socialmente justa que permite la muerte sin sufrimiento y sin empujar ni forzar a las personas hacia el suicidio» (D1, p. 30). Cfr. D3, pp.11-12.

104 Cfr. *supra* Secc. 3.3.

rrectas desde el punto de vista material, análisis que no puede hacerse desde el interior del debate legislativo, sino que requiere un punto de vista externo (Oliver-Lalana 2018, pp. 92-94). Esta valoración bioética, biojurídica y biopolítica del contenido de los argumentos esgrimidos en los debates parlamentarios es la más frecuente en la literatura especializada, si bien no suele presentarse como una dimensión de la evaluación de los debates parlamentarios (Tomás-Valiente 2021; Seoane, Cruz-Valiño, Valdés Paredes 2022).

Aun cuando no procede un desarrollo de la plausibilidad en este capítulo, conviene dejar constancia de la repercusión de los debates y su resultado en la fase poslegislativa de la LORE, por el establecimiento de unos plazos de entrada en vigor (Disposición final cuarta LORE)[105] que han ocasionado una vigencia precipitada y dificultades de aplicación (entre otras razones por la insuficiente formación de los profesionales sanitarios: cfr. Disposición adicional séptima LORE),[106] debilitando su eficacia. Otra consecuencia indeseada de tal premura ha sido la actitud defensiva por omisión de algunas Comunidades Autónomas que, desconcertadas o renuentes respecto del desarrollo normativo de la LORE, han incumplido sus obligaciones (cfr. art. 17.3 LORE) y desatendido el propósito de la legislación. Estas conductas inciden negativamente en la eficacia y garantía de los derechos, aumentan la desafección parlamentaria y democrática (Montalvo Jääskeläinen 2016, pp. 82-85) y menguan la justificación de la ley al rebajar sus niveles de racionalidad comunicativa, pragmática, teleológica y axiológica.

105 La *vacatio legis* fue de tres meses para el conjunto de la LORE, aunque el art. 17 (que fija el deber de establecer y la composición de las comisiones autonómicas de garantía y evaluación) entró en vigor al día siguiente de la publicación de la LORE en el Boletín Oficial del Estado.

106 «Las administraciones sanitarias competentes habilitarán los mecanismos oportunos para dar la máxima difusión a la presente Ley entre los profesionales sanitarios y la ciudadanía en general, así como para promover entre la misma la realización del documento de instrucciones previas. Asimismo, difundirán entre el personal sanitario los supuestos contemplados en la misma a los efectos de su correcto y general conocimiento y de facilitar en su caso el ejercicio por los profesionales del derecho a la objeción de conciencia. La Comisión de formación continuada de las profesiones sanitarias, adscrita a la Comisión de recursos humanos del Sistema Nacional de Salud, abordará, en el plazo de un año desde la entrada en vigor de esta Ley, la coordinación de la oferta de formación continua específica sobre la ayuda para morir, que deberá considerar tanto los aspectos técnicos como los legales, formación sobre comunicación difícil y apoyo emocional».

5. DIÁLOGO LEGISLATIVO

A partir de la noción del debate como una argumentación en forma de diálogo (Aguiló 2015, pp. 31 ss.; Aguiló 2018) es posible distinguir cinco modelos o tipos ideales de debate legislativo, aunque la realidad muestra situaciones que combinan rasgos de unos y otros y transiciones fluidas entre ellos (Aguiló 2015, p. 48). Un primer elemento característico y diferenciador es que los cinco tipos de debate implican una relación social de al menos dos sujetos que se manifiesta como cooperación o como conflicto. Un segundo elemento atiende al foco de atención y al modo de relación de los interlocutores, y permite distinguir los debates actorales, cuyo núcleo es la identidad de los participantes, de los debates temáticos u objetuales, donde el interés apunta al tema u objeto del debate, y no a los sujetos. Otros rasgos que contribuyen a definir cada modelo de debate son el tipo de racionalidad empleada y la finalidad perseguida.

La *disputa* es un debate conflictivo y actoral. La relación de las partes es de conflicto (ganar-perder; perder-perder) y la finalidad consiste en imponerse. Al ser un debate actoral, los temas u objetos de debate son secundarios. En ella se emplea un tipo de racionalidad estratégica, orientada al éxito y descuidando la idoneidad de las preguntas o interpelaciones y la sinceridad o veracidad (Aguiló 2015, pp. 35-36 y 45).

La *controversia* es un debate conflictivo y temático. La relación de las personas participantes es también de conflicto, pero como debate temático la atención se centra en una cuestión controvertida, y no en las personas. También se emplea la racionalidad estratégica, en el que una parte gana –cuando prevalece su opinión– y la otra pierde (Aguiló 2015, pp. 36-38 y 46).

La *negociación* comparte rasgos e integra otros tipos de debate: es un debate de conflicto y cooperación, actoral y temático, que se orienta a la obtención de un éxito a través de la racionalidad estratégica y al entendimiento a través de la racionalidad comunicativa (Aguiló 2015, pp. 51-55 y 66).

La *deliberación* es un debate cooperativo y temático. Consiste en un diálogo racional y crítico en un contexto de cooperación (ganar-ganar) de los interlocutores orientado a la resolución de un problema mediante la racionalidad comunicativa, que persigue el entendimiento de las partes (Aguiló 2015, pp. 38-42 y 46-47). En este contexto se concibe la deliberación como una forma de discurso público con bases de entendimiento y coordinación, y no tanto como ejercicio o práctica de la prudencia (Vega 2012, pp. 178-181).

El *debate consensual* o consenso es un debate cooperativo y actoral, y por ello la relación de cooperación de las partes está guiada por la identidad de los interlocutores y no por la complejidad del tema. También aquí se emplea la racionalidad comunicativa, orientada al entendimiento (Aguiló 2015, pp. 42-44 y 47-48).

En los debates legislativos de la LORE, particularmente en la toma de consideración de la Proposición de Ley (D1) y en los debates sobre la totalidad (D2) y sobre el informe de la ponencia (D3), predominan la disputa y la controversia, y, por consiguiente, predomina también la racionalidad estratégica. En cuanto debates conflictivos, ambos promueven una actitud de enfrentamiento y de imposición o victoria que conduce a ocasionales descalificaciones políticas y a la primacía de la dimensión política de la controversia en detrimento de la dimensión jurídica –e incluso ética– de la Ley (Cattani y Alcolea 2012, p. 147). Por otra parte, el acento en estos dos tipos de diálogo o debate podría tener repercusiones en la universalizabilidad de la tarea legislativa, destinada a regular las conductas de toda la ciudadanía. En debates posteriores, en particular en la fase de enmiendas (D6), aparecen nuevos tipos: la negociación, la que podría denominarse seudodeliberación –por la escasa interacción y reciprocidad del diálogo (Mansfield 2015, pp. 28-30) y la tendencia a la polarización– y una actitud propia del debate consensual. Este debate consensual, de carácter cooperativo, puede ser una vía eficaz para alcanzar la aprobación de la norma, pero, al atender principalmente a los interlocutores, deja en segundo plano el tema objeto de los debates y se orienta a una perspectiva pragmática. Además, por su condición de debates actorales, la disputa y el consenso son menos recomendables para reforzar la racionalidad sustantiva de las argumentaciones y de los contenidos regulados en la Ley.

6. BALANCE

El balance final pretende evaluar el rigor de la argumentación y los debates legislativos de la LORE, completando las valoraciones anticipadas en los últimos apartados. Sirve también para caracterizarlos e identificar, sobre todo, los aspectos criticables o mejorables de este proceso en orden a evitarlos en futuros debates y a que influyan negativamente en el desarrollo y la aplicación de la norma debatida. Con todo, es justo precisar de partida que la existencia de debates parlamentarios y la elaboración y el intercambio de argumentos constituyen *per se* una buena práctica legislativa, por más que no siempre se alcance la corrección esperada y deseable (por distintas razones: escasez de tiempo y de recursos; falta de preparación técnica y de apoyos; carácter especializado de la materia, etc.).

La intención de mantener un debate de carácter político, la opción por un uso retórico de los argumentos, o la dificultad inherente de la variedad de auditorios del debate legislativo (parlamentarios, votantes, ciudadanía) a los que se pueden dirigir los legisladores pueden explicar la vaguedad deliberada y las señales de emotivismo,[107] pues el objetivo no es la precisión y el rigor del texto de la ley sino el triunfo de la propia propuesta o el logro de un acuerdo para que aquella prospere, decantando la justificación legislativa al plano pragmático en detrimento del procedimental y del material. La utilización ejemplificadora de casos individuales[108] es

107 Cfr. D2, p. 47; D6, p. 99.

108 «Quien quiera vivir, que viva, pero que nos dejen a los demás morir dignamente. La eutanasia no es una obligación. Yo pediría a los políticos que piensen de una vez en los ciudadanos, y sobre todo en los ciudadanos que están en estas condiciones. Estas palabras las pronunció Fernando Cuesta. Fernando Cuesta en sus frases resume mejor que nadie el objeto de esta ley, y mejor que cualquier discurso que podamos tener en esta Cámara. Fernando era un enfermo de ELA, no tenía curación y veía que se iba deteriorando progresivamente día a día. Finalmente, decidió acudir a Suiza, no morir en su entorno y pagarse, porque podía, los servicios correspondientes para lograr esa muerte digna que él deseaba. Prometédmelo, el día que no recuerde uno de vuestros nombres, ese primer día que veáis que os confundo, que no sepa cómo os llamáis, por favor, no esperéis a que me olvide de vosotros, a que no os reconozca como hijos o que no reconozca a aita. Ese día me tienes que ayudar a marchar. Estas palabras las dijo, como saben, Maribel Tellaetxe, consciente del deterioro cognitivo que le alcanzaría pronto y que ya no reconocería su entorno, que desconectaría del mundo, y en ese momento, incapaz ya de decidir, no merecía la pena vivir, según su criterio. Los familiares viven así con angustia la imposibilidad de dar respuesta a esta petición, de satisfacer su demanda, e interpelan: ¿acaso tenemos unos políticos ignorantes, que no conocen el sufrimiento de miles de pacientes con enfermedades terminales y degenerativas terriblemente dolorosas mental y físicamente y que no tienen cura alguna? Lamentablemente, su hijo no puedo cumplir su promesa, porque su madre acabó muriéndose. Lo hice yo porque estoy tranquilo; ella ha dejado de sufrir. Así cumplió Ángel Hernández por amor, tras treinta años de cuidar a su mujer, María José, que le rogaba y le rogaba que le ayudara a morir. Su decisión le costó la paradójica acusación de violencia de género y Ángel incluso sufrió la cárcel, breve tiempo, pero la sufrió. Esta es la realidad, esto es lo que le está sucediendo a nuestra ciudadanía, (Aplausos). Estos son tres dolorosos casos que, con todo el respeto, me permito citar hoy aquí, porque son más ilustrativos que todo lo que yo pueda decirles, aunque insisto en que lo hago con todo el respeto a su memoria y también al dolor de sus familias. Pero estas personas, estas familias afectadas, una vez sucedido

otra estrategia narrativa y argumentativa de esta índole, al igual que los argumentos territoriales,[109] cuya función retórica, política y aun identitaria cobra mayor sentido en los modelos de debate actoral –disputa, debate consensual y negociación–.

En este contexto no extraña la presencia de argumentos defectuosos, falacias (*ad consequentiam, post hoc*) y sesgos que revelan la débil justificación de algunas afirmaciones en su condición de ilícitos argumentativos (Atienza 2019, p. 392). Valgan como ejemplos el sesgo de confirmación o deseabilidad (Kahneman, Sibony y Sunstein 2021, p. 189), mediante el cual se tiende a reunir e interpretar pruebas de forma selectiva para preferir un juicio que ya creemos verdadero o correcto o deseamos que lo sea, a modo de estrategia de confirmación positiva (Kahneman 2012, pp. 111-112); o el sesgo de conclusión o prejuicio, que lleva a alcanzar conclusiones de forma poco deliberada (Kahneman 2012, p. 109) o de forma precipitada, saltándose el proceso de recopilación e integración de la información (Kahneman, Sibony y Sunstein 2021, p. 189). Tampoco sorprende el recurso retórico a las cascadas de disponibilidad, inicialmente en el ámbito parlamentario y con posterioridad en el ámbito social, que otorgan mayor plausibilidad de un argumento cuanto mayor sea su repetición (Kuran y Sunstein 1999), recurso efectivo para la persuasión del auditorio y los destinatarios, pero no para su corrección sustantiva y su idoneidad legislativa.

Las conclusiones más relevantes de los debates legislativos de la LORE se refieren a su *alcance* o *racionalidad*, donde prevalecen la racionalidad teleológica y la racionalidad axiológica, predominio usual en normas con componentes de moralidad política (Atienza 2019, p. 384) como esta Ley. La racionalidad pragmática también está presente en las fases del debate orientadas a las críticas. Con todo, y a pesar de aumentar en la fase de

el final de sus familiares, no quisieron quedarse con los brazos cruzados, quisieron seguir empujando, quisieron seguir trabajando y peleando para que este derecho pudieran tenerlo otras personas que se encontraran en sus mismas circunstancias. Estas situaciones nos interpelan a todos nosotros, da igual la bancada donde nos sentemos. El dolor humano no tiene ideología, el dolor humano y el sufrimiento son para todas las personas. (Aplausos). El dolor humano es eso, humano, y va vinculado a la condición humana» (D1, p. 27). Cfr. también D7, p. 21.

109 Cataluña es pionera en la presentación de una proposición de ley de este tipo (D1, p. 40; D7, p. 17), en una legislación que refuerce la autonomía del paciente (D6, p. 104). Galicia dio la primera batalla por este derecho, a partir del ejemplo individual de Ramón Sampedro (D4, p. 3; D7, p. 16). El País Vasco también ha mostrado esfuerzos en esta línea (D4, p. 6; D7, p. 13).

enmiendas, el rasgo más censurable es el descuido de y la escasa atención –con destacadas excepciones–[110] a la racionalidad lingüística y la racionalidad comunicativa. Las deficiencias lingüísticas y comunicativas afectan a los restantes niveles de racionalidad, tanto a la racionalidad sistemática y la racionalidad axiológica, por los errores y excesos en la calificación jurídica de los bienes, valores y derechos en juego, como a las racionalidades pragmática y teleológica, con consecuencias en la seguridad jurídica y la misma justicia de la norma, ya que los defectos y la falta de claridad conceptuales repercuten directamente en la interpretación y aplicación de la Ley y en las garantías para sus destinatarios.

Como el objetivo del buen legislador es elaborar una buena ley, finalizo con una propuesta para corregir el desequilibrio pragmático y político de la argumentación legislativa y reforzar sus dimensiones material y formal. Parto de una concepción de la legislación y los debates parlamentarios como una práctica social cooperativa que configura normativamente la realidad social (Searle 1995), desde la que es posible jerarquizar los modelos de debate legislativo y elegir, en primer lugar, un modelo cooperativo antes que uno conflictivo y, en segundo lugar, dentro de aquellos, un modelo temático frente a uno actoral. Esto equivale a otorgar primacía –no exclusividad– al debate deliberativo, tanto frente al debate consensual como frente a la negociación, la disputa y la controversia.

Los modelos conflictivos se despliegan en un escenario agonal donde se polarizan los argumentos y no existe un fin común, sino que los parlamentarios defienden intereses particulares diferentes con el objetivo de imponer la posición propia. En cambio, en los modelos cooperativos sí existe un objetivo común o compartido, siendo necesario el diálogo para conocer y armonizar las distintas perspectivas. En este contexto sobresale la deliberación, que cuida el contenido y la forma de la legislación gracias a su orientación temática, su pretensión de universalidad y su preocupación tanto por la actividad legislativa como por su resultado, la ley. En ella la ley debería ser el corolario de un proceso deliberativo que transfiere sus características –reciprocidad, sinceridad, respeto, inclusión– al resultado legal y condiciona su corrección material, mientras que la orientación consecuencialista y la preferencia por el resultado del debate consensual subordinan el proceso y la actividad al logro de tal objetivo.

110 Cfr. D5, pp. 8, 10-11 y 17-18; D6, pp. 100, 111 y 114.

Además, el modelo deliberativo no desperdicia las aportaciones de los otros modelos de debate parlamentario y acoge recursos retóricos como la apelación a las emociones o a elementos narrativos (Neblo 2007, pp. 530-34), si bien su corrección dependerá de la oportunidad de su empleo. Todo pasa por comprender la argumentación parlamentaria como un auténtico sistema deliberativo que integra tres funciones sustanciales para la elaboración de buenas leyes: epistémica –conocimiento relevante e informado sobre los asuntos centrales–, ética –promoción del respeto mutuo entre la ciudadanía y entre sus representantes– y política –proceso democrático inclusivo e igualitario que refleja preocupaciones, voces e intereses múltiples y plurales– (Mansfield 2015, pp. 42-43).

Esta propuesta resulta idónea para la LORE, que concibe el procedimiento para la prestación de ayuda para morir como un proceso deliberativo (art. 8 LORE) –en menor medida en el caso del paciente en situación de incapacidad de hecho (art. 5.2 LORE)–. De este modo se establece una analogía entre la fase legislativa y la poslegislativa, donde la deliberación constituye el método de la práctica clínica (Gracia 2001) y el modelo de relación clínica (Emanuel y Emanuel 1992) que deben sustentar la atención al final de la vida.

REFERENCIAS

Aguiló J (2015) *El arte de la mediación.* Trotta, Madrid.

Aguiló J (2018) Acordar, debatir y negociar. *Doxa* 41: 229-247.

Alexy R (2000) Recht und Richtigkeit. En: Krawietz W et al. (eds) *The reasonable as rational. On legal argumentation and justification. Festschrift für Aulis Aarnio.* Duncker und Humblot, Berlin, 3-19 [Alexy R (2016) Derecho y corrección (trad: Seoane JA, Sodero ER). En: *La institucionalización de la justicia,* Seoane JA (ed), 3ª ed., Comares, Granada, 27-46].

Arruego Rodríguez G (2019) *Derecho fundamental a la vida y muerte asistida.* Comares, Granada.

Atienza M (1997) *Contribución a una teoría de la legislación.* Civitas, Madrid.

Atienza M (2019) Un modelo de análisis de la argumentación legislativa. En: Oliver-Lalana AD (ed) *La legislación en serio. Estudios sobre derecho y legisprudencia.* Tirant lo Blanch, Valencia, 344-395.

Cámara Villar G (2021) La regulación de la eutanasia y el suicidio asistido en el mundo. Panorama general y comparado. *Anuario de Derecho Eclesiástico del Estado* 37: 399-464.

Cattani A y Alcolea J (2012) Controversia. En: Vega Reñón L, Olmos Gómez P (eds) *Compendio de lógica, argumentación y retórica*. Trotta, Madrid (2ª ed), 144-147.

Emanuel EJ, Emanuel LL (1992) Four models of the physician-patient relationship. *Journal of American Medical Association* 267/16: 2221-2226. [Emanuel EJ, Emanuel LL (1999) Cuatro modelos de relación médico-paciente (trad: González Sánchez J; rev: Couceiro A). En: Couceiro A (ed) *Bioética para clínicos*. Triacastela, Madrid, 109-126].

Gracia D (2001) La deliberación moral: el método de la ética clínica. *Medicina Clínica* 117/1: 18-23.

Kahneman D (2011) *Thinking, fast and slow*. Farrar, Strauss and Giroux, New York [Kahneman D (2012) *Pensar rápido, pensar despacio* (trad: Chamorro Mielke J). Debate, Barcelona].

Kahneman D, Sibony O, Sunstein CR (2021) *Noise. A flaw in human judgment*. Little, Brown Spark, New York [Kahneman D, Sibony O, Sunstein CR (2021) *Ruido. Un fallo en el juicio humano* (trad: Chamorro Mielke J). Debate, Barcelona].

Kuran T, Sunstein CR (1999) Availability cascades and risk regulation. *Stanford Law Review* 51: 683-768.

Mansbridge J (2015) A minimalist definition of deliberation. En: Heller O, Rao V (eds) *Deliberation and development. Rethinking the role of voice and collective action in unequal societies*. World Bank, Washington, DC, 27-50.

Marcos del Cano AM, Torre J de la (eds) (2019) *Y de nuevo la eutanasia. Una mirada nacional e internacional*. Dykinson, Madrid.

Mercado Pacheco P (2013) Calidad de la ley, evaluación de impacto normativo y argumentos económicos. *Anales de la Cátedra Francisco Suárez* 47: 85-108.

Montalvo Jääskeläinen, F de (2016) Potestad legislativa y evaluación ex post de las normas: Hacia un mejor Parlamento a través de la regulación inteligente. *Revista de las Cortes Generales* 97/99: 79-184.

Neblo MA (2007) Family disputes: diversity in defining and measuring deliberation. *Swiss Political Science Review* 13/4: 527-557.

Oliver-Lalana AD (2008) Los argumentos de eficacia en el discurso parlamentario. *Doxa* 31: 533-566.

Oliver-Lalana AD (2018) Migliori e peggiori argomentazioni legislative. En: Ferraro F, Zorzetto S (ed) *La motivazione delle leggi*. Giappichelli, Torino, 67-125.

Oliver-Lalana AD (2022) On the structure and stock issues of legislative justification (in parliamentary debates). En: Ferraro F, Zorzetto D (eds) *Exploring the province of legislation*. Springer, Cham, 57-83.

Searle JR (1995) *The construction of social reality*. The Free Press, New York [Searle JR (1997) *La construcción de la realidad social* (trad: Domènech A). Paidós, Barcelona].

Seoane JA, Cruz-Valiño AB, Valdés Paredes A (2022). Fortalezas y debilidades de la regulación española de la eutanasia. *Actualización en Medicina de Familia* 18/5: 255-260.

Tomas-Valiente C (ed) (2021) *La eutanasia a debate. Primeras reflexiones sobre la Ley Orgánica de regulación de la eutanasia.* Marcial Pons, Madrid/Barcelona/Buenos Aires/São Paulo.

Vega L (2012) Deliberación. En: Vega Reñón L y Olmos Gómez P (ed) *Compendio de lógica, argumentación y retórica.* Trotta, Madrid (2ª ed), 177-182.

Webber G, Yowell P, Ekins R et al. (eds) (2018) *Legislated rights. Securing human rights through legislation.* Cambridge UP, Cambridge.

Capítulo 4
EL RECONOCIMIENTO DE LOS DERECHOS DE LAS VÍCTIMAS: ACUERDOS Y DESACUERDOS
Un análisis legisprudencial del debate parlamentario de la Ley 4/2015 del Estatuto de la víctima del delito

JORGE GRACIA IBÁÑEZ*

Resumen – En el presente trabajo se propone, desde un enfoque legisprudencial, el análisis de algunos de los aspectos relacionados con la justificación y la racionalidad de los argumentos empleados en el proceso parlamentario que concluyó en la aprobación de la *Ley 4/2015, de 27 de abril, del Estatuto de la víctima del delito.* El interés preliminar y específico de este estudio de caso reside, por un lado, en que, desde el punto de vista político y sociológico, el reconocimiento de los derechos de las víctimas resulta, al menos en apariencia, un tema poco polémico; por otro lado, plantea un supuesto en el que el ámbito de actuación y la autonomía parlamentaria se encuentra constreñida al tratarse de una ley que proviene de la obligación de transposición de una directiva europea. Tras una breve contextualización victimológica de lo que se ha venido a denominar el retorno de la víctima a las políticas criminales, focalizado especialmente en el caso español, entraremos en el análisis legisprudencial de la racionalidad de los argumentos empleados en el debate del Estatuto de la víctima del delito. Analizaremos hasta qué punto, más allá de la retórica, ese debate fue realmente pacífico y tendente al consenso, prestando especial atención a aquellos elementos controvertidos, como el artículo 13 que regula la participación de la víctima en la ejecución de la pena, y a los argumentos parlamentarios que muestran los puntos de fricción ideológica, política y de modelo en relación con la articulación de las políticas públicas victimales.

* Este trabajo es parte del proyecto RTI2018-095843-B-I00 (financiado por MCIN/AEI/10.13039/501100011033 y por FEDER - Una manera de hacer Europa).

1. INTRODUCCIÓN: RAZONES Y ARGUMENTOS PARA EL RETORNO DE LAS VÍCTIMAS A LA POLÍTICA CRIMINAL

El delito, sobre todo en sus manifestaciones más graves, genera una serie de impactos negativos en las víctimas que les afecta en numerosas esferas: su salud física y psicológica, sus relaciones personales y sociales, o su situación económica. En definitiva, las consecuencias del delito, especialmente de los más graves o violentos, generan sufrimiento. Ser víctima es percibido socialmente como una forma de injusticia y por ello se pide a los poderes públicos –incluyendo al sistema de justicia– que intervengan para dar respuesta y, en la medida de lo posible, aliviar ese dolor.

Por eso mismo, el activismo en relación con las víctimas ha dirigido una parte considerable de sus esfuerzos a potenciar la narración social y cultural del impacto negativo del delito. Para ello son esenciales las historias contadas por ellas mismas que proporcionan una narrativa emergente y cada vez más poderosa, que ha servido para apoyar a las personas que potencialmente se pueden encontrar en una situación similar, dando origen a lo que algunos autores han denominado *victimología narrativa* (Pemberton, Mulder y Aarten 2019; Walklate et al. 2018). Como se suele oír frecuentemente, se trata de *dar voz a las víctimas*. Lo que conduce, en alguna medida, a contemplar el mundo «a través de las lentes del sufrimiento» (Fassin 2012). De esta forma, la relevancia social de esa narración del sufrimiento, la visibilidad cada vez mayor de las víctimas, el rechazo creciente de la violencia, la intolerancia ante el dolor y la convicción de que los poderes públicos pueden (y deben) responder ante el mismo han ido construyendo la noción contemporánea de *victimidad*.[1]

En el ámbito de las políticas criminales y del sistema de control formal, el progresivo desplazamiento de las víctimas hacia una posición cada vez más central ha supuesto, desde los años setenta y ochenta del pasado siglo, una de las transformaciones más visibles y radicales (en el sentido de afectar a la raíz) de los sistemas jurídico-penales contemporáneos. Garland (2005, p. 26) ha denominado este fenómeno como *retorno de la víctima,*

1 Como nos recuerda Tamarit (2013, p. 6), el término victimidad *(victimhood)* fue utilizado ya por Mendelssohn (1956) para referirse al «conjunto de características bio-psico-sociales comunes a todas las víctimas en general, con independencia de la causa de su situación» aunque, a partir del constructivismo sociológico, se ha ido extendiendo la idea de que se trata básicamente de una construcción social.

puesto que esta ha irrumpido en el centro del escenario del *teatro del delito* y, ahora, «el nuevo imperativo político es que las víctimas deben ser protegidas, se deben escuchar sus voces, honrar su memoria, deben poder expresar su ira y debe haber respuestas a sus temores».

A este proceso de resignificación del papel de la víctima ha contribuido grandemente el surgimiento y la consolidación de la victimología como disciplina académica. La victimología aparece como una imagen especular de la criminología que, frente a una percepción hegemónica, muy enfocada hacia el agresor, introduce una segunda mirada ante los procesos de victimización (Echeburúa y Cruz-Sáez 2015, p. 84). Desde los trabajos fundacionales en torno a los años cuarenta, la disciplina ha ido adquiriendo, sobre todo desde los años setenta y ochenta, un sesgo cada vez más promocional a partir de la reivindicación de las asociaciones de víctimas (Gracia 2014; Gracia y Saavedra, 2017; Karmen 2010; Neves y Fávero 2010).

Al tiempo que se reconocían sus derechos y se modificaban los procedimientos jurídico-penales para incluir a la víctima, que era la gran olvidada del sistema de justicia, se iban articulando nuevas políticas de apoyo y asistencia a los sujetos damnificados por los actos criminales en el que intervienen muchos profesionales y especialistas de diversos ámbitos (psicólogos, médicos, operadores jurídicos, policía, etc.) que abordan el proceso de intervención desde una perspectiva integral y multidisciplinar (Caravaca Llamas 2011, p. 5). Pero, a pesar de esa multiplicidad y heterogeneidad de intervenciones, el concepto contemporáneo de la *victimidad* «está determinado *prima facie* explícitamente desde la esfera normativa y supone el reconocimiento de un haz de derechos» (Herrera Moreno 2014, p. 346).[2]

Este fenómeno de alcance global se hace bien visible en España, hasta el punto de que podemos afirmar con Cerezo Domínguez (2010, p. 12) que «la perspectiva de la víctima se ha convertido en uno de los principios inspiradores de la política criminal española». Esta tendencia cuestiona seriamente el principio neutralizador de la víctima que está en la base del derecho penal liberal y cuyo fundamento, como explican Vélez-Rodríguez y Guzmán-Díaz (2015, p. 3), se halla vinculado al principio de intervención mínima según

2 De hecho, como apunta Tamarit (2013, p. 6), «al imponerse este concepto [de víctima], incluso en los textos legales, sobre los términos agraviado, ofendido o perjudicado, el Derecho se abre a una dimensión emocional, superando la tradicional tendencia a mantenerse en el terreno de la abstracción racional y el lenguaje emotivamente neutro». Es el caso de la *Ley 4/2015, de 27 de abril, del Estatuto de la víctima del delito*, cuya discusión parlamentaria analizamos.

el cual el Estado sólo debe intervenir frente a aquellos conflictos graves que afecten a bienes sociales especialmente relevantes, «siendo ilegitima la venganza privada por ser ésta una fuente de violencia potencialmente ilimitada». Como concluyen estos autores, el retorno de las víctimas coloca al derecho penal liberal ante un dilema de compleja solución: por un lado, implica una fuente potencial de desequilibrio entre los intereses retributivos de la víctima y los derechos procesales del acusado; de otro lado, desconocer los intereses de las víctimas puede traer consigo consecuencias indeseadas en términos de prevención general positiva. Ya que «el abandono a su suerte de quien ha sufrido el daño socava la confianza del conjunto de ciudadanos en una justicia que le trata con indiferencia e incluso le instrumentaliza» (Vélez-Rodríguez y Guzmán-Díaz 2015, p. 4).

Además, ese proceso de retorno de la víctima no está exento de contradicciones y paradojas. Desde el punto de vista social a algunas víctimas se las venera públicamente al tiempo que a otras se las aísla y desprecia. Se eleva a algunas de ellas a la categoría de ejemplo ciudadano, pero, a cambio, se duda con relativa facilidad de sus verdaderas intenciones y de la veracidad de sus relatos. El estereotipo de *víctima ideal*, tal y como lo describió Christie (1985), continúa teniendo mucho peso en la construcción social y determinando el peso político de ciertas víctimas frente a otras.[3]

Con todo, como muy oportunamente advierte Tamarit (2013, p. 3-4), las causas y las implicaciones generales en el plano político-criminal del redescubrimiento de la víctima distan de ser evidentes. Resulta demasiado simplificador contemplar el fenómeno apenas como una manifestación de conservadurismo en política criminal (a pesar de las indudables conexiones que se pueden rastrear al respecto) y, al tiempo, ignorar los aspectos racionalizadores y civilizatorios del reconocimiento efectivo de los derechos de las víctimas.

En el presente capítulo, con el fin de ayudar a la comprensión de estas dinámicas de las políticas victimales en el caso español, se aborda, desde un enfoque *legisprudencial*, la reconstrucción de las argumentaciones empleadas en el proceso parlamentario que concluyó en la aprobación de la *Ley 4/2015, de 27 de abril, del Estatuto de la víctima del delito* (LEVD) y se avanza con una valoración global acerca de su calidad argumentativa.

3 Para una visión contemporánea de la persistencia del estereotipo de víctima ideal, *vid.* Duggan (2018).

2. EL ANÁLISIS DE LA ARGUMENTACIÓN PARLAMENTARIA SOBRE EL ESTATUTO DE LA VÍCTIMA

2.1. Algunas aclaraciones conceptuales y metodológicas

A pesar de que la mayoría de los ciudadanos suele dar poco valor a los debates parlamentarios, estos pueden encerrar una argumentación densa. Después de todo, «cuando se debate hoy acerca de normas, también en el parlamento, es imposible hacerlo sin aportar razones, sean mejores o peores» (Oliver-Lalana 2014, p. 524). El análisis que proponemos, aunque necesariamente fragmentario e incompleto, parte de un enfoque *legisprudencial.*[4] Como explica Oliver-Lalana (2014, p. 492), «la idea que anima este enfoque es examinar si, y en qué medida, el debate parlamentario puede proporcionar (un indicador de) las razones que sustentan las decisiones legislativas».

Para ello no hemos analizado todos los documentos relacionados con el proceso de elaboración del Estatuto de la Víctima del Delito, sino que hemos seleccionado las transcripciones de los debates (en comisión o pleno y en ambas cámaras, Congreso de los Diputados y Senado) que reflejan las posiciones y argumentaciones empleadas. Hemos entendido el conjunto de debates (que en cualquier caso abarcan los momentos esenciales del proceso) como una unidad de análisis. En concreto han sido analizadas y codificadas las transcripciones publicadas en el *Diario de Sesiones* del Congreso de los Diputados (DSCD) y el *Diario de Sesiones* del Senado (DSS) de los siguientes debates parlamentarios:[5]

— Debate 1 (D1): ratificación de la ponencia designada para informar el *Proyecto de ley del estatuto de la víctima del delito* (DS Congreso, X Legislatura, Comisiones, núm. 720, 17/2/2014, pp. 1-16).

— Debate 2 (D2): dictamen sobre el *Proyecto de Ley del Estatuto de la víctima del delito* (DS Senado, X Legislatura, Comisión de Justicia, núm. 421, 3/3/2015, pp. 1-12).

— Debate 3 (D3): *Proyecto de Ley del Estatuto de la Víctima del Delito* (DS Senado, X Legislatura, Pleno, núm. 149, 25/3/2015, pp. 14321-45).

4 Para una explicación detallada del enfoque, véase, en este volumen, el Cap. 1.

5 Los documentos se encuentran disponibles en: https://www.congreso.es (consultado el 17/02/2022).

— Debate 4 (D4): *Proyecto de Ley del Estatuto de la Víctima del Delito* (DS Congreso, X Legislatura, Pleno y diputación permanente, núm. 272, 16/4/2015, pp. 31-42).

Para la codificación de los argumentos presentes en las transcripciones parlamentarias de esos debates nos hemos servido de la taxonomía de Atienza (1997 y 2019) que adscribe las diferentes razones a los siguientes niveles de justificación: razones lingüísticas (J1), jurídico-sistemáticas (J2), de eficacia social (J3), instrumentales o teleológicas (J4) y axiológicas (J5). Se trata de un marco «que permite organizar los argumentos, conectarlos con los niveles de racionalidad o justificación legislativa (J) e identificar las relaciones entre estos» (Oliver Lalana 2014, p. 494). En concreto, como subraya Nascimento (2018, p. 182), el mayor beneficio de estos niveles de racionalidad o justificación reside «en su utilidad para evaluar (sobre todo, *ex post*) el grado de calidad de la legislación (y de la argumentación legislativa relacionada)».

En nuestro análisis, de forma global, hemos tratado de incorporar los elementos esenciales del modelo que Atienza (2019) propone para analizar y evaluar una argumentación legislativa producida en sede parlamentaria.[6] Aunque es necesario advertir que ciertos pasos se encuentran más desarrollados que otros, quedando algunos de ellos (como la identificación de argumentos falaces o el análisis de los argumentos retóricos), por limitaciones de espacio y estructura, integrados en el análisis crítico de la argumentación parlamentaria sobre la LEVD que se propone.

2.2. Contextualización del proceso legislativo de Ley 4/2015, de 27 de abril, del Estatuto de la víctima del delito

Siguiendo la propuesta de Atienza (2019), iniciaremos el análisis explorando algunas de las circunstancias político-jurídicas relevantes en las que se inscribió la iniciativa parlamentaria de la LEVD.

6 Atienza (2019, p. 182-183) propone los siguientes pasos para analizar y evaluar una argumentación que se haya producido en una asamblea legislativa: 1) Exposición de las circunstancias en las que se inscribe la iniciativa parlamentaria; 2) Identificación de los puntos fundamentales de la discusión ubicadas dentro de alguna de los cinco niveles de racionalidad legislativa; 3) Identificación de las razones a favor o en contra, en relación con cada uno de esos puntos, indicando grupo parlamentario; 4) Representación gráfica de las argumentaciones analizadas; 5) Examen pormenorizado de alguno de los argumentos que hayan jugado un papel central en el debate; 6) Identificación de los elementos dialécticos presentes en la discusión; 7) Identificación de los elementos retóricos; 8) Detección y análisis de las falacias surgidas a lo largo del debate; 9) Evaluación de conjunto de toda la argumentación.

El proceso de reconocimiento de los derechos de las víctimas, desde el punto de vista del sistema internacional de derechos humanos, cuenta con hitos como la aprobación de la *Declaración sobre los principios fundamentales de justicia para las víctimas de delitos y abuso de poder (A/RES/40/34)*, aprobada por la Asamblea General de la ONU el 29 de noviembre de 1985, que contiene los principios fundamentales para la protección de los derechos de las víctimas. Como explica Tamarit (2017, p. 116), un avance fundamental de esta declaración es que el hecho de ser considerado víctima no está condicionado a que el autor haya sido identificado, detenido, juzgado o condenado. De esta forma, al concebir a la víctima como un fin en sí mismo, con independencia de lo que vaya a hacerse con el infractor, se apunta a la necesidad de un reconocimiento, del que pueden derivarse después derechos concretos.

Más recientemente, y en el ámbito del derecho comunitario europeo, el proceso de reconocimiento y armonización de los derechos de las víctimas dio un paso decidido con la *Directiva 2012/29/UE del Parlamento Europeo y del Consejo de 25 de octubre de 2012 por la que se establecen normas mínimas sobre los derechos, el apoyo y la protección de las víctimas de delitos*, y por la que se sustituye la *Decisión marco 2001/220/JAI del Consejo)*. En este texto se daba un plazo general, que finalizaba el 16 de noviembre de 2015, para que los Estados miembros (entre ellos España) adaptasen sus legislaciones al sentido de las disposiciones de dicha directiva. De ahí se derivó el procedimiento legislativo que concluyó con la aprobación de la *Ley 4/2015, de 27 de abril, del Estatuto de la víctima del delito* (LEVD), cuya discusión parlamentaria es el objeto de estudio de este trabajo. En este apartado nos limitaremos a una visión general sobre algunos de los puntos esenciales de la LEVD, deteniéndonos algo más en su art. 13, por ser la argumentación parlamentaria acerca del mismo un elemento destacado de nuestro análisis.

Antes de nada, hay que indicar que la LEVD supone no solo la armonización en un nivel europeo de los derechos de las víctimas a través de la transposición de la directiva, sino también una oportunidad para reunir en un único texto todos los derechos de las víctimas, evitando la dispersión que habían ocasionado las reformas legislativas sobre la materia en los últimos años en el ordenamiento jurídico español[7]. Siguiendo a Tamarit

7 Debemos tener así en cuenta los regímenes específicos recogidos en las siguientes normas: la *Ley 35/1995 de 11 de diciembre de ayudas y asistencia a las víctimas de delitos violentos y contra la libertad sexual* que se limita a las víctimas de delitos dolosos y violentos cometidos en

(2017, pp. 124-125), el legislador nacional tuvo que hacer frente a las singularidades del derecho español en esta materia, que el mismo autor cifra (además de en la ya mencionada dispersión normativa) en los siguientes puntos: tendencia a cláusulas legales que prevén respuestas generalizadoras y automáticas a las diversas situaciones de riesgo para las víctimas; insuficiente y desfasado sistema de apoyo a las víctimas; una amplísima posibilidad de intervención de las víctimas en el proceso penal como parte procesal; limitada cobertura de la justicia gratuita; necesidad de replantear el concepto de víctimas vulnerables y las medidas de protección; y, finalmente, una muy limitada presencia de programas de justicia restaurativa, sin una regulación legal de sus efectos procesales.

La LEVD parte de un concepto global y comprensivo de víctima (art.1) por cualquier delito y cualquiera que sea la naturaleza del perjuicio que se la haya irrogado, físico, moral o económico, comprendiendo tanto la víctima directa como la indirecta (cónyuge o persona unida a la víctima por análoga relación de afectividad, hijos, progenitores, parientes directos y personas a cargo de la víctima directa por muerte o desaparición ocasionada por el delito, así como a los titulares de la patria potestad o tutela en relación a la desaparición de las personas a su cargo).

El contenido de la LEVD, tal y como ocurría en la directiva que se transponía, se vertebra en torno a cinco derechos básicos que se enumeran en el art. 3, que se atribuyen a «todas las víctimas», y que se desarrollan a lo largo de la norma. Tamarit (2017, p. 129) sistematiza las previsiones normativas en los siguientes ámbitos: el derecho a la información: título I (derechos básicos), arts. 5 y 7; el derecho a la participación en el proceso penal: título II; el derecho a la protección: título III; el derecho al apoyo (o asistencia): art. 10 y capítulo I del título IV; y el derecho de acceso con garantías a servicios de justicia restaurativa: art. 15.

Además, el art. 3.1 declara el derecho a recibir un trato respetuoso, profesional, individualizado y no discriminatorio desde el primer contacto con las autoridades y funcionarios, tanto en el ámbito procesal como en el

España con resultado de muerte, lesiones graves o daños graves a la salud física y mental y a las víctimas de delitos contra la libertad sexual en este caso, aunque se perpetraran sin violencia (art.1). Pero también, los derechos reconocidos por *la Ley 29/2011, de 22 de septiembre, de reconocimiento y protección integral a las víctimas del terrorismo*, o en el caso de las víctimas de violencia de género, los derechos recogidos por la *Ley Orgánica 1/2004, de 26 de diciembre, de Medidas de protección integral contra la violencia de género.*

extraprocesal, concretado en los servicios de asistencia y de justicia restaurativa. En coherencia con esa previsión, el art. 32 LEVD señala que se fomentará la participación de «colectivos profesionales especializados en el trato, atención y protección a las víctimas». Esa profesionalidad constituye una exigencia aplicable a la actuación de las oficinas de asistencia a las víctimas, dada la naturaleza de los servicios que deben prestar, que incluyen información, asesoramiento, apoyo emocional y asistencia psicológica, así como la realización de una valoración de las circunstancias particulares con la finalidad de determinar las medidas de asistencia y apoyo adecuadas a las víctimas (arts. 28.1 y 28.2) (Tamarit 2017).

Para Fernández (2017, p. 181), el gran mérito de la LEVD residiría en «compendiar los derechos hasta ahora existentes, procesales y extraprocesales, y ampliar los *mimos (sic)*[8] en fases procesales donde hasta ahora era prácticamente impensable como la fase de ejecución procesal, tradicionalmente centrada en la relación existente entre el Juez de Vigilancia Penitenciaria, el Ministerio Fiscal y el penado». Y precisamente en este último aspecto referente a la previsión contenida en el art. 13 LEVD para la participación de la víctima en la fase de ejecución es donde surge la mayor controversia en el debate parlamentario.

Siguiendo la síntesis que del artículo realiza Fernández (2017, p. 194), la víctima tiene derecho, si así lo ha solicitado, no solo a que le sean notificadas las resoluciones a que hace referencia el art. 13 LEVD, sino también a recurrir algunas de gran calado como son los siguientes autos del Juez de Vigilancia Penitenciaria, a saber:

> 1. La clasificación del penado en tercer grado antes de que se extinga la mitad de la condena impuesta cuando los delitos sean de homicidio, aborto del artículo 144 del Código Penal (CP), lesiones, contra la libertad, contra la libertad e indemnidad sexual, de tortura y contra la integridad moral, robo con violencia o intimidación, delitos de terrorismo o trata de seres humanos. 2. Asimismo, en el supuesto de acumulación jurídica de penas puede recurrir la decisión relativa a que los beneficios penitenciarios, los permisos de salida, la clasificación en tercer grado y el cómputo de pena para la libertad condicional se refieran no a la suma de las penas impuestas sino al límite de cumplimiento de la condena cuando la víctima lo fuere por alguno de los delitos antes referidos o de un delito cometido en el marco de un grupo criminal. 3. Finalmente, el auto de concesión de la

8 El énfasis es nuestro.

libertad condicional cuando se trate de alguno de los delitos mencionados anteriormente y la pena impuesta fuera superior a cinco años de prisión o cuando se trate de alguno de los delitos mencionados en el artículo 36.2 CP, párrafo segundo.

Como explica Marta Isabel Fernández (2017, p. 194), «se llega a legitimar a las víctimas para solicitar medidas o reglas de conducta necesarias» para garantizar «la seguridad del preso condicional si pudiera derivarse del delito por el que se condenó una razonable situación de peligro, pudiendo incluso facilitar al Juez o Tribunal la información que entienda relevante para resolver sobre la ejecución de la pena impuesta, la responsabilidad civil derivada de la infracción criminal o el comiso». En cualquier caso, estos amplios derechos reconocidos a las víctimas «no alcanzan a otras resoluciones como los autos de suspensión o sustitución de las penas privativas de libertad» (arts. 80, 88 y 89 CP) o «a las resoluciones relativas a la clasificación o progresión a tercer grado» (Fernández 2017, p. 195).

Este reconocimiento amplio y sin precedentes de la intervención de la víctima en el ámbito de la ejecución constituye un elemento de gran controversia política y doctrinal. Para autores como Renart (2015, p. 52), esta medida no constituye un aspecto aislado sino que «se enmarca en una política criminal continuista de la corriente de neo-conservadurismo que asoló el continente europeo en la primera década del siglo XXI, como consecuencia del atentado de las torres gemelas de Nueva York, y que favoreció que la idea de la justicia como venganza continuara siendo popularmente atractiva». De esta forma, en su opinión, el legislador español utilizó la coyuntura favorable de la necesidad de transponer la directiva «para insertar en nuestro ordenamiento jurídico un precepto, no previsto en la Directiva y sin parangón en el Derecho comparado y en nuestra tradición penal, procesal y penitenciaria» (Renart 2015, p. 54-55). Otros autores, como García Rodríguez (2016) o De Hoyos (2014), aun reconociendo que la medida va más allá de lo que indica la directiva, consideran que esta ampliación de la intervención de la víctima es del todo razonable, y que, siquiera de forma genérica, se justifica adecuadamente en el preámbulo de la LEVD. En dicho preámbulo se afirma que esta previsión normativa puede contribuir a la confianza y colaboración de las víctimas con la justicia penal y que se cumple el principio de legalidad ya que la decisión corresponderá al juez, sin que resulte afectada la reinserción del condenado. Esta tensión, como veremos, se manifestó vehementemente en los debates parlamentarios analizados, por lo que dedicamos una especial atención a este aspecto en el análisis *legisprudencial* que proponemos.

3. LA DISCUSIÓN PARLAMENTARIA DE LA LEVD: ACUERDOS Y DESACUERDOS

A partir de este punto iremos integrando el resto de los elementos del modelo de Atienza (2019), aplicados al caso concreto del Estatuto de la Víctima, para ir reconstruyendo las razones "mejores y peores" (cfr. Oliver-Lalana 2014) empleadas en su discusión parlamentaria, y concluir con una valoración global acerca de su calidad argumentativa. La elección como objeto de análisis de la discusión parlamentaria de la LEVD, dejando al margen la evidente relevancia social de su objeto, nos parece oportuna, ya que presenta algunas particularidades respecto de los debates de otras normas.

En primer lugar, el reconocimiento y la regulación de los derechos de las víctimas parece que habría de levantar adhesiones casi unánimes, incluso desde una perspectiva apenas de beneficio electoral, ya que ningún grupo político le gustaría mostrarse como contrario a las víctimas o como agente de la limitación de sus derechos. Por eso más adelante hablamos de un debate *aparentemente pacífico.*

En segundo lugar, desde un punto de vista de la técnica legislativa, la propuesta normativa provenía de la obligación de transposición en el ordenamiento jurídico español de la Directiva, por lo que, también *a priori*, el margen de maniobra quedaba reducido, o al menos delimitado, por el contenido de la norma europea que se traslada al derecho estatal.

No fueron presentadas enmiendas a la totalidad, pero en el Congreso de los Diputados fueron registradas, entre otras, diez enmiendas al texto del art. 13 del proyecto de ley que muestran discrepancias valorativas: desde las que proponían la supresión del precepto[9] a, por el contrario, la adi-

9 Es el caso de las enmiendas núm. 19 y núm. 64, presentadas, respectivamente, por el Grupo Parlamentario de IU, ICV-EUiA, CHA: La Izquierda Plural y por el Grupo Parlamentario Catalán (Convergència i Unió) (*Boletín Oficial de las Cortes Generales*, Congreso de los Diputados, 27/11/2014, pp. 13, 14 y 37).

ción de nuevos apartados,[10] pasando por su modificación[11] (Renart 2015, p. 11). Todas las enmiendas fueron rechazadas, excepto la transaccional presentada por el Grupo Popular que proponía la introducción del apartado 13.3, sin que se consiguiera, como habían solicitado varios grupos, la votación separada de las enmiendas referentes al art. 13. El Dictamen fue aprobado el día 17 de diciembre de 2014 por la Comisión de Justicia con competencia legislativa plena (D1).

En la tramitación por el Senado, fueron presentadas tres enmiendas de supresión y cinco enmiendas de modificación[12] del controvertido art. 13. Con fecha 23 de febrero de 2015, la Ponencia elevó a la Comisión de Justicia su Informe: en él, por una parte, acordaba incorporar al texto remitido por el Congreso de los Diputados la propuesta contenida en la enmienda núm. 115, del Grupo Parlamentario Popular en el Senado,[13] rechazando el resto de las enmiendas presentadas; y, por otra, resolvía llevar a cabo una serie de correcciones de técnica legislativa. Exceptuando lo modificado por la enmienda aprobada y por las correcciones señaladas, el Proyecto de ley fue aprobado tal y como llegó desde el Congreso de los Diputados.

---

10 A través de la enmienda núm. 112 presentada por el Partido Popular que propone ampliar las facultades de la víctima con la adición de un apartado tercero introduciendo la previsión «de que el Fiscal escuche a la víctima antes de informar sobre las decisiones a las que se refiere el apartado primero del artículo 13» (*Boletín Oficial de las Cortes Generales,* Congreso de los Diputados, 27/11/2014, p. 66).

11 En esta línea se enmarca la enmienda núm. 92 del Grupo Parlamentario Socialista, por la que se defiende la participación indirecta de la víctima, pero a través de la comparecencia ante el Ministerio Fiscal (*Boletín Oficial de las Cortes Generales,* Congreso de los Diputados, X Legislatura, Serie A: Proyectos de Ley, núm. 115-2, 27/11/2014, pp. 56 ss.).

12 Renart (2015) hace notar respecto a estas enmiendas de modificación dos circunstancias especialmente relevantes; la más absoluta identidad en la redacción de las tres propuestas formuladas por el Grupo Mixto (núm. 12), Grupo Parlamentario Vasco (núm. 25) y Grupo Entesa pel Progrés de Catalunya (GPEPC) (núm. 52) y la reproducción íntegra, en la enmienda núm. 72, de la enmienda núm. 92 que presentara el Grupo Parlamentario Socialista en el Congreso, y a la que se adhiere, trasladando la totalidad de su contenido, el GPEPC en su enmienda núm. 37. *Vid. Boletín Oficial de las Cortes Generales,* Senado, X Legislatura, núm. 471, 18/2/2015.

13 Se trataba de una enmienda referida al sistema de evaluación periódica del sistema de atención a las víctimas en España. En su justificación podemos leer: "Se considera adecuada la presentación del informe anual en las Cortes Generales y no sólo en una de las Cámaras (Congreso de los Diputados) dada la importancia que el Proyecto de Ley presta al sistema de protección de las víctimas, la especial trascendencia de esta materia y el sistema bicameral recogido en nuestra Constitución" (*Vid. Boletín Oficial de las Cortes Generales,* Senado, X Legislatura, núm. 471, 18/2/2015, p. 74).

La Ponencia vuelve a reunirse el día 3 de marzo de 2015[14] y en idéntica fecha, la Comisión de Justicia en el Senado procedió a dictaminar el Proyecto de Ley (D2). En la sesión celebrada el 25 de marzo de 2015, el Pleno del Senado aprobó el Dictamen de la Comisión de Justicia, sin introducir modificaciones en el mismo, remitiéndose al Congreso de los Diputados según marca el procedimiento (D3).

Con la ratificación definitiva en la sesión plenaria celebrada el 16 de abril de 2015 en el Congreso de los Diputados, tras el debate sobre las enmiendas al texto introducidas en el Senado (D4),[15] se aprueba la *Ley 4/2015, de 27 de abril, del Estatuto de la víctima del delito.*

En primer lugar, de forma general, rastrearemos en los debates la construcción de la posición inicial de la discusión que gira en torno a si el papel de las víctimas en el sistema criminal es un tema que debe o no quedar al margen de la discusión política partidista (despolitización); y, en segundo lugar, de manera específica, nos centraremos en los argumentos (a favor y en contra) acerca del polémico art. 13 que regula la participación de la víctima en la ejecución penal.

4. DESPOLITIZACIÓN, CONSENSO Y PAPEL DE LAS VÍCTIMAS: BASES PARA UN DEBATE APARENTEMENTE PACÍFICO

Algunos de los argumentos de base que configuraron el tono global de los debates se pueden rastrear a lo largo de los documentos analizados. Son razones que los enmarcan y que determinan su desarrollo porque se van repitiendo, ampliando y alimentando. En la taxonomía de niveles de justificación planteada antes (Secc. 2.1), podemos clasificarlas en su mayoría como justificaciones axiológicas (J5). Tienen como centro de gravedad la noción de consenso y dirigen la discusión hacia un objeto específico: la necesidad de resignificar el papel de la víctima en la justicia criminal, colocándola en una situación central. Aunque para ello fuera

14 Resolviendo modificar su informe para incluir también en el texto la modificación que proponían la enmienda núm. 38, de *Entesa pel Progrés de Catalunya*, y la enmienda núm. 73, del Grupo Parlamentario Socialista, así como el informe del letrado en relación con el art. 14.

15 Las enmiendas relacionadas con el art. 13, efectuada la votación, dio el siguiente resultado: votos emitidos, 305; a favor, 275; en contra, 26; abstenciones, 4.

necesario, dado el caso, forzar la concepción tradicional del derecho penal liberal. Se parte de la premisa de que el sufrimiento de las víctimas les confiere legitimidad para intervenir activamente en la configuración de las políticas criminales. Desde esa lógica, la LEVD se planteaba como la cristalización y culminación de una postura moralmente virtuosa, que implica reconocimiento, consideración e incluso *cariño* respecto de las víctimas, al tiempo que debe asumirse (o debería, al menos) como *ideológicamente neutra.*

Establecido el marco del debate en esos parámetros, discutir sobre política criminal parece improcedente, casi de *mal gusto,* cuando implica a las víctimas. Las cuestiones relacionadas con estas se conectan con la moral pública y, en consecuencia, se sugiere que deberían salvaguardarse, en la medida de lo posible, del enfrentamiento partidista, tantas veces convertido en *bronca estéril.* La única racionalidad posible debería dirigirse hacia el reconocimiento maximalista de los derechos victimales, mientras que el mantenimiento de las garantías para los victimarios se contempla con cierto recelo. El consenso sin fisuras se erige como la única postura que ni ignora ni olvida a las víctimas.

Ese punto de partida es rastreable en las argumentaciones de la mayoría parlamentaria y de algunos grupos afines[16], pero podemos también observar cómo, a lo largo del desarrollo de los debates, el resto de los grupos van asumiendo, si bien parcialmente, algunos elementos que lo constituyen.

De un lado, colocar en ese punto las bases del debate implicó forzar a los grupos que planteaban objeciones al texto a argumentar desde una *postura incómoda,* lo que, en mi opinión, comprometió la riqueza argumentativa de la deliberación. De hecho, ese argumento de origen implicaría una falacia lógica que, de algún modo, contamina las bases del debate. Cuando los temas sobre los que se legisla son relevantes socialmente, esa circunstancia no los excluye del debate político sino más bien al contrario. Al pretender que la importancia del tema lo excluye del ámbito político hay una ruptura de la lógica porque una cosa no se sigue de la otra *(non sequitur)* como prueba las posturas enfrentadas acerca de algunos aspectos de la normativa y el carácter solo parcial y fragmentario del consenso que se deduce de la reconstrucción de la argumentación.

16 Como es el caso del Grupo parlamentario de Unión, Progreso y Democracia (UPyD).

Pero, de otro lado, es preciso reconocer que existía un consenso básico previo tanto en relación con la importancia social del reconocimiento de los derechos de las víctimas como en torno a muchas de las previsiones normativas del Estatuto, especialmente aquellas que se limitaban a transponer siguiendo más de cerca la directiva comunitaria. De hecho, hay que recordar que no fueron presentadas enmiendas a la totalidad al proyecto de ley en discusión. Aunque, como ya hemos visto, sí hubo enmiendas parciales que demostraban que ese pretendido consenso de partida presentaba fisuras.

Se pueden rastrear en los debates dos posiciones[17] en conflicto:

— Posición A) La LEVD no es un texto ideológico y debería quedar fuera del debate partidista (desideologización).

— Posición B) La LEVD evidencia las tensiones entre las diferentes concepciones ideológicas de victimidad y, por lo tanto, debe ser objeto de una amplia y profunda discusión (ideologización).

Pero a lo largo del desarrollo de las argumentaciones también se construye una posición de síntesis que resalta los elementos previos de consenso:

— Posición AB) La LEVD es un texto de gran relevancia social que nace con un alto grado de acuerdo político a pesar de que contiene elementos no consensuales (consenso).

Podemos ver gráficamente cómo se estructuraron a lo largo de los debates las principales argumentaciones relacionadas con la *desideologización* y el consenso en la Figura 1 (página siguiente).[18] En una primera aproximación es necesario referirnos a dos tipos de argumentaciones que corresponden a justificaciones jurídicas (J2). La primera de ellas (B_1) aparece sobre todo en los primeros debates y tiene que ver con cuestiones formales y procedimentales, especialmente relacionadas con la discusión en bloque de las enmiendas y el funcionamiento de las comisiones.

---

17 En la reconstrucción que sigue, estas "posiciones" han de entenderse como tesis o puntos de vista generales sobre la LEVD. En la segunda parte del trabajo (Secc. 5, Fig. 2) emplearé ya el término "posiciones" para referirme a las conclusiones de un argumento legislativo en el sentido explicado en el Cap. 1 (Secc. 2.1).

18 De manera sintética, se reflejan las diferentes posturas presentes en relación con el grado de consenso político y el carácter ideológico de la LEVD. Los tipos de justificaciones, jurídica (J2) y axiológica (J5), aparecen en la parte derecha. Una confrontación directa (una razón explícitamente replica a otra) se indica con una flecha, que señala también la dirección de la réplica; mientras que las líneas acabadas en punto indican conexión entre razones.

A lo único que nos lleva a pensar que no se acepten este tipo de enmiendas es a la actitud que está teniendo el grupo mayoritario ante estos proyectos de ley –que además parece que van todos en el próximo Pleno– de como si se quisiera hacer un totum revolutum de todos los proyectos de ley para que no sea claro y no sea público este debate, de que vayan rápido, por la puerta de atrás, sin que medie demasiada interferencia ni demasiado ruido, actitud que no aceptamos y no compartimos (D2, p.5, Bildarritz, GP Vasco).

Figura 1
Principales argumentos sobre el consenso en torno a la LEVD

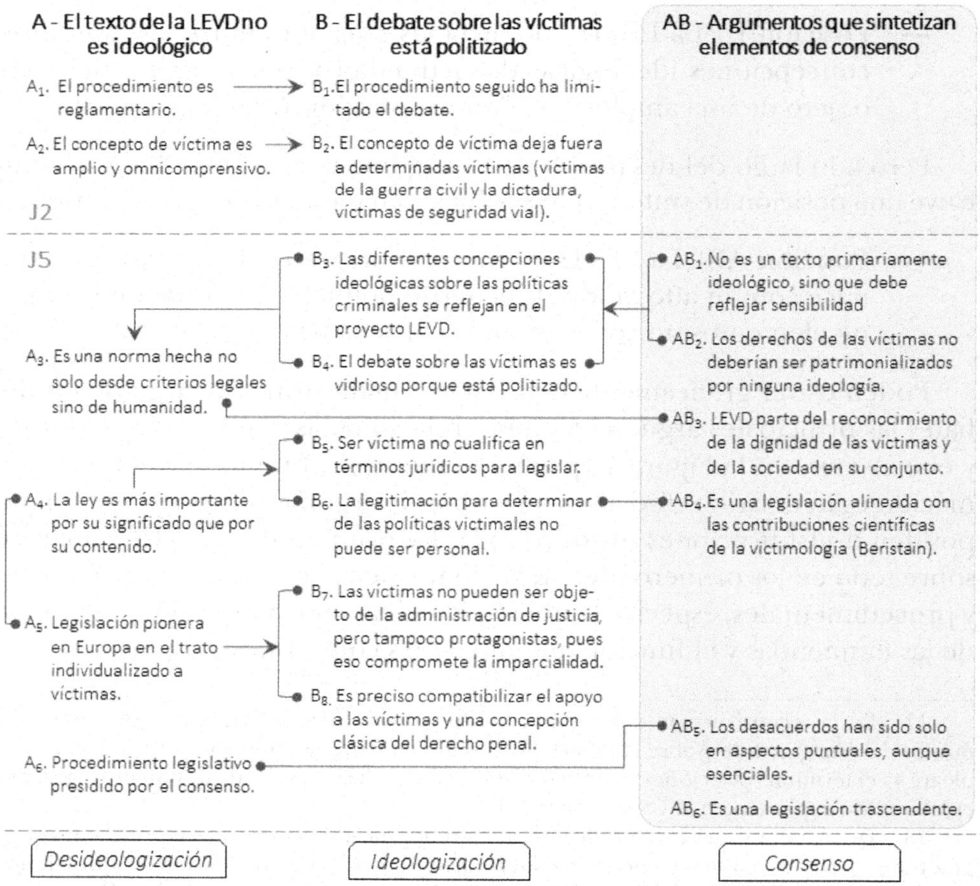

Fuente: elaboración propia basada en las transcripciones parlamentarias

Las réplicas por parte de la mayoría parlamentaria (A_1) fueron siempre en la línea de asegurar que el procedimiento se ciñó estrictamente al reglamento.

> A mí no me parece bien, señorías, que se tache de inaceptable el procedimiento que estamos tramitando en este momento, porque es un procedimiento reglamentario, viene con forma de reglamento, está aprobado por la Mesa del Senado, está aprobado por la Mesa de la Comisión, y lo único que queda, señorías, es alegrarnos de que no se le califique, como lo hizo algún ponente en el Congreso, de aberración jurídica, con lo que no puedo estar más en desacuerdo (D2, p.11, Vindel, GP Popular).

El segundo argumento de carácter jurídico, aunque con una evidente carga ideológica, tiene que ver con la definición de víctima recogida en la norma. Varios de los grupos más críticos alegaron repetidamente que el proyecto dejaba fuera, al no nombrarlas de forma expresa en la exposición de motivos, dos clases específicas de víctimas: las víctimas de seguridad vial y las víctimas de la guerra civil y el franquismo (B_2). Está claro que, en el primero de los casos, ese olvido se contempla básicamente como una deficiencia de técnica legislativa, aunque relevante por la prevalencia e incidencia de los delitos relacionados con la seguridad vial y el impacto que los mismos tienen en las víctimas. En el segundo caso la carga ideológica es mucho mayor. No hay que olvidar que para una parte de la sociedad española las víctimas del franquismo y la guerra civil son percibidas como "víctimas de la izquierda" y la memoria histórica como una reivindicación partidista,[19] mientras que las víctimas de otro tipo (especialmente las vícti-

19 En relación con los derechos de este tipo de víctimas tenemos que tener en cuenta la regulación de la *Ley 52/2007, de 26 de diciembre por la que se reconocen y amplían derechos y se establecen medidas en favor de quienes padecieron persecución o violencia durante la guerra civil*, y la conocida popularmente como Ley de Memoria Histórica. Se trata de una regulación particular: de un lado, incluye medidas de carácter simbólico y reparador según un modelo que Tamarit (2013,p. 24) caracteriza como de justicia transicional tardía y, de otro lado, evita, tanto en la Exposición de Motivos como en el articulado, hablar de víctimas quizás por pensar que, al menos para una parte de la sociedad, las posibles víctimas beneficiarias de las medidas que la ley contempla, no se encuadrarían dentro de los parámetros de las víctimas ideales e inocentes. Lo cual habrían venido a demostrar el evidente desinterés político en su aplicación y, por lo tanto, el renqueante desarrollo de la implementación de la norma. A modo de ejemplo, en un estudio del CIS (2008), *Memorias de la Guerra Civil y del Franquismo,* hasta el 27,6% de la muestra de 1819 personas consideraba que la Ley de memoria histórica no era una medida adecuada y que resucitaba rencores del pasado. Sobre esta cuestión, es necesario mencionar el reciente proyecto de Ley de Memoria Democrática, pendiente en el momento de escribir estas líneas de discusión y que proclama en su exposición de motivos que "la memoria de las víctimas del golpe de Estado, la

mas del terrorismo y de violencia de género) se idealizan y se erigen como las víctimas por antonomasia.[20]

En ambos casos, como recurso retórico, hay una evidente *emocionalización* de la figura de la víctima. Así, no es de extrañar que los grupos de izquierda plantearan la discusión utilizando palabras y expresiones pertenecientes a grupos semánticos con connotaciones emocionales como "dar la espalda", "olvido" o "silencio".[21] Términos, por cierto, bastante semejantes a los que se utilizan cuando, en defensa del proyecto de ley, se reprocha la falta de consenso y los argumentos contrarios a determinados aspectos de la norma.

> (…) hay además una clara sensación de frustración por una parte de las víctimas, que se sienten excluidas y que ven en el resultado del estatuto una oportunidad perdida. En este proyecto de ley se restringe notablemente el concepto de víctima, con lo que han quedado fuera víctimas tan importantes como las derivadas de los delitos contra la seguridad vial; también las víctimas del franquismo, que padecieron persecución o violencia por razones políticas, ideológicas o de creencias religiosas durante la guerra civil y la dictadura. ¿Es que acaso, señorías, ellas no son víctimas? Por eso quiero dejarle muy claro que el Grupo Socialista va a trabajar por los derechos de todas ellas; las que están en el proyecto y las que han sido obviadas. Nosotros no las vamos a olvidar (D4, p. 37, Corcuera, GP Socialista).
>
> Se trata de un proyecto que, una vez más, da la espalda a las víctimas del franquismo, sin que sea justificación suficiente para ello la existencia de una Ley de la memoria histórica –así llamada en términos coloquiales– en la que solo se da un tratamiento parcial y, en términos que podamos

Guerra de España y la dictadura franquista, su reconocimiento, reparación y dignificación, representan, por tanto, un inexcusable deber moral en la vida política y es signo de la calidad de la democracia" (*Boletín Oficial de las Cortes Generales*, Congreso de los Diputados, 7/7/2022, p. 4).

20 Tamarit (2013, p. 20) incluye dentro de este grupo a las víctimas de terrorismo, de violencia de género y de violencia sexual (especialmente si son menores) entendiendo que el discurso políticamente correcto denota que a estos colectivos «les conviene el nombre apelativo con que se les designa, con preferencia a todos los demás a quienes dicho nombre comprende».

21 No deja de ser revelador de esta tensión política en relación con las víctimas del franquismo y la guerra civil que uno de los parlamentarios de la mayoría conservadora no citase a estas víctimas al referirse, en un momento del tercer debate, a las víctimas incluidas en la LEVD, mientras que sí citó a las víctimas de seguridad vial que otros parlamentarios habían considerado también como ausentes del Estatuto: «Con la norma que hoy debatimos y que vamos a aprobar no solo abrimos las puertas a las víctimas del terrorismo, a las víctimas de la violencia de género, a las víctimas de la seguridad vial –la relación sería muy extensa si enumerase todas las categorías–, sino a todas las víctimas de delito» (D3, p. 14337, Franco, GP Popular).

fácilmente comprender, un tratamiento honorífico más que jurídico (D3, p. 14322, Iglesias, GP Mixto-Izquierda Unida).

La réplica de la mayoría parlamentaria (A_2) se centró, en esta ocasión, en la defensa del carácter amplio, omnicomprensivo, del concepto de víctima plasmado en la norma; un concepto en línea, e incluso ampliado, respecto del que se recoge en la directiva que se estaba transponiendo.

> Les quiero recalcar que consideramos que el concepto de víctima que contiene el estatuto es amplio y omnicomprensivo ya que recoge tanto a las víctimas directas como a las indirectas. Incluso es un concepto más amplio que el que establece la propia directiva comunitaria (D3, p. 14335, Franco, GP Popular).

Pero, al margen de estas cuestiones de técnica legislativa y sistemáticas, las justificaciones aquí analizadas son esencialmente axiológicas (J5). En la línea de la *des-ideologización* (posición A), el sufrimiento de las víctimas, derivado del impacto de la victimización, demandaría que cualquier discusión respecto a su estatus sea colocada más allá de lo legal (técnico, frío y, en última instancia, deshumanizado) y se relacione con la solidaridad, el respeto, e incluso el cariño. Es decir, con la *humanidad* misma.

> El estatuto de la víctima, señor presidente, señorías (...) es una norma hecha desde el cariño, el respeto y la solidaridad con las víctimas, sea cual sea el delito que les cambió la vida, y hecha no solo desde el punto de vista legal sino desde la más absoluta humanidad y desde el apoyo a todas esas personas que han sufrido las consecuencias de un acto delictivo y que, por una causa o por otra, en muchos casos han quedado marcadas para siempre (D1, p. 15, Quintanilla, GP Popular).

En contraste con la *desideologización,* la abierta asunción de la relevancia ideológica de la víctima (posición B), que hemos denominado *ideologización,* a pesar de que racionalmente parecería un punto de partida menos sobrecargado emocionalmente y más fructífero para una discusión satisfactoriamente argumentada, aparece como una postura mucho menos empática. No obstante, varios parlamentarios subrayaron que las políticas criminales y la ley penal resultan campos fuertemente ideologizados (B_3), recordando que las víctimas constituyen un tema especialmente "vidrioso", siendo frecuentemente objeto de intentos de manipulación política (B_4).

> Es imposible desconectar el debate de este proyecto del que tuvo lugar en el anterior Pleno en relación con la reforma del Código Penal, porque

diferentes perspectivas ideológicas de los grupos que entonces se expresaron en torno a las reformas más destacadas de los contenidos de ese Código Penal, también se proyectan sobre este Proyecto de Ley de las víctimas (D3, p. 14338, Iglesias, GP Mixto-Izquierda Unida).

Coincidirán conmigo en que el debate sobre el estatus de las víctimas, todo lo relacionado con ellas, muchas veces resulta vidrioso porque se buscan interpretaciones indirectas e interesadas de las posiciones políticas diferenciadas de la corriente mayoritaria –normalmente la que apoya el Gobierno– que puedan tener otros grupos políticos, bien sea para obtener réditos políticos o para erosionar las posiciones políticas (D4, p. 31, Esteban, GP Vasco).

Tal vez por esa impresión de falta de empatía que se intentó asociar a cualquier desacuerdo en torno a la LEVD, para la construcción del relativo consenso (Posición AB), incluso grupos que se mostraron críticos con ciertos aspectos asumieron que se trataba de un texto que se encontraba, en algún sentido, más allá de la política (AB_1). Y, en consecuencia, las víctimas no deberían ser patrimonializadas (AB_2). Entendemos que este último argumento trasluce alguna reticencia, dando al dar a entender que la presunta *desideologización* podría encubrir un intento de manipulación y de utilización política de las víctimas, aunque se quiera recubierto de humanidad, cariño y respeto hacia ellas.

(…) este no es un texto en el que, de una manera prístina, de una manera directa se manifieste la ideología política de ningún grupo parlamentario de la Cámara; este es un texto que debería ser fruto de la sensibilidad que todos expresamos respecto a los que han sido dañados física, moral o económicamente por la comisión de cualquier hecho delictivo acontecido en nuestro país (D2, p. 10, Díaz Tejera, GP Socialista).

(…) las víctimas de los delitos no pueden ser patrimonializadas en modo alguno por ninguna formación política, sino que es una cuestión que se sitúa por encima de cualquier tipo de ideología (D1, p. 9, Martín Peré, GP Socialista).

Llevada al extremo, la postura *desideologizadora* acaba por asumir el valor primariamente simbólico de la norma. De hecho, una diputada llegó a afirmar que importaba más el *significado* de la ley en discusión –esto es, su valor simbólico– que su *contenido*, aunque consideraba que este era relevante (A_4).

> Déjenme que lo diga de otra manera, [la LEVD] es mucho más importante por su significado que por su contenido, y además mi apreciación es que su contenido no es contrario a su significado. Me quedo con el significado y me felicito humildemente por haber contribuido siendo diputada a que esta ley salga adelante (D4, p. 34, Díaz, GP UPyD).

No obstante, desde la posición B, el uso simbólico e *hiperemocionalizado* de la norma fue también cuestionado. Se insistió por ello en advertir del importante viraje en la línea de las políticas criminales que implicaba. En este sentido, se puso en duda que el sufrimiento atribuyera especial legitimación para legislar, aludiéndose incluso al uso político de las víctimas ejemplificado en el nombramiento del padre de una niña asesinada en 2008, un caso muy mediático por su carácter trágico, como asesor en temas de justicia para la reforma del Código Penal, por parte del partido de la mayoría parlamentaria (B_5).[22]

> Pero, y sin que nadie se moleste, nos parece algo obsceno que alguna persona que ha sufrido terriblemente en este terreno esté de asesor jurídico de algún grupo político, porque la condición de haber sufrido terriblemente no te da una cualificación en términos jurídicos ni la suficiente frialdad a la hora de estar como asesor (D2, p. 10, Díaz Tejera, GP Socialista).

No obstante, el análisis de algunos argumentos en el debate muestra que incluso los que defienden esa postura crítica frente a la legitimidad política alcanzada a través del sufrimiento, asumen al tiempo la fuerza social de ese mismo argumento. La *victimidad*, y el sufrimiento que se incluye en esa condición social de víctima, actúan, de esta forma, como moneda de cambio político. El propio Ministro de Justicia concluye en el debate final que la norma implica el reconocimiento tanto de la obligación del Estado de Derecho de atender a la víctima, como de específicamente, honrar y reconocer su sufrimiento,

> Atender a las víctimas del delito, que es una obligación que nos incumbe a todos, no será ya más una opción, sino una obligación propia de un Estado de derecho, de un Estado que reconoce a aquellos con especiales sufrimientos ante el delito (D4, p. 42, Catalá, Ministro de Justicia).

22 *Vid.* «El PP "ficha" al padre de Mari Luz como asesor en temas de justicia», *El País,* 15 de marzo de 2010, https://elpais.com/elpais/2010/03/15/actualidad/1268644635_850215.html (consultado el 26/1/2022). No obstante, tras este argumento puede esconderse una falacia *ad hominem* porque, en última instancia, lo que se cuestiona es la capacidad de una persona por su identidad y además se trae a colación sin que exista una relación directa con el objeto de discusión parlamentario, que era la aprobación de la LEVD.

En cualquier caso, el problema no se encuentra probablemente en que se escuche la voz de las víctimas, lo que parece absolutamente legítimo y necesario, sino en que se insinúe tanto que esa voz es monolítica, como que es la única que debe ser tenida en cuenta a la hora de articular las políticas criminales. Esta tensión se trasluce incluso en argumentos críticos como el siguiente, que por un lado deslegitiman el uso de la condición de víctima, pero, por otro, lo hacen valer (B_6):

> He sido víctima, he tenido que sufrir los requerimientos de ser protegido por escoltas, yo tengo íntimos amigos personales que han sido asesinados por la organización terrorista ETA y no voy a invocar ninguna de estas reflexiones que estoy haciendo para dar mayor relevancia o legitimidad a mis posiciones, pero tampoco quiero que se les dé menos que a las de cualquier otra persona (D1, p. 7, Olabarría, GP Vasco).

Relacionado con el argumento de la importancia simbólica de la norma (A_4), se aludió en los debates a que estábamos ante una legislación *pionera* en Europa en la individualización del tratamiento de la víctima (A_5). La necesidad de resaltar la relevancia social de la norma lleva aquí a obviar –o, al menos, no hacer patente– que, en realidad, el Estatuto se enmarcaba en un proceso de armonización de los derechos victimales en Europa a través de la transposición obligatoria de una Directiva comunitaria.

> España se convierte así en el primer país europeo que elabora un estatuto de la víctima y que da una respuesta jurídica, pero también y muy importante (...), una respuesta social a través de un trato individualizado a todas las víctimas (D2, p. 11, Vindel, GP Popular).

Este fragmento pone también de relieve la importancia de la respuesta social que la LEVD articula frente al fenómeno de la victimización; esto es, el nuevo papel central de la víctima que este configura en las políticas criminales. Entre los argumentos que se asocian con la postura B, en contraste, se insistió en la necesidad de ponderar los derechos de las víctimas y las garantías de los victimarios para no fomentar visiones falsamente dicotómicas y excluyentes. Bien aludiendo la defensa de la imparcialidad y neutralidad del sistema penal (B_7); bien, de una forma más general, apelando a la necesidad de compatibilizar el apoyo a las víctimas con una concepción clásica y garantista del derecho penal, más allá de su uso simbólico (B_8).

> (...) la víctima no puede ser objeto de la Administración de Justicia, pero tampoco puede ser protagonista, porque la justicia la tienen que im-

partir quienes tienen reconocida su imparcialidad (D3, p. 14338, Iglesias, GP Mixto-Izquierda Unida).

Pero las víctimas han llegado para quedarse y hay que hacerles hueco en un proceso digno, equilibrado y equilibrador respecto de los sujetos clásicos del proceso acusatorio –el juez y el acusado– y que también debe ser respetuoso con los derechos y las garantías del infractor (D1, p. 4, Llamazares, GP Izquierda Plural).

Nuestra posición con respecto a este proyecto parte de una reflexión serena sobre el tema y desde luego de una posición de apoyo a las víctimas, pero también de una concepción objetiva y clásica del derecho penal, porque insisto en que este es un tema muy dado a las posturas y a las imágenes (D4, p. 31, Esteban, GP Vasco).

Con este argumento se conecta la aportación de la victimología académica a la construcción del relativo consenso (AB_4). La referencia más directa a la victimología en los debates[23] trae a colación la obra y aportación del profesor Antonio Beristaín sobre justicia restaurativa.[24] Resulta un argumento de prestigio, puro *name-dropping*, que tiene más de falacia *ad verecundiam* que de ejemplo de la asunción y de la incorporación al argumento que se defiende de los más interesantes desarrollos académicos y científicos en torno al estudio de las víctimas.[25]

Tuve la suerte de conocer personalmente al profesor Beristain, un verdadero predecesor o un verdadero especulador sobre las nuevas tendencias victimológicas, o el derecho de la victimología. El profesor Beristain, desafortunadamente ya fallecido, ya empezó a especular con la pertinencia

23 Podemos rastrear en los debates otras dos menciones muy genéricas a desarrollos académicos en el ámbito victimológico. Por un lado, se menciona muy de pasada a Reyes Mate: «Lo cierto es que, parafraseando a Reyes Mate, las víctimas han llegado a este proceso para quedarse, y hay que hacerles hueco» (D4, p. 34, Llamazares, GP Izquierda Plural); por otro lado, una referencia algo confusa a G. Jakobs, en conexión con Beristain: «El profesor Beristain al fin y al cabo fue el receptor de las posiciones de Jakobs, el penalista alemán que estableció que la justicia restaurativa es la única justicia real, la única justicia posible, es la negación del derecho penal del enemigo, y es la incorporación a nuestro ordenamiento jurídico del derecho penal del ciudadano» (D1, p. 7, Olabarría, GP Vasco). *Vid.* e.g. Mate (2008).

24 Además de algunas de sus obras clave (Beristain 2010, 2004, 2000) en el campo de la victimología, para una buena y sintética aproximación al legado del Profesor Beristain puede consultarse Messuti (2012).

25 En mi opinión, por su carácter aislado, se trata más bien de un referencia personal y superficial que tiene que ver probablemente con que el profesor Beristain desarrollara una importante parte de su labor en el *Instituto Vasco de Criminología*, que fundó en 1975 y dirigió hasta el año 2000; y con que el diputado que lo menciona fuera, precisamente, miembro del Grupo parlamentario Vasco.

> de que la justicia restaurativa, y no solo la justicia restaurativa, sino incluso la actuación restaurativa con relación a las víctimas y a los victimarios, eran elementos muy pertinentes en tanto en cuanto se cumplan los requerimientos de la legislación (D1, p. 6, Olabarría, GP Vasco).

En la percepción del grado de consenso presente en los debates, tenemos, por un lado, las palabras finales del Ministro de Justicia que parecen algo desconectadas del sentido del debate al sugerir la existencia de un consenso total que realmente nunca existió (A_6).

> Simplemente quiero manifestar la satisfacción del Gobierno por la inminente aprobación del estatuto de la víctima, cuya tramitación parlamentaria me consta que ha estado presidida por la voluntad de consenso (D4, p. 41, Catalá, Ministro de Justicia).

Esto contrasta, por otro lado, con los argumentos de los grupos de la oposición que ponen de manifiesto, como después analizaremos con más detalle, que la discusión del Estatuto no estuvo exenta de elementos controvertidos incluso en aspectos esenciales (AB_5). Lo que se refleja claramente, por ejemplo, en esta intervención:

> Creemos que es una ley necesaria, creemos que es necesario un estatuto de la víctima y, además, ya estábamos a punto de acabar el plazo que nos da la directiva que traspone esta ley, pero le reiteramos nuestra sensación de que no hemos sido escuchados y de que estamos ante una ley que obvia a una parte de las víctimas, incompleta y equivocada en aspectos esenciales (D4, p. 38, Corcuera, GP. Socialista).

Otros argumentos inciden en que la falta de veto tiene que ver con la relevancia del objeto del Estatuto: los derechos de las víctimas, así como con cierto recelo político de que el disenso sea entendido socialmente como falta de sensibilidad e interés. Como concluye uno de los diputados en el debate final, se trata de un proyecto demasiado *sensible* y *humano* como para mostrar excesivas reticencias sin parecer, precisamente, *inhumano* por *insensible.*

> Es un proyecto sensible, y creo que muchos de los grupos, entre los cuales podemos estar nosotros, si no hubiese sido un proyecto de ley tan sensible, tan humano y tan cercano es probable que hubiéramos presentado algún veto, pero entendemos que no procede, por quienes estamos hablando y por no dar esa imagen ante ellos de no saber actuar con tacto y con cuidado (D3, p. 14340, Bildarritz, GP Vasco).

En cualquier caso, esa necesidad de que el texto sea más *sensible* que *político* (AB_1) se conecta con la percepción de la relevancia social de la norma. *Es algo tan trascendente, que no puede ser político.* Lo que, por cierto, además de su carácter falaz, trasluce una idea bastante pobre de lo que es o debería ser, en realidad, la política. En todo caso –y en ese punto el consenso carece de fisuras– el proyecto de ley, dado el importante papel social de las víctimas, se entendió casi unánimemente como trascendente (AB_6). Lo que generó el entusiasmo de algunos legisladores y la autoconciencia de la importancia de su papel:

> ¡Qué bonito es legislar en un proyecto de ley tan trascendente! (D1, p.3, Jané i Guasch, GP Catalán/Convergència i Unió).

5. ARGUMENTOS EN TORNO A LA INTERVENCIÓN DE LA VÍCTIMA EN LA FASE DE LA EJECUCIÓN DE LA PENA (ART. 13 LEVD)

Los puntos del articulado controvertidos del proyecto de ley no eran elementos accesorios, sino esenciales para la resignificación de las víctimas en el ordenamiento jurídico español que planteaba la norma en discusión. Especialmente se focalizaron en los arts. 13 y 35 de la LEVD.[26] Artículos que algunos de los parlamentarios no dudaron en considerar habían venido «a empañar este estatuto de la víctima sin ninguna justificación», siendo considerados como «innecesarios y excesivos» (D4, pp. 34-35, Llamazares, GP Izquierda Unida). El elemento que más pone en entredicho ese supuesto consenso al que nos venimos refiriendo en torno a la aprobación de la LEVD tiene que ver con la intervención directa de la víctima en la ejecución de la pena, que se preveía en el art. 13 del proyecto de ley. En ese sentido, la argumentación de la mayoría parlamentaria que defendía el proyecto de ley insistió en que el art. 13 constituía «la esencia» misma de la norma (D2, p. 7, Franco, GP Popular; D3, p. 14344, Vindel, GP Popu-

26 Por razones de espacio no vamos a incluir el análisis de las argumentaciones en torno al art. 35 LEVD, que plantea la obligación de reembolso de las ayudas y subvenciones recibidas en la condición de víctima en determinadas circunstancias. Valga apenas apuntar que las argumentaciones en relación con ese artículo giraron en torno al efecto inhibidor de la denuncia que podía tener la medida en la redacción dada por el pre-legislador y que incluyen interesantes reflexiones acerca de la situación sobre todo de las mujeres víctimas de violencia de género y de las popularmente conocidas como "denuncias falsas".

lar). En coherencia con esa defensa nuclear, cualquier enmienda al mismo desvirtuaría por completo el Estatuto.

Como adelantábamos más arriba, los grupos parlamentarios más críticos con la medida, a pesar de destacar como esa falta de acuerdo se limitaba esencialmente a este punto, intentaron subrayar, en contraste con otros desacuerdos menores que generaba el proyecto de ley relacionados con aspectos más técnicos o administrativos, el carácter marcadamente político de las desavenencias en torno al art. 13.

> Por lo tanto, yo creo que este es un tema importante, grave, el único tema en el que, desde mi punto de vista, política y profundamente, estamos en desacuerdo (D3, p. 14328, Saura, GP Entesa pel Progrés/Iniciativa per Catalunya-Els Verds).

Pero el desacuerdo, aunque limitado a este punto y otras consideraciones puntuales, resultó, ciertamente, "político" y "profundo". Se advertía que la intervención victimal en la ejecución se alineaba con una visión de la victimidad más conservadora, defendida por alguna de las asociaciones de víctimas. Algún diputado consideró que este artículo otorgaba medidas «exorbitantes» a las víctimas en la ejecución de la pena, «sin equivalente en el derecho comparado europeo» (D4, p. 32, Esteban, GP Vasco). Incluso otra senadora no dudó en calificar la participación de la víctima en la ejecución de la sentencia como un «atropello» (D2, p. 6, Marra, GP Socialista).

A pesar de esa retórica, más o menos encendida, lo cierto es que incluso los diputados pertenecientes a los grupos más críticos con este aspecto de la LEVD muestran, también en este punto, que asumen al menos en parte el marco del pensamiento del sufrimiento como base para legitimación política de la participación de las víctimas, aunque con límites y no en fase de ejecución.

> La intervención de la víctima en el proceso hasta la sentencia ha de proporcionarle todo el protagonismo que merecen el daño y el dolor sufridos, sin duda (D4, p. 34, Llamazares, GP Izquierda Plural).

Estos argumentos de fondo muestran como la discusión específica parlamentaria respecto del art. 13 reflejó con claridad el punto de partida de los debates que ya hemos analizado. Ahora nos centraremos en un análisis más pormenorizado de a partir de los tipos de justificaciones utilizadas, ya que este aspecto del debate es el que generó una argumentación más sofisticada en la que se pueden encontrar ejemplos de todos los niveles de justificación (*vid.* Fig. 2).[27]

Desde el punto de vista de las posiciones fijadas, las divergencias en torno al art. 13, como identificó Renart (2015, pp. 13 ss.) en su análisis del proceso parlamentario de aprobación de la LEVD, cristalizaron en los siguientes posicionamientos:

— *Posición A* defendida por la mayoría parlamentaria del Grupo Popular que defendía el mantenimiento del precepto en la redacción dada en el Proyecto de Ley.
— *Posición B*, postura mantenida por el Grupo Socialista con cierto apoyo del GP de Unión Progreso y Democracia (UPyD),[28] que abogaban por su modificación.
— *Posición C*, sostenida por el mayor número de grupos parlamentarios, si bien no constituyendo la mayoría parlamentaria, que solicitaban la supresión del artículo.

En este sentido, los argumentos en contra (B, C) de la posición defendida por la mayoría parlamentaria (A), a pesar de las conexiones y derivaciones con otros argumentos presentes en la discusión, pueden sintetizarse en dos líneas principales:

1) El art. 13 debe eliminarse (o modificarse la redacción propuesta), porque resulta contario al fin de rehabilitación de la pena.
2) El art. 13 debe eliminarse (o modificarse la redacción propuesta), porque pone en cuestión el monopolio del *ius puniendi* del Estado.

---

27 De nuevo de manera sintética, la Figura 2 (página siguiente) refleja las diferentes posturas presentes en los debates en relación con el art. 13. Una confrontación directa (una razón explícitamente replica a otra) se indica con una flecha, que señala también la dirección de la réplica y, en el caso de las flechas dobles, la reiteración y realimentación de los argumentos contrapuestos; mientras que las líneas acabadas en punto indican conexión entre razones. Finalmente, los niveles de justificación aparecen a la derecha del cuadro.

28 La postura del Grupo Parlamentario de Unión Progreso y Democracia acaba por ser ambivalente ya que parece por un lado sugerir la modificación de la norma, en el sentido de dar mayor protagonismo al Ministerio Público y en línea con lo propuesto por el Grupo Socialista, y, por otro lado, restar importancia a la participación de la víctima en la ejecución de la sentencia.

Figura 2
Reconstrucción de las principales razones en la argumentación sobre las medidas de participación de la víctima en la fase de ejecución de la sentencia (art. 13 LEVD)

Fuente: elaboración propia a partir del análisis de las transcripciones parlamentarias.

Respecto a la primera cuestión, se esgrimieron argumentos que, aunque hemos clasificado en el nivel de las razones jurídicas y sistemáticas (J2), se conectan también con razones teleológicas (J4) y axiológicas (J5), ya que las normas que se refieren como contradictorias corresponden o bien a principios constitucionales, como el del fin rehabilitador de la pena recogido en el art. 25 CE (C_3); o, de forma genérica, a los principios inspiradores de la ley penitenciaria (B_3) que determinan el fin de las normas en ese ámbito de las políticas criminales. Estos argumentos se reflejan, por ejemplo, en intervenciones como las siguientes:

> (…) tal y como viene redactado el citado artículo 13 puede vulnerar –o vulnera a nuestro juicio– normativa vigente en materia penitenciaria y leyes tan importantes como, sin ir más lejos, la Ley Orgánica General

Penitenciaria, la cual introdujo un sistema de ejecución de la pena por el que se implantaba la individualización científica (D1, p. 9, Martín Peré, GP Socialista).

Este artículo deja para nosotros de ser válido porque rompe peligrosamente con algo que continuamente ponemos encima de la mesa en continuos debates: la resocialización o, dicho de otra manera, un derecho fundamental recogido en el artículo 25 de la Constitución española. Porque no olvidemos que el objeto de las penas es resocializador (D3, p. 14325, Bildarritz, GP Vasco).

El aspecto negativo es que en el texto se detectan defectos en nuestra opinión importantes que habría que subsanar y, sobre todo, lleva las cosas demasiado lejos –más lejos de lo que se debería– al dar entrada a la víctima en la ejecutoria e introducir en nuestro sistema de justicia penal un elemento que compromete la política penitenciaria diseñada funcionando en armonía con los principios y derechos constitucionales (D1, p. 4, Llamazares, GP Izquierda Plural).

Resulta interesante cómo no solo se alude de los principios constitucionales e inspiradores de la ley penitenciaria referidos a los condenados, sino que también se refieren principios relacionados con las víctimas (C_2).

(...) la totalidad del precepto es contrario al sistema actual de ejecución penal, así como el principio de atención integral a las víctimas como proceso recuperador y no revictimizador (D2, p.6, Rivadevall, GP Convergencia i Unió-Grupo Catalán).

La segunda línea está estrechamente relacionada con lo anterior y plantea que la regulación propuesta cuestiona el monopolio del *ius puniendi* por parte del Estado (C_4) y, en concreto, el monopolio estatal para la ejecución de las penas.

El artículo 13 crea instrumentos para condicionar lo que el preámbulo de la ley califica de monopolio estatal para la ejecución de las penas. Pues bien, ese monopolio estatal queda roto, a pesar de lo que diga el preámbulo, por el artículo 13 (...) (D4, p. 32, Esteban, GP Vasco).

Llama la atención cómo la respuesta por parte de la mayoría parlamentaria a una cuestión de indudable calado jurídico resulta bastante superficial: se limita a negar que la redacción del precepto ponga realmente en cuestión ese monopolio estatal, puesto que los intereses tanto de víctima, como victimario y Estado deben ponderarse en cada caso (A_3).

> No comparto que esto sea contrario al sistema de ejecución penal que existe en nuestro ordenamiento jurídico, a ese monopolio estatal sobre la ejecución de las penas. Creo que este precepto, con una normativa como digo novedosa, pondera los intereses de la víctima, los intereses del penado y los intereses públicos sin afectar a ese monopolio estatal sobre la ejecución de las penas y sin afectar tampoco a ese fin resocializador o reeducador (D3, p. 14336, Franco, GP Popular).

En este sentido, dada la complejidad de los asuntos tratados se percibe como recurso, desde todas las posturas, la asunción de la interpretación y argumentación realizada por otros organismos que se han pronunciado bien directamente sobre el proyecto de ley en los informes preceptivos o bien en otros momentos sobre aspectos relacionados con el mismo. Es el caso de los informes emitidos por el Consejo de Estado, Consejo Fiscal y el Consejo General del Poder Judicial, así como de las referencias a la jurisprudencia del Tribunal Constitucional.[29]

> El Consejo de Estado transpone *(sic.)* una sentencia del Tribunal Constitucional que dice lo siguiente: El Tribunal Constitucional afirma que la forma de cumplimiento de la pena, entre comillas, escapa al interés de quien fue acusador particular en la causa de la cual deriva la pena, en la medida en que el derecho a castigar lo ostenta en exclusiva el Estado y, por tanto, es a este, a través de los órganos competentes, a quien corresponde determinar cómo dicho castigo ha de cumplirse, siempre con respeto al principio de legalidad.(...) Tres cosas. Una, el Tribunal Constitucional viene a decir clarísimamente que esto no puede ser. Dos, el Consejo de Estado dice que esto afecta al principio de reinserción. Y, tres, ofrece la relación con la Fiscalía (D3, p. 14341GP, Saura, GP Entesa pel Progrés de Catalunuya – Iniciativa per Cataluya/Els verds).
>
> Señorías, el informe del Consejo Fiscal no solo no puso ninguna pega al artículo 13 de este anteproyecto, sino que señalaba expresamente que le merecía una valoración favorable. Incluso el Consejo Fiscal formuló alegaciones para ampliar el contenido del artículo 13 en el anteproyecto. Creo que eso pone de manifiesto cuál es la opinión de los fiscales en relación con esta posible intervención de las víctimas en la ejecución de las penas (D3, p. 14336, Franco, GP Popular).
>
> Es más, el informe del Consejo General acaba proponiendo la intervención, participación y audiencia de la víctima en la fase de ejecución de las penas al considerar que la opinión no vinculante de la víctima en relación

29 Para un análisis del contenido de estos informes mencionados *vid.* Renart (2015).

con la suspensión o sustitución de las penas privativas de libertad tiene una muy especial importancia (D3, p. 14344, Franco, GP Popular).

En otro orden de cosas, en los debates surgen dos argumentos que se conectan con la defensa de la no afectación al monopolio del Estado: por un lado, que la reforma tiene un alcance restringido ya que no se aplica sino a los delitos más graves (A_1); por otro lado, que la participación de la víctima es limitada ya que es voluntaria y, en cualquier caso, la decisión final sigue dependiendo del juez (A_4).

> La regulación de la intervención de la víctima en la fase de la ejecución de la pena –insisto, para delitos de especial gravedad– garantiza la confianza y la colaboración de las víctimas con la justicia penal, así como la observancia del principio de legalidad porque la decisión va a corresponder siempre, señorías, a la autoridad judicial, por lo que tampoco se ve afectada la reinserción del penado (D1, p. 12, Vindel, GP Popular).

Quienes defienden la retirada total del precepto (postura C), o incluso la enmienda parcial del mismo (postura B), cuestionan que, al poner en jaque el monopolio del *ius puniendi* del Estado y contradecir principios constitucionales que afectan a las políticas penitenciarias como el de la reinserción, no tiene parangón en el derecho europeo comparado (B_1).

> Entendemos que es un criterio diferente al utilizado en el derecho comparado de todo nuestro entorno; no conocemos ejemplo similar en ese sentido, y eso también nos llama la atención, porque nos parecería adecuado si lo que verdaderamente se pretende con la introducción de este artículo fuese que las víctimas tuviesen un real conocimiento y poder dar una opinión en el ámbito de la actuación de las instituciones que van a gestionar el cumplimiento de la sentencia (D3, p. 14325, Bildarritz, GP Vasco).

Este argumento se conecta además con otros que cabe clasificar también como insertos en las razones jurídicas y sistemáticas (J2) y que se centran en determinar si la propuesta contenida en el art. 13 excede el marco de la directiva que traspone (B_2) o bien se mantiene dentro del mismo, al ser esta una norma de mínimos (A_2).

> Entendemos cuestionable la inclusión de este artículo por dos razones principalmente: primero, porque es una regulación que no viene obligada por el desarrollo de ninguna normativa europea (…) (D3, p. 14325, Bildarritz, GP Vasco).

> También se ha señalado que es una medida que la directiva no obliga a tomar, pero es que la directiva es una norma de mínimos y, por supuesto, no obliga a tomarla. Lo que la directiva establece es el derecho de la víctima, su participación en el proceso penal (D3, p. 14336, Franco, GP Popular).

La participación de la víctima en la ejecución de la sentencia, en los términos previstos por el art. 13, genera una serie de argumentos –muy imbricados entre sí y rastreables a lo largo de todos los debates analizados aquí como una unidad– que podemos relacionar con razones de eficacia social (J3) y de efectividad o éxito (J4). Implican una proyección de los efectos sociales que se considera va a generar la medida. Parlamentarios/as que defienden la retirada completa de la medida alegan una serie de presumibles efectos sociales: entre ellos, la generación de cargas y expectativas inmoderadas en las víctimas (C_5) así como de miedo, alarma e indefensión (C_7). Lo que se relaciona con el argumento de que, al menos en la redacción del proyecto de ley, la medida iba a resultar ineficaz para las víctimas sin recursos por los costes judiciales (B_4).

> Esa confianza dignificada y pretendida por el pre-legislador pasa por atenderla, escucharla, informarla, protegerla y, en fin, acompañarla y apoyarla en el camino de la recuperación del equilibrio perdido a consecuencia del delito, no generar este tipo de distorsiones ni de expectativas (D4, p. 35, Llamazares, GP Izquierda plural).
>
> Entendemos que tal y como ha quedado ese artículo 13 es un error que puede generar alarmas innecesarias, potenciar la sensación de miedo e indefensión, así como sentimientos de venganza, a la vez que interfiere y perjudica los procesos y programas de reinserción y rehabilitación de las personas penadas (D4, p. 36, Jané i Guasch, GP Convergència i Unió).
>
> Es decir, este artículo va a ser completamente ineficaz para aquellas víctimas que no tengan recursos suficientes para poder contratar a un abogado que presente el recurso (D3, p. 14343, Marra, GP Socialista).

Precisamente, incardinadas en las razones instrumentales y teleológicas (J4) esgrimidas, destaca la idea de que la finalidad esencial de la norma era que las víctimas, como ellas mismas solicitan, fueran oídas (A_7). De hecho, en otros momentos del debate, parlamentarios de la mayoría aclaran quién realizaba esa demanda de participación directa en la fase de ejecución, planteada en términos de la necesidad de "dar voz" y presentando el sufrimiento padecido como el fundamento para la legitimación política de su pretensión.

> La Fundación de víctimas del terrorismo ha solicitado que las víctimas –como bien saben, personas a las que el delito cambió, incluso en la mayoría de los casos destrozó la vida– tengan voz y sean oídas (D3, p. 14344, Vindel, GP Popular).
>
> Ha sido una variable, ustedes lo saben, señorías, largamente demanda, muchas veces olvidada y que esta ley recoge para que nunca más pueda ocurrir. La Fundación Víctimas del Terrorismo ha solicitado que las víctimas, personas a las que el delito cambió su vida, tengan voz y sean oídas (D4, p. 40, Quintanilla, GP Popular).

Frente a los efectos sociales negativos esgrimidos, en un sentido más concreto, la mayoría parlamentaria insiste en que la finalidad de la medida es mejorar la protección y seguridad de las víctimas (A_8), así como su confianza y participación en la justicia (A_9).

> (...) y que se ha incluido con un objetivo fundamental, que es mejorar la protección y la seguridad de las víctimas, así como su confianza y su colaboración con la justicia. (...) y nosotros consideramos que se debe ampliar esa participación en la ejecución de las penas en función de los fines que he señalado de mejorar y reforzar la protección de la víctima y su confianza en el sistema penal (D3, p. 14336, Franco, GP Popular).

Este último argumento contrasta con un contraargumento, que podemos identificar como una razón lingüística (J1) y que planteaba que la distinción entre información y participación de la víctima en la ejecución no estaba bien delimitada en la redacción propuesta (C_1).

> Lo que pasa es que aquí nos encontramos con un umbral complejo, en donde no se sabe muy bien dónde acaba la posibilidad de obtener conocimiento y manifestar opinión con relación a la actuación de las instituciones que gestionan la legislación penitenciaria y dónde acaba la legitimación de las víctimas para condicionar, para de alguna forma determinar esta aplicación de los requerimientos de la legislación penitenciaria (D1, p. 6, Olabarría, GP Vasco).

Pero, sin duda, el argumento más contestado en relación con los posibles efectos sociales y consecuencias negativas de la medida (J4), probablemente por la carga emocional que conlleva, plantea que una previsión legal de este tipo fomenta la venganza (C_7). Se trata de una discusión seminal porque, como es bien sabido, la visión de derecho penal como una forma de evitar la venganza privada constituye uno de los pilares en el que asienta el edificio de las políticas criminales democráticas.

La respuesta por parte de la mayoría resulta también, en este punto de la discusión, muy emocionalizada: la víctima ideal que parece ser el sujeto del Estatuto no puede ser vengativa y, en consecuencia, la medida en discusión no fomentaría lo que no está en la naturaleza de las víctimas (A_6), quienes, además, a través de sus asociaciones (especialmente las de víctimas del terrorismo) han demandado ser oídas (A_5). Lo que nos parece una manifestación evidente de ese populismo penal que Renart (2015) percibe en la génesis de la ley.[30]

> Víctimas hay de muchos tipos y de muchas condiciones; ahora, yo no conozco ninguna, de ningún tipo ni de ninguna condición particular, que haya buscado venganza; no conozco ninguna, y conozco muchas. No conozco a ninguna víctima que haya buscado venganza, que haya propiciado venganza con su actuación, que la haya buscado, que se haya organizado para vengarse, ni individual ni colectivamente, y por tanto no tengo ese temor (D1, p. 9, Díez, GP UPyD).[31]
>
> De verdad, señoría, me parece patética la justificación de la venganza. Me parece tener en muy baja consideración a la víctima (D1, p. 12, De Micheo, GP Popular).
>
> Ha sido una variable, ustedes lo saben, señorías, largamente demanda, muchas veces olvidada y que esta ley recoge para que nunca más pueda ocurrir. La Fundación Víctimas del Terrorismo ha solicitado que las víctimas, personas a las que el delito cambió su vida, tengan voz y sean oídas (D4, p. 40, Quintanilla, GP Popular).

Y, como se pregunta una de las Diputadas de la mayoría parlamentaria en el debate en la Comisión de Justicia del Congreso de los Diputados,

> ¿Quién puede negar a la víctima que dé su opinión? ¿Quién puede temer que la víctima sea oída? ¿Cuál es el problema? (D1, p. 12, De Micheo, GP Popular).

Frente a la idealización de la víctima, desde el rechazo al artículo (postura C) se hace referencia a la natural parcialidad de la misma (C_9) que

30 Para Renart (2015, p. 6), la regulación de esta intervención victimal en la ejecución que regula el art. 13 de la LEVD «no se sustenta en otra escarpia que no sea el emotivismo penal, el populismo y la servidumbre a las exigencias del lobby de las asociaciones de víctimas, en general, y del terrorismo en particular». Con respecto al populismo penal, cfr. el Cap. 10 de este volumen.

31 Este argumento escondería una falacia por generalización abusiva. *Como las victimas que yo conozco no son vengativas, ninguna víctima lo es.* No obstante, también el argumento de que las víctimas no pueden ser imparciales (B7) puede interpretarse en el mismo sentido.

se podría limitar, según los partidarios de la enmienda parcial (postura B) con la intervención a través del Ministerio Fiscal (B_7).

> Además, señorías, convertir a las víctimas en eje de la política penitenciaria es un error ético, pues o es exigirles una imparcialidad y una objetividad imposibles para ellas (D4, p. 38, Corcuera, GP Socialista).
>
> En consecuencia, nosotros entendemos que la mejor fórmula consistiría en que fuera el Ministerio Fiscal quien realizase una audiencia a las víctimas para escuchar sus alegaciones y que en última instancia sea el fiscal quien decida si formula o no los recursos ante la resolución judicial correspondiente. Entendemos que esa es la fórmula más coherente con lo que ha venido siendo la normativa en materia penitenciaria desde la restauración de la democracia en nuestro país y que, en consecuencia, no vulnera ninguna de las normas ni principios que, recordemos, establecen garantías y derechos para todos los ciudadanos (D4, p. 38, Corcuera, GP Socialista).

Tal vez por lo excepcional de su redacción, incluso los diputados que se muestran favorables a la inclusión del art. 13 en los términos previstos parecen ser conscientes de la radicalidad de la solución legislativa que propone y de la dificultad que plantea a la hora de ponderar dos derechos en conflicto.

> Se ha dicho aquí –y con razón– que hay que combinar dos derechos igualmente respetables: el derecho a la reinserción de los victimarios y el derecho de las víctimas a que se haga justicia, a la reparación (D1, p. 8, Díez, UPyD).

Y aunque pocos argumentos hacen explícita esa dicotomía, es aquí donde la discusión se enriquece y muestra la profundidad del desacuerdo y las complejas implicaciones ideológicas y políticas relacionadas con la dificultad de articular los derechos de las víctimas y las garantías de los victimarios (B_6). Esa necesidad (y, al tiempo, la dificultad) de compaginar estos dos elementos de forma que no se anulen entre ellos subyace en la mayoría de los argumentos analizados y está en el centro del análisis de racionalidad de la norma en cuestión.

Los representantes de la mayoría parlamentaria conservadora plantean, al entender la LEVD como una norma convertida en la piedra de toque de una defensa maximalista de los derechos de las víctimas, que estos se colocarían *de facto* incluso por encima del interés general (A_{10}).

> También debemos tener en cuenta (...) que la defensa del interés general no puede cercenar nunca el derecho fundamental de la víctima a poner

> en valor la defensa de su interés como víctima. Es aquí donde está –vuelvo a repetir– la esencia de este estatuto (D1, p. 12, De Micheo, GP Popular).

La defensa del interés general corresponde al Ministerio Fiscal, con lo cual se intro-duce en este punto la discusión sobre su papel. Especialmente desde las posiciones que proponían enmendar el artículo en el sentido de vehicular la participación de la víctima a través del Ministerio Fiscal (postura B) para lo que sería preciso reparar la falta de medios del ministerio público (B5), lo que choca con la previsión de disponibilidad presupuestaria que recogía el proyecto de ley y se mantuvo en la norma finalmente aprobada al indicar que las implementación de las medidas previstas en la ley no podrán suponer incremento de dotaciones de personal, ni de retribuciones ni de otros gastos de personal (disposición adicional segunda LEVD).

> Además, creemos que puede haber la intencionalidad con este artículo 13 en su formulación de que se pretenda reparar lo que en definitiva puede ser uno de los problemas hoy en día en materia de ejecución penitenciaria, y es que el ministerio fiscal muy probablemente por una falta de medios no pueda acometer la función prevista en la normativa que lo habilita para ello. (...) Si se trata de una cuestión de medios materiales entendemos que se debe efectuar la dotación correspondiente al ministerio fiscal para que pueda ejercer mejor su función. Pero creemos que desde el momento en el que incluso en esta propia ley se condiciona su ejecutividad a la disponibilidad presupuestaria que haya sobre la misma efectivamente nos encontramos ante un grave problema (D1, p. 10, Martín Peré, GP Socialista).

Desde posiciones que plantean la retirada total del artículo, este implica una privatización encubierta del Ministerio Fiscal (C_8) lo que conecta con la alegación de ruptura del monopolio del estado en la ejecución de las sentencias (C_4)

> Una cosa es el derecho a estar informado de absolutamente todos los pasos que se den por parte de la justicia y del ministerio correspondiente –y eso debería quedar perfectamente reflejado en la ley–, y otra cosa es que pueda condicionar las decisiones tomadas por la justicia hasta el punto de instar al ministerio fiscal a adoptar medidas o reglas de conducta que las propias víctimas consideran necesarias para garantizar su seguridad, llegando casi a privatizar las funciones de la fiscalía (D4, p. 32, Esteban, GP Vasco).

La conexión de ese nivel teleológico con el nivel axiológico se plantea en forma de defensa de los fines de retribución y prevención de la pena por parte de la mayoría parlamentaria (A_{11})

> (...) [el fin resocializador] que tienen las penas en nuestro ordenamiento que, además, no es el único fin. Les recuerdo que también tiene otros fines, como el de retribución o prevención general (D3, p.14336, Franco, GP Popular).

Estos argumentos se conectan con los puramente ideológicos que denuncian que alterar el proyecto es desoír y olvidar a las víctimas (A_{12}, A_{13}). Cualquier enmienda, incluso las referidas al controvertido art. 13, implicaría olvido o menosprecio de las mismas. Así se trasluce de la afirmación de una diputada de la mayoría parlamentaria, quien se refería a la intervención de las víctimas en la ejecución como

> (...) una variable largamente demandada, muchas veces olvidada, y que, por lo que se ve, se pretende infravalorar una vez más y, señorías, el Grupo Popular no quiere que esto siga ocurriendo (D3, p. 14344, Vindel, GP Popular).

6. A MODO DE CONCLUSIONES: ACUERDOS Y DESACUERDOS EN TORNO A LAS VÍCTIMAS

La reconstrucción de los debates parlamentarios que precedieron a la aprobación de la LEVD pone de manifiesto la posición ambigua y paradójica que las víctimas ocupan en la sociedad española actual. Al tiempo que, por un lado, se las venera (a algunas de ellas, al menos), por otro lado, se les pone fácilmente en cuestión y se les considera como plausible objeto de manipulación política. Se califican a menudo por algunos sectores como un elemento perturbador del *buen y clásico derecho liberal* que vendría a subvertir el garantismo con sus peticiones siempre insatisfechas de reconocimiento. Mientras que otros sectores, en cambio, plantean su participación en las políticas criminales como una *deuda moral* y pretenden que, una vez asumido que el sufrimiento legitima políticamente, se produzca un reconocimiento maximalista de sus derechos. Durante demasiado tiempo las víctimas han sido el *convidado de piedra* de las políticas criminales y del sistema de justicia en particular, quedando reducidas apenas al papel ancilar de testigos de los hechos y poco más. Pero las víctimas, como incluso se oyó afirmar en sede parlamentaria en estas deliberaciones, «han llegado para quedarse».[32]

32 D1, p. 4, Llamazares, GP Izquierda Plural.

Los debates analizados, dada la relevancia social de su objeto y el papel de las víctimas en las sociedades actuales, pudieran suponerse *a priori* como pacíficos. Todavía con más razón teniendo en cuenta que la LEVD se deriva de un proceso de armonización a nivel de la Unión Europea que culmina con la transposición de la *Directiva UE 2012/29.* No obstante, el proyecto de ley presentado iba más allá de la directiva comunitaria en aspectos como la intervención de las víctimas en la ejecución de la sentencia, proponiendo una regulación realmente novedosa y, por lo tanto, controvertida. Lo que, como no podía ser de otra forma, sacó a relucir las posturas divergentes, entre otras cosas, en torno a cómo afecta esta propuesta al valor resocializador de la pena o si pone en cuestión el monopolio estatal del *ius puniendi.* La ideología, como una mancha de humedad que la capa de pintura del pretendido consenso no logra disimular del todo, reapareció en los debates con fuerza.

Ello contrasta con los intentos, con una base argumentativa bastante dudosa –sobre todo por parte de la mayoría parlamentaria, pero asumidos en parte por otros grupos– de colocar las cuestiones que afectan a la víctima en un espacio más allá de la política. En mi opinión, no se consiguió del todo. A pesar de que fueron empleados en la defensa de las diferentes posiciones argumentos falaces y recursos retóricos (especialmente la *emocionalización*), es posible recomponer una argumentación que acaba mostrándose más rica y compleja, política y jurídicamente, de lo que pueda parecer a simple vista. Y que, además, refleja bastante fielmente la paradójica posición de la víctima en relación con el sistema de justicia, lo que constituye uno de los objetos privilegiados de estudio por parte de la victimología.

Algunos aspectos relevantes de esta argumentación tienen que ver, como hemos visto, con la importancia de la ponderación entre las garantías de los victimarios y los derechos de las víctimas, o el papel del Ministerio Fiscal como garante de sus derechos: también con la necesidad de mantener el fin resocializador de la pena y con que la asunción de que *dar voz a las víctimas* no debe implicar abrazar un carácter retributivo de esa misma pena. En los debates analizados se echa tal vez de menos una argumentación más profunda sobre las necesidades de las víctimas, la articulación de políticas de apoyo o el impulso de la justicia restaurativa en España, por ejemplo. Aunque tiene cierta lógica que la discusión se centre inevitablemente en los elementos en los que la ley se aleja más de la directiva europea que transpone.

También me parece relevante destacar como algunos de los argumentos analizados (a favor y en contra de las diferentes posturas) se imbrican con los informes preceptivos emitidos por otros organismos estatales e incluso con referencias a la jurisprudencia constitucional. Lo que indica la importancia de los análisis *legisprudenciales* para entender el proceso deliberativo no como una cuestión de burda política partidista y de argumentos simplistas, sino también con un cierto nivel de sofisticación técnico jurídica.

El análisis de las *buenas y malas razones* en torno a la aprobación de la LEVD (y específicamente algunos puntos concretos de la misma como el art. 13) muestra, por un lado, la viabilidad e interés de esta metodología; por otro lado, en este caso concreto, nos indica igualmente que los acuerdos y desacuerdos en torno a la norma en los debates son, mucho más de lo que pudiera parecer desde una visión *a priori* desencantada en torno al valor de la vida parlamentaria, un fiel reflejo de las contradicciones y desafíos que implica el retorno de las víctimas al centro de las políticas criminales.

REFERENCIAS

Atienza M (1997) Contribución a una teoría de la legislación. Civitas, Madrid.

Atienza M (2019) Un modelo de análisis de la argumentación legislativa. En: Oliver Lalana AD (ed) *La legislación en serio. Estudios sobre derecho y legisprudencia.* Tirant lo Blanch, Valencia, 163-186.

Beristian Ipiña A (2010) *Victimología. Nueve palabras clave.* Tirant lo Blanch, Valencia.

Beristian Ipiña A (2004) *Protagonismo de las víctimas de hoy y mañana (Evolución en el campo jurídico penal, prisional y ético).* Tirant lo Blanch, Valencia.

Beristian Ipiña A (2010) *La dignidad de las macrovíctimas transforma la Justicia y la convivencia. (In tenebris, lux).* Dykinson, Madrid.

Caravaca Llamas C (2011) Política Social y asistencia a las víctimas de delitos en España. *Contribuciones a las Ciencias Sociales,* marzo 2011 [www.eumed.net/rev/cccss/11].

Cerezo Domínguez AI (2010) *El protagonismo de las víctimas en la elaboración de las leyes penales.* Tirant lo Blanch, Valencia.

CIS (2008) *Memoria de la guerra civil y del franquismo,* estudio 2760, p. 1-46 [https://www.cis.es/cis/export/sites/default/-Archivos/Marginales/2760_2779/2760/Es2760.pdf].

De Hoyos Sancho M (2014) Reflexiones sobre la Directiva 32012/29/UE por la que se establecen normas mínimas sobre los derechos, el apoyo y la protección de las víctimas de delitos y su transposición al ordenamiento español. *Revista General de Derecho Procesal* 34: 1-53.

Duggan M (2018) From and beyond Christie´s ideal victim. Revisiting the 'Ideal Victim': Developments in critical victimology. Bristol. Policy Press [doi: 10.2307/j.ctv301ds5.25].

Echeburúa E, Cruz-Saez MS (2015) De ser víctimas a dejar de serlo: un largo proceso. *Revista de victimología online* 1: 83-96 [http://www.huygens.es/journals/index.php/revista-de-victimologia/article/view/9]

Fassin D (2012) *Humanitarian reason.* University of California Press, Berkeley.

Fernández Fernández MI (2017) Protección y tutela de las víctimas en el proceso penal. En: Echano JI (dir) *Modificaciones sustantivas en Derecho penal y el Estatuto de la víctima* (Cuadernos Penales José María Lidón 13). Deusto, Bilbao (1ª ed.), 177-200.

García Rodríguez MJ (2016) El nuevo estatuto de las víctimas del delito en el proceso penal según la directiva europea 2012/29/UE de 25 de octubre, y su transposición al ordenamiento jurídico español. *Revista electrónica de ciencia penal y criminología* 18/24. [http://criminet.ugr.es/recpc/18/recpc18-24.pdf].

Garland D (2005) *La cultura del control. Crimen y orden social en la sociedad contemporánea* (trad: de Sozzo M). Gedisa, Barcelona (1ª ed.).

Gracia Ibáñez J (2014) En nombre de la víctima. Representación social de las víctimas, victimología y deriva punitivista. En: Calvo García M, Arlettaz F, Gracia Ibáñez J (eds) *Derecho y Sociedad. Reflexiones sobre Sociología Jurídica, Filosofía del Derecho y Derechos Humanos.* Universidad de Zaragoza, Zaragoza, 138-160. [http://www.unizar.es/sociologia_juridica/DerechoySociedad2014.pdf].

Gracia J, Saavedra R (2017) O apóio às vítimas de crime: Justiça e Política da Compaixão. En: *Estudos commorativos dos 20 anos da FDUP.* Almedina, Coimbra, 729-758.

Herrera Moreno M (2014) ¿Quién teme a la victimidad? El debate identitario en victimología. *Revista de Derecho Penal y Criminología* (3ª Época) 12: 343-404.

Karmen A (2010) *Crime victims. An introduction to victimology.* Wadsworth, Belmont.

Mate RM (2008) *Justicia de las víctimas: terrorismo, memoria y reconciliación.* Anthropos, Madrid.

Mendelsohn B (1956) Une nouvelle branche de la science bio-psycho-sociale: la victimologie. *Revue Internationale de Criminologie et de Police Technique* 10: 95-109.

Messuti A (2012) Nueve variaciones sobre temas de Antonio Beristain. *Eguzkilore Cuaderno del Instituto Vasco de Criminología* 26/12: 107-116.

Nascimento RS (2018) Teoria da Legislação e argumentação legislativa: a contribuição de Manuel Atienza. *Teoria Jurídica Contemporânea* 3/2: 157-198.

Neves S, Fávero M (2010) A vitimologia e os seus percursos históricos, teóricos e epistemológicos. En: Neves S, Fávero M (coords) *Vitimologia: Ciência e ativismo.* Almedina, Coimbra, 13-41.

Oliver Lalana D (2014) Normas y razones: un estudio sobre argumentación legislativa. En: Grández P, Morales F (eds) Arg*umentación jurídica en el estado constitucional.* Palestra, Lima, 491-528.

Pemberton A, Eva Mulder E, Aarten PGM (2019), Stories of injustice: Towards a narrative victimology. *European Journal of Criminology* 16/4: 391-412 [https://doi.org/10.1177/1477370818770843].

Renart Garcia F (2015) Del olvido a la sacralización: la intervención de la víctima en la fase de ejecución de la pena. *Revista electrónica de ciencia penal y criminología* 17/14: 1-68 [http://criminet.ugr.es/recpc/17/recpc17-14.pdf].

Tamarit Sumalla JM (2006) La Victimología: cuestiones conceptuales o metodológicas. En: Baca E, Echeburúa E, Tamarit JM, *Manual de Victimología.* Tirant lo Blanch, Valencia, 17-50.

Tamarit Sumalla JM (2013) Paradojas y patologías en la construcción social, política y jurídica de la victimidad. *InDret. Revista para el análisis del Derecho* 1: http://www.indret.com/ pdf/940.pdf, p.1-31.

Tamarit Sumalla JM (2014) Memoria histórica y justicia transicional en España: el tiempo como actor de la justicia penal. *Anuario Interamericano de Derecho Internacional Penal* 2/1: 43-65.

Tamarit Sumalla JM (2017) Una lectura victimológica del Estatuto jurídico de las víctimas. En: Echano JI (ed) *Modificaciones sustantivas en Derecho penal y el Estatuto de la víctima* (Cuadernos Penales José María Lidón 13). Deusto, Bilbao (1ª ed.), 115-138.

Velez Rodríguez LA, Guzmán Díaz CA (2015) Víctima del delito y racionalidad legislativa penal. *InDret,* 1: 1-31 [https://indret.com/victima-del-delito-y-racionalidad-legislativa-penal].

Walklate S (2016) The metamorphosis of the victim of crime. *International Journal for Crime, Justice and Social Democracy* 5/4: 4-16 [doi: 10.5204/ijcjsd.v5i4.280].

Walklate S et al. (2018) Victim stories and victim policy: Is there a case for a narrative victimology? *Crime Media Culture* 15/2: 1-17 [doi: 10.1177/1741659018760105].

Capítulo 5
EXPULSAR, DISCUTIR Y ECHAR VALORES FUERA
Análisis del debate legislativo sobre las «devoluciones en caliente» (DF 1ª de la Ley Orgánica 4/2015 de protección de la seguridad ciudadana)

Daniel Jiménez Franco

Resumen – Este capítulo analiza el debate sobre la disposición final primera de la *Ley Orgánica 4/2015 de protección de la seguridad ciudadana*, que modificó la legislación de extranjería con respecto a las llamadas «devoluciones en caliente» en las fronteras de Ceuta y Melilla. La insuficiencia de las razones aducidas en defensa del contenido de esta disposición adicional presenta un serio obstáculo para considerar que el debate parlamentario constituye una fuente de justificación legislativa desde un punto de vista legisprudencial. De hecho, el debate parlamentario se revela más bien como una fuente de *injustificación* de la ley. Esta tesis puede sustentarse adoptando un enfoque –material y discursivo– más amplio que el de la legisprudencia: antes de atender a la justificación-racionalización de una determinada decisión normativa, conviene revisar sus condiciones de posibilidad y los planos de eficacia de las normas en concurso, para poder así afrontar una pregunta que, en este tipo de escenarios de legislación, resulta clave: ¿en qué medida el proceso de producción legislativa aborda, justifica, corrige o reproduce las brechas existentes entre la letra de la ley y su puesta en práctica (léase *entre sus fines declarados y sus fines latentes*)? Los factores contextuales del discurso –desde la dimensión geopolítica al plano espectacular-mediático–, el oficio o la liturgia institucional compartida por los actores, los regímenes de veridicción en que dicho discurso funciona, la naturaleza del poder que pone en circulación, la dualidad legal-moral compartida (o no) por las intervenciones y su permanente diálogo con la realidad comunicativa son algunas de las piezas cuya relevancia justifica esa ampliación de nuestro enfoque. Se diría que en el centro del problema legislativo encontramos un empobrecimiento dialéctico y una polarización vacía, a su vez funcionales a la cobertura legal de prácticas ilegales y, por ende, a la reproducción de unas políticas más basadas en el racismo de estado que en cualquier noción de eficacia garantista.

1. REGULANDO LA EXPULSIÓN (INTRODUCCIÓN)

¿Puede el debate parlamentario considerarse una fuente de justificación de las leyes? ¿Cómo analizar y evaluar la argumentación legislativa de nuestros/as representantes?[1] En el caso que ocupa este capítulo, cuyo objeto es el debate sobre la disposición final primera de la *Ley Orgánica 4/2015, de 30 de marzo, de protección de la seguridad ciudadana* –que adiciona una disposición adicional décima a la *Ley Orgánica 4/2000 sobre derechos y libertades de los extranjeros en España y su integración social*–, el propio debate en torno a la citada disposición plantea más problemas que argumentos para dar una respuesta categórica a ambas cuestiones. Como veremos en las páginas que siguen, ni siquiera resultará fácil distinguir entre el punto inicial y el resultado final del proceso legislativo.[2] Las razones expuestas en el debate alimentan la sospecha de que tal fuente de justificación no siempre resultaría *necesaria*, y de ahí un tercer interrogante: ¿en qué medida el proceso legislativo aborda, corrige, justifica, reproduce o amplía la brecha existente entre la letra y la eficacia de la ley?

Dicho en términos propios de un enfoque más amplio, ¿qué hay de la relación entre los fines declarados de una norma y los fines latentes del dispositivo que esta integra? Los fines declarados remiten al objeto en discusión. Los latentes corresponden a unas expulsiones sumarias practi-

1 Esas son las dos preguntas que constituyen los respectivos ejes del proyecto *Análisis, evaluación y visualización de argumentaciones legislativas* [RTI2018-095843-B-I00, financiado por MCIN/AEI/10.13039/501100011033 y por FEDER - Una manera de hacer Europa], en cuyo marco se inscribe este trabajo.

2 El principal cambio entre las versiones inicial y definitiva de la disposición consistirá en añadir a los puntos 2 y 3 del texto una suerte de "sello garantista" a modo de *certificado Human Rights friendly*, similar al *Eco-friendly* de las políticas de Responsabilidad Social Corporativa.

cadas desde hace casi dos décadas, en todas las legislaturas, antes y después de la discusión y la aprobación de ese texto. En el ámbito que aquí nos atañe, el *problema político-legislativo* traduce la distribución de fuerzas del arco parlamentario a la letra de la ley; y, en no pocas ocasiones, el debate se instala en una suerte de polarización teatralizada[3] poco compatible con la construcción dialógica de ese "discurso legisprudencial colectivo" (cfr. Oliver-Lalana 2014, p. 492-93) que pretendemos analizar. *La brecha* crece.

Ocurre además que la radical incompatibilidad entre el Derecho Internacional Humanitario y la política de la Unión Europea en materia de fronteras exteriores no aparece en el debate para visibilizar el síntoma de un serio problema legal y político, sino como un marco incuestionable y respetado por unanimidad. La frontera constituye un verdadero "dispositivo epistemológico" (Mezzadra y Neilson 2013, p. 35) que será tomado como referencia en este análisis por tres razones. En primer lugar, porque toda retórica securitaria que se presente como "democrática" incluirá la promesa formal de tutelar con eficacia las garantías de los individuos o grupos destinatarios. En segundo lugar, porque la ausencia real de esa tutela nos obliga a revisar la validez de cualquier invocación garantista e interpretar sus justificaciones desde la "distinción sujeto-objeto" *(ibid.)* activada por el *dispositivo frontera.* Por último, porque los individuos o grupos señalados por la retórica securitaria también mantienen su estatus de objeto en la retórica crítica que comparte el resto de grupos parlamentarios. Son, en todo caso, esos *otros-no-ciudadanos* a los que se refiere el texto de una disposición que modifica la L.O. 4/2000 "de extranjería" pero se inserta en la reforma de la L.O. 4/2015 de seguridad *ciudadana.*

La naturaleza de ese poder –activado por la dualidad legal-moral que las distintas posiciones del debate parlamentario comparten– justifica, entiendo, el enfoque adoptado en este capítulo. Se diría, por ejemplo, que el debate avanza a costa de la banalización de un sinnúmero de alusiones al humanitarismo y a los derechos humanos, y de ahí la última de las preguntas recién planteadas. Al fin y al cabo, «la norma no quiere que un hombre», o *una institución* –podemos añadir–, «se comporte de un modo determinado, sino sólo que *deba* comportarse de un modo determinado» (Agamben 2013, p. 188), pero el marco de este análisis no puede ser otro que el de los efectos reales del dispositivo securitario que contiene a la

3 Dos análisis complejos acerca del papel de los medios de comunicación social en este escenario en Paredes (2019) y Varona (2011).

norma –que no son otros que los directamente relacionados con una producción sistémica de condiciones de muerte.

Si la tradición legal del liberalismo presume de establecer una serie de garantías dedicadas a reforzar la legitimidad del estado limitando su poder punitivo, la norma supra-legal del neoliberalismo lleva varias décadas poniendo en evidencia esa presunción. En el campo específico de la política migratoria, la observancia (constitucional) de los derechos fundamentales deviene incompatible con un «marco de la preordenación del conjunto del sistema de control migratorio hacia la eficiencia y la organización gerencial» (Brandariz y Fernández-Bessa 2017, p. 138). Dicho de otro modo: la vulneración de la normativa internacional en materia de derechos humanos no es un obstáculo sino un elemento constitutivo de la *gestión eficiente* de las fronteras contemporáneas –esos «dispositivos esenciales para la articulación de los flujos demográficos globales» (Mezzadra y Neilson 2013, p. 21) y de los cuerpos que pretenden traspasarlas. Aunque volveremos a este punto en el último epígrafe, conviene reflexionar sobre qué definición de *eficiencia* manejan los legisladores en este contexto.

El texto original propuesto por la enmienda núm. 191 para añadir una disposición adicional a la *L.O. 4/2000, de 11 de enero, sobre derechos y libertades de los extranjeros en España y su integración social* era el siguiente:

> *Disposición adicional décima. Régimen especial de Ceuta y Melilla.*
>
> Los extranjeros que sean detectados en la línea fronteriza de la demarcación territorial de Ceuta o Melilla, intentando el cruce no autorizado de la frontera de forma clandestina, flagrante o violenta, serán rechazados a fin de impedir su entrada ilegal en España.[4]

Y acabó aprobado como disposición final primera:

> *Disposición adicional décima. Régimen especial de Ceuta y Melilla.*
>
> 1. Los extranjeros que sean detectados en la línea fronteriza de la demarcación territorial de Ceuta o Melilla mientras intentan superar los elementos de contención fronterizos para cruzar irregularmente la frontera podrán ser rechazados a fin de impedir su entrada ilegal en España.[5]

Más ese "sello garantista" al que hace alusión la segunda nota a pie (ver *supra*):

4 BOCG, núm. 105-2, X Legislatura, 4/11/2014, pp. 114-15.

5 BOCG, núm. 77, X Legislatura, 31/5/2015, pp. 27242-43.

2. En todo caso, el rechazo se realizará respetando la normativa internacional de derechos humanos y de protección internacional de la que España es parte.

3. Las solicitudes de protección internacional se formalizarán en los lugares habilitados al *efecto en los pasos fronterizos y se tramitarán conforme a lo establecido en la normativa en materia de protección internacional.»*

En consecuencia, el texto consolidado de la L.O. 4/2000 incluye el siguiente anexo a la disposición modificada (énfasis añadido):

> Téngase en cuenta que se declara que *esta disposición es conforme a la Constitución*, en la redacción dada por la disposición final 1.1 de la Ley Orgánica 4/2015, de 30 de marzo, *siempre que se interprete tal y como se ha indicado en el FJ 8 C), de la Sentencia del TC 172/2020, de 19 de noviembre* (...), concretado en los siguientes puntos:
>
> a) Aplicación a las entradas individualizadas.
>
> b) Pleno control judicial.
>
> c) Cumplimiento de las obligaciones internacionales.
>
> Asimismo, se declara que *esta disposición es conforme a la Constitución, siempre que se interprete tal y como se ha indicado en el fundamento jurídico 2e), por la Sentencia del TC 13/2021*, de 28 de enero.

2. SEIS AÑOS DESPUÉS. VENECIA, ESTRASBURGO, LA BRECHA Y EL NUDO

Seis años después de la promulgación de la L.O. 4/2015, la Comisión de Venecia[6] publicaba el informe resultante de su Sesión Plenaria núm. 126. Las claves legales abordadas en ese informe, así como las brechas que las separan de la realidad cotidiana en (y *junto a*) las ciudades norteafricanas de Ceuta y Melilla, nos sirven un esquema de la controversia generada por la disposición final incorporada en la enmienda 191. Más adelante, siguiendo el transcurso del debate legislativo, volveremos a esos aspectos para intentar examinar su coherencia argumentativa.[7]

6 La Comisión Europea para la Democracia por el Derecho es un órgano consultivo del Consejo de Europa formado por expertos en Derecho Constitucional que celebra sus sesiones con carácter trimestral en la ciudad italiana de Venecia durante los meses de marzo, julio, octubre y diciembre.

7 Examinar, en otras palabras, «qué relaciones hay entre los niveles de justificación y qué papel juegan en la legislación los criterios de legislación racional (...), cómo se relacionan»

El informe de la Comisión de Venecia (en adelante, CV) responde al Comité de Seguimiento de la Asamblea Parlamentaria del Consejo de Europa, cuya carta de 9 de octubre de 2015 solicitaba dictamen (CV, CDL-REF 2021, 021) sobre la *Ley Orgánica 4/2015, de protección de la seguridad ciudadana* que sustituyó a la anterior *L.O. 1/1992.* La CV señala que el Tribunal Constitucional español, en la STC 172/2020 de 19 de noviembre, consideró constitucional la disposición adicional décima sobre el rechazo en la frontera de los extranjeros que intentan cruzar ilegalmente las fronteras en Ceuta y Melilla siempre que «se aplique a las entradas individuales», permita revisión y respete las obligaciones internacionales de España (CV 2021, p. 5).

Junto al reconocimiento de ese *sello garantista* estampado por la sentencia del TC, el informe recoge también las denuncias de numerosas organizaciones: «la disposición adicional 10 ha regularizado una práctica de rechazo en la frontera que ya era común desde hace muchos años.[8] No hay datos oficiales sobre expulsiones sumarias, ya que para las autoridades españolas estos "rechazos" ocurren fuera del territorio español y no dan lugar a ningún trámite administrativo. Dada la forma en que se ejecutan esos rechazos, no es posible un trato individualizado de los posibles solicitantes de asilo» (CV 2021, p. 20). Por lo que tienen de cotidiano y sistemático, los hechos denunciados chocan frontalmente con el marco legal planteado por la STC y reproducido por el informe solicitado desde el Consejo de Europa. No obstante, como recoge la CV, el TC español razona que «los extranjeros, incluso los que se encuentran en situación irregular en el territorio español, no pierden todos sus derechos fundamentales» porque «el derecho de asilo no es un derecho fundamental, aunque está reconocido en la legislación española» (CV 2021, p. 20). En términos coloquiales: el TC *enmendó la plana* al legislador cerrando la discusión en falso –tarea

entre sí «la eficacia social y los fines políticos (...), la técnica jurídica y la corrección moral, la precisión y claridad lingüística [y] el logro de los objetivos» de la ley (Oliver-Lalana 2014, p. 494-95).

8 En ambas ciudades, las fronteras entre España y Marruecos se encuentran delimitadas por una valla construida en 1998. «Desde ese mismo año se han repetido los intentos de ciudadanos subsaharianos de saltar esas vallas para acceder a España. La respuesta aportada por España, cuando los migrantes eran interceptados en el dispositivo fronterizo, es su entrega inmediata a las autoridades de Marruecos sin identificar a los migrantes detenidos y sin instruir ningún tipo de procedimiento que individualice las circunstancias personales de cada uno de ellos» (Sánchez 2018, p. 102). Cfr. *Acuerdo entre el Reino de España y el Reino de Marruecos relativo a la circulación de personas, el tránsito y la readmisión de extranjeros entrados ilegalmente.* https://www.boe.es/eli/es/ai/1992/02/13/(1)

que no figura entre las atribuidas a dicha institución por el ordenamiento jurídico español– y la CV redactó una lista de justificaciones espurias. En un nudo difícil de desatar, la coherencia formal del texto de la ley lleva años topándose con una tozuda realidad que niega a dicho texto toda posibilidad de realización práctica.

Los extranjeros gozan del derecho a la protección jurídica, tienen derecho a una audiencia contradictoria de sus casos, pueden disfrutar de asistencia jurídica gratuita y un intérprete, pueden presentar comunicaciones y apelaciones. Al rechazar a los extranjeros en la frontera, las autoridades españolas ejercen jurisdicción sobre ellos, por lo que se aplican todas las disposiciones de la legislación sobre extranjería.[9] En efecto, el rechazo en frontera es una medida coercitiva que no se rige por las reglas del procedimiento administrativo, pero los extranjeros pueden interponer recurso contra tales acciones ante los tribunales. Además, al proceder al "rechazo en frontera" las fuerzas policiales siempre están obligadas a respetar la dignidad de los extranjeros y las obligaciones internacionales de España (CV 2021, p. 20-21).

La mención a las conclusiones de la Gran Sala del Tribunal Europeo de Derechos Humanos al respecto del caso *N.D. y N.T. vs. España* (2020) aprieta ese nudo. Según la CV, dicha sentencia establece que los rechazos masivos sin decisiones individuales de expulsión no son contrarios al art. 4 del Protocolo núm. 4 de la Convención (prohibición de la expulsión colectiva) y que «tales rechazos masivos eran legítimos porque fueron provocados por la conducta culpable de los extranjeros que intentaban cruzar la frontera (aprovechándose de su gran número y haciendo uso de la fuerza) y siempre que hubiera un acceso genuino y efectivo a los medios de entrada legal» (CV 2021, p. 21). El primer problema radica en que el acceso aludido no es genuino ni efectivo (Defensor del Pueblo 2015, 2016; García y Boza 2020), así que la presunta solución culpabiliza a los denunciantes y sienta un nefasto precedente negacionista.[10] La STEDH (sala 3ª) de 3 de

9 *LO 4/2000 de Derechos y Libertades de los Extranjeros en España y su Integración Social*, cuyo reglamento se desarrolla en el Real Decreto 557/2011.

10 Stanley Cohen (2001, cap.1, cfr. Forero 2019) distinguió varias "formas elementales" de negación, según el contenido del hecho negado, como fenómeno que justifica la impunidad, la amnesia y el olvido: la *literal* rechaza el hecho en sí; la *interpretativa* no rechaza el hecho acontecido, pero formula una reinterpretación; la *implicativa* no rechaza ni reinterpreta el hecho sino sus efectos. La lectura de tales efectos depende en gran medida de que la responsabilidad por los hechos recaiga sobre un individuo, un grupo o el estado –en el caso que nos ocupa: *un funcionario, una institución o el estado*–. La negación también puede ser «individual, personal,

octubre de 2017 ahora corregida por la Gran Sala había condenado por unanimidad a España por la vulneración de los arts. 4 (prohibición de expulsiones colectivas) y 13 (derecho a un recurso efectivo) del Protocolo de la Convención Europea de Derechos Humanos (Sánchez 2018, p. 102).

La CV también reconoce que «España se encuentra en una situación difícil. Como cualquier Estado soberano, tiene el derecho innegable de proteger sus fronteras de las entradas ilegales. Además, debido a su situación geográfica, tiene la obligación ante sus socios de la Unión Europea de vigilar las fronteras exteriores del espacio Schengen» (CV 2021, p. 21). La cuestión a resolver aquí vuelve a ser la incompatibilidad entre ese *deber* y el derecho internacional de los derechos humanos. «El TC en su sentencia de 19 de noviembre de 2020, como el TEDH en el caso *N.D. y N.T. vs. España*, reconoció esta tensión y trató de encontrar un equilibrio adecuado entre las obligaciones contrapuestas de España según su propia Constitución y el derecho internacional» (*ibid.*). Así, por mucho que la Sala Tercera del TEDH hubiese puesto de manifiesto que dicha práctica representa «una intolerable vía de hecho respecto de personas en situación de especial vulnerabilidad, contraria a las más elementales garantías propias de los estados democráticos respetuosos con estándares mínimos de los derechos humanos» (Sánchez 2018, p. 115), el nudo sigue ahí y la brecha entre lo dicho por la ley y lo hecho por el estado se amplía.

El falso dilema entre "seguridad y derechos" (Bernuz 2014, p. 33 ss.) se manifiesta aquí, con la misma falsedad, como *responsabilidad de proteger las fronteras vs. necesidad de formalizar por escrito el respeto formal a la vida de las personas.* Por un lado, tales prácticas «han sido reiteradas tanto en presencia como en ausencia de esa concreta regulación» (Sánchez 2018, p. 115). Por otro lado, como mostrará el análisis del debate legislativo, las intervenciones a favor de la disposición en sede parlamentaria siguen insistiendo en «negar la ilegalidad de estas prácticas, reiterando que cuentan con el aval de la Unión Europea y que esta situación ha sido subsanada con la introducción en el derecho español del rechazo en frontera y la apertura de las oficinas de asilo en Ceuta y Melilla. De hecho, con posterioridad a esa sentencia se han dado a conocer por la prensa nuevas devoluciones sumarias» (*ibid.*). En esa misma línea, para la CV, tanto el juicio del TC como el de la Gran Sala del TEDH «parten del supuesto de que existen otras garantías esenciales (examen individual efectivo de las solicitudes de

psicológica y privada, o compartida, social, colectiva y organizada». En otros términos: puede ser «personal, oficial o cultural» (Cohen 2001, p. 9).

asilo en "puntos de entrada" especialmente asignados, revisión judicial de las denegaciones, atención especial a los extranjeros de categorías vulnerables, etc.), suposiciones que pueden ser demasiado optimistas y resultar erróneas en las circunstancias de los casos individuales» (CV 2021, p. 21). Aquí *demasiado optimista* significa *palmariamente falso.*

La rúbrica que precede a las conclusiones del informe resulta igualmente relevante, pues en ella se subraya que la CV no tiene el encargo de analizar todo el cuerpo de la legislación española, no puede examinar la situación *de facto* de los migrantes en Marruecos ni tampoco las circunstancias de quienes deciden penetrar en territorio español por puntos de entrada no oficiales. «El TC se encontraba en la misma situación, lo que explica el enfoque que ha adoptado» (CV 2021, p. 21). A ello añade que el legislador español «se encuentra en una posición diferente: puede mirar este problema a "vista de pájaro" y comprobar si el sistema de tramitación de las solicitudes de asilo funciona de manera eficiente y garantiza el derecho a un trato individualizado» (*id.*, p. 22). ¿El debate parlamentario confirma el conocimiento del legislador español? Si el verdadero problema consiste en la efectiva habilitación material de recursos para la garantía de tales derechos, ¿sabe el legislador español –ese *sujeto colectivo*– cuál es el presunto objeto central de su tarea?

En cuanto a la disposición adicional 10, se puede desarrollar más a fin de implementar algunas de las recomendaciones dadas por el TC. Lo más importante es que la Ley debe especificar que el rechazo en la frontera no es una *obligación* sino una *posibilidad*, y que los agentes de policía que interceptan a los migrantes en la valla fronteriza pueden proceder de otra manera si, dadas las circunstancias, ven que esos extranjeros específicos tienen razones convincentes para no utilizar los puntos de entrada habituales para los solicitantes de asilo. Algunas orientaciones sobre las situaciones en las que se debe tomar tal decisión (en particular con referencia a las categorías vulnerables de posibles solicitantes de asilo, entre otros criterios relevantes) pueden desarrollarse a nivel sublegislativo. Además, el legislador puede revisar la legislación sobre el funcionamiento de los puntos de entrada oficiales y sobre la revisión judicial de las denegaciones de concesión de asilo para asegurarse de que brindan una alternativa viable al cruce ilegal de fronteras y ofrecen oportunidades razonables de tratamiento individualizado de solicitudes de asilo (CV 2021, p. 22).

Según datos de la Guardia Civil, miles de *devoluciones en caliente* han sido ejecutadas desde 2014 sin practicar identificación y sin incoar procedimiento de expulsión (GADEM et al. 2015, p. 39; cfr. Sánchez 2018, p. 132). Asimismo, entre miles de solicitudes de asilo formalizadas en Melilla desde ese mismo año, solo dos (en 2016) constan como presentadas por personas procedentes del África subsahariana –según respuesta parlamentaria del Gobierno de 29 de marzo de 2017–, y «en la práctica no se aceptan peticiones de asilo en el consulado español en Nador» (*ibid.*). El *Informe 2014* del Defensor del Pueblo destacaba, con relación a la Ciudad de Melilla, que

> la no aceptación, ya en mayo de 2014, por parte del Ministro del Interior de las dos Recomendaciones formuladas por esta institución en noviembre de 2013, de las que se dio cuenta en el pasado informe anual.[11] Como se ha indicado, ninguna de las dos Recomendaciones fue aceptada. Durante el año 2014 se han iniciado nuevas actuaciones de oficio y tras la recepción de quejas con alegaciones de devoluciones realizadas en el perímetro fronterizo sin seguir el procedimiento establecido en la legislación de extranjería (DP 2015, p. 200-201).

En las conclusiones del informe de la CV leemos que «si una norma estatutaria conduce a abusos en la práctica, esta norma debe ser modificada, circunscrita o acompañada de salvaguardias adicionales, aunque en teoría sea constitucionalmente aceptable» (CV 2021, p. 22). En referencia al actual proyecto de ley de modificación de la LO 4/2015, la CV «anima al legislador» a evaluar profunda y regularmente la puesta en práctica de la Ley y el impacto de su «potencial represivo» sobre los derechos humanos, a adoptar reglamentos detallados «que reflejen la jurisprudencia constitucional reciente y sirvan de guía a la policía en su trabajo diario», y a fortalecer el mecanismo de seguimiento interno dentro de la propia policía, que ayudaría a identificar patrones de uso de los poderes policiales, detectar abusos (como verificaciones de identidad arbitrarias, elaboración de perfiles discriminatorios, etc.), facilitar el seguimiento interno o posterior, la inspección externa a las fuerzas policiales y, en última instancia, permitir al Parlamento analizar la práctica del uso de poderes coercitivos y modificar la legislación en consecuencia. También puede ser necesario reforzar los mecanismos existentes de revisión judicial de la acción policial y hacerlos más eficientes y accesibles (CV, p. 22-23).

11 La primera recomendación solicitaba retirar la concertina del vallado exterior del perímetro fronterizo y sustituirla por un mecanismo no cortante que dificultase el salto de las vallas. La segunda apuntaba la necesidad de impartir instrucciones a la Dirección General de la Guardia Civil para poner a las personas migrantes a disposición del Cuerpo Nacional de Policía, de modo que se incoase el oportuno expediente administrativo previsto en la legislación de extranjería.

Seis años después de la aprobación de la ley, una disposición adicional décima declarada "condicionalmente constitucional", con altas dosis de ambigüedad útil en materia de *law enforcement* e inseguridad jurídica para quienes migran en situación de extrema desprotección, habilita a las fuerzas de seguridad para practicar el «rechazo en frontera» valorando en qué circunstancias «un extranjero tiene razones convincentes para no utilizar los procedimientos ordinarios de solicitud de asilo» (CV, p. 23-24).

Así pues, si tenemos en cuenta la terminología empleada habitualmente en materia de derechos humanos por las diversas instancias internacionales, las conclusiones del informe de la CV son más que preocupantes. El debate se agota en su propio marco: *securitarismo vs. nuda vida*; *impunidad vs. intemperie*; *sujeto vs. objeto*… como hipótesis jurídico-política de una violencia estructural en permanente expansión.[12] Más que una forma de negación, lo que parece imponerse es un proceso de racionalización y normalización que filtra los tres niveles descritos por Cohen y, como trataré de discutir más tarde, se plasma en el abanico de argumentos expuestos sobre la disposición final primera. Las siguientes páginas se dedican a analizar los debates que dieron lugar a la promulgación de la L.O. 4/2015 y, con ella, a la citada disposición, para comprender cuál fue la aportación del proceso legislativo al contenido de la norma y a las condiciones de su puesta en práctica.

3. SEIS AÑOS ANTES. LA LITURGIA LEGISLATIVA. EXPULSAR Y DISCUTIR

> El creyente no se arrodilla porque cree; cree porque se arrodilla (Manuel Delgado).
>
> Justo en el momento en que pretende dar lecciones de democracia a culturas y tradiciones diversas, la cultura política de Occidente no se da cuenta de que ha perdido por completo su canon (Agamben 2004, p. 32).

Desde el envío del Anteproyecto por el Ministerio de Interior al Consejo de Ministros en noviembre de 2013, el texto recibió numerosas críticas de parte de organizaciones de defensa de derechos humanos e ins-

12 Según Caminando Fronteras (2022), 4404 personas murieron en las rutas migratorias hacia España (el doble que en 2020) en el año más mortífero de la serie histórica desde que existen registros. La cifra multiplica por 3,5 la estimación realizada por la Organización Internacional para las Migraciones. La mayor parte de las muertes se localiza en la ruta canaria.

tituciones supranacionales. Aunque la polémica generada en torno a la legalización de las *devoluciones en caliente* fue una de las más intensas, la virulencia de la oposición contrastará en las tres siguientes legislaturas con la procrastinación de quienes habían repetido la promesa de la "derogar" la ley.[13]

A continuación expondré los resultados del análisis de los sucesivos debates en ambas cámaras del poder legislativo español durante el proceso transcurrido entre 2012 y 2015, que finalizó con la aprobación de la L.O. 4/2015 y, con ella, de su *disposición final primera.* El análisis no sigue ninguna división sistemática entre las fases de la discusión o las actitudes de cada interviniente. Las alusiones a tales aspectos serán meramente contextuales o ilustrativas de dos factores que sí resultan esenciales para el enfoque adoptado: el tipo de cuestiones planteadas y las razones aducidas a favor o en contra de la aprobación del texto una vez incorporado por el Grupo Parlamentario Popular en forma de enmienda[14] al proyecto aprobado en Consejo de Ministros. La Figura 1 (página siguiente) ilustra la frecuencia de las razones que se adujeron en los debates, organizadas por niveles de justificación o racionalidad legislativa, y muestra también la sobreabundancia de elementos retóricos (vinculados, sobre todo, al nivel axiológico).[15]

13 En el momento de redactar este epígrafe (17/10/2021), el presidente del gobierno volvía a anunciar la derogación de la L.O. 4/2015 (la llamada *Ley Mordaza*) durante la clausura del congreso del PSOE. En la moción de censura que le llevó a la presidencia en 2018, Sánchez habló de una "urgente reforma" de la ley. En diciembre de 2019, PSOE y Unidas Podemos pactaron una "sustitución" del texto legal sin mención explícita a la disposición final. En julio de 2020, la *Ley Mordaza* cumplió cinco años registrando su máximo histórico de sanciones. En febrero de 2021, el Congreso impulsaba una reforma (y no derogación) tras dos intentos frustrados. En septiembre de 2022, la citada "reforma" todavía no había producido cambio alguno en la materia que ocupa el presente capítulo.

14 Enmienda núm. 191 (BOCG, X Legislatura, 4/11/2014, núm. 105-2, pp. 114-115).

15 Véase el Cap. 1 del presente volumen y, para una consideración más formal y rigurosa de los "niveles de racionalidad" en el caso de la L.O. 4/2015, ver Atienza (2019, pp. 173-181). El examen que hago aquí de la dimensión lingüístico-comunicativa de la justificación legislativa se centra en los aspectos retóricos y en los abusos del lenguaje presentes en las deliberaciones parlamentarias. Sobre la influencia de los estereotipos y prejuicios que influyen «en los legisladores de todas las ideologías», ver Paredes (2018).

Figura 1
Frecuencia de razones según niveles de justificación y de elementos retóricos

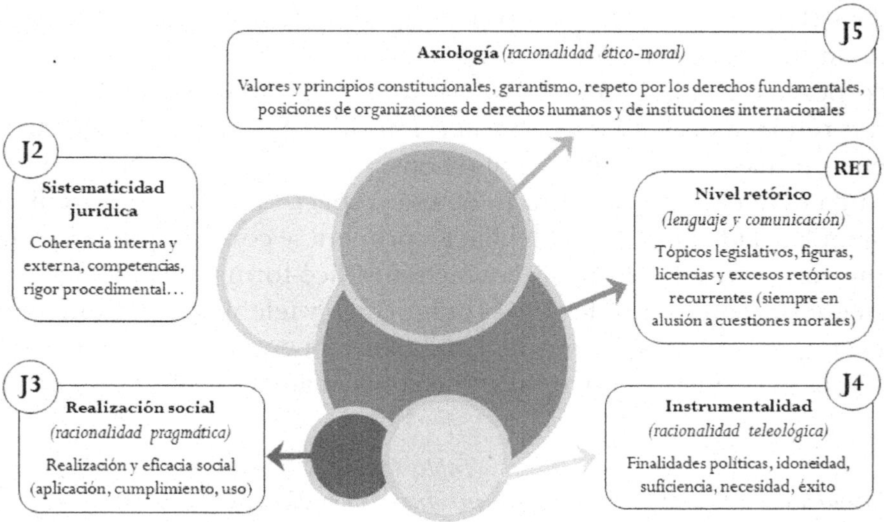

El debate de totalidad sobre el proyecto (D1) tuvo lugar en el Congreso de los Diputados el jueves 16 de octubre de 2014.[16] En su presentación, el ministro de Interior, Jorge Fernández Díaz, justificó la propuesta aludiendo al mandato «políticamente vinculante» del Congreso al Gobierno planteado por la moción consecuencia de una interpelación del Grupo Parlamentario Catalán (Convergència i Unió) el 26 de julio de 2012,[17] que entre otras cosas instaba al Gobierno a promover la modificación de la *L.O. 1/1992 sobre Protección de la Seguridad Ciudadana* (D1, p. 24, Fernández Díaz). La enmienda núm. 191 sería registrada pocas semanas después con la siguiente justificación:

> La enmienda persigue incorporar en la Ley Orgánica 4/2000 (...) sobre derechos y libertades de los extranjeros en España y su integración social, una previsión que responda a la singularidad geográfica y fronteriza que concurren en las ciudades de Ceuta y Melilla. La singularidad de ambas Ciudades queda ejemplificada (...) por el hecho de que constituyan las únicas fronteras terrestres de la Unión Europea en territorio africano y cuenten con un especial tratamiento en el ordenamiento jurídico comunitario. Es preciso,

16 Las referencias completas de este y de los demás debates se indican al final del capítulo.
17 *Moción consecuencia de interpelación urgente sobre las medidas que tiene previsto adoptar el Gobierno y el Ministerio del Interior para reforzar la seguridad ciudadana ante los problemas de la multirreincidencia y la violencia callejera* (173). BOGC, Serie D, 6/7/2012, núm. 124, pp. 15-16.

por lo tanto, reflejar expresamente dicha singularidad geográfica, fronteriza y de seguridad de Ceuta y Melilla (BOCG 4/11/2014, núm. 105-2, p. 115).

Dos claves enunciadas en esos tres párrafos dan contexto a buena parte de los argumentos repetidos durante el proceso legislativo. La primera es la "incorporación" a la L.O. 4/2000 (*de extranjería*) de una modificación mediante reforma en materia de protección de la Seguridad Ciudadana con efectos en materia procedimental o constitucional, entre muchos otros. La segunda es el enfoque securitario de ese «especial tratamiento» dedicado a la «singularidad» de Ceuta y Melilla. La primera se corresponde mayoritariamente con los niveles 2 y 5 (sistemático/jurídico-formal y axiológico-moral) y la segunda, con los niveles 3 y 4 (pragmático y teleológico). Como apunté en el epígrafe anterior, la muy teorizada tensión entre seguridad y derechos humanos es el puente conceptual que conecta ambas claves (ver Fig. 1).

Tabla 1

Enmienda núm. 191: argumentos jurídico-sistemáticos (J2) y axiológicos (J5)[18]

J2/J5 – A favor de la Enmienda 191

Argumento	Número de apariciones
Mejora la ley anterior	6
Durante el proceso se han introducido cambios sustanciales y la praxis legislativa ha sido correcta	2
Equilibra garantías y seguridad	3
Se ha mantenido diálogo y colaboración con instituciones internacionales, y la propuesta está avalada por organismos estatales	3
Suma a favor	14

J2/J5 – En contra de la Enmienda 191

Argumento	Número de apariciones
Es anticonstitucional. Viola el derecho internacional de los derechos humanos. Es retrógrada, empeora el marco legal previo	46
La praxis legislativa ha sido incorrecta, se han vulnerado los procedimientos debidos y la jerarquía normativa para imponer una regulación de materia ajena	18
Institucionaliza una ilegalidad, legaliza una infracción penal	15
Ignora lo declarado por instituciones internacionales, entidades de defensa de los derechos humanos, así como informes preceptivos y consultivos de órganos estatales	13
Suma en contra	92

18 El nivel de justificación jurídico-formal o sistemático (J2) abarca cuestiones de coherencia y consistencia (interna y externa) de la ley, competencias, rigor procedimental, etc. En el nivel axiológico o ético-moral (J5) se discute de valores y principios constitucionales o ético-morales, garantismo, respeto de los derechos fundamentales, posiciones de las organizaciones de derechos humanos o de instituciones internacionales.

La Tabla 1 y la Tabla 2 registran el número de veces que aparece cada argumento al respecto de la enmienda núm. 191 en los niveles agrupados según el diagrama de la Figura 1. A continuación, el contenido de ambas tablas se cruzará con la dimensión retórica asociada al (ab)uso (ideológico) del lenguaje por parte de los parlamentarios (Tabla 3), para exponer los resultados de un debate cuya cadencia tiende a desviar el foco del objeto central de la discusión: ¿regularizar una práctica ilegal, asegurar el derecho de asilo, proteger las fronteras, garantizar el derecho a migrar... o una *eficiente* combinación de todo lo anterior? ¿Eficiente para quién? ¿Para qué? En todo caso, el objeto del estudio que aquí se presenta sigue siendo uno: *la 'verdad' (re)producida en el discurso parlamentario y el efecto real de dicho discurso.*

Tabla 2

Enmienda núm. 191: argumentos de realización social (J3) e instrumentalidad (J4)[19]

J3/J4 – A favor de la Enmienda 191

Argumento	Número de apariciones
Es necesaria	2
Da respuesta adecuada a un problema urgente y grave	1
Las acciones garantistas del gobierno van más allá de lo necesario	2
Suma a favor	5

J3/J4 – En contra de la Enmienda 191

Argumento	Número de apariciones
Es innecesaria, injustificada e injustificable. Ausencia de demanda social	5
Opta por securitarismo y prioriza la represión sobre la política social, redefiniendo el concepto de "seguridad ciudadana"	3
Es inapropiada e ineficaz. Genera problemas políticos y desafección ciudadana. Gran rechazo social	8
Suma en contra	16

Frente a la posición favorable de una mayoría absoluta con 153 votos en el Senado y 185 en el Congreso, la crítica *humanitarista*[20] (eje *legal-moral*) prioriza los niveles axiológico y sistemático (J5/J2) sobre la eficacia social y el éxito de la medida (J3/J4), y tiende a endurecer sus intervenciones conforme avanza el proceso legislativo. Desde la incorporación de la enmienda en 2014 hasta la aprobación de la L.O. 4/2015, la posición de los grupos intervinientes no varía.

19 El nivel de justificación vinculado a la realización social (J2) cubre cuestiones de eficacia (cumplimiento, aplicación y uso) de la medida legislativa. El nivel instrumental o teleológico (J4) abarca cuestiones de idoneidad, suficiencia, necesidad, impacto y efectividad o éxito previsible de la medida.

20 En alusión a esa lógica que Arendt (1964, p. 120) definió como «el mayor eufemismo» del siglo XX.

La deseable dinámica dialógica se reduce a una mera disputa entre monólogos en la práctica totalidad del debate: *securitarismo democrático vs. humanitarismo retórico.* El uso de tópicos legislativos, símiles, metáforas, hipérboles u otras licencias refiere en su mayor parte a cuestiones axiológico-morales, pero el énfasis de las alusiones a la ausencia de necesidad, el rechazo social o la presumida ineficacia de la disposición crece en cada sesión. Las bondades de la norma son expuestas por el grupo proponente –sobre el texto y sobre sí mismo– en términos de *equilibrio y responsabilidad securitaria*, con recursos retóricos que aportan poco a la dialéctica y parecen más dedicados a interrumpir, sabotear y desviar el debate a favor del impacto mediático. Los tres siguientes apartados ilustran todas esas claves sobre las intervenciones de ambas posiciones.

Tabla 3

Enmienda núm. 191: recursos retóricos y (ab)uso parlamentario del lenguaje

Retórica a favor de la Enmienda 191	Retórica en contra de la Enmienda 191
Firmeza en el compromiso	Ley ilegal
Rigor jurídico para un proceso legislativo impecable	Recitado de listas de organizaciones de derechos humanos e instituciones supranacionales
Respeto, diálogo y toma en cuenta de voces expertas.	Juicios de valor y reproches por excesos verbales; acusaciones de autoritarismo, fines represivos, trampas conceptuales, motivaciones ideológicas o intereses políticos espurios (discusiones cada vez más acaloradas)
Patriotismo securitario y responsabilidad defensista	Alertas sobre posibles consecuencias de la ley
Gesticulación, tópicos, digresiones, giros coloquiales y automatismos retóricos	Sobreactuación, tópicos, metáforas, reproches, lugares comunes, ridiculización y *lapsus* inerciales
Equilibrio virtuosamente consumado entre derechos humanos y "otros intereses"	Compromiso para recurrir la norma ante el Tribunal Constitucional y/o derogarla

3.1. Compromiso, rigor, respeto… y rodillo parlamentario

> La mayor violencia la ejerce quien decidiendo qué es la violencia pretende obligarnos a que nos definamos en relación a ella (López Petit 2014, 206).

Buena parte de las razones expuestas a favor de la disposición final afirman, con tono categórico pero escaso desarrollo, una mejora incuestionable en todos los puntos críticos señalados por la oposición. El peso principal de tales razones recae en las alusiones a las Fuerzas y Cuerpos de Seguridad del Estado y sus condiciones de trabajo.

> Vamos a proteger mejor –esta no es una cuestión menor– a los más vulnerables y muy especialmente a los menores (D2, p. 16-17, Escobar, GP Popular).
>
> Nos asiste la razón y hacemos nuestro el principal compromiso con el más importante de los principios, y ese principio es el de la libertad [...]. Un compromiso vanguardista, un compromiso histórico en la democracia española [...] Conseguimos más seguridad jurídica, más claridad, más apoyo a quienes protegen nuestras fronteras, a la GC y la PN (D3, p. 84-87, Escobar, GP Popular).

Ese peso se ve reforzado por la posición del principal grupo de oposición, que combina su obligada crítica con reiteradas muestras de "preocupación".

> Nuestra preocupación es que las fuerzas de seguridad, que trabajan en dificilísimas condiciones en esa zona, tengan la seguridad jurídica suficiente para poder centrarse en su labor, que ya es suficientemente complicada, sin tener que estar pendientes de si tendrán una querella (D6, p. 67, Sánchez Amor, GP Socialista).

A los argumentos a favor se añade la inmodesta atribución del rigor jurídico necesario para un proceso legislativo impecable, aunque el desarrollo de tales argumentos sigue ausente.

> *Es exquisita,* es prudente*; es lo que España necesitaba* (D3, p. 84-87, Escobar, GP Popular).
>
> *Hemos dado* cumplida *respuesta* (D5, p. 14072-76, Aznar, GP Popular).

Las réplicas en contra se reparten en dos frentes principales: uno (mayoritario) invoca el ordenamiento legal vigente (estatal e internacional) y el otro denuncia un abuso de la mayoría parlamentaria (absoluta) por parte del grupo en el gobierno.

> En ningún caso da seguridad jurídica a las actuaciones de la Guardia Civil. Las únicas actuaciones que puede emprender la Guardia Civil al amparo de la Ley de Extranjería y del Reglamento de Extranjería son: conducir inmediatamente a las personas que se encuentran en la frontera o en las inmediaciones de la frontera a las comisarías de la Policía Nacional, identificarlos y permitirles que puedan recurrir contra su inmediata expulsión. Ese es el procedimiento de expulsión que regula la ley. Cualquier

otra interpretación que usted desde su ministerio intente amparar en este texto legal estará incumpliendo los tratados internacionales y la legislación firmada por España (D6, p. 66-67, Sixto, GP Izquierda Plural).

Desde luego no asiste al grupo mayoritario, al Grupo Parlamentario Popular, la fuerza de la razón; sí, más bien, la fuerza de la mayoría absoluta que hoy convierten en mayoría absolutista (D6, p. 53-54, Barkos, GP Mixto).

En relación con lo anterior, una crítica repetida en bloque por el resto de grupos parlamentarios se basa en la larga lista de declaraciones e informes emitidos al respecto por distintas organizaciones defensoras de derechos e instituciones internacionales (ver Secc. 3.3 *infra*).

Han conseguido ser con esta ley no sé si el asombro del mundo, pero sí desde luego el de todas aquellas organizaciones internacionales que se dedican a la defensa de los derechos humanos (D6, p. 53-54, Barkos, GP Mixto).

Ante las reiteradas alusiones a esa lista de voces expertas e instituciones internacionales que ha criticado la disposición, las intervenciones a favor se muestran respetuosas, dispuestas al diálogo y consideradas con sus aportaciones.

El gobierno va a crear una oficina de asilo y de protección en la frontera. [...] Apenas el 1% de inmigrantes que llegan a la frontera solicitan asilo. Pese a todo vamos a poner esa oficina (D3, p. 84-87, Escobar, GP Popular).

Hemos hablado con todo tipo de asociaciones [...]. Yo no sé lo que le dirán a usted, sé lo que me dicen a mí, que me he reunido con el ministerio y con todas ellas, no una, sino varias veces, y sé el grado de satisfacción que hay (D4, p. 9, Aznar, GP Popular).

Hemos hablado con todas las organizaciones que pueden aportar a esta cuestión. [...] se va a seguir hablando con Acnur hasta que haya definitivamente un protocolo, una forma de actuación, para que no solo se plasme en el texto de la ley como queda hoy día, diciendo que cualquier rechazo se hará de acuerdo con las normas internacionales y la protección de los derechos humanos (D5, p. 14072-76, Aznar, GP Popular).

No falta, junto a ellas, la dosis parlamentaria esperable de gesticulación, tópicos, argumentos vacíos, giros coloquiales, automatismos retóricos, acusaciones de oportunismo e hipocresía –"y tú más", "lecciones, las justas"...–, ofensas directas, digresiones, incluso ciertos deslices del inconsciente político:

se ha hecho un muy considerable esfuerzo *parlamentario, y me sumo a las felicitaciones a la letrada, que pacientemente ha tenido que glosar e incorporar los trabajos de las cuatro sesiones de ponencia* (D2, p. 16-17, Escobar, GP Popular).

Porque una cosa es predicar *y otra dar trigo* (D3, p.84-87, Escobar, GP Popular).

Lecciones de humanidad las justas. *Es más, lecciones de humanidad les diría que ninguna* (D2, p. 84-87, Escobar, GP Popular).

Señor Olabarría, ¿qué dijo el alcalde de Sestao, del PNV, hablando de la inmigración, por poner un ejemplo? (D3, p. 84-87, Escobar, GP Popular).

[...] otros estamentos *del Estado de derecho por los que también ha pasado el proyecto de ley* (D4, p. 6, Aznar, GP Popular) [énfasis añadido].

En un ejemplo ilustrativo de lo recién expuesto, los tres turnos del GP Popular durante la cuarta sesión analizada (D5, Senado) se suceden como sigue: la primera consiste en replicar a los diferentes portavoces con un despliegue de alusiones directas, a menudo ofensivas, que evita responder al contenido de sus intervenciones.

Ustedes están citando permanentemente al Relator de la ONU, que me merece todos los respetos, pero no me merece menos respeto el Consejo de Estado de nuestro país. [...] está muy bien citar a los relatores de la ONU, que nos merecen, como digo, todos los respetos, pero aquí los tenemos también, no son exclusivos en cuanto al juicio que pueden hacer de nuestras leyes. [...] Es verdad que Amnistía Internacional discrepa en muchas cosas. ¡Faltaría más! Amnistía Internacional no legisla en este país, pero reconoce muchos de los aspectos positivos de esta ley, y eso no lo dicen ustedes [...] ¿Dónde tiene usted la patente exclusiva de la defensa de los derechos humanos? ¿Quién le otorga a usted la autoridad moral para repartir carnés de demócratas, para repartir carnés de defensores de derechos y libertades? [...] ¿Cómo tiene usted fuerza moral para hablar de represión a este grupo o a estos grupos? [...] Represión son los tiros en la nuca [...] L recuerdo al representante, a mi querido amigo el senador Sendra, de Convergència i Unió, que ustedes en el Congreso de los Diputados también pidieron la reforma de esta ley [...] si no estuviéramos en los momentos preelectorales en que estamos, probablemente su grupo apoyaría esta ley. [...] Se ha dado aquí como un argumento que los españoles, según el CIS, no consideran necesaria esta ley. Bonito argumento, por otra parte (D5, p. 14072-76, Aznar, GP Popular).

La segunda vuelve a evitar la discusión.

A mí su discurso me parece muy serio, pero creo, repito, que está muy encorsetado, como lo estamos probablemente todos en nuestras creencias, en nuestra propia ideología, y a partir de ahí probablemente limitamos nuestro campo de visión (D5, p. 14085-86, Aznar, GP Popular).

En la tercera desaparece cualquier mención al respecto.

Mientras tanto, extramuros del Parlamento, en repetidas comparecencias ante los medios de comunicación, el ministro de Interior recurre al alarmismo del "efecto llamada" y lemas como el célebre "meted a los extranjeros en vuestra casa": «Si me dan la dirección donde a esa pobre gente los podemos trasladar y garantizan su manutención le aseguro que les enviamos» (*El Periódico*, 12/12/2014).[21]

3.2. Patriotismo securitario, responsabilidad de defender y equilibrio virtuoso

> Diferentes grupos de la élite participan en las tomas de decisión política concernientes a grupos étnicos minoritarios, escriben informes o investigan, tienen acceso a los *mass media* y producen el saber y las creencias que influyen en la función y el cambio de opinión de la gran mayoría de la población. Por consiguiente, además de dominación política, la élite ejerce una dominación social, moral y cultural. Estos discursos de la élite (tanto a nivel institucional como individualmente) proporcionan las definiciones primeras y dominantes de la "situación étnica" (Van Dijk 1993, p. 107).

El ya mencionado énfasis en la responsabilidad defensista no es patrimonio exclusivo de los argumentos a favor de la enmienda núm. 191. Algunas posiciones en contra de la disposición final primera asumen la *responsabilidad de defender* las fronteras nacionales en sentido similar. Aun con el derecho de asilo como pivote, parte de la crítica comparte la perspectiva de la *invasión* (crisis, insostenibilidad, riesgo, amenaza) mientras acusa al contrario de no cumplir la legislación vigente, mentir y/o perjudicar los intereses de las FFCCSE. Se diría, parafraseando al profesor Manuel Delgado, que esas posturas, aunque aparentemente enfrentadas, "no piensan lo mismo pero piensan de la misma manera", y de ahí la conveniencia de escuchar al poder legislativo en tanto que *sujeto colectivo*. La diferencia fundamental entre argumentos aparentemente contrarios se plasma en el

21 En respuesta a esas declaraciones de Jorge Fernández Díaz, la parroquia de San Carlos Borromeo (Entrevías, Madrid) envió una solicitud al ministro del Interior ofreciéndose acoger a las personas extranjeras devueltas en las fronteras de Ceuta y Melilla.

tono de las intervenciones, en las alusiones a la "peligrosidad" y la "conflictividad" en esas zonas fronterizas y en la mayor o menor prioridad concedida a la *cuestión securitaria* sobre la *razón humanitarista.*

> Ceuta es el paso más transitado del mundo; el más transitado del mundo. Ceuta y Melilla son los puntos fronterizos con mayor desigualdad económica de todo el globo. [...] En todo lo tocante a la política de fronteras está bien poner el acento en las cuestiones humanitarias, pero no menos importante es poner el acento en otra cuestión, que es la seguridad (D3, p. 84-87, Escobar, GP Popular).
>
> Lo que ha ocurrido en Ceuta y Melilla, lógicamente, preocupa a todo español de bien (D5, p. 14072-76, Aznar, GP Popular).
>
> Tenemos que ser cuidadosos con nuestras fronteras (D5, p. 14106-07, Peñarrubia, GP Popular).
>
> Sabemos todos que ha habido un crecimiento exponencial de las personas que vienen de zonas de conflicto. El CETI de Melilla está al 80% de personas que tienen origen sirio. La mitad de los sirios han pedido un estatuto de refugiados. Sabemos que hay un derecho incondicionado y asumido por España en los tratados internacionales para gestionar individualmente cada una de estas peticiones de refugio; además, al lado tenemos la presión –difícil de manejar, se lo reconocemos– de los inmigrantes por motivos económicos (D6, p. 61-63, Sánchez Amor, GP Socialista).

Según las posiciones favorables a la enmienda, esta consuma un equilibrio más que suficiente, virtuoso pese a su "complejidad", entre el respeto a los DDHH y cualquier otro "interés legítimo". No puede pasarse por alto a este respecto lo problemático que resulta casar conceptos como "estado de derecho" y "línea de batalla", así como hablar de "intereses" en referencia a la exigencia del cumplimiento del derecho internacional, o de "aspiraciones" y no de derechos, por mucha "legitimidad" que se les reconozca. No parece esperable que las personas expulsadas, encerradas, torturadas, o ahogadas durante más de dos décadas[22] vayan a agradecer ese reconocimiento de la "legitimidad" de sus aspiraciones, ni que las que sufren esas mismas consecuencias en este preciso momento vayan a celebrarlo.

---

22 Una breve lista documental que abarca los últimos veinticinco años: Caminando Fronteras (2022), APDHA (2021), CEAR (2021; 2020; 2018; 2017; 2015; 2014), Migreurop (2020), Jones (2017), GADEM et al. (2015), Serra, Artigas y Ortega (2016), SOS Racismo (2006), Aguelo y Chueca (2005) –sirva esta última cita para hacer una mención especial al profesor Ángel Chueca Sancho, que nos dejó en 2013 y cuya memoria acompaña inevitablemente mi lectura del BOCG.

> La responsabilidad, la obligación, y el derecho de proteger esas fronteras corresponde a España, y no les quepa ninguna duda de que lo hemos hecho, lo estamos haciendo y lo vamos a seguir haciendo con todo el respeto a la normativa europea, a las leyes de asilo, a las leyes humanitarias, como corresponde a nuestra tradición y a nuestro Estado de derecho (D3, p. 84-87, Escobar, GP Popular).
>
> Casar los intereses legítimos de todo el mundo en un proyecto de ley de ámbito nacional que afecta a colectivos diversos con distintas aspiraciones, todas legítimas, y distintos planteamientos es complicado (D5, p. 14106-07, Peñarrubia, GP Popular).

Tampoco faltan las alusiones a las presuntas "mafias" como únicas "maltratadoras" de esos titulares de derechos.

> Introducir aquí esta enmienda, buscando el dificilísimo equilibrio entre la defensa de los derechos humanos, la protección a las personas maltratadas por las mafias que llegan a nuestras fronteras, la defensa de las propias fronteras, el derecho de asilo, la seguridad jurídica de nuestros guardiaciviles, que son los que están en primera línea de batalla, etcétera, es complicado (D5, p. 14072-76, Aznar, GP Popular).

La fidelidad a «nuestra tradición» invocada más arriba (D3, p. 84-87, Escobar, GP Popular) es la de un estado de derecho que «defiende sus fronteras de manera respetuosa con los derechos humanos», donde *respetar* significa *reconocer verbalmente*.

> Se la voy a leer [...] a los de la izquierda, a los de la derecha y a los del centro, y ustedes mismos juzguen [...]. Claro que se tienen que proteger las fronteras. Se van a proteger las fronteras, como siempre se ha hecho, respetando la norma internacional. Aún hay un avance [...]: que ya están en funcionamiento las oficinas a iniciativa del Ministerio del Interior, ya se han inaugurado en Ceuta y Melilla. Esto ha supuesto, entre otras cosas, que Naciones Unidas ya haya valorado esta medida. Esta es la realidad. ¿Qué problema hay con eso? ¿Qué estamos defendiendo las fronteras? Mejor sería. Lo hacemos de manera respetuosa con los derechos humanos. ¿Qué problema tiene esta enmienda? [...] Es lo que hay que hacer, un ejercicio de democracia, como tiene que ser (D6, p. 63-65, Escobar, GP Popular).

La combinación de los argumentos recopilados hasta aquí nos sirve el retrato de un escenario que también admite ciertos ejercicios de creatividad jurídica.[23]

---

23 Además de la mencionada *elasticidad de las fronteras*, el entonces ministro de Interior Jorge Fernández Díaz fue autor de expresiones como *ingeniería jurídica* (al respecto de la Sen-

> Usted [Ministro de Interior] consagró un concepto metajurídico que nos llena de perturbación a todos, cual es el de la elasticidad de las fronteras. [...] en la Comisión [...] habló de la elasticidad de las fronteras. ¿Las de Ceuta y Melilla son elásticas? (D6, p. 56-58, Olabarría, GP Vasco).

No obstante, es el ministro Fernández Díaz, cerrando el último debate, quien sirve la mejor síntesis de los principales argumentos registrados en las tablas (ver *supra*). Resulta especialmente llamativo el sentido que cobra en este contexto la expresión "cobertura jurídica":

> es obligación [...] de todo Gobierno de España que los agentes de la autoridad que tienen la misión de cumplir la ley, en este caso la Guardia Civil, que tiene encomendado por la Ley de Fuerzas y Cuerpos de Seguridad del Estado preservar que no entren ilegalmente en nuestro país personas ni mercancías –eso lo establece la Ley de 1986, como sabe, señoría, aprobada con Gobierno socialista–, no se encuentren en la situación en que se encuentran en estos momentos. Tenemos veinticinco guardias civiles imputados en Ceuta y Melilla, y es obligación del Gobierno –y entiendo que de todos– dotarles de la necesaria protección y seguridad jurídica para que, en plena concordancia con los convenios internacionales suscritos por España o de los que forma parte, puedan realizar la misión que tienen encomendada legalmente. Lo llevan haciendo así, como sabe usted, desde el año 2005. La única diferencia es que no se les había dado esta cobertura jurídica que ahora les damos nosotros (D6, p. 67, Fernández Díaz, Gobierno).

3.3. En nombre de los derechos. La cara amable del racismo de estado

> La separación entre lo humanitario y lo político que estamos viviendo en la actualidad es la fase extrema de la escisión entre los derechos del hombre y los derechos del ciudadano (Agamben 2010, p. 169).
>
> Frente a lo extranjero, el orden sólo conoce dos conductas, ambas mutilantes (Barthes 1999, p. 93).

El dispositivo penal-securitario aparece, más que como solución a un problema, como el *mundo* en el que ese problema es definido, señalado y gestionado. Por consiguiente, los sujetos-problema que se asoman a las

tencia del TEDH sobre la llamada "Doctrina Parot") o «una nueva definición del delito de terrorismo que contemple el adiestramiento pasivo» (Gabinete de Prensa Ministerio del Interior, 2013). «No hay relación entre las pelotas de goma y los muertos de Ceuta», declaraba el ministro en febrero de 2014 (EFE, 13/02/2104).

fronteras de ese mundo son vistos en primer término como portadores de una *amenaza* a la seguridad jurisdiccional, a la seguridad de las fuerzas del orden y, por mágica extensión, a la seguridad de *la ciudadanía* española. Cuando la premisa es compartida por todos los interlocutores del debate, aceptar que el humanitarismo es mejor que el odio no resulta suficiente para oponerse a una violación del derecho internacional, sino más bien necesario para que dicha violación –la cual, por cierto, no representa ninguna novedad histórica– se adapte a la cosmética jurídica que la tolera y se perpetúe por el consentimiento de la audiencia ciudadana. Esa dominación social, moral y cultural cultiva las condiciones de posibilidad para la *negación* que estudiara Stanley Cohen (2001). En este caso, tal negación se nos presenta en términos claramente interpretativos, oficiales y compartidos, por mucho que se insista en invocar la letra del derecho humanitario y sus implicaciones morales. Veamos.

La ausencia de argumentos elaborados a favor de la medida en debate encuentra su reflejo especular en la repetición de normas y tratados internacionales empleada en contra. A esa repetición se añade la mención a la lista de organizaciones de derechos humanos e instituciones supranacionales cuyas denuncias, informes y recomenda-ciones sirven de base para una crítica expresada con aparente unanimidad.

> Al Gobierno del Estado español le iría mucho mejor si, de vez en cuando, se leyese alguno de sus informes [de Amnistía Internacional] [...] se han opuesto a esta ley también la mayoría de los partidos políticos que conforman la oposición en esta Cámara, así como el Consejo General de la Abogacía, Acnur, Cáritas, la Plataforma del Tercer Sector, Red Española contra la Trata de Personas y, en este caso, profesores de Derecho Internacional (D5, p. 14054, Capella, GP Mixto).
>
> Vulnera el Convenio de Ginebra de 28 de julio de 1951 y el Protocolo, de 31 de enero de 1967, sobre el Estatuto de los Refugiados; el artículo 18 de la Carta de los Derechos Fundamentales de la Unión Europea; los artículos 12 y 13 de la Directiva Europea 2008/115, y el artículo 13 del Código de fronteras Schengen. Normativa internacional que, habiendo sido suscrita por nuestro país, y en aplicación de los preceptos constitucionales, se constituye como normativa interna de rango superior a esta ley que vamos a aprobar hoy (D5, p. 14056-57, Iglesias, GP Mixto).

Llama la atención esa insistencia en el recurso efectista a citar listas de nombres de organizaciones de derechos humanos o instituciones internacionales, sobre todo porque no incluye alusión alguna al marco general del debate: la colisión irreconciliable entre el artículo 13 de la DUDH y la política de fronteras de la UE. Ese es, valga la expresión, el verdadero "elefante en el parlamento" que, de no ser incluido en la discusión, acaba sustituido por un intercambio de intervenciones a ambos lados del mismo espejo. A un lado, una parte se limita a señalar que la responsabilidad del estado será reconocida e impresa en el texto. Al otro lado, otra parte insiste en que eso implica "legalizar lo ilegal". El avance de las sesiones alimenta los excesos verbales y las acusaciones de maniobrar con autoritarismo, perseguir fines represivos, retorcer el significado de ciertos conceptos clave o esconder motivaciones ideológicas e intereses políticos espurios. En palabras de los propios legisladores:

> Nos parece realmente una demostración más de la malformación congénita de este Gobierno (D2, p. 9, Errekondo, GP Mixto).
>
> Sus declaraciones de hoy, en torno a la necesidad de una dirección donde remitir la situación de estas personas, han sido innobles (D3, p. 71, Barkos, GP Mixto).
>
> [...] un broche vergonzante e insultante (D3, p. 73, Tardà, GP Mixto).
>
> La devolución en caliente, a la que ustedes eufemísticamente denominan retorno en frontera o restitución en frontera, que no deja de ser el mismo concepto con otra denominación (D3, p. 75-77, Olabarría, GP Vasco).
>
> Quizá merezcamos los diputados que estamos aquí, incluso los que somos tan ignorantes como usted considera, alguna suerte de explicación [...] todos los demás, digo, estaríamos dispuestos solidariamente a ayudar a los extranjeros que están intentando penetrar en el Estado español buscando una vida mejor [...] con estas declaraciones insultantes, con esta resistencia numantina que simbolizan... (D3, p. 75-77, Olabarría, GP Vasco).
>
> No entendemos por qué existe la necesidad de presentar esta ley, este texto, esta arquitectura legislativa en estos momentos. No lo podemos entender, solo cuando hay temas ideológicos detrás, porque no hay ninguna demanda social, [...] no hay ninguna asociación prestigiosa en el Estado español [...] que haya escrito alabando al Gobierno al presentar esta ley (D4, p. 11, Batalla, GP Socialista).
>
> [...] busca únicamente blindar las desigualdades sociales, blindar la impunidad del más fuerte y blindar el estatus de lo que llaman autoridad. [...] la razón de la fuerza en vez de la fuerza de la razón, imposición frente a democracia [...] ha optado por la represión, la represión pura y dura. [...] es una clara muestra de debilidad, debilidad de un Gobierno superado e in-

> capaz de solucionar los problemas de la ciudadanía de una forma democrática, un Gobierno trasnochado (D5, p.14057-58, Mendizábal, GP Mixto).
>
> Yo no reparto carnés de nada ni lo pretendo. Pero coincidirá conmigo en que ustedes no son la avanzada de nada. Y en materia de derechos y libertades, menos que nada (D5, p. 14077-78, Capella, GP Mixto).
>
> Me he pasado un buen rato argumentando por qué no estamos de acuerdo, por ejemplo, con las devoluciones en caliente. Ustedes, ni han hecho mención a ello. Me gustaría oírles cómo rebaten cada una de las conclusiones que les he leído, [...] esa Constitución, de la que todo el día alardean ustedes y nos ponen encima de la mesa (D5, p. 14102, Capella, GP Mixto).
>
> Conocimos dos [...] declaraciones particularmente desafortunadas realizadas por usted [ministro de Interior], una donde nos tildaba de ignorantes a todos los que manteníamos posiciones críticas con el contenido material de la norma y su fundamentación ontológica (D6, p. 56-58, Olabarría, GP Vasco).

Vemos también ciertas formas de sobreactuación, abuso de tópicos, metáforas, lugares comunes o reproches morales...

> Introducir esta reforma como una disposición, colándola por detrás, dice mucho de sus intenciones (D2, p. 9, Errekondo, GP Mixto).
>
> El carácter más enfermizo de este Gobierno se delata con las entregas en caliente que con su enmienda reconocen estar aplicándolas de manera ilegal. Se atreve, además, a penetrar por la puerta de atrás la reforma de la Ley de extranjería para convertirla en legal porque sí, a sabiendas de que es contrario a la jurisdicción internacional y a la jurisdicción propia del Estado (D3, p. 74, Errekondo, GP Mixto).
>
> Si el Grupo Parlamentario Popular considera necesaria dicha modificación, debía plantearlo de frente, no por la puerta de atrás (D3, p. 82-83, Trevín, GP Socialista).
>
> Ustedes han convertido esta ley en la de la patada en la boca a los derechos de los ciudadanos y la de la patada en el trasero a las personas que intentan desesperadamente buscar una vida mejor en nuestro país, en nuestro continente (D4, p. 4-5, Sendra, GP Catalán).
>
> Parece que nuestro ordenamiento jurídico tiene unos plazos de caducidad más propia de los yogures... (D5, p.14056-57, Iglesias, GP Mixto).
>
> Vuestra sinrazón incluso os ha llevado a penetrar por la puerta de atrás en la Ley de extranjería las devoluciones en caliente para convertirlas en legales, a sabiendas de que son contrarias [...] a la jurisdicción internacional y a la propia jurisdicción del Estado (D5, p. 14057-58, Mendizábal, GP Mixto).

Además, señorías, se trata de una enmienda introducida en el Congreso de tapadillo, que no ha pasado –y no es un tema menor– por el informe del Consejo de Estado, por ejemplo, o del Consejo General del Poder Judicial (D5, p. 14062-64, Bruguera, GP Entesa).

Ustedes han convertido esa decisión en una auténtica patada en el trasero de aquellas personas que luchan por entrar en lo que consideran la única esperanza que les queda (D5, p. 14067-69, Sendra, GP Catalán).

Es una auténtica patada en el culo a las personas que intentan entrar en el país para encontrar una vida mejor. Es la única esperanza que tienen, y a través de esta ley se legalizan estas devoluciones (D5, p. 14095-96, Sendra, GP Catalán).

... que llegan a provocar algún que otro *lapsus* por inercia:

Miren ustedes su última manifestación: Interior rechaza mejorar el salvamento europeo de inmigrantes por un posible efecto llamada. Y añade: no participaremos en los nuevos criterios de la Agencia Europea de Control de Fronteras. Para disparates, el del señor ministro Fernández [...] es *una vulneración de los derechos fundamentales de los españoles* (D5, p. 14105-06, Ángel, GP Socialista) [énfasis añadido].

En esa misma dirección, por efecto lógico de los argumentos al respecto de los presuntos "problemas legales" que podría plantear el texto de la enmienda núm. 191, las intervenciones en contra no evitan la tentación de anunciar qué consecuencias conllevará su aprobación.

Esta ley es difícil de defender y estas declaraciones que ha realizado a los medios de comunicación acreditan una cierta derrota de su política en materia de extranjería y de su política en materia de seguridad [...] usted está acreditando la derrota política que este proyecto de ley supone, no para usted personalmente –que eso es menos relevante–, seguramente para su Gobierno (D3, p. 75-77, Olabarría, GP Vasco).

No querían que esa enmienda fuese vista por el Consejo General del Poder Judicial ni por el Consejo de Estado, porque se la iban a poner verde, señorías, se la iban a criticar y les hubiesen obligado a retirarla del proyecto de ley (Aplausos), como les han obligado a retirar otras barbaridades que en principio recogía el proyecto. Como no querían que se viese en los informes, la han introducido en el debate en la ponencia, y encima, [...] no han querido que otras instancias informen sobre la barbaridad legal que ustedes van a cometer hoy en esta Cámara. Esta ley es un despropósito (D3, p. 78, Sixto, GP Izquierda Plural).

> Reitero que no hay ninguna posibilidad de legalización, ni con esta ley ni con un protocolo posterior (D5, p. 14078-79, Iglesias, GP Mixto). No es posible crear un concepto jurídico en el marco de una norma internacional que expresamente lo declara ilegal (D5, p. 14056-57, Iglesias, GP Mixto).
>
> Lo que viene del Senado es una prueba de su mala conciencia. [...] esa extraña enmienda de la Ley de Extranjería [...] evita el paso por el Consejo General del Poder Judicial (D6, p. 61-63, Sánchez Amor, GP Socialista).

De ahí el compromiso expresado para recurrir la constitucionalidad de la norma y/o derogarla a la mayor brevedad.

> No sé si esta ley va a ser objeto de la presentación de diversos recursos de inconstitucionalidad, pero casi con toda seguridad le puedo adelantar que sí (D6, p. 56-58, Olabarría, GP Vasco).
>
> Señor ministro, no soluciona usted nada con esta redacción de urgencia de última hora (D6, p. 61-63, Sánchez Amor, GP Socialista).

El énfasis en ese compromiso se reafirma en las últimas intervenciones y se mantiene en la dinámica de "campaña permanente"[24] que marcará las siguientes legislaturas...

> En definitiva, nuestro grupo parlamentario va a [...] hacer público nuestro compromiso total y absoluto de derogación de este proyecto de ley en cuanto la correlación de fuerzas en esta Cámara cambie, más pronto que tarde (D6, p. 59-60, Sixto, GP Izquierda Plural).

... aunque nada se ha "solucionado" en los siete años siguientes, confirmando la sospecha fundada en marzo de 2015. Las sesiones de la ponencia para la reforma de la L.O. 4/2015 se inician en enero de 2022. Tras su presentación al Congreso por el GP Vasco en diciembre de 2019, el texto pasa meses bloqueado hasta que los dos grupos socios de gobierno anuncian un acuerdo sobre varios apartados en octubre de 2021. Como parte de ese acuerdo, la cuestión de las "devoluciones en caliente" no será discutida en esta reforma.

---

24 Patrick Cadell, experto en opinión pública del equipo del presidente estadounidense Jimmy Carter, ideó el término *permanent campaign* en 1976. En un informe titulado *Initial Working Paper on Political Strategy*, Cadell afirma que *gobernar con un alto índice de aprobación requiere de una campaña permanente*. En 1980, Sidney Blumenthal (luego asesor de Clinton entre 1997 y 2001) retomó la teoría en *The permanent campaign* (1980) para analizar el descenso del poder de los partidos políticos en EEUU frente al auge de los nuevos medios de comunicación y la sofisticación de los sondeos, factores que alimentan la obsesión comunicativa de la política. La aportación original de Cadell fijó el paradigma de la campaña permanente como fenómeno que vincula las actividades de comunicación política propias de la campaña electoral con las acciones y decisiones ejercidas desde el gobierno o la oposición.

4. LO "IMPOSIBLE" HECHO POSIBLE

La mayor parte de las razones contra la nueva ley se centra en la dimensión jurídico-moral del objeto de discusión, apoyada en gran medida en la falta de apoyo y necesidad que se deduce de lo manifestado por una larga lista de instituciones y organizaciones. La posición a favor –del partido en el gobierno, con mayoría absoluta en el Congreso– subraya el "difícil equilibrio" entre securitarismo y libertades, léase *la contradicción entre "crimigración"* (Brandariz y Fernández-Bessa 2017) *y garantismo que esa falsa dicotomía esconde.*

El enemigo del pueblo y la ciudadanía no lo encarnarán ya las élites y su brazo armado (el Estado-policía), sino el delincuente común, a cuya figura se han asimilado los inmigrantes, los *homeless* y todos aquellos que representen la otredad respecto de una normalidad cultural hegemónica (García et al. 2020, p. 4).

En este punto cabe recuperar la distinción metodológica elemental entre *lo que se dice y lo que se hace,*[25] por mucho que las posturas escenificadas en el proceso legislativo se presenten como irreconciliables. Por eso resulta necesario señalar el papel que desempeña la frecuente instrumentalización de los argumentos garantistas y moralizantes desde la crítica al proyecto de ley. Entre las consecuencias más visibles del juego de la campaña permanente, la fijación de posiciones obliga a los contendientes a expresar convicciones firmes e inquebrantables con mensajes histriónicos en clave de *marketing* político. Así, en procesos legislativos como el analizado, "lo que une" a las posturas en disputa es, en rigor, más relevante que "lo que las separa". El discurso parlamentario que resulta de tales procesos encuentra su correlato práctico en la confirmación, años después, de su absoluta *improductividad útil.* De ahí la sólida verdad que descansa tras afirmaciones como las pronunciadas desde varios lugares del hemiciclo: primero, que las prácticas ilegales en discusión llevaban años al orden del día en las fronteras de Ceuta y Melilla; segundo, que, en efecto, lo que se discute es la "regularización" o "legalización" de tales prácticas; tercero, que esa legalización es posible porque para consumarla basta con incor-

25 «No confundir movimientos de corto plazo con cambios estructurales. No confundir lo que se dice con lo que se hace. No dar por supuesto que lo que se dice no tiene importancia. No confundir los medios con los fines. No mezclar cuestiones distintas. No perder de vista el largo plazo» (Garland 2005, pp. 63-64).

porar al texto el "compromiso" de respetar la legislación internacional y nacional en la materia; cuarto, que un factor oculto pero fundamental en el debate es la legitimación política de ambas posturas ante, hacia y de las Fuerzas y Cuerpos de Seguridad del Estado; quinto, que, dados los elementos anteriores, cualquier cuestión relativa a las políticas de control-gestión de fronteras es secundaria o prescindible…

> Las maniobras hechas en los últimos días para aparentar que se da cumplimiento al menos al derecho de asilo en las fronteras de Ceuta y Melilla están siendo absolutamente insuficientes. Las oficinas abiertas para la solicitud de asilo en frontera –de acceso claramente limitado por las circunstancias de los propios puestos fronterizos donde se sitúan– son ineficientes para todos aquellos que no consigan superar los impedimentos previos y además insuficientes para la demanda que está habiendo –tan sólo de ciudadanos sirios– que deben esperar en condiciones inadecuadas a que simplemente se les tramite la solicitud y sean trasladados a un CETI [Centro de Estancia Temporal de Inmigrantes] sobresaturado (CGAE 2015).

… y sexto, en definitiva, que en la conformación del discurso parlamentario al respecto de los "rechazos en frontera", el hecho de que no todos los grupos parlamentarios *piensen lo mismo* no es óbice para que todos ellos *piensen igual*, compartan una misma *epistemología de la frontera*, obvien su incompatibilidad con los principios que todos dicen suscribir y, en consecuencia, la utilicen para defender o atacar el texto de la disposición.

De nuevo, la síntesis más explícita de las justificaciones planteadas por el gobierno queda expuesta en la intervención final del ministro de Interior. No he encontrado una forma más clara de resumir el discurso reuniendo todas sus claves en dieciséis líneas.

> Estamos en un momento en que la Unión Europea está pidiendo la securización (sic) de las fronteras exteriores ante la amenaza terrorista que tenemos. Y Ceuta y Melilla son frontera exterior de la Unión Europea también y son espacio Schengen. Ceuta y Melilla son la única frontera exterior que la Unión Europea tiene en África, y me quedo ahí. Todos ustedes saben la presión migratoria y la cantidad de refugiados que, con ocasión de la llamada "Primavera Árabe" y las guerras que se están produciendo en la zona, está habiendo en estos momentos. Esta enmienda […] era necesaria para garantizar que la Guardia Civil, que tiene encomendada por ley la defensa de nuestro territorio, lo haga en condiciones de absoluta y plena seguridad jurídica. En estos momentos han votado ustedes que no […] a que ese recha-

> zo en frontera se haga con plena garantía de los derechos humanos y a que aquellas personas que consideran que tienen un derecho subjetivo a solicitar protección internacional, sea asilo o sea protección subsidiaria, puedan hacerlo en locales habilitados al efecto. Ustedes han votado en contra de eso; tienen todo el derecho, pero creo sinceramente que conviene que la opinión pública –porque vivimos en un Estado democrático– sepa qué es lo que se está debatiendo y votando hoy (D6, p. 66, Fernández Díaz, Gobierno).

En todo caso, como sostiene Mark Neocleous (2007, p. 133), al fomentar un modo de pensamiento esencialmente liberal, el mito del "equilibrio" entre seguridad y libertad abre la puerta (trasera) a la aceptación de todo tipo de medidas autoritarias de seguridad, medidas que luego se justifican con pretextos liberales. Llamar "cuestión de seguridad" a cualquier cosa hace el juego al Estado, y la única forma en que el Estado sabe hacer frente a las amenazas securitarias es reforzando su control sobre la sociedad civil y aumentando sus restricciones a las libertades humanas (Neocleous 2007, p. 146).

En el marco de esa trampa liberal que pone en manos del estado la identificación, definición y gestión de toda amenaza securitaria, el problema que el proceso legislativo refleja de forma palmaria es cómo las cuestiones que deberían ser objeto de un debate sustancial se ven disueltas en un intercambio redundante de alusiones: de un lado la necesidad-responsabilidad-derecho del estado a defender *las únicas fronteras terrestres de la Unión Europea en territorio africano*; del otro lado una impugnación que invoca la letra del Derecho Internacional de los Derechos Humanos pero respeta esa línea roja que impide tomar en serio la Declaración Universal de los Derechos Humanos. El discurso de la seguridad es elástico y se adapta, en sentido e intensidad, a las necesidades del debate. La crítica humanitarista no puede deshacerse de la mordaza democrática: denuncia el recorte legal de garantías o los argumentos de dudoso cariz democrático que lo justifican, pero no cuestiona las *condiciones de imposibilidad* de aquello que dice defender.[26]

> Señor ministro, no se puede invocar el respeto a los convenios internacionales suscritos [...] cuando se realiza una operación jurídica manifiestamente perversa, que es convertir un delito penal, como es la deportación ilegal, en algo legal o legalizado ex post, que es la devolución en caliente.

26 Insisto: ninguno de los debates recoge una sola mención rigurosa al art. 13 de la Declaración Universal de los Derechos Humanos («1. Toda persona tiene derecho a circular libremente y a elegir su residencia en el territorio de un Estado. 2. Toda persona tiene derecho a salir de cualquier país, incluso el propio, y a regresar a su país») ni al marco político europeo en que funciona la Ley de Extranjería (L.O. 4/2000).

> [...] le recomiendo que se lo piense bien: o quiere respetar de verdad los requerimientos en materia de asilo del Convenio de Viena, del Convenio de Ginebra y del segundo protocolo del Convenio europeo en relación con el refugio y el asilo, o no. Las dos cosas simultáneamente son imposibles (D6, p. 67, Olabarría, GP Vasco).

Como traté de subrayar más arriba, la posibilidad de que "ambas cosas" se den a la vez está más que demostrada. De hecho, tanto a la luz de este análisis como tras varias décadas de refronterización policial-militar, la aparente contradicción planteada por el portavoz del GP Vasco puede entenderse como una condición necesaria y no como un problema a resolver. Esa es la conclusión general de este trabajo y de ahí el título propuesto para cerrar el capítulo.

5. ECHAR *VALORES* FUERA (CONCLUSIONES)

> En un momento en que todas las lenguas europeas parecen estar condenadas a jurar en vano y en que la política no puede asumir otra forma que la de la *oikonomia*, es decir, de un gobierno de la palabra vacua sobre la nuda vida [...] (Agamben 2011, p. 108).

El régimen de veridicción parlamentario acaba desconectado de toda discusión política en sentido estricto, aun cuando las intervenciones invoquen normativas vinculantes (legislación internacional) o saberes "expertos" (organizaciones internacionales, entidades de defensa de derechos humanos). El enfoque hegemónico es el de una mitología securitaria que promete abordar problemas estructurales reforzando la sujeción de sus síntomas más graves. El debate legislativo no discute la construcción de un marco legal que construya soluciones al respecto de las condiciones de "producción" de" o de "exposición a" la muerte (Mendiola 2016), pues solidifica el uso compartido de un marco jurídico determinado como recurso retórico y abusa del moralismo como fetiche ideológico.

Las posiciones fijadas son posiciones en el *reparto* –en sentido escénico, dramático, litúrgico– de un espectáculo que contrae el mundo de lo políticamente posible en nombre del *Derecho*, fetichiza el campo semántico de los *derechos* y convierte cada invocación a estos en un ejercicio moralizado de *naturalización del racismo estructural*. El principal producto político de un proceso legislativo como el estudiado aquí es, por consiguiente, una afirmación implícita del racismo de estado: el *otro* con/sin derechos es más *otro* a ojos de la (sede de la) soberanía popular cuanto más se discute sobre los *derechos del otro*. El *otro* es *objeto* de una siempre insuficiente reacción defensiva y/u *objeto* de una invocación a los derechos humanos que ni siquiera menciona el contexto estructural en la que tales derechos devienen una "quimera útil" (*servir para no servir para nada* o aportar una *funcionalidad selectiva* y ambivalente a la competición mercadotécnica que tiene lugar en la sede del poder legislativo).

Si el citado espectro de *lo posible* se presupone restringido al máximo desde el inicio del debate, la restricción se agrava en este caso particular por la coyuntura que marca el "rodillo parlamentario" de la mayoría absoluta que ostenta el gobierno. *Nadie debate si uno no quiere*, podría decirse en este caso particular, pero eso no evita la conformación de un discurso parlamentario que subsume-trasciende las diferencias entre posiciones expuestas (que no lógicamente discutidas) y, sobre todo, el aseguramiento de una relación concreta entre ese discurso y su audiencia. En buena medida, la dialéctica intraparlamentaria *responde a* y, al mismo tiempo, *contribuye a* producir un discurso general al respecto del "problema de la inmigración".[27]

La improductividad dialéctica y la desproporcionada gravedad de sus efectos reales son, en aparente paradoja, dos caracteres definitorios del ejercicio performativo que tiene lugar en el parlamento. *Echar valores fuera* es, por lo tanto, el ejercicio colectivo que resume el proceso. La expansión y la proliferación de lo que se ha dado en llamar «zona de abandono» (Ávila et al. 2019, pp. 108-10) o «umbral de indiferencia» (Agamben 2010, p. 31; cfr. Whyte 2016, p. 14) nos informa de que el regulador regula un objeto declarado y un objeto latente. Lo declarado es ese derecho de las personas a la libre circulación que, por alguna razón, debe "equilibrarse" con la voz seguridad y las implicaciones de su gaseoso significado. Lo latente es la legitimación del legislador ante una práctica injustificable bajo los parámetros de ese marco jurídico superior que el propio poder legislativo invoca y que, al menos según se suele decir, le compromete constitucionalmente.

27 Expertos en migraciones internacionales, ONGs y organismos internacionales como Naciones Unidas, la Organización Internacional para las Migraciones (OIM) o la Agencia de la ONU para los Refugiados (ACNUR) han sustituido desde 2015 el uso de términos como *emigrante* e *inmigrante* por *migrante*: https://www.acnur.org/noticias/noticia/2016/7/5b9008e74/refugiado-o-migrante-cual-es-el-termino-correcto.html; https://refugeesmigrants.un.org/es/definitions; https://www.iom.int/es/quien-es-un-migrante.

REFERENCIAS[28]

Agamben G (2010) *Homo Sacer. El poder soberano y la nuda vida* [1995]. Pre-Textos, Valencia.

Agamben G (2004) *Estado de Excepción. Homo sacer II, 1* [2004]. Pre-Textos, Valencia.

Agamben G (2011) *El sacramento del lenguaje. Arqueología del juramento* [2008]. Pre-Textos, Valencia.

Agamben G (2013) *Opus Dei. Arqueología del oficio (Homo sacer II, 5)* [2012]. Pre-Textos, Valencia.

Aguelo P, Chueca Á (2005) Derechos humanos e inmigración irregular en Ceuta y Melilla. Seminario Permanente para las Migraciones Internacionales y la Extranjería. http://www.intermigra.info/archivos/revista/Melilla2.pdf

Asociación Pro-Derechos Humanos de Andalucía (2021) *Derechos Humanos en la Frontera Sur.* APDHA, Sevilla. http://www.apdha.org

Atienza M (2019) Un modelo de análisis de la argumentación legislativa. En: Oliver-Lalana AD (ed) *La legislación en serio. Estudios sobre derecho y legisprudencia.* Tirant lo Blanch, Valencia, 163-186.

Ávila D et al. (2019) *Por una acción social crítica.* UOC, Barcelona.

Barthes R (1999) *Mitologías* [1957]. Siglo XXI, Madrid.

Bernuz MJ (2014) La función de los derechos humanos en las políticas penales y criminales. En: Susín R, Bernuz MJ (coords) *Seguridad(es) y derechos inciertos.* PUZ, Zaragoza, 19-46.

Brandariz JÁ, Fernández-Bessa C (2017) La crimigración en el contexto español: el creciente protagonismo de lo punitivo en el control migratorio. En: López-Sala A, Godenau D (eds), *Estados de contención, estados de detención: El control de la inmigración irregular en España.* Anthropos, Barcelona, 119-143.

Caminando Fronteras (2022) *Monitoreo del derecho a la vida en la frontera occidental euroafricana. Año 2021.* Caminando Fronteras. https://caminandofronteras.org/wp-content/uploads/2022/01/MONITORE-DALVES_v05.pdf

CEAR (2015a) 7 Febrero: Aniversario de la muerte de 15 inmigrantes en El Tarajal. https://www.cear.es/7-febrero-marcha-en-ceuta-aniversario-de-la-muerte-de-15-inmigrantes-en-el-tarajal

CEAR (2015b) CEAR condena la aprobación de la Ley de Seguridad Ciudadana que pretende justificar las devoluciones ilegales en Ceuta y Melilla y pone en grave riesgo el derecho de asilo. www.cear.es. https://www.cear.es/cear-condena-la-aprobacion-de-la-ley-de-seguridad-ciudadana-que-justifica-las-devoluciones-ilegales-en-ceuta-y-melilla-y-pone-en-grave-riesgo-el-derecho-de-asilo

28 Todos los enlaces web han sido consultados por última vez el 20 de enero de 2022.

CEAR (2018a) Hervé, superviviente de El Tarajal, rompe por primera vez su silencio. www.cear.es. https://www.cear.es/herve-superviviente-tarajal-rompe-primera-vez-silencio

CEAR (2018b) CEAR muestra su preocupación tras la expulsión "acelerada" de las 116 personas migrantes que llegaron ayer a Ceuta. www.cear.es. https://www.cear.es/cear-muestra-su-preocupacion-tras-la-expulsion-acelerada-de-las-116-personas-migrantes-que-llegaron-ayer-a-ceuta

CEAR (2020) Análisis de la Sentencia N. D. y N. T. contra España de 13 de febrero de 2020. www.cear.es. https://www.cear.es/wp-content/uploads/2020/03/Analisis-sentencia-TEDH-devoluciones-en-caliente.pdf

CEAR (2021a) Caso Tarajal: 15 muertes y siete años de impunidad (5 de febrero). CEAR. https://www.cear.es/caso-tarajal

CEAR (2021b) Las entidades de Migreurop en el Estado español exigen un enfoque de derechos en Ceuta. www.cear.es. https://www.cear.es/migreurop-derechos-ceuta/

Chilton P, Schaffner C (1997) Discurso y política. En: Van Dijk TA (ed) *El discurso como interacción social.* Gedisa, Barcelona, 297-330.

Cohen S (2001[2005]) *Estados de Negación. Ensayo sobre atrocidades y sufrimiento.* Facultad de Derecho UBA, Buenos Aires.

Consejo General de la Abogacía Española (CGAE) (2015) La Abogacía considera que los rechazos en frontera incumplen el Derecho Internacional (27 de marzo). https://www.abogacia.es/actualidad/sala-prensa/notas-de-prensa-sala-de-prensa/la-abogacia-considera-que-los-rechazos-en-frontera-incumplen-el-derecho-internacional

Costa T (2019) *El marco regulador de las devoluciones en caliente: el caso de Melilla. Un Enfoque Multidisciplinar y Transfronterizo.* Tesis de Máster en Diversidad Cultural. Universidad de Granada.

Defensor del Pueblo (DP) (2014) Informe anual 2013 y debates en las Cortes Generales (I. Informe). Defensor del Pueblo.

Defensor del Pueblo (DP) (2015) Informe anual 2014 y debates en las Cortes Generales (I. Informe). Defensor del Pueblo.

Defensor del Pueblo (DP) (2016) Informe anual 2015 y debates en las Cortes Generales (I. Informe). Defensor del Pueblo.

Forero A (2019) Estados de negación, corporativismo y criminalización de la denuncia contra la violencia institucional. *Revista Critica Penal y Poder* 17: 10-16.

GADEM, MIGREUROPE, CIMADE, APDHA (2015) Ceuta & Melilla: Centros de selección a cielo abierto a las puertas de África. www.gadem-asso.org/wpcontent/uploads/2016/11/rapport-ceuta-melilia-spanish.pdf

García I, Boza D (2020) El Tribunal Constitucional ante las 'devoluciones en caliente'. Observatorio de Derecho Público - Instituto de Derecho Público de Barcelona. http://idpbarcelona.net/tribunal-constitucional-ante-las-devoluciones-caliente-dos-visiones-complementarias-los-riesgos-admitir-encaje-constitucional

García S, Fernández C, Mendiola I (2020) El giro preventivo de lo policial. Presentación. *Crítica Penal y Poder* 19 (marzo-abril): 1-19.

Jones C (2017) Human rights violations at Spain's southern border. Statewatch. https://www.statewatch. org/media/documents/analyses/no-322-spain-hr.pdf

López Petit S (2014[2015]) *Hijos de la Noche.* Tinta Limón, Buenos Aires.

Migreurop (2020) Encerrados y excluidas. http://migreurop.org/IMG/pdf/gue_migreurop_5_es.pdf

Neocleous M (2007) Security, liberty and the myth of balance. *Contemporary Political Theory* 6: 131-149.

Oliver-Lalana D (2014) Normas y razones: un estudio sobre argumentación legislativa. En: Grández P, Morales F (eds) *Argumentación jurídica en el estado constitucional.* Palestra, Lima, 491-528.

Paredes JM (2018) Racionalidad instrumental del legislador y estereotipos sociales de la delincuencia: modelos de argumentación punitivista. *Revista Brasileira de Ciências Criminais* 147/26: 403-431.

Paredes JM (2019) La interacción entre los medios de comunicación social y la política criminal en las democracias de masas. *Revista Penal* (México) 16-17: 195-211.

Sánchez JM (2018) Las devoluciones en caliente en el Tribunal Europeo de Derechos Humanos. *Revista Española de Derecho Europeo* 65(enero-marzo): 101-135.

Serra M, Artigas X, Ortega X (2016) Tarajal: Desmontando la impunidad en la Frontera Sur – documental. Observatorio DESC/Metromuster.

Soler C (2018) La prohibición de las expulsiones colectivas de extranjeros en la jurisprudencia del Tribunal Europeo de Derechos Humanos: especial referencia al caso de España. *Revista General de Derecho Europeo* 45: 107-160.

van Dijk TA (1993) El racismo de la élite. *Archipiélago* 14: 106-111.

van Dijk TA (2005) Ideología y análisis del discurso. *Utopía y praxis latinoamericana* 10/29: 9-36.

van Dijk TA (2008) Discourse, knowledge, power and Politics. Document de Recerca del Departament de Traducció i Ciències del Llenguatge: 1-41.

van Dijk TA (2016) Análisis Crítico del Discurso. *Revista Austral de Ciencias Sociales* 30: 203-222.

van Dijk TA et al. (1997) Discurso, filiación étnica, cultura y racismo. En: Van Dijk TA (ed) *El discurso como interacción social.* Gedisa, Barcelona, 213-262.

Varona Gómez D (2011) Medios de comunicación y punitivismo. *InDret* 1/2011. https://indret.com/wp-content/themes/indret/pdf/791_1.pdf

Venice Commission (2021) Spain. Opinion on the Citizens' Security Law. 126th Plenary Session, 19-20 March.

Whyte D (2016) Trabajo desnudo. Poniendo a trabajar a Agamben [2016]. *Crítica Penal y Poder* 11: 11-35.

Zambrano JP (2015) Derecho, ideología y discurso. *Alpha* 40: 71-80.

ANEXO – DEBATES PARLAMENTARIOS ANALIZADOS

D1: Diario de Sesiones del Congreso, X Legislatura, Pleno y Diputación Permanente, núm. 230, 16/10/2014, pp. 22-57 (debate de totalidad de iniciativa legislativa).

D2: Diario de Sesiones del Congreso, X Legislatura, Comisión Interior, núm. 694, 25/11/2014, pp. 1-19. (ratificación de la ponencia designada y dictamen a la vista del informe elaborado por la ponencia).

D3: Diario de Sesiones del Congreso, X Legislatura, Pleno y Diputación Permanente, núm. 248, 11/12/2014, pp. 71-87, 100-103 (dictamen de comisión sobre iniciativa legislativa).

D4: Diario de Sesiones del Senado, X Legislatura, Comisión Interior, núm. 423, 4/03/2015, pp. 1-14 (dictamen).

D5: Diario de Sesiones del Senado, X Legislatura, Pleno, núm. 147, 12/03/2015, pp. 14053-14107 (dictamen de comisión).

D6: Diario de Sesiones del Congreso, X Legislatura, Pleno y Diputación Permanente, núm. 269, 26/03/2015, pp. 53-67 (enmiendas del Senado).

Capítulo 6
EL DEBATE PARLAMENTARIO COMO FUENTE DE JUSTIFICACIÓN DE LA LEY ORGÁNICA 1/2004 CONTRA LA VIOLENCIA DE GÉNERO

Roberta Simões Nascimento*

Resumen – El trabajo presenta y analiza el debate parlamentario que culminó en la aprobación de la Ley Orgánica 1/2004, de 28 de diciembre, de Medidas de Protección Integral contra la Violencia de Género (LOVG). Metodológicamente, el examen reconstruye el desarrollo de los debates sobre el tema, desde los primeros momentos, la manera de formarse el problema social en el ámbito de la opinión pública, los medios, cómo el debate llegó al Poder Legislativo, las enmiendas presentadas y las modificaciones efectuadas durante el proceso legislativo, hasta lo que sucedió tras la aprobación de la LOVG, junto con sus efectos, las principales críticas de la doctrina y cómo los operadores jurídicos la aplicaron y la interpretó el Poder Judicial. De modo entreverado con la descripción de la argumentación legislativa, se hacen incursiones teóricas, en especial a partir de contribuciones previas de M. Atienza, V. Zapatero, D. Oliver-Lalana y R.S. Nascimento, y se llama la atención sobre los elementos que revela el análisis de la argumentación de los legisladores.

* Una versión anterior de este trabajo fue presentada en las *II Jornadas Internacionales de Legisprudencia – Argumentación legislativa y justificación parlamentaria de las leyes*, celebradas en la Facultad de Derecho de la Universidad de Zaragoza en los días 16, 17 y 18 de diciembre de 2021. Agradezco a los participantes en el seminario el productivo debate y, especialmente, a Daniel Oliver-Lalana, por la gentil invitación y por sus comentarios a la versión anterior de este trabajo. Se trata de una parte, simplificada, de un estudio más amplio (Nascimento 2021b) que resulta de la tesis doctoral que, bajo dirección del profesor Manuel Atienza, presenté en la Universidad de Alicante en 2018.

1. INTRODUCCIÓN

Una de las mejores maneras de comprender la producción legislativa es observarla desde una perspectiva práctica, verificando los problemas que surgen durante el proceso de elaboración de las leyes, en contraste con el tratamiento que da el panorama teórico desde el punto de vista filosófico y jurídico. Este trabajo trata de presentar la argumentación legislativa que culminó en la aprobación de la *Ley Orgánica 1/2004, de 28 de diciembre, de Medidas de Protección Integral contra la Violencia de Género*, de ahora en adelante simplemente LVG, así como sus desarrollos posteriores. Se ha elegido como tema de análisis la violencia contra la mujer porque se trata de una cuestión presente y duradera en España y en el mundo. La importancia del tema es notoria, por lo que no parece necesario detenerse en justificarla. Incluso para quien eventualmente no se convenza sobre este aspecto, debe ser suficiente mencionar la persistencia de este problema social, a pesar de las leyes aprobadas para luchar contra él. Las cifras de muertes anuales se mantienen relativamente estables, sin grandes oscilaciones, y son diarias las noticias de muertes y agresiones a mujeres a manos de sus parejas o exparejas sentimentales.

El presente trabajo es parte de una investigación más amplia (Nascimento 2019; 2020) que reconstruye con detalle el desarrollo de los debates sobre el tema, desde los primeros momentos, la manera de formarse el problema social en el ámbito de la opinión pública, los medios, cómo el debate llegó al Poder Legislativo, las enmiendas presentadas y las modificaciones efectuadas durante el proceso legislativo, hasta lo que sucedió tras la aprobación de la LVG, junto con sus efectos, las principales críticas de la doctrina y cómo los operadores jurídicos la aplicaron y la interpretó el Poder Judicial.[1] Por razones de espacio, se ha acotado la reconstrucción anterior para presentar aquí sólo los principales aspectos, de manera que se centrará en el debate parlamentario, en los aspectos argumentativos de ese momento propiamente legislativo y lo que puede deducirse de los elementos encontrados, es decir, en el meollo de la argumentación legislativa. El enfoque es esencialmente descriptivo, sin perjuicio de algunas incursiones analíticas (con base en Atienza 1997; 2003; 2019; Zapatero 2009; Oliver-Lalana 2018).

El caso analizado revela que, siempre que un problema social es muy complejo, difícilmente la aprobación de una única ley es suficiente para

1 Una metodología parecida está puede verse en Atienza (2019).

resolverlo, y hay una tendencia a la continuación de los debates legislativos. Al mismo tiempo, ha llamado la atención que, aunque la ley se haya aprobado por unanimidad y durante el debate político no haya habido manifestaciones propiamente contrarias a su aprobación, el consenso alcanzado solo encubrió las profundas divergencias existentes sobre el problema social que se pretendía resolver con la LVG. Simplemente no se dieron explicaciones (para las causas de la violencia) o propuestas (de ley radicalmente) alternativas. Esa especie de superficialidad de los debates desvela que los parlamentarios no han discutido lo que en realidad debe representar la igualdad entre hombres y mujeres y, en consecuencia, cuáles son los posibles tratamientos diferenciados respecto a cada uno en la sociedad, la familia, el colegio, los lugares de trabajo, por las leyes en general, etcétera.

2. LOS ANTECEDENTES Y LA *OCCASIO LEGIS* DE LA LEY ORGÁNICA 1/2004 CONTRA LA VIOLENCIA DE GÉNERO

No siempre los documentos legislativos son suficientes para la perfecta comprensión de las discusiones legislativas,[2] y eso pasa precisamente en el caso de la *Ley Orgánica 1/2004 contra la violencia de género* (LVG). En situaciones así, hace falta reunir ciertos detalles ajenos a los materiales preparatorios, pues, si no, hay riesgo de un análisis incompleto, sin elementos explicativos importantes capaces de cambiar la evaluación sobre la racionalidad legislativa.[3] Así que procuraré exponer algunos datos a tener en cuenta.

La LVG es la culminación de casi treinta años de debates. Es verdad que la eclosión del feminismo se dio a finales de los años 1970, pero la primera vez que entró en la agenda legislativa el tema de la violencia contra la mujer fue en 1989, cuando el Senado publicó el *Informe de la Comisión de Relaciones con el Defensor del Pueblo y de los Derechos Humanos encargada del estudio de la mujer maltratada.*[4] Este documento sirvió de impulso para reco-

2 Cfr. Oliver-Lalana (2013; 2016; 2018).

3 Sobre la visión del debate parlamentario como concentrado de la justificación de la ley, véase el Cap. 1.

4 *Boletín Oficial de las Cortes Generales*, Serie I, Boletín General, núm. 313, 12/5/1989 (Senado), III Legislatura. Disponible en: http://www.senado.es/legis3/publicaciones/pdf/senado/bocg/I0313.PDF.

nocer la importancia social del tema y la necesidad de separarlo del ámbito íntimo y privado de las relaciones familiares (cfr. Maqueda Abreu 2010, p. 113). El informe de 1989 reconoce, por primera vez en España, la raíz histórica y cultural de los malos tratos a las mujeres, incluso con el consentimiento legal para ello, que se remonta a la época en el que las mujeres eran consideradas «bienes» del hombre (padre o marido) sobre quienes este podía ejercer un control exclusivo. Incluso con la evolución de los ordenamientos jurídicos y la corrección *de iure* de esta injusticia –afirma el referido documento–, las prácticas siguieron siendo toleradas.

Explica el informe del Senado español que el ámbito en el que se desarrollan los malos tratos, a saber, la familia, la relación amorosa (relación de pareja) o la convivencia dentro de un espacio doméstico privado caracteriza esta forma de violencia y la diferencia de las demás, lo que la hace menos transparente, más compleja y más difícil de prever y erradicar. La concepción que valía hasta entonces es la de que ese era un «asunto privado», cuya consecuencia es la ocultación social de su existencia y una falta de conciencia de la sociedad y los agentes públicos en contacto con el tema (médicos, jueces, policías, testigos, vecinos, parientes, etc.). Otra característica de esa violencia era la dificultad de la prueba, pues el agresor es una persona de quien la víctima depende sentimental y muchas veces económicamente, de modo que el grado de tolerancia del delito por parte de la propia víctima es mucho mayor que en otros casos. Al respecto del perfil de la mujer maltratada, el documento señala las características más frecuentes y concluye que la principal dificultad de estas mujeres para iniciar una vida propia, de forma autónoma, es la falta de trabajo y vivienda. Más importante aún es que el informe reconozca que la redacción del Código Penal español de aquella época no era adecuada para lidiar con la situación. En el informe se nota una clara influencia de las ideas feministas, como, por ejemplo, la consideración de la violencia contra la mujer como un fenómeno estructural, producto de razones históricas y culturales, y la especificidad de este problema, que justificaría un tratamiento diferenciado de las demás formas de violencia contra la persona.[5] Sin embargo, el

5 En paralelo, el movimiento feminista realizó una gran aportación en esta etapa de reivindicación de un debate público sobre la realidad de los malos tratos contra la mujer y el consecuente reconocimiento de que se trata de un hecho estructural, producto de razones históricas y culturales que condicionan su existencia. No obstante, como veremos más adelante, esta vertiente feminista fue oscurecida por un modelo legislativo que "explica" la violencia contra la mujer como un problema de "seguridad individual" (cfr. Bodelón 2012).

documento evitó centrarse en la violencia en la pareja (en las relaciones amorosas, cometida por el (ex)cónyuge o la (ex)pareja sentimental), de forma separada de la que ejercen otros miembros de la familia. Esta falta de diferenciación de las formas de violencia es un aspecto importante, pues las primeras legislaciones sobre la materia incurrieron en una verdadera confusión, al mezclar las etiquetas –la violencia contra la mujer, la violencia doméstica, la violencia intrafamiliar, junto con la violencia que ejerce el (ex)cónyuge o la (ex)pareja sentimental y la violencia que ejercen los demás miembros de la familia– como si designaran lo mismo y fueran una única categoría, cuando en realidad se trata de fenómenos distintos.

De momento, basta con señalar que este importante documento elaborado por el Senado español puso los cimientos de una reforma penal que se llevó a cabo el mismo año en que aquel se publicó: la *Ley Orgánica 3/1989, de 21 de junio, de actualización del Código Penal*, que introdujo en el entonces vigente Código Penal español de 1973 el nuevo artículo 425,[6] que señala que el que habitualmente, y con cualquier fin, ejerza violencia física sobre su cónyuge o persona a la que estuviese unido por análoga relación de afectividad, así como sobre los hijos sujetos a la patria potestad, o pupilo, menor, o incapaz sometido a su tutela o guarda de hecho, será castigado con la pena de arresto mayor. Llama la atención que no se haga ninguna mención específica a la "mujer" como víctima. El lenguaje completamente neutro de la exposición de motivos también se extendió a la redacción al nuevo tipo penal de malos tratos en el ámbito familiar. Además, de la manera como fue redactado, permitía el castigo del agresor con independencia del género, aunque parezca innecesario subrayar que las principales víctimas eran las mujeres.

Tras su publicación, se aplaudió la innovación legislativa de 1989, que, de hecho, representaba un perfeccionamiento de los tipos hasta entonces existentes de lesiones corporales en sentido estricto (de los arts. 418 y 427 del Código Penal de 1973). No obstante, de inmediato creció la sensación de que el nuevo tipo penal de malos tratos era insuficiente para afrontar el problema social subyacente. Aun así, su *ratio* se mantuvo en esencia en la *Ley Orgánica 10/1995, de 23 de noviembre, del Código Penal*, que introdujo

6 Art. 425 CP: «El que habitualmente, y con cualquier fin, ejerza violencia física sobre su cónyuge o persona a la que estuviese unido por análoga relación de afectividad, así como sobre los hijos sujetos a la patria potestad, o pupilo, menor o incapaz sometido a su tutela o guarda de hecho, será castigado con la pena de arresto mayor».

un nuevo Código Penal en España, el cual cobijó el tipo de malos tratos en el art. 153,[7] ubicado sistemáticamente en el mismo lugar que el anterior, dentro del título dedicado a las lesiones, lo que siguió suscitando críticas, porque el bien jurídico protegido en el tipo de malos tratos intrafamiliares se referiría más a la integridad moral (y la salud) o incluso al derecho a no ser sometido a tratos inhumanos o degradantes. Además, el tipo de malos tratos claramente puede consumarse sin que haya ninguna lesión física; de ahí la impropiedad de su ubicación entre las lesiones. Por eso, se siguió reputando el tipo insuficiente para un tema que cada vez más exigía acciones más contundentes y completas (cfr. Morillas 2002, p. 661).

También como hecho importante para la comprensión del debate parlamentario, debe mencionarse que, en el ámbito comunitario, el 14 de abril de 1997 el Parlamento Europeo aprobó la *Resolución sobre la violación de los derechos de las mujeres*, en la que se afirma que los derechos de las mujeres constituyen una parte inalienable, íntegra e indisociable de los derechos universales de las personas, de modo que los derechos de las mujeres son parte integrante de los derechos humanos. Y el 16 de septiembre del mismo año se aprobó una nueva resolución (A4-0250/1997) para promover una campaña de tolerancia cero ante la violencia sobre las mujeres, que invitaba a los Estados miembros a elaborar legislaciones específicas para proteger a las víctimas de violencia basada en el género y a promover la elaboración de estadísticas. La resolución afirma textualmente que dicha violencia refleja el desequilibrio en las relaciones de poder y representa un obstáculo para superar las desigualdades en la sociedad.

Fue entonces cuando, el 17 de diciembre de 1997, un crimen atroz conmovió al país: Ana Orantes Ruiz (60 años) fue quemada viva por su exmarido, José Parejo (61 años), delante de la hija de ambos, que en aquel momento tenía 14 años.[8] El acontecimiento tuvo una gran repercusión y

7 Art. 153 CP: «El que habitualmente ejerza violencia física sobre su cónyuge o persona a la que se halle ligado de forma estable por análoga relación de afectividad o sobre los hijos propios o del cónyuge o conviviente, pupilos, ascendientes o incapaces que con él convivan o que se hallen sujetos a la potestad, tutela, curatela o guarda de hecho de uno u otro, será castigado con la pena de prisión de seis meses a tres años, sin perjuicio de las penas que pudieran corresponder por el resultado que, en cada caso, se causare».

8 El crimen tuvo lugar en el patio de la casa en la que la pareja vivía, aunque estaban separados desde hacía más de dos años cuando se perpetró el delito. La pareja aún convivía porque la sentencia judicial que había decretado la separación de ambos los obligó a seguir cohabitando bajo el mismo techo: la mujer vivía con sus dos hijos en el primer piso de la casa,

generó un aumento exponencial, en los medios de comunicación, de las noticias sobre las agresiones a mujeres a manos de sus cónyuges (o excónyuges), con el esperado peso en la formación de la opinión pública, que solicitaba más medidas gubernamentales para enfrentar la cuestión. Con eso se nota un cambio de perspectiva, que convirtió el asunto en un problema urgente –provocado, dicho sea de paso, por los medios españoles–,[9] e hizo que el tema entrara de forma definitiva en la agenda de los políticos y las instituciones gubernamentales del país. El caso de Ana Orantes Ruiz representó un hito en el tratamiento legislativo de la violencia contra la mujer. Como era de esperar, se formó un gran consenso en España: sin duda, la respuesta legal y del sistema jurídico penal eran inapropiadas para tratar la llamada violencia en la pareja (es decir, en las relaciones afectivas).[10]

Tras el episodio, el gobierno español elaboró el *I Plan de Acción contra la violencia doméstica*, aprobado por Acuerdo del Consejo de Ministros el 30 de abril de 1998. En este momento, gobernaba el Partido Popular, que había llegado al poder en 1996.[11] Entre otras medidas, en el plan se sugirieron nuevas modificaciones legislativas en el tipo de malos tratos habituales. En consecuencia, en 1999 se aprobaron dos leyes: la *Ley Orgánica*

---

mientras que el hombre vivía en el piso de abajo. Según los vecinos, las agresiones, peleas y discusiones eran frecuentes y también la última acción estuvo precedida de una fuerte discusión, tras la que el hombre propinó una paliza a la mujer, la ató y la roció con gasolina y prendió fuego. El caso también tuvo repercusión porque Ana Orantes Ruiz había acudido a un programa de televisión el 4 de diciembre de 1996, cerca de un año antes, para denunciar los constantes malos tratos sufridos. Según consta, en aquella ocasión, Ana Orantes Ruiz contó las palizas que recibía, las relaciones sexuales forzadas a las que el marido la sometía cuando llegaba embriagado a casa, a lo largo de los 40 años de matrimonio (con ocho hijos en común). Además, relató que había denunciado a su agresor al menos quince veces y que temía por su vida. Ana Orantes Ruiz fue la víctima número 59 de aquel 1997, en el que en total murieron 97 mujeres a manos de sus familiares. En su memoria, se levantó un monumento en el municipio de Cúllar Vega, cerca de Granada, donde ocurrió el crimen. José Parejo fue condenado a 17 años de prisión y falleció en la cárcel en 2004.

9 Cfr. Soto Navarro (2005).

10 Cfr. Medina (2008, p. 37 ss.).

11 En esa época, como narra Manuela Carmena Castrillo, el Partido Socialista ya había formulado una propuesta, que rechazó el gobierno del Partido Popular de entonces, de elaborar una ley integral, en vez de un plan. Este desacuerdo entre el gobierno y la oposición (sobre aprobar una ley o un plan) acabó siendo politizado –al punto de que, más tarde, el Partido Socialista incluyó la aprobación de dicha ley integral en su programa electoral– y el debate de fondo acabó asumiendo carácter secundario. Los parlamentarios, a su vez, perdieron una oportunidad para definir la mejor estrategia para acabar con la violencia de género. Cfr. Carmena (2005, p. 32).

11/1999, de 30 de abril, de modificación del Título VIII del Libro II del Código Penal, y la *Ley Orgánica 14/1999, de 9 de junio, de modificación del Código Penal de 1995 en materia de protección a las víctimas de malos tratos y de la Ley de Enjuiciamiento Criminal*. Aunque se había acogido una nueva concepción normativa de los malos tratos, estos seguían siendo considerados algo fundamentalmente «familiar», no una «cuestión de género». Aun así, las reformas legislativas han representado un avance en el tratamiento del tema (por ejemplo, la creación de medidas cautelares, la persecución de oficio), con comentarios y análisis detallados.[12]

Naturalmente, las previsiones legales de 1999 no fueron suficientes para eliminar, ni siquiera de manera parcial, el contexto de la violencia contra la mujer. Es más, parece que el mero surgimiento de nuevas leyes provoca una automática ampliación de los horizontes de actuación, con la inmediata aparición de nuevas propuestas de reforma para mejorar el tratamiento jurídico que se da al tema. Así que, el 11 de mayo de 2001, el Consejo de Ministros de España, aún bajo el gobierno del Partido Popular, aprobó el *II Plan integral contra la violencia doméstica 2001-2004*, con el fin de avanzar por el camino del primero y de corregir sus defectos. Y, poco tiempo después, vino la quinta medida legislativa, la *Ley 27/2003, de 31 de julio, reguladora de la Orden de protección de las víctimas de la violencia doméstica*. En esta ley, por primera vez, apareció en la exposición de motivos la expresión «violencia de género», aunque aún camuflada, como subespecie de la violencia doméstica. Así se desprende de la motivación: «La violencia ejercida en el entorno familiar y, en particular, la violencia de género constituye un grave problema de nuestra sociedad que exige una respuesta global y coordinada por parte de todos los poderes públicos». Se usó la expresión en un sentido amplio, con el objetivo de señalar el papel oprimido ocupado por la mujer, con el significado de que se ejerce con el propósito de perpetuar el *status quo* de dominación masculina.

Menos de dos meses después, se promulgó la sexta ley reformadora del ordenamiento español en esta materia, a saber, la *Ley Orgánica 11/2003, de 29 de septiembre, de medidas concretas en materia de seguridad ciudadana, violencia doméstica e integración social de los extranjeros* (la sexta medida). La reforma sufrió intensas modificaciones durante su tramitación parlamentaria, que incluso habrían empeorado la propuesta original: la mala técnica le-

12 Por ejemplo, Benítez (1999) y Maqueda Abreu (2010).

gislativa empleada se evidenciaría sobre todo en las previsiones vagas y la falta de contornos de la violencia psíquica, la habitualidad o el consentimiento (Morillas Cueva 2003, p. 272-273). Pese a las críticas, la reforma de 2003 fue considerada positiva (Morillas Cueva 2003, p. 278). Sin embargo, esto no significa que no fuera necesario seguir mejorando su contenido. Por eso, vino la *Ley Orgánica 15/2003, de 25 de noviembre, por la que se modifica la Ley Orgánica 10/1995, de 23 de noviembre, del Código Penal.* Básicamente hubo una ampliación de las penas.

Todo ese historial ha servido para destacar algunos aspectos que impregnaron las siete intervenciones legislativas: tratamiento casi exclusivamente penal y el ámbito de aplicación limitado al intrafamiliar, con la equiparación de los agresores dentro de la familia. Como se ha explicado, es un grave error dar el mismo tratamiento entre la violencia cometida en la pareja y las demás formas de violencias perpetradas en el seno del hogar. Además, llama la atención el lenguaje normativo neutro, que se abstiene de usar las categorías de género reivindicadas por parte de los movimientos feministas. En otras palabras, esa opción quiere decir que la violencia doméstica aún no era una cuestión "de género". La construcción legislativa en esa época minimizaba el conflicto. "Doméstico" se refiere solo al contexto en el que se ejerce la violencia.

Vemos, en suma, que la LVG no partió de un vacío normativo anterior, sino que se construyó como una reforma de lo que, se entendía, no estaba funcionando bien, es decir, a partir de la evaluación de la (in)eficacia e (in)efectividad de las leyes anteriores. En general, cuando esto sucede, las cuestiones legislativas (los problemas concretos) ya están mejor situados y existe una mayor claridad en la solución presentada. Esto puede parecer un detalle, pero marca la trayectoria legislativa de una ley reformadora, pues son propuestas cuya aprobación tiende a encontrar una menor resistencia. El debate público sobre el asunto ya estaba "politizado" desde antes, de manera que, aunque se reconozca el papel del movimiento feminista, sería exagerado decir que la actuación de esas entidades de mujeres fue el principal móvil de la nueva ley. En verdad, uno de los antecedentes importantes fueron las elecciones generales que ganó el Partido Socialista y la creación de una Secretaría General de Políticas de Igualdad por el nuevo gobierno.[13]

13 Según Nuria Varela (2013, p. 220), en la campaña electoral del año 2000, todos los candidatos se comprometieron a, en caso de ganar las elecciones, sacar adelante una ley inte-

3. LA JUSTIFICACIÓN, LA TRAMITACIÓN Y LA DELIBERACIÓN PARLAMENTARIA

Todo el escenario presentado en el apartado anterior retrata el contexto del debate parlamentario, señalando que uno de los objetivos de la nueva ley era promover un cambio de discurso sobre la protección de la mujer. Enviar un mensaje de que las conductas en cuestión son mucho más graves de que simples "malos tratos", en el eufemismo de la legislación anterior. La LVG, con la pretensión de abandonar la trayectoria anterior, se presentaba como una ley contra la "violencia de género", con carácter más amplio. La elección de esta expresión, como era de esperar, recibió diversas críticas.[14] La exposición de motivos afirma de entrada:

> La violencia de género no es un problema que afecte al ámbito privado. Al contrario, se manifiesta como el símbolo más brutal de la desigualdad existente en nuestra sociedad. Se trata de una violencia que se dirige sobre las mujeres por el hecho mismo de serlo, por ser consideradas, por sus agresores, carentes de los derechos mínimos de libertad, respeto y capacidad de decisión.

La exposición de motivos declara querer proteger a la mujer de «todos los tipos de violencia de género», y no solo la que se manifiesta en el entorno

---

gral. En aquella época, José María Aznar ganó las elecciones, pero no cumplió su promesa. En ese contexto, en diciembre de 2001, el grupo socialista en el Congreso de los Diputados presentó su propuesta de Ley Orgánica Integral contra la violencia de género, que no fue aprobada. Tras el debate celebrado el 10 de septiembre de 2002, el resultado de la votación fue de 165 votos en contra y 151 votos a favor. En aquel momento, todos los grupos políticos, a excepción del grupo popular, apoyaron la iniciativa. Por tanto, se trataba de una promesa electoral antigua del Partido Socialista español.

14 La Real Academia Española (RAE) llegó a elaborar un dictamen completo sobre la expresión "violencia de género". En el documento, de 13 de mayo de 2004, recomendó el uso de la denominación "violencia doméstica" o "por razón de sexo", y no "de género", puesto que esta última forma es un anglicismo, traducción directa de las expresiones usadas en la IV Conferencia Mundial de la ONU sobre la Mujer, celebrada en Pequín en 1995, *gender-based violence* o *gender violence.* La RAE recordó que en español no existe la tradición de usar la palabra "género" como sinónimo de "sexo". Por otro lado, consideró que la expresión "violencia doméstica" tiene un uso más arraigado. Por último, advirtió que la opción legislativa adoptada resultaría decisiva para el uso común de la lengua, instando al Gobierno a revisar el título de la ley. El desenlace ya se conoce, predominó la expresión "violencia de género", pues el objetivo fue el de aludir a una categoría sociocultural que implica diferencias o desigualdades de índole social, económica, política, laboral, etcétera, asimilando que el término "doméstica" alude solo a uno de los contextos en los que la violencia se ejerce. Cfr. Velando Casanova (2005).

doméstico o familiar.[15] Reconoce que el problema social en cuestión es antiguo y señala que «ya no es un "delito invisible", sino que produce un rechazo colectivo y una evidente alarma social». De modo cuidadoso, evitó referirse a cualesquiera "fallos" o "fracasos" en la efectividad de las leyes anteriores para lograr reducir el número de agresiones contra las mujeres. Se limitó a afirmar que las respuestas hasta entonces existentes eran "parciales". La exposición de motivos adelanta que la ley abarca tantos aspectos preventivos, educativos, sociales, asistenciales y de atención posterior a las víctimas.

Llama la atención la elección de los términos "violencia de género" y "violencia de género en las relaciones intrafamiliares". Hubo una cierta ambigüedad en el discurso de la ley. Aunque haya pretendido luchar contra la violencia de género *lato sensu* (ejercida en los diversos contextos de la sociedad), la mayor parte de las medidas se destina únicamente a la protección de la mujer en el ámbito intrafamiliar. De todas formas, afirmar que la violencia es "de género" da otra dimensión al debate del tema, sin perjuicio de la enorme controversia sobre este aspecto.[16] Un fallo grave de la exposición de motivos fue no mencionar estadísticas relativas a la violencia ejercida sobre la mujer (no aparecen los números de las víctimas de agresiones). La exposición de motivos se limita a afirmar que las agresiones sobre mujeres tienen una «especial incidencia en la realidad española», sin más detalles. Como señala Osborne (2008) incluso la compilación de esos números de la violencia es una cuestión política, pues un concepto muy limitado de los malos tratos puede llevar a una cifra que no se corresponda con la realidad, el influirá de manera decisiva en los resultados obtenidos por la ley.

A lo largo de la exposición de motivos, se percibe el esfuerzo por justificar el carácter "integral" de la ley. Es decir, el carácter multidisciplinario,

15 Es lo que se deduce de la afirmación que se hace en la exposición de motivos de que «La Ley pretende atender a las recomendaciones de los organismos internacionales en el sentido de proporcionar una respuesta global a la violencia que se ejerce sobre las mujeres».

16 El uso de la expresión "de género" tiene una gran carga ideológica, sobre todo en lo que se refiere a la explicación de este tipo de violencia ejercida contra la mujer. Atribuir sus causas a un propósito de perpetuar la "dominación masculina" también implica consecuencias que agravan este tipo de violencia, en particular, la obstaculización de la igualdad entre hombres y mujeres. No es necesario enfatizar que esta descripción de la violencia contra la mujer procedente de las teorías de género y feminista está lejos de gozar de un consenso. Otros planteamientos teóricos dan otras explicaciones diferentes del fenómeno, sin recurrir a formulaciones tan amplias y estructurales. En este sentido apuntan, por ejemplo, algunas perspectivas criminológicas, psicológicas, etcétera.

los distintos frentes desde los que se combate y suavizan los efectos de la violencia doméstica, con medidas que van más allá del ámbito penal. La LVG fue la primera en introducir la llamada "perspectiva de género" en el sistema jurídico español. Se dice que la introducción de esta perspectiva tiene el objetivo de dar visibilidad a la posición subordinada de las mujeres en los diferentes sectores sociales y cuyo origen no se debe a su "naturaleza inferior", ni a que hayan tenido menos oportunidades o menos educación, sino a la estructura de género sobre la que se basa la sociedad, que mantiene a las mujeres en una posición subordinada a los hombres de su mismo sector o clase y con menor poder, relativamente, en este contexto.

El proyecto de ley remitido por el Consejo de Ministros al Parlamento[17] español contenía sesenta artículos, con énfasis en las disposiciones que establecen que las mujeres víctimas de violencia de género serán consideradas colectivos prioritarios en el acceso a viviendas protegidas y residencias públicas (art. 24), o en la constitución del Observatorio Nacional de Violencia sobre la Mujer (art. 26). También sobresale la tutela penal, que siguió la estrategia de incorporación de tipos agravados de violencia en función de la condición sexual de uno de los miembros de la pareja. Fue esa precisamente la parte más modificada durante el debate parlamentario. Una enmienda parlamentaria introdujo como sujeto pasivo, además de la mujer, la figura de la «persona especialmente vulnerable que conviva con el autor» –con independencia de que se trate de un hombre o una mujer, a fin de ampliar la protección a los ascendientes, niños y al compañero homosexual–, lo que desfiguró bastante el concepto de una ley contra la violencia "de género".[18] Como se trata de un debate importante, merece verlo con detenimiento.

Durante los debates en el seno del gobierno, las oposiciones más contundentes se centraron en las medidas penales, y las críticas partieron de

17 *Boletín Oficial de las Cortes Generales*, Congreso de los Diputados, núm. A-2-1, 1/7/2004, pp. 1-31.

18 Consta que justamente se introdujo la enmienda parlamentaria con el objetivo de evitar que se cuestionara su constitucionalidad, pues, al tratarse de "persona especialmente vulnerable", no importa si el sujeto pasivo es hombre o mujer. La enmienda también pretendió ampliar la protección a las parejas homosexuales, además de a los menores y ancianos. Sin perjuicio de ello, su inclusión en realidad atendió a un objetivo más práctico, como es el de lograr la mayoría parlamentaria necesaria para aprobar la ley. La enmienda claramente afecta a la coherencia del texto, pues su espíritu era el de contemplar solo la violencia "de género". Al mismo tiempo, crea una especie de presunción de especial vulnerabilidad de la mujer, junto con la correlativa presunción de peligrosidad del hombre agresor.

los jueces y la doctrina penalista. El argumento que esgrimían estos sectores era que el proyecto del gobierno contrariaba los principios básicos que deben informar la legislación de un Estado social y democrático de derecho, al incorporar al Código Penal tipos agravados de violencia en función de la condición sexual de uno de los miembros de la pareja.[19] De acuerdo con esta corriente, la reforma adoptaba un "Derecho penal del autor", violaba el principio de culpabilidad y representaba una protección asistemática del bien jurídico tutelado, en la medida en que el tratamiento desigual no se dirigía a la igualdad entre hombres y mujeres (Boldova y Rueda 2004, pp. 65-73).

El Consejo General del Poder Judicial (CGPJ) criticó duramente la "discriminación positiva" en el ámbito penal, poniéndose en contra de esa posibilidad. En su razonamiento, infiere el CGPJ que las medidas de acción positiva son inaplicables en los ámbitos en los que no exista una situación de desequilibrio previo y, además, no haya escasez de bienes, como es el caso de la protección penal y judicial a las mujeres. Dicho con otras palabras, se sostiene que no existe relación entre "violencia" y "discriminación". Esta asociación es, de hecho, muy reciente, pues surgió por primera vez de forma explícita en 1992, en el seno de la Recomendación General núm. 19 del Comité para la eliminación de la discriminación contra la mujer, cuyo primer apartado dice: «La violencia contra la mujer es una forma de discriminación que inhibe gravemente la capacidad de la mujer de gozar de derechos y libertades en pie de igualdad con el hombre».[20] Sin embargo, el debate parlamentario prefirió no afrontar la controversia sobre la adopción de medidas de acción positiva en el derecho penal, y simplemente aprobó la enmienda que se ha comentado para incluir la figura de la «persona especialmente vulnerable que conviva con el autor» como sujeto pasivo, aparte de la mujer.

El CGPJ también criticó la definición de violencia contra la mujer como aquella que se ejerce como «instrumento para mantener la discriminación, la desigualdad y las relaciones de poder de los hombres sobre las

19 Se llega a usar el término "aberración jurídica" en referencia al proyecto, además de implicar un «retroceso de doscientos años en el pensamiento jurídico penal». Cfr. Martínez Buján Pérez (2004).

20 Cfr. Rey et al. (2012), González Rus (2005), Rueda y Boldova (2004), Rey (2004). De otro lado, entendiendo que no hay problema, es decir, que las acciones positivas son compatibles con el Derecho penal: Durán Febrer (2004), Balaguer Callejón (2004).

mujeres». Tras las críticas del CGPJ sobre el despropósito de dicho elemento intencional en la definición, el Consejo de Ministros retiró la mención. En el informe también se criticó la exclusión de los «hombres, menores y ancianos» de su ámbito de protección. Aunque esa crítica no fue acogida en la fase gubernamental, parece que se reflejó en la aprobación de la sobredicha enmienda parlamentaria. El CGPJ se mostró incluso en contra de la creación de los juzgados de Violencia sobre la Mujer, con competencias civiles y penales, argumentando que, en la práctica, equivaldrían a una jurisdicción especial determinada solo en función del sexo de la víctima, no de la materia, lo que supondría una falta de justificación razonable para cambiar una regla de organización de la planta judicial; que tales órganos especializados atentaban contra la imparcialidad que debe presidir todas las instancias jurisdiccionales, pues su finalidad única sería la protección de la mujer; y que su creación comprometía el derecho al juez natural predeterminado por ley recogido en el art. 24.2 de la Constitución española.[21]

Como se ve, la premisa que subyace al anteproyecto era la explicación de que la violencia sobre la mujer se da por el propio hecho de "ser mujer". Tal construcción es un caso de argumentación circular, que puede reputarse como falaz, al incurrir en el llamado *circulus in probando*, pues los hechos se usan como explicación por sí mismos, o *non sequitur* (en latín, «no se sigue»), ya que la evidencia (que la víctima sea mujer) se presenta como causa de la conclusión (la violencia sobre la mujer), sin que una se apoye con claridad en la otra. En resumen, faltan más explicaciones (o que estas sean más detalladas) sobre las causas de dicha violencia. Ese fue uno de los puntos omitidos en el debate parlamentario.

Ya en el Congreso, el proyecto de ley recibió el número 121/000002, con la siguiente referencia: *Proyecto de ley orgánica de medidas de protección integral contra la violencia de género*.[22] La publicación se produjo entre el 26 de junio y el 1 de julio de 2004.[23] El proyecto de ley pasó por la Comisión de Trabajo y

21 El informe del CGPJ, además, abordó otras cuestiones consideradas problemáticas desde su punto de vista. No obstante, aquí no se ahonda en estos detalles: basta con hacernos eco de la argumentación prelegislativa de esta institución, no solo por su importancia, sino sobre todo porque representó una posición manifiestamente contraria a la propuesta entonces objeto de debate. Ese ha sido precisamente el momento más conflictivo del debate sobre la LVG. A lo largo de la tramitación las objeciones fueron desapareciendo.

22 *Boletín Oficial de las Cortes Generales*, Congreso de los Diputados, VIII Legislatura, Serie A – Proyectos de Ley, núm. 2-1, 1/7/2004.

23 http://www.congreso.es/public_oficiales/ L8/CONG/BOCG/A/A_002-01.PDF.

Asuntos Sociales antes de ir a votación en el Pleno. Se abrió el plazo para la presentación de enmiendas entre el 1 de julio y el 21 de septiembre de 2004, incluidas dos prórrogas.[24] En total, fueron 478 propuestas de modificación, publicadas en el 24 de septiembre de 2004.[25] Ese es un número elevado, lo que deja ver el gran interés que suscitó el tema y la participación parlamentaria.[26] Las enmiendas se centraban en diversos temas, la mayoría se atenía a mejorar la redacción (el lenguaje) y solo pretendían perfeccionar la técnica legislativa. Las relacionadas propiamente con el fondo fueron pocas.

El cuerpo burocrático del Legislativo, como es habitual, organizó las enmiendas por grupos y publicó, el 27 de septiembre de 2004, un índice sistemático con los números de las enmiendas, el nombre de su autor y el artículo de la propuesta original a la que se referían.[27] En el procedimiento legislativo español (art. 113 del Reglamento del Congreso de los Diputados), un grupo reducido de diputados (que se denomina ponencia), integrado por representantes de todos los grupos parlamentarios y designado por la propia comisión, es el encargado de estudiar las enmiendas una a una y de preparar un informe sobre cuáles deberían acogerse.[28] La ponencia debate a puerta cerrada sobre las enmiendas que deben incorporarse, y con ello se filtra el objeto del debate en el seno de la comisión, en cuya reunión se evaluará el informe y si las demás enmiendas, es decir, aquellas que la ponencia no aceptó en un primer momento, deben de hecho incorporarse al texto. El informe se publicó el 30 de septiembre de 2004.[29]

---

24 Observando los datos –la primera prórroga fue el 20 de julio y la segunda, el 16 de septiembre–, es de suponer que el motivo fuesen las vacaciones estivales. Disponible en: http://www.congreso.es

25 Disponible en: http://www.congreso.es

26 En determinados contextos, esta profusión de enmiendas también puede funcionar como un instrumento para agitar y frenar los debates durante el procedimiento legislativo. No obstante, en este caso, no parece que este fuera el propósito y el elevado número de enmiendas responde a la praxis del sistema español. Además, parte de las enmiendas las formularon los propios grupos interesados.

27 Disponible en: http://www.congreso.es.

28 Para el proyecto de ley aquí analizado, los miembros de la ponencia en el Congreso de los Diputados fueron: Uxue Barkos Berruelo (Grupo Mixto), Rosa María Bonás Pahisa (Grupo Esquerra Republicana), Susana Camarero Benítez (Grupo Popular), Esperanza Esteve Ortega (Grupo Socialista), María del Carmen García Suárez (Grupo Izquierda Unida), María Virtudes Monteserín Rodríguez (Grupo Socialista), María Mercé Pigem i Palmés (Grupo Catalán), Román Rodríguez (Grupo Coalición Canaria-Nueva Canaria), Ana Tormé Pardo (Grupo Popular), Margarita Uría Etxebarría (Grupo Vasco) y Julio Villarrubia Mediavilla (Grupo Socialista).

29 *Boletín Oficial de las Cortes Generales*, Congreso de los Diputados, VIII Legislatura, Serie A – Proyectos de Ley, núm. 2-6, 30/9/ 2004. Disponible en: http://www.congreso.es

En el informe elaborado por la ponencia se mencionan solo las enmiendas que se aceptan y no las que se han excluido. Prácticamente no se razona esta decisión: el informe se limita a calificar las enmiendas aceptadas como "pertinentes", "adecuadas", "oportunas", etcétera, sin más explicaciones. Al final, se junta el texto del proyecto de ley compilado, con los añadidos y las modificaciones efectuadas señalados en negrita y subrayados, lo que facilita la comparación de las versiones (original y enmendada). En el caso, las diferencias fueron pocas, como va a verse más adelante.

A continuación, se somete el informe a la comisión, que debatirá al respecto. Como producto de este debate, la comisión emite un dictamen dirigido al Presidente de la Cámara Legislativa. Ese documento aún es menos transparente que el anterior (el informe), pues ya no hace referencia a las enmiendas y presenta solo un texto compilado, es decir, ya incorpora (o no) las enmiendas al proyecto sin destacarlas ni especificando las razones, lo que dificulta el análisis de las sugerencias acogidas por la comisión. Tras su apreciación por la comisión, la materia siguió para el Pleno de esta cámara legislativa y se aprobó el 18 de octubre de 2004.

Enseguida, el proyecto se remitió al Senado, donde pasó por una tramitación semejante a la del Congreso. En total se presentaron 234 enmiendas en esta cámara legislativa, que, con sus respectivas justificaciones, se publicaron el 8 de noviembre de 2004.[30] Al igual que en el procedimiento del Congreso de los Diputados, una ponencia se ocupó de analizar las enmiendas presentadas y se manifestó de manera preliminar sobre su pertinencia, en los términos del informe publicado el 22 de noviembre de 2004.[31] El dictamen de la ponencia se publicó el 29 de noviembre de 2004.[32] El 2 de diciembre de 2004, el Pleno del Senado español aprobó el texto del proyecto de ley con las enmiendas que fueron aceptadas. El día 14 de diciembre de 2004, se publicaron las enmiendas del Senado al proyecto de ley, que se remitió al Congreso de los Diputados para su análisis.[33]

30 *Boletín Oficial de las Cortes Generales*, Senado, núm. II-1-c, 11/11/2004, pp. 49-141. Disponible en: http://www.congreso.es/public_oficiales/L8/SEN/BOCG/II/II0001C.PDF

31 *Boletín Oficial de las Cortes Generales*, Senado, núm. II-1-d, 22/11/2004, pp. 143-188. Disponible en: http://www.congreso.es/public_oficiales/L8/SEN/BOCG/II/II0001D.PDF

32 *Boletín Oficial de las Cortes Generales*, Senado, núm. II-1-e, 29/11/2004, pp. 189-236. Disponible en: http://www.congreso.es/public_oficiales/L8/SEN/BOCG/II/II0001E.PDF

33 *Boletín Oficial de las Cortes Generales*, Congreso de los Diputados, núm. A-2-9, 14/12/2004, p. 121-193 Disponible en: http://www.congreso.es/public_oficiales/L8/CONG/BOCG/A/A_002-09.PDF (se destacaron primero las enmiendas aprobadas, después el texto

A su vez, esta última cámara aprobó de forma definitiva el proyecto de ley el 22 de diciembre de 2004.[34]

La tramitación del proyecto de ley que se convirtió en la LVG duró poco menos de seis meses dentro del Poder Legislativo español, un plazo bastante rápido, con lo que el procedimiento legislativo fue de extrema celeridad. En las dos cámaras, todos los grupos parlamentarios llegaron a un acuerdo para aprobar el texto elaborado por el gobierno –con las enmiendas parlamentarias negociadas, como es natural–, por consenso y con la mayor rapidez. Aunque este tipo de acuerdo de los grupos políticos revela, por un lado, el compromiso existente en torno al tema, que clamaba por medidas urgentes; por otro, presenta desventajas relativas a la calidad del debate, pues, por el afán de la inmediatez, no se ahonda en si las medidas discutidas sirven para los fines propuestos, si resolverán el problema social. Esta característica se observó en ambas cámaras y fue objeto de denuncia por varios parlamentarios, como se pasa a explicar en el próximo apartado.

4. LOS ARGUMENTOS DENTRO DEL PARLAMENTO

En el proceso legislativo, la argumentación de los parlamentarios se manifiesta sobre todo en dos momentos: en la presentación de enmiendas (en especial, en las comisiones) y en los debates en el Pleno, previos a la votación definitiva.[35] En el caso de la LVG, durante la sesión de la Comisión de Trabajo y Asuntos Sociales, además de las enmiendas formalmente presentadas, también se formularon enmiendas transaccionales, consolidando propuestas (o conciliando las antagónicas) con el objetivo de agilizar el debate y lograr más rápidamente el consenso, pues se descartan las enmiendas presentadas en un primer momento.

Según lo acordado entre los grupos parlamentarios, y este procedimiento se explicó al comienzo de la sesión, primero se presentaron todas las enmiendas sin intervenciones, para, a continuación, hacer una pausa

compilado de la ley). Ya en el Senado, se publicó el texto aprobado en el *Boletín Oficial de las Cortes Generales*, Senado, núm. II-1-f, 14/12/2004, pp. 237-283.

34 *Boletín Oficial de las Cortes Generales*, Congreso de los Diputados, núm. A-2-10, 29/12/2004, pp. 195-236. Disponible en: http://www.congreso.es/public_oficiales/L8/CONG/BOCG/A/A_002-10.PDF

35 Cfr. Oliver-Lalana (2005; 2006; 2016).

para "el conocimiento" de esas enmiendas transaccionales. En realidad, esa pausa es estratégica para fomentar las "conversaciones del café", que suelen ser bastante provechosas para lograr el consenso entre los grupos parlamentarios de forma más rápida. Fue justamente lo que sucedió en este caso: durante ese intervalo se logró un acuerdo unánime.

Enseguida se retomó el debate y varios parlamentarios autores de enmiendas las retiraron, en favor de las enmiendas transaccionales. Las intervenciones de los diputados que hicieron uso de la palabra tuvieron básicamente ese contenido: la explicación de la parte de enmiendas que se contemplaron, la mención expresa de las enmiendas a las que se renunciaba y la felicitación por el acuerdo logrado entre todos los grupos parlamentarios. El caso analizado permite entrever que una parte considerable del discurso es dedicada a este tipo de agradecimiento por el "esfuerzo", felicitación a los "colaboradores" que facilitaron el acuerdo o la célere tramitación de la ley. En estas situaciones de gran y notable consenso, también es común que se repitan los discursos que afirman que se trata de una ley «positiva, oportuna y necesaria».[36]

Las intervenciones son cortas y la mayoría reitera que «se trata de dar una respuesta a una de las manifestaciones más graves que existen de vulneración de derechos humanos» y que hay muchas «expectativas» en la ciudadanía con respecto a la ley.[37] También se mencionó el «interés común de que la ley tenga éxito».[38] En prácticamente todas las intervenciones parlamentarias de la sesión, se mencionó el acuerdo al que se había llegado para la aprobación de la ley.

Un tono de cautela y la crítica por la rapidez de la medida impregnan el debate en dos momentos. En primer lugar, el diputado Rodríguez (Coalición Canaria), aun reconociendo el interés, consignó que el tiempo se había convertido en «adversario de la ley».[39] En segundo lugar, la diputada Camarero Benítez (Grupo Popular) se quejó de la «tramitación precipitada» y de que el debate se limitase a una ponencia y a una comisión, ante un proyecto de ley de tanta importancia al que se habían presentado 478

---

36 Como fue la intervención de la diputada Uría Etxebarría (EAJ-PNV). Diario de Sesiones del Congreso de los Diputados, núm. 91, 30/9/2004, pp. 2-9, pp. 7-8.

37 Intervención de la diputada Bonás Pahisa (Grupo Esquerra Republicana de Catalunya). Diario de Sesiones del Congreso de los Diputados, núm. 91, 30/09/2004, pp. 2-9, p. 8.

38 Intervención de la diputada Pigem i Palmés (Grupo Catalán, CiU). Diario de Sesiones del Congreso de los Diputados, núm. 91, 30/9/2004, pp. 2-9, p. 8.

39 Diario de Sesiones del Congreso de los Diputados, núm. 91, 30/09/2004, pp. 2-9, p. 7.

enmiendas; además, esta última diputada mantuvo las enmiendas presentadas para que se debatieran después en el pleno, es decir, insistió en que se discutieran las propuestas de mejora que presentó.[40]

Muchas veces, este tipo de argumentación a favor de un mayor debate sobre el tema es falaz y tiene la finalidad de dilatar, postergar los debates, con el propósito de eludir por completo la aprobación del proyecto de ley en cuestión. Se trata de la falacia de la dilatación. No obstante, no parece que este sea el caso: los diputados no habrían incurrido en dicha falacia (ni tampoco los debates fueron dilatados). De todas formas, cuando se analizan las argumentaciones legislativas, siempre ha de llamar la atención el hecho de que se esgriman razones para que se dilaten los debates parlamentarios (cfr. Bentham 1990).

En el debate plenario celebrado en el Congreso el 7 de octubre de 2004, el ministro de Trabajo y Asuntos Sociales, J. Caldera Sánchez-Capitán, compareció en persona para un breve discurso de presentación del proyecto de ley que sería votado. Y justificó diversas opciones, especialmente la "estrategia de protección integral". Este punto claramente aparece como un argumento a favor de la ley. Según el ministro:

> (...) una lucha eficiente y eficaz contra la violencia que se ejerce hacia las mujeres exige políticas integradas, globales, coordinadas en las que participen todas las fuerzas políticas, todas las instituciones, los agentes sociales y las organizaciones especializadas, con una mención especial a la actuación de los jueces, de las Fuerzas y Cuerpos de Seguridad del Estado y de la administración sanitaria.[41]

Entre líneas está la idea de que todo el Gobierno actuaba en conjunto, reuniendo esfuerzos para erradicar la violencia contra la mujer. Y para garantizar el éxito, anuncia la creación de los dos nuevos organismos estatales: la Delegación del Gobierno contra la Violencia sobre la Mujer y el Observatorio Estatal de la Violencia sobre la Mujer. La estrategia parecía interesante, pues la creación de nuevos entes públicos suele ser objeto de ataques de la oposición, al implicar un aumento de los gastos. Este no fue el caso.

Justificó las medidas destinadas exclusivamente a la mujer como de "acción positiva". Para ello, usó un argumento consecuencialista (o utilitarista),

---

40 Intervención de la diputada Camarero Benítez (Grupo Popular). Diario de Sesiones del Congreso de los Diputados, núm. 91, 30/9/2004, pp. 2-9, p. 8.

41 Diario de Sesiones. Congreso de los Diputados, núm. 39, 7/10/2004, p. 1699.

es decir, los «efectos favorables que un trato desigual, incluso en materia penal, puede generar en el reequilibrio de situaciones de partida desiguales [entre hombres y mujeres]». Naturalmente, el presupuesto es el de que existe una desigualdad y que la intervención de un Derecho desigual generará la igualdad. Este es un aspecto importante, especialmente porque contrasta con la enmienda parlamentaria que introdujo como sujeto pasivo a la «persona especialmente vulnerable que conviva con el autor», ahora ya sin referencia a su "género". El ministro mencionó tal medida como una mejora de la ley y entendió que también aquí se procedía a una «discriminación positiva».[42]

Al exponer las líneas básicas del proyecto de ley, el ministro comenzó justamente por lo más innovador del discurso estatal sobre la violencia contra la mujer: el reconocimiento de que no se trata de una violencia cualquiera, sino de «manifestación de la discriminación, de la situación de desigualdad y las relaciones de poder de los hombres sobre las mujeres».[43] Afirmó que se trata de una violencia que «manifiesta unas pautas de conducta socioculturales que colocan a la mujer en una situación de supeditación o sometimiento al hombre y que constituyen por ello prácticas discriminatorias». Explicó que la violencia de género «se asienta en una idea de profunda desigualdad entre seres humanos y particularmente entre el género femenino y el masculino». Como se ve en este fragmento, lo que dijo el ministro revela la profunda influencia de la "ideología de género" en la elaboración de la LVG.[44]

42 Sin embargo, la cuestión es muy polémica. En primer lugar, por la propia pertinencia de la enmienda. Como se verá con más detalle en adelante, su inclusión generó críticas, sobre todo por suponer una pérdida de coherencia de la ley, que en un primer momento se encaminaba a la protección solo de la mujer (contra la "violencia de género"). En segundo lugar, por la amplitud de las medidas de protección a un colectivo más amplio, que desnaturaliza la "discriminación positiva". Ello, sin contar la oposición de medidas de este tipo en el ámbito penal, como ya hemos señalado. Sea como sea, dicha inserción fue una importante modificación de la ley que realizaron los miembros del Poder Legislativo.

43 El argumento original fue presentado de la siguiente manera: «El proyecto ha optado, por lo tanto, por un derecho desigual para la igualdad, ignorando por completo el otro fenómeno de violencia de género, esto es, la sufrida por varones, bajo la convicción de los efectos favorables que un trato desigual, incluso en materia penal, puede generar en el reequilibrio de situaciones de partida desiguales» (Diario de Sesiones. Congreso de los Diputados, núm. 39, 7/10/2004, pp. 1703-1729, p. 1704).

44 Eso se puede ver en este fragmento: «Las líneas básicas de actuación del proyecto consisten en definir el objeto de la ley, que es actuar contra la violencia, que no es una violencia cualquiera, es una violencia que surge como manifestación de la discriminación, de la situación de desigualdad y las relaciones de poder de los hombres sobre las mujeres y basándose en ellas se ejerce la violencia sobre las mujeres. Quiere ello decir que la ley no actúa sobre cualquier tipo de violencia, sino sobre aquella que manifiesta unas pautas de conducta socioculturales

En ese momento dio un salto al declarar que la violencia de género «es ejercida sobre la mujer por parte de quienes sean o hayan sido sus cónyuges o de quienes estén o hayan estado ligados a ellas por relaciones familiares de afectividad, aun sin convivencia». A su juicio, se trata de una violencia «cualificada» por esa relación que la víctima tiene con su agresor, pues es en ese ámbito donde el factor de riesgo sociocultural tiene su más clara manifestación concreta. Este punto, como se ve, fue el que justificó la mayor reprobabilidad de esta violencia ejercida contra la mujer y, en consecuencia, la elección legislativa de limitar el ámbito de protección de la ley, considerando como sujeto activo solo a la pareja o expareja sentimental de la víctima. Sin embargo, la enmienda dio un paso hacia atrás en esa parte.

El ministro ha resaltado la «función pedagógica» de las normas penales y procesales, como muestra el siguiente fragmento:

> Todos somos conscientes, señorías, de que las medidas legislativas que proponemos son un elemento importante, pero no definitivo, en la corrección de estas pautas culturales profundamente arraigadas, de ese machismo que a veces deriva en conductas criminales. No será suficiente la norma, pero ésta tiene un sentido protector y pedagógico. Estoy convencido de que, para la corrección de estas pautas de comportamiento, además de la norma, necesitamos esfuerzos plurales y, de forma significativa, procesos de aprendizaje basados en la igualdad, como predica nuestro texto constitucional, y de forma más específica en la igualdad de género, como exige de forma radical nuestra realidad social, una realidad que se muestra todavía refractaria a estos avances sociales, pero que vamos a conseguir entre todos.[45]

Esa chispa de realidad –en el sentido de que se trata de un problema complejo y persistente– la completa instando a los parlamentarios a que aprueben el proyecto de ley, dada su necesidad en este contexto. Es lo que dice a continuación:

---

que colocan a la mujer en una situación de supeditación o sometimiento al hombre y que constituyen por ello prácticas discriminatorias. El proyecto de ley combate, pues, la violencia de género, la cual se asienta en una idea de profunda desigualdad entre seres humanos y particularmente entre el género femenino y el masculino. Esta violencia de género es ejercida sobre la mujer por parte de quienes sean o hayan sido sus cónyuges o de quienes estén o hayan estado ligados a ellas por relaciones familiares de afectividad, aun sin convivencia. Es decir, se trata de una violencia, señorías, cualificada por la relación singular que la víctima tiene con el agresor, pues es en este ámbito donde ese factor de riesgo sociocultural tiene su más clara plasmación» (Diario de Sesiones. Congreso de los Diputados, núm. 39, 7/10/2004, pp. 1703-1729, p. 1705).

45 Diario de Sesiones. Congreso de los Diputados, núm. 39, 7/10/2004, pp. 1703-1729, p. 1705.

> Esa realidad mostrenca, por decirlo de algún modo, justifica una iniciativa legislativa como la que hoy está sobre la mesa, el proyecto de ley de medidas de protección integral contra la violencia de género; constituye también una expresión de rebelión frente a estos comportamientos que todos rechazamos. Combatir esta situación eficazmente es tarea de todos y de todas, y sólo conseguiremos erradicarla cuando toda la sociedad adquiera el compromiso de tolerancia cero con este tipo de violencia. Estoy seguro de que ustedes con su trabajo van a contribuir poderosamente a erradicarla.[46]

Ovacionado con aplausos, el discurso del ministro reflejaría razonablemente el espíritu de lo que deberían ser las intervenciones legislativas orales en el Parlamento. En este caso concreto, reunió un mínimo de técnica (explicación de las medidas legislativas), sin descuidar los aspectos retóricos y justificó políticamente la proposición debatida. Se debe llamar la atención sobre este aspecto. Normalmente, uno de los grandes problemas de la argumentación que se desarrolla en el ámbito del Poder Legislativo está en una especie de escisión entre la argumentación relativa a los aspectos técnicos del proyecto de ley, que sería típica de los asesores legislativos (*draftsmen*), y los discursos de los parlamentarios en el momento posterior, ya durante las sesiones de deliberación (cfr. Atienza 1997; 2004).

Además, es muy raro que, aparte del diputado o el senador ponente del proyecto de ley, otro miembro político de las cámaras legislativas sea capaz de argumentar con desenvoltura sobre el tema, en especial reuniendo esos tres aspectos: la defensa de los aspectos técnicos, la adecuación del punto de vista político, junto con la belleza del discurso (la oratoria bien orientada por la retórica). En general, lo hace quien es (o ya fue) autor de un proyecto de ley sobre la materia o ya participó de un debate semejante antes.

En los debates parlamentarios para la aprobación de la LVG, la diputada Barkos Berruezo (Grupo Mixto) empezó reconociendo que no era necesario defender el carácter integral de la ley. Sin embargo, criticó la elección legislativa de limitar la protección de la mujer al entorno más próximo, más conocido, y dijo que la protección debería asegurarse de forma más amplia. Además, reprendió la rapidez de la tramitación.[47]

---

46 Diario de Sesiones. Congreso de los Diputados, núm. 39, 7/10/2004, pp. 1703-1729, p. 1705.

47 Diario de Sesiones. Congreso de los Diputados, núm. 39, 7/10/2004, pp. 1703-1729, p. 1706.

En su turno, la diputada Lasagabaster Olazábal (Grupo Mixto) también insistió en el carácter integral de la ley como elemento de extrema importancia para hacer frente a la complejidad social del problema y criticó a quienes defienden «soluciones más simples». Enfatizó que la violencia afecta a la esencia misma de la mujer, que las víctimas se encuentran en situaciones de vulnerabilidad extrema y que se configura una violación de derechos humanos que sufren las mujeres por el mero hecho de ser mujer.[48] La diputada se sumó a la crítica sobre la celeridad de la tramitación.

Su intervención añade un dato importante sobre las discusiones de las medidas, y que hasta entonces estaba un poco oculto: la existencia de opiniones contradictorias sobre las medidas legislativas discutidas, en particular en materia de política criminal. Por lo que parece, hizo referencia a especialistas que pueden haber comparecido en el Parlamento. A continuación afirmó: «Creemos que no hay recetas milagrosas y que serán los resultados posteriores a la reforma legal los que dirán si se ha acertado o no con la orientación legislativa».[49] Aquí, la diputada revela que hubo una decisión política en la elección del camino adoptado por el proyecto de ley. No obstante, no da más detalles al respecto. Insistió en el mantenimiento de las treinta y tres enmiendas que había presentado y que no acogió la comisión.

Después, la diputada Fernández Dávila (Grupo Mixto) tomó la palabra para de nuevo oponerse al ámbito restringido de la protección de la ley. En sus propias palabras:

> Consideramos que el contenido del proyecto no responde a la idea de una verdadera ley integral, ya que no abarca todos los ámbitos en los que se manifiesta la violencia de género, la violencia sexual o la violencia contra las mujeres, como queramos llamarla. Este proyecto de ley, como se ha dicho en muchas ocasiones, contempla exclusivamente la violencia en el ámbito la pareja.[50]

Pese a ello, consideró «necesario y urgente» legislar sobre la materia, que fue reconocida como una «alta prioridad política». Aunque elogiase

---

48 Diario de Sesiones. Congreso de los Diputados, núm. 39, 7/10/2004, pp. 1703-1729, p. 1706.

49 Diario de Sesiones. Congreso de los Diputados, núm. 39, 7/10/2004, pp. 1703-1729, p. 1706.

50 Diario de Sesiones. Congreso de los Diputados, núm. 39, 7/10/2004, pp. 1703-1729, p. 1707.

la urgencia de la ley y el esfuerzo de los grupos para lograr acuerdos, denunció que el trámite y el debate parlamentario se llevaron a cabo con mucha prisa. Para facilitar la aprobación de la ley y en favor del consenso, retiró las enmiendas que había presentado, aunque mantuvo las críticas a la celeridad.

La intervención de la diputada refleja el sentimiento de diversos parlamentarios sobre lo que fue la discusión legislativa del tema: reconocen el problema social, la necesidad de la ley, pero no están muy seguros de que el tratamiento dado corregirá la situación indeseada que la ley pretende combatir. Para la diputada, disponer de más tiempo de reflexión y debate podría haber sido beneficioso para el resultado final.

El diputado Rodríguez (Grupo de Coalición Canaria) se sumó al estilo de intervención precedente: elogió la ley que se estaba debatiendo, afirmando que se había convertido en la "estrella" de la primera parte de la legislatura. Y siguió diciendo:

> Estamos convencidos de que el mensaje que hoy trasladamos a la opinión pública es que esta Cámara, los grupos parlamentarios y las instituciones públicas lideramos la lucha contra la violencia que se ejerce sobre las mujeres. Somos conscientes de que ni esta ley ni las anteriores ni seguramente las que algún día volveremos a discutir aquí resolverán de forma definitiva la importante lacra social de la violencia que se ejerce sobre las mujeres, pero si alguna institución tiene la responsabilidad de liderar la lucha contra este fenómeno es esta Cámara, son los grupos políticos, son los representantes de los ciudadanos.[51]

El discurso del diputado engrosa el coro de ese consenso que se formó sobre la necesidad del esfuerzo legislativo, aunque claramente insuficiente para romper la dinámica de la violencia que se ejerce sobre las mujeres. Con su intervención, se va revelando que la ley no atacaría la causa profunda del problema. El diputado insistió en este aspecto:

> (...) no habrá un cambio de esta realidad si no somos capaces de cambiar lo que determina al final el fenómeno de la violencia, que no es otra cuestión que la ideología dominante. El papel del hombre en la sociedad actual posibilita que se produzcan fenómenos como el que hoy tratamos de paliar a través de esta ley y otros que hemos visto recientemente en los

---

51 Diario de Sesiones. Congreso de los Diputados, núm. 39, 7/10/2004, pp. 1703-1729, p. 1707.

> medios de comunicación que no son ajenos a esta ideología de dominio del hombre sobre la mujer que todavía prevalece en la sociedad actual.[52]

Con base en esta premisa, el diputado valoró la propuesta de ley por su carácter integral. También se quejó de la falta de tiempo para discutir una ley tan compleja y volvió a agradecer el esfuerzo y la cooperación durante la tramitación.

Hasta ahora, lo que la exposición ha revelado es que la materia ya estaba "discutida", o mejor dicho, ya se había logrado el consenso para aprobarla en los términos en que estaba, y que la conversión en ley era exactamente lo que iba a ocurrir. Y ello, pese a que claramente hubo poco debate parlamentario (en el sentido intercambio de ideas, dialéctica), a tenor de las reiteradas quejas de los intervinientes relativas a la celeridad y la falta de tiempo que marcó el ritmo de la tramitación. En este tipo de debate, se aprecia que ya no existía la intención de resolver ninguna controversia, porque la decisión legislativa y de la aprobación ya estaba tomada. El uso de la palabra por parte de los parlamentarios era más "para constar", reflejaban discursos hechos para la posteridad en referencia a ese momento, es decir, se hacían las observaciones que querían que constaran en el Diario de Sesiones como de su autoría. No se observa la intención de justificar propiamente la ley.

Algunas de las manifestaciones parlamentarias siguientes llegaron a ahondar en aspectos un poco más técnicos, insistiendo en algunas enmiendas que no se habían aprobado en la comisión y explicando su respectiva importancia. Sin perjuicio de ello, también incidían en los aspectos que impregnan la intervención de casi todos los que hicieron uso de la palabra, que se quejaron de: 1) la rapidez de la tramitación; 2) el carácter "mejorable" de la ley (que contenía defectos); y 3) la insuficiencia de la ley para resolver el problema.

La primera descalificación más grave que se hace al proyecto y a la autoría procede de la diputada Camarero Benítez (Grupo Popular), en un claro tono de oposición al gobierno:

> Para el Grupo Popular esta no es una buena ley, es una ley muy mejorable, y nos tememos que si sigue en sus actuales términos no va a significar

52 Diario de Sesiones. Congreso de los Diputados, núm. 39, 7/10/2004, pp. 1703-1729, p. 1708.

> un avance en la lucha contra la violencia de género. Nos encontramos con un proyecto de ley sumamente genérico, impreciso, lleno de declaraciones de principios y carente de medidas efectivas, y las escasas medidas que contiene son en su mayor parte reiteración de las que ya se habían incorporado a nuestro ordenamiento jurídico en los últimos años. Da la impresión de que esta ley no ha obedecido a otra cosa que a una simple operación de marketing con la que el Gobierno socialista pretende dar por cumplido un compromiso electoral. Este proyecto de ley no supone progreso alguno sobre los verdaderos y sustanciales avances operados en el tratamiento legislativo de la violencia de género, que son los que se contienen en las leyes aprobadas en la pasada legislatura.[53]

Terminado el turno de las intervenciones a favor de las enmiendas, ningún otro parlamentario se quiso manifestar en contra de ninguna de ellas. Por tanto, en el Pleno del Congreso de los Diputados, se produjo una argumentación eminentemente política, sin entablarse un diálogo propiamente dicho. En el Senado no fue diferente. Muchos senadores usaron su turno de palabra para discursos más retóricos y generales y, al final, retiraron las enmiendas que supuestamente deberían defender. Véase, por ejemplo, el siguiente fragmento:

> (...) no nos cabe ninguna duda de que estamos en vías de aprobar una ley que todos los grupos consideramos necesaria, pero lo más importante es que con la presentación de este proyecto de ley, las enmiendas y transaccionales que se están redactando también estamos asumiendo la responsabilidad de incluir en nuestro ordenamiento jurídico una ley que incida, de verdad, en la defensa y el reconocimiento de los derechos fundamentales, como es el derecho de las mujeres a vivir sin estar sometidas constantemente a una situación de violencia. Además, creo que compartimos la idea de que esta violencia es consecuencia de las condiciones de desigualdad que existen en nuestra sociedad. A la vista de las transaccionales que nos han presentado y de la interlocución habida, vamos a dar por satisfechas algunas de las enmiendas parciales que hemos propuesto.[54]

Al afirmar que «compartimos la idea de que esta violencia es consecuencia de las condiciones de desigualdad que existen en nuestra sociedad», el senador usa el argumento *ad populum* (o *ex populo*), apelando a la

53 Diario de Sesiones. Congreso de los Diputados, núm. 39, 7/10/2004, pp. 1703-1729, p. 1718.

54 Diario de Sesiones. Senado-Comisión, núm. 79, 24/11/2004, pp. 1-14, p. 2 (Quintana, Grupo Mixto).

popularidad en un intento de validar la idea por el hecho de que muchas personas estén de acuerdo con ella. Las construcciones de este tipo siempre deben llamar la atención, pues esta clase de argumentos suelen caer en falacias, lo que sucede cuando la creencia no es tan compartida, es decir, cuando ese acuerdo no es verdadero. El uso de estos argumentos es muy común en la argumentación legislativa.

Ningún parlamentario retomó después la intervención del senador Quintana González (Grupo Mixto) ni trató de rebatir dicha afirmación. Con ello, los parlamentarios cayeron en otra falacia, que es la de no responder cuando el contexto lo requería (falacia de dar la callada).

En la intervención de la senadora Loroño Ormaechea (Grupo Nacionalista Vasco), otra vez aparece la explicación de la opción legislativa de limitar el ámbito de protección de la LVG: «(...) la ley no contempla todos los supuestos de violencia de género que se dan en la sociedad, pero sí quizás la más lacerante o la más cruel».[55]

Tal y como se vio en el Congreso de los Diputados, también en el Senado se repiten los elogios a los trabajos realizados (para la construcción de la ley) y de la unanimidad alcanzada para aprobar la ley: «El trabajo que se hizo en el Congreso de los Diputados fue bueno. Poder presentar la aprobación por consenso de una ley tan importante, de una ley tan esperada y necesaria como esta es lo que ha hecho tener la posibilidad de llegar a este acuerdo». Un comentario en el mismo sentido fue el del senador Martín Rite (Grupo Socialista):

> Una vez más se pone de manifiesto algo en lo que hemos venido insistiendo a lo largo ya de muchos años y es el hecho de que esta Cámara, el Senado, a pesar de las críticas que se le hacen, muchas veces críticas injustas que se hacen a esta institución, el Senado, generalmente, cada vez que se le da la oportunidad de mejorar una iniciativa, siempre lo hace. Mi experiencia de cerca de quince años me dice que siempre que al Senado se le ha permitido entrar, a través de la negociación, a través del diálogo, a través de su trabajo parlamentario en el procedimiento adecuado, el Senado ha cumplido y ha mejorado la iniciativa.[56]

En otro fragmento, el mismo senador expuso una de las más claras justificaciones de la opción legislativa, al decir que «la violencia de género es

55 Diario de Sesiones. Senado-Comisión, núm. 79, 24/11/2004, pp. 1-14, p. 3.
56 Diario de Sesiones. Senado-Comisión, núm. 79, 24/11/2004, pp. 1-14, p. 9.

una violencia específica», porque tiene «un origen y un objetivo distinto de las demás violencias, independientemente de la gravedad». Este origen, en las palabras del senador, es «la situación de sumisión de la mujer» y el objetivo es justamente el de «mantener esa sumisión». Esto, en la senda del razonamiento del senador Martín Rite, justificaría el tratamiento diferenciado de las situaciones en las que la víctima es mujer y las conductas lesivas vienen de su pareja o expareja. El propio senador insiste en que, «si la violencia de género fuera una violencia que se da en otros muchos casos, una violencia igual que las demás, una violencia que no fuera específica, no estaría tan clara la justificación de la discriminación positiva».

Al igual que lo observado en el Congreso de los Diputados, no se produjo propiamente oposición a la aprobación de la ley en la Comisión de Trabajo y Asuntos Sociales del Senado. Lo más parecido a ello fue la intervención de la senadora Tejedor Utrilla (Grupo Popular), si bien estuvo precedida de una gran cordialidad en la discrepancia:

> Quiero manifestar que se ha realizado un trabajo muy importante antes de esta reunión de la comisión, y que hemos tenido la oportunidad de negociar con todos los grupos el mayor número de temas, especialmente con el Grupo Parlamentario Socialista, que es el que presenta la ley. Quiero añadir que ha sido una negociación muy cordial en la que hemos intentado llegar a puntos de acuerdo en la mayoría de los temas en que ha sido posible.
>
> La verdad es que existen discrepancias de fondo entre el Grupo Parlamentario Popular y el Grupo Parlamentario Socialista en cuanto al objeto de la ley, en cuanto a la tutela judicial y a la tutela penal. Son temas de fondo de la ley, de mucho calado. Pero sí tengo que decir que, entre todos, hemos conseguido aportar al texto que va a salir hoy de esta comisión mejoras importantes (...), porque se pueden considerar importantes las mejores introducidas en el texto que ha venido al Senado. Esperamos que en el trámite parlamentario en el Pleno consigamos seguir mejorando el texto de la ley.[57]

Pese a las discrepancias, se votó a favor de la aprobación en la comisión. Una vez terminados todos los discursos, la votación transcurrió sin sobresaltos. El dictamen de la comisión fue presentado en la sesión del Pleno del Senado el 2 diciembre de 2004.[58]

El senador Marín Rite (Grupo Socialista) volvió a esgrimir las razones a favor de la aprobación del proyecto de ley. Rebatió el argumento de que

57 Diario de Sesiones. Senado-Comisión, núm. 79, 24/11/2004, pp. 1-14, p. 12.

58 Diario de Sesiones. Senado-Pleno, núm. 24, 2/12/2004, pp. 1111-1138.

se trataba de un retroceso al derecho penal de autor, afirmó que no había inconstitucionalidad, que los elementos de «discriminación positiva benefician a las mujeres, pero no perjudican a los hombres», que la inclusión de estos elementos era lícita, porque tenía la finalidad de conseguir la igualdad real o eliminar una desigualdad grave y que la posición sobre la ley depende de la idea que se tenga sobre la violencia de género, que es específica, cuyo origen –repite– se encuentra en la sumisión de la mujer a su pareja y su objetivo es mantener esa sumisión mediante el terror.

Las manifestaciones posteriores, en esencia, mantuvieron este tono. La senadora Aleixandre I Cerarols (Grupo de Convergència i Unió) afirmó: «Ésta es una ley que trata de defender prácticamente al 51 por ciento de la sociedad frente al otro casi 50 por ciento en un ámbito que debería ser el más cómodo y cálido de nuestra sociedad: la familia».[59]

La senadora Tejedor Utrilla (Grupo Popular) de nuevo criticó el contenido de la proposición, con un tono que empezó de manera sutil, pero que se fue endureciendo:

> No entendemos que esta ley, que se quiere denominar de protección integral contra la violencia de género, se convierta en una ley que ni es de género ni es de mujer, como quiere darse a entender. No es de género ni de mujer porque de lo que se está hablando realmente es de violencia doméstica, violencia en el ámbito familiar, porque no se habla ni de violencia sexual, ni de acoso sexual ni de explotación sexual de las mujeres ni de violaciones ni de ablación de clítoris que, por cierto, se quiere dejar para otro momento. (...) Para nosotros, esta no es una buena ley y nos tememos que si sigue en los actuales términos no va a significar ningún avance en la lucha contra la violencia de género. Nos encontramos con un proyecto de ley sumamente genérico, impreciso, lleno de declaraciones de principios y carente de medidas efectivas. Da la impresión de que esta ley no ha obedecido a otra cosa que una simple operación publicitaria con la que el Gobierno socialista pretende dar por cumplido un compromiso electoral. Este proyecto de ley no supone progreso alguno sobre los verdaderos y sustanciales avances conseguidos en el tratamiento de la violencia de género en los últimos años.
>
> Esta ley ha suscitado el rechazo de importantes asociaciones y colectivos y un rosario de críticas frontales a aspectos sustanciales del proyecto, y ha llegado precedida de un feo e inédito tira y afloja entre el Consejo General

59 Diario de Sesiones. Senado-Pleno, núm. 24, 2/12/2004, pp. 1111-1138, pp. 1115.

> del Poder Judicial y el Gobierno, críticas impresionantes del Consejo Económico y Social por insuficiente, críticas de la Real Academia Española de la Lengua por otros motivos, críticas de los sindicatos de la Policía, que se niegan a aceptar competencias que corresponden a los jueces. (...)
>
> Se ha perdido la oportunidad de hacer una buena ley que no cuenta con los recursos necesarios para su desarrollo, porque está llena de propuestas irrealizables si no se dotan de los fondos necesarios; una ley que va a dar lugar a muchas discusiones entre órganos jurisdiccionales y que cuando se ponga en práctica me temo que será necesaria su modificación para que realmente sea efectiva, como ya se ha reconocido por algún miembro del Partido Socialista.[60]

Tras esta intervención de la senadora Tejedor Utrilla, las actas registran fuertes protestas y rumores en el Pleno. Sin embargo, no tuvo más repercusiones. Enseguida se procedió a la votación de las enmiendas. Como eso implicó modificaciones, el proyecto de ley fue devuelto al Congreso de los Diputados para un nuevo examen, que tuvo lugar en la sesión del Pleno del 22 de diciembre de 2004.[61] Estos debates se limitan ya al juicio de las enmiendas del Senado. De modo general, se consideró que el Senado, en efecto, mejoró el proyecto. Tal vez por ello, en las manifestaciones en el Congreso de los Diputados, predominó el agradecimiento y el elogio a los esfuerzos colectivos para la construcción de la ley, el rescate «histórico» de los trabajos realizados hasta el momento, la alabanza a las mejoras técnicas que introdujo el Senado, la repetición de algunos puntos de vistas vencidos, alguna crítica al gobierno sobre temas conexos; en definitiva, una serie de manifestaciones que podrían calificarse de «autobombo», que dan cuenta y valoran las actividades legislativas desarrolladas. Es decir, no se produjo ninguna innovación ni se esgrimieron nuevos argumentos en este momento de la tramitación legislativa.

El discurso de la diputada Monteserín Rodríguez (Grupo Socialista) refleja esta idea:

> Señorías, hoy nos podemos felicitar todos y todas porque el recorrido social y político de esta ley ha sido impecable, me atrevería a decir que ha sido un ejemplo de la mejor manera de elaborar leyes, un ejemplo de la mejor manera de entender y desarrollar la acción política, porque hacer

60 Diario de Sesiones. Senado-Pleno, núm. 24, 2/12/2004, pp. 1135-36.

61 Diario de Sesiones. Congreso de los Diputados-Pleno, núm. 61, 22/12/2004, pp. 2928-2942.

> política, en definitiva, es recoger las inquietudes, analizar los problemas, encontrar soluciones y buscar el consenso en el Parlamento y en la sociedad para las mismas, como lo hemos hecho con esta ley. Por eso mi agradecimiento, como el de todos los demás grupos, a los grupos parlamentarios, a los comparecientes y especialmente a las organizaciones de mujeres, no solo por sus aportaciones hoy, sino por su lucha a lo largo de tanto tiempo.
>
> Todos debemos hoy sentar un precedente de buen hacer, porque detrás de esta ley hay rostros humanos, rostros de miles de mujeres que viven a diario la angustia de convivir con el terror de la violencia que sobre ellas ejercen las personas con las que un día decidieron compartir su vida, porque detrás de esta ley hay víctimas y miles de vidas destrozadas. Por eso, el compromiso del Gobierno, el compromiso del Grupo Parlamentario Socialista, ha sido en todo momento aunar la voluntad unánime de todo el Poder Legislativo para intentar erradicar el problema de la violencia contra las mujeres.[62]

A continuación, tras una rápida intervención del entonces ministro de Trabajo y Asuntos Sociales, que de nuevo compareció ante el Congreso de los Diputados, se procedió a la votación, una a una, de las doce enmiendas aprobadas por el Senado. Se aceptaron algunas de ellas y otras fueron rechazadas, cuestión que no se va a tratar aquí, porque tiene una importancia menor con relación a los aspectos de la argumentación legislativa que se pretenden mostrar.

5. CONCLUSIÓN

La forma de entender el problema social objeto de debate es determinante para la decisión legislativa posterior (cfr. Zapatero 2009). La explicación dada al respecto del contexto (sobre el que se pretende intervenir legislativamente), en concreto sobre las causas del estado actual (que exige dicha intervención legislativa), es medida indispensable, etapa previa necesaria a la propia redacción de un borrador de proyecto de ley. Sirven para ofrecer la claridad necesaria de la cuestión, que es un requisito para ponderar qué medidas son acertadas para resolver el problema social.

Si esto es así, como parece que es, en el debate sobre la violencia contra la mujer, saber el porqué, las causas de esta forma de violencia, es, más que

62 Diario de Sesiones. Congreso de los Diputados-Pleno, núm. 61, 22/12/2004, p. 2939.

útil, una medida imprescindible. Discutir estas causas también exigiría que se presentaran las visiones contrarias.[63] Sin embargo, en el caso analizado, en realidad no parece que haya una explicación "convincente" alternativa a la versión de la teoría feminista, en el sentido de que dicha violencia ejercida contra la mujer es manifestación de una violencia estructural que tiene raíces histórico-sociales. Por tanto, la LVG representó un gran giro en el tratamiento que hasta ese momento se había dado al tema.

El consenso suele valorarse en el ámbito de la argumentación legislativa. Los parlamentarios parecen creer que la aprobación de la ley por unanimidad traslada un mensaje cualificado, de un trabajo mejor hecho. En diversos fragmentos, entre elogios y apelaciones, se afirmó:

> (...) este no es ya solo el proyecto del Gobierno sino que es el proyecto de todos los grupos, porque al valor y a la eficacia que pueda desplegar por sí mismo hay que añadir el valor del consenso, un valor importante porque va a permitir que transmitamos a toda la sociedad, y especialmente a todas las mujeres que están siendo víctimas de violencia de género, que la erradicación de esta violencia es un tema de tal importancia, tan prioritario para todos los grupos, que somos capaces de aparcar nuestras legítimas discrepancias partidistas para adoptar un instrumento legal, como el que estamos viendo que confío se apruebe por unanimidad y del que esperamos que contribuya a mejores y más eficaces soluciones.[64]

Así, aunque la discusión no se presentara en estos términos de consenso durante los debates legislativos, las dos explicaciones sobre las causas de la violencia contra la mujer se mantienen enfrentadas, aunque ocultas en los intercambios estudiados. Se puede decir que existía un consenso sobre la existencia de esta violencia y la gravedad del problema implicado, pero no había acuerdo sobre las verdaderas causas de esta violencia.

Tras esta afirmación, se puede entender que el consenso logrado en el debate legislativo sobre la violencia de género en España, en realidad, encubrió una profunda divergencia sobre las causas de esta forma de violencia sobre la mujer (la violencia en las relaciones afectivas, en la pareja), si está o no dentro del contexto de una violencia estructural (con raíces históricas y sociales), así como si es igual a las demás formas de violencia intrafamiliar, si debe tratarse de otra forma u otras posiciones antagónicas

---

63 Cfr. Waldron (2006).

64 Diario de Sesiones, Congreso de los Diputados, núm. 61, 22/12/2004, pp. 2928-2943, p. 2936 (Pigem i Palmés, Grupo Catalán CiU).

(que se encuentran en la doctrina) que no surgieron en las discusiones legislativas. En realidad, el acuerdo legislativo logrado simplemente no llegó al punto de discutir las causas de la violencia contra la mujer. Como se vio, hubo un acuerdo solo para esta decisión particular de promulgar una ley para combatir la violencia contra la mujer, no sobre el asunto subyacente propiamente dicho.

No obstante, el hecho de que la argumentación legislativa en los debates analizados esté repleta de falacias no significa necesariamente que esté equivocada. El caso es mucho más que una argumentación formalmente mal construida. Aun así, la justificación legislativa de la LVG queda aclarada con el estudio de los debates parlamentarios. La utilidad de esa empresa, además, está en que revela, no solamente los temas debatidos, sino también los que no se han incluido y que representan pistas de lo que va a venir en las próximas deliberaciones.

REFERENCIAS

Atienza M (1989a) Contribución para una teoría de la legislación. *Doxa* 6: 385-403.

Atienza M (1989b) Sociología jurídica y ciencia de la legislación. En: Bergalli R (ed) *El Derecho y sus realidades: investigación y enseñanza de la sociología jurídica.* Barcelona: Jornadas sobre la investigación y la enseñanza de la sociología jurídica, 41-70.

Atienza M (1990) Para una teoría de la argumentación jurídica. *Doxa* 8: 39-40.

Atienza M (1997) *Contribución a una teoría de la legislación.* Civitas, Madrid.

Atienza M (2004) Argumentación y legislación. En: Menéndez A (ed) *La proliferación legislativa: un desafío para el Estado de Derecho.* Civitas, Madrid, 89-112.

Atienza M (2019) Un modelo de análisis de la argumentación legislativa. En: Oliver-Lalana AD (ed) *La legislación en serio. Estudios sobre derecho y legisprudencia.* Tirant lo Blanch, Valencia, 343-395.

Bentham J (1990) *Falacias políticas.* Centro de Estudios Políticos Constitucionales, Madrid.

Bodelón E (2012) Las políticas públicas contra la violencia patriarcal en España y en Brasil. *Revista da EMERJ* 15/57 (Edição Especial – I Encontro Internacional sobre violência de gênero Brasil-Espanha): 43-58.

Boldova MA, Rueda MA (2004) La discriminación positiva de la mujer en el ámbito penal: reflexiones de urgencia sobre la tramitación del Proyecto de Ley Orgánica de medidas de protección integral contra la violencia de género. *Aequalitas: Revista jurídica de igualdad de oportunidades entre mujeres y hombres* 15: 65-73.

Carmena M (2005) Sobre por qué y para qué se hacen las leyes. Reflexiones ante la nueva Ley integral de Violencia de Género. *Jueces para la Democracia* 53: 29-38.

González Rus JJ (2005) La constituciónacionalidad (*sic*) de LO 1/2004, de medidas de protección integral contra la violencia de género, en relación con la reforma de los delitos de lesiones, amenazas y coacciones. En: Carbonell Mateu JC (ed) *Estudios penales en homenaje al profesor Cobo del Rosal*. Dykinson, Madrid, 483-502.

Maqueda Abreu ML (2010) 1989-2009: Veinte años de "desencuentros" entre la ley penal y la realidad de la violencia en la pareja. En: Laurenzo P (ed) *La violencia de género en la ley: reflexiones sobre veinte años de experiencia en España*. Dykinson, Madrid, 113-130.

Medina JJ (2008) *Violencia contra la mujer en la pareja: investigación comparada y situación en España*. Tirant lo Blanch, Valencia.

Morillas L (2003) El derecho penal y la violencia doméstica. En: *Encuentros "Violencia Doméstica"*. Consejo General del Poder Judicial, Madrid, 227-278.

Morillas L (2002) Respuestas del Código penal ante la violencia doméstica. Propuestas de reforma. En: Morillas L (ed) *Estudios penales sobre violencia doméstica*. Edersa, Madrid, 659-688.

Nascimento RS (2018) *Teoria da legislação e argumentação legislativa na Espanha e no Brasil: análise dos cenários das leis sobre a violência contra a mulher*. Tesis doctoral (Universidad de Alicante, Universidad de Brasília).

Nascimento RS (2019) *Teoria da Legislação e Argumentação Legislativa: Brasil e Espanha em perspectiva comparada*. Alteridade, Curitiba.

Nascimento RS (2021a) 13 Táticas Parlamentares para aprovação das leis. *Revista Bonijuris* 33/670: 54-82. Disponible en: https://www.editorabonijuris.com.br/revista/revista-bonijuris/670/

Nascimento RS (2021b) *Teoría de la legislación y la argumentación legislativa*. Olejnik, Santiago de Chile.

Oliver-Lalana AD (2005) Ponderación y racionalidad legislativa. *Anuario del Área Socio-Jurídica*, Facultad de Derecho – Universidad de la República (Uruguay) 2: 105-120.

Oliver-Lalana AD (2006) Argumentación parlamentaria y legitimidad de las leyes. En: Cardinaux N et al. (eds) *Las razonas de la producción del derecho: argumentación constitucional, argumentación parlamentaria y argumentación en la selección de jueces*. UBA, Buenos Aires, 139-166.

Oliver-Lalana AD (2008) Los argumentos de eficacia en el discurso parlamentario. *Doxa* 31: 533-566.

Oliver-Lalana AD (2013) Rational lawmaking and legislative reasoning in parliamentary debates. En: Wintgens L, Oliver-Lalana AD (eds) *The rationality and justification of legislation*. Springer, Cham, 135-184.

Oliver-Lalana AD (2014) Normas y razones: un estudio sobre argumentación legislativa. En: Grández P, Morales F (eds) *La argumentación jurídica en el Estado Constitucional.* Palestra, Lima, 491-528.

Oliver-Lalana AD (2016) ¿Le importa a alguien que los legisladores razonen? *Lisbon Law Review* 57: 5-37.

Oliver-Lalana AD (2018) Migliori e peggiori argomentazioni legislative. En: Ferraro F, Zorzetto S (eds) *La motivazione delle leggi.* Giapichelli, Torino, 67-125.

Oliver-Lalana AD (2019) Deliberación legislativa y control judicial de las leyes. En: Oliver-Lalana AD (ed), *La legislación en serio.* Tirant lo Blanch, Valencia, 397-465.

Osborne R (2008) De la «violencia» (de género) a las «cifras de la violencia»: una cuestión política. *Empiria. Revista de Metodología de Ciencias Sociales* 15: 99-124.

Rey F (2004) Comentario a los informes del Consejo de Estado sobre el impacto por razón de género. *Teoría y realidad constitucional* 14: 505-526.

Rey F et al. (2012) Protección penal "desigual" y violencia de género. En: Huerta S, Pérez Manzano M (eds) *Cuestiones actuales de la protección de la vida y la integridad física y moral.* Thomson Reuters-Aranzadi, Pamplona, 631-642.

Rueda MA, Boldova MA (2004) La discriminación positiva de la mujer en el ámbito penal. *La Ley: Revista jurídica española de doctrina, jurisprudencia y bibliografía* 5: 1574-1580.

Soto S (2005) La delincuencia en la agenda mediática. *Revista Española de Investigaciones Sociológicas* 112: 75-130.

Varela N (2013) *Feminismo para principiantes.* B De Bolsillo, Barcelona.

Velando M (2005) El movimiento feminista tomó la postura de la RAE como una resistencia a la causa (la lucha contra la violencia sobre la mujer). *Revista de Estudios Culturales de la Universitat Jaume I,* vol II: 107-124.

Waldron J (2006) Principles of legislation. En: Bauman RW, Kahana T (eds) *The least examined brach: the role of legislatures in the constitutional state.* CUP, Cambridge, 15-32.

Zapatero V (2009) *El arte de legislar.* Aranzadi, Cizur Menor.

Capítulo 7
DEBATES PARLAMENTARIOS SOBRE LEGISLACIÓN DE CUSTODIA COMPARTIDA

José Félix Muñoz Soro*

Resumen – Las Cortes de Aragón aprobaron en un lapso de tiempo bastante corto dos leyes que regulaban la custodia compartida: una fue la Ley 2/2010, según la cual los jueces, en caso de separación o divorcio contenciosos, debían aplicar de forma preferente esta modalidad de custodia; y otra, la Ley 6/2019, que suprimió dicha preferencia. Este trabajo analiza, desde una perspectiva legisprudencial, los debates parlamentarios de ambas leyes, evalúa el alcance (el espectro y la profundidad de las razones aducidas) y la corrección estructural de la justificación legislativa que contienen, así como algunos aspectos de su calidad dialéctica: la exhaustividad y, en los debates de la Ley 2/2010, la discusión sobre las consecuencias de la ley. En todos estos debates, los partidos de derechas se posicionan a favor de la preferencia, que –consideran– tiene efectos beneficiosos tanto para el interés del menor como para la igualdad entre los progenitores. Los partidos de izquierda se oponen o, al menos, se muestran reticentes ante la medida, pero en la primera ley el procedimiento parlamentario permite llegar a un texto paccionado que es aceptado por la práctica totalidad de la cámara. Este acuerdo se establece en torno a los grandes principios y a la asunción de posiciones *a priori* sobre la custodia compartida, con escasa atención a los aspectos relativos a la realización de la norma y a la opinión de los expertos. Casi nueve años más tarde, los partidos de izquierda presentan una propuesta conjunta para la derogación de la medida, oponiéndose

* Este trabajo es parte del proyecto RTI2018-095843-B-I00 (financiado por MCIN/AEI/10.13039/501100011033 y por FEDER - Una manera de hacer Europa). Para su realización se ha contado también con apoyo del proyecto LMP118_18 (Gobierno de Aragón, cofinanciado con el programa operativo FEDER Aragón 2014-2020).

a ello los grupos de la derecha. En este segundo debate tendrán mayor presencia las consideraciones de los expertos y los argumentos relativos a la realización social y al impacto de la regulación, aunque seguirán sin mencionarse de forma explícita algunos efectos latentes, relativos a la atribución de la vivienda familiar y al establecimiento de la pensión por alimentos, que, sin embargo, están en el origen de la problemática social que lleva a suprimir la preferencia de la custodia compartida.

1. INTRODUCCIÓN

La custodia compartida fue introducida en el nuestro país por la *Ley 15/2005, de 8 de julio, por la que se modifican el Código Civil y la Ley de Enjuiciamiento Civil en materia de separación y divorcio.* Esta norma regulaba la custodia en Aragón, comunidad que tiene un derecho civil propio, hasta que en la VII legislatura (2007-2011) de sus Cortes se aprobó la *Ley 2/2010, de 26 de mayo, de igualdad en las relaciones familiares ante la ruptura de convivencia de los padres.* Entre otras disposiciones, la ley establecía la custodia compartida como modalidad preferente, lo que se convirtió en un signo distintivo de la regulación foral aragonesa frente al Código Civil (CC), y fue la media que tuvo un mayor impacto en la opinión pública. Sin embargo, a finales de la IX legislatura (2016-2019) esta preferencia fue suprimida por la *Ley 6/2019, de 21 de marzo, de modificación del Decreto Legislativo 1/2011, de 22 de marzo, del Gobierno de Aragón, por el que se aprueba, con el título de «Código del Derecho Foral de Aragón», el texto refundido de las Leyes civiles aragonesas, en materia de custodia.*[1] El debate sobre la custodia compartida no terminó con la aprobación de esta segunda ley, ya que en el mismo año 2019, nada más comenzar la X legislatura, se planteó una nueva *Proposición de ley de modificación del artículo 80.2 del Decreto Legislativo 1/2011, en materia de custodia,* cuyo único objeto era recuperar el carácter preferente de la custodia compartida, proposición que fue debatida y rechazada por el Pleno el 24 de octubre de 2019.[2]

En el presente trabajo se examinan, desde la perspectiva de la legisprudencia,[3] las deliberaciones legislativas correspondientes a las mencionadas leyes

1 En el tiempo transcurrido entre la promulgación de estas dos leyes se realizó una recopilación del derecho foral aragonés y el art. 6 de la Ley 2/2010 había pasado a ser el art. 80 del *Código del Derecho Foral de Aragón* (CDFA).

2 Diario de sesiones de las Cortes de Aragón (DSCA) núm. 7 (2019).

3 Sobre la legisprudencia como teoría de la justificación legislativa, véase, por ejemplo, Wintgens (2003).

2/2010 y 6/2019. Para ello se seguirá una metodología de análisis y evaluación que se compone de cuatro grandes bloques: tras identificar las razones aducidas por los intervinientes, se trata de establecer el *alcance*, la *corrección estructural*, la *calidad dialéctica (deliberativa)* y la *plausibilidad* de la argumentación contenida en los debates legislativos.[4] Aquí me limitaré a ejemplificar los dos primeros bloques de este enfoque, aunque también ilustraré parcialmente el tercero en lo referente al análisis de la exhaustividad de la argumentación y, en la Ley 2/2010, también a propósito de la discusión sobre las consecuencias de la ley. El cuarto bloque, que aborda la corrección material de las premisas usadas en la deliberación, no se desarrollará en este estudio.

En cuanto a los materiales utilizados para el análisis de los debates, no se encuentran publicadas las actas de los realizados en comisión y únicamente se ha dispuesto de las transcripciones de cuatro plenos, dos por cada una de las leyes analizadas –el de toma en consideración (PTC) y el de su aprobación (PA)–, junto a la de la de un quinto pleno, correspondiente a la propuesta de ley decaída y que también aportará algún argumento al análisis.

Además de centrarse en una cuestión controvertida y con un importante impacto social, como es la custodia, el interés del caso elegido radica en que permitirá analizar un conjunto de debates que, desarrollados dentro de un plazo de tiempo relativamente corto, conducen a la misma cámara legislativa a aprobar soluciones contrapuestas sin que ello se deba a un cambio sustancial en las mayorías políticas. Por otra parte, el estudio de un escenario legislativo en el ámbito autonómico permite analizar en qué medida se recurre en el mismo a la capacidad justificativa de la deliberación legislativa, en comparación con la que tiene lugar en el Congreso y en el Senado. Finalmente, también puede resultar de interés que, al ser Aragón una Comunidad Autónoma con un derecho histórico propio, se podrá estudiar en qué medida están presentes en el debate los argumentos relativos al mismo y la forma en que se utilizan.

2. LA CUSTODIA COMPARTIDA

La mayoría de ordenamientos jurídicos distinguen dos aspectos de la custodia: la legal, que se refiere a la capacidad para adoptar decisiones

4 Véase *infra*, Secc. 3.

sobre el menor; y la física, que lleva asociadas la convivencia con los menores y la obligación de su cuidado. En nuestro ordenamiento, la primera se corresponde con la patria potestad (art. 154 CC) cuyo ejercicio conjunto suele acordarse en caso de separación o divorcio, ya que la jurisprudencia establece que no se puede privar a un progenitor de la patria potestad sin que medie una causa justificada. Distinta es la cuestión de la custodia física que, en función del tiempo de convivencia con el menor que se asigna a cada progenitor, puede ser individual o compartida. Aunque no existe una regla fija, se considera que hay custodia compartida cuando cada progenitor tiene la custodia al menos durante un 30% del tiempo (Justicia-Arráez et al. 2019). Aparecida a partir de 1970, ha alcanzado una prevalencia entre el 10% y el 30% en países como Estados Unidos, Noruega, Francia, los Países Bajos y Australia, y del 40% en Suecia (Fariña et al. 2017). También en España ha experimentado un crecimiento sostenido, pasando del 9,6% en 2007 al 43,2% en 2021 (INE, 2021).

El art. 92.5 CC exige el acuerdo de ambos progenitores para acordar la custodia compartida y, fuera de este supuesto, según el párrafo 8° del mismo artículo, se permite cuando sólo de esta forma se proteja adecuadamente el interés del menor. En las decisiones sobre custodia, este principio, recogido en el art. 39.2 de la Constitución (CE), en la *Convención de las Naciones Unidas sobre los derechos del niño, de 20 de noviembre de 1989*, y en la *Ley Orgánica 1/1996, de 15 de enero, de Protección Jurídica del Menor* (art. 2), implica que siempre se deberá buscar la solución que resulte menos traumática para el menor y que garantice unas mejores condiciones para su desarrollo. Luego, algunas comunidades autónomas se han dotado de leyes propias que tienden, en general, a favorecer la custodia compartida, aunque de forma menos terminante que la Ley 2/2010.[5]

La discusión doctrinal sobre las ventajas e inconvenientes de la custodia compartida ha sido y sigue siendo muy extensa. Sin embargo, cabría afirmar que han ganado aceptación las posiciones para las que, cuando resulta posible su aplicación, es la modalidad óptima, ya que, para el menor, es la que más se parece a la situación previa a la ruptura. También la

5 Se trata de la *Ley de Cataluña 25/2010, de 29 de julio, del libro segundo del Código Civil de Cataluña, relativo a la persona y la familia* (art. 233.10) y la *Ley del País Vasco 7/2015, de 30 de junio, de Relaciones familiares en supuestos de separación o ruptura de los progenitores* (art. 9). En Navarra, la *Ley Foral 3/2011, de 17 de marzo, de custodia en los casos de ruptura de la convivencia de los padres* (art. 3) sitúa a ambas modalidades de custodia en pie de igualdad.

jurisprudencia ha ido evolucionando en la misma línea, como se refleja, entre otras, en la STS 2246/2013, de 29 de abril, según la cual la custodia compartida «resulta sin duda la mejor solución para el menor por cuanto le permite seguir relacionándose del modo más razonable con cada uno de sus progenitores, siempre que ello no sea perjudicial para el hijo, desde la idea de que no se trata de una medida excepcional, sino que al contrario, debe considerarse la más normal, porque permite que sea efectivo el derecho que los hijos tienen a mantener dicha relación».

3. METODOLOGÍA

De acuerdo con la teoría legisprudencial, en una democracia constitucional, los debates legislativos son, o al menos deberían ser, un elemento fundamental para la justificación de las leyes. Del análisis de su calidad argumentativa cabría obtener una medida de su capacidad justificativa y, por tanto, una valoración sobre cómo el poder legislativo fundamenta sus mandatos ante la sociedad. Para realizar esa valoración me apoyaré en una metodología que intenta dar cuenta de la calidad argumentativa contemplando las tres dimensiones que, según Atienza (2013), debe incluir el estudio de la argumentación: la formal, la material y la pragmática.

Esta metodología, como ya se ha mencionado, se descompone en cuatro grandes bloques.[6] En el primero de ellos –el "alcance"– se identifican las razones aducidas por los intervinientes. Estas razones pueden ser de muy diversos tipos y, por ello, se realiza una categorización de las mismas en función de que se refieran: a la forma lingüística en que se plasman los enunciados normativos; a la incardinación sistemática de la norma; a las posibilidades de su realización, en la medida en la que sean aplicadas y aceptadas por la sociedad; a su virtualidad para conseguir los fines que se persiguen (instrumentalidad); y, finalmente, a su corrección axiológica o moral.[7]

6 Para una explicación más detallada, véase el Cap. 1 de este volumen, así como Oliver-Lalana (2022).

7 Para esta labor de categorización, así como, en general, para el análisis de los debates, se ha utilizado la herramienta informática *NVivo,* con la que se ha etiquetado el contenido de las actas de los debates en un doble ciclo. En la primera fase se analizaban los textos y se identificaban los ítems tratados en los mismos, que eran asociados a los párrafos correspondientes de las actas. En una segunda fase, se estudiaban los ítems que habían sido definidos para simplificarlos y agruparlos en función de las razones (argumentos) con los que se correspondían. Una

En el segundo bloque se determina la estructura de la argumentación legislativa, partiendo de la idea de que el debate legislativo es un supuesto de argumentación teleológica, ya que toda medida legislativa persigue un fin, que, con frecuencia, estará relacionado con valores. Por ello, se comienza representando la estructura de la argumentación respecto a los fines mediante un esquema gráfico. Seguidamente, se evalúa la corrección estructural de la argumentación que sustenta la ley con ayuda de un "esquema argumentativo" que intenta capturar las premisas centrales de una justificación legislativa, y al que se asocia además un conjunto de "preguntas críticas". Estas aportan una medida de la completitud del debate, ya que la aparición de determinadas cuestiones significa que al menos se ha intentado la justificación de las correspondientes premisas.

El tercer bloque es el análisis de la calidad dialéctica (o dialéctico-deliberativa) del debate legislativo, en el que se tienen en cuenta cuatro aspectos. El primero es la "exhaustividad", que consiste en que ninguna de las cuestiones planteadas quede sin respuesta. Para su valoración sirve como guía el análisis del tratamiento que se da en el debate a cada una de las "preguntas críticas" que han sido definidas en el bloque anterior. Los otros tres aspectos son: la "importancia", que se refiere a que no se obvie ninguna cuestión relevante que haya sido planteada; la "pertinencia", que refleja la adecuación de las respuestas a las cuestiones planteadas; y la "reconsideración" de los argumentos, que supone la aceptación, al menos en cierta medida, de un contraargumento para replantear una posición previamente establecida. Finalmente, el cuarto bloque es la plausibilidad, en la que se considera la corrección material de las premisas.

Como ya se dijo, aquí me centraré fundamentalmente en los dos primeros bloques (alcance y corrección estructural), si bien intentaré asimismo ejemplificar el tercero (calidad dialéctica) valorando la exhaustividad de la argumentación y, para la Ley 2/2010, analizando la discusión sobre sus consecuencias. La valoración de la plausibilidad del contenido de los debates va más allá de los objetivos del presente trabajo, por lo que no se desarrollará este aspecto del análisis de las justificaciones legislativas.

vez definido el elenco de razones, se revisaba el etiquetado de las actas, corrigiéndolo cuando era necesario. Posteriormente la herramienta permitía acceder de forma sencilla a las distintas razones y a los puntos de los debates en los que estas eran mencionadas, además de aportar información sobre en cuantas ocasiones y en que debates se utilizaban.

4. DEBATE DE LA LEY 2/2010

4.1. Contexto

Los grupos parlamentarios (GP) que componían las Cortes de Aragón durante la VII legislatura eran los siguientes: GP Socialista (30 diputados), GP Partido Popular (23 diputados), GP del Partido Aragonés (9 diputados), GP Chunta Aragonesista (4 diputados) y GP mixto (compuesto por el único diputado de Izquierda Unida). La izquierda quedaba representada por el Partido Socialista Obrero Español (PSOE), Chunta Aragonesista (CHA) –que además era un partido nacionalista– e Izquierda Unida (IU). Por su parte, los partidos de derecha eran el Partido Popular (PP) y el Partido Aragonés (PAR) –también nacionalista–. El Gobierno de la comunidad autónoma era presidido por un miembro del PSOE, que gobernaba con el apoyo del PAR.

El procedimiento legislativo en las Cortes de Aragón comenzó con una proposición de ley, presentada por el PAR con la denominación «de igualdad en las relaciones familiares ante la ruptura de convivencia de los padres» y que fue aprobada por la Mesa de las Cortes el 27 de octubre de 2009. El siguiente trámite fue la toma en consideración de la propuesta, aprobada por el Pleno el 3 de diciembre del mismo año. Seguidamente la propuesta pasó para su estudio a la Comisión Institucional, donde se creó una ponencia que se reunió en seis ocasiones y presentó su dictamen con fecha 17 de mayo de 2010. El último trámite, la aprobación por el Pleno, tuvo lugar el 20 de mayo del mismo año.[8] La ley tenía varios contenidos, pero nuestro análisis se centra en la preferencia de la custodia compartida. Los fines que se persiguen con esta medida son un reparto más equitativo de la custodia entre los progenitores y que el menor mantenga la vinculación con ambos y con sus respectivas familias extensas. La medida quedó plasmada en el art. 6.2, según el cual «El Juez adoptará de forma preferente la custodia compartida en interés de los hijos menores, salvo que la custodia individual sea más conveniente [...]».[9]

8 Se analizan los debates del Pleno para la toma en consideración (PTC) y para la aprobación del dictamen de la Comisión (PA), que están transcritos en los DSCA núm. 55 (2009) y núm. 65 (2010), respectivamente.

9 El artículo completo reza: «el Juez adoptará de forma preferente la custodia compartida en interés de los hijos menores, salvo que la custodia individual sea más conveniente, teniendo en cuenta el plan de relaciones familiares que deberá presentar cada uno de los progenitores y atendiendo, además, a los siguientes factores: a) la edad de los hijos; b) el arraigo

4.2. Alcance

A lo largo de la deliberación los diputados aportaron distintas razones a favor y en contra de la preferencia legal por la custodia compartida, que se muestran en la página siguiente (Tabla 1), agrupadas conforme a los distintos niveles de justificación que se han expuesto, aunque no se incluye el correspondiente a la corrección lingüística, ya que no se mencionó en el debate.

Comenzando por las razones vinculadas a la justificación axiológica, algunas de estas se corresponden con principios constitucionales. El primero es el interés del menor (art. 39.2 CE) [A1], pero este principio es utilizado para justificar posiciones muy diferentes. Así, mientras los defensores de la propuesta aducen en repetidas ocasiones que la custodia compartida es la modalidad que mejor protege los intereses del menor, quienes se oponen consideran que, dado que el interés del menor puede aconsejar la adopción de la custodia individual, la ley no debería inclinarse por una u otra modalidad [B1]. En esta línea argumenta el diputado de CHA:

> [...] es evidente que el interés del hijo o hija menor deben ser en todo momento la guía en la regulación de las situaciones de ruptura de la convivencia. Estamos de acuerdo. ¿Pero se ajusta a este interés la previsión del texto de que la custodia compartida sea la regla general? Quiero decir: que a lo mejor sería más adecuado [...] dejar abiertas ambas posibilidades. Porque puede haber casos [...] en que se opte por una que no sea precisamente la compartida y que sea la que más convenga al interés del hijo o de la hija menor (PTC, p. 4661, Chesús Bernal Bernal).

Otros principios constitucionales que se aducen a favor de la propuesta son el de protección de la familia (art. 39.1 CE) [A2] y el de la igualdad entre hombre y mujer (art. 14 CE) [A3]. Pero, mientras el primero se menciona una sola vez, el segundo constituye uno de los ejes del debate. En este nivel, para los defensores de la propuesta resulta evidente que la custodia compartida favorece el principio de igualdad ya que, según el diputado del PAR, respeta el «derecho de los padres a la igualdad en

social y familiar de los hijos; c) la opinión de los hijos siempre que tengan suficiente juicio y, en todo caso, si son mayores de doce años, con especial consideración a los mayores de catorce años; d) la aptitud y voluntad de los progenitores para asegurar la estabilidad de los hijos; e) las posibilidades de conciliación de la vida familiar y laboral de los padres y f) cualquier otra circunstancia de especial relevancia para el régimen de convivencia»

Tabla 1
Espectro de razones presentadas en el debate de la Ley 2/2010

A favor de la preferencia	En contra de la preferencia
J5 – Corrección axiológica	
A1. La custodia compartida favorece el principio constitucional de protección del menor.	B1. El principio preferente debe ser el interés del menor.
A2. La custodia compartida favorece el principio constitucional de protección de la familia.	
A3. La custodia compartida favorece el principio constitucional de igualdad (hombre/mujer).	
A4. La custodia compartida es progresista.	
A5. Regular el derecho de familia supone potenciar el derecho foral de Aragón.	
J4 – Instrumentalidad	
A6. La custodia compartida es mejor para el desarrollo del menor.	B2. Hay supuestos que justifican la custodia individual.
A7. La custodia compartida favorece el derecho del menor a no perder el vínculo con ninguno de los progenitores.	B3. La custodia compartida no tiene por qué ser la mejor solución.
A8. La custodia compartida permite una mejor aceptación de la ruptura por parte del menor.	B4. La custodia compartida puede perjudicar la estabilidad del menor.
A9. La custodia individual supone la victoria de uno de los progenitores.	B5. En la realidad sociológica no existe una situación de igualdad en las relaciones familiares.
A10. Con la custodia individual el progenitor no custodio no puede ejercer la patria potestad.	B6. No es el momento adecuado para regular la custodia compartida.
A11. La custodia compartida facilita el ejercicio de las responsabilidades parentales (que son indisponibles) y fomenta la corresponsabilidad.	B7. Una ley no puede convertir lo excepcional en general.
A12. Existe hoy en día una igualdad sociológica entre hombre y mujer.	
A13. Aun con la preferencia, el principio prevalente es siempre el interés del menor.	
A14. La ley puede impulsar el cambio social.	
J3 – Realización o eficacia social (cumplimiento, aplicación, uso)	
A15. En la práctica la custodia se otorga a la mujer.	B8. La custodia se otorga a quien más se dedicó al menor.
A16. Los hombres quieren una mayor implicación en el ámbito familiar.	B9. Los hombres no suelen solicitar la custodia.
	B10. La custodia compartida exige el acuerdo entre los progenitores.
J2 – Sistematicidad jurídica	
A17. El Código Civil considera la custodia compartida como excepcional.	B11. La aplicación retroactiva de la ley podría plantear problemas de interpretación.
A18. La custodia compartida se ha declarado preferente en otras comunidades autónomas.	B12. La custodia compartida tiene difícil encaje legal a efectos del empadronamiento.
A19. La custodia compartida se ha implantado en Europa y EEUU como modalidad preferente.	B13. La custodia compartida es una cuestión compleja que exige una ley elaborada con mayor esmero.

sus relaciones con los hijos» y «promueve, por supuesto, la igualdad de ambos sexos en los ámbitos familiar, personal y laboral», por todo lo cual «se acepta mayoritariamente como un sistema progresista» [A4] (PTC, p. 4659, Javier Allué Sus).

Hay también en este nivel un argumento que se refiere a valores de naturaleza muy distinta. Trata sobre el ordenamiento foral de Aragón y considera positivo el hecho de que la nueva norma lo potencie, al incluir en el mismo una materia que hasta ese momento quedaba sujeta al derecho común [A5]. Son los dos partidos aragonesistas los que más inciden en este aspecto, afirmando el representante de uno de ellos, la CHA, que:

> [...] mostramos nuestra satisfacción por el hecho de que debatamos aquí, legislemos aquí sobre una cuestión en la que tenemos una competencia exclusiva. Ejerzamos esa competencia y ahora, una vez pasado ese trámite, una vez decidido que sí que queremos legislar porque además debemos actualizar nuestro derecho, además, ahora es cuando se abre el melón para decidir aquí –que no tenemos por qué decidir peor aquí de lo que deciden otros allá– [...] (PTC, p. 4665, Chesús Bernal Bernal).

El siguiente nivel lo forman los argumentos del nivel instrumental. Dentro de estos consideramos en primer lugar aquellos que se refieren a los efectos que cada modalidad de custodia tendrá sobre el menor. Sobre dichos efectos, los defensores de la medida afirman que la custodia compartida es mejor para el desarrollo del menor [A6], favorece su derecho a no perder el vínculo con ninguno de los progenitores [A7] y permite una mejor aceptación de la ruptura [A8]. Quienes se oponen a la misma, consideran que la custodia compartida no tiene por qué ser siempre la mejor solución para el menor [B3], dado que hay supuestos que justifican la custodia individual [B2] (como, por ejemplo, cuando la mala relación entre los progenitores impide la adopción de las decisiones conjuntas imprescindibles para la gestión de la custodia compartida o cuando la distancia entre los domicilios dificulta la necesaria continuidad de actividades del menor, como la escolarización). También opinan que, en general, se perjudica la estabilidad del menor [B4], como expone la diputada del PSOE:

> no contempla los efectos que puede tener en el desarrollo psicosocial del menor, en la inestabilidad producida por los cambios de domicilio, cambios de hábitos, cambios de costumbres. O problemas de integración o adaptación de los menores a los nuevos núcleos familiares que se vayan

creando, o el desarraigo de su propio entorno social y afectivo (PTC, p. 4664, María Teresa Pérez Esteban).

En segundo lugar, estarían los argumentos que se refieren a los efectos sobre los progenitores. A favor de la custodia compartida se alega que con esta se evita tanto la victoria de uno de los progenitores que conllevaría la custodia individual [A9] como que el progenitor no custodio no pueda ejercer la patria potestad [A10], así como que la custodia compartida facilita el ejercicio de las responsabilidades parentales por ambos progenitores y fomenta la corresponsabilidad [A11]. Se plantea también que una cuestión clave para valorar los efectos que tendrá la medida sobre los progenitores es la existencia de una igualdad efectiva entre hombres y mujeres. Y, mientras que para los partidarios de la medida esta igualdad ya sería una realidad [A12] para sus detractores se parte de una situación de desigualdad entre hombres y mujeres que debería resolverse previamente [B5]. En esta línea, el diputado de IU afirma que «leyes que buscan la igualdad pero que todavía se basan en situaciones de desigualdad no resueltas o se hacen muy bien o solo provocan al final más desigualdad» (PTC, p. 4665, Adolfo Barrena Salces). Por ello, opina el mismo diputado que el momento que se ha elegido para la implementación de la medida tampoco es oportuno [B6], ya que «no hay ni urgencia ni está la situación lo suficientemente analizada, planteada y debatida» (PTC, p. 4660, Adolfo Barrena Salces).

Un tercer grupo de argumentos se refiere a la capacidad que puede tener la ley que se promueve para impulsar de forma efectiva el cambio social en materia de custodia. Y aquí también se dan posiciones contrapuestas ya que mientras los partidarios de la propuesta consideran que la ley si tendrá dicha capacidad [A14] y que, por tanto, puede utilizarse para impulsar la custodia compartida, quienes se oponen a la medida consideran «que una norma jurídica no puede por sí sola, sin el necesario cambio social, convertir la excepción en la generalidad» [B7] (PTC, p. 4664, María Teresa Pérez Esteban).

El tercer nivel definido por la metodología legisprudencial que seguimos son los argumentos relativos a la realización social, los cuales tienen que ver con la eficacia social de la norma, es decir, si los jueces la aplicarán, cuanto y como la invocarán los ciudadanos, etc. En este nivel, los partidarios de la preferencia plantean que existe un amplio espacio para la aplicación de la medida, ya que en la mayor parte de los casos la custodia corresponde a las mujeres [A15]. Quienes se oponen alegan que esto es así porque la custodia se otorga (y, previsiblemente, se seguirá otorgando) a quien más se dedicó al menor durante la convivencia, dando por sobreentendido que en la mayoría de los casos sería la mujer [B8]. Tampoco existe acuerdo en cuanto a la frecuencia con la que se invocará la norma, especialmente por parte de los hombres, ya que mientras los defensores de la medida creen que estos aspiran a una mayor implicación en el ámbito familiar [A16] sus oponentes consideran que los hombres no suelen solicitar la custodia [B9].

Otro argumento relativo a la realización tiene que ver con la relación entre los progenitores, ya que la custodia compartida precisaría tanto del acuerdo de estos como de que mantengan, a lo largo de todo el tiempo que dure la custodia, una relación que permita consensuar y gestionar los múltiples aspectos prácticos que lleva asociados [B10]. En palabras de la diputada del PSOE:

> la custodia compartida puede ser una solución legal que funcione, pero que funcione fundamentalmente en los casos en que hay acuerdo real, es decir, en situaciones en las que ambos progenitores han ejercido el derecho y función de guarda de los menores durante la convivencia y ambos comparten criterios educativos comunes y niveles económicos similares. Pero esta situación lamentablemente no constituye la norma general [...] (PTC, p. 4664, María Teresa Pérez Esteban).

Aunque algunos de los argumentos anteriores se refieren a circunstancias sociales y serían susceptibles de ser apoyados por datos empíricos, solo hay en todo el debate dos referencias a estos últimos y son, sobre todo una de ellas, sumamente imprecisas. Tampoco se alude a que, en la práctica judicial, la mala relación entre los progenitores es una de las principales razones para no acordar la custodia compartida. En general, los argumentos facticos no se respaldan mediante datos estadísticos u otras fuentes, ni tampoco se recurre a la referencia a autoridades científicas en argumentos que serían susceptibles de ello como, por ejemplo, cuando se afirma que la custodia compartida es, por lo general, mejor para los menores.

El último nivel presente en el debate es el de la sistematicidad jurídica y, dentro de este, hay, en primer lugar, argumentos que se refieren a cuestiones técnico-jurídicas. Uno de ellos aduce que la aplicación retroactiva de la norma podría dar lugar a problemas interpretativos, ya que los tribunales para juzgar de nuevo un supuesto de custodia exigen que se haya producido un cambio sustancial en las circunstancias y no se determina si esta modificación legislativa lo sería [B11]. Otro es el planteado por la diputada del PSOE que alude al «[...] propio encaje legal a efectos de empadronamiento, a instancias del fiscal general del Estado, que expone que resulta imposible determinar, si el menor tiene dos domicilios, cuál debe considerarse residencia habitual del menor a efectos de empadronamiento» [B12] (PTC, p. 4664, María Teresa Pérez Esteban).

Otros argumentos de este nivel tienen que ver con el tratamiento que se da a la custodia compartida en distintos ordenamientos, comenzando por el CC que, al considerarla excepcional, estaría en el origen de la situación que intentan superar los partidarios de la propuesta [A17]. Estos argumentan también que la custodia compartida se ha declarado preferente tanto en otras comunidades autónomas [A18] como en Europa y en los Estados Unidos [A19]. Por su parte, quienes se oponen a la medida critican la forma como se ha planteado, ya que consideran que la custodia compartida es una cuestión compleja que exigiría una ley elaborada con mayor esmero y, en particular, consideran que una proposición de ley es un medio menos adecuado que un proyecto de ley para una reforma de tal transcendencia [B13].

4.3. Estructura

La estructura del debate se representa, en primer lugar, mediante un esquema gráfico de teleología legislativa (Figura 1), en el que, entre otros aspectos de la argumentación, se visualizan los fines de la medida propuesta y los valores que han de ser ponderados. Su objetivo es reflejar los patrones elementales de la justificación teleológica y vincular la racionalidad instrumental con los valores (Oliver-Lalana 2022). En este caso se puede considerar que la estructura del debate gira en torno al hecho de que en la mayor parte de las rupturas la custodia de los menores corresponde a la mujer. Esta realidad entraría en conflicto, desde el punto de vista axiológico, con el principio de igualdad entre hombre y mujer y, desde el punto de vista sociológico, con la creciente igualdad entre ambos que ya se daría en muy diversos ámbitos. Por ello, como ya se dijo, el legislador se plantea el objetivo de contribuir a que la custodia se reparta de forma equitativa entre los progenitores. Y considera que, para ello, una medida adecuada es establecer que los jueces, al resolver sobre la custodia en las rupturas contenciosas, deban aplicar preferentemente la custodia compartida.

Figura 1
Esquema teleológico de la argumentación en el debate de la Ley 2/2010

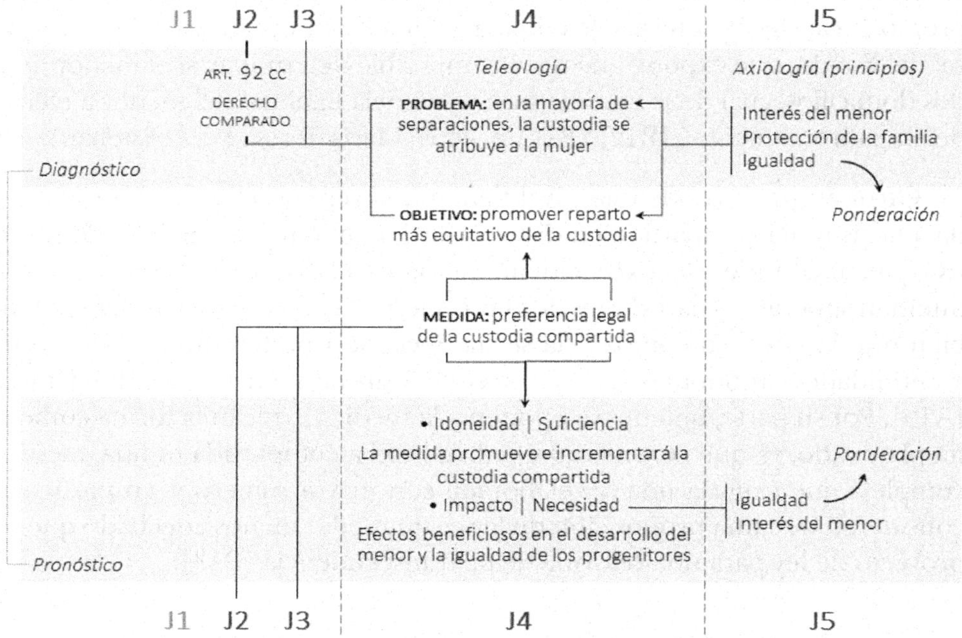

Además, el esquema representa dos fases de la argumentación: el diagnóstico de la situación existente y la previsión de los posibles efectos que la norma puede tener sobre la misma. De esta forma, los argumentos se organizan, además de por el nivel de justificación al que pertenecen, por la función que realizan desde la perspectiva de los fines. En este caso, los argumentos sistemáticos correspondientes al diagnóstico serían los que se refieren a que el CC trata a la custodia compartida como algo excepcional y la tendencia a potenciar la aplicación de la custodia compartida que se observa en otros ordenamientos. Los relativos a la realización social consideran que la regulación de la custodia no se adecua a la creciente igualdad sociológica entre hombre y mujer. La previsión es que la norma fomentará esta igualdad y dará respuesta al interés de los hombres por implicarse en el cuidado de los menores. Dentro de la previsión se incluyen también argumentos del nivel de la instrumentalidad, entre ellos los relativos a la idoneidad y suficiencia de la medida, que son aquellos que consideran que la custodia compartida resulta, por lo general, mejor para el menor y también para los progenitores, que se corresponsabilizan de su cuidado y no pierden la relación con el mismo.

También se contempla en el cuadro el nivel axiológico, tanto en el diagnóstico como en la previsión. Esta duplicidad responde a que el conjunto de valores o principios constitucionales considerado al definir un problema y, eventualmente, su ponderación (equilibrio diagnóstico) pueden diferir de aquellos que corresponden a la elección de las soluciones (equilibrio pronóstico) (Oliver-Lalana 2022). Aunque en el debate se alude a tres principios, uno de ellos, la protección de la familia, no se menciona en la argumentación sobre la medida propuesta, por lo que únicamente se ponderarían el interés del menor y la igualdad entre los progenitores.

La ya citada *Convención sobre los Derechos del Niño* establece en su art. 3.1 que el interés del menor ha de ser «una consideración primordial (*primary consideration*)» al adoptar cualquier medida que le afecte, lo que llevaría a pensar que ha de prevalecer en cualquier ponderación que se realice. Pero ello, a juicio de García Rubio (2020), «no significa que el interés del menor sea superior a otros, ni que sea estrictamente preferente a los demás, ni mucho menos que haya de ser tomado en consideración de modo exclusivo y excluyente cuando se produzca un choque con otro tipo de intereses». En este sentido, la *Observación general N.º 14 (2013) sobre el derecho del niño a que su interés sea una consideración primordial*, del Comité de los derechos del niño de las NU, considera que se debe buscar, en primer lugar, la conciliación de los intereses del niño con otros que se encuentren presentes y que, solo cuando esta armonización no sea posible, se deberá proceder a una ponderación entre ellos, teniendo en cuenta «que los intereses del niño tienen máxima prioridad y no son una de tantas consideraciones». También el TC niega una primacía absoluta al interés del menor, considerando que debe guardar proporcionalidad con otros valores (STC 273/2005) y que no se puede entender que sea «no sólo superior, sino único y excluyente frente a otros bienes constitucionales» (STC 160/2012). En consecuencia, habría sido posible una ponderación entre el interés del menor y el principio de igualdad en el debate. Pero, al no darse un conflicto entre ambos principios esta no resultaría necesaria, puesto que se acepta en el debate que la custodia compartida es la modalidad más conforme con el interés del menor y también la que favorece en mayor medida el principio de igualdad.

En una segunda fase del análisis de la estructura de la argumentación se intenta identificar en el debate las premisas y subpremisas del "esquema argumentativo" que subyace a la justificación de una medida legislativa y que, en el correspondiente a la Ley 2/2010, serían las siguientes.[10]

10 Véase el Cap. 1 (Secc. 4.2.1) de este volumen.

Esquema argumentativo de justificación legislativa para la Ley 2/2010

P1. Está justificado intervenir legislativamente en este momento para corregir la afección negativa de los principios PRIN1, PRIN2, PRIN3 asociada a la situación S0

Está justificado intervenir legislativamente en este momento para corregir la afección negativa de los principios de igualdad entre hombre y mujer (art. 14 CE) [PRIN1], de protección del menor (CE art. 39.2) [PRIN2] y de protección de la familia (CE art. 39.1) [PRIN3], provocada por la regulación del CC en la que la custodia compartida solo se aplica cuando haya acuerdo de los progenitores (CC art. 92.5) o excepcionalmente, a instancia de una de las partes, con informe (favorable)[11] del Ministerio Fiscal, y fundamentándose en que sólo así se protege adecuadamente el interés del menor (CC art. 92.8) [S0].

- P1a. Existe la situación S0 [subpremisa de descripción diagnóstica].
- P1b. S0 afecta negativamente a PRIN1, PRIN2, PRIN3? [subpremisa de evaluación diagnóstica].
- P1c. Una intervención legislativa sobre S0 está justificada en este momento [subpremisa de intervención legislativa].

P2. La intervención legislativa persigue el objetivo O [promover un reparto equitativo de la custodia] basado en PRIN1, PRIN2, PRIN3. La situación S1 [reparto equitativo de la custodia] corregiría afección negativa de PRIN1, PRIN2, PRIN3 [premisa de objetivo].

P3. La medida M contribuirá suficientemente a O (S1) [premisa de idoneidad y suficiencia medio-a-fin].

P4. Ninguna otra medida M' propuesta para contribuir a O es preferible a la luz de los principios en juego [premisa de selección].

Por tanto,

C. Debe aprobarse la medida que establece la preferencia de la custodia compartida.

Seguidamente, a cada una de estas premisas (P) se le asocian ciertas "preguntas críticas" (PC) que ayudan a valorar la solidez de la argumentación: la aparición de estas preguntas en los debates –normalmente en forma de críticas y objeciones– puede considerarse también un indicio de calidad estructural, si bien su finalidad central está en evaluar la correc-

11 La exigencia de que el informe del Ministerio Fiscal fuera favorable fue suprimida por la STC 185/2012, pero se encontraba en vigor en el momento en el que se produjeron los debates.

ción dialéctica de la argumentación (como veíamos antes, el modo en que los parlamentarios tratan y responden a las preguntas críticas se examina en el tercer bloque de esta metodología).[12]

Preguntas críticas para la justificación legislativa de la Ley 2/2010

P1. ¿Está justificado intervenir legislativamente?

— P1a. Subpremisa de descripción diagnóstica

PC1. ¿Se corresponde la descripción de S0 con la realidad?

PC2. ¿Hay otras circunstancias o hechos relevantes que deban incluirse en la descripción de S0?

— P1b. Subpremisa de evaluación diagnóstica

PC3. ¿Realmente provoca S0 una afección negativa de PRIN1, PRIN2, PRIN3?

— P1c. Subpremisa de intervención legislativa

PC4. ¿Exige la afección de PRIN1, PRIN2, PRIN3, a la luz de otros principios implicados en S0, una intervención legislativa en este momento?

PC5. ¿Hasta qué punto está una intervención legislativa sobre S0 democráticamente legitimada?

P2. Premisa de objetivo

PC6. ¿Están bien definidos el objetivo O y la situación deseada S1?

P3. Premisa de idoneidad y suficiencia medio-a-fin

PC7. ¿Qué fiabilidad tiene el pronóstico de que M contribuirá suficientemente a O (S1)?

PC8. ¿Está M bien formulada, es inconsistente o incoherente con otras leyes o invadirá competencias legislativas de otros órganos?

PC9. ¿Será M socialmente eficaz (cómo será interpretada, aplicada, usada, implementada)?

PC10. ¿Qué consecuencias negativas (y positivas) tendrá M?

P4. Premisa de selección

PC11. ¿Alguna de las otras propuestas debatidas contribuirá igual o más a O (S1) o, aun contribuyendo menos, resultará más proporcionada?

En el esquema anterior se incluyen la totalidad de las preguntas críticas definidas para este enfoque de evaluación (Oliver-Lalana 2018; cfr. Cap. 1) con la excepción de la que, en la premisa de objetivo (P2), trata sobre la compatibilidad del objetivo de la medida con otros objetivos legislativos

12 Véase el Cap. 1 (Secc. 4.2.2) de este volumen.

de la misma ley, y ello porque consideramos que la propuesta de ley no contempla otros objetivos que pudieran entrar en conflicto con el de favorecer la custodia compartida.

4.4. Dialéctica

El tercer bloque de la metodología evalúa la calidad dialéctica de la argumentación a partir de los criterios de exhaustividad, importancia, pertinencia y reconsideración. Para valorar el primero de estos criterios, la exhaustividad, se utilizan las preguntas críticas previamente definidas, analizando el tratamiento que se ha dado en el debate a cada una de ellas. Seguidamente se muestran, de forma resumida, las respuestas dadas a las preguntas críticas en el debate de la Ley 2/2010.

Tratamiento de las preguntas críticas en los debates para la justificación legislativa de la Ley 2/2010

PC1. ¿Se corresponde la descripción de S0 con la realidad?

La situación S0 existe notoriamente en lo que se refiere a la redacción del CC [Hecho H1].

PC2. ¿Hay otras circunstancias o hechos relevantes que deban incluirse en la descripción de S0?

Debe tenerse en cuenta que la práctica judicial es acordar en un elevado porcentaje de los casos la custodia individual, asignándosela a la madre [H2].

PC3. ¿Realmente provoca S0 una afección negativa de PRIN1, PRIN2, PRIN3?

La regulación del CC afecta negativamente al principio de interés menor [PRIN2], porque la custodia compartida es la mejor para el menor [H3], y al de igualdad entre hombre y mujer [PRIN1] porque solo la custodia compartida pone a los dos progenitores en situación de igualdad [H4].

PC4. ¿Exige la afección de PRIN1, PRIN2, PRIN3, a la luz de otros principios implicados en S0, una intervención legislativa en este momento?

La intervención está justificada porque la normativa actual no se adecua a la creciente igualdad sociológica entre hombre y mujer [H5].

PC5. ¿Hasta qué punto está una intervención legislativa sobre S0 democráticamente legitimada?

La intervención legislativa de la Comunidad Autónoma de Aragón sobre la regulación de la custodia está legitimada porque tiene competencia para ello [H6] y ejerciéndola se potencia el derecho foral de Aragón [H7]. También porque se trata de una medida progresista [H8] y porque la custodia compartida se ha declarado preferente en otras comunidades autónomas, en Europa y en los Estados Unidos [H9].

PC6. ¿Está bien definido el objetivo O y la situación deseada S1?

El objetivo es aumentar la prevalencia de la custodia compartida y la situación deseada es que los jueces la acuerden en un alto porcentaje de los casos [S1].

PC8. ¿Está M bien formulada, es inconsistente o incoherente con otras leyes o invadirá competencias legislativas de otros órganos?

No se invaden competencias de otros órganos porque la Comunidad Autónoma de Aragón es competente para legislar en materia de derecho de familia.

PC9. ¿Será M socialmente eficaz (cómo será interpretada, aplicada, usada, implementada)?

La medida no será eficaz sino va acompañada del necesario cambio social.

PC10. ¿Qué consecuencias negativas (y positivas) tendrá M?

M tendrá efectos beneficiosos para los menores y los progenitores y contribuirá a evitar conflictos.

Cabe considerar que el debate analizado trata de forma bastante exhaustiva las distintas premisas. En primer lugar, todas las preguntas críticas correspondientes a las tres subpremisas de P1 se contemplan en la argumentación y alguna de ellas, como PC3, de forma bastante extensa. Otro tanto ocurre con P2, cuya única pregunta critica (PC6) es objeto de diversas alusiones en el debate. En cuanto a la premisa correspondiente al juicio de idoneidad (P3), la primera pregunta crítica (PC7) debería llevar a plantearse hasta qué punto influirá en las decisiones de los jueces la medida que se propone, una cuestión fundamental en el nivel de la instrumentalidad, pero en la que los diputados no entran en ningún momento, por lo que cabría considerar que esta pregunta critica queda sin repuesta.

Respecto a la competencia para dictar la norma (PC8) se contesta que la Comunidad Autónoma de Aragón es competente para legislar en materia de derecho de familia. La siguiente pregunta crítica se refiere a la aplicación social de la norma (PC9). Esta es una cuestión que sí se trata en el debate, pero tiene únicamente repuestas negativas, ya que se argumenta que la imposición no será eficaz y que los cambios solo serán posibles «con la complicidad de toda la sociedad y con el mutuo acuerdo de hombres y mujeres» (PA, p. 5876, Adolfo Barrena Salces, IU). Por el contrario, en respuesta a la pregunta crítica sobre las consecuencias de la medida (PC10), hay numerosos argumentos que enumeran los beneficios que la custodia compartida tendría para los menores, los progenitores e incluso el conjunto de la sociedad, al favorecer la igualdad entre hombres y mujeres. Aunque también hay argumentos que ponen de manifiesto las posibles consecuencias negativas, especialmente para la estabilidad del menor.

Finalmente, en cuanto a la necesidad de la medida por no existir otra más adecuada o proporcionada (PC11), nada se dice en el debate de posibles medidas alternativas que pudieran contribuir a promover la custodia compartida, por ejemplo, mediante acciones de concienciación u otras de tipo económico que favorecieran la disponibilidad de los progenitores para asumir las obligaciones asociadas a la misma. Y, aunque cabría considerar que se propone como una medida alternativa la opción de no legislar (al menos no todavía) sobre la preferencia de la custodia compartida, esta opción tendría un objetivo distinto, que sería promover la modalidad de custodia que en cada caso resulte mejor para el interés del menor.

Dentro de este tercer bloque de la metodología también se incluye la realización de análisis más detallados de la dialéctica asociada a una determinada pregunta crítica, para el que se utilizan esquemas en los que se representan los argumentos y contra-argumentos relativos a la misma. Como ejemplo, en la Figura 2 se utiliza un esquema de "argumentación pragmática" (Ihnen 2017) para representar la argumentación correspondiente a la pregunta crítica: *¿Qué consecuencias negativas (y positivas) tendrá la medida?* (PC10).

En el esquema se refleja que la argumentación en contra de la medida se produce en dos niveles. Uno se refiere a consecuencias concretas como la inestabilidad del menor [B4], la posible inaplicación de la custodia individual cuando fuera procedente [B2] o el establecimiento de la compartida sin la anuencia de los dos progenitores o con una mala relación entre los mismos [B10]. Los contraargumentos referidos a B4 no niegan la posible inestabilidad de forma directa, pero aluden a otros efectos beneficiosos para el menor [A6] [A7] [A8] que, cabe entender, compensarían una posible pérdida de estabilidad o comodidad por parte del menor. A la segunda consecuencia se contraargumenta que la ley establece la preferencia de la custodia compartida, pero con la salvedad de que no se considere mejor la individual para ese caso concreto [A13]. La tercera consecuencia queda sin una respuesta directa y únicamente cabria considerar como un contra-argumento la hipótesis de que la mayor implicación de los hombres en el cuidado de los menores [A16] redunde en un mayor número de acuerdos, aunque esta posible consecuencia no se hace explícita en el debate.

Figura 2
Contraargumento consecuencialista y réplicas en el debate de la Ley 2/2010

POSICIÓN B – LA MEDIDA **NO DEBE** APROBARSE	¿Qué consecuencias tendrá la preferencia legal de la custodia compartida? [PC10]	POSICIÓN A – LA MEDIDA **DEBE** APROBARSE
		réplicas de los proponentes
[1] La medida provocará consecuencias C1, C2 y C3		
C1. La custodia compartida puede perjudicar la estabilidad del menor [B4]	⟵	¬C1. La custodia compartida es mejor para el desarrollo del menor [A6] La custodia compartida permite mejor aceptación de la ruptura por parte del menor [A8] La custodia compartida favorece el derecho del menor a no perder el vínculo con ninguno de los progenitores [A7]
C2. En casos que aconsejen custodia individual, esta no se aplicará [B2] { La custodia compartida no siempre es la mejor solución [B3] }	⟵	¬C2. Aun con la preferencia, el principio prevalente es siempre el interés del menor [A13]
C3. La custodia compartida podría aplicarse sin acuerdo suficiente entre progenitores [B10]	⟵	Los hombres quieren mayor implicación en el ámbito familiar [A16]
[2] C1, C2 y C3 son inaceptables		
C1 y C2 vulneran el interés del menor	⟵	C1 y C2 no se producirán: la custodia compartida favorece el interés del menor [A1]
C3 vulnera la libertad de los progenitores	⟵	La custodia compartida facilita el ejercicio de las responsabilidades parentales (que son indisponibles) y fomenta la corresponsabilidad [A11]
[3] Si la medida provocará la consecuencias inaceptables C1, C2 y C3, entonces no debe aprobarse	⟵	**Si la medida no provocará consecuencias C1 y C2, y si C3 no es inaceptable, entonces (en principio) debe aprobarse**

El segundo nivel valora si las consecuencias son o no aceptables en función de los principios o valores que se ven afectados por las mismas. Respecto al interés del menor se ha negado que se produzcan las consecuencias C1 y C2, que lo vulnerarían, y además se afirma en repetidas ocasiones, de forma general, que la custodia compartida favorece el interés del menor [A1]. En cuanto a la libertad de los progenitores, la consecuencia C3 puede producirse porque que la medida propuesta surte sus efectos en la resolución contenciosa de la separación o divorcio y no existe un acuerdo de los progenitores que, de haberse producido, habría conducido el procedimiento por otra vía. Por tanto, la resolución judicial podría obligar a un progenitor al ejercicio efectivo de las responsabilidades asociadas a la custodia en contra de su voluntad e incluso de la del otro progenitor. La respuesta que se da por los defensores de la medida es que la custodia compartida favorece el ejercicio de las responsabilidades por parte de los dos progenitores y que estas responsabilidades no son algo de lo que estos puedan disponer libremente, aceptándolas o no según su arbitrio. Sin embargo, ha de reconocerse que esta objeción, que es fundamental y probablemente subyace a la regulación del CC, no se trata con la debida profundidad.

Otro aspecto de la calidad dialéctica es la reconsideración, que se da cuando se aceptan los argumentos de otra parte y se replantean las posiciones previamente establecidas. Respecto a esta, aunque no hay en los debates ningún momento en el que un interlocutor acepte expresamente los contraargumentos de otro, sí que se produce una notable reconsideración de las posiciones iniciales como resultado del procedimiento legislativo. La propuesta de establecer la preferencia de la custodia compartida, planteada por el PAR y apoyada desde el principio por el otro partido de derechas (PP),[13] encuentra la oposición inicial de los partidos de izquierda, de los que provienen la totalidad de los argumentos contra la medida. Sin embargo, CHA vota a favor de la toma en consideración (tal vez por tratarse de una ley foral) y el PSOE se abstiene, permitiendo con ello la tramitación de la proposición de ley. Ambos partidos aducen que, a lo largo del procedimiento, podrán adecuar el contenido de la norma a sus posiciones. También el diputado del PAR, dirigiéndose a los otros grupos, se muestra convencido de que «llegaremos a acuerdos con sus aportaciones» (PTC, p. 4666, Javier Allué Sus). Y, de hecho, la propuesta fue extensamente modificada en su paso por la Comisión, en la que se presentaron ciento dieciocho enmiendas, de las que ocho fueron retiradas, veinticinco rechazadas y ochenta y cinco aceptadas o transac-

13 En el debate correspondiente a la Proposición de ley de modificación del artículo 80.2 del Decreto Legislativo 1/2011, en materia de custodia, Vox forma parte de las Cortes y su portavoz se posiciona a favor de la custodia compartida, afirmando que «Nosotros, desde Vox, defendemos expresamente, y así consta en nuestro programa de nuestras cien medidas, la medida 81, defensa de la custodia compartida como regla general y proteger el derecho de los menores a relacionarse con ambos progenitores y con sus abuelos. Entendemos que la fórmula de la custodia compartida es la que mejor vela por los intereses superiores de los menores, fomentando la relación de los mismos con ambos progenitores» (p. 357, David Arranz Ballesteros).

cionadas, siendo finalmente aprobada con el único voto en contra del diputado de IU.

En lo que se refiere a la custodia compartida, la redacción inicial decía que: «La custodia de los hijos menores de edad, como regla general, corresponderá a ambos padres de forma compartida, para facilitar un ejercicio adecuado de sus responsabilidades afectivas, educativas y de asistencia con los hijos».[14] Esta marcada preferencia de la custodia compartida quedó muy atenuada en la redacción final. Así lo considera la diputada del PSOE, para quien «con nuestro apoyo y nuestro voto, hemos posibilitado cambiar de la custodia compartida obligatoria a que sea el juez quien lo determine» (PA, p. 5888, Mayte Pérez Esteban). En el debate final, la diputada del PP valora algunas de las claves que, a su juicio, han permitido el acuerdo:

> Y, por otro lado, también, en el convencimiento de que el juego de las mayorías de esta Cámara exigía una rebaja por nuestra parte que obligara a elevar su postura a los no tan convencidos, en especial, al Partido Socialista, partido que ha ido evolucionando en sus posturas, tal vez para evitar una ley sin su apoyo, ley que, con los planteamientos antes expuestos, gozaba de la mayoría de esta cámara. He de decir que su evolución ha sido sorprendente: agradable sorpresa, atendiendo al sentido de sus enmiendas en su punto de partida. Evolución de la que nos sentimos parte, por aceptar una rebaja de nuestras posturas iniciales y que supone que hoy aprobemos la primera ley en España que iniciará el proceso imparable de cambiar, por un lado, la actual concepción social, y por otro, la regulación legal en esta materia. (PA, p. 5879, M. Yolanda Vallés Cases).

5. DEBATE DE LA LEY 6/2019

5.1. Contexto

Casi nueve años después de la aprobación de la Ley 2/2010 se promulga la Ley 6/2019, que consta de un único artículo en el que se de-

14 La proposición de ley también contenía una regulación bastante restrictiva de la custodia individual, según la cual: «El Juez puede otorgar la custodia individual cuando sea necesaria para la protección de los hijos. La decisión judicial que acuerde la custodia individual deberá tener en cuenta informes médicos, sociales o psicológicos emitidos por especialistas independientes (...)».

roga la medida estrella de aquella norma, la preferencia de la custodia compartida. Esta ley se aprobó en el último pleno de la IX legislatura de las Cortes de Aragón, cuya composición era la siguiente: GP Partido Popular (21 diputados), GP Socialista (18 diputados), GP Podemos Aragón (14 diputados), GP del Partido Aragonés (6 diputados), GP Ciudadanos (5 diputados) y GP mixto (en el que se integraban dos diputados de Chunta Aragonesista y uno de Izquierda Unida). Por tanto, la derecha quedaba representada por el Partido Popular (PP), el Partido Aragonés (PAR) y Ciudadanos (C's), y la izquierda por el Partido Socialista Obrero Español (PSOE), Podemos Aragón (PA), Chunta Aragonesista (CHA) e Izquierda Unida (IU). En esta legislatura el Gobierno de la Comunidad Autónoma fue presidido por un miembro del PSOE, con el apoyo de Podemos y CHA.

El procedimiento para la aprobación de la Ley 6/2019 se inició también con una proposición de ley, esta vez presentada por el conjunto de los grupos de izquierda y que fue aprobada por la Mesa de las Cortes el 16 de enero de 2019. El debate de toma en consideración tuvo lugar el 21 de febrero de ese mismo año. Luego, en la tramitación, los grupos de la derecha presentaron ocho enmiendas, de las que cuatro eran de supresión. Todas ellas fueron rechazadas y, finalmente, la aprobación de la ley por el Pleno tuvo lugar el 21 de marzo de 2019.[15]

Pese a que se siguió un procedimiento abreviado –el de lectura única–, en esta ocasión los legisladores disponían de diversos materiales sobre la custodia compartida y su preferencia, ya que el 21 de junio de 2012, el Pleno, correspondiente a la VIII legislatura (2011-2015), había aprobado la proposición no de ley 192/12, presentada por el PAR y cuyo objetivo era la creación de una ponencia especial de seguimiento del Derecho foral. Esta ponencia se centró en buena medida en la custodia compartida, y recabó la opinión de asociaciones, académicos y profesionales; también se contaba con un informe del Justicia de Aragón, elaborado asimismo a instancias del PAR.

15 Se analizan los debates del Pleno para la toma en consideración (PTC) y para la aprobación de la propuesta de ley (PA) utilizando sendas transcripciones provisionales, realizadas por una empresa externa, que se encuentran publicadas en el sitio web de las Cortes de Aragón (www.cortesaragon.es/Transcripciones-provisionales.2245.0.html, consultado el 4/6/2022).

El artículo único de la propuesta modifica el primer párrafo del art. 80.2 del Código del Derecho Foral de Aragón, suprimiendo la preferencia de la custodia compartida con la siguiente redacción:

> El Juez adoptará la custodia compartida o individual de los hijos e hijas menores atendiendo a su interés, teniendo en cuenta el plan de relaciones familiares que deberá presentar cada uno de los progenitores y atendiendo, además, a los siguientes factores: a) La edad de los hijos; b) El arraigo social y familiar de los hijos; c) La opinión de los hijos, siempre que tengan suficiente juicio y, en todo caso, si son mayores de doce años, con especial consideración a los mayores de catorce años; d) La aptitud y voluntad de los progenitores para asegurar la estabilidad de los hijos; e) Las posibilidades de conciliación de la vida familiar y laboral de los padres; f) La dedicación de cada progenitor/a al cuidado de los hijos e hijas durante el periodo de convivencia; g) Cualquier otra circunstancia de especial relevancia para el régimen de convivencia.

Además de dicha supresión, la ley añade a las circunstancias que los jueces deberán considerar al resolver sobre la custodia la dedicación de cada progenitor al cuidado de los hijos e hijas durante el periodo de convivencia.

5.2. Alcance

En la Tabla 2 se muestra el espectro de razones del debate de la Ley 6/2019, en el que, al igual que en el de la Ley 2/2010, no se aportó ningún argumento sobre la corrección lingüística, pero sí sobre los cuatro niveles restantes de la argumentación.

Las razones correspondientes a la justificación axiológica tienen en este debate un peso bastante menor que en el de la Ley 2/2010, en el cual se aludía a los principios con mucha más frecuencia. Para los defensores de la propuesta, el interés del menor debe ser el único criterio que tenga preferencia, lo que sería contrario a dar también un carácter preferente a la custodia compartida [A1]. Mientras, quienes se oponen insisten en la idea de que la custodia compartida es más beneficiosa para el interés del menor [B1] y también consideran que la custodia individual es contraria al principio de igualdad entre hombre y mujer, ya que, según el diputado del PP, lo es «el hecho de fijar preferentemente que sea uno de los dos

Tabla 2
Espectro de razones presentes en el debate de la Ley 6/2019

A favor de suprimir la preferencia	En contra de suprimir la preferencia
J5 – Corrección axiológica	
A1. La única preferencia debe ser la del interés del menor. A2. La custodia compartida preferente es conservadora.	B1. La custodia compartida favorece el principio constitucional de protección del menor. B2. La custodia individual contradice el principio constitucional de igualdad hombre/mujer. B3. El criterio de dedicación anterior va en contra de la libertad de las familias para organizarse libremente durante la vida en común. B4. Suprimir la preferencia de la custodia compartida es un retroceso.
J4 – Instrumentalidad	
A3. La custodia compartida genera inestabilidad, inseguridad, fracaso escolar y agresividad en el menor. A4. No hay evidencia científica de que la custodia compartida sea mejor para el menor. A5. En la custodia individual el progenitor no custodio mantiene el contacto con el menor. A6. La custodia compartida exige el acuerdo entre los progenitores. A7. La corresponsabilidad tiene que darse desde el nacimiento del menor. A8. La corresponsabilidad tiene que incentivarse con medidas que favorezcan la igualdad. A9. El TS, el CGPJ y la mayoría de personas expertas consideran que no debe haber una modalidad que sea preferente. A10. Ninguna asociación profesional ni movimiento feminista defiende la preferencia. A11. La Ley 2/2010 ha penalizado a los sectores más vulnerables. A12. En la realidad sociológica no existe situación de igualdad en las relaciones familiares. A13. La corresponsabilidad no puede imponerse por ley.	B5. La custodia compartida favorece el derecho del menor a no perder el vínculo con ninguno de los progenitores ni de sus abuelos. B6. La custodia compartida fomenta la corresponsabilidad y facilita el ejercicio de las responsabilidades parentales. B7. Exigir el acuerdo es dar un derecho de veto a uno de los progenitores. B8. La Ley no impide que los jueces acuerden la custodia individual. B9. El TS señala que la custodia compartida debe ser la fórmula normal y deseable. B10. La mayoría de expertos considera que la custodia compartida salvaguarda el interés del menor. B11. El Justicia de Aragón y algunos expertos consideran que es mejor establecer la preferencia de la custodia compartida. B12. Los hombres llevan ya mucho tiempo compartiendo la responsabilidad.
J3 – Realización o eficacia social (cumplimiento, aplicación, uso)	
A14. La Ley 2/2010 no ha funcionado.	B13. Aun con la preferencia fijada en la Ley 2/2010, solo se acuerda un 40% de custodias compartidas.
J2 – Sistematicidad jurídica	
A15. Las demás CCAA no han optado por la preferencia de la custodia compartida. A16. En EE.UU. y muchos países europeos se ha suprimido la custodia compartida preferente. A17. La Ley 2/2010 trata mucho de los progenitores y casi nada de los menores. A18. Los partidos que defienden la preferencia de la custodia compartida no la han incorporado al CC pudiendo haberlo hecho. A19. No existe contradicción entre los párrafos 5º y 2º del art. 80 del Código de Derecho Foral.	B14. La aplicación retroactiva de la ley podría plantear problemas de interpretación. B15. La modificación frecuente de las leyes disminuye la seguridad jurídica. B16. Hay alguna CA que establece la preferencia de la custodia compartida. B17. La ley se tramita por vía de urgencia. B18. La ley va contra el espíritu del Código del Derecho Foral de Aragón. B19. La Ley 2/2010 ha sido referente en varias CCAA y en propuestas para reformar el CC. B20. La modificación resulta incongruente con el párrafo 5º y con la exposición de motivos.

cónyuges antes de decidir en función del caso particular, porque los hijos como regla general y punto de partida, son de ambos progenitores» [B2] (PTC, p. 68, Fernando Ledesma Gelas). Otro principio al que se alude es el de la libertad de los progenitores y, en particular, la que deben tener para organizar la vida familiar [B3]. Este argumento se introduce en relación con el criterio de dedicación anterior y, según el mismo, los progenitores, durante su convivencia, verán condicionadas sus decisiones sobre la forma en que comparten la dedicación a los menores por las posibles consecuencias que ello pudiera tener en caso de ruptura de la relación. En palabras del mismo diputado, este nuevo criterio «va en contra de la libertad de las familias de organizarse libremente durante la vida en común, del reparto de roles, incluso de la coparentalidad» (PA, p. 40, Fernando Ledesma Gelas).

En cuanto al carácter progresista de la medida que se adujo en los debates de la Ley 2/2010, mientras que para quienes se oponen a la propuesta esta supone un retroceso [B4], para la diputada de Podemos

> la custodia compartida impuesta o preferente es algo conservador, ninguna asociación de mujeres, ni ninguna parte del movimiento feminista la apoya, porque en nada contribuye a la igualdad y, sobre todo, en nada contribuye al bienestar de las hijas y de los hijos [A2] (PTC, p. 53, Amparo Bella Rando).

En el nivel de la instrumentalidad aún son mayores las diferencias entre ambos debates. Afirmaciones que antes se dieron por buenas son ahora puesta en duda o directamente sustituidas por las contrarias. Ya nadie afirma de forma genérica que la custodia compartida sea mejor para el interés del menor, sino que, según la diputada de Podemos: «Les convierte [...] en maletas, les genera inestabilidad, inseguridad, fracaso escolar, agresividad, no se tiene en cuenta su opinión y no se defiende su bienestar» [A3] (PTC, p. 54, Amparo Bella Rando). Se destaca que no existe ninguna evidencia científica de los superiores beneficios de la custodia compartida [A4], que ninguna asociación profesional ni movimiento feminista la defienden [A10] y que la mayoría de los expertos consultados consideran que no debe haber ninguna modalidad preferente [A9]. Sin embargo, no todos interpretan del mismo modo las opiniones de los expertos ya que, para la diputada del PAR, estaban a favor de la custodia compartida:

> Efectivamente, es que eso no es decir la verdad, léanse las actas de todas esas comparecencias de los expertos que han dicho que ellos consideraban, personas incluso catedráticas de esta materia desde la psicología, que han hecho meta-análisis que analizan todos los estudios e investigaciones que a su vez se han hecho sobre este aspecto, que dicen, que lo mejor es la custodia compartida y por tanto, que apuestan por la custodia compartida de forma preferente [B10] (PA, p. 43, María Herrero Herrero).

Especialmente conflictivo resultó el informe del Justicia de Aragón, institución autonómica cuyo titular era en aquel momento un juez de carrera y que se manifestó a favor de la preferencia de la custodia compartida [B11]. También la jurisprudencia del Tribunal Supremo da lugar a diferentes lecturas. Para los defensores de la propuesta establece que no debe haber un modelo preferente [A9] y, para quienes se oponen, en ella se considera que la custodia compartida debe ser la formula normal y que resulta la más deseable [B9].

En contra de la propuesta se aduce de nuevo que la custodia compartida favorece el derecho del menor a no perder el vínculo con ninguno de los progenitores [B5], ante lo que se contraargumenta que en la custodia individual el progenitor no custodio también mantiene el contacto con el menor [A5]. En esta ocasión, se presta mayor atención al argumento de que la custodia compartida precisa del acuerdo de los progenitores [A6], aunque quienes se oponen a la propuesta consideran que exigir este acuerdo implica dar un derecho de veto sobre la modalidad de custodia a uno de los progenitores [B7]. Estos últimos utilizan otro argumento que ya se adujo en el debate anterior, que la custodia compartida fomenta la corresponsabilidad [B6], frente al cual, en esta ocasión, se alega que la corresponsabilidad tendría que darse siempre y no solo a partir de la ruptura [A7] y que más bien debería incentivarse mediante medidas que favorezcan la igualdad [A8].

Otra cuestión que también se mencionó en los debates de la Ley 2/2010, la inexistencia de una igualdad sociológica entre hombre y mujer, se convierte ahora en uno de los argumentos principales, si no el principal, de los defensores de la propuesta [A12] y se insiste en que la corresponsabilidad no puede imponerse mediante una ley [A13], a lo que se contraargumenta afirmando que los hombres ya llevan mucho tiempo compartiendo la responsabilidad [B12].[16]

16 En el debate sobre la Proposición de ley de modificación del artículo 80.2 del Decreto Legislativo 1/2011, en materia de custodia, se aportó el argumento de que la custodia compartida

Pero, lo que más llama la atención en este nivel de la argumentación es que, siendo muy probable que la derogación de la preferencia de la custodia compartida se debiera sobre todo a los efectos latentes de la norma, estos no se mencionen. En el debate social que se produjo en forma paralela al parlamentario (y al que en este se hacen algunas referencias, mencionando noticias de prensa) sí que se reconoce la vinculación que la modalidad de custodia tiene con la atribución del uso de la vivienda familiar y el establecimiento de la pensión de alimentos. Esta consistiría, básicamente, en que si se acuerda la custodia compartida ya no se produce la atribución del uso de la vivienda al progenitor custodio ni se obliga al no custodio al pago de una pensión. Dado que en la mayoría de los casos el progenitor custodio es la mujer, desaparecen para los hombres los efectos más perjudiciales de la ruptura, pero ello puede derivar en una menor protección de las mujeres, las cuales, aunque se acuerde la custodia compartida, acaban asumiendo una carga mayor en el cuidado del menor.

El legislador evita (al menos en los debates habidos en pleno) verbalizar este problema que, sin embargo, es central a la hora de analizar los efectos de la propuesta.[17] Una posible explicación a este silencio sería la resistencia de los diputados a exponer argumentos que puedan descalificar a un colectivo como el de los hombres y ser interpretados por este como una ofensa. En este sentido, el debate se dirigiría en buena medida a la sociedad, y la necesidad de que los mensajes sean políticamente correctos llevaría a sacrificar argumentos que podrían haber tenido un gran peso en la justificación (pública) de la medida.

Por su parte, el nivel de la realización social adquiere una especial relevancia después de nueve años de vigencia de la Ley 2/2010, aunque en el

puede favorecer la violencia de género, que el diputado de IU respaldó refiriéndose a la *Convención de las Naciones Unidas sobre la eliminación de toda forma de discriminación contra la mujer*, de 1979: «una convención [...], a la que el Gobierno de España se incorpora en 1984 y que hace apenas cuatro años presenta un informe en el que hablaba, precisamente, de mostrar su preocupación sobre las legislaciones que establecen esta custodia compartida como norma general y situaban el foco precisamente en los casos de violencia machista» (p. 355, Álvaro Sanz Remón).

17 Esta cuestión sí que se menciona en el debate correspondiente a la Proposición de ley de modificación del artículo 80.2 del Decreto Legislativo 1/2011, en materia de custodia, en el que el diputado de IU, refiriéndose a la Ley 2/2010, afirmó que: «A partir de allí, como cualquier norma adelantada a su tiempo, si la aplicamos, al final, el resultado será que la custodia compartida, cuando solo es aceptada por una de las partes, pues, lamentablemente, se utiliza en no pocas ocasiones y se instrumentaliza precisamente para acabar discriminando a los sectores más vulnerables, en este caso, a la mujer. Porque no le quiero contar la de casos que hay de reducciones de pensiones, la de casos que hay de pérdida de uso de vivienda» (p. 355, Álvaro Sanz Remón).

debate no se aportan apenas datos sobre sus efectos. La percepción sobre la eficacia de la Ley 2/2010 es muy distinta para unos y otros. Para la diputada de IU, «es una ley que no ha funcionado» [A14] (PTC, p. 58, Patricia Luquin Cabello), mientras que en el debate sobre la Proposición de ley de modificación del artículo 80.2 del Decreto Legislativo 1/2011, en materia de custodia, la representante del PP hablará de «la experiencia de éxito que ha sido la custodia compartida a lo largo de los más de ocho años que estuvo de vigencia» (p. 354, María del Mar Vaquero Perianez). Sin embargo, esta última opinión contrasta con el argumento de la diputada del PAR, que tras dar el dato de que aun con la preferencia establecida en la Ley 2/2010 solo se acordaban un 40% de custodias compartidas, defendía que «aquí no hay ninguna custodia compartida impuesta, porque si fuera impuesta no habría un 40%, habría un 99%» [B13] (PA, p. 38, María Herrero Herrero).

Finalmente, en el nivel de justificación correspondiente a la sistematicidad jurídica, se critica la defectuosa redacción de la reforma, ya que no modifica la exposición de motivos, en la que se alude a la preferencia de la custodia compartida, ni el párrafo 5º del artículo reformado, que también la reconocería de forma implícita [B20], interpretación esta última que niegan expresamente los defensores de la propuesta [A19]. Se critica también que la propuesta va contra el espíritu el espíritu del Código del Derecho Foral de Aragón [B18], mientras que sus defensores aducen que la Ley 2/2010 se ocupaba mucho de los progenitores y poco de los menores [A17]. Y también hay un giro radical en las afirmaciones sobre las legislaciones de otros países y comunidades autónomas. Así, la diputada de Podemos afirma:

> Quiero terminar señalando que en Estados Unidos y en Francia se modificaron estas legislaciones, precisamente por las consecuencias psicológicas negativas que tenían en los menores, trastornos de comportamiento, traslados de domicilio con cosificación, disparidad de criterios educativos [A16] (PTC, p. 55, Amparo Bella Rando).

Estas consideraciones, y otras en el mismo sentido, se hacen de forma general y sin dar ninguna precisión sobre las normas a las que se alude, al igual que ocurrió en las menciones al derecho comparado que se hicieron en el debate de la Ley 2/2010.

Y el liderazgo dentro de España, del que se felicitaban los diputados al aprobar la Ley 2/2010, no hay sido tal, ya que ninguna ley autonómica había establecido la preferencia de la custodia compartida [A15] y los partidos que aquí la defienden no la han incorporado al CC, cuando la mayoría de la que disponen en las Cortes Generales les habría permitido hacerlo [A18]. En palabras de la diputada de IU:

> Tanto es así que esta ley que era vanguardia, ha sido tan vanguardia que cuando hemos visto la vuelta atrás, no hay nadie detrás que haya seguido, porque han pasado ya diez años que ninguna comunidad autónoma (sic). Y lo que es más importante, ni en España, el Gobierno de España con mayorías absolutas de aquellas opciones políticas que ahora enarbolan esto como la Ley del Progresismo, han modificado el Código Civil para implantar la custodia compartida de carácter preferente (PTC, p. 57, Patricia Luquin Cabello).

Al igual que ocurría con las contraargumentaciones relativas a las opiniones de los expertos, los hechos se interpretan de formas opuestas y, para los contrarios a la propuesta, hay alguna comunidad –se mencionan en concreto Cataluña, el País Vasco y la Comunidad Valenciana–[18] en la que sí se ha establecido la preferencia de la custodia compartida y también se han dado propuestas de reforma del CC en el mismo sentido [B16], que han tomado como referencia la ley de Aragón [B19]. Otros argumentos que se aportan contra la reforma debatida es que se ha elegido un trámite abreviado, que impide profundizar en una cuestión cuya importancia lo merecería [B17], y que las leyes se promulgan con una vocación de permanencia, disminuyendo la seguridad jurídica si se modifican con frecuencia [B15].

5.3. Estructura

Aunque en una primera aproximación cabría pensar que el problema y el objetivo de este debate son simplemente los opuestos a los del anterior no es así, ya que ahora, como queda reflejado en el esquema teleológico (Figura 3), no se acepta en el diagnóstico que ninguna modalidad tenga ventajas por sí misma y se considera que cada caso se debe resolver exclusivamente en función del interés del menor, sin que haya ninguna opción preferida por la ley. En consecuencia, el legislador no se plantea ningún objetivo respecto a la prevalencia que pueda tener cada una de las dos modalidades, mientras que antes se pretendía disminuir la de la custodia individual fomentando la compartida.

18 La *Ley de la Comunidad Valenciana 5/2011, de 1 de abril, de Relaciones Familiares de los hijos e hijas cuyos progenitores no conviven*, establecía la custodia compartida como régimen general. Fue declarada inconstitucional por la STC 192/2016. Como se hace constar en el debate, la STC tuvo como única causa el que las materias reguladas no formaban parte del acervo normativo o consuetudinario del Derecho civil histórico valenciano.

Respecto a los valores o principios constitucionales, la protección de la familia no se menciona siquiera, y tampoco se argumenta sobre el interés del menor, que únicamente se menciona como un criterio abstracto que los jueces deberán concretar en cada caso. El debate se centra en el principio de igualdad entre hombre y mujer, en el que se basa la adopción de la medida propuesta. Tampoco se acepta *a priori* que la custodia compartida sea la más beneficiosa para ambos principios, por lo que sí que serán posibles los conflictos. Así, en el diagnóstico, se considera que en la Ley 2/2010 se estableció la preferencia de la custodia compartida porque se hizo prevalecer (indebidamente) el principio de igualdad sobre el del interés del menor. Con la medida propuesta este último principio adquiere la primacía debida, ya que se convierte en el único criterio a tener en cuenta a la hora de decidir sobre la modalidad de custodia. Por otra parte, la propuesta también satisface el principio de igualdad, porque la Ley 2/2010 adoptó una visión formal de la igualdad y estableció una preferencia que (al menos en algunos casos) era contraria a la igualdad material.

Figura 3
Esquema teleológico de la argumentación en el debate de la Ley 6/2019

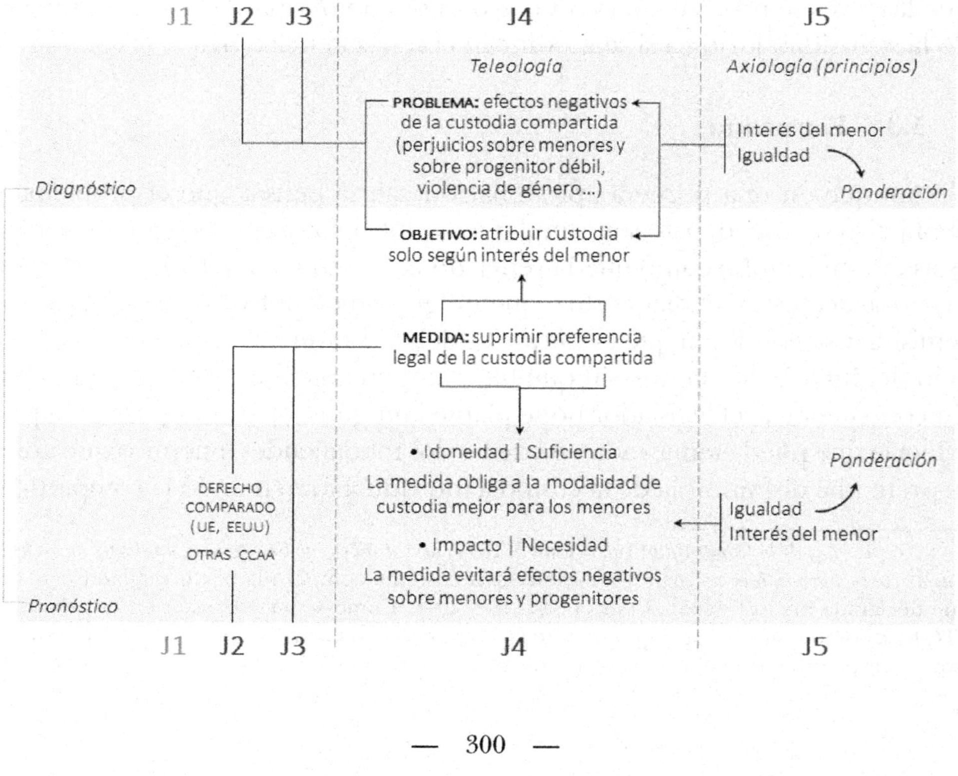

La siguiente etapa en este bloque de la metodología es la definición del "esquema argumentativo" y, en base al mismo, de las preguntas críticas asociadas a cada una de las premisas y subpremisas planteadas. No se incluyen aquí ni el esquema ni la relación de las preguntas críticas correspondientes al debate de la Ley 6/2019 ya que son iguales a los que se han definido anteriormente para la Ley 2/2010.[19] Y también, al igual que sucedía en el debate de esta última Ley, ha sido posible identificar en el nuevo debate referencias a todas premisas, como se verá a continuación al analizar el tratamiento dado a las diferentes preguntas críticas.

5.4. Dialéctica

Seguidamente puede verse el tratamiento dado a las preguntas críticas en los debates de la Ley 6/2019.

Tratamiento de las preguntas críticas
sobre justificación legislativa en el debate de la Ley 6/2019

PC1. ¿Se corresponde la descripción de S0 con la realidad?

La situación S0 existe notoriamente en lo que se refiere a la redacción del Código del Derecho Foral de Aragón [Hecho H1].

PC2. ¿Hay otras circunstancias o hechos relevantes que deban incluirse en la descripción de S0?

La custodia compartida exige del acuerdo de los progenitores [H2] y en la realidad sociológica no existe una situación de igualdad entre hombre y mujer [H3].

PC3. ¿Realmente provoca S0 una afección negativa de PRIN1 y PRIN2?

La regulación del artículo 80.2 del Código del Derecho Foral de Aragón afecta negativamente al principio de interés del menor [PRIN1], porque no existe ninguna evidencia científica de que la custodia compartida sea mejor para el menor [H4] y puede generar inestabilidad en el mismo [H5], y al de igualdad entre hombre y mujer [PRIN2] porque penaliza a las mujeres, que son más vulnerables [H6].

PC4. ¿Exige la afección de PRIN1 y PRIN2, a la luz de otros principios implicados en S0, una intervención legislativa en este momento?

La intervención está justificada porque la normativa actual no se adecua a la desigualdad sociológica entre hombre y mujer [H3].

19 Véase *supra*, Secc. 4.3.

PC5. ¿Hasta qué punto está una intervención legislativa sobre S0 democráticamente legitimada?

La intervención legislativa de la Comunidad Autónoma de Aragón sobre la regulación de la custodia está legitimada porque la regulación vigente no ha tenido los efectos esperados y sí otros contrarios [H8].

PC6. ¿Está bien definido el objetivo O y la situación deseada S1?

El objetivo es que únicamente se considere el interés del menor al acordar sobre la custodia [S1] porque la preferencia de la custodia compartida es algo conservador [H9] y ha sido abandonada en Europa y los Estados Unidos [H10] y en las demás comunidades autónomas [H11].

PC8. ¿Está M bien formulada, es inconsistente o incoherente con otras leyes o invadirá competencias legislativas de otros órganos?

M está bien formulada, aunque no se modifica el párrafo 5°.

PC9. ¿Será M socialmente eficaz (cómo será interpretada, aplicada, usada, implementada)?

Será eficaz porque los jueces, que son los encargados de su aplicación, consideran que no debe haber una modalidad preferente [H12].

PC10. ¿Qué consecuencias negativas (y positivas) tendrá M?

M tendrá efectos beneficiosos para los menores porque la custodia compartida puede generar inestabilidad [H5] y para los progenitores porque puede penalizar al más desfavorecido [H6] y fomentar la violencia de genero [H7].

PC11. ¿Alguna de las otras propuestas debatidas contribuirá igual o más a O (S1) o, aun contribuyendo menos resultará más proporcionada?

La corresponsabilidad debería incentivarse con medidas que favorezcan la igualdad.

De las preguntas anteriores, en las correspondientes a la subpremisa de descripción diagnóstica (PC1 y PC2) las respuestas a la segunda de ellas no se centraron en la prevalencia de la custodia individual dentro de la práctica judicial, como ocurrió en los debates de la Ley 2/2010, sino en los aspectos sociológicos referidos a la igualdad entre hombres y mujeres y a la relación entre los progenitores. Por su parte, a la pregunta asociada a la subpremisa de evaluación diagnóstica (PC3) le corresponden numerosos argumentos, que contradicen totalmente los utilizados en el debate anterior para dar respuesta a esta pregunta. Así, la custodia compartida pasa de considerarse la modalidad idónea para el interés del menor y la igualdad entre los progenitores a provocar inestabilidad en el menor y penalizar a las mujeres (además de favorecer la violencia de género). También son opuestas las razones que se alegan en las preguntas de la subpremisa de intervención legislativa (PC4 y PC5) ya que si antes la intervención legislativa se justificaba y legitimaba porque la normativa no daba una respuesta adecuada a la creciente igualdad sociológica entre hombre y mujer, ahora se considera que se debe actuar legislativamente porque la norma vigente tiene efectos negativos que derivan de la desigualdad existente entre ambos.

La pregunta crítica correspondiente a premisa de objetivo (PC6) se contesta también en sentido contrario y la custodia compartida pasa a considerarse un modelo conservador, cuya preferencia ha sido abandonada en las otras Comunidades Autónomas, en Europa y en los Estados Unidos. De la premisa de idoneidad y suficiencia medio-a-fin, no se da ningún argumento relativo a la PC7 (*¿Qué fiabilidad tiene el pronóstico de que M contribuirá suficientemente a O?*), pero sí que se tratan las otras tres preguntas críticas, al igual que sucedía en el debate de la Ley 2/2010. Y, a diferencia de lo ocurrido en este, se incluye alguna mención, aunque sea de forma indirecta, sobre la pregunta relativa a la premisa de selección (PC11) cuando se argumenta que la corresponsabilidad debería incentivarse con medidas que favorezcan la igualdad. En conclusión, cabe considerar que, al menos en cierta medida, la mayor parte de las preguntas críticas fueron planteadas (y encontraron respuesta) durante la deliberación, por lo que, desde la perspectiva del criterio de exhaustividad, cabría valorar positivamente la calidad dialéctica del debate.[20]

También se produce un cambio profundo respecto al debate de la Ley 2/2010 en lo referente al criterio de la reconsideración de argumentos, ya que el acuerdo que se dio en aquel se convierte, nueve años después, en una negación total de las posturas contrarias, sin aceptar ninguna rectificación o compromiso. La diputada de Ciudadanos se queja de esta falta de acuerdo:

> Se han presentado diferentes enmiendas y la señora Pili Mar Zamora, decía en el debate previo, «cuando hay voluntad de acuerdo, se alcanzan acuerdos», podíamos haber trabajado para alcanzar transacciones y haber cambiado el texto que hoy ustedes han traído aquí para aprobar, manteniendo la preferencia de la custodia y velando por el interés superior del menor (PA, p. 43, Susana Gaspar Martínez).

Esta diputada y la del PAR anuncian que, en cuanto comience la próxima legislatura, intentarán restituir la preferencia de la custodia comparti-

20 Véase el Cap. 1 (Secc. 4.2.1 y Secc. 4.4.2) de este volumen.

da (PA, p. 37, Susana Gaspar Martinez) (PA, p. 38, María Herrero Herrero). Algo que no sus grupos sino el Grupo Popular, llevó a efecto con la Proposición de ley de modificación del art. 80.2 del Decreto Legislativo 1/2011, en materia de custodia, presentada unos meses más tarde y que, como ya se ha dicho, no fue aprobada.

Otra diferencia sustancial en la dialéctica de los debates de ambas leyes es que mientras en la Ley 2/2010 todas las intervenciones tuvieron un tono correcto ahora se producen numerosas descalificaciones. Algunas tienen que ver con los intereses ocultos que habría detrás de la propuesta. El diputado del PP considera que «eso no es pensar en el interés de los menores, es pensar en otro interés que ya nos lo aclararán» (PA, p. 40, Fernando Ledesma Gelas) y la diputada del PAR que «simplemente ustedes quieren quedar bien con quienes quieren quedar bien» (PA, p. 43, María Herrero Herrero). Tal vez estas expresiones se refieran a los grupos feministas, a los que el diputado del PP hace alusiones mucho más directas, afirmando que «esta chapuza solo tiene un ADN, el de la izquierda feminista radical y confrontadora» y «criminalizadora de los hombres» (PA, pp. 41 y 45, Fernando Ledesma Gelas). En respuesta, la diputada de IU considera que los grupos opuestos a la propuesta son «aquellos que se suelen ir a manifestar, o que pactan en el Parlamento de Andalucía, con una fuerza como Vox que niega la violencia machista, que quiere derogar la Ley de Violencia Machista» (PTC, p. 58, Patricia Luquin Cabello).

Al menos, las afirmaciones anteriores están relacionadas con la propuesta que se debate, pero aparecen también argumentos *ad hominem* que nada tienen que ver con la misma, violando claramente el criterio de pertinencia. Así, el diputado del PP afirma que:

> Estamos ante un nuevo intento de la izquierda de dividir a la sociedad. Además, mire, el Partido Socialista, en concreto, desde que ha llegado Pedro Sánchez a liderarlo, está tratando de dividir a la sociedad más que nunca y Pedro Sánchez [...] ha desteñido más en el Partido Socialista de Aragón, de lo que nos quieren hacer ver (PTC, pp. 66-67, Fernando Ledesma Gelas).

Las descalificaciones a otros diputados llevan a la presidenta a intervenir haciendo las siguientes consideraciones a sus señorías:

> Pero en esta ocasión se han podido escuchar manifestaciones por parte de tres grupos parlamentarios diferentes, [...] en las que se ha metido con

> una diputada por su trabajo en otra institución, a nivel personal, en el que se ha comentado que han pactado con los de la ETA y con asesinos [...]. Si estamos aquí hablando de educación y de cuestiones tan importantes como la patria potestad de los menores, piensen ustedes qué sucedería si algún menor viera o escuchara la mayor parte de las alusiones que se hacen en estas sesiones plenarias. Yo apelo a su responsabilidad y a entender que la política se consigue dialogando y no insultando, ni realizando otro tipo de manifestaciones (PTC, pp. 75-76, Violeta Barba Borderías).

Además, también se hacen frecuentes alusiones a los bloques de la derecha y de la izquierda y se da una alineación clara de los grupos dentro de cada uno de ellos, frente a la mayor permeabilidad en las posiciones que hubo en el debate de la Ley 2/2010.

6. CONCLUSIÓN

La metodología seguida en el estudio ha permitido analizar de forma sistemática algunos de los aspectos más relevantes de los debates legislativos. Entre estos se encuentran el elenco de los argumentos utilizados, la forma en la que estos se orientan en función de los fines perseguidos por la medida legislativa, la exhaustividad con la que se cumplimenta su justificación y la dinámica dialéctica que se establece en la argumentación. Además, al haberse aplicado el método a dos debates distintos, pero con un contexto y un objeto con elementos comunes, se ha puesto de manifiesto su capacidad para realizar un análisis comparativo y para "cuantificar" en alguna medida determinados aspectos de la argumentación legislativa.

Esta comparación ha mostrado que la argumentación legislativa se encuentra altamente condicionada por el contexto político y social en el que se produce. En el primer debate, este era propicio a considerar que la ley puede impulsar el progreso social y también a la construcción de acuerdos mediante la argumentación. En el segundo, desaparece aquella ambición del legislador y parece triunfar el principio *primum non nocere*, tomándose en consideración desde una óptica más realista los efectos sociales de la medida legislativa que se propone. Este cambio se refleja en el alcance de la argumentación, ya que en el primer escenario predominan los argumentos axiológicos y en el segundo los relativos a la realización de la norma. También la dialéctica es muy diferente, con un alto nivel de reconsideración y un debate correcto en las formas, en el primero, y una nula reconsideración y un debate plagado de falacias *ad hominen* y descalificaciones, en el segundo.

En ambos casos se trata de un debate ideológico, cuyo objeto no es el interés del menor, aunque se mencione con harta frecuencia, sino la igualdad entre hombre y mujer. Se oponen una visión formal de la igualdad con otra material, que considera contraproducente a la primera porque, en la mayoría de los casos, es la mujer quien asume en mayor medida el cuidado de los menores, tanto durante la convivencia como tras la ruptura. Este predominio del componente ideológico hace que se elaboren argumentos contrapuestos aun con aquellos elementos que podrían considerarse objetivos –como las referencias a la legislación comparada, a datos estadísticos o a las opiniones de expertos–, los cuales acaban teniendo poca o ninguna incidencia en el resultado del debate. La estructura teleológica queda asimismo configurada por cómo se considera que se favorece en mayor medida el principio de igualdad, en la Ley 2/2010 promoviendo un reparto más equitativo de la custodia, en la Ley 6/2019 atendiendo únicamente al interés del menor.

Pero, este último fin oculta el realmente perseguido, y es que se antepongan los intereses del progenitor que asume las cargas de la custodia –normalmente la mujer–: un objetivo que nunca se hace explícito en el debate. Y ello se debería al carácter eminentemente político de la argumentación legislativa (o, al menos, de la que se produce en los plenos de los órganos legislativos), que llevaría a omitir aquellos mensajes que pudieran tener carácter negativo respecto a un colectivo, como sería, en este caso, el dudar de la recta intención de los hombres que aspiran a la custodia compartida, vinculando este interés con cuestiones como el uso de la vivienda familiar o la pensión de alimentos. Otra consecuencia de dicho carácter sería que, en ocasiones, la posición de los grupos parlamentarios, y por tanto sus argumentos, no pueden entenderse sin tener en cuenta aspectos ajenos a la cuestión debatida, como ocurre en los debates estudiados con el foralismo de los partidos nacionalistas o con las posiciones del PSOE y el PAR, que estuvieron condicionadas por los acuerdos que habían establecido para la formación del gobierno de la Comunidad Autónoma.

En cualquier caso, el análisis refleja un grado razonable de profundidad y exhaustividad y, por qué no, de compromiso con la realidad ya que, como afirma la diputada del PSOE: «No hay nada malo, señorías, en rectificar y hacerlo tras meses de trabajo en esa ponencia, en aquello que de principio pensábamos que era bueno para los menores [...] seamos valientes, abramos debates, no nos anclemos al pasado, recojamos las nuevas demandas y acomodémosla a nuestra normativa» (Ley 6/2019, PTC, p. 53, Leticia Soria Sarnago).

REFERENCIAS

Atienza M (2013) *Curso de argumentación jurídica.* Trotta, Madrid.

Justicia-Arráez A, Justicia MD, Arco C, Alba G (2019) Custodia compartida, razonamientos judiciales y criterios psicológicos. *Revista Iberoamericana de Psicología: Ciencia y Tecnología* 12/1: 7-18.

Fariña F, Seijo D, Arce R, Vázquez MJ (2017) Custodia compartida, corresponsabilidad parental y justicia terapéutica como nuevo paradigma. *Anuario de Psicología Jurídica* 27: 107-113.

García Rubio MP (2020) ¿Qué es y para qué sirve el interés del menor? *Actualidad Jurídica Iberoamericana* 13: 14-49.

Ihnen C (2017) La argumentación por consecuencias en el debate legislativo chileno. *Onomázein* 37: 218-243.

INE [Instituto Nacional de Estadística] (2021) *Estadística de nulidades, separaciones y divorcios. Año 2021.* INE, Madrid.

Oliver-Lalana AD (2018) Migliori e peggiori argomentazioni legislative. En: Ferraro F, Zorzetto S (eds) *La motivazione delle leggi.* Giapichelli, Torino, 67-125.

Oliver-Lalana AD (2022) On the structure and stock issues of legislative justification (in parliamentary debates). En: Ferraro F, Zorzetto S (eds) *Exploring the province of legislation.* Springer, Cham, 57-83.

Wintgens LJ (2003) Legisprudencia como una nueva teoría de la legislación. *Doxa* 26: 261-287.

Capítulo 8
LOS DEBATES PARLAMENTARIOS SOBRE TAUROMAQUIA EN ESPAÑA: DEBATES SIN (VALORES) ANIMALES

María José Bernuz Benéitez*

Resumen – El debate social y parlamentario sobre la tauromaquia en España no refleja, como se podría pensar *a priori*, una determinada posición sobre la crueldad contra los animales que puede suponer este tipo de espectáculos. Es más, arrincona esta cuestión y se adentra en la consideración de la tauromaquia como una manifestación cultural que es competencia, con algunas restricciones, de las Comunidades Autónomas. O se centra en la construcción de una identidad nacional (la española), en torno al tema de las corridas de toros, que es preciso defender o aniquilar. Una muestra muy representativa de la confrontación de aquellos argumentos que se entienden prevalentes la encontramos en los debates parlamentarios que precedieron a la *Ley 18/2013 para la regulación de la Tauromaquia como patrimonio cultural*, que surge como consecuencia de una iniciativa legislativa popular. Estos debates sobre la llamada "fiesta nacional" pueden ser, por tanto, un buen punto de partida para realizar un estudio preliminar de racionalidad legislativa en el que predominan argumentos (a favor y en contra) alejados de la cuestión animal. También ofrecen un buen material para analizar la evolución (o no) del debate parlamentario y de los argumentos utilizados en una situación de mayoría absoluta en el Congreso de los Diputados y en el Senado.

* Este artículo se enmarca en el proyecto *Análisis, evaluación y visualización de argumentaciones legislativas* (RTI2018-095843-B-I00, financiado por MCIN/AEI/10.13039/501100011033 y por FEDER - Una manera de hacer Europa). Buena parte de los materiales y los análisis recogidos en este trabajo se han publicado más extensamente en Bernuz Benéitez (2020).

1. INTRODUCCIÓN

El tema del estatus que tienen los animales en el contexto social y su reconocimiento en el marco jurídico ha sido y sigue siendo controvertido. En todo caso, lo que es evidente es que nuestra vida (la humana) se construye sobre la vida y el cuerpo de los animales en una diversidad de ámbitos, con un sufrimiento para ellos que consideramos justificado. Vivimos con animales y vivimos de ellos asumiendo que son objetos de los que disponer más o menos incondicionalmente. Es ésta, la de la objetivación animal, la premisa que parece sustentar la idea de que podemos causarles sufrimiento si éste resulta justificable desde nuestro punto de vista. De manera que uno de los debates principales tendrá que ver con los supuestos en que entendemos que ese daño causado al animal está suficientemente justificado o no lo está en absoluto. Para comprender cuándo el daño es considerado como necesario y, de alguna manera, justificado hay que tener en cuenta el avance científico sobre el sufrimiento y la *sintiencia* de los distintos tipos de animales, así como sobre formas alternativas de vivir (bien) sin utilizar a los animales. Por su parte, la ética actual empieza a asumir que no se puede justificar el sacrificio animal para satisfacer cualesquiera sean las necesidades humanas. No obstante, indica Pelluchon (2017, p. 68), todavía falta mucho para politizar la cuestión animal que «implica organizar la coexistencia entre humanos y no humanos de tal forma que los intereses de estos queden incluidos en la definición del bien común».

Esta evolución científica y ética ha ido calando poco a poco en el imaginario social y en la legislación nacional e internacional. De hecho, la legislación europea respalda la idea de que los animales son seres que sienten y requiere una adaptación de las normativas nacionales de los países miembros para mejorar las condiciones de vida animal y limitar su sufrimiento en el momento del sacrificio. Como diría Regan (2006), hemos apostado por ampliar las jaulas y mejorarlas, pero todavía no hemos sido capaces de eliminarlas. A las dificultades en la consolidación de estas ideas se suman las de asentarlas en un contexto multicultural en el que perviven formas de utilización de los animales que resultan contrarias al bienestar animal, pero son entendidas como constitutivas de la identidad de determinadas minorías religiosas o culturales. Por ello, también la legislación europea parece excepcionar los intereses de los animales ante cuestiones identitarias a determinar por cada estado miembro. En esa línea, el art. 13 del Tratado de

Funcionamiento de la Unión Europea (TFUE) establece que: «Al formular y aplicar las políticas de la Unión en materia de agricultura, pesca, transporte, mercado interior, investigación y desarrollo tecnológico y espacio, la Unión y los Estados miembros tendrán plenamente en cuenta las exigencias en materia de bienestar de los animales como seres sensibles, respetando al mismo tiempo las disposiciones legales o administrativas y las costumbres de los Estados miembros relativas, en particular, a ritos religiosos, tradiciones culturales y patrimonio regional». En España, uno de esos posibles conflictos entre el bienestar animal y la tradición cultural se produce al hilo de la tauromaquia y, más específicamente, de las corridas de toros.

El tema de las corridas de toros ha sido un clásico tema de debate en nuestro país que se agudiza en los últimos años por la progresiva conciencia sobre temas de bienestar animal. Los partidarios de la "fiesta nacional" defienden fundamentalmente que se trata de una tradición cultural y una manifestación artística, que debe mantenerse porque forma parte de la identidad nacional. Los detractores insisten en que se trata de una tradición a erradicar porque la identidad no puede construirse sobre un espectáculo que maltrata a seres que sienten, e insisten en que no todos los españoles están de acuerdo en que sea una cuestión de identidad nacional.[1] Ese es el debate que está en la calle.

Cuestión distinta es qué deban hacer nuestros legisladores ante esta controversia, y cómo podemos determinar si lo que hacen es razonable o si sus argumentaciones son racionalmente aceptables. Sea cual sea su posición, habremos de examinar la consistencia de su discurso mediante los argumentos que utilizan y la preferencia por unos u otros en las distintas fases de la discusión parlamentaria. De entrada, el tema se presenta como un asunto muy emocional en cuanto vinculado a cuestiones tradicionales, identitarias y competenciales que en España son altamente sensibles y polémicas. Por ello parece especialmente interesante analizar el recurso a los argumentos axiológicos (directa o indirectamente) que pueden parecer más potentes y convincentes pero que pueden resultar una estrategia rápida para atajar el

1 Si atendemos a las últimas estadísticas del CIS (2018-2019, p. 463-472), el 61,2% de la población indicó que no acuden a corridas de toros porque «no tienen interés». Asimismo, así se indica en los debates (parlamentarios sobre la Ley 18/2013: «la tauromaquia ha perdido el gusto del público (...) las corridas ya no son rentables (...) es la actividad de ocio menos practicada por los españoles» (Debate de toma en consideración [D1], Diario de Sesiones del Congreso, 12/2/2013, p. 15, Yuste, Izquierda Plural). Cfr. Secc. 3 y Secc. 4.

debate.[2] Nos interesa, en particular, analizar los valores animalistas y los que sirven para oponerse a la causa animal porque parece claro que cada valor positivo tiene una contraparte negativa y todos esconden una pretensión fuerte de persuasión (Guerrini 2018, pp. 464 y 465). Para esclarecer la racionalidad legislativa en este asunto y discutir cómo manejan los legisladores las cuestiones planteadas (y, en su caso, hasta qué punto podemos decir que lo hacen razonablemente), este trabajo analiza los debates en torno a la *Ley 18/2013, de 12 de noviembre, para la regulación de la tauromaquia como patrimonio cultural*, resultante de una iniciativa legislativa popular (en adelante, ILP).

El análisis en profundidad de los argumentos que los parlamentarios utilizan en los debates previos a la aprobación de la ley se integra en el creciente interés teórico por los problemas de justificación legislativa.[3] El análisis de los debates parlamentarios permite ver cómo "los decisores-representantes políticos" rescatan y transforman el argumentario más afín al que proclaman sus votantes. El objetivo de este trabajo es esencialmente reconstruir y organizar la pluralidad de los argumentos que conforman los debates parlamentarios previos a la *Ley 18/2013, de 12 de noviembre, para la regulación de la Tauromaquia como patrimonio cultural*. Se pretende conocer qué hay detrás de la argumentación legislativa sobre un tipo de animales, los toros en las corridas, con un alto contenido emocional en nuestro país. Aspira a analizar el papel que juegan estos animales en el marco de la argumentación parlamentaria y apreciar la evolución de los argumentos a lo largo de las distintas fases del debate legislativo. Para que el lector pueda realizar un examen consistente, antes de entrar a analizar y discutir el contenido de los debates parlamentarios (sobre todo en la Secc. 3 y la Secc. 4), mostraré algunas cuestiones relacionadas con la regulación del tema de los animales, elementales para comprender el proceso de tramitación mediante ILP.

2. LA CUESTIÓN ANIMAL EN LA TRAMITACIÓN DE LA LEY 18/2013

La regulación jurídica de la cuestión animal es tan diversa como lo son nuestras relaciones con los animales. Aunque hay avances en la le-

2 Guerrini (2018, p. 464) asegura que «cuando se invocan una serie de valores (…) se justifica la decisión».

3 Cfr. Oliver-Lalana y Wintgens (2019, p. 1), donde se indica que «la legisprudencia se concibe como una disciplina normativa que indaga sobre la racionalidad y la justificación de la legislación».

gislación,[4] lo cierto es que se impone una posición jurídica que objetiva al animal y que, por ello mismo, regula su "uso" (y no su trato) (Giménez-Candela 2018). Si esto es así, y parece que seguirá siéndolo durante un tiempo, cualquier conflicto entre los intereses de las personas y de los animales está destinado a decantarse del lado de las primeras, al margen de cuál sea el interés de los segundos. De hecho, Francione (2009, p. 51) asegura con rotundidad que «como los animales son propiedad, afrontamos cualquier asunto relacionado con su uso y trato como si no supusiese un verdadero conflicto de intereses». Por ello, para Javier De Lucas (2009, p. 18), el primer y más básico derecho de los animales es el derecho a no ser considerados como cosas.[5] Es más, asegura Nussbaum (2007) que deben ser comprendidos y tratados como seres sintientes con unas necesidades específicas propias de su especie, que les permiten desarrollarse en plenitud y que deben ser satisfechas por las personas de las que dependen. Donaldson y Kymlicka (2018) indican más bien que la dependencia de los animales hacia las personas y la más o menos intensa convivencia entre ambos es la que marca también la intensidad de los deberes de las personas hacia los animales con los que vive y la naturaleza de los derechos (o intereses) exigibles.

La cuestión de las corridas de toros, como ha reconocido el propio Tribunal Constitucional,[6] es un complejo fenómeno histórico, cultural, social, artístico, económico y empresarial que condiciona la regulación concurrente, autonómica y estatal, del asunto. Y es complejo por ello mismo determinar cómo regular el tema de la tauromaquia (prohibición o no, regulación, pro-

---

4 Véase, por ejemplo, la *Ley 17/2021, de 15 de diciembre, de modificación del Código Civil, la Ley Hipotecaria y la Ley de Enjuiciamiento Civil sobre el régimen jurídico de los animales* (BOE 16/12/2021).

5 Para Riechmann (2003, p. 401), los derechos de los animales son «derechos *prima facie*, no derechos absolutos, y en los casos en que entrasen en conflicto con derechos humanos habría que ponderarlos cuidadosamente para limitar uno u otro». Quizás un criterio oportuno para ponderar sería, en la línea planteada por De Lucas (2009), el de establecer una jerarquía de intereses y que los intereses primarios de los animales puedan prevalecer sobre los secundarios de las personas.

6 *Vid.* STC 177/2016, de 20 de octubre, que declara inconstitucional la prohibición de espectáculos taurinos con muerte del animal que establecía el art. 1 de la Ley 28/2010. Esta sentencia entiende que se produce «una concurrencia no excluyente de competencias estatales y autonómicas en materia de cultura», y que «el Estado, por vía del artículo 149.2 CE, puede intervenir en materias culturales (...) de manera especialmente intensa en relación con aquellas cuestiones que requieran de tratamientos generales o que exijan de una acción pública supraordenada a la de una o varias Comunidades Autónomas».

tección, promoción,…) y, sobre todo, quién debe regular un tema que, desde el año 2011, corresponde al Ministerio de Cultura.[7] En ese caso, en tanto tema cultural, las Comunidades Autónomas (CCAA) son quienes deben regular todo lo relacionado con el «fomento de la cultura» (art. 148.1.17° CE). Teniendo en cuenta que, «sin perjuicio de las competencias que podrán asumir las Comunidades Autónomas, el Estado considerará el servicio de la cultura como deber y atribución esencial y facilitará la comunicación cultural entre las Comunidades Autónomas, de acuerdo con ellas» (art. 149.2 CE).

De hecho, varias CCAA han legislado en los últimos años para imponer restricciones a las corridas. Así, la Comunidad Autónoma Canaria, mediante la *Ley 8/1991, de protección de los animales*, prohíbe cualquier espectáculo en el que exista maltrato animal, incluidas las corridas de toros. Si bien, paradójicamente, siguió manteniendo las peleas de gallos por considerarlas costumbre en las islas. Por su parte, el *Parlament* de Cataluña, como consecuencia de una ILP, aprueba la Ley 28/2010, de 3 de agosto, en vigor desde el 1 de enero de 2012, modificando la ley vigente de protección de animales para derogar la excepción sobre las corridas de toros y prohibirlas en el territorio autonómico. Al igual que en la CA Canaria, sigue permitiendo otras modalidades de utilización de toros en festejos populares en los que, aunque no se produce la muerte, sí que se pueden producir situaciones de maltrato y estrés para el animal (*correbous, bous embolats*, etc). En ambas CCAA, como indican Lara y Campos (2015, p. 101), estamos ante una legislación «fuertemente incoherente». Con esa "selectividad" en las prohibiciones se da a entender que detrás hay otras razones justificatorias, que se apartan del bienestar animal.

Con ese contexto como telón de fondo, en el *Boletín Oficial de las Cortes Generales* de 28 de mayo de 2012 se publicó una proposición de Ley para la regulación de la fiesta de los toros como Bien de Interés Cultural, consecuencia de una ILP avalada por unas 600 000 firmas. La ILP y la proposición legislativa a que dio lugar se discutieron en seis debates.[8] El debate para la toma en consideración de la iniciativa legislativa popular (en adelante, D1) se produce en el Pleno del Congreso de los Diputados el 12 de febrero de 2013. El debate de totalidad (D2) se produce el 26 de septiembre de 2013. El 2 de octubre se ratifica la ponencia designada para informar sobre la pro-

7 Se produce por delegación del Ministro del Interior a través del Decreto 1151/2011, de 29 de julio.

8 Para la referencia completa de cada uno de los debates, véase el anexo al final del capítulo.

posición de ley en la Comisión de Cultura (D3). El 24 de octubre se designa ponencia en la Comisión de Cultura del Senado para analizar la Proposición de Ley para la regulación de la Tauromaquia como patrimonio cultural (D4). Y el 31 de octubre se emite dictamen sobre la misma (D5). El 6 de noviembre de 2013 se vota y aprueba la Proposición de Ley para la regulación de la Tauromaquia como patrimonio cultural, tras rechazarse todas las enmiendas planteadas a la misma (D6). La *Ley 18/2013, de 12 de noviembre, para la regulación de la Tauromaquia como patrimonio cultural* es publicada en el BOE de 13 de noviembre y entra en vigor al día siguiente.

La Ley 18/2013 fue debatida en dos fases. Empezó como un debate en torno al texto propuesto por la ILP para la regulación de la fiesta de los toros como Bien de Interés Cultural (BIC), y acabó en Senado como una proposición de Ley para la regulación de la Tauromaquia como patrimonio cultural. Aunque en principio podría parecer oportuno distinguir entre los argumentos esgrimidos en el Congreso de los Diputados y en el Senado, lo cierto es que no varían sustancialmente. Por ello se ha optado por abordarlos en conjunto en la Secc. 3, distinguiendo entre los argumentos que apuestan por la aprobación de una legislación que promueve la tauromaquia como patrimonio cultural y los que consideran que no es necesario ni oportuno, o que hacerlo es un error legislativo e, incluso, un error ético-moral.

3. ANÁLISIS DE LOS ARGUMENTOS DEL DEBATE PARLAMENTARIO

A la vista de los argumentos que se esgrimen en el debate parlamentario previo a la promulgación de la Ley 18/2013, parece que la cuestión central es si se debe aprobar, o no, una legislación que proteja y/o promueva la tauromaquia declarándola Bien de Interés Cultural o Patrimonio Cultural. Reconstruiré los debates, pues, en torno a esas dos posiciones, analizando los argumentos tanto materiales como formales con que se sostienen.

3.1. Argumentos a favor de una Ley reguladora de la Tauromaquia como bien de interés cultural

En este subepígrafe se exponen los argumentos que han ido esgrimiendo los defensores de la Ley. Son argumentos defendidos casi exclusivamente por diputados y senadores del Grupo Popular, con algún apoyo relativo por parte de UPyD (Unión Progreso y Democracia). En muchas ocasiones, su argumentación pro taurina se carga con una victimización que consigue apartar la mirada de quienes realmente sufren, que son los toros en las corridas:[9]

> El mundo de los toros no es un mundo de irracionales, de monstruos o de abominables, es un mundo de cultura (D4, p. 10, Ruiz Reyes, GP Popular).

3.1.1. Los toros son cultura y forman parte de la identidad nacional

Se podría decir que la tesis material más utilizada para apoyar la ILP y sostener la aprobación de esta Proposición de Ley tiene que ver con la defensa de la fiesta de los toros como cultura y, como tal, debe considerarse como BIC. Se trata de un argumento axiológico, que apela a valores, y en el que tanto la referencia a la cultura y la identificación del espectáculo taurino como culto se presentan, además, como irrefutables. Las razones que se dan para avalar esta idea del toreo como cultura tienen que ver con:

a) la idea de que otros países (reverenciados como patria de la cultura), como es el caso de Francia, la han declarado patrimonio cultural inmaterial (D1, p. 4, Albendea Pabón, GP Popular);
b) una pretensión de autoevidencia: la naturaleza cultural de la tauromaquia se justificaría por sí sola, es decir, se asigna «un carácter evidentemente cultural [a] la fiesta de los toros» (D1, p. 4, Albendea Pabón, GP Popular):

> A nosotros no nos hace falta que nos digan cómo es la fiesta nacional porque somos unos auténticos defensores de nuestra cultura, de la cultura de nuestro país y de una fiesta popular arraigada culturalmente como es la tauromaquia (D6, Ruiz Reyes, p. 7609, GP Popular).

c) que (algunos) intelectuales de todos los ámbitos y disciplinas le han prestado atención y les ha servido de inspiración:

> Si no fuera una manifestación cultural de primer orden, ¿cómo iba a haber inspirado a tantos artistas en sus diversas manifestaciones? (D1, p. 5, Albendea Pabón, GP Popular);

9 Cordeiro y Achino (2017, p. 325) también concluyen en su estudio sobre la tauromaquia en Portugal que quienes defienden las corridas se presentan como víctimas, como una estrategia para apartar la mirada del tema central que es el sufrimiento animal.

d) que el léxico taurino impregna nuestro lenguaje coloquial y, por ende, configura nuestro pensamiento y nuestra cultura:

> El lenguaje no es solo expresión de pensamiento preexistente sino que configura nuestro mismo pensamiento (D1, p. 5, Albendea Pabón, GP Popular).

e) que la cultura conforma nuestra identidad cultural y forma parte de nuestro "ADN" español:

> La ciudadanía española en su gran mayoría considera indudablemente la tauromaquia como parte de su identidad cultural (D4, p. 3, Benzo Sáinz, Subsecretario de Cultura).
>
> La cultura taurina, la tauromaquia como cultura, está incluida en el ADN español (D6, p. 7628, Ruiz Reyes, GP Popular).

f) que cultura y política deben estar separadas:

> Lo peor que se puede hacer con una manifestación cultural es, sin duda, convertirla en elemento propagandístico, en elemento de confrontación política, en elemento identitario, en elemento de un programa político. La cultura no debe ser política (D4, p. 3, Benzo Sáinz, Subsecretario de Cultura).

g) que la tauromaquia encaja en la definición de cultura de la RAE.

Hay que indicar que sustentar el apoyo a la tauromaquia en la cultura tiene dos consecuencias: a) justifica que el Estado regule la cuestión de toros dado que, en parte, es competente en el ámbito cultural (art. 149.2 CE); b) encaja en la excepción a la atención a la sintiencia animal que hace Europa para atender a cuestiones culturales.

Así, si asumimos como verdadero (aunque sea, a veces, falazmente) que la tauromaquia es cultura y forma parte de nuestro patrimonio cultural, entonces habría que asumir que las Administraciones Públicas están obligadas a defenderla porque el art. 46 CE hace referencia a la «conservación y promoción del patrimonio histórico, cultural y artístico». A partir de ahí, se destaca que existe una concurrencia competencial tanto del Estado como de las CCAA a la hora de regular la cuestión cultural. Aunque el tenor literal de la norma es muy impreciso e interpretable, se apuesta por una interpretación gramatical para apoyar la promoción de una ley estatal que apoye los toros como BIC.

> Estamos totalmente de acuerdo en que la competencia para desarrollar los espectáculos taurinos, la cultura y la protección de los animales está en manos de las autonomías, pero la competencia en protección y acceso a la cultura está en manos del Gobierno de la nación (D4, p. 11, Ruiz Reyes, GP Popular).
>
> Estamos intentando hacer que algo que ha perdurado desde la más remota antigüedad no perezca ahora por un capricho, por una veleidad de este mundo tan complicado de las autonomías españolas (D5, p. 6, Lanzarote Sastre, GP Popular).

Además, como se indicaba, la consideración cultural e identitaria de los toros les permite anteponer la excepción cultural de la normativa europea sobre bienestar animal:

> El artículo 13 del TFUE especifica que, si bien los Estados miembros deben tener plenamente en cuenta al formular y aplicar determinadas políticas el bienestar de los animales, se han de respetar igualmente las disposiciones legales o administrativas y las costumbres de los Estados miembros relativas en particular a ritos religiosos, tradiciones culturales y del patrimonio regional (D5, p. 3, Ruiz Reyes, GP Popular).

3.1.2. Contra la prohibición y a favor de la libertad de los ciudadanos para acudir a los toros

Este argumento de la libertad, también axiológico, está vinculado a una realidad legislativa previa que es la prohibición en Cataluña (y en Canarias) de las corridas de toros a través de la Ley 28/2010. Se defiende que las autonomías no son competentes para prohibir en este ámbito y que, en todo caso, el Estado debe intervenir para garantizar la libertad artística y la libertad de los ciudadanos que quieran acudir a los toros.

> Ir o no ir a los toros es un derecho que ustedes quieren cercenar (D2, p. 16, Albendea, GP Popular).
>
> Queremos ser la voz de todos aquellos que quieren libertad para acceder a la cultura y para acceder a una parte de esta, la tauromaquia (...) La cultura es del pueblo (D6, p. 7628, Ruiz Reyes, GP Popular).

En contra de esta promoción de los toros por parte del Estado, el Grupo Mixto (Unión del Pueblo Navarro) reconoce que aunque los toros sí que son fiesta popular y en algunas CCAA generan cohesión porque los festejos populares se organizan en torno a los toros, el asunto no debería regularse, sino más bien dejar que la afición decida si se mantiene o no; y en el mismo sentido se pronuncia UPyD:

> El gusto por la fiesta, su cuidado, su promoción, está en el corazón de cada aficionado (D1, p. 10, Armendáriz, GP Mixto).
>
> Dejemos que sea el propio mercado, que sea la sociedad española la que decida si deben seguir o no deben seguir (D1, p. 14, Cantó, GP UPyD).

3.1.3. Los toros generan riqueza

Un razonamiento de carácter teleológico que tenderá a aparecer en cualquier debate parlamentario que aspire a generar leyes eficientes será el económico. De hecho, el argumento económico se utiliza tanto en positivo, indicando lo que aporta a la economía local y nacional, como en negativo, haciendo referencia a su nulo coste para las arcas públicas o a la inexistencia de subvenciones nacionales o europeas (PAC). Son cifras que pueden resultar falaces porque no se hace referencia a la fuente ni a la unidad de medida:[10]

> Pretender suprimir las corridas de toros es un grave atentado a la economía. El sector taurino tiene un impacto en la economía española de 2.500 millones de euros al año. A los espectáculos taurinos acuden 40 millones de personas al año en España (D2, p. 16, Albendea, GP Popular).
>
> Que las corridas de toros están subvencionadas es una de las mayores falsedades que pregonan los antitaurinos (...). Sí se ha concedido con fondos comunitarios una ayuda a las vacas nodrizas sin tener en cuenta la raza vacuna de que se trata (...) Por lo tanto, si se cumplen los requisitos para ser perceptores de los pagos, como el adecuado mantenimiento de las superficies, no habrá limitación en la actividad que se realice en la superficie admisible (D2, p. 16, Albendea, GP Popular).

3.1.4. La fiesta de toros contribuye a proteger la dehesa y el ecosistema

Algunos de los argumentos a favor de la aprobación de la Ley que se aproximan a la consideración de los animales y sus intereses comienzan

10 De hecho, se le indica: «No sabemos de dónde salen estos datos que se mencionan en la Exposición de Motivos, pero también creemos que hay una gran opacidad en relación con las subvenciones que se destinan a la tauromaquia» (D2, p. 20, Surroca, Convergència i Unió).

amalgamando, de manera un tanto bizarra, la cuestión de la protección del medio ambiente y la del bienestar animal. Se indica, con argumentos esencialmente teleológicos, que si se salvaguarda la fiesta de toros, se protege el toro de lidia, fruto de la investigación genética y se preserva el ecosistema de la dehesa, en la que vive.

> Solo aproximadamente el 6% muere en el ruedo. Si se suprimen las corridas, la dehesa desaparece, y ese maravilloso ejemplar que es el toro bravo, fruto de la investigación y cuidada selección genética también desaparece. ¿Acaso la mejor forma de proteger a un animal es contribuir a su desaparición? (D2, p. 15, Albendea, GP Popular).

3.1.5. El toro no sufre durante la corrida

Uno de los argumentos materiales más potentes para contestar la fiesta de toros es que el toro sufre estrés y dolor en la corrida (banderillas, rejones...); y el argumento también tiene una proyección ético-política: es un sufrimiento que importa y es rechazado por una parte de la población española cada vez mayor. Por ello, uno de los contraargumentos que se utilizan para reclamar que se apruebe la ley y se protejan las corridas consiste en intentar probar que el toro no sufre. Para ello se acude a un argumento de autoridad que reposa en una única investigación.

> Simplemente voy a traer a colación algunas de las conclusiones que el director del departamento de Fisiología Animal de la Facultad de Veterinaria de la Universidad Complutense de Madrid, don Juan Carlos Illera del Portal, ha llevado a cabo tras un estudio que ha durado cinco años de trabajo para analizar la respuesta hormonal de ciento ochenta toros y ciento ochenta novillos de la plaza de Las Ventas de Madrid. Querían comparar si la glándula adrenal del toro de lidia era igual a la de otras especies de ganado vacuno, y concluyeron que el toro tenía una respuesta hormonal distinta a la de cualquier otro animal. Aseguran que los niveles de estrés son tres veces mayores durante el traslado que en el ruedo, por lo que el sufrimiento del toro sería mayor en el camión que ante el mismísimo torero. Pero además, pensaron que los toros tenían un mecanismo hormonal especial para controlar el estrés; quizás también lo tuvieran para liberarse del dolor. Descubrieron que durante la lidia el toro libera diez veces más betaendorfinas –conocidas como hormonas del placer– que un ser humano y siete veces más que durante el transporte. La betaendorfina –explica el profesor Illera– bloquea los receptores del dolor hasta que llega el momento en que

el dolor y el placer se equiparan y el sufrimiento puede llegar a ser casi nulo (D2, pp. 15-16, Albendea, GP Popular).

3.2. Argumentos contra la Ley reguladora de la Tauromaquia como bien de interés cultural

Los argumentos en contra de la Ley son presentados esencialmente por partidos progresistas o regionalistas. A grandes rasgos se puede apreciar que los partidos ecologistas y de izquierdas entran más en argumentos materiales que tienen que ver con el sufrimiento del animal en las corridas de toros, mientras que los regionalistas prefieren centrarse en la cuestión del reparto competencial del tema cultural porque entienden que la discusión más sustantiva sobre bienestar o maltrato de los animales debe producirse en el ámbito autonómico.

3.2.1. La Ley es una invasión competencial por parte del Estado: no al centralismo

Uno de los argumentos formales que primero y con mayor contundencia se esgrime, sobre todo por los partidos regionalistas, es el de la posible invasión competencial de la legislación que se debate. Dado que el tema competencial en España es altamente discutido, emocional y antepuesto como un valor, se podría pensar que el argumento no solo es sistemático (relativo a la correcta inserción de la ley en el ordenamiento jurídico) sino también axiológico. Varios grupos consideran que la ILP tiene su origen en un rechazo a la prohibición de los toros en Cataluña que fue consecuencia, a su vez, de una ILP autonómica.[11] Asumen que esa ILP era válida porque se produjo en el marco competencial de las Comunidades Autónomas. Por ello, se entiende que la legislación a debate interpreta torticeramente la Constitución, supone una invasión competencial y es una iniciativa centralista y centralizadora.[12]

No se puede pensar que el Gobierno de España va a imponer sus decisiones por encima de los Parlamentos de las comunidades autónomas si

11 Puede verse un análisis del tema en De Lucas (2010). *Vid.* también, más adelante, la Secc. 4.

12 En concreto, se alegó que «esta iniciativa es impositiva, centralista y centralizadora» (D1, p.12, Agirretxea, Partido Nacionalista Vasco).

estos tienen las competencias para hacerlo, nos guste o no nos guste lo que legislan los Parlamentos (D4, p. 7, Martí, Entesa Progres Cat).

Y en la medida en que la Constitución admite –hoy es una realidad– que estas competencias están transferidas a las comunidades autónomas, de acuerdo a los informes jurídicos de la Ponencia del Congreso, esto supone una injerencia centralista para nacionalizar algo que siendo de todos, no todos lo comparten (D5, p. 5, Martín Rodríguez, GP Socialista).

3.2.2. *Los toros no representan la identidad de todos*

También desde una perspectiva regionalista se indica que la cultura, para conformar la identidad nacional, debe ser sentida por una parte importante de la población, y parlamentarios de diversos grupos aseguran que no ocurre así con los toros. En consecuencia, consideran arbitrario afirmar que la tauromaquia constituye un signo de identidad que representa todas las sensibilidades presentes en el territorio español.

Considerar como pacífica la aceptación de ese carácter cultural de los espectáculos taurinos es, cuando menos, irreal (D2, p. 11, Surroca, Convergència i Unió).

No es precisamente identidad colectiva, es una identidad construida y parcial que lo que hace es precisamente dividir (D2, p. 7, Ortiz Castellví, Izquierda Plural).

Pretender con esta ley que todos los españoles, como si fuéramos uno, asumamos –seamos taurinos o no– que los toros son hoy, porque lo fueron ayer, el patrimonio cultural de un país, es una torpeza (D6, p. 7617, Martín, GP Socialista).

En el mismo sentido que se afirmaba en el argumento previo, si la tauromaquia no es entendida como cultura por todos los españoles, la posición que representa la Ley a debate es interpretada como una imposición por parte del Estado central a las autonomías. En España es importante tener en cuenta la tensión existente entre el Estado y las Comunidades Autónomas a la hora de definir competencias y sus contenidos. Y uno de los ámbitos de actuación esenciales para las Autonomías es el que tiene que ver con la identidad cultural. Ahí puede apreciarse una tendencia por parte de los partidos centralistas a defender la existencia de un consenso en torno a temas que parecen definir la identidad española, como podría ser la cuestión de la tauromaquia. En tanto que los partidos regionalistas se resisten a que se les imponga una identidad que no comparten (y que, señalan, les recuerda una España franquista) y defienden la capacidad y competencia de las Autonomías para autoafirmarse. Algunos fragmentos muestran esta resistencia:

> Utiliza estos términos: cultura española global, patrimonio histórico y cultural común de todos los españoles, nuestra historia, nuestro acervo cultural, identidad colectiva. Utiliza todos esos términos y después usted dice que no tienen color político los toros, ¿y eso qué es? Algo más nacionalista español que ese prefacio pocas veces lo he leído, pocas veces (D1, p. 12, Agirretxea, Partido Nacionalista Vasco).
>
> Se trata de alentar esa estrategia transversal de uniformización y recentralización (...) la propia Constitución española, como bien saben, habla en el preámbulo de las culturas y las tradiciones de los pueblos de España, por lo que adopta una concepción pluralista del hecho cultural y de las tradiciones (D2, p. 10, Surroca, Convergència i Unió).
>
> Lo están ustedes defendiendo porque creen que es un símbolo nacional, porque es la fiesta nacional y porque forma parte de su *corpus* ideológico ultranacionalista (D3, p. 4, Bosch i Pascual, GP Mixto).
>
> Lo que más ha roto a España seguramente es la exaltación de un patriotismo trasnochado basado precisamente en lo más oscuro de nuestra historia, y este es uno de estos casos (D2, p. 7, Ortiz Castellví, Izquierda Plural).

3.2.3. La cultura y la identidad no pueden construirse sobre la crueldad contra los animales

El argumento más sustantivo que se aborda por quienes se oponen a la ley propuesta, aunque con carácter secundario tras el tema competencial y el cultural-identitario, es el que tiene que ver con el sufrimiento animal que acaba con su muerte.[13] En unas ocasiones, se va hasta la raíz de la cuestión y se defiende la cualidad del animal como sintiente que nos obliga

13 De hecho, la Ley catalana 28/2010, de 3 de agosto, *de modificación del artículo 6 del texto refundido de la Ley de protección de los animales* establece que: «Las corridas de toros y los espectáculos con toros que incluyan la muerte del animal y la aplicación de las suertes de la pica, las banderillas y el estoque, así como los espectáculos taurinos de cualquier modalidad que tengan lugar dentro o fuera de las plazas de toros, salvo las fiestas con toros a que se refiere el apartado 2» (art. 6.1.f). En sentido contrario, se excluyen «de estas prohibiciones las fiestas con toros sin muerte del animal (correbous) en las fechas y localidades donde tradicionalmente se celebran. En estos casos, está prohibido inferir daño a los animales» (art. 6.2).

a considerar su padecimiento y a optar por una ética de la no violencia. Prevalecen aquí los argumentos de autoridad (científica) y axiológicos.

> No hay en la ciencia nadie que pueda decir que los animales no sufren –en intervenciones anteriores se ha hablado de ello–, los animales sufren y mucho. Eso no es un debate, lo dice la ciencia (D2, p. 9, Ortiz, Izquierda Plural).
>
> La capacidad de sufrimiento y la percepción de dolor establecen una continuidad entre animales racionales y animales irracionales. Esa continuidad no transforma a las bestias en nuestros iguales éticos, pero sí nos obligaría a considerar sus padecimientos y a velar por su bienestar (D1, p. 14, Cantó, UPyD).
>
> Hoy, la ética ecológica, la sostenibilidad, la conservación, la biodiversidad y el rechazo al maltrato animal son nuevos valores que impregnan los comportamientos sociales (...) es un debate entre el mal necesario y el mal innecesario, la moralidad o inmoralidad de infligir daño a un animal (...) La ética de hoy amplía nuestra responsabilidad a los seres humanos. Esto es así porque somos la única especie que puede decidir por otras (D6, p. 7604, Guillot, Entesa pel Progrés de Catalunya).

Esa idea del toreo como un espectáculo que produce sufrimiento nos coloca ante el debate que tiene que ver con los límites del arte y de la cultura. De hecho, quienes se oponen a la proposición de ley no consideran aceptable que el arte se construya sobre el sufrimiento animal. Al tiempo que tampoco ven tolerable construir una identidad nacional sobre una diversión sangrienta (Beilin 2012, p. 62). Y mucho menos financiarlo. Los diputados y senadores de la oposición lo expresaron, mediante argumentos axiológicos, así:

> Confundir el maltrato animal con la cultura a proteger es de extrema gravedad (D2, p. 4, Baldoví, GP Mixto).
>
> Independientemente de que esta sea una fiesta ancestral, muy arraigada en la cultura de nuestros pueblos, no deja de ser una barbarie y que como tal sea erradicada (D2, p. 5, Fernández Dávila, BGalego).
>
> Les debería asustar pensar que España necesita del maltrato animal para construir una propia identidad (D2, p. 7, Ortíz, Izquierda Plural).
>
> A partir de los valores de la sociedad actual, no tiene ninguna justificación seguir avalando la tortura y muerte de un animal, aunque sea de forma reglada y con mucho arte y estética (D6, p. 7603, Guillot, Entesa pel Progrés de Catalunya).

En otras ocasiones, la oposición a la promoción de la tauromaquia y la consiguiente prevención de la crueldad contra los animales se plantea desde una perspectiva instrumental y antropocéntrica, por cuanto se vincula esta violencia con la que puede ejercerse contra las personas.

> Nuestra brutalidad con todos los animales nos hace menos humanos, nos predispone a ejercerla con nuestra especie (D1, p. 14, Cantó, UPyD).
>
> Acabo con lo que decía Immanuel Kant: Puede juzgarse el corazón de un hombre por la manera en que trata a los animales, porque quien es cruel con un animal, acaba siendo cruel con los seres humanos (D6, p. 7601, Capella, GP Mixto).
>
> Las corridas de toros son una fuente de educación en la violencia y no transmiten valores de respeto hacia los seres vivos, sino todo lo contrario (D1, pp. 15-16, Yuste, Izquierda Plural).

Si se cree que lo que ocurre en las corridas es violencia injustificada, aprobar la ley iría contra una conciencia europea tendente a proteger al animal como ser sensible:

> Toda la legislación que se está desarrollando en los distintos Parlamentos en la UE avanza hacia la protección de los animales (D5, p. 3, Bagué, Convergència i Unió).
>
> Lo crean o no, los toros son una mala publicidad para España puesto que la mayoría de europeos rechaza esta barbarie (D6, p. 7600, Capella, GP Mixto).

4. DISCUSIÓN

En vista de los debates sobre los toros en España, puede decirse que hay dos elementos socio-políticos que condicionan la discusión, y que hacen relevante un estudio legisprudencial de la justificación parlamentaria de las leyes que regulan esta práctica. En primer lugar, existe una pugna político-ideológica entre los partidos más conservadores que ven en el toreo una cuestión cultural y un signo de la identidad española y los más progresistas que rechazan esta homogeneización cultural en España y reclaman signos de identidad propios que no se identifiquen con una tradición cruel contra los animales. En segundo lugar, existe una disputa territorial por la definición de las competencias relacionadas con el fomento de la cultura o la protección del bienestar de los animales. Además, ambos temas, cultura y animales, vienen condicionados por la normativa europea que, al tiempo que exige considerar al animal como un ser sensible, cede un poder discrecional a cada estado para flexibilizar el tema de acuerdo a cuestiones culturales o tradicionales.

Un elemento sugerente en la sistemática de los debates tiene que ver con los temas que resultan centrales y que acaban orientando la discusión parlamentaria: competencias, cultura/identidad y, en último término, violencia contra los animales.[14] Algunos temas son más formales, como (aparentemente) el tema competencial o la transformación de la ILP por el Grupo Popular; y otros más materiales como los relacionados con el contenido y sentido de la cultura, de la identidad nacional y, sobre todo, con el tema del maltrato animal. Es interesante analizar la forma tan diferente de plantear el tema según si estamos ante partidos regionalistas, progresistas (más institucionalistas o más ecologistas) o conservadores. Los regionalistas analizan la Ley en debate como una respuesta a la Ley catalana que prohíbe las corridas de todos y prefieren afrontar el tema desde una discusión formal sobre el contenido de las competencias y la extralimitación por parte del Estado en la regulación del tema cultural. Es algo que resulta comprensible en un Estado muy descentralizado donde la delimitación de las competencias estatales y autonómicas resulta esencial porque define su poder efectivo.[15] Entienden que entrar en un debate de fondo sobre tauromaquia y maltrato animal es sacar el debate del lugar que le corresponde que son las autonomías. Se trata de un argumento formal que remite a lo emocional, a la noción de nación y de identidad, y que se entiende prioritario. De hecho, solo se entra a discutir sobre el tema de maltrato animal en una fase avanzada del debate parlamentario y en segundo término. Los partidos conservadores centran su argumentario fundamentalmente en la consideración de la tauromaquia como cultura; que, a su vez, les sirve para afirmar la competencia del Estado para regularla vía 149.2 CE. El tema del maltrato animal se aborda puntualmente para negar el sufrimiento aludiendo a un único estudio. Por su parte, los partidos progresistas-institucionalistas (Grupo Socialista), con una posición tibia sobre la cuestión animal

14 Quizás sería interesante realizar un análisis de contenido más cuantitativo para analizar de qué manera y con qué intensidad se acude a unos argumentos u otros.

15 De hecho, la STC 177/2016, de 20 de octubre (que declara nulo e inconstitucional el art. 1 de la Ley del Parlamento de Cataluña 28/2010), considera que es preciso iniciar el análisis por la perspectiva competencial porque «en el caso de que se haya producido un exceso por parte del legislador catalán, no será necesario ahondar en el contenido material o sustantivo del precepto impugnado en su relación con los derechos fundamentales y principios constitucionales invocados».

en general[16] y sobre la tauromaquia en particular, prefieren quedarse en una discusión formal y se escudan en la transformación de la ILP por el Grupo Popular para no entrar en el fondo del asunto[17]. Solo los partidos de corte más ecologista y animalista argumentan directamente sobre la sintiencia animal y su sufrimiento en la plaza. Este análisis de los argumentos formales y materiales nos permite apreciar que, cuando se abordan cuestiones espinosas, muy polarizadas por distintas razones, la tendencia es la de preferir los argumentos formales, que resultan más cómodos.

También ha resultado interesante analizar y valorar la evolución en los argumentos utilizados. En una primera fase se debatió la ILP presentada como proposición de Ley para la regulación de la fiesta de los toros como BIC. En ese momento, los argumentos principalmente esgrimidos por quienes estaban en contra son de tipo formal y sobre todo competencial, como ya comentábamos. El tema animal aparece de forma puntual. Sí que están presentes argumentos materiales en quienes apoyan la Ley, en particular en el Grupo Parlamentario Popular, que defiende que la fiesta de toros debe ser considerada BIC porque es cultura y manifestación artística. Puntualmente también anteponen un argumento de autoridad para mostrar que el toro no sufre en la plaza. En un segundo momento, cuando el partido mayoritario en Congreso y Senado decide hacer suya la ILP y la presentan como Proposición de Ley para la regulación de la Tauromaquia como patrimonio cultural, la discusión se hace más material y la mayoría de los grupos parlamentarios entran a debatir, aparte de las cuestiones competenciales, otras más de fondo relacionadas con la consideración del animal como ser que siente y la corrida como un espectáculo en el que se maltrata a un animal, al tiempo que se plantean los límites del arte y de la creación artística. También se abre en este momento otro tema procedimental relacionado con la capacidad o no del partido en el gobierno para transformar una ILP y proponer que la tauromaquia sea, no un BIC como inicialmente se proponía, sino patrimonio cultural; así como si esa modificación ha supuesto una transformación esencial o no en el contenido

16 Kymlicka y Donaldson (2014) entienden que, por coherencia, la izquierda debería apoyar el tema animal pero no se atreve a hacerlo en público porque piensan que va a suponer una crítica al uso que hacen otras culturas de los animales (por ejemplo, en relación con el sacrificio ritual). En el caso español, la posición de izquierda está dividida entre los que no están a favor de prohibir y luego individualmente acuden a los toros y los que son contrarios a un espectáculo en el que se inflige un trato cruel a un animal.

17 Ellos mismos asumen esta tibieza: «Es verdad que hemos mantenido una posición templada, en la que algunos han querido ver tibieza» (D2, p. 13, Torres Mora, GP Socialista).

de la ILP. En este momento, la mayoría de los grupos parlamentarios contrarios a la inicial ILP centran la discusión en la tergiversación que supuestamente ha realizado el partido mayoritario, que ha cambiado su espíritu. Algo que, según ellos, atenta contra la base de democracia directa de la propia ILP y contra las competencias del Congreso en la modificación de la ILP.[18] También aquí se evidencia una preferencia por llevar el debate hacia derroteros procedimentales y de tipo formal (sobre los límites y condiciones de la ILP) que resultan menos arriesgados que los de tipo material (maltrato animal, cultura, identidad…).

Resulta algo decepcionante entrar a analizar algo más en profundidad los argumentos –que, insisto, son mínimos– que utilizan los parlamentarios cuando hablan del maltrato animal que supone la corrida. A veces se anteponen argumentos que giran sobre la cuestión, demostrada científicamente, del sufrimiento del animal en cuanto ser sensible. A medio camino están quienes entienden que ha cambiado la sensibilidad social, que percibe como intolerables las situaciones de maltrato animal y exige integrar en el círculo de la moral y la responsabilidad individual y colectiva a los animales. Sin embargo, son prevalentes los planteamientos más antropocéntricos que abordan la protección contra el maltrato animal de forma instrumental y como un mecanismo para proteger la integridad de las personas (Lelieveldt 2017; Bernuz Benéitez 2015). Se llega a citar a Kant cuando se indica que quien maltrata a un animal podría maltratar a una persona y por eso es preciso estar atentos a situaciones de crueldad contra los animales.[19] O se alega que mantener estos espectáculos y permitir que acudan niños a ellos es educarles en la violencia. Evidentemente, cuando se habla de libertad de creación, de empresa, o del toreo como cultura, el tema del animal y su sufrimiento no se pondera, queda en un segundo plano u olvidado totalmente. No se plantea un hipotético equilibrio entre necesidades primarias de los animales y secundarias de las personas. En esos casos prevalece la cuestión identitaria, artística y cultural. De hecho, se antepone la excepción cultural del art. 13 TFUE a la consideración de la sensibilidad animal. Finalmente, desde una perspectiva animalista, resulta incomprensible que se anteponga la crueldad contra los toros en las corridas pero se pase por alto la brutalidad que supone para estos animales su

18 Sobre ILP véase, entre otros, el desarrollo de Contreras Casado (1997); Díaz Revorio (2018); Morales Arroyo (2017); Cabello Fernández (2017).

19 D6, p. 7601, Capella, GP Mixto.

participación en otro tipo de espectáculos, en este caso sí autorizados, que recogen tradiciones regionales (y no estatales).

Los debates también son interesantes si los miramos a la luz de los distintos niveles de racionalidad o justificación legislativa que suelen identificarse en la legisprudencia.[20] Desde el punto de vista de la racionalidad del debate parlamentario resulta esencial analizar cuestiones relacionadas con el alcance de la deliberación a nivel lingüístico. En este caso nos han interesado tanto los aspectos relacionados más de cerca con el lenguaje (Atienza 1997, p. 28 ss.; Díez Ripollés 2019, p. 136-137), como con la claridad del mensaje que se quiere comunicar a través de la ley. De un lado, es apreciable la prevalencia de argumentos gramaticales cuando se trata de definir palabras (RAE) o de interpretar legislación (de cualquier nivel, nacional o europeo, o rango constitucional, legal o reglamentario). Son utilizados como argumentos de autoridad, útiles para apoyar la posición deseada, sin tener en cuenta que las palabras en la legislación pueden y deben ser entendidas como marcos de interpretación. De otro lado, en la búsqueda de un mensaje claro, asumimos que los principales destinatarios del debate son los votantes de cada uno de los partidos, a quienes quieren mostrar la fidelidad en el respeto de las directrices electorales, o los propios compañeros de bancada. Por eso mismo, unos partidos, principalmente los de corte más nacionalista (regionalista), insisten en la cuestión de la invasión competencial y destacan que el debate sobre corridas de toros se debe desarrollar en cada Comunidad Autónoma. Entre los partidos más centralistas, territorialmente hablando, hay una división entre los partidos más claramente próximos a planteamientos ecologistas que se centran en el tema del maltrato animal que se produce en las corridas de toros; y los de centro izquierda (Grupo Socialista) que apuestan por la abstención, "ni promover ni prohibir", dado que entre sus filas hay defensores de la tauromaquia. Por su parte, el Grupo Popular (conservador) que asume la ILP se aferra al mensaje de reconocer la tauromaquia como patrimonio cultural y símbolo de identidad nacional, que es lo que espera su auditorio.

Desde el punto de vista de la sistematicidad y de la coherencia de las propuestas con el resto del ordenamiento jurídico, cada una de las opciones políticas busca los argumentos legales y la jurisprudencia que le permite reforzarse. Quienes defienden la necesidad de promover la tauromaquia como cultura anteponen que el art. 149.2 CE exige que el Estado intervenga

20 Véase e.g. Atienza (2019; 1997) o Díez Ripollés (2019), así como el Cap 1. (Secc. 2.2) de este volumen.

en materia cultural de acuerdo con las Comunidades Autónomas y que el art. 13 del TFUE excepciona la atención al bienestar animal en el caso de tradiciones culturales, religiosas o tradicionales. Quienes anteponen que se trata de una competencia autonómica defienden que el fomento de la cultura está regulada en el art. 148.1.17 y el art. 149.2 CE no se puede utilizar para vaciar de contenido y coartar las opciones culturales de las CCAA. En ese marco de argumentación sistemática, es interesante ver cómo en el día a día parlamentario se acude a las interpretaciones del Tribunal Constitucional como un argumento de autoridad.[21] Algo que nos puede llevar tanto a pensar que son capaces de reflexionar en términos constitucionalmente aceptables (Tushnet 2009, p. 503) como a entender que utilizan sesgadamente aquellos argumentos constitucionales que mejor convienen al propósito a lograr. En general, lo que se observa es que toman en consideración únicamente aquella parte que interesa y obvian la restante. Queda claro que el debate parlamentario se apoya en valores opuestos y las antinomias que genera no resultan fácilmente resolubles con el recurso a un argumento sistemático. Como dirán Perelman y Olbrecht-Tyteca, en esos casos, uno de los valores debe ser sacrificado (en Guerrini 2018, p. 467).

Visto en conjunto, lo cierto es que la propuesta deja mucho que desear desde el punto de vista de la razonabilidad jurídica a la que hace alusión De Lucas (2010, p. 27). Y a esa razonabilidad jurídica (o falta de ella) pertenecen también elementos de corrección teleológica y axiológica (Oliver-Lalana 2018, p. 81; 2013, p. 155 ss.). La corrección teleológica nos exigirá que las leyes sean capaces de realizar sus fines con los menores costos o efectos negativos. En esa línea los promotores de la legislación hacen referencia a los aportes que hace la tauromaquia a la economía con datos escasamente contrastados y al refuerzo de la marca España. En tanto que los detractores hacen referencia al negativo coste, social y de imagen internacional, que supone mantener un espectáculo, en decadencia, en que se maltrata animales.

Por su parte, la argumentación de carácter axiológico reclama leyes que sean lo más aceptables posible desde el punto de vista ético. De Lucas lo sintetiza indicando que se trata de verificar «si se puede (y debe) alcanzar los fines sociales pretendidos por la ILP y si las conductas que se prescriben y la propia finalidad de la ILP se sustentan en valores susceptibles de una justificación ética con relevancia jurídica»" (De Lucas 2010, p. 27).

21 Cfr. el Cap. 11 (Secc. 2) del presente volumen.

Ya hemos abundado en el hecho de que todos los grupos parlamentarios acuden primordialmente y de manera muy precoz en el debate a valores para sustentar su posición: libertad artística, derecho a la cultura, libertad de empresa por un lado, y por otro, bienestar animal, respeto de la diversidad cultural, etc. Este recurso se puede interpretar como una vía relativamente sencilla de atajar el debate y cortar una posible argumentación en sentido contrario. De hecho, desde ninguna de las posiciones se ofrece alguna forma de ponderación que permita integrar la propuesta contraria, representativa también de una parte de la población. De manera que, al final, da la sensación de que hay mucho ruido y pocas razones en los debates parlamentarios sobre la Ley 28/2013.

Quienes analizan debates parlamentarios consideran esencial entrar a valorar la calidad dialéctica que, en parte, tiene que ver con el enriquecimiento del debate a lo largo del proceso; y que, de alguna manera, contribuye a su construcción colectiva.[22] En esta línea se pueden observar varias cuestiones. La primera tiene que ver con los condicionantes del debate: en este caso, se puede afirmar que dado que en las dos cámaras hay mayorías absolutas, la calidad dialéctica de la discusión decae porque, se diga lo que se diga, el resultado va a ser el mismo. No hay pulsión argumentativa o ésta queda limitada. De hecho, en el caso de la ley analizada, el resultado es flagrante porque, de las numerosas enmiendas presentadas, no se acepta finalmente ninguna. Así, el hecho de contar con una mayoría en el Congreso y en el Senado hace pensar que, como destacábamos previamente, el objetivo del debate no será tanto convencer al rival para que acepte alguna enmienda como mostrar a ese ente abstracto, que son los votantes del partido al que representan, que se mantienen fieles a su ideario. La segunda cuestión, ya aludida, tiene que ver con que se ha observado una cierta evolución en el debate que comienza siendo muy formalista por parte de la mayoría de los parlamentarios (salvo los partidos ecologistas), anteponiendo la cuestión competencial para evitar entrar en el asunto de fondo que entienden debe ser competencia autonómica y, conforme va avanzando la discusión, entran a debatir cuestiones más de fondo. Algo que muestra qué es lo importante en el debate para cada uno de los grupos parlamentarios y, eventualmente, para sus respectivos electores. Para unos, la

22 Sobre la consideración de la argumentación contenida en debates parlamentarios como una producción colectiva, véase Oliver-Lalana (2013, p. 148-49). Más precisamente, entiende «la justificación legislativa condensada en los debates como un producto colectivo al que pueden contribuir todos los parlamentarios que toman la palabra, independientemente de la sesión en que lo hacen» (Oliver-Lalana 2018, p. 90).

cuestión identitaria y cultural; para otros, la competencial y secundariamente el tema del maltrato animal. Finalmente, el propio tiempo pautado (sobre todo en las discusiones en Pleno) para cada intervención coarta el rigor argumentativo y promueve mantenerse firme en los argumentos esgrimidos.

En relación con la calidad democrática, me ha resultado especialmente interesante el uso (o abuso) del humor en los debates. Partimos del presupuesto de que los debates parlamentarios deben ser algo razonado, sólido, coherente y, sobre todo, algo serio, porque quienes participan en ellos representan a los ciudadanos que los han elegido para verse reflejados en las decisiones que se tomen y porque los temas sobre los que discuten son trascendentes en mayor o menor medida. Ahora bien, no todos los temas son abordados con la misma seriedad y resulta curioso percibir cómo en determinados temas, que se consideran "menores" o "folclóricos", está permitido o, incluso, es agradecido el recurso al sentido del humor. Lo primero que se percibe es que, cuando la discusión se lleva a la cuestión de las competencias o la de la identidad, el tono se vuelve más severo y bronco.[23] Tampoco hay risas cuando los grupos de izquierda anteponen los argumentos de crueldad animal. Pero el recurso al humor surge cuando se aborda la consideración o no de la tauromaquia como patrimonio histórico. En concreto, se acude a la terminología taurina de forma socarrona. Se puede interpretar que se utiliza la retórica taurina en clave de humor en un ámbito y en un contexto en el que nadie va a resultar convencido porque se cuenta con mayoría en Congreso y Senado.[24]

23 Se podría hacer un análisis de risas o abucheos que se puede dejar para otra publicación.

24 Baste un ejemplo sobre el recurso al humor y la ironía: «Señorías, lo diré en argot taurino. Lo que aquí ha ocurrido es que, con la iniciativa popular, el Gobierno ha querido ver los toros desde la barrera y, en vez de saltar a la arena, atarse los machos y agarrar el toro por los cuernos, ha dado una larga cambiada haciendo una faena de aliño, y ahora viene aquí al Senado a que le echemos un capote, dándonos la vara para cambiar de tercio. *(Aplausos. Risas.)* A mí grupo no le importó en el Congreso lanzarse al ruedo; hemos toreado en muchas plazas sin buscar las tablas y creciéndonos en el castigo. Tenemos mano izquierda para salir por la puerta grande. Aquí, en el Senado, como no somos nuevos en la plaza, no nos vamos a dejar caer en esta encerrona, entrando al trapo de una ley que no tiene un pase y se pone a la ILP por montera, haciendo un brindis al sol y dejándola para el arrastre; eso sí, toreando de salón con los banderilleros del Gobierno y dando la puntilla a la iniciativa popular. *(Rumores. Risas.)* Puestas las cosas así, mi grupo entiende que no pocos grupos quieran devolver el toro al corral, con cinco vetos que emulan los cinco artículos de los que consta esta ley. Una vez más, al Gobierno le ha pillado el toro con el pie cambiado. Por lo menos, y en homenaje a las corridas que pretenden honrar, por aquello de seis toros, seis, podrían haber redactado seis artículos, en vez de cinco, y dejar para la disposición final el sobrero. *(Risas.)* Con este cartel a esta ley no se le puede sacar el pañuelo azul. Permítanme que desde mi grupo le saquemos el verde, porque para el naranja no hay trapío y tampoco es cuestión de castigar con el rojo. *(Risas.)* Pido

Como es sabido, los debates parlamentarios han sido siempre un terreno abonado para las falacias (cfr. Bentham 1843). En el caso analizado, el recurso a falacias de todo tipo es constante, pero también es cierto que los parlamentarios, sobre todo quienes se oponían a la nueva Ley, denunciaron su uso en varias ocasiones. Entre otras, hay falacias *ad hominem* cuando se acusa a quienes no apoyan la ley y se desacreditan sus argumentos por incoherencia en su comportamiento privado (yendo a corridas de toros); *ad nauseam* cuando se intenta convencer a base de repetir un mismo argumento; *ad antiquitatem* cuando se argumenta basándose en la tradición; *non sequitur* cuando las premisas indicadas no llevan a la conclusión propuesta, etc. Son falacias que, en ocasiones, pasan inadvertidas por la temporalización del debate y quedan encubiertas por la ausencia de contrarréplica. Así y todo, muchas no pasaron desapercibidas:

> Repetir cien veces una mentira en esta Cámara no la convierte en una verdad (D6, p. 7632, Martín, Grupo Socialista).
>
> Plantea sin argumentos de fondo la imposición de una forma de entender la cultura (D2, p. 7, Ortiz, Izquierda Plural).
>
> No sabemos de dónde salen estos datos que se mencionan en la exposición de motivos, pero también creemos que hay una gran opacidad en relación con las subvenciones que se destinan a la tauromaquia (D2, p. 20, Surroca, Convergència i Unió).

5. CONCLUSIONES

La sociedad española está cada vez más atenta a cuestiones de bienestar animal, pero sigue graduando su atención en función del tipo de animal al que nos referimos y del uso que hacemos de él. Esta contradictoria forma de vivir con los animales y de condicionar su vida también está presente en el discurso de los parlamentarios. Con la diferencia de que la toma de posición del legislador sobre el estatus de los animales es importante porque de ello dependerá su bienestar. Es evidente que todo avance en el reconocimiento de intereses a los animales, como cualquier otro reconocimiento de derechos o intereses, supone algún tipo de restricción para los demás. En cada normativa que regula directa o indirectamente la vida de los animales, el

disculpas si me he recreado en la faena. En todo caso, con sumo respeto a los españoles…» (D6, p. 7618, Martínez Rodríguez, GP Socialista).

legislador pondera y premia un interés en detrimento de otro. En los últimos años, se han visto avances en legislaciones que integran la perspectiva animal. La legislación penal ha castigado cada vez con mayor rotundidad las situaciones más crueles de maltrato. Y la legislación administrativa exige a los dueños de los animales el cumplimiento de obligaciones relacionadas con su bienestar. La legislación europea, aun requiriendo a los Estados que regulen teniendo en cuenta la consideración del animal como ser sensible, sigue fiel a la tradición antropocéntrica y condiciona esa atención al respeto de ritos religiosos, tradiciones culturales y patrimonio. Esas tensiones se reflejan en los debates parlamentarios sobre la regulación de la tauromaquia.

En concreto, ese condicionamiento del bienestar de los animales a la atención a intereses (en ocasiones terciarios) de las personas está presente en los debates parlamentarios que precedieron a la Ley 18/2013. Se sigue manteniendo la idea tan extendida socialmente de "consideración a los animales, sí, siempre y cuando no afecte a mis derechos y libertades". Y en el caso de las corridas de toros, siempre que no afecte a cuestiones como la identidad cultural o la cuestión competencial. Es cierto que algunos de los argumentos utilizados van al fondo del asunto, evidencian que las corridas causan un sufrimiento innecesario al animal y éste debe ser tenido en consideración. Pero solo se llega a ese argumento de puntillas, después de primar los argumentos de tipo antropocéntrico que tienen que ver con cuestiones que únicamente interesan a las personas y que utilizan valores para apelar a su emotividad. Es el caso, en España, del reparto competencial, la identidad cultural, el respeto de las libertades de las personas para acudir a las corridas o el encaje de la tauromaquia en la Ley de Patrimonio. Son debates que giran en torno a los animales, al uso que hacemos o podemos hacer de ellos, pero que siguen sin poner a los animales en el centro del debate. Consolidan esa idea de que cualquier interés de las personas (incluso de carácter más terciario) debe primar sobre intereses básicos de los animales.

REFERENCIAS

Atienza M (2019) Un modelo de análisis de la argumentación legislativa. En: Oliver-Lalana AD (ed) *La legislación en serio. Estudios sobre derecho y legisprudencia.* Tirant lo Blanch, Valencia, 343-395.

Atienza M (1997) *Contribución a una teoría de la legislación.* Civitas, Madrid.

Beilin KO (2012) Bullfighting and the war on terror. Debates on culture and torture in Spain, 2004-2011. *International Journal of Iberian Studies* 25/1: 61-72.

Bentham J (1843) *The book of fallacies (The works of Jeremy Bentham, vol. 2).* W. Tait, Edinburgh.

Bernuz Benéitez MJ (2020) La instrumentalización de los animales para el logro de objetivos políticos: el debate parlamentario sobre los toros en España. *Derecho Animal* 11/3: 11-38.

Bernuz Benéitez MJ (2015) El maltrato animal como violencia doméstica y de género. Un análisis sobre las víctimas. *Revista de victimología* 2: 97-123.

Cabello Fernández MD (2017) *Democracia directa e iniciativa legislativa popular.* Tirant lo Blanch, Valencia.

Contreras Casado M (1997) Parlamento y participación directa de los ciudadanos. *Anuario Jurídico de La Rioja* 3: 217-231.

Cordeiro L, Achino E (2017) A case study on moral disengagement and rationalization in the context of Portuguese bullfighting. *Polish Sociological Review* 199: 315-327.

De Lucas J (2010) ¿Una iniciativa legislativa popular justificada? El debate sobre las corridas de toros en el Parlament de Catalunya. *Jueces para la democracia* 68: 26-33.

De Lucas J (2009) En el bicentenario de Darwin ¿derechos de los animales no humanos? La barrera de la dignidad. *Teoría y Derecho* 6: 7-19.

Díaz Revorio FJ (2018) Democracia, representación y participación ciudadana. A la búsqueda de un equilibrio que la Constitución no logró. *Revista de Derecho Político* (UNED) 101: 239-272.

Díez Ripollés JL (2019) La racionalidad legislativa penal. En: Oliver-Lalana AD (ed) *La legislación en serio. Estudios sobre derecho y legisprudencia.* Tirant lo Blanch, Valencia, 119-170.

Donaldson S, Kymlicka W (2018) *Zoópolis, una revolución animalista.* Errata Naturae, Madrid.

Francione G (2009) Animales ¿propiedad o personas? *Teoría y Derecho* 6: 31-59.

Giménez-Candela M (2018) Descosificación de los animales en el Código civil español. *Derecho animal* 9/3: 7-27. En: https://revistes.uab.cat/da/article/view/v8-n2-gimenez-candela-2

Guerrini JC (2018) What place for values in argumentation studies? *Proceedings of the 2018 Conference of the International Society for the Study of Argumentation.* SicSat, Amsterdam, 463-471.

Kymlicka W, Donaldson S (2014) Animal rights, multiculturalism and the Left. *Journal of Social Philosophy* 45/1: 116-135.

Lara F, Campos O (2015) *Sufre, luego importa. Reflexiones éticas sobre los animales.* Ilemata, Madrid.

Lelieveldt H (2017) Do political parties instrumentalize animal rights? A comparison of votes and arguments in two parliamentary debates. En: Cordeiro-Rodrigues L, Mitchell L (eds) *Animal, race and multiculturalism.* Palgrave MacMillan, Cham, 201-223.

Morales Arroyo JM (2017) La práctica de la iniciativa legislativa en el constitucionalismo español reciente. *Revista chilena de derecho y ciencia política* 8/2: 87-104.

Nussbaum M (2007) *Las fronteras de la justicia. Consideraciones sobre la exclusión.* Paidos, Barcelona.

Oliver-Lalana AD (2018) Migliori e peggiori argomentazioni legislative. En: Ferraro F, Zorzetto S (eds) *La motivazione delle leggi.* Giappichelli, Torino, 67-125.

Oliver-Lalana AD (2013) Rational lawmaking and legislative reasoning in parliamentary debate. En: Wintgens LJ, Oliver-Lalana AD (eds) *The rationality and justification of legislation.* Springer, Cham, 135-184.

Oliver-Lalana AD, Wintgens L (2019) Legisprudence. En: Sellers M, Kirste S (eds) *Encyclopedia of the Philosophy of Law and Social Philosophy.* Springer, Dordrecht, 1-9.

Pelluchon C (2017) *Manifiesto animalista. Politizar la causa animal.* Reservoir Books, Barcelona.

Regan T (2006) *Jaulas vacías. El desafío de los derechos de los animales.* Fundación Altarriba, Barcelona.

Riechmann J (2003) *Todos los animales somos hermanos. Ensayo sobre el lugar de los animales en las sociedades industrializadas.* Universidad de Granada, Granada.

Tushnet M (2009) Is Congress capable of conscientious, responsible constitutional interpretation? Some notes on congressional capacity to interpret the Constitution. *Boston University Law Review* 89: 499-509.

ANEXO: DEBATES PARLAMENTARIOS ANALIZADOS

D1: Diario de Sesiones del Congreso, X Legislatura, Pleno y Diputación Permanente, núm. 88, 12/2/2013, pp. 4-18 y 50.

D2: Diario de Sesiones del Congreso, X Legislatura, Pleno y Diputación Permanente, núm. 142, 26/9/2013, pp. 3-21 y 50-51.

D3: Diario de Sesiones del Congreso, X Legislatura, Comisión de Cultura, núm. 417, 2/10/2013, pp. 2-14.

D4: Diario de Sesiones del Senado, X Legislatura, Comisión de Cultura, núm. 217, 24/10/2013, pp. 2-19.

D5: Diario de Sesiones del Senado, X Legislatura, Comisión de Cultura, núm. 225, 31/10/2013, pp. 2-18.

D6: Diario de Sesiones del Senado, X Legislatura, Pleno, núm. 84, 6/11/2013, pp. 7487-7639.

Capítulo 9
EL INGRESO MÍNIMO VITAL: UN DEBATE LEGISLATIVO DESDE EL PRISMA DE LA "OBSERVACIÓN-PARTICIPANTE"

Pau Marí Klose

Resumen – En enero de 2022 entra en vigor la *Ley del Ingreso Mínimo Vital*, tras una larga tramitación parlamentaria que se inicia en junio de 2020. En el curso de ese año y medio se desarrolla la deliberación parlamentaria sobre el Real Decreto aprobado inicialmente y el proyecto de ley tramitado en Comisión. En el capítulo utilizamos el concepto de retórica, tal como lo emplea Albert O. Hirshman, para revisar distintos paquetes de tesis, narrativas recurrentes, clichés y metáforas empleados durante el debate parlamentario. Identificamos las principales retóricas que se van desplegando en el debate parlamentario, sus variantes y declinaciones a medida que la retórica se va adaptando a circunstancias cambiantes. En la última sección hacemos una valoración analítica de la calidad del debate parlamentario que ha tenido lugar, señalando tanto elementos que empobrecen la deliberación como aspectos que la lubrifican y propician llegar a entendimientos. El texto se nutre del análisis de contenido de los diarios de sesiones en los distintos encuentros parlamentarios y la participación del autor en los hechos como diputado ponente del proyecto de Ley por el Grupo Parlamentario Socialista.

1. INTRODUCCIÓN

El Ingreso Mínimo Vital es una iniciativa legislativa adoptada a mediados del año 2020 para ayudar a corregir situaciones de vulnerabilidad provocadas por condiciones de pobreza extrema. El origen de la medida se remonta a 2014, y fue presentada públicamente en julio de 2015, e incorporada al programa del PSOE en las elecciones de 2015, 2016 y 2019. La propuesta socialista convive con varias propuesta adicionales: una iniciativa legislativa sindical presentada en 2013, una propuesta (cambiante) de Podemos, un planteamiento de Complemento Salarial de Ciudadanos, propuestas de la Autoridad Independiente de Responsabilidad Fiscal (AIREF) para desarrollar una nueva renta mínima, y distintas rentas mínimas autonómicas que, desde finales de los años noventa ofrecen prestaciones de último recurso a sectores de la población que se encuentran en una situación de vulnerabilidad económica y reúnen una serie de requisitos adicionales (de edad, de patrimonio, de residencia y empadronamiento, etc.). Aunque el Ingreso Mínimo Vital se concibió inicialmente como un programa estructural destinado a ser desplegado gradualmente en el curso de un mandato legislativo de cuatro años, la situación de emergencia provocada por la pandemia iniciada en marzo de 2020 convenció a los responsables políticos de la necesidad de implementar una medida legislativa de este cariz de manera inmediata, lo que se materializó en el Decreto 20/2020 de 29 de mayo, que fue debatido y aprobado en sesión del Congreso de 10 de junio. Es el pistoletazo de salida de una medida que fue modificada en sucesivos decretos y fue tramitada en Comisión del Congreso de Diputados en noviembre de 2021.

Se trata por tanto de un itinerario complejo, puntuado por diferentes hitos de considerable relevancia política y social, que obligan a los actores a reaccionar y adaptar la medida a circunstancias cambiantes y ajustar también las retóricas que la justifican con arreglo a las nuevas circunstancias. En este trabajo exploramos las distintas fases de desarrollo de la medida, desde su concepción como propuesta hasta la discusión de enmiendas en el Senado. Aunque el primer apartado se centra en la etapa que antecede al debate del primer Decreto en el Congreso, se privilegia la atención a la deliberación legislativa en sede parlamentaria, tanto en el Pleno como en Comisión. Se presta especial atención a la naturaleza de los argumentos esgrimidos por los distintos partidos y a su evolución a lo largo del proceso legislativo, sobre un trasfondo donde las circunstancias y estrategias políticas de los partidos también van cambiando en un contexto que trasciende esta ley.

El enfoque analítico adoptado incorpora el testimonio y la voz del propio autor del trabajo, como protagonista en distintas fases del diseño y deliberación pre-parlamentaria del Ingreso Mínimo Vital, como participante en la última fase de negociaciones entre representantes de las dos fuerzas políticas coaligadas en gobierno en el período previo anterior a su tramitación efectiva en Comisión, y como uno de los tres ponentes designados por el Grupo Parlamentario Socialista en la tramitación. Esta posición me ha otorgado un lugar de privilegio para seguir de cerca la deliberación de la ley, tanto dentro como fuera del Parlamento, desde el prisma de un participante directamente involucrado en el impulso, promoción y debate de la propuesta. He tenido la oportunidad de conocer de primera mano la gestación de argumentos tanto por parte del Ministerio de Seguridad Social, Inclusión y Migraciones (proponente de la Ley) como de los miembros del Grupo Parlamentario Socialista, y de manera menos directa, los del Grupo Parlamentario de Unidas Podemos. Tal implicación presenta también indudables desventajas para el análisis científico, al concurrir en la misma persona la condición de actor implicado en el proceso (en el curso del cual ha defendido intereses parciales y he desarrollado actitudes contaminadas por la posición ocupada) y analista que pretende sistematizar evidencias y extraer conclusiones de manera objetiva. No pretendo ignorar esas limitaciones, que he tratado de minimizar concentrándome en la argumentación parlamentaria tal como aparece en los textos del diario de sesiones, salpicándola solo ocasionalmente de mis observaciones.

2. INGRESO MÍNIMO VITAL: GESTACIÓN DE UNA IDEA

En otoño de 2014, la Secretaria Federal de Política Social del PSOE convocó a una serie de académicos y expertos de perfil progresista, pero que mayoritariamente no pertenecían al partido, a participar en la renovación de las políticas sociales del PSOE. A partir de esa primera reunión volvimos a encontrarnos en torno a una docena de veces hasta que en julio de 2015, en un acto del PSOE convocado en Mérida (Foro de Igualdad y Oportunidades), con la presencia del Secretario General Pedro Sánchez, se hizo pública la propuesta del Ingreso Mínimo Vital. El Ingreso Mínimo se concibió inicialmente como una prestación no contributiva de la seguridad social dirigida a hogares sin ingresos o con ingresos muy bajos que no podían optar a ningún otro tipo de prestación de último recurso. Para ello el PSOE, en caso de llegar al gobierno, se comprometía a gastar 6.000 millones de euros. Pedro Sánchez la calificó ese día como «uno de los principales compromisos electorales del PSOE y al que pienso comprometer un grueso importante de la inversión presupuestaria junto a la política educativa y científica».[1] En su alocución, el líder de la oposición presentaba el ingreso mínimo vital como una medida que venía a corregir un problema que no era «natural e inevitable». Rectificar la inacción del Gobierno era definido como una «cuestión de justicia». Pero en su intervención no hizo solo referencia a la falta de respuestas sociales del gobierno de Rajoy a situaciones de extrema vulnerabilidad, sino a la propuesta de renta básica incondicional, formulada unos meses antes por Podemos. Sánchez describía esa propuesta como «inviable» en su plasmación actual y se refería a los efectos perversos y al posible rechazo que podía generar la «incondicionalidad» de la transferencia que proponía Podemos, frente a la cual el planteamiento del partido socialista incluiría medidas de apoyo que permitieran a las personas salir cuanto antes de la situación de pobreza.

Uno de los elementos centrales de la propuesta socialista fue, desde el primer momento, abordar el problema de la pobreza infantil. En esa primera comparecencia, Pedro Sánchez se refirió varias veces a la necesidad de eliminarla. La referencia a la pobreza infantil en la presentación del Ingreso Mínimo Vital venía precedida de un encendido debate parlamentario, donde Pedro Sánchez fue objeto de mofa por parte de los diputados del PP al referirse en tribuna a la pobreza infantil como un asunto de máxima importancia en el debate de presupuestos de 2014 (21 de octubre).[2] Ese mismo año, en marzo, el Ministro Cristóbal Montoro había negado valor a los datos de Caritas sobre la pobreza, invitándoles a abandonar un debate «que nada tiene que ver con la realidad».[3] Se trata

1 *El Diario.es*, «Sánchez promete un Ingreso Mínimo Vital para personas en situación de pobreza», 20/7/2015, https://www.eldiario.es/politica/sanchez-ingreso-personas-situacion-pobreza_1_ 2561869.html

2 *El Diario.es*, «Pedro Sánchez se refiere a la pobreza infantil y los diputados del PP dicen "Ooohhh"», 21/10/2014, https://www.eldiario.es/politica/pp-pedro-sanchez-denunciar-infantil_1_4568648.html

3 *El Mundo*, «Montoro dice que los informes de Caritas sobre la pobreza "no se corresponden con la realidad"», 24/3/2013, https://www.elmundo.es/espana/2014/03/28/53359801e2704e48078b4570.html

de dos momentos que han sido recordados de manera recurrente en el debate sobre la lucha contra la pobreza.

Tras su presentación en Mérida, el autor de estas líneas, junto a varios académicos y expertos involucrados en la gestación inicial de la propuesta, liderados por la Secretaria Federal de Política Social, Luisa Carcedo, participamos en distintas actividades para dar a conocer y estimular el debate social sobre la propuesta. Participamos en encuentros con la militancia y organizaciones sociales. Entramos en conversación con una comunidad más amplia de académicos y expertos interesados en cuestiones sociales, y en particular en el tema de los sistemas de protección de último recurso. Algunos de ellos estaban asesorando incluso otras propuestas que se estaban formulando en ese momento, como la Renta garantizada de Podemos o la Iniciativa Legislativa Ciudadana promovida por los sindicatos. Mantuvimos reuniones con técnicos de distintas Comunidades Autónomas y debatimos la propuesta en jornadas académicas.

En este contexto, en los siguientes años, también publicamos varios artículos en prensa o medios digitales. Sobresalía, quizás, una tribuna en *El País*, de 24 de febrero de 2016, firmada por Eloísa del Pino, Francisco Javier Moreno Fuentes y yo mismo, titulada «A grandes males, razonables remedios», donde perfilábamos la naturaleza de la propuesta, trazábamos sus conexiones y paralelismos con otros planteamientos y resaltábamos su viabilidad política y financiera, y la necesidad de la reforma. Esta "necesidad" se fundamentaba en dos principios: los efectos sociales de la crisis y las consecuencias generales de la desigualdad. Calificábamos la falta de respuesta política a la situación social no solo como una opción «indigna»" sino también una «mala decisión económica». Frente a ello, el Ingreso Mínimo Vital se presentaba como una estrategia inteligente y responsable, y que salía a cuenta.

Constituyen estas algunas de las principales líneas argumentales que, a partir de 2015, pusimos sobre la mesa para defender la propuesta, tanto a nivel de la opinión pública como de las negociaciones internas de partido y gobierno. A grandes rasgos, estas líneas argumentales fundamentaron la justificación de la medida en los programas electorales del PSOE y en las ponencias marco de sus Congresos, y que fuera defendida en iniciativas parlamentarias no legislativas en el Congreso.

Me voy a referir a ellas como "retóricas", invocando el concepto del economista Albert Hirschman (2021 [1991]) en su conocido trabajo *La Re-*

tórica reaccionaria. Con este concepto, Hirschman se refería a constelaciones de tesis, argumentos reiterados, esquemas de razonamiento, datos de referencia, clichés y metáforas que manejan las corrientes de pensamiento conservador de finales de siglo XX para articular sus discursos contra iniciativas de reforma progresista. Como intuyó el propio Hirschman, en el capítulo final del libro, el concepto de retórica (incluso el de reacción) podía ser aplicado a otras corrientes de pensamiento.

Es, por tanto, sencillo identificar varias retóricas que se lanzan en la primera etapa de presentación y divulgación del proyecto político. Las retóricas se configuran en distintas variantes argumentales, a las que nos referiremos como narrativas. Hay una retórica muy obvia de *necesidad,* con distintas ramificaciones. El Ingreso Mínimo Vital es, en primer lugar, como se ha dicho, un proyecto concebido para mejorar situaciones de desprotección evidenciadas con gran intensidad durante la crisis de 2008-2014. Es, en segundo lugar, un paso adelante en la construcción de un Estado de bienestar que presenta todavía lagunas y deficiencias. La pobreza infantil aparece aquí como la gran olvidada por las políticas de bienestar.

Una segunda retórica manejada en esta etapa inicial pone el acento en los elementos de *conexión/diferenciación* con otras propuestas. Por una parte se subraya que la medida sintoniza con demandas de entidades sociales y organizaciones pro-infancia, demandas expresadas en iniciativas legislativas populares o recomendaciones de organismos internacionales. Por otra, el PSOE trata de delimitar el terreno propio, señalando las singularidades de la propuesta socialista frente a las de otros grupos políticos (en especial Podemos) y la clara ruptura que supone respecto a la insensibilidad e inacción del gobierno del Partido Popular.

Una tercera retórica, ligada a las anteriores, es la *apelación axiológica* a los valores que inspiran la medida. Proteger frente a la pobreza es, ante todo, "una cuestión de justicia" a la que nos obligan imperativos de solidaridad con nuestros conciudadanos. En este sentido, la situación de algunos colectivos más vulnerables, como la infancia, exige una reacción colectiva que asegure principios necesarios de igualdad y cohesión social. Un argumento recurrente es que la desigualdad y la pobreza (sobre todo la infantil) alcanzan en España cifras insólitas en comparación a otros países de nuestro entorno, lo que reclama un esfuerzo inmediato de redistribución para corregir la anomalía.

3. LA INCORPORACIÓN DE LAS RETÓRICAS AL DEBATE PARLAMENTARIO: EL DECRETO 20/2020

El 10 de junio de 2020 llega el proyecto por primera vez al Congreso, en forma de Real Decreto-Ley. Los meses anteriores vienen marcados por la emergencia sanitaria creada por la Covid, y el Ingreso Mínimo Vital es presentado, en esas circunstancias, como una de las medidas de rescate social que pueden ayudar a paliar las consecuencias sociales derivadas de la pandemia. De hecho, el gobierno termina presentando de manera acelerada un proyecto cuya elaboración tenía un calendario previsto mucho más prolongado.

No puede resultar sorprendente que, en esas circunstancias, una primera línea argumental de muchas intervenciones tenga que ver con la retórica de la necesidad. La mayoría de oradores que suben a la tribuna esa tarde se refieren de un modo u otro a la situación económica provocada por la pandemia. Pero la crisis no solo provoca dificultades que hay que atender, sino que "enseña" y evidencia más claramente realidades pre-existentes. El Ministro de Inclusión, Seguridad Social y Migraciones, J. L. Escrivá, proclama que «el brusco parón de la actividad económica impuesto por las medidas sanitarias ha hecho más visibles los costes que tiene para los hogares más pobres la ausencia de una red última de protección de rentas». Oscar Matute, portavoz de Bildu ese día, proclama que «la crisis sanitaria nos ha enseñado que somos mucho más vulnerables de lo que pensábamos».[4] Matute utiliza una metáfora para justificar la necesidad del IMV:

> En escalada (...) una línea de vida es un cabo de anclaje atado al anillo ventral de arnés que siempre tendrás disponible para asegurarte a un punto; un sistema sencillo (...) que actúa deteniendo la caída si algo falla en el camino. Es una idea que recoge de manera muy clara como debería ser el sistema de protección de garantía de ingresos de un país que quiere ser digno y decente. La crisis sanitaria nos ha enseñado que somos mucho más vulnerables de lo que pensábamos y nos ha enseñado la importancia de esas líneas de vida.[5]

La portavoz de Ciudadanos, Sara Giménez, se expresa, de forma menos metafórica, en términos parecidos:

> desde que estalló la crisis, me habrán escuchado decir en varias intervenciones que se han evidenciado y se han puesto realidades encima de la

4 Diario de Sesiones del Congreso de Diputados, núm. 27, 10/6/2020, p. 67.
5 Diario de Sesiones del Congreso de Diputados, núm. 27, 10/6/2020, p. 73.

> mesa a las que nos gustaba mirar de perfil. Una de ella han sido las numerosas carencias, principalmente de nuestro sistema de prestaciones en general (…) Tenemos muchas imágenes que no vamos a olvidar de familias rotas por el coronavirus. Después de haber superado ese pico de fallecimientos, creo que hay numerosas imágenes que siguen golpeando a nuestra sociedad –las grandes colas de personas pidiendo ayuda alimentaria en la actualidad, numerosas llamadas de teléfono en las que nos dicen que las ayudas no llegan–, con lo cual tenemos un gran reto pendiente en el ámbito de igualdad.[6]

De acuerdo a esta narrativa, la crisis actúa por tanto como una suerte de experiencia iluminadora que permite cobrar conciencia de una realidad que nos acompaña desde hace tiempo. La necesidad no es solo coyuntural, sino también estructural. Muchos intervinientes reconocen que España experimenta un problema de pobreza estructural. Algunos mencionan cifras que lo avalan, otros apuntan a informes de entidades y organismos internacionales.

La necesidad, en palabras de Sara Giménez, tiene «rostro». A su juicio, «de infancia y de mujer».[7] La alusión a colectivos que necesitan apoyo, van a ser atendidos o, por el contrario, no gozarán de atención adecuada es una constante. La portavoz de Coalición Canaria se refiere a los beneficios que el decreto Ley tendrá para niños y familias.[8] Gabriel Rufián, portavoz de ERC, alude a «la clase humilde».[9] La portavoz del PSOE, Luisa Carcedo, menciona reiteradamente a la infancia. Su apelación final deja muy a las claras quiénes entiende que deben ser los principales beneficiarios de la medida: «Termino recordando a Oscar Wilde: los niños comienzan por amar a sus padres. Cuando ya han crecido, los juzgan y, algunas veces, hasta los perdonan. Hagámonos perdonar por una parte importante de nuestra infancia que está en situación de pobreza y de grandes desventajas para su futuro». [10]

El representante de Teruel Existe pretende que llegue mejor a municipios muy pequeños, para luchar contra la despoblación.[11] Incluso se apunta a las personas que no van a ser objeto de cobertura. Albert Botrán, representante de la CUP recuerda que la prestación, «al no ser universal,

6 Diario de Sesiones del Congreso de Diputados, núm. 27, 10/6/2020, p. 76.
7 Diario de Sesiones del Congreso de Diputados, núm. 27, 10/6/2020, p. 76.
8 Diario de Sesiones del Congreso de Diputados, núm. 27, 10/6/2020, p. 72.
9 Diario de Sesiones del Congreso de Diputados, núm. 27, 10/6/2020, p. 79.
10 Diario de Sesiones del Congreso de Diputados, núm. 27, 10/6/2020, p. 86.
11 Diario de Sesiones del Congreso de Diputados, núm. 27, 10/6/2020, p. 71.

implica discriminación, implica trámites, implica papeleo, implica dejar gente fuera». En particular, dejaría fuera a 600 000 inmigrantes en situación irregular.[12]

Una narrativa vinculada a la de necesidad es la *retórica de corrección teleológica* (o de incorrección). Esta narrativa está muy presente inicialmente en los discursos públicos del Ministro Escrivá a largo de los meses de elaboración de la propuesta. El 10 de junio, en tribuna, los dos Ministros (Iglesias y Escrivá) apelan a la utilidad y eficacia de la medida para alcanzar distintos objetivos: reactivar el consumo, responder a una demanda social, mejorar la capacidad redistributiva del modelo de bienestar, luchar contra la pobreza infantil, modernizar el sistema de protección social.

El Ministro Escrivá es especialmente insistente en el rigor metodológico de la propuesta. Desde su punto de vista, el Ingreso Mínimo Vital no es solo una medida necesaria, sino una buena medida porque ha sido diseñada tras un trabajo profundo y meticuloso, que ha llevado a cabo las simulaciones y comparaciones pertinentes, que introduce elementos novedosos, que apuesta por la evaluación continua con la vocación de ir mejorándose, y que es resultado de un diálogo constructivo que ha permitido mejorar planteamientos. El vicepresidente Iglesias invocas palabras del nuevo relator de la ONU para la pobreza, Oliver de Schutter, al referirse a la medida como un «ejemplo para otros países».

Frente a los planteamientos del Gobierno y los grupos que le dan apoyo, los grupos de la oposición de derechas, sin cuestionar frontalmente la necesidad de la medida, ponen en entredicho que sea la mejor forma de abordar las necesidades, invocan la pertinencia de optar por otras líneas de actuación o apuntan disfuncionalidades de la propuesta que realiza el Gobierno. Vox señala que «hay que sostener a las personas que lo necesitan (...) es necesario un sistema social fuerte que lo garantice y es necesaria una ayuda extraordinaria y temporal para complementar el sistema y para apoyar a las familias que no puedan acceder al mercado laboral». Pero consideran que articulando esta medida como una prestación permanente de la Seguridad Social se pone en riesgo el sistema de protección al imponerle cargas estructurales insoportables. En segundo lugar se critica la desvinculación de la búsqueda de empleo. Y, por último, se plantea que se va a producir un efecto llamada en el que van a participar inmigran-

12 Diario de Sesiones del Congreso de Diputados, núm. 27, 10/6/2020, p. 76.

tes ilegales. Su intervención termina señalando al Ministro Escrivá que ha perdido «una oportunidad preciosa» para ayudar a «los *españoles* que más lo necesitan». Vox participa por tanto en el señalamiento de grupos que deben ser protegidos (españoles) y grupos cuya protección ve como ilegítima, pero desde premisas completamente distintas.[13]

El portavoz del PP, Marcos Domínguez, señala también lo que entiende son errores de diseño. A su juicio, el proyecto presentado contribuye a hacer más farragoso el sistema de prestaciones existentes, no asegura la complementariedad con las políticas de empleo (la difiere para un desarrollo reglamentario posterior), y no ofrece un plan presupuestario adecuado. Su alternativa al Ingreso Mínimo Vital habría sido «una ayuda temporal de emergencia para quienes no tengan ninguna otra red de seguridad por la pandemia». Aunque el PP termina otorgando su voto afirmativo al Real Decreto, declara hacerlo con vocación de enmendarlo.

En este sentido, la retórica *conexión/diferenciación* con los planteamientos y sensibilidades de otros partidos aparece continuamente en la argumentación parlamentaria. Por un lado, varios oradores apelan a superar las diferencias para aprobar una medida necesaria (narrativa de consenso). Por otro, se señalan de manera recurrente elementos esenciales para marcar diferencias no solo con la propuesta de los adversarios políticos, sino con su estrategia, su identidad y concepciones de fondo.

La intervención del Ministro Escrivá se detiene especialmente en remarcar la importancia del consenso. El espíritu de diálogo es presentado como el mejor aval de la política junto al rigor metodológico:

> Además de con rigor metodológico y con permanente contraste empírico, hemos diseñado esta política con el mejor espíritu de diálogo que hemos sido capaces (...). Se la hemos explicado y hemos escuchado a los grupos parlamentarios, a los Gobiernos autonómicos a los ayuntamientos, a los agentes sociales, a los empresarios y a los sindicatos y, por supuesto, al tercer sector. A pesar de las razonables e incluso deseables diferencias he de decir que he encontrado en todos ellos –en todos ustedes tendría que decir– un firme espíritu de compromiso con las ideas centrales que subyacen en esta política (...) gracias a este diálogo sincero y a las sugerencias, preocupaciones e ideas de unos y otros, la norma es hoy mucho mejor y,

13 Diario de Sesiones del Congreso de Diputados, núm. 27, 10/6/2020, p. 81-82 (cursivas añadidas).

además, es más de todos. Creo firmemente que estamos ante una política que dibuja un marco de acción en que, más allá de sanas discrepancias ideológicas, todos deberíamos sentirnos relativamente cómodos.

Escrivá quiere que la tramitación de la iniciativa pueda ser recordada como un ejemplo de diálogo constructivo.[14] En línea parecida se expresan varias alocuciones. Sara Giménez reivindica «altura de miras»: «dejemos las ideologías a un lado, pongámonos a trabajar de manera seria por ello y construyamos una mejor sociedad».

Sin embargo, insertadas en las apelaciones al acuerdo, aparecen críticas implícitas o explícitas al adversario. El Vicepresidente Iglesias señala que «en medio del clima de crispación y de berrinche que vivimos demasiadas veces en la Cámara, creo que medidas como el Ingreso Mínimo Vital son la mejor vacuna frente a los discursos del odio». Más explícitamente se refiere al Partido Popular: «Creo que es una buena noticia que el Partido Popular, finalmente, haya rectificado y que vayan a apoyar hoy el Ingreso Mínimo Vital. Ojalá sigan ustedes caminando en esa dirección hacia los consensos europeos».[15]

Como se ha apuntado antes, Vox señala que hubieran apoyado la medida, aparcando diferencias ideológicas con el gobierno, pero el gobierno ha «estropeado todo articulándolo todo tan mal». Vox anticipa una tesis que será recurrente en los discursos de la oposición de la derecha: el gobierno ha planteado un proyecto necesario, pero sus propuestas y su modo de proceder provocan que descarrile.

En el campo de la diferenciación de adversario las referencias son voluminosas. La mayor parte consiste en argumentaciones que oponen la posición y la identidad del endogrupo a la de las fuerzas del gobierno o viceversa. Vox y Partido Popular cultivan esa diferenciación de modo distinto. Vox ve en la medida la autoría intelectual de Podemos, y considera la adopción de la medida como «el pacto del diablo del señor Sánchez para alcanzar el objetivo». El PSOE se habría sometido al «chantaje de socios»: «vendieron su alma a quienes solo pretenden adocenar y empobrecer a los españoles ofreciéndoles una paga sin honor en lugar de un trabajo digno, fruto de su esfuerzo individual».[16]

14 Diario de Sesiones del Congreso de Diputados, núm. 27, 10/6/2020, p. 69.
15 Diario de Sesiones del Congreso de Diputados, núm. 27, 10/6/2020, p. 67.
16 Diario de Sesiones del Congreso de Diputados, núm. 27, 10/6/2020, p. 82.

El Partido Popular recuerda al Ministro Escrivá que su propuesta actual contradice los planteamientos que hacía cuando dirigía la AIREF. Considera el proyecto muy deficiente, pero ve «una puerta hacia un modelo razonable». Sin embargo, la intervención apunta pocos motivos para el optimismo. Poco después de vislumbrar esa puerta acusa al gobierno de una «forma de hacer política» en la que se invaden competencias ajenas y se arrogan «el monopolio de la verdad». Y cierra indicando que «lo razonable con este Gobierno es imposible». Las deficiencias se vinculan, por tanto, a supuestos hábitos y disposiciones que van mucho más elaboración de la Ley.

La retórica de diferenciación aparece también claramente en el discurso de los portavoces de Unidas Podemos y PSOE con respecto a fuerzas de la oposición de derechas. Pilar Garrido, portavoz de la formación morada, señala que quiere hacer «un poco de pedagogía democrática, sobre todo para el ala de la derecha», embarcándose en una digresión en que vincula el Ingreso Mínimo con valores democráticos, así como principios recogidos en el texto de la Constitución español.[17] Luisa Carcedo comienza su intervención recordando palabras de Cristóbal Montoro en la legislatura anterior, negando la realidad de la pobreza. Eso provoca alboroto en la bancada del Partido Popular, que obliga a la Presidenta a intervenir dos veces para permitir a la oradora continuar. El ruido y protestas continúan cuando Carcedo se refiere a las desconfianzas (generalmente expresadas en sectores de la derecha) que provocan estas medidas por el hecho de beneficiar a personas desfavorecidas, en contraste con situaciones en que se debaten ayudas para otros perfiles de beneficiarios.[18]

Las retóricas de diferenciación no se producen solo en dirección bilateral, entre gobierno y oposición. Los socios habituales del gobierno también antagonizan con la oposición de derechas, en una lógica de clara confrontación entre bloques, lo que nos habla bien a las claras de la importancia de los clivajes ideológicos en la deliberación parlamentaria. Por ejemplo, el Grupo Republicano confronta claramente con la derecha, acusándola de faltar al respeto a la clase trabajadora manifestando que el Ingreso Mínimo Vital es una “paguita”: «Que la paguita y el chollo es que los “Cid Campeadores” de la extrema derecha hasta hace muy poco cobraron 80.000 euros en chiringuitos de Esperanza Aguirre en Madrid». De la misma manera Vox no renuncia a introducir el concepto de «chantaje nacionalista».[19]

17 Diario de Sesiones del Congreso de Diputados, núm. 27, 10/6/2020, p. 81.
18 Diario de Sesiones del Congreso de Diputados, núm. 27, 10/6/2020, p. 85-86.
19 Diario de Sesiones del Congreso de Diputados, núm. 27, 10/6/2020, p. 81.

Solo en contadas ocasiones se rompe la lógica de bloques. Por ejemplo, Sara Giménez pretende marcar diferencias con Vox, y reclama que, en lo que se refiere al «efecto llamada», se lean bien la norma.

Una última retórica que reaparece en los discursos de tribuna es la *retórica axiológica.* Se distinguen varias líneas narrativas. Entre las más perfiladas hay dos: en primer lugar, el Ingreso mínimo vital es "una cuestión de *justicia*" porque beneficia a los sectores más vulnerables. Una segunda narrativa, directamente emparentada con la anterior, enfatiza la conexión entre valores democráticos y la satisfacción de las necesidades básicas. Una tercera línea narrativa pretende derivar políticas como el Ingreso Mínimo Vital de derechos consagrados en textos constitucionales o convenciones internacionales (frente a esta pretensión están los que deducen otras orientaciones de política pública).

La primera queda magníficamente ilustrada en la siguiente cita del vicepresidente Iglesias, en la que se invocan categorías nucleares de esta línea argumental: justicia social, respeto, esfuerzo, dignidad, patriotismo. Dice Iglesias:

> El ingreso mínimo vital es en primer lugar una medida de *justicia social.* En las últimas semanas y en los últimos meses ha sido indignante escuchar a algunos de paguita, faltando al *respeto* a muchos compatriotas que se tienen que esforzar muchísimo para llenar su nevera y que muchas veces, a pesar de su enorme esfuerzo, no consiguen llevar a sus casas la *dignidad* mínima de las condiciones mínimas de existencia.[20]

La retórica axiológica sobre justicia social aflora de manera bastante trasversal, aun cuando los valores no estén alineados. La protección de los más vulnerables como cuestión de justicia, la dignidad y la defensa de nuestros compatriotas aparece en el discurso de Ruiz Solas (Vox) en un sentido contrapuesto al de la cita anterior de Iglesias, para amparar la preeminencia de la atención a los ciudadanos españoles:

> A todos nos preocupan las personas que sufren en cualquier rincón del planeta, por cualquier circunstancia. Todos tenemos corazón y sentido de la justicia y conciencia, no son ustedes los únicos, pero la política nacional se limita a las fronteras de los Estados ¡Ojalá estuviera en nuestras manos poder salvar el mundo! ¡Ojalá! Pero no es así. Nosotros solo somos diputa-

20 Diario de Sesiones del Congreso de Diputados, núm. 27, 10/6/2020, p. 67 (cursivas añadidas).

dos *nacionales* y estamos aquí con el mandato claro de velar por el bienestar de nuestros *compatriotas*, de proteger y ayudar a *nuestros* empresarios, a *nuestros* autónomos, a *nuestros* trabajadores, a *nuestras* familias, de trabajar para que cualquiera que viva en territorio español tenga un trabajo digno, un salario suficiente y las mejores condiciones de vida.[21]

La segunda narrativa en este marco de retóricas axiológicas apela una concepción de la democracia ligada a la satisfacción de necesidades mínimas de los más desfavorecidos. Desde una lógica prioritarista, se concede máximo valor político a la consecución del bienestar de los sectores más desfavorecidos hasta el punto de considerar que un modelo social que no ponga allí el énfasis no puede considerarse verdaderamente democrático. Así, Oscar Matute (Bildu) señala que «no debería hacer falta explicar que una sociedad democrática, un Estado social y democrático, que se dice *de derecho,* ha de *atender mejor y con más énfasis a los más desfavorecidos,* a los más desvalidos».[22] Pilar Garrido (UP) ofrece una línea argumental parecida para terminar desembocando en la tercera retórica: la satisfacción de necesidades básicas es un derecho humano. Así dice:

> Ya hace ochenta años, Franklin Roosevelt, en un famoso discurso en el Congreso, habló de cuatro libertades: libertad de expresión, libertad de culto, de libertad de no tener miedo, y de libertad de vivir sin penurias, de no hallarse en estado de necesidad. Esta manera de hablar de las libertades implicaba ya apertura a los derechos sociales (...) y fue recogido, como sabemos en la Declaración Universal de Derechos Humanos. Por tanto, resumiendo, *no hay democracia sin libertad y no hay libertad real cuando no se puede llenar la nevera.*[23]

En el marco de esta tercera línea narrativa en la retórica axiológica es muy ilustrativa esta referencia de Pablo Iglesias a la Constitución:

> El Ingreso Mínimo Vital, señorías, supone, además, *tomarse en serio la Constitución* española. Muchas veces en esta Cámara la Constitución española se manosea, se arroja como si fuera un instrumento para hacer *daño al adversario,* pero se leen poco sus artículos, en particular los artículos sociales. Permítanme, señorías que les lea el 4.1. "Los poderes públicos mantendrán un régimen público de Seguridad Social para todos los ciudadanos, que garantice la asistencia

21 Diario de Sesiones del Congreso de Diputados, núm. 27, 10/6/2020, p. 82 (cursivas añadidas).

22 Diario de Sesiones del Congreso de Diputados, núm. 27, 10/6/2020, p. 73 (cursivas añadidas).

23 Diario de Sesiones del Congreso de Diputados, núm. 27, 10/6/2020, p. 80 (cursivas añadidas).

> y prestaciones sociales suficientes ante *situaciones de necesidad*, especialmente en caso de desempleo. Aprobar el ingreso mínimo vital es una manera de *creernos la Constitución* y de entender que la mejor forma de ser *patriota* no es envolverse en una bandera, es asumir lo que significa *el interés general*.[24]

La Constitución es también un punto de partida para Luisa Carcedo (PSOE):

> Ahora que aflojó un poco eso del club de los *selectos constitucionalistas* ¿Cuántas veces en esta Cámara se debatió el artículo 2, interpretaciones sesudas, debates de todo tipo? ¿Y el 1? La condición de nuestro Estado, el Estado social ¿Cuánta preocupación generó en esta cámara? Afortunadamente hoy la estamos dando. ¿O cuantas veces hablamos del Título VIII de la Constitución, que discutimos también jornadas, jornadas y jornadas? ¿Y cuántas veces *nos dedicamos al capítulo tercero del título I? Donde está el artículo 40, de* redistribución justa de la renta, o el 41, donde se basa esta renta. Es decir, tenemos la obligación, ¡la obligación! el *mandato constitucional* de crear un sistema de protección para las personas que están en *situación de necesidad*, y muchos de nuestros conciudadanos lo están. O el de protección para las familias, de todas las familias, de todas, no de algunas. Y que los niños gocen de la protección social, de acuerdo con los *compromisos internacionales* que asumimos como país.[25]

4. EL DEVENIR DE UN DEBATE PARLAMENTARIO

El debate parlamentario celebrado en junio de 2020 es el pistoletazo de arranque de una conversación social y parlamentaria sobre el Ingreso Mínimo Vital. En la conversación social que tiene lugar en los medios de comunicación y en las redes sociales se expresa a menudo tanto la urgencia de la medida como la frustración por lo que se percibe como un despliegue demasiado lento de la prestación. A ello se unen las dificultades que entraña el trasvase de beneficiarios de programas de rentas mínimas autonómicas a las listas del Ingreso Mínimo Vital. Igualmente aparecen tensiones derivadas de la decisión de trasladar la gestión del Ingreso Mínimo Vital a Comunidades que ostentan competencias tributarias plenas, como País Vasco y Navarra. Por otra parte, varios decretos del gobierno introducen modificaciones del decreto inicial 20/2020, con el objeto de corregir disfuncionalidades del articulado y facilitar el acceso a la prestación.

24 Diario de Sesiones del Congreso de Diputados, núm. 27, 10/6/2020, p. 67 (cursivas añadidas).

25 Diario de Sesiones del Congreso de Diputados, núm. 27, 10/6/2020, p. 86 (cursivas añadidas).

La Tabla 1 recoge enunciadas las principales retóricas que se manejan en los debates prelegislativos y legislativos que tienen lugar desde que el Real Decreto 20/2020 es objeto de la primera deliberación parlamentaria. A continuación examinamos con más detalle las líneas narrativas que despliegan esas retóricas.

Tabla 1. Principales retóricas y narrativas en la tramitación parlamentaria del IMV

	Retórica de la necesidad	Retórica de la conexión/diferenciación	Retórica axiológica	Retórica del incumplimiento/mejora
Debate Real Decreto-Ley	• Necesidades generadas por la pandemia/Necesidades estructurales • Completar el Estado de Bienestar • Narrativa de la corrección teleológica (Escrivá)	CONEXIÓN: Apelación al consenso y la "altura de miras" DIFERENCIACIÓN: • Deficiencias derivadas de hábitos y disposiciones del Gobierno (PP) • Pacto de Sánchez para conservar el Poder (Vox) • El PP niega la pobreza (UP) • La derecha es insolidaria (PSOE)	• La prioridad para los españoles (VOX) • Cuestión de justicia (UP, PSOE) • No hay democracia sin atención a los más vulnerables (Bildu, UP) • Incardinación en derechos humanos y textos constitucionales (UP, PSOE)	
Comparecencia del Ministro Escrivá				• Despliegue lento y defectuoso (oposición) • Despliegue necesita tiempo, pero va por buen camino (Escrivá)
Interpelación/ Moción	• Eliminación de prestaciones por hijo a cargo (PP) • Ausencia de políticas de inclusión (PP) • Traspaso al País Vasco (GV)	El gobierno apuesta por la redistribución en contraste con las políticas de recorte cuando gobierna el PP (PSOE, UP)		• Fracaso clamoroso, requisitos farragosos (oposición) • Éxito relativo en comparación al despliegue y la generosidad de las CCAA (Escrivá, UP)
Debate del dictamen	• Atención a los menores (Complemento de Ayuda a la Infancia)			• Caos y fracaso, traición, moneda de cambio para permanecer en el poder (PP) • Narrativa de fracaso inevitable, Estado fallido (VOX) • Narrativa del perdón (UP) • Narrativa de mejora (UP, PSOE)
Enmiendas del Senado		Señas de identidad del PSOE (PSOE)		• Narrativa del fracaso endógeno (PP) • Acuerdos alcanzados, pero lagunas inexplicables (Cs) • Narrativa de fracaso inevitable (VOX, CUP)

4.1. Debates prelegislativos

A lo largo del año 2020 y primera mitad del 2021, antes de la tramitación de la ponencia, varias de estas problemáticas brotan en el debate parlamentario, a partir de preguntas orales e iniciativas de distintos grupos.

El 7 de octubre de 2020 comparece el Ministro Escrivá en la Comisión de Trabajo, Inclusión, Seguridad Social y Migraciones para tratar distintas cuestiones. Entre las solicitudes de comparecencia solicitadas hay dos relativas al Ingreso Mínimo Vital, presentados por el grupo Parlamentario Vox y el Partido Popular. La Sra. Ruiz Solas, de Vox, califica el despliegue del Ingreso Mínimo Vital como un fracaso, puesto que la ayuda no está llegando a personas que lo necesitan. A su juicio, la prestación había generado unas expectativas que no se están cumpliendo. La portavoz del Partido Popular califica el Ingreso Mínimo Vital como "medida estrellada" y acusa al gobierno de improvisación y falta de diálogo: «Ustedes empezaron la casa por el tejado, sin analizar –y hoy lo ha reconocido– las necesidades, los beneficiarios, las dificultades para acceder a ello, la complejidad administrativa, los recursos humanos y materiales de los que disponían. Y de aquellos barros, estos lodos, señor ministro». La Sra. Angulo Muñoz afea al Ministro no contar con las Comunidades Autónomas (CCAA), despreciando su conocimiento y experiencia en la gestión de este tipo de ayudas. Vox y el Partido Popular otorgan, de este modo, protagonismo a una nueva retórica, la del *incumplimiento*, que a partir de ese momento adquirirá diversas versiones narrativas.

Contra la idea de que el despliegue del Ingreso Mínimo Vital es muy lento, e impide que la ayuda llegue a muchas personas que lo necesitan, el Ministro Escrivá alega diversos argumentos defensivos. En primer lugar, se esgrime que el grueso de solicitudes recibidas representa una avalancha extraordinaria, que llega en un momento extraordinario de pandemia, en que buena parte del personal de la Seguridad Social se encuentra teletrabajando. En segundo lugar, se señala que las plantillas de la Seguridad Social están mermadas como resultado de años de recorte y envejecimiento de las plantillas, responsabilidad que se atribuye a los gobiernos anteriores del Partido Popular. Por otra parte, también recurre a un argumento ofensivo: el despliegue de una medida de esta naturaleza necesita tiempo, y el tiempo que se está empleando en extender la cobertura es menor que el que necesitaron las CCAA para poner en marcha sus rentas autonómicas. Escrivá pone como contraejemplo el tiempo que necesitó la renta autonómica gallega (RISGA) en alcanzar al nivel de cobertura del Ingreso Mínimo Vital:

> ¿Usted sabe cuánto tardaron en poner en marcha el ingreso mínimo vital, las rentas mínimas, desde el primer momento en que empezaron? Yo tengo aquí los gráficos. Mire, Galicia empezó con nada y quince años después llegó a 5000 rentas mínimas; tardó quince años, después empezó a subir más; tardó quince años. ¿Usted sabe lo que tarda Galicia hoy…?[26]

El debate centrado en la retórica del incumplimiento vive un nuevo capítulo con motivo de una Interpelación Urgente del Partido del Grupo Parlamentario Popular, debatida en la sesión del 16 de diciembre en Pleno.[27] En ella, la diputada Marga Prohens (PP) interpelaba al Ministro Escrivá, señalando lo que entendía que un fracaso clamoroso del despliegue del Ingreso Mínimo Vital:

> Actualmente le faltan 690.000 hogares de los que había prometido. Solo aprueban el 28 % de las solicitudes y deniegan el triple de las solicitudes que aprueban, y el paro subiendo y las empresas cerrando. Y usted reconoce que no va a llegar al 35 % de los hogares a los que había prometido llegar este año, que esperen, si acaso, al año que viene. ¿Esperar a qué, señor Escrivá? ¿A comer, a pagar la factura de la luz o el alquiler? Y llegan los presupuestos generales, vamos a ver lo que ha hecho usted. Mantiene que llegará a 850 000 hogares mientras, en sus diversas rectificaciones, rebaja los requisitos y aumenta los beneficiarios, al tiempo que prevé una actualización del 1,8 %. Y, sorpresa, mantienen la misma cantidad para la prestación: 3000 millones de euros; más personas, misma cantidad. ¿Cómo lo va a hacer? ¿O bien ha descubierto usted el milagro de los panes y los peces o bien los vuelve a engañar y a generar falsas esperanzas?

La diputada del Partido Popular saca a relucir dos críticas adicionales. Por una parte señala que la supresión de las prestaciones por hijo a cargo deja desasistidas a todas aquellas familias que, estando en situación de pobreza, no cumplen con los requisitos del ingreso mínimo. Por otra, reprocha la ausencia de políticas de inclusión para hacer frente a las situaciones de desempleo y nueva pobreza generadas.

26 Diario de Sesiones, Comisión de Trabajo, Inclusión, Seguridad Social y Migraciones, núm. 7, 7/10/2020.

27 Diario de Sesiones, Interpelación Urgente sobre la Gestión del Ingreso Mínimo Vital (Grupo Popular), 16/12/2020, pp. 101-108.

Frente a estos ataques, el Ministro Escrivá achaca precipitación a la evaluación de la diputada del PP. El Ingreso Mínimo Vital terminará siendo un «gran éxito», y se alcanzarán los objetivos y horizontes planteados. Para apuntalar su argumento, el Ministro invoca de nuevo la retórica de necesidad en una versión que enfatiza la corrección teleológica. El Ingreso Mínimo es una iniciativa que busca paliar la ineficacia de políticas vigentes:

> Si lo hemos tenido que hacer nosotros a nivel del Estado es porque algunas comunidades autónomas –no todas–, durante los veinte años en que han tenido esta responsabilidad, han concedido rentas mínimas verdaderamente muy de cara a la galería, prácticamente sin impacto social de reducción de la pobreza. Con lo cual, a la hora de valorar lo que estamos haciendo nosotros en seis meses, tenemos como punto de referencia y comparación lo que han hecho las comunidades autónomas.

El debate prosigue el 2 de febrero de 2021, cuando en Pleno se discute una Moción resultado de la interpelación.[28] El PP (en este caso a través de la diputada Sra. Angulo) vuelve a poner el énfasis en los incumplimientos del gobierno, poniendo el foco principal en este caso en la supresión de las prestaciones por hijo a cargo. En su intervención enfatiza la retórica de la necesidad, pero provocada en este caso por la deficiente acción gubernamental:

> El Gobierno progresista no es que recorte, es que directamente elimina a las familias en pobreza moderada la ayuda familiar a la que hasta ahora tenían derecho, la prestación por hijo a cargo, y los deja sin nada, sin ingreso mínimo vital ni prestación. Miren, señorías, no es solo el COVID, es ese otro virus que para los españoles supone tener el peor Gobierno posible, el de la sangría económica, el de la insoportable destrucción de empleo, un Gobierno antisocial que elimina ayudas, sube la luz, hace elegir entre comer o comprar mascarillas, que prefiere destinar 71 millones de euros en contratar a sus amigos como asesores, mientras recorta ayudas a las familias más pobres.

En esta nueva narrativa, por tanto, la necesidad no es solo resultado de una coyuntura externa que engendra condiciones de desprotección a la que es necesario dar respuesta, sino una situación provocada por las decisiones políticas del propio gobierno.

28 Diario de sesiones, Moción consecuencia de interpelación sobre la gestión del Ingreso Mínimo Vital, núm. 75, 2/2/2021, p. 43-44.

Frente a los ataques del PP, los portavoces de los partidos de gobierno esgrimen una clara retórica de diferenciación. La Sra. Garrido, de Unidas Podemos, recuerda la escasa generosidad y falta de cobertura de las rentas mínimas en Comunidades gobernadas por el PP, y se pregunta si los gobiernos autonómicos controlados por populares van a complementar las prestaciones del Ingreso Mínimo Vital, como está en su mano hacer.[29] La Sra. Baños, del PSOE, abunda en la misma retórica de la diferenciación centrándose tanto en el terreno de las políticas como de las premisas ideológicas:

> Por tanto, ustedes que, cuando están gobernando ahondan en la brecha de pobreza haciendo que los ricos sean más ricos y los pobres sean más pobres, nos anuncian ahora una catástrofe en el total sistema de la Seguridad Social por poner en marcha una medida contra la pobreza y la exclusión social. Señorías del Partido Popular, lo que les fastidia realmente es la redistribución de la riqueza porque es lo que hacemos los socialistas cuando gobernamos, redistribuir la riqueza, y no como hacen en la Región de Murcia que se ponen la vacuna primero los que están gobernando.[30]

Las críticas del resto de los grupos de oposición se sitúan en los problemas de implementación del Ingreso Mínimo Vital, en el marco de la *retórica del incumplimiento*. Los reproches al gobierno son trasversales, aunque la evaluación de las causas difiere. Los grupos de derecha achacan al gobierno incompetencia. Algunos diputados optan por combinarla con una agresiva retórica de diferenciación. Así, García Adanero, de Unión del Pueblo Navarro, señala:

> Reconozcan que esto está siendo un desastre en cuanto a su ejecución. Nosotros creemos que la medida era buena, pero su ejecución está siendo un desastre. Pónganse manos a la obra. Pongan al personal necesario y pongan orden, que tampoco es tan difícil cruzar datos entre una Administración y otra. Pidan colaboración a los ayuntamientos y dejen de hacer discursos diciendo que si llega la derecha luego lo quita.[31]

De manera más constructiva, la diputada de Ciudadanos, Sara Giménez, propone medidas concretas para solucionar los problemas observados en el despliegue de la medida:

29 Diario de sesiones, Moción consecuencia de interpelación sobre la gestión del Ingreso Mínimo Vital, núm. 75, 2/2/2021, p. 46-47.

30 *Ibidem*, p. 48.

31 *Ibidem*, p. 49.

> Ciudadanos quiere que se simplifique el diseño de la prestación. El Ingreso Mínimo Vital tiene un diseño muy complejo. Sus requisitos son muy farragosos, tanto que, en algunos casos, no permiten evaluar las situaciones de necesidad (...). Con lo cual, primer punto: eliminar esa burocratización farragosa. Segundo punto: buscar aliados. Es muy difícil que la Seguridad Social haga que funcione de una manera unitaria el Ingreso Mínimo Vital. Ayuda: las comunidades autónomas, que ya tienen experiencia en medidas de este tipo; también el tercer sector de acción social, que conoce a los colectivos a los que van destinadas estas prestaciones, tiende su mano –¡agárrenla!– tanto para tramitación como para luego la continuidad de esta medida, que son los itinerarios de inserción y los itinerarios de inclusión. De eso no estamos hablando porque la medida no está despegando. Desde Ciudadanos, ¿qué es lo que proponemos? Pues una medida práctica para desatascar esta situación. ¿Cuál es? Que, de manera excepcional, se reconozca el Ingreso Mínimo Vital a las personas que sean beneficiarias de una renta mínima de inserción autonómica.[32]

El portavoz de ERC apunta a las mismas dificultades burocráticas, a las que suma una presunta falta de compromiso presupuestario.

El diputado Barandiaran, del PNV, esgrime otra causa del fracaso de implementación: el hecho de que la gestión no haya sido traspasada (narrativa de incorrección teleológica). Para conseguir sus fines, el proyecto no estaría (supuestamente) optando por los medios más adecuados. Para el País Vasco, la transferencia «debe ser materializada cuanto antes precisamente a la Administración que mejor conoce esos problemas y que, como él mismo recordaba, ha sido el referente para la creación de esta prestación; esto es, a las que históricamente han creado un sistema de protección social eficaz con sus caracteres propios y su propia financiación».[33]

Las retóricas axiológicas han perdido peso en las intervenciones de los diputados. Barandiaran teje una creativa conexión entre la narrativa del incumplimiento que desarrolla y una apelación a los fundamentos jurídicos que amparan el desarrollo de la Ley del Ingreso Mínimo Vital: el Gobierno estaría «incumpliendo sus propias obligaciones, las que le marca la ley, el estatuto de autonomía y la propia disposición adicional primera de la Constitución, la de hacer la transferencia de esa competencia»; y dado que el gobierno mismo habría reconocido «que el modelo de éxito

---

32 Diario de sesiones, Moción consecuencia de interpelación sobre la gestión del Ingreso Mínimo Vital, núm. 75, 2/2/2021, p. 51.

33 *Ibidem*, p. 50.

es el modelo vasco y navarro», Barandiaran solicita para ambas CCAA «la transferencia inmediata de esas competencias».[34]

4.2. Debates legislativos

El debate parlamentario tiene lugar unos días antes de que Unidas Podemos presente una batería de enmiendas parlamentarias al proyecto de Ley –sin haberlas consensuado con el Ministerio de Escrivá–. El objetivo es, de acuerdo a su comunicado de prensa «mejorar y solventar las deficiencias del Ingreso Mínimo Vital». En sintonía con otros planteamientos de la retórica del incumplimiento, se afirma: «no podemos permitirnos como gobierno progresista que funcione mal y que no llegue a todas las familias a las que tiene que llegar». El cuerpo de las enmiendas afecta a los requisitos que deben cumplir los solicitantes y al perfil de los beneficiarios.[35]

A partir de ese momento, la retórica de incumplimiento se instala con fuerza en el debate que tiene lugar ante opinión pública. En este contexto, los miembros de la coalición intentan limar sus discrepancias. En el curso de los meses de verano y principios de otoño, miembros del Ministerio y de los grupos parlamentarios de PSOE y Unidas Podemos siguen negociando para acercar posturas sobre las enmiendas presentadas por sendos

34 En línea parecida interpela al gobierno en pregunta oral de 9 de junio de 2021: «No entorpezca más la transferencia del ingreso mínimo vital. Sea consciente de que tiene implicaciones también respecto al concierto económico, y cumpla el estatuto de autonomía, señor ministro, porque lo contrario, y esto se lo digo también muy en serio, supondría una ruptura de la confianza con su ministerio. Señor Escrivá, por favor, reaccione y sea consiente también de las consecuencias de sus actitudes».

35 Por lo que respecta a requisitos, Unidas Podemos pide que se rebajen las exigencias de duración de convivencia para acceder a la condición de unidad de convivencia y se utilicen como referente para acceder a la prestación los ingresos del último trimestre y no los del año anterior. En relación a la ampliación de colectivos potencialmente beneficiarios, propone que se elimine la obligación de acreditar una residencia legal, continuada e ininterrumpida de al menos un año en España para aquellas personas solicitantes de protección internacional, españoles emigrados retornados, personas menores que viven en hogares en situación irregular, además de las víctimas de trata o víctimas de violencia de género ya exceptuadas. También reclama varios cambios en relación a personas jóvenes y niños, como asegurar el acceso al IMV de las personas que han estado bajo la tutela del sistema público de protección de menores y deben abandonarlo por cumplir la mayoría de edad. Desde el Ministerio y desde el Grupo Parlamentario Socialista se critica la iniciativa unilateral de Podemos por anticipar iniciativas que ya estaban siendo estudiadas en la batería parlamentaria que iba a presentar el PSOE.

grupos, con el fin de alcanzar una posición alineada en la tramitación de la ponencia en Comisión. El acuerdo se alcanza poco antes del debate de la ponencia en Comisión, que comienza en noviembre.

En este debate, los grupos vuelven a esgrimir posiciones sostenidas en debate de la moción de febrero de 2021. En la oposición, el Partido Popular califica ya la gestión del Ingreso Mínimo Vital como "gran fracaso" del Gobierno. A su juicio, en el curso del proceso, el Gobierno ha desaprovechado la oportunidad de beneficiarse de las experiencias de las CCAA y de los municipios, así como de utilizar las recomendaciones constructivas del Partido Popular:

> Lamentamos el caos y el *fracaso* en que ustedes han convertido la gestión del ingreso mínimo vital, *traicionando* el apoyo claro que le dimos en esta Cámara los grupos, incluido el Grupo Popular, pero, sobre todo, y por encima de todo, lamentamos que no estén dando respuesta a los ciudadanos más vulnerables ni evitando que la pobreza siga creciendo en España, convirtiendo además el IMV en una mera moneda de cambio para *mantenerse en el poder*.[36]

La retórica del incumplimiento se asocia, de este modo, a una nueva retórica de reproche agravado en que aparecen elementos complementarios, como la "traición" al apoyo ofrecido o la ambición que muestra el adversario (el gobierno) de permanecer en el poder.

Vox también enfatiza elementos de fracaso, pero en su caso pone en cuestión la concepción ideológica original de la iniciativa, que a su juicio abocaba irremisiblemente a un fracaso anunciado (retórica del fracaso inevitable):

> Esta ley es la rúbrica de un *gran fracaso* y, en sus términos, es una *gran* trampa, (...). Es la culminación de cómo la izquierda y su consenso en torno a *agendas lúgubres* prefiere gestionar la miseria a crear riqueza; de un modelo que idolatra al Estado como gran conseguidor de oportunidades, como el padre de todas las bondades o, en el extremo contrario, la del individuo como centro del universo sin trascendencia, cuyas virtudes se mercantilizan despojado de su integridad como persona; de un *Estado fallido* que recurre para su propia subsistencia –nunca mejor dicho– al saqueo de

36 Diario de Sesiones, Comisión de Trabajo, Inclusión, Seguridad Social y Migraciones, Ponencia designada para informar del Proyecto de ley por la que se establece el Ingreso Mínimo Vital, núm. 546, 19/10/2021, p. 8 (cursivas añadidas).

sus súbditos, ya que primero les hurta lo que han conseguido con su esfuerzo para luego repartir *dádivas* para la supervivencia del paisanaje.[37]

Vox combina, por tanto, una retórica de incumplimiento de objetivos, compartida en los discursos de varios partidos, con retóricas de diferenciación y marcado acento axiológico. El mayor elemento de diferenciación de Vox es su discurso sobre la inmigración. En el debate sobre el dictamen Vox remarca su oposición a una ley que (supuestamente) permitiría el acceso a la prestación a inmigrantes que han entrado irregularmente en España. «Los españoles vuelven a quedar de nuevo atrás», afirma grandilocuentemente el diputado Aizcorbe.

En contraste con las valoraciones extremadamente negativas del PP y Vox, el planteamiento de la portavoz de Ciudadanos mantiene la línea narrativa seguida por este partido a lo largo de toda la tramitación del proyecto: señalar las bondades del proyecto, al tiempo que se apuntan déficits y carencias de las medidas introducidas en el dictamen. Sara Giménez afirma: «celebramos que el Ingreso Mínimo Vital se haya puesto en marcha, celebramos que se aborde la pobreza severa, pero creemos que hay algunos *déficits* y por eso vamos a mantener parte de nuestras enmiendas».

La retórica del incumplimiento no aparece solo en el discurso de oposición. Unidas Podemos también la invoca, pero a través de una narrativa algo sorprendente de solicitud de perdón: «En primer lugar, quiero empezar *pidiendo perdón* a las casi 747 000 personas que solicitaron el Ingreso Mínimo Vital y a las que se les ha rechazado» Inmediatamente reivindica las mejoras introducidas en el texto en el proceso de negociación: «hemos llegado a grandes acuerdos que van a ampliar el ingreso mínimo vital para que llegue a más gente, a parte de esas 747 000 personas que decía que se les había rechazado y también a otras personas que no lo habían solicitado».[38]

Esa "narrativa de mejora", vinculada a la retórica de incumplimiento, está también presente en la intervención de la portavoz socialista, Carmen Baños:

> Dentro siempre del ánimo del Ministerio y del Gobierno de poder llegar a este número de personas que en un principio salieron de la fotografía inicial, hemos introducido todo este tipo de mejoras para poder alcanzar

37 *Ibidem*, p. 6 (cursivas añadidas).

38 Diario de Sesiones, Comisión de Trabajo, Inclusión, Seguridad Social y Migraciones, Ponencia designada para informar del Proyecto de ley por la que se establece el Ingreso Mínimo Vital, núm. 546, 19/10/2021, p. 6 (cursivas añadidas).

> todo lo que en un principio habíamos planteado y que tantas veces se ha estado echando en cara en innumerables cuestiones relacionadas con el IMV en esta Comisión e incluso esta mañana. Es cierto que en un principio pensábamos que podíamos alcanzar a muchos hogares y no se ha hecho, pero estaban identificados, de ahí que se hayan introducido estas mejoras que vamos a aprobar para precisamente poder llegar a todas esas personas que realmente necesitan el IMV.[39]

Una de las grandes novedades es el reforzamiento de la protección a la infancia con un nuevo Complemento de Ayuda a la Infancia, que atiende un reproche que la oposición había hecho al Real Decreto del Gobierno:

> Este complemento de ayuda a la infancia se pondrá en marcha dentro del marco del IMV (...) y llegará a los beneficiarios de la prestación con menores a cargo, pero también a otras familias de rentas bajas, ya que se elevarán los umbrales de renta garantizada y patrimonio establecidos para cada tipo de hogar. Aquí entraría ese grupo de *menores* que tanto nos preocupaba y sobre el que tanto hemos debatido a lo largo de la tramitación, aquellas familias que estaban recibiendo la prestación por hijo a cargo y, por supuesto, estamos hablando de una cuantía muy superior a la que se tenía anteriormente. Con la aprobación que llevemos a cabo ampliamos la protección a colectivos vulnerables que no estaban incluidos en esa aprobación inicial.[40]

La última sesión de debate sobre el proyecto de Ley del Ingreso Mínimo Vital tuvo lugar en la sesión plenaria de diciembre de 2021, dedicada a tratar enmiendas planteadas por el Senado. En el Senado se había aprobado revertir un puñado de enmiendas al informe de dictamen presentado en Comisión. En este último debate reaparecen las retóricas más habituales en los últimos meses, especialmente la de incumplimiento en boca de los partidos de la oposición. La *retórica de incumplimiento* está presente en los mensajes del Grupo Popular y el Grupo Plural (Sr. Rego Candamil). Una retórica paralela de *fracaso inevitable* domina el discurso de Vox y del Grupo Mixto (Sra. Vehí).

El Grupo Popular incide en la idea de que el PSOE no solo incumple expectativas, sino que las actuaciones del gobierno acentúan los problemas. En términos hiperbólicos, el gobierno estaría estropeando todo lo que toca (narrativa de fracaso endógeno):

---

39 *Ibidem*, p. 10.
40 *Ibidem*, p. 10.

> La falta de diálogo, su incompetencia y el rodillo con estas enmiendas han convertido el IMV en un *fracaso*, que además está creando dificultades a quienes ya percibían otras rentas. En definitiva, un ejemplo más de la capacidad de Sánchez de convertir en un fracaso algo que ya tenía décadas de éxito, de su incapacidad de dar soluciones eficaces a los problemas de los ciudadanos, de la disposición de Sánchez a utilizar cualquier recurso, aunque con ello rompa la igualdad de los españoles, como moneda de cambio para *mantenerse en el poder*.[41]

El Sr. Rego Candamil reconoce los aspectos positivos de la ley, pero enfatiza las grandes deficiencias en la implementación.

Vox recupera los argumentos esgrimidos en el debate del dictamen. El proyecto del Ingreso Mínimo Vital viene inspirado por

> un modelo que idolatra al Estado como gran tótem amamantador de consuelos, como el padre de todas las falsas bondades, que disputa sin descanso su hegemonía y considera el gasto social desmesurado como progreso y no el resultado de la frustración de una sociedad inerme, en lucha permanente contra otra visión de entender el orden social: la del individuo como centro del universo, sin trascendencia ni plenitud, cuyas virtudes se mercantilizan despojándolo de su integridad como persona.[42]

A partir de ahí, todas las medidas adoptadas están desencaminadas.

Desde un planteamiento ideológico opuesto, la diputada Vehí Cantenys señala que el Ingreso Mínimo Vital no está funcionando. Vehí Cantenys apunta graves problemas de diseño y burocratización que dificultan el acceso y generan situaciones indeseables a los beneficiarios. En su opinión, tales dificultades son manifestaciones de problemas de fondo de un diseño que se aparta del modelo ideal, y que ellos proponen:

> para nosotros hay una discrepancia de fondo, que es la concepción última que hay detrás del Ingreso Mínimo Vital. Nosotros pensamos que las sociedades democráticas tienen que fundamentarse en una idea que es muy bonita, muy sencilla, pero que cuesta mucho que sea realidad, la idea de libertad, la idea de libertad entendida en términos republicanos, es decir, la libertad entendida como la igualdad material. Y esto no es el ingreso

41 Diario de Sesiones, Proyecto de Ley por el que se establece el Ingreso Mínimo Vital, núm. 147, 16/12/2021, p. 38 (cursivas añadidas).

42 *Ibidem*, p. 37.

mínimo vital. Lo que fundamenta la libertad en términos republicanos es la renta básica.[43]

Los grupos que apoyan el Ingreso Mínimo Vital recuperan las retóricas de necesidad y axiológicas. Sara Giménez, portavoz de Ciudadanos, combina la retórica de necesidad y de incumplimiento, y recalca la idea reiterada en anteriores ocasiones de que el proyecto viene lastrado por planteamientos teleológicamente incorrectos:

> nosotros creemos que el Ingreso Mínimo Vital, abordar la pobreza severa, con todos los datos que tenemos en la actualidad sobre situaciones de necesidad de muchas familias, es totalmente necesario. Ahora bien, hay exceso de burocracia y hay dificultades en el acceso, no hemos hablado durante esta tramitación de aquellas personas que lo están cobrando pero están cobrando cuantías ridículas, que no son las que uno considera que deberían ser, y se ha hablado también de las devoluciones de las propias prestaciones.[44]

La Sra. Franco, de Unidas Podemos, invoca la retórica de necesidad, vinculándola a las consecuencias de los recortes introducidos en su día por el Partido Popular. La combinación de retórica de necesidad y de diferenciación también orienta la intervención de Carmen Baños, del Grupo Socialista:

> hace dos años comparecía el ministro Escrivá para dar a conocer las líneas generales de su departamento y señalaba que este Gobierno situaba la lucha contra la pobreza como una política palanca transversal para revertir las situaciones de pobreza y desprotección que viven determinados colectivos en este país. Les estábamos diciendo que este Gobierno no les iba a abandonar y que iba a trabajar por su inclusión, y recordábamos entonces cómo el relator de Naciones Unidas, el señor Alston, señalaba que la pobreza era una decisión política, a lo que yo añado que la falta de decisiones políticas de los gobiernos de la derecha hicieron de la pobreza estructural este país una anomalía social. Pues bien, este Gobierno ha demostrado que su decisión política es erradicarla, y así lo demostró cuando en apenas tres meses de esa comparecencia se aprobó el Real Decreto-ley de 29 de mayo de 2020, del ingreso mínimo vital. Desde aquel momento hasta hoy, esta prestación ha estado sometida a una evaluación continua.[45]

---

43 *Ibidem*, p. 32.

44 Diario de Sesiones, Proyecto de Ley por el que se establece el Ingreso Mínimo Vital, núm. 147, 16/12/2021, p. 34.

45 *Ibidem*, p. 40.

La retórica axiológica también aflora en las últimas intervenciones parlamentarias. Como hemos visto anteriormente Vox y el Grupo Mixto (la representante de la CUP) explicitan claramente el modelo ideológico que fundamenta su posición, apelando a profundas convicciones filosóficas. La Sra. Baños, del PSOE, afirma que el IMV

> es una prestación para no dejar a nadie atrás, que hace más grande nuestra democracia, que completa nuestro Estado del bienestar y nos hace avanzar como sociedad, porque luchar contra la desigualdad nos hace mejores y más fuertes (...) Gracias, presidente Sánchez, por mantener durante estos siete años la convicción de que España necesitaba fortalecer y modernizar el sistema de protección de los más vulnerables, en especial de los menores. Es un compromiso por el que los socialistas siempre vamos a estar agradecidos, como estamos agradecidos a Felipe González por la Ley General de Sanidad o a Zapatero por los avances en legislación sobre memoria histórica, derechos LGTBI o atención a la dependencia.[46]

En resumen, en la última deliberación parlamentaria reaparecen elementos axiológicos que ya se dibujaron en la primera sesión de junio de 2020. Pero su peso en los discursos es mucho menor. También es menor la atención que se dedica a las situaciones de necesidad que suscitaron la respuesta política. La centralidad de la última etapa de deliberación corresponde fundamentalmente a las retóricas de incumplimiento y de fracaso, en combinaciones variadas con otras retóricas. La retórica de incumplimiento articulada por la oposición provoca reacciones diversas en las fuerzas políticas que sostienen al gobierno: desde la reivindicación de logros hasta el reconocimiento de las limitaciones en el despliegue del Ingreso Mínimo Vital (pero que, desde una lectura positiva, han sido detectadas y han dado pie a replanteamientos y mejoras, que reflejan la determinación de alcanzar objetivos previstos).

5. DISCUSIÓN

El debate del proyecto del Ingreso Mínimo Vital ha ocupado prácticamente la primera mitad de la legislatura que se inicia en enero de 2020. Aunque llega al Parlamento como Real Decreto Ley en junio de 2020, la necesidad y naturaleza de la política pública venía debatiéndose en la

46 *Ibidem*, p. 40.

opinión pública con intensidad desde el mes de abril, a medida que se iban constatando previsibles consecuencias económicas y sociales de la pandemia. De modo más intermitente, en la sociedad española (y en el Congreso) se llevaba debatiendo sobre la necesidad de articular medidas de protección económica para los segmentos más desfavorecidos de la sociedad desde los momentos álgidos de la crisis de 2008-2014. La irrupción de Podemos y Ciudadanos en el panorama político en 2014, y en particular en el Congreso tras las elecciones de 2015, y el proceso de reflexión iniciado por el PSOE tras la llegada a la Secretaría General de Pedro Sánchez, habían impulsado una conversación pública que hasta ese momento prácticamente solo había tenido lugar en la esfera académica.

Junio de 2020 es, por tanto, el punto de arranque de una deliberación estructurada sobre el Ingreso Mínimo Vital en sede parlamentaria, pero que es imposible entender fuera de un contexto socioeconómico en que tiene lugar. El IMV es un proyecto concebido en el fragor de una crisis (la Gran Recesión) que tiene como objetivo ofrecer una solución a la protección precaria de ciertos colectivos de la población, cuya vulnerabilidad se agrava y se hace especialmente visible en momentos de crisis. Como promesa electoral que figura en el programa electoral del PSOE (y con variantes en el de Unidas Podemos) fue ideado como una respuesta de carácter estructural para corregir situaciones de pobreza y mejorar el carácter redistributivo de nuestro sistema de protección social. Su incorporación a los programas electorales de 2019 se produce en un contexto de recuperación económica y expectativas políticas favorables para los partidos que la proponen, y de mucha menor atención a estas necesidades por parte del resto del arco parlamentario. Sin embargo, la activación de la propuesta tiene lugar en un contexto que ha cambiado súbitamente como resultado de aparición inesperada de una pandemia que trastoca todas las previsiones y empuja a tomar decisiones de emergencia.

Es este trasfondo de la conversación pública el que marca de manera determinante contenidos e incluso actitudes de los partidos políticos desde el inicio de la deliberación parlamentaria. La propuesta política y el propio debate habrían sido muy distintos de no haber tenido lugar en ese contexto de excepcionalidad social. Es lógico que, en estas circunstancias, todos los partidos (incluidos aquellos que no habían otorgado prioridad a la protección de los sectores más desfavorecidos de la sociedad en sus programas electorales) converjan a la hora de reconocer la necesidad de adoptar medidas para aliviar la situación de los grupos más vulnerables. La situación social provocada por la pandemia es presentada por muchos grupos parlamentarios como una experiencia de la que debemos extraer aprendizajes. En las primeras intervenciones de los partidos se recalca que ofrecer una respuesta adecuada, en esas circunstancias, es un imperativo ético.

Sin embargo, estamos ante el Parlamento más fragmentado (y quizás tensionado) de la etapa democrática. El arco parlamentario está compuesto por diez grupos parlamentarios, algunos de los cuales integran varios partidos que concurrieron por separado a las elecciones. La llegada al Congreso de una nueva fuerza parlamentaria de derecha radical (VOX), de corte populista, ha introducido nuevos elementos de confrontación en la conversación parlamentaria, como la ilegitimidad de las ayudas a la inmigración irregular o las sospechas sobre el trabajo de entidades sociales que reciben subvenciones para desarrollar servicios públicos.

En esta situación, la retórica de la necesidad que aparentemente convoca a todos los partidos es rápidamente complementada por otras retóricas de diferenciación, que llevan a los distintos portavoces a perfilar mensajes que posicionan a sus partidos, tanto por lo que respecta al diagnóstico como a las propuestas alternativas, en clara contraposición a otros partidos, al gobierno o a bloques ideológicos. A resultas de ello el debate se solivianta por momentos.

En las intervenciones de los grupos parlamentarios aparecen críticas estridentes a los diagnósticos y propuestas de sus adversarios, en las que afloran con frecuencia distintas falacias argumentativas e hipérboles. Por ejemplo, las fuerzas de izquierda construyen de modo sistemático una identidad de derechas monolítica, un cliché que presenta a una derecha inevitablemente escorada hacia orientaciones insolidarias, lesivas para los sectores más desfavorecidos. Desde las fuerzas que dan apoyo al gobierno se intenta deslegitimar las críticas que llegan del Partido Popular recordando recortes e inacción en legislaturas anteriores, cuando el Partido Popular detentaba el gobierno. Por el contrario, los partidos de la derecha del arco parlamentario utilizan de modo recurrente la hipérbole, dibujando una situación social caótica, provocada por la parálisis, la incompetencia y la voluntad de los partidos de coalición de permanecer en el poder a toda costa.

Estos recursos narrativos se acompañan de distintos tropos que consiguen la movilización emocional de los afines e inflaman el debate. Así, las fuerzas de la izquierda acusan en diversas ocasiones a la derecha de menospreciar a los beneficiarios del IMV refiriéndose a la prestación como una "paguita".[47] El Partido Popular y Vox recurren a imágenes casi apocalípticas. La portavoz de Vox en la moción que se discute en febrero, Inés Cañizares, describe el contexto en que se adopta el Ingreso Mínimo como «momento de muerte y ruina».[48] En la misma línea, la portavoz popular Angulo Romero, acaba su intervención con otra referencia escatológica: «Señorías, de hambre y desesperación también se muere, y las decisiones que se toman contribuyen a ello. Les pido, por favor, que rectifiquen, porque si no, no solo saldremos más débiles y más pobres, es que –y lo que es más grave– habrá muchos españoles que no saldrán». En la sesión de noviembre de aprobación del dictamen, el portavoz Aizcorbe habla de «Estado fallido».[49] Angulo Romero vuelve a cerrar su intervención de modo grandilocuente e hiperbólico refiriéndose al fracaso del proyecto y la responsabilidad del gobierno, para indicar a continuación: «Y, mientras, la pobreza sigue creciendo en España, como siempre, siempre, siempre, siempre ocurre cuando gobierna el partido Socialista».

A pesar de los numerosos ejemplos de lenguaje partidista inflamado que podrían servir para ilustrar formas de argumentación de baja calidad sería un error pensar que juegan un papel preponderante en la deliberación y restan todo valor sustantivo a la conversación parlamentaria. Las intervenciones de los distintos portavoces en las sesiones dedicadas al IMV

47 No consta en el Diario de Sesiones ninguna referencia de un diputado de los partidos de derecha al Ingreso Mínimo Vital como una "paguita" en los debates examinados en este trabajo. Sí es un concepto que se maneja profusamente en redes sociales. En sede parlamentaria, la diputada de Vox Inés Cañizares, en una pregunta oral al Vicepresidente Iglesias, se refiere a la "renta mínima vital" como «política chavista de dependencia» y de prometer «dádivas propias de regímenes totalitarios» (Diario de Sesiones del Congreso de los Diputados, Pleno y Dip. Perm., núm. 19, 22/04/2020, p. 80). En el debate del dictamen, el diputado Aizcorbe, se refiere a las ayudas del Estado (en términos generales) como «dádivas para la supervivencia del paisanaje» y «diezmos sangrantes» (Diario de Sesiones de la Comisión de Trabajo, Inclusión, Seguridad Social y Migraciones, núm. 21). Fuera de sede parlamentaria, los dirigentes de Vox se refieren recurrentemente al Ingreso Mínimo Vital con términos despectivos. Por ejemplo, Jorge Buxadé lo calificó como «limosna vitalicia» (*Newtral*, 26/5/2020). Es muy improbable encontrar ese tipo de calificativos entre dirigentes del PP sobre el IMV, aunque sí puedan rastrearse valoraciones críticas con otras ayudas sociales en el pasado.

48 Diario de Sesiones, Sesión Plenaria, núm. 75, 2/2/2021, p. 47.

49 Diario de Sesiones, Sesión Plenaria, núm. 141, 16/12/2021, p. 37.

representan aportaciones valiosas tanto para propiciar el conocimiento de la medida como el debate social sobre ella. Las intervenciones del Gobierno y los portavoces dan a conocer claramente las posiciones de los partidos y razones que fundamentan su posición desde el punto de vista ideológico. Las exposiciones de los portavoces dan buena cuenta de los valores que inspiran sus posturas y los modelos de sociedad que abrazan. A lo largo de los debates también queda meridianamente claro que existe una situación social que requiere una respuesta prioritaria. Incluso los partidos más reacios a desarrollar el IMV tal como ha sido concebido por el gobierno reconocen la realidad de la pobreza y la exclusión y la necesidad de atenderla, aunque plantean distintas objeciones al modo de proceder del gobierno, y en algún caso, dudan de que el objetivo real de la medida gubernamental sea la atención a la pobreza y la exclusión.

Los partidos también explicitan sus puntos de vista sobre la corrección teleológica de la medida. El Ministro Escrivá ofrece una primera intervención centrada en glosar las razones para adoptar una medida de estas características y los fundamentos metodológicos para asegurar que llegue a buen puerto. Frente a esta posición, los partidos de la oposición van desgranando distintas críticas. Un primer alud de críticas se refiere a problemas de diseño de la medida y falta de predisposición al diálogo por parte del gobierno. A estas críticas se suma la idea de que el IMV debería ser traspasado a otro nivel de gobierno (la Comunidad Autónoma) para llegar a ser realmente eficaz. Después de unos meses tras la adopción de la medida, se impone claramente las narrativas de incumplimiento, que llevan a parte de la oposición a hablar de "gran fracaso".

El Gobierno y los partidos de gobierno no esquivan todas estas críticas, lo que permite, a lo largo de un desarrollo prolongado y gradual del debate en sucesivas sesiones, asistir a ciclos de argumentaciones y contraargumentaciones en los que se profundiza en las razones sustantivas de unos y otros para sostener sus posturas. Una cuestión recurrente es la valoración del despliegue del Real Decreto que está teniendo lugar (y de distintas modificaciones introducidas en reales decretos posteriores). Para algunos partidos es insuficiente dadas las situaciones de necesidad. Para otros evidencia una gestión caótica y fracasada. El Gobierno, en boca del Ministro Escrivá, hace otra lectura. El IMV se pone en marcha en circunstancias muy adversas (pandemia que obliga a teletrabajar, desbordamiento de solicitudes de estas y otras prestaciones que provocan una saturación de los servicios de la Seguridad Social, plantillas recortadas y envejecidas), y aun así avanza a un ritmo adecuado si se pone como referencia el despliegue que, en su momento, llevaron a cabo las CCAA de sus programas de rentas mínimas autonómicas.

Pero no todo es autocomplacencia gubernamental. Las portavoces de los partidos de Gobierno subrayan en sus intervenciones finales en noviembre y diciembre de 2021 que se ha realizado un esfuerzo para mejorar la prestación, facilitando el acceso a nuevos colectivos y relajando algunos requisitos que suponían una barrera infranqueable para grupos necesitados de la ayuda. La portavoz de Unidas Podemos llega a pedir perdón por un despliegue que tendría que haber atendido las necesidades con más eficacia.

Una de las cuestiones que mejor demuestra la permeabilidad del Gobierno a alguna de las principales críticas es la adopción de un Complemento de Ayuda a la Infancia. Es una de las grandes novedades que incorpora el PSOE a sus enmiendas en junio de 2021 y transacciona con otros grupos durante la tramitación del dictamen. El PSOE responde así a la crítica de partidos de la oposición que habían estado reprochando duramente la supresión de las prestaciones por hijo a cargo,[50] enmendando el texto del Gobierno con una medida ya contemplada en la concepción original del Ingreso Mínimo Vital presentada en 2015. En este sentido, la portavoz de Ciudadanos reconoce el trabajo realizado en la ponencia:

> hemos conseguido importantes logros y quiero destacar el buen acuerdo que hemos alcanzado para que esta norma llegue a las personas en situación de mayor vulnerabilidad, incluyéndose nuestras propuestas de que llegue a tutelados y a huérfanos y que en la exención de rentas no se compute la pensión de alimentos. Quiero recalcar igualmente que, dada la insistencia de distintos grupos parlamentarios –entre los que nos encontramos– y el propio tercer sector de acción social y de infancia en esta materia, se ha cubierto uno de los gaps que considerábamos importantes, que es esa eliminación de la prestación por hijo a cargo, estableciéndose ahora un complemento que viene a cubrir esa brecha de pobreza relativa que se quedaba fuera del ingreso mínimo vital cuando había familias con niños. Esta ha sido una de las cuestiones fundamentales en la que hemos trabajado y a la que parece que se ha buscado una solución.[51]

50 En realidad los beneficiarios de prestaciones por hijo a cargo ya concedidas no las perdían, pero no se incorporaban nuevos beneficiarios hasta la extinción definitiva de la política.

51 Los acuerdos son generalmente resultado de un diálogo que tiene lugar, generalmente, fuera de sesiones parlamentarias. El autor de estas líneas mantuvo varias conversaciones

Evidentemente, la satisfacción de la oposición con la disposición del Gobierno a incorporar propuestas es limitada. La misma Sara Giménez señala la cerrazón del Gobierno a contemplar otras propuestas que entiende razonables. Entre ellas destaca la ampliación de la cobertura al grupo de personas que tienen entre dieciocho y veintidós años que se han independizado. Negarse a hacerlo es calificado como «discriminación por edad».[52]

Los partidos de coalición y sus socios parlamentarios rechazan también la práctica totalidad de las enmiendas que presenta el Partido Popular, lo que lleva a su portavoz a hablar de «rodillo parlamentario». Aun así, describen la adopción del Complemento de Ayuda a la Infancia como una respuesta a la «presión del Partido Popular», que esperan que no lleve a «engaño o fiasco».

Estamos, por tanto, ante un proyecto de Ley vivo, que evoluciona impulsado por la evaluación que realiza el propio Ministerio (algo que el Ministro anuncia que se llevará a cabo ya desde su primera intervención en el Congreso) y la conversación pública, en la que el debate parlamentario en las distintas sesiones juega un papel relevante. Los diputados entran en contacto con decenas de entidades sociales y expertos que informan y orientan sus criterios, e imprimen también su sello particular a las visiones que expresan en el Congreso, configurando un marco de debate que el Gobierno no puede ignorar.

No sería razonable poner conclusión a este trabajo sin apuntar que el grueso de la conversación relativa a un proyecto de Ley que se tramita en el Congreso no es pública. Los avances en la Ley como producto de la incorporación de enmiendas materializan procesos de deliberación y negociación que tienen lugar en otro tipo de escenarios (salas de reunión, despachos, restaurantes, cafeterías), protagonizados por ponentes y equipos del Gobierno. Las sesiones públicas (especialmente en las últimas fases del proyecto) se celebran después de que este tipo de conversaciones discretas se hayan producido, se hayan intercambiado ideas y criterios en encuentros privados, y se hayan fijado marcos en que es posible la negociación y espacios donde no existe margen para ningún tipo de avance. La Mesa de la Comisión (don-

---

informales con Sara Giménez para acercar posiciones en materias sensibles, como la protección de la infancia y de jóvenes. En una de ellas participó también la Secretaria de Estado de Inclusión, Milagros Paniagua.

52 Diario de Sesiones, Proyecto de Ley por el que se establece el Ingreso Mínimo Vital, núm. 147, 16/12/2021, p. 33.

de los socios de gobierno tienen mayoría para fijar la agenda), por ejemplo, solo convocó sesión de aprobación de dictamen una vez que entendió que los grupos habían consolidado sus posiciones y el proyecto estaba "maduro" para ser dictaminado a juicio de los proponentes.

En ese sentido, en las sesiones públicas se escenifican posiciones en debates acotados por esa deliberación previa. Buena parte de los portavoces de la oposición que intervienen en las sesiones parlamentarias han mantenido conversaciones discretas con los ponentes o incluso responsables gubernamentales de la política, con quienes suelen haber perimetrado un espacio de acuerdos y desacuerdos. Sus intervenciones en Pleno o Comisión tienden a hurgar en las diferencias que persisten tras esas conversaciones, incluso en aquellos casos en que existan concordancias en buena parte de las cuestiones tratadas en la trastienda. Esta forma de abordar los trámites parlamentarios enfatiza y proyecta públicamente las discrepancias y conflicto e invisibiliza las coincidencias que se han constatado previamente.[53] Dicho de otro modo, una evaluación demasiado severa de la deliberación pública sobre un proyecto de Ley ignora todo aquello en que los grupos se han puesto de acuerdo.

REFERENCIAS

Hirshmann AO (2021) *La Retórica reaccionaria. Perversidad, futilidad y riesgo.* Clave intelectual, Madrid [*The Rhetoric of Reaction: Perversity, Futility, Jeopardy.* Harvard UP, Cambridge (Ma.)/London: 1991].

Marí Klose P, del Pino E, Moreno Fuentes FJ (2016) Ingreso Mínimo Vital. A grandes males, razonables remedios. *El País,* Tribuna, https://elpais.com/elpais/2016/02/12/opinion/1455271013_829169.html

53 Como ponente del proyecto de Ley participé activamente en estas conversaciones. Es muy difícil entender el devenir del debate sin prestar atención, por un lado, a las conversaciones entre los grupos parlamentarios Socialista y de Unidas Podemos para asegurar que pudiera llegarse a la sesión de aprobación del dictamen formando un frente común, algo que se puso en riesgo en algún momento de la tramitación por profundas discrepancias sustantivas (que habían dado lugar a varias escenificaciones públicas de desacuerdo por parte de Unidas Podemos). En esas conversaciones participan también distintos equipos del Gobierno. Por otro lado, también tienen lugar distintos encuentros con los grupos de la oposición. Los ponentes del Grupo Socialista entramos en contacto con los distintos grupos parlamentarios presentes en la Comisión y participamos en varios encuentros con ellos, especialmente con los grupos más proclives a llegar a acuerdos.

Capítulo 10
RETÓRICAS POPULISTAS EN POLÍTICA CRIMINAL

José Manuel Paredes Castañón

Resumen – A pesar de que es usual calificar como "populista" cualquier discurso o propuesta político-criminal que se considere demagógica o poco fundamentada, lo cierto es que esta utilización del término es poco rigurosa. En realidad, el populismo político-criminal es un fenómeno altamente específico (y más bien infrecuente), que aparece cuando las estrategias políticas y discursos políticos populistas influyen efectivamente en el debate político-criminal. En el trabajo se examinan las características específicas del populismo en tanto que fenómeno político y, sobre esa base, se propone una definición precisa del populismo político-criminal y unos rasgos que lo identifican e individualizan. Y se examinan ejemplos concretos, procedentes de la discusión político-criminal española, en los que este fenómeno se ha manifestado, comparándolo con otras formas de punitivismo no influidas por el populismo.

1. POPULISMO PENAL: ¿CONCEPTO CRIMINOLÓGICO O ETIQUETA PROPAGANDÍSTICA?

El objetivo del presente trabajo es proponer una delimitación conceptual rigurosa del fenómeno del llamado "populismo penal" y determinar cuál es la influencia real de dicho fenómeno en la producción de políticas criminales (en particular, de reformas en el Derecho penal sustantivo) en los estados democráticos occidentales. Para ello, y con el fin de no hablar únicamente en abstracto, emplearé ejemplos recientes de la política criminal española que me parecen especialmente ilustrativos a este respecto (pero estoy seguro de que es fácil hallar ejemplos paralelos en los debates político-criminales de otros países).

En concreto, la tesis que quiero defender es que, si asumimos que es preciso hablar con propiedad cuando se describen y evalúan los fenómenos sociales (algo que me parece imprescindible para que la discusión acerca de los mismos resulte racional), entonces hay que descartar, por excesivamente vago (y, por ende, teóricamente trivial, carente de potencialidad explicativa), un uso sobreinclusivo y evaluativo (y peyorativo) de la expresión "populismo penal", en virtud del cual todo fenómeno de expansión –intensiva o extensiva– de la intervención penal sin razones suficientes que la justifiquen desde un punto de vista político-criminal y que, en cambio, se apoye en argumentos demagógicos,[1] sea calificada de "populista".[2]

Sostengo, por el contrario, que la gran mayoría de las decisiones punitivistas político-criminalmente injustificadas obedecen a causas que nada tienen que ver con el populismo, en tanto que fenómeno político con

1 Acojo la definición de demagogia que propone Patricia Roberts-Miller: la demagogia es un discurso polarizador que promete estabilidad, certeza y una huida de las responsabilidades que conlleva un discurso público deliberativo y racional, mediante el recurso a enmarcar la política pública discutida como un debate sobre en qué medida y por qué medios un grupo de "extraños" debería ser castigado y convertido en el chivo expiatorio de los problemas actuales que sufre un determinado grupo social. El debate público demagógico versa, pues, sobre tres cuestiones: la identidad de grupo social (quién pertenece al grupo, quiénes son los extraños que le amenazan), la necesidad de castigar a los extraños (generalmente enmarcada en términos de cuán malvados son) y cuál es el nivel de castigo adecuado ("merecido") a aplicarles (Roberts-Miller 2019, p. 16). Evidentemente, qué sea un discurso (político-criminal) demagógico y qué no lo sea (cuándo se cumplen, pues, estas condiciones) es una cuestión sujeta a discusión caso por caso. Y, asimismo, el carácter demagógico de un discurso admite grados, dependiendo de en qué medida se eludan las responsabilidades propias de una deliberación política racional (que debería estar centrada en identificar las verdaderas causas de los problemas sociales y la viabilidad y consecuencias de las políticas públicas: Roberts-Miller 2019, pp. 5-6) y, en cambio, se focalice la atención sobre cuestiones de culpabilidad colectiva, maldad intrínseca, estigmatización, etc. De cualquier forma, y a pesar de los casos dudosos, polémicos o ambiguos, es evidente que algunas formas de argumentación político-criminal pueden ser fundadamente calificadas sin duda alguna como demagógicas.

2 Amodio 2019, pp. 12-13; Garland 2021, p. 260. Para una ejemplo de este concepto sobreinclusivo de populismo penal, que prácticamente lo equipara a discurso político-criminal demagógico, reaccionario y punitivista, vid., por ejemplo, Wood 2014. Pero, por supuesto, los ejemplos de esta utilización (a mi entender, poco rigurosa) del concepto abundan.

características distintivas. En efecto, hoy contamos ya con una evidencia suficientemente sólida para poder afirmar con seguridad que en el origen de la inmensa mayoría de los discursos político-criminales punitivistas (y de las decisiones a que los mismos dan lugar) no está un supuesto "punitivismo popular" generalizado[3] (cuya realidad ha sido puesta en cuestión por los estudios empíricos realizados),[4] y ni siquiera un determinado estado de la opinión pública publicada en los medios de comunicación (que realmente es mucho más ambivalente de lo que en principio se pudiera presumir, y produce en la mayoría de las ocasiones antes ruido que otra cosa) (Paredes Castañón 2018). Por el contario, lo que dicha evidencia nos muestra es que el punitivismo demagógico es impulsado prácticamente siempre desde alguna posición de poder social: desde instituciones públicas, desde agencias del propio sistema penal o desde el liderazgo de movimientos sociales (empresarios morales) o de grupos de presión (Paredes Castañón 2016a, pp. 170-180). Y que, por consiguiente, ni tiene un origen popular ni, en la mayoría de las ocasiones, lo pretende (como debería, si se tratase de auténtico populismo).

Ello, no obstante, no significa que el populismo esté ausente siempre. Al contrario, sostendré también que sí que hay algunos casos (aunque pocos) en los que el fenómeno del populismo puede tener –y, de hecho, está teniendo– alguna influencia sobre la política criminal. Una influencia que se produce de un modo característico (diferente, pues, de otros casos de expansión punitivista demagógica); que en realidad no tiene por qué ser necesariamente en un sentido expansivo y punitivista;[5] y que, de todos modos, posee una eficacia causal limitada sobre el resultado de las discusiones político-criminales (y sobre las políticas criminales finalmente decididas).

3 Pratt y Miao 2019, pp. 27-28; Garland 2021, pp. 259-260. Esta fue la hipótesis explicativa original propuesta por Bottoms (1995, pp. 39-41): que el punitivismo tenía su origen en el aprovechamiento (demagógico) por parte de líderes y partidos políticos de una generalizada actitud punitivista presente en la ciudadanía.

4 En España, son esenciales a este respecto los sucesivos trabajos sobre el tema de Daniel Varona Gómez (2008a; 2008b; 2008c; 2009; 2015; 2016), todos ellos con amplias referencias a la bibliografía criminológica internacional en la materia.

5 Pratt 2008, pp. 40-41; Jones 2010, pp. 335-343; Hogg 2013, p. 115; Quitter 2014; Garland 2021, p. 259; Pérez del Valle 2021, p. 327. Es por eso por lo que prefiero hablar de "populismo penal" (siguiendo el uso anglosajón –*penal populism*– que me parece más acertado) y no de populismo punitivo o punitivista, que sería tan solo una de sus modalidades (la otra sería el populismo despenalizador, que también es posible).

En realidad, el hecho de que sea tan frecuente, en los análisis de las políticas criminales contemporáneas, emplear la etiqueta de "populismo penal" con fines solo aparentemente descriptivos, pero realmente valorativos (y despectivos), y de que se utilice además de un modo tan alegre (prácticamente equiparando populismo a demagogia), no es un defecto peculiar de penalistas y criminólogos, sino que tiene que ver con un uso semejante, evaluativo y despectivo, que se ha impuesto asimismo en el empleo del propio término "populismo" en el discurso político y mediático: si, en dicho discurso, "populismo" es todo aquello (programas, partidos, movimientos, candidatos,...) que se contrapone al modelo ideal de buena política,[6] del mismo modo, "populismo penal" sería el término –también evaluativo y despectivo– con el que descalificar todas las políticas criminales irracionales o carentes de justificación suficiente.

Ocurre, sin embargo, que esta forma de usar los términos (dirigida ante todo a producir efectos retóricos en el auditorio), que en los debates políticos puede explicarse por razones prácticas (de eficacia de la propaganda), resulta altamente problemática cuando –como aquí ocurre– de lo que se trata no es (o no solo) de criticar, sino (también) de describir, comprender, explicar y clasificar. Desde este punto de vista, en efecto, necesitamos recurrir a una definición más rigurosa y que sea puramente descriptiva (que carezca, pues, de connotaciones peyorativas) del término "populismo", que nos permita identificar ciertos fenómenos y procesos políticos como tales y diferenciarlos del resto. Es decir, necesitamos utilizar un concepto científico (politológico) de "populismo".[7]

Y otro tanto ocurre, en el ámbito de la Criminología, con el concepto de "populismo penal": tenemos que determinar si realmente existen decisiones político-criminales que estén influenciadas –en alguna medida relevante– por los fenómenos políticos populistas (en el sentido estricto de la expresión); y, si es que existen, tenemos que ser capaces de identificarlas y de explicarlas. Mi propuesta es, pues, reservar el término "populismo penal" justamente para esos casos (y buscar otras etiquetas para describir el resto de los ejemplos de punitivismo y/o de demagogia en los debates político-criminales). Esto significa: 1°) acoger también en Criminología el concepto estricto de populismo propio de la Ciencia Política; y 2°) califi-

6 Un ejemplo reciente de este uso propagandístico del término (pero hay muchísimos otros): Lassalle 2017.

7 Mudde y Rovira Kaltwasser 2019, pp. 13-14, 27-29; Moffitt 2020, pp. 1-4, 10-11.

car como "populistas" únicamente aquellos discursos político-criminales –y decisiones a que den lugar– que contengan elementos de populismo político o que vengan determinados de manera principal por ellos.[8]

El primero de los dos retos que acabo de señalar (utilizar un concepto estricto y puramente descriptivo de populismo político) implica, en suma, incorporar los notables avances que los estudios politológicos sobre el populismo han alcanzado en las últimas décadas y utilizarlos en nuestro análisis. Unos avances en conocimiento que se refieren tanto a la naturaleza profunda del populismo como fenómeno político, cuanto a su dinámica causal (sus causas, sus manifestaciones y sus efectos).

2. EL POPULISMO COMO FENÓMENO POLÍTICO ESPECÍFICO: CARACTERIZACIÓN

2.1. Ontología del populismo

Así, en el primer aspecto, son tres las propuestas existentes acerca de cuál es la naturaleza ontológica del fenómeno del populismo (Moffitt 2020, pp. 12-29):

— Una primera interpretación (restrictiva) sostiene que el fenómeno del populismo consiste fundamentalmente en una clase de discurso político: en un conjunto distintivo de contenidos semánticos, a los que se une la preferencia (nunca exclusiva) por ciertos estilos de expresión de los mismos.[9]

— Una segunda interpretación (intermedia) defiende que el populismo es algo más que una clase de discurso político: que es toda una estrategia de movilización y acción política (aunque generalmente incluya siempre también componentes de naturaleza discursiva) (Weyland 2017; Barr 2019).

— Por último, una tercera interpretación (amplia) mantiene que el populismo es algo más que un fenómeno político (en el sentido restringido del término, referido únicamente a los procesos de competición por el poder político): que es un auténtico proce-

8 En sentido similar, Hogg 2013, pp. 105, 109 ss.

9 Mudde 2017; Hawkins 2019; Mudde y Rovira Kaltwasser 2019, pp. 32-53.

so sociocultural (aunque con efectos principalmente en el campo político), de constitución y realización de una identidad colectiva por parte de un grupo social (Ostiguy 2017; Panizza 2017).

Pienso que las tres propuestas de interpretación son válidas, porque cada una de ellas hace referencia a un grupo de hechos diferentes, todos ellos necesitados de descripción y de explicación; y porque, además, todos esos fenómenos poseen un aire de familia, que hace lícito que se utilice una misma denominación para todos ellos: hay, en efecto, procesos (populistas) de construcción de identidades colectivas en torno al concepto de "pueblo"; existen estrategias políticas (populistas) que utilizan la contraposición entre pueblo y élite como herramienta de movilización; y, en fin, existen también modalidades de discursos (populistas), empleadas en el debate político (no necesariamente por movimientos, partidos o líderes populistas, sino por cualquiera), que recurren a dicha contraposición como marcador semántico principal (a veces, junto con otros). Todas estas categorías de hechos sociales son ciertamente distintas,[10] pero muchas veces se hallan interrelacionadas (en cadenas causales discurso-estrategia-identidad, y/o viceversa). Y, en todo caso, las tres se basan en un marco cultural (de cultura política) común.[11]

2.2. El populismo como marco cognitivo de la política

Porque, en todo caso, sobre lo que parece existir prácticamente un consenso total en el ámbito de la Ciencia Política es sobre que el populismo, en tanto que conjunto de fenómenos políticos (aun de distinta naturaleza ontológica), posee una dinámica causal que se caracteriza por

10 Ciertamente, no es lo mismo un ente puramente semiótico (como lo es una clase de discurso político) que uno consistente en un accionar (como lo es una clase de estrategia de acción política) o uno que combina signos con acciones (como lo es una clase de proceso social de producción de identidades).

11 Una cultura política (esto es, un determinado marco cultural acerca de la política) es un conjunto de significados socialmente compartidos, por ciertos grupos sociales, acerca de cómo hay que interpretar los elementos que forman parte del sistema político. Versa sobre cómo hay que entender el sentido general del sistema político en su conjunto; sobre cómo hay que interpretar son los procedimientos de relación de la sociedad con el sistema; sobre cómo se interpreta el modo en el sistema político gobierna la sociedad; y, en fin, sobre qué posición se piensa que un determinado individuo o grupo social ocupa dentro del mismo (Magre Ferrán y Martínez Herrera 2021, pp. 457 ss.). Estos significados ayudan a los individuos y grupos que las comparten a orientarse y a definir sus creencias y sus actitudes (sus emociones políticas y sus valoraciones) respecto del sistema político, o partes relevantes del mismo; y, por consiguiente, a orientar su comportamiento político (Magre Ferrán y Martínez Herrera 2021, pp. 449-453).

cinco rasgos principales, todos ellos derivados del hecho de compartir una misma ideología:[12]

1°) El populismo (discurso, estrategia o proceso social de autoconstitución) opera siempre dentro de regímenes políticos democráticos representativos. Y ello, porque su marco cultural resulta políticamente eficaz por aprovechar una serie de ambigüedades y de contradicciones dentro del discurso democrático (demoliberal).[13]

2°) El populismo, en todas sus manifestaciones, actúa principalmente, a través de la comunicación política, sobre los componentes culturales (esto es, simbólicos) del proceso político; es decir, sobre la cultura política. En concreto, aquellos aspectos de la cultura política sobre los que los procesos/ estrategias/discursos populistas pueden llegar a incidir son fundamentalmente tres:

— En primer lugar, sobre la actitud genérica del ciudadano hacia el régimen político: el modo y medida en que los individuos y los grupos sociales internalizan sus valores y sus reglas de juego (Magre Ferrán y Martínez Herrera 2021, pp. 458-460).
— En segundo lugar, sobre la actitud genérica del ciudadano hacia la comunidad política: el modo y medida en que cada individuo y

12 Empleo aquí el término en un sentido puramente descriptivo: una ideología es un sistema de creencias que es socialmente compartido (por un grupo social más o menos amplio), que incorpora pretensiones de verdad y de validez universal (para todo grupo o individuo) y que condiciona las actitudes valorativas hacia el resto de la sociedad de quienes las internalizan, porque condicionan la forma que adopta su cognición social (Van Dijk 1999, pp. 35-89). Las ideologías versan, pues, sobre identidad (de los creyentes y del resto, y de la sociedad en su conjunto), sobre la selección de aquellos hechos que han de ser vistos como problemas sociales, sobre cómo deberían ser interpretados y sobre qué valores deberían guiar las acciones (sociales) que se podrían y se deberían acometer para afrontarlos (Van Dijk 1999, pp. 90-99).

13 Kelly 2017; Ochoa Espejo 2017, pp. 608-611. A saber: la contraposición entre una hipostasiada "voluntad general" que en principio propugna la teoría de la soberanía y la realidad sociológica de las voluntades particulares de las mayorías electorales y parlamentarias en las que en la práctica aquella se concreta (Mudde y Rovira Kaltwasser 2019, pp. 47-51, 157-158); las contradicciones a las que aboca el doble papel de los agentes políticos (movimientos, partidos, líderes), que en muchas ocasiones ejercen al mismo tiempo un papel de representación y un papel de gobierno, no siempre fáciles de compatibilizar (Mudde y Rovira Kaltwasser 2019, p. 163-166; Urbinati 2019, pp. 93-95); las tensiones (inherentes a una democracia representativa) entre el elitismo en la toma de decisiones y la participación ciudadana (Vallespín y Bascuñán 2017, pp. 127-141; Diehl 2019, pp. 131-134, 136; Mudde y Rovira Kaltwasser 2019, pp. 167-168; Urbinati 2019, pp. 84-93; Moffitt 2020, pp. 100-105); y, por último, la inevitable tensión entre decisión mayoritaria y derechos de las minorías (Mudde y Rovira Kaltwasser 2019, p. 139).

grupo social se identifica como parte de la misma (Magre Ferrán y Martínez Herrera 2021, pp. 460-461).

— Y, en tercer lugar, sobre la legitimidad percibida del régimen político: el modo y medida en que cada individuo y grupo social perciben la existencia o inexistencia de razones para obedecer las decisiones procedentes de este (Magre Ferrán y Martínez Herrera 2021, pp. 471).

En estos tres aspectos, el populismo se caracteriza por extremar, gracias al uso de una retórica melodramática,[14] la representación de las oposiciones binarias que es usual en las actuaciones de quienes participan en la escenificación del proceso político (Alexander 2010, pp. 10-12). Los guiones de sus representaciones[15] son, pues, siempre enardecedores.[16] Pudiendo, cuando tienen éxito (por resultar creíbles para el público: la ciudadanía, o una parte relevante de ella),[17] producir cambios significativos en las creen-

14 «El melodrama se define por: 1) una acción intensa en los episodios violentos (...); 2) una diégesis fuertemente estructurada por un sencillo dualismo: el inocente oprimido o una fuerza del mal opresora (...); 3) una intriga con grandes giros (...); 4) un modo de expresión deliberadamente enfático e incluso grandilocuente» (Souriau 1998, p. 779).

15 Estoy siguiendo aquí la teoría de Jeffrey Alexander que sostiene que las acciones sociales que pretendan producir un efecto colectivo, por más que en el fondo estén orientadas estratégicamente, han de aparecer necesariamente representadas como ritos que apelen al imaginario colectivo, para resultar creíbles y poder producir el efecto perseguido (Alexander 2017, pp. 61 ss.). Ello es particularmente evidente cuando lo que se persigue es el poder político (Alexander 2017, pp. 145 ss.). Y no hay que olvidar que, en última instancia, el populismo obedece siempre a esta lógica de poder político: cuestiona a las élites, e incluso el régimen político mismo, pero su alternativa es siempre el predominio sobre el régimen de una facción («por facción me refiero a un grupo de ciudadanos (...) que actúan de consuno movidos por un impulso común de pasión común o interés contrarios a los derechos de otros ciudadanos, o a los intereses permanentes y agregados de la entera comunidad»: Madison 2015, p. 137) sobre el régimen y sobre la comunidad política (Urbinati 2019, pp. 80-81).

16 En el sentido de utilizar una retórica que se aleja intencionadamente de las convenciones acerca del lenguaje político considerado "decoroso" (Waisbord 2019, p. 224).

17 En este sentido, es interesante el análisis de Alexander (2021, pp. 3-4): contra lo que mantiene cierta teoría política elitista, los fenómenos de populismo político no tienen éxito por su simplismo o por su retórica, sino únicamente en la medida en que, dadas las circunstancias sociopolíticas en las que operan, sean capaces de afectar al funcionamiento las instituciones sociales de comunicación (medios de comunicación, asociaciones cívicas, movimientos sociales, opinión pública, grupos de presión, etc.) o de regulación (administración pública, partidos políticos, régimen jurídico de las interacciones privadas, etc.); y, de este modo, sean capaces de restringir la autonomía de la esfera cívica (aquella parte de la interacción social que se conecta más directamente con el sistema político: Alexander 2018, pp. 101 ss.), afectando así a la vitalidad del proceso político democrático. En otro caso, los fenómenos populistas operan bien como cualquier operación política ordinaria (de manipulación de las biparticiones

cias y en las actitudes (emociones y valoraciones) hacia el régimen político y su legitimidad, y/o en su grado de identificación con la comunidad política de pertenencia.

3º) La ideología del populismo es una ideología "delgada": nunca aparece de manera aislada, sino que siempre lo hace como una forma de presentar alguna otra ideología o programa político (Mudde y Rovira Kaltwasser 2019, pp. 82-83), que puede ser derechista, centrista, izquierdista y/o nacionalista.[18] Porque, en realidad, lo que el populismo aporta a un movimiento político no es tanto un programa cuanto una propuesta de identidad política:[19] el populismo dice representar al pueblo (concepto al que proporciona una definición no factual, sino puramente estipulativa);[20] y dice hacerlo para defenderle frente a una élite (Mudde y Rovira Kaltwasser 2019, pp. 41-47) y/o frente a otros agentes políticos extraños al pueblo.[21] Y, además, esta contraposición entre pueblo y élite no es, desde luego, simplemente sociológica, ni tampoco meramente política, sino que se pretende que es también una dicotomía de naturaleza moral(ista): entre una parte moralmente sana de la sociedad (el pueblo), que vela por el bien común, y otra moralmente corrupta (la élite), que finge velar por dicho bien, cuando en realidad persigue intereses egoístas y ajenos.[22]

En definitiva, el populismo político produce –o, al menos, intenta producir– un marco cognitivo, a través del cual (de las identidades políticas que este asigna: pueblo/élite, buenos representantes del pueblo/falsos re-

---

binarias de significados, algo que todos los agentes políticos hacen), o bien, en algunos casos, como una estrategia de introducción de nuevas temas, nuevas significaciones o nuevos actores en la esfera cívica. En este último supuesto pueden tener incluso un efecto reparador sobre el funcionamiento de dicho proceso, al permitir una reconexión entre la esfera cívica y el sistema político (Mudde y Rovira Kaltwasser 2019, pp. 160-161; Morgan 2021, pp. 33-37).

18 Vallespín y Bascuñán 2017, p. 69; Mudde y Rovira Kaltwasser 2019, pp. 54-55; Moffitt 2020, pp. 30 ss.

19 Panizza 2017, pp. 409-411; Vallespín y Bascuñán 2017, pp. 75-79.

20 Bourdieu 2014, pp. 23; Vallespín y Bascuñán 2017, pp. 73-74; Mudde y Rovira Kaltwasser 2019, pp. 38-41. Para realizar esa definición estipulativa se lleva a cabo siempre una operación retórica: una sinécdoque, etiquetando como "pueblo" únicamente a una parte de quienes desde el punto de vista sociológico lo componen; a aquella que, según el imaginario populista, reúne las características prototípicas de lo que es o debería ser la identidad popular (Taggart 2000, pp. 95-98).

21 Vallespín y Bascuñán (2017, p. 69) señalan que la constitución de la idea de "pueblo" del populismo conlleva dos actos diferentes de exclusión: hacia arriba (élite) y hacia fuera (extraños). Aunque, evidentemente, distintos movimientos políticos populistas (más o menos vinculados a ideologías derechistas, izquierdistas o nacionalistas) marcan dichos límites de modo diferente.

22 Mudde 2017, pp. 29-30; Hawkins 2019, p. 60.

presentantes del pueblo) sean observados e interpretados tanto la esfera cívica de la sociedad como el sistema político; promoviendo de este modo la movilización en la una y en el otro.[23]

4ª) Aunque el discurso populista aparenta siempre estar poniendo en cuestión el modo en el que funciona el sistema político (y aunque, sin duda, en algunas ocasiones puede que apunte certeramente a auténticos defectos), el impulso político populista no conlleva realmente su transformación, puesto que, en última instancia, la solución populista no es en ningún caso más participación popular o una democracia más deliberativa, sino únicamente una representación (pretendidamente) mejor: cambiar a los "falsos representantes del pueblo" por los "auténticos".[24] Por ello, en contra de lo que el discurso populista afirma, los movimientos, partidos, candidatos o programas populistas no son necesariamente manifestaciones de una profundización en la calidad democrática del régimen, ni tienen por qué representar mejor al conjunto de los electores que otros movimientos, partidos, candidatos o programas. No son, pues, de ninguna manera una manifestación de la "democracia en acción" (al menos, no más que cualquier otro fenómeno de movilización política). Por lo que, en la práctica, el marco populista no es más que un arma (ideológica) para la competición electoral, orientada específicamente a producir una movilización que optimice, de manera selectiva, el nivel de participación de ciertos electores y el nivel de representación de determinados partidos, candidatos y programas.[25]

5ª) En realidad, dentro de un régimen político que sea democrático y representativo, el marco cognitivo que el populismo pretende crear constituye un recurso que está disponible para su eventual utilización por parte de cualquier agente político (movimiento, programa, partido, candidato).[26]

---

23 Aslanidis 2017, pp. 309-311. Sobre el papel de los marcos cognitivos en la interpretación de la realidad sociopolítica, vid. Lakoff 2008, pp. 73-85.

24 Bourdieu 1988, pp. 155-156; Kazin 1998, p. 2; Villacañas 2017, pp. 81 ss.; Urbinati 2019, p. 80; Canfora y Zagrebelsky 2020, p. 99.

25 Aslanidis 2017, pp. 307-309; Weyland 2017, pp. 55-61; Barr 2019, pp. 47-49; Mudde y Rovira Kaltwasser 2019, pp. 84 ss.; Moffitt 2020, pp. 101-105. La participación y la representación son algunas de las funciones que la competición electoral cumple, aunque no son las únicas (Torrens 2021, pp. 478-481).

26 Aslanidis 2017, p. 311, señala que en realidad dicho recurso opera, para los agentes políticos, como un auténtico bien público: accesible para todos y cuya utilización por parte de uno no impide que otros también lo utilicen. Y ello, porque –como más arriba se indicó– el marco populista es producido sobre la base de las ambigüedades y contradicciones existentes dentro del discurso demoliberal, por lo que cualquier agente político dentro de un régimen de

Más exactamente: lo están tanto los discursos populistas como sus estrategias de movilización política.[27] Por ello, tanto los movimientos sociales como los partidos (y, en este último caso, tanto los partidos abiertamente populistas como los que no se reconocen como tales) pueden recurrir –de manera ocasional o con frecuencia[28]– a discursos populistas o a sus estrategias de movilización.[29]

Esto, sin embargo, no quiere decir que dicha utilización vaya a ocurrir siempre. Por el contrario, para que ello suceda, es preciso que se den al menos dos condiciones: primero, unas circunstancias sociopolíticas que favorezcan una aceptación (más o menos) generalizada del marco cognitivo populista;[30] y luego, tiene que existir además algún agente político que disponga de los recursos suficientes como para poder lanzarse a aprovechar la estructura de oportunidad,[31] de aprovechamiento electoral y partidista, que la movilización social populista crea.[32]

---

esta naturaleza puede, al menos en principio, intentar explotarlo para sus propios propósitos, de volverse políticamente más competitivo (Panizza 2017, p. 407).

27 En cambio, no es tan claro que lo esté siempre el proceso populista de constitución de identidades colectivas. Pues, como han señalado las más certeras críticas a la teoría (normativa) populista que propugna que dicho proceso es el fundamento imprescindible para que sea posible desarrollar luego una estrategia (populista) de movilización política (teoría cuyos representantes paradigmáticos son Ernesto Laclau y Chantal Mouffe: vid. Laclau y Mouffe 2004, pp. 142 ss.; Laclau 2005a, pp. 91 ss.; Errejón y Mouffe 2015; Mouffe 2018, pp. 81 ss.), la lógica de la aglomeración, a través de medios discursivos, de demandas diversas de diferentes grupos sociales tiene un límite: cuando existe una distancia social excesiva entre grupos, y cuando la sociedad está muy fragmentada (por razones de clase, etnia, género, cultura, etc.), entonces parece harto improbable que todos los grupos lleguen a (auto-)identificarse como uno solo, como "pueblo" (Moreno Pestaña 2015).

28 El concepto de "populismo" es un concepto ordinal, no nominal: se puede ser, así, más o menos populista, según se recurra más o menos a su marco cognitivo (Ostiguy 2019, p. 89).

29 Aslanidis 2017, pp. 312-313. Como apunta Laclau (2005b, pp. 39-43), el marco cognitivo populista tiene una naturaleza "flotante", lo que tiene dos consecuencias. De una parte, ello lo pone a disposición de cualquier agente político que quiera y pueda utilizarlo. De otra, en cualquier momento puede ser cuestionado y modificado, e incluso subvertido: así, por ejemplo, cambiando la ideología política densa a la que aparece vinculado (ej.: populismo de derechas que aprovecha un marco populista surgido en la izquierda, o viceversa).

30 Al respecto, vid. Hawkins 2010, pp. 86 ss.; Vallespín y Bascuñán 2017, pp. 89 ss.; Mudde y Rovira Kaltwasser 2019, pp. 162-168.

31 Hawkins 2010, p. 163; Aslanidis 2017, p. 312.

32 La movilización política, en efecto, tiene, cuando es exitosa, el resultado de constituir una identidad política propia para un sector del electorado (favoreciendo así la participación de sus integrantes y, por lo tanto, la representación): Disch 2021, pp. 22-32.

3. EL POPULISMO PENAL COMO FENÓMENO POLÍTICO-CRIMINAL ESPECÍFICO: CARACTERIZACIÓN

3.1. La concepción populista de la política criminal

De acuerdo con lo que señalé más arriba, creo que hay buenas razones para elaborar, en Criminología, un concepto estricto de populismo penal, que se apoye en el conocimiento (politológico) que acabo de exponer acerca de las características del populismo como fenómeno político, y que reserve el calificativo únicamente para aquellos movimientos, programas, discursos y políticas penales que tengan algún vínculo causal con dicho fenómeno. Y ello, porque, por un lado, la gran mayoría de las tendencias punitivistas existentes nada tienen que ver con el fenómeno del populismo. Y porque, por otro, pienso –e intentaré demostrarlo en lo que sigue– que los casos de punitivismo populista poseen características específicas, que conviene identificar, a efectos tanto analíticos (de comprensión) como prácticos (de crítica).

En efecto, es cierto, por una parte, que las tendencias punitivistas que están influidas por el populismo tienen en común con el resto de manifestaciones contemporáneas del punitivismo el hecho de tener su origen en agentes políticos (aquí: político-criminales) muy determinados:[33] al igual que del resto del punitivismo, no puede afirmarse seriamente que sea una manifestación de la "democracia en acción", esto es, que sea un reflejo fiel de las creencias generalizadas entre los integrantes del pueblo soberano, sino que, por el contrario, tiene autores y causas (micro-sociales) bien determinadas, que no tienen que ver necesariamente con lo que la mayoría de los electores piensan (que, en sí mismo, es siempre ambiguo, complejo,

33 Por supuesto, lo que comparte el punitivismo populista con el resto de las corrientes punitivistas contemporáneas, y lo que hace que la una y las otras presenten rasgos comunes en cuanto a su origen, es el hecho de estar operando todas ellas en el marco de sistemas políticos democráticos que son crecientemente pluralistas y en los que, además, la opinión pública posee un peso también creciente (eso que en otro lugar he calificado como *democracias de masas*: Paredes Castañón 2018). En estas condiciones, existe necesariamente una pluralidad de agentes políticos compitiendo por la atención y por el apoyo de la opinión pública y del electorado (una opinión pública y un electorado que están profundamente fragmentados, y que crecientemente se reconocen como tales: Dahl 1974, pp. 33-36). Y, también necesariamente, cada uno de ellos pretende estar proponiendo y propugnando el bien común, presentándolo en todo caso como si este fuese algo objetivamente cognoscible (Dahl 1992, pp. 348-359).

contradictorio), sino con lo que se hace pasar por tal (Paredes Castañón 2016a, p. 178).

Con todo, sin embargo, lo que el populismo aporta –en algunos casos, contados– al punitivismo es, como ya vimos, un determinado marco cognitivo (político), a través del cual comprender los fenómenos de desviación social que son identificados como problemas de seguridad[34] y mediante el que formular propuestas de políticas públicas para afrontar tales problemas (marco que, en cambio, no existe en el caso de la mayor parte de las iniciativas punitivistas). Este marco tiende a presentar los problemas de seguridad y las soluciones político-criminales a los mismos de un modo característico, conforme al siguiente esquema:

1°) Los problemas de seguridad tendrían su origen en una combinación perversa entre:

   a) Un comportamiento socialmente inadecuado por parte de individuos pertenecientes a grupos sociales extraños a la comunidad (al "pueblo"). Dicha extrañeza puede proceder bien de su procedencia objetivamente extraña (ej.: el delincuente extranjero), o bien de su actitud subjetivamente (intencionadamente) refractaria a los valores "propios"; esto es, dominantes (por ejemplo, el delincuente machista)[35].

   b) Un comportamiento objetivamente negligente por parte de la "élite" gobernante (incluyendo aquí, claro está, las agencias del sistema penal: policía, fiscalía, judicatura) que, bien por pura desidia o bien intencionadamente (pero, en todo caso, manifestando con ello su incapacidad para gobernar),

---

34 Garland 2021, p. 259. Como advertí en Paredes Castañón (2016a, pp. 162-164), las políticas criminales son políticas públicas (o propuestas de tales) pensadas para afrontar realidades sociales que previamente han tenido que ser identificadas, seleccionadas y construidas como problemas de seguridad, a través de procesos socioculturales de etiquetamiento que, en términos generales (y salvo raras excepciones) no son puestos en cuestión en el debate político.

35 Pratt 2007, pp. 22-23; Cigüela Sola 2020, pp. 11-12, 21-23. Como señala certeramente Garland (2021, p. 260), no es cierto –contra lo que en ocasiones se pretende– que el populismo penal aparezca siempre vinculado a ideologías políticas derechistas. Por el contrario, y puesto que –como más arriba se indicó– el marco cognitivo populista es siempre un modo de presentación de una ideología política densa (que puede ser cualquiera: izquierdista, derechista, centrista, nacionalista,...), dependiendo de cuál sea esta, diferentes serán las categorías de desviaciones sociales a las que se moteje de "extraños a la comunidad popular": puede tratarse de inmigrantes (populismo de derechas), de políticos y funcionarios corruptos (populismo de centro), de empresarios desaprensivos (populismo de izquierdas)...

no adopta las medidas "necesarias" para reprimir eficazmente aquellas conductas socialmente inadecuadas.[36]

2°) Ante esta situación, la respuesta político-criminalmente adecuada pasaría por "escuchar al pueblo". Lo que, en la práctica, básicamente significa:

a) Atribuir la "adecuada" centralidad al problema de seguridad:[37] dentro del marco cognitivo del populismo penal, un problema de seguridad (al menos, aquellos problemas de seguridad suficientemente relevantes para la sensibilidad populista) no debe ser visto tan solo en términos sociológicos objetivos (como un obstáculo en el curso de la interacción social), sino que conlleva siempre además un elemento político, de "desafío al pueblo", a sus valores y normas, tanto por parte de los infractores como por parte de las autoridades que no pueden o quieren responder adecuadamente a su desafío.[38]

b) (Auto-)atribuir(se) al poder punitivo del Estado (por supuesto, bajo la condición de que se halle "en buenas manos": en las de los "auténticos representantes del pueblo") plena capacidad para controlar cualquier modalidad de desviación social que pueda identificarse (Pratt 2007, p. 14). Es decir, reafirmar (contra toda evidencia) el mito de la capacidad del

36 Pratt 2007, pp. 12-13, 16, 19, 21-22; Hogg 2013, p. 115; Loader y Sparks 2017, pp. 102-103; Garland 2021, p. 258.

37 Pratt 2007, pp. 24-28; Hogg 2013, p. 115; Loader y Sparks 2017, p. 102.

38 Pratt 2007, pp. 16, 18-19; Loader y Sparks 2017, pp. 103-104; Cigüela Sola 2020, pp. 8-10. En este sentido, las iniciativas punitivistas populistas son los supuestos que, en nuestro entorno sociopolítico (tan diferente), más se aproximan al modelo de "gobierno a través del delito" que se ha descrito para el caso de los Estados Unidos (Simon 2011) y que en otro lugar yo he criticado como explicación (funcionalista) generalizada del fenómeno del punitivismo (Paredes Castañón 2016a, pp. 157-162). Pues, en efecto, en dichas iniciativas el objetivo de obtener un impacto político (impacto –como vimos más arriba– sobre las identidades políticas de los ciudadanos y, a través de ellas, sobre su actitud hacia la comunidad política y hacia el sistema político, la legitimidad del mismo y la de sus actores) suele ser prioritario respecto del obtener resultados político-criminales. No obstante, en nuestra realidad sociopolítica tales iniciativas son tan solo infrecuentes acontecimientos aislados, por lo que su efecto político es siempre limitado (aunque no inexistente). Cfr., sin embargo, Pratt y Miao 2017, pp. 52, 56-59; Pratt y Miao 2019, pp. 17-19, 30 ss.; Penna 2019, pp. 3-4, quienes sostienen que en realidad el populismo penal no fue sino una avanzadilla, un precursor, de lo que luego se generalizaría como proliferación de las tendencias políticas populistas en todos los estados democráticos contemporáneos. A mi entender, en cambio, la conexión resulta mucho más dudosa (quizá porque mi concepto de populismo penal sea mucho más estricto), y en todo caso harto infrecuente.

Estado soberano para, a través de la justicia penal, controlar por completo la criminalidad.[39]

c) Transferir el poder de decisión, desde los expertos tradicionalmente a cargo de las cuestiones político-criminales (juristas, criminólogos y funcionarios adscritos a –o de alguna otra manera vinculados con– las agencias del sistema penal: policía, fiscalía, poder judicial, ministerios y departamentos comunitarios competentes por razón de la materia...) a los "expertos" (que pueden serlo o no realmente) afines a la sensibilidad populista: asesores de los partidos, representantes de organizaciones sociales afines a estos, etc.[40]

d) Justificar las decisiones político-criminales que se adopten principalmente a través de argumentos puramente políticos, de legitimidad política (en vez de con argumentos político-criminalmente plausibles).[41] Hablar de la legitimidad de una decisión política significa referirse a las razones morales

39 Vid. Garland 2005, pp. 185-190.

40 Garland 2005, pp. 48-50. Por lo que hace al papel de los expertos en la elaboración de las políticas criminales, cabe establecer la siguiente gradación:

a) Una política criminal que se pretenda perfectamente racional y moderada, tenderá a recurrir (más) a expertos independientes, para que aporten el mayor nivel de racionalidad instrumental posible a la legislación y a los criterios para aplicarla (Paredes Castañón 2016a, pp. 191-196).

b) Una política criminal punitivista (esto es: injustificadamente punitiva) tenderá, en cambio, a desplazar a cualquier tipo de experto independiente (que podría poner en cuestión la racionalidad de sus contenidos) y a sustituirlo por expertos que sean dependientes o que resulten afines a los promotores de la intensificación punitiva (Paredes Castañón 2016a, pp. 178-179): organismos burocráticos, agencias del sistema penal o, más raramente, empresarios morales o grupos de presión. Por ejemplo: el Gobierno español de derechas que impulsó la reforma del Código Penal de 2015 se cuidó muy mucho de excluir cualquier participación de expertos independientes en la elaboración de su propuesta, creando una comisión prácticamente secreta para llevar a cabo el trabajo. (En otras ocasiones, la solución adoptada ha sido recurrir a expertos independientes, pero fijando a su labor unos términos de referencia tan restrictivos que impidiesen cualquier ejercicio efectivo de su independencia).

c) A este respecto, lo característico del populismo penal es extremar este desplazamiento: ya no solo de los expertos independientes, sino incluso de los expertos vinculados a agencias del sistema penal y a organismos burocráticos; todo ello, en beneficio de expertos –auténticos o pretendidos– vinculados a la sensibilidad populista que se pretende promover y plasmar.

41 Obviamente, esta afirmación solo se entiende si, como en otro lugar he argumentado en detalle (Paredes Castañón 2013, pp. 33 ss.), se mantiene que, incluso en un régimen político democrático, la existencia de una mayoría política (electoral, parlamentaria y/o de la opinión pública) que respalde la decisión político-criminal es una condición necesaria, sí, pero no suficiente, para que la misma esté justificada desde un punto de vista racional (tanto de la raciona-

(no, pues, meramente instrumentales) que se pretende que justifican la obediencia a dicha decisión (y el consentimiento a las actuaciones que se derivan de la misma) (Magre Ferrán y Martínez Herrera 2021, pp. 470-471). Y la legitimidad pretendida es de naturaleza política si las razones morales alegadas tienen que ver con la autoridad de quien dicta la decisión o realiza la acción[42] y si, además, dicha autoridad se apoya en razones políticas: esto es, en la identidad del sujeto que reclama obediencia a sus decisiones, por sus vínculos con la fuente de la soberanía (legitimidad política de origen);[43] y/o en la justificación moral de los objetivos que dicho sujeto persigue en su actuación y de los medios que emplea para lograrlos (legitimidad política de ejercicio).[44]

e) Prescindir prácticamente de la evaluación de los efectos causales reales de las decisiones político-criminales. Desde el punto de vista del marco populista, lo (más) relevante de estas decisiones es su efecto político inmediato sobre (la identidad de) el pueblo: es decir (como vimos antes), sobre la actitud de los ciudadanos hacia el régimen político y su legitimidad, así como hacia la identidad de la comunidad política. En cambio, los efectos directos sobre el sistema penal (sobre los infractores, sobre las víctimas, sobre las agencias del sistema penal y los operadores jurídicos, sobre la relación del público en general con aquel y con estos) resultan en principio negligibles (o, cuando menos, secundarios). Existe aquí una nueva diferencia importante con el resto de manifestaciones de punitivismo (no populista), puesto que en ellos los efectos sobre el sistema penal sí que suelen cobrar alguna importancia (a veces, decisiva).

Un ejemplo evidente de ello es la introducción de la pena de prisión permanente revisable en nuestro ordenamiento: desde julio de 2015 hasta

---

lidad moral como de la racionalidad instrumental). Y que, además, alcanzar dicha justificación racional es también un deber del legislador democrático.

42 Es decir, con el reconocimiento de su derecho a controlar los comportamientos ajenos: Rodríguez Martínez 1998, pp. 48-49.

43 Vid. Beaud 2001, pp. 742-744.

44 En efecto, como señalan Alegre Zahonero y Serrano García (2020, pp. 15-17), en el pensamiento político de la modernidad (a diferencia de lo que ocurría en el medieval) la posibilidad de justificar las actuaciones de la autoridad política en virtud de la racionalidad de las mismas constituye una fuente esencial de legitimidad política.

> septiembre de 2021 se había aplicado veinticuatro veces.[45] Lo que constituía aproximadamente el 0,04 % de los penados cumpliendo pena en prisión en España en ese momento. Sin duda, no parece que el problema político-criminal fuese verdaderamente relevante en términos cuantitativos, ni que la pena se esté aplicando de manera frecuente…

Este hecho diferencial tiene la consecuencia de que no sea raro que las decisiones político-criminales (punitivistas) con un origen populista produzcan, de hecho, un efecto extremadamente limitado sobre las prácticas reales del sistema penal, apenas alterándolas muy ligeramente, pese a la ostentosa gesticulación con la que (con fines políticos: de ejercitar –y, así, reforzar y transformar– una identidad política) han sido adoptadas.[46]

3.2. El discurso político-criminal populista

Como he indicado, la forma de argumentar decisiones político-criminales que es característica de las iniciativas punitivistas de raigambre populista no solo tiende –como todas las iniciativas punitivistas– a prescindir de argumentos político-criminalmente plausibles (acerca del bien jurídico protegido, de la subsidiariedad, del merecimiento y de la necesidad de pena, de la eficacia, de la eficiencia, etc.). Su rasgo específico adicional es, precisamente, otorgar una preferencia casi absoluta en su argumentación a los argumentos puramente políticos, de legitimidad política. Y, en concreto, a los argumentos atinentes a la (pretendida) legitimidad política de origen de la iniciativa punitivista. Dejando muy en segundo plano incluso –lo veremos a continuación– la cuestión de la legitimidad de ejercicio.

Así, el argumento populista prototípico en política criminal es el argumento de autoridad "*Vox populi, vox Dei*".[47] Eso sí, siempre partiendo de su

45 «Prisión permanente revisable: seis años y una veintena de condenas», *El País* 29/9/2021 (https://elpais.com/espana/2021-09-29/prision-permanente-revisable-seis-anos-y-24-condenas.html).

46 Garland 2021, p. 266. Como ya expuse en Paredes Castañón (2016a, pp. 173-174), no es inusual que, precisamente debido a los déficits de racionalidad del proceso de toma de decisiones, en muchas iniciativas punitivistas se produzca esta discontinuidad entre los aspectos simbólicos y los operativos de la política criminal. En este sentido, las iniciativas con un origen populista no serían sino un caso extremo (a causa de la habitual desatención del populismo hacia la cuestión de eficacia y eficiencia de las políticas públicas: Hawkins 2010, p. 7) de este fenómeno.

47 Pratt 2007, p. 16; Garland 2021, p. 258. El argumento (político) es antiquísimo: se suele remontar a formulaciones que aparecen ya en Homero y en Hesíodo y que, dentro de la cul-

peculiar definición de qué es el "pueblo" (que, como vimos, excluye del mismo tanto a quienes son considerados "élite" como a quienes son reputados "extraños" y tiende a tomar a una determinada parte de la población como la única verdaderamente representativa y políticamente relevante: Garland 2021, pp. 260-61). De este modo, el argumento tiende a la circularidad (y, por ende, a lo falaz): es político-criminalmente deseable todo aquello que el pueblo quiere; pero, en realidad, el pueblo, en el sentido más puro (y excluyente) del término, tan solo estaría formado justamente por aquellos individuos y grupos sociales que quieren lo que el movimiento populista dice que deberían querer (Garland 2021, p. 61). El resto (los disidentes del "sano sentir popular")[48] son reputados bien extraños (que no pueden querer lo mismo que el pueblo, porque no comparten sus valores) o bien corruptos (porque, al formar parte de la élite, han abandonado los valores populares).[49]

A veces, a los argumentos de legitimidad de origen se añaden (siempre, no obstante, con una relevancia menor) argumentos referidos a la

tura grecolatina clásica, fue convertido por Marco Anneo Séneca (Séneca el Viejo 2005, p. 101) en un tópico retórico, luego reiteradamente citado a lo largo de los siglos. Pero, obviamente, en la contemporaneidad su fuerza de convicción experimenta, merced a la democratización de los regímenes políticos y al triunfo de la ideología de la soberanía popular, una enorme revigorización.

48 Empleo intencionadamente esta expresión, porque creo que, en la práctica (y a pesar de la profesión de fe antiesencialista de algunos de sus máximos teóricos: vid. Laclau 2005a, pp. 92-97), el populismo –también el populismo penal– utiliza prácticamente siempre un concepto romantizado, idealista y comunitarista de "pueblo", propio de cierto pensamiento antiliberal (aunque, por supuesto, los criterios de identidad –y exclusión– de ese "pueblo" varíen mucho, según la ideología política a la que el marco populista aparezca vinculado en cada caso): vid. Marxen 1975, pp. 60-64.

49 Son evidentes las objeciones que pueden hacerse a la teoría política anti-individualista y comunitarista que subyace a esta forma de argumentar acerca de la "voluntad popular" (y que hay que añadir a las ya señaladas que suscita de suyo cualquier intento de justificar decisiones político-criminales en términos puramente voluntaristas): 1ª) se funda en una concepción romántica (y ahistórica) de "comunidad popular", cuestionable desde el punto de vista sociológico y muy peligrosa en términos políticos (no en vano esta concepción se halla en la base de las filosofías políticas contemporáneas más reaccionarias); 2ª) toma la parte por el todo, atendiendo exclusivamente a las opiniones de parte de la población e ignorando al resto; 3ª) desde el punto de vista comunicativo, confunde la prominencia de una opinión con el grado de aceptación efectiva de la misma entre la población; 4ª) prescinde del problema del poder social (que hace que las opiniones más extendidas o consideradas "de sentido común" sean, muchas veces, simplemente las que gozan de un apoyo mayor en grupos sociales poderosos, capaces de volverlas hegemónicas; y 5ª) debido a todo ello, es una forma de pensar la sociedad y el Estado que resulta potencialmente excluyente de opiniones y de movimientos sociales minoritarios o minorizados.

legitimidad de ejercicio. Cuando ello ocurre, suelen adoptar una de estas dos formas, o las dos:

1ª) Argumentos político-criminales "de sentido común" (pero no convincentes):[50] argumentos pretendidamente específicos acerca del problema político-criminal en discusión, pero que apenas resultan convincentes desde un punto de vista racionalmente riguroso (de la teoría de la justificación de las leyes penales). Argumentos que, sin embargo, condicen bien con creencias socialmente dominantes (al menos, entre el público del discurso populista), lo que los dota de un aura de plausibilidad[51]. La "razón pública populista" renuncia así a concebir, y a diseñar, el Derecho como una forma racional de praxis política (que implica necesariamente un ejercicio de actividad cognoscitiva),[52] conformándose con su configuración conforme a (lo que se interpreta como) la "voluntad del pueblo" y a su "sentido común" (esto es, al sistema cultural de interpretación de la realidad social que es dominante en un momento dado y que, por ello, se pretende que ninguna persona razonable debería ser capaz de ponerlo en cuestión: Geertz 1994).

Véase, por ejemplo, la siguiente comparación entre el "círculo vicioso del buenismo correccionalista" y el círculo virtuoso de las penas justas, retributivas, contundentes y eficaces, que propuso el Partido Popular, como argumento en favor de la necesidad de introducir la pena de prisión permanente revisable (PPR):

50 Pratt 2007, pp. 17-18; Cigüela Sola 2020, pp. 12-13; Garland 2021, p. 258.

51 Beneficiándose así del prestigio que el sentido común ha adquirido en las democracias contemporáneas, convertido en fuente autónoma de justificación y de razonabilidad política: Rosenfeld 2011, pp. 230-231, 237-238, 244 ss.

52 Donini 2019, pp. 51-52. Como señala Rosanvallon (2007, pp. 259-263), el marco populista puede ser visto como una versión extrema de la desconfianza contemporánea frente al poder y de la obsesión ciudadana por controlar, evaluar y juzgar el funcionamiento del sistema político.

Figura 1.
Círculo vicioso del buenismo vs. círculo virtuoso de la PPR[53]

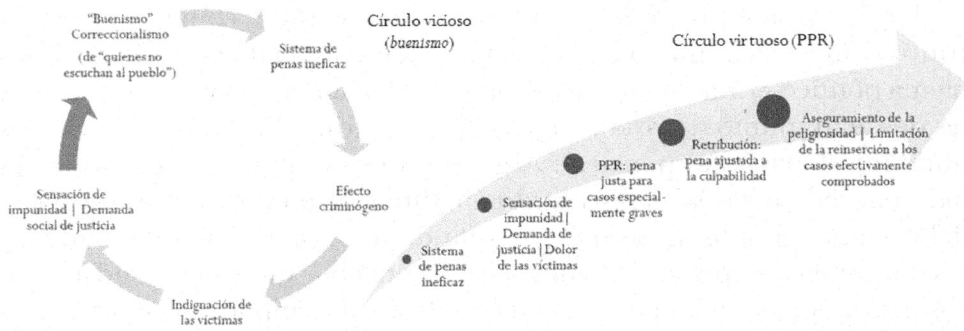

Obviamente, el discurso no es defendible en términos racionales, a la luz del conocimiento criminológico disponible (acerca del efecto preventivo de las penas). Pero, sin embargo, presentado como un argumento de sentido común, sin duda resulta retóricamente –y, por ende, políticamente– eficaz de cara a una opinión pública no especialmente bien informada y que, en cambio, tiende a desconfiar de los expertos.

2°) Argumentos genéricos acerca de la confianza que merece el sistema político (o una parte del mismo: el movimiento populista). En este caso, realmente se sustituye el argumento de legitimidad por otro de confianza (Magre Ferrán y Martínez Herrera 2021, pp. 471-472), y no se habla acerca del problema político-criminal o sobre su solución, sino que lo que se comunica es un mensaje de confianza (ciega): puesto que el sistema político (o el movimiento populista) funciona siempre bien a la hora de representar las inquietudes, necesidades y deseos del pueblo, esta vez también lo hará; no hace falta, pues, entrar a discutir la sustancia de la propuesta político-criminal, basta con confiar en la buena intención de los representantes (populistas) y en la autenticidad de la representación que ostentan.

> Dado que estoy en esta tribuna, permítanme reconocer entonces a las que antes que yo han peleado contra la hipocresía, la desigualdad jurídica, la violencia institucional y social, y la doble moral sexual, que siempre ha imperado en este país y contra las que las feministas hemos peleado

53 Gráficos de elaboración propia, a partir de las intervenciones de representantes del Partido Popular en los debates del Congreso y del Senado durante la discusión de las reformas del Código Penal de 2010 y de 2015.

siempre para garantizar la igualdad y el derecho a vidas libres de todas las formas de violencia machista. Porque las feministas tenemos agendas que son acordes a nuestro tiempo. Cada generación pelea por más derechos feministas, por mejorar la vida de todas las mujeres y avanzar hacia la justicia, la democracia y la igualdad en este país. Esta ministra, este ministerio, y desde hoy también esta Cámara, toman con fuerza ese hilo morado del camino que otras antes recorrieron. Me gustaría detenerme aquí, en primer lugar, dirigiéndome especialmente a las feministas socialistas, a las feministas comunistas, a las feministas de Izquierda Unida. Sé que no siempre ha sido fácil entender el necesario impulso de esta ley. Este ministerio y yo, en primera persona, quiero reconocer el difícil trabajo, el dificilísimo trabajo que muchas de ustedes han llevado a cabo durante décadas para lograr los consensos sobre los que hoy se construye una ley como esta. Somos y soy plenamente conscientes de que el camino que estamos abriendo con esta nueva generación de derechos feministas con la ley «solo sí es sí» es posible única y exclusivamente gracias al camino que otras habéis abierto antes. La gratitud y el reconocimiento de vuestras militancias para abrir este camino que hoy recorremos es una deuda pendiente que tiene nuestro país con todas vosotras. Hoy desde esta tribuna es justo reconocerlo, con esa memoria y ese ejemplo seguimos hoy caminando todas juntas.[54]

4. POPULISMO PENAL Y SISTEMA POLÍTICO

El modelo de populismo penal que se acaba de exponer es, por supuesto, un modelo ideal, puro. En la práctica, sin embargo, es difícil encontrar ejemplos reales y prominentes (esto es, que se hayan traducido en iniciativas político-criminales relevantes y exitosas) de dicho modelo: de una movilización política masiva, empleando el marco cognitivo populista (unido a alguna otra ideología política), que haya dado lugar por sí misma a una decisión político-criminal de trascendencia suficiente. De hecho, son muy pocos, contadísimos, los casos que se pueden citar, incluso a nivel mundial, que reúnan estas características (Garland 2021, p. 261): son ejemplares, desde luego, en este sentido las movilizaciones en varios estados de los Estados Unidos de América para lograr aprobar leyes del tipo *Three-Strikes*; pero también son casos más bien infrecuentes, tanto en los propios Estados Unidos como en el resto del mundo (y, desde luego, en España).

54 Intervención de I. Montero Gil, Ministra de Igualdad, en el Pleno del Congreso de los Diputados de 14 de octubre de 2021 (Diario de Sesiones, XIV Legislatura, núm. 130, pp. 77-78).

La causa de ello puede deducirse a partir de características del populismo político y del populismo penal que más arriba se han señalado. En primer lugar, si, por una parte, es cierto que, como apunté, en un régimen político de democracia representativa el marco cognitivo populista en principio está disponible para cualquier agente político que quiera utilizarlo (como marco cognitivo apto para favorecer la movilización política), también lo es que no siempre la posibilidad teórica se traduce en viabilidad política efectiva. En efecto, como también advertí, para que el marco populista constituya un recurso verdaderamente útil para la movilización es necesario que las circunstancias sociopolíticas favorezcan una aceptación generalizada del mismo.[55] Y, además, incluso cuando existen dichas circunstancias (y, por lo tanto, una estructura de oportunidad idónea), es preciso que exista también una cierta capacidad de movilización por parte de aquel agente político que pretenda explotarlas, promoviendo la movilización mediante el empleo del marco populista; capacidad que exige una disponibilidad de recursos materiales, cognitivos y de capital social que no siempre existe (Edwards, McCarthy y Mataic 2019).

En segundo lugar, ocurre también que, a pesar del innegable aumento en el grado de relevancia comunicativa de las cuestiones político-criminales en las democracias de masas contemporáneas, lo cierto es que sigue siendo difícil producir un impacto político verdaderamente importante únicamente a través de iniciativas en el ámbito de la política criminal. Ello, cuando menos, por dos causas: primero, porque ese aumento de atención sigue siendo extremadamente limitado en extensión (afecta tan solo a unas pocas cuestiones político-criminales, no a la mayoría)[56] y casi siempre muy oscilante en intensidad (se activa ante ciertas noticias llamativas y permanece adormecida el resto del tiempo); y además, porque en ningún

55 De hecho, como señalan Pratt y Miao (2019, pp. 17-18), el populismo penal ha resultado políticamente útil para sus promotores en situaciones (sentidas como) de crisis social, para manipular y desviar ansiedades colectivas. Pero estas crisis vividas con extrema ansiedad no son frecuentes en ninguna sociedad (no, al menos, en las de los países del Norte Global), por lo que la estructura de oportunidad para una utilización masiva del marco populista no está presente con demasiada frecuencia.

56 En efecto, aunque la situación vaya cambiando a medida que evoluciona la sociedad, no hay que perder de vista que en cada momento solamente tres o cuatro temas político-criminales son capaces de generar interés intenso en la opinión pública y en los medios de comunicación: los delitos sexuales, el terrorismo y algunas modalidades de homicidio (ej.: de menores), siempre; y, dependiendo de la coyuntura, algún otro (corrupción política –cuando arreciaba la protesta contra los partidos políticos mayoritarios–, ocupación de inmuebles,…).

caso genera un grado de interés público comparable a otros temas políticos de más alto impacto. Debido a ello, apostar por una movilización populista centrada principalmente en alguna cuestión político-criminal pocas veces resulta ser una estrategia política óptima, por lo que resulta más bien infrecuente.[57]

Adicionalmente, las afirmaciones que se acaban de hacer, acerca de las limitadas oportunidades para una movilización populista en materias político-criminales que pueda resultar políticamente fructífera (recuérdese: para ejercitar y reforzar una identidad política compartida), han de ser matizadas en atención a un factor adicional: el diseño institucional de aquellas instituciones políticas que son competentes para adoptar las decisiones político-criminales. En este sentido, es evidente que hay dos situaciones extremas: sistemas políticos que abren por completo la política criminal a la participación social (admitiendo, por ejemplo, referéndums, iniciativas legislativas populares, etc.) en condiciones relativamente igualitarias para todos los movimientos sociales y políticos, y sistemas políticos que la excluyen por completo (consagrando, por ejemplo, el método de la legislación delegada, a completar por el poder ejecutivo o por una agencia especializada) o que, cuando menos, excluyen completamente a ciertos movimientos. Aunque lo usual es que los sistemas políticos reales (con regímenes democráticos) se encuentren en algún punto intermedio entre ambos. Cuál sea ese punto (esto es, cómo de fácil sea en ellos, desde fuera del sistema político, participar)[58] favorecerá en mayor o menor medida el surgimiento de iniciativas político-criminales basadas en la movilización populista (al volver más o menos probable su éxito) (Garland 2021, pp. 265-266).

En efecto, las iniciativas populistas son –también en materia político-criminal– una forma (poco respetuosa, desde luego, con los principios libera-

57 De hecho, casos como el de la aprobación de leyes *Three-Strikes* en California y en algún otro estado de los Estados Unidos a partir de iniciativas procedentes de la periferia del sistema político (ejemplos paradigmáticos de iniciativas punitivistas populistas) no son casos normales, sino todo lo contrario: ejemplos extremos, absolutamente inusuales, de funcionamiento anormal del sistema político y del proceso de toma de decisiones en política criminal (Zimring, Hawkins y Kamin 2001, pp. 3, 11-16).

58 Algo que, desde luego, no depende únicamente –aunque sí en buena medida– del diseño institucional en sentido estricto, sino también de las características generales de la cultura política dominante en un sistema político dado, según que en el mismo predomine más bien la tendencia hacia el consenso o hacia la imposición mayoritaria: Downes 1988; Green 2008.

les) de intentar llevar a cabo un ejercicio de inclusión de movimientos y/o de propuestas que no gozan de un reconocimiento espontáneo por parte de las instituciones (en nuestro caso, del poder legislativo y/o del poder judicial) (Loader y Sparks 2017, pp. 104-105). Y, por ello, su proliferación y las características que adopten en cada caso vienen muy condicionadas tanto por el grado en que, en general, las instituciones políticas favorecen o dificultan la participación social, a través de instrumentos de democracia participativa,[59] como, más específicamente, por la medida en que a cada corriente ideológica o movimiento político le es permitido un acceso efectivo –incluyéndolo o manteniéndolo excluido– a las mismas.[60]

Así, parece razonable la hipótesis de que cuanto mayor sea el grado de exclusión de ciertos movimientos o corrientes ideológicas, más alta es la probabilidad de que surjan iniciativas populistas (también en política criminal). Pero, al mismo tiempo, también resulta más improbable que las mismas lleguen a tener éxito, puesto que la estructura de oportunidad para influir sobre las instituciones políticas resultará entonces mucho menos favorable,[61] lo que a su vez reduce la motivación para movilizarse (McAdam 1984, pp. 40-43), contrarrestando así –en mayor o menor medida, según los casos– la primera tendencia.

5. EJEMPLIFICACIÓN: EL POPULISMO PENAL EN LA POLÍTICA CRIMINAL ESPAÑOLA

5.1. Populismo penal en un sistema político poco participativo

Las anteriores consideraciones pueden ser perfectamente ejemplificadas con el caso español. España, en efecto, reúne (tanto la sociedad española como su sistema político) muchas de las características que son relevantes a los efectos que estamos considerando y que he expuesto más arriba. Así, por una parte, hay algunas que en principio favorecerían la proliferación de manifestaciones del populismo penal. A saber: a) un sis-

59 Vid. Ramírez Nárdiz 2010, pp. 119 ss.

60 Vid. Holden, Jr. 2006.

61 En efecto, cuanto mayor sea dentro de un sistema político la dispersión del poder, mayores oportunidades de éxito posee cualquier movimiento social; y viceversa: Della Porta y Diani 2020, pp. 202-208.

tema político sometido a todas las tensiones que son usuales hoy en día en los regímenes demoliberales y que posibilitan el ascenso del populismo político; y b) una creciente prominencia –bien que oscilante– de algunas (pocas) cuestiones político-criminales en el debate público.

Sin embargo, lo cierto es que, pese a ello, concurren también otros rasgos, tanto o más prominentes, que empujan en un sentido contrario. A saber:

— A pesar de la periódica aparición de debates públicos acerca de algunas pocas cuestiones político-criminales (delitos violentos y sexuales, terrorismo, pequeña delincuencia patrimonial, pequeño tráfico de drogas,...), en general el interés de la opinión pública española por la mayoría de dichas cuestiones es extremadamente limitado.[62]
— En términos generales, el sistema político español limita mucho la participación social en el proceso político (Larios Paterna 2003, pp. 207-208, 259-266, 267-269). Ello dificulta el acceso autónomo (esto es, sin contar con la mediación de algún partido político) de cualquier movimiento a las instituciones políticas y, por consiguiente, hace que la estructura de oportunidades en general le resulte poco favorable.[63]
— La situación de exclusión resulta particularmente intensa en el caso de ciertos sectores de la sociedad. En efecto, los medios de comunicación no tratan por igual a todos los sujetos y grupos sociales involucrados en un determinado asunto, sino que, por el contrario, de hecho reconocen a algunos de ellos el monopolio sobre las interpretaciones relevantes e, implícitamente, niegan a otros el acceso de sus mensajes e interpretaciones. Así, está demostrado

62 Naturalmente, la situación varía, dependiendo del momento. En todo caso, se puede comprobar que, por ejemplo, en las encuestas que realiza el Centro de Investigaciones Sociológicas, la preocupación por la "seguridad ciudadana" como uno de los principales problemas del país nunca ha superado, al menos desde hace diez años, un 5 % de respuestas que la señalaran (Centro de Investigaciones Sociológicas 2021).

63 Así, está comprobado que la abrumadora mayoría de las iniciativas legislativas en materia penal proceden de organismos burocráticos o de las agencias del propio sistema penal. Y que, por el contrario, solamente de forma muy infrecuente los actores sociales o los grupos de presión están en el origen de tales iniciativas (Paredes Castañón 2016b). Así pues, el origen de la mayor parte del punitivismo parece estar, en buena medida, dentro de la propia estructura del Estado (incluyendo a la Unión Europea).

que, en el caso de las cuestiones político-criminales, la mayoría de los medios de comunicación recurren sistemáticamente a dar voz a los operadores del sistema penal (policías, jueces, fiscales... y, en menor medida, abogados) y, en relación con determinado tipo de delitos, también a las víctimas. En cambio, las víctimas de otros ilícitos, casi todos los infractores y muchas asociaciones y organizaciones sociales que defienden interpretaciones y propuestas diferentes tienden a ser excluidos de la presentación de los mensajes (Paredes Castañón 2018, p. 103). Algo que, sin duda alguna, influye de manera importante sobre el grado de acceso de dichos sujetos y grupos sociales a la esfera pública (Habermas 1994, pp. 223 ss.). Y, por ende, a las instituciones políticas (Rius y Bretones 2021, pp. 518-521, 527-537).

Debido a estas características del sistema político español y de los debates político-criminales que se producen en el seno del mismo, lo que puede esperarse con mayor probabilidad (y, de hecho, así lo confirman los hechos) son dos manifestaciones específicas de populismo en el ámbito de la política criminal:

1ª) Una movilización política de inspiración populista en torno a alguna cuestión político-criminal, casi siempre a partir de acontecimientos coyunturales, que, sin embargo, no sea capaz de lograr su objetivo[64] (aunque en ocasiones pueda dejar alguna huella en los programas de las partidos políticos).

Un ejemplo de esta manifestación de populismo penal es el movimiento a favor de la pena de prisión perpetua que se desencadenó en España, en 2008 y 2009 (bajo el gobierno del PSOE), a raíz de los asesinatos de la niña Mari Luz Cortés y de la joven Marta del Castillo Casanueva.[65] Un mo-

64 Entre otras causas (sociopolíticas), también por razones jurídicas. En primer lugar, porque el art. 87.3 CE prohíbe la iniciativa legislativa popular «*en materias propias de ley orgánica* (...) *ni en lo relativo a la prerrogativa de gracia*». Y, en segundo lugar, porque la competencia para convocar un referéndum reside exclusivamente en el Presidente del Gobierno, previa autorización del Congreso de los Diputados (art. 92.2 CE); referéndum que, se viene interpretando (aunque no exista disposición alguna que lo prohíba expresamente), no puede tener por objeto la ratificación o rechazo de una ley aprobada por las Cortes Generales (Pérez Alberdi 2013, p. 257). Todo ello cierra cualquier posibilidad de que un movimiento ajeno a los partidos pueda promover formalmente una propuesta legislativa en materia penal.

65 Vid.: «Los padres de Marta piden un referéndum sobre la cadena perpetua», *El Mundo* 19/2/2009 (https://www.elmundo.es/elmundo/2009/02/18/espana/1234956475.html);

vimiento que inicialmente fracasó, al no lograr su objetivo de cambiar la ley...[66] aunque, ciertamente, en seguida sería cooptado y utilizado políticamente por el Partido Popular (que, cinco años después, cuando ya gobernaba, introduciría la pena de prisión permanente revisable en nuestro ordenamiento, para algunos de los casos que se incluían en aquella campaña –pero no para todos– y también para algunos otros que nada tenían que ver con la misma).

2ª) Un empleo (limitado, selectivo) de argumentaciones (parcialmente) populistas por parte de partidos políticos, en el marco de un programa político-criminal que no es, globalmente considerado, populista. Es decir, eso que se ha dado en llamar el «populismo penal de los políticos» (Loader y Sparks 2017, p. 102).

5.2. Uso partidista del discurso populista: dos ejemplos recientes

Esta es, en efecto, en la práctica la manifestación más usual del influjo del marco populista sobre la discusión político-criminal: una limitada introducción de algunos argumentos propios del discurso político populista en la justificación de programas político-criminales[67] que (aun si resultan ser injustificada e irracionalmente punitivistas) en términos globales no beben de fuentes ideológicas populistas, sino de otras.

A este respecto, señalaré dos acontecimientos recientes que me parecen ejemplos auténticos de esta segunda forma de manifestarse el popu-

---

«El padre de Marta pide a los políticos "que tomen conciencia de lo que pide el pueblo"», *20 Minutos* 21/2/2009 (https://www.20minutos.es/noticia/452112/0/marta/manifestacion/madrid/); «Los padres de Marta del Castillo presentan 1,6 millones de firmas a favor de la cadena perpetua», *El País* 17/11/2010 (https://elpais.com/elpais/2010/11/17/actualidad/1289985426_850215.html).

66 Vid.: «Zapatero acepta el cumplimiento íntegro de las penas, pero no la cadena perpetua», *20 Minutos* 24/2/2009 (https://www.20minutos.es/noticia/452532/0/zapatero/padres/marta/); «Juan José Cortés confía que "el Gobierno que venga" instaure la "cadena perpetua"», *El Mundo* 15/7/2010 (https://www.elmundo.es/elmundo/2010/07/15/galicia/1279219950.html).

67 En cambio, es más bien raro que los partidos políticos españoles recurran, en cuestiones político-criminales, a promover por sí mismos movilizaciones que utilicen el marco populista. Pues, dada la limitada capacidad de los partidos para la movilización social, no suelen intentarlo siquiera en temas en los que generalmente las probabilidades de éxito son más bien escasas, prefiriendo utilizar los resortes institucionales de los que disponen para promover sus programas. A lo sumo, en algún caso infrecuente, se suman a movilizaciones promovidas por asociaciones o movimientos sociales, cuando unas u otros les resultan ideológicamente próximas.

lismo penal en nuestro sistema político; de hecho, los dos únicos que soy capaz de identificar con claridad como tales en toda la historia de la política criminal del régimen constitucional de 1978:

1°) En primer lugar, el proceso (ya finiquitado, pues tuvo lugar entre 2009 y 2015) que condujo al Partido Popular a promover, primero, y a conseguir finalmente la introducción en el ordenamiento español de la pena de prisión permanente revisable.

2°) Y, en segundo lugar, el proceso, aún en curso (se inició en 2018), de reforma y agravación de las penas de los delitos sexuales (agresiones y abusos sexuales), que ha tenido su hasta ahora última plasmación en (una parte de) el Proyecto de Ley Orgánica de Garantía Integral de la Libertad Sexual que actualmente se está tramitando en el Congreso de los Diputados.

Obsérvese que, por lo que hace a su origen, en los dos casos señalados concurren dos circunstancias coincidentes. Por una parte, no parece casual el hecho de que ambos acontecimientos (como digo, los dos únicos que he localizado que pueden ser marcados como casos de populismo penal, siquiera sea parcial) sean muy recientes, ni que resulten prácticamente coetáneos de la gran crisis de legitimidad que empezó a sufrir el régimen político español a raíz de las consecuencias sociales y políticas de la gran crisis económica de 2008:[68] como en su momento se indicó, el marco populista solo resulta útil para los agentes políticos en unas muy determinadas circunstancias sociopolíticas…

Por otra parte, en los dos casos la iniciativa legislativa promovida por el Gobierno y por el(los) partido(s) político(s) que le respaldan tiene una historia previa compleja y bastante parecida. En efecto, en las dos ocasiones los mismos partidos (Partido Popular, en un caso, y Unidos Podemos, en el otro) que luego promueven estas iniciativas desde el gobierno habían ya, antes de llegar al gobierno (en legislaturas anteriores), presentado iniciativas en un sentido similar, que habían fracasado por falta de respaldo parlamentario.

Así, el Partido Popular había presentado ya, durante el proceso de reforma del Código Penal de 2010, la propuesta de introducir en el Código

68 Vid. Tamames 2021, pp. 166-183.

la pena "prisión perpetua revisable",[69] que luego se convertiría en la pena de prisión permanente revisable del Proyecto reforma de 2013 (que acabó convirtiéndose en la Ley Orgánica 1/2015). Por su parte, en 2018 Unidos Podemos presentó una *Proposición de Ley de Protección Integral de la Libertad Sexual y para la erradicación de las violencias sexuales,*[70] que es el antecedente directo del Proyecto de Ley Orgánica de Garantía Integral de la Libertad Sexual, actualmente en tramitación parlamentaria.

Asimismo, en los dos casos los partidos proponentes han proclamado (tanto cuando presentaron sus iniciativas fracasadas como luego, desde el Gobierno) estar actuando en nombre de movimientos populares (respectivamente, de las víctimas de delitos violentos y de los movimientos de mujeres y feministas), que no tenían acceso directo a las Cortes Generales, que eran los auténticos "autores intelectuales" de sus iniciativas, que ellos se limitaban a canalizar.

Así, en el caso del Partido Popular y de su lucha en favor de la introducción de la pena de prisión permanente revisable, fue palpable el interés por utilizar en su favor el movimiento social –más arriba citado– en favor de la prisión perpetua.[71] Por su parte, Unidos Podemos, ya en 2018, cuando presentó su Proposición de Ley en la XII Legislatura (y luego, en la XIV Legislatura, cuando desde el Gobierno ha promovido el correspondiente Proyecto de Ley), se manifestó vinculado a la indignación expresada por el movimiento de mujeres y feminista, en las manifestaciones que sucedieron a la publicación de la sentencia de instancia, de la Audiencia Provincial de

69 Enmiendas núm. 384-390, 392, 394, 396 y 397, del Grupo Parlamentario Popular del Congreso, al Proyecto de Ley Orgánica núm. 121/000052, por la que se modifica la Ley Orgánica 10/1995, de 23 de noviembre, del Código Penal (*Boletín Oficial de las Cortes Generales.* Congreso de los Diputados, IX Legislatura, Serie A, núm. 52-9, de 18 de marzo de 2010).

70 Proposición de Ley núm. 122/000258 (*Boletín Oficial de las Cortes Generales.* Congreso de los Diputados, XII Legislatura, Serie B, núm. 297-1, de 20 de julio de 2018).

71 Vid.: «El PP incorpora a Juan José Cortés como asesor para la reforma del Código Penal», *Noticias PP* 15/3/2010 (https://www.pp.es/actualidad-noticia/pp-incorpora-juan-jose-cortes-como-asesor-reforma-codigo-penal_2297.html); «Rajoy promete a los padres de Marta del Castillo instaurar la "prisión permanente revisable"», *RTVE Noticias* 17/11/2010 (https://www.rtve.es/noticias/20101117/rajoy-se-compromete-padres-marta-del-castilo-instaurar-prision-permanente-revisable/371981.shtml); «El PP "ficha" ahora al padre de Marta del Castillo para defender su particular "cadena perpetua"», *El Plural* 5/2/2014 (https://www.elplural.com/autonomias/andalucia/el-pp-ficha-ahora-al-padre-de-marta-del-castillo-para-defender-su-particular-cadena-perpetua_42705102).

Navarra de 2018, que condenaba por delito de abuso sexual cualificado –y no por violación– a los cinco acusados (caso *La Manada*).[72]

Obsérvese, así, cómo en ambos casos el discurso de los proponentes apela al *ethos* propio de la retórica populista:[73] una actuación política que apela a movimientos sociales preexistentes, de los que pretende hacerse portavoz. Produciendo de este modo un esquema narrativo (con un reparto de papeles) en el que aquellos representan "la voz del pueblo"; y, de manera correlativa, se atribuye a los oponentes el papel de los (malos) representantes sordos a esas voces.[74]

En segundo lugar, tanto en uno como en otro discurso se representan sendos mapas conceptuales de la realidad sociopolítica (*logos*)[75] que, a efectos retóricos, estructuran semánticamente el discurso,[76] categori-

72 Vid.: «Podemos propone un delito específico de agresión sexual en grupo para casos como el de *La Manada*», *El País* 11/7/2018 (https://elpais.com/politica/2018/07/11/actualidad/1531329137_292989. html); «Faraldo, catedrática en derecho penal: "Si estás con una mujer que llora o se queda totalmente quieta, significa *no*"», *20 Minutos* 14/7/2018 (https://www.20minutos.es/noticia/3394048/0/entrevista-ley-violencias-sexuales-podemos-catedratica-patricia-faraldo); «Con la nueva ley, los dos primeros fallos de *La Manada* no se producirían», *El Comercio* 7/12/2021 (https://www.elcomercio.es/asturias/nueva-primeros-fallos-manada-20211208221934-nt.html); y la rueda de prensa de presentación de la Proposición de Ley, el 11 de julio de 2018 (disponible aquí: https://twitter.com/PODEMOS/status/1016990342179119104).

73 Estoy utilizando aquí las categorías para el análisis retórico del discurso político que propone Browse 2018 (sobre el *ethos*, vid. pp. 78-89).

74 El reparto de papeles en el discurso no tiene necesariamente que corresponderse con la realidad, o no exactamente. Así, por ejemplo, es sabido que, en paralelo con la Proposición de Ley de Unidos Podemos de 2018 sobre el tema, el Gobierno de entonces (Partido Popular) promovió por su parte una reforma del Código Penal que, aunque no en todo su contenido, cuando menos en su tendencia a apostar por el punitivismo (desaparición del delito de abusos sexuales y agravación de las penas) se parecía bastante. Vid.: la Orden de 27 de abril de 2018, por la que se encarga a la Sección Cuarta, de Derecho Penal, de la Comisión General de Codificación la elaboración de un informe que analice los delitos de agresión y abuso sexual para determinar su corrección técnica y utilidad práctica, acompañado, en su caso, del texto articulado de una propuesta legislativa de reforma del Código Penal (https://www.mjusticia.gob.es/es/AreaTematica/ ActividadLegislativa/Documents/1292430803559-Orden_de_encargo_a_la_Seccion_Cuarta_Abril_2018.PDF); «El caso de La Manada empuja a los partidos a proponer reformas legales», *El País* 28/4/2018 (https://elpais.com/politica/2018/04/27/actualidad/1524824600_645078.html). Pues, como he señalado antes, lo esencial del marco populista –también en política criminal– no es tanto el contenido sustancial de las propuestas como la constitución y reforzamiento de las respectivas identidades políticas.

75 Browse 2018, pp. 123 ss.

76 En efecto, cuando, en el análisis, queremos pasar del estudio de la ideología (populista) formulada en abstracto (que más arriba se llevó a cabo) al examen de cómo tal ideología

zando el campo social dentro del que –pretendidamente– va a actuar la propuesta legislativa presentada en el estilo prototípicamente maniqueo y moralista que es propio del marco populista: distinguiendo entre una parte moralmente sana de la sociedad, que vela por el bien común, y otra moralmente corrupta, a la que hay que poner coto; y poniéndolas en relación representándolas como dos partes necesariamente enfrentadas, en una lucha existencial (en un juego de suma cero), en la que lo que está en juego es nada menos que la justicia y el bien común.[77]

Así, el discurso del Partido Popular a favor de la pena de prisión permanente revisable contrapone constantemente el "buenismo" de las élites progresistas al sentido común de la opinión pública. Compárese: a) «La prisión perpetua revisable se trata de una pena cuya introducción es demandada por una inmensa mayoría de la opinión pública, el 51% está a favor de la prisión perpetua revisable, el 31%, a favor de la prisión perpetua absoluta; en suma, el 82% está a favor de la reclusión perpetua en una u otra modalidad»[78]; y b) «Se nos habla de populismo punitivo, señorías, populismo punitivo, pero, en realidad, lo que se está haciendo es trasladar al Código Penal el buenismo demagógico, porque, señorías, a fuerza de compadecer tanto al delincuente, como ustedes pretenden, les advierto que ya no nos va a quedar ni sitio para odiar al delito. (...) Pero es que populismo también es aplaudir la sentencia de Estrasburgo, que obligó a los

se plasma concretamente en formas simbólicas empleadas en contextos sociales estructurados (Thompson 1998, pp. 216 ss.), es preciso proceder a una investigación de naturaleza semántica (cognitiva): una investigación acerca de las estructuras conceptuales que se ponen en juego, mediante su expresión lingüística, a la hora de intentar construir los discursos (justificativos) sobre la base de dicha ideología. En este sentido, el análisis semántico de los discursos que se están exponiendo pone de manifiesto que, en su elaboración, se llevan a cabo tres clases de operaciones semánticas. La primera de las operaciones semánticas desarrolladas es una de categorización: consiste en la agrupación de diferentes significados de una unidad lingüística bajo una única categoría, caracterizada por alguna o algunas propiedades distintivas. La segunda operación tiene lugar es una de configuración del espacio semántico: la puesta en relación de unos significados con otros, en un espacio mental común. Por fin, en tercer lugar, lleva a cabo también una operación de conceptualización: empleando diversos conceptos, se da lugar a una determinada forma de representación de la realidad de la que se pretende hablar. (Sobre todas estas categorías de análisis, propias de semántica cognitiva, vid. Croft y Cruse 2008, pp. 25 ss.)

77 Además, como es propio también del marco populista, estas contraposiciones son envueltas, dentro del discurso, en una retórica (*pathos*: Browse 2018, pp. 153 ss.) de emocionalidad melodramática, que pretende producir una particular resonancia en el auditorio.

78 Intervención de M.G. Altava Lavall, portavoz del Grupo Parlamentario Popular, en la Comisión de Justicia del Senado de 2 de junio de 2010 (Diario de Sesiones, IX Legislatura, núm. 359, p. 6).

jueces españoles a poner en la calle a terroristas, a violadores, a asesinos, mientras se ignoran, mientras se ignoran deliberadamente aquellas otras sentencias del mismo Tribunal Europeo que respaldan que a los terroristas y a los asesinos múltiples se les pueda aplicar la condena de la prisión permanente revisable».[79]

Por su parte, en el debate de las enmiendas a la totalidad al Proyecto de Ley Orgánica de Garantía Integral de la Libertad Sexual, la Ministra (Unidas Podemos) argumentó del siguiente modo: «Señorías, frente al terrorífico mensaje que transmiten estas enmiendas a la totalidad [*scil.* del Partido Popular y de Vox]– que no es otro que la invisibilización de las violencias sexuales, su normalización a costa del control y del sometimiento de los cuerpos y las vidas de las mujeres, debemos estar todas».[80]

Sobre la base de esta categorización y de esta configuración del campo semántico, en ambos discursos se acaba por dotar de particular prominencia conceptual a la *doxa* punitivista; pretendidamente, por razones populistas. En efecto, en cada uno de los dos supuestos resulta llamativa la manera en la que el discurso de los partidos proponentes manipula la representación conceptual de la realidad social y política que pretende describir para acabar sugiriendo que los problemas político-criminales que identifican tienen respuesta adecuada en el punitivismo: en un aumento de la gravedad de las penas (pese a que dicho aumento no esté racionalmente justificado). De hecho, esta operación de conceptualización (punitivista) puede ser vista como una auténtica operación de prestidigitación: problemas político-criminales reales (aunque no siempre tan acuciantes como se pretende) son (aparentemente) "resueltos" mediante el recurso a la agravación de las penas; a pesar de que no lo sean realmente.

Así, en el caso de la pena de prisión permanente revisable, un problema real (el tratamiento de los delincuentes violentos –¡e imputables!– difíciles de resocializar y peligrosos), aunque muy pequeño en términos cuantitativos,[81] acaba siendo tratado mediante una combinación entre la

79 Intervención de M.R. Vindel López, portavoz del Grupo Parlamentario Popular, en el Pleno del Senado de 11 de marzo de 2015 (Diario de Sesiones, X Legislatura, núm. 146, p. 13962).

80 Intervención de I. Montero Gil, Ministra de Igualdad, en el Pleno del Congreso de los Diputados de 14 de octubre de 2021 (Diario de Sesiones, XIV Legislatura, núm. 130, p. 78).

81 Vid. Maraver Gómez 2015, pp. 306-320.

pura incapacitación del infractor y la dramatización simbólica de una idea de justicia retributiva atenta a apaciguar la "alarma social".

Por su parte, la reforma de los delitos sexuales que pretende suprimir el tipo de abusos sexuales, para convertir todas las conductas subsumibles en él en agresiones sexuales (con una pena más grave), parte asimismo de un problema real (el generalizado desprecio de la justicia penal española hacia el enfoque de género en la aplicación del Derecho penal sexual),[82] pero intenta resolverlo a través de medios evidentemente ineficaces (puesto que la dificultad está más en la formación y sensibilización de los órganos judiciales, en la modificación de sus criterios probatorios, etc., y no en la cuantía de las penas –desde siempre, bastante disparatada en este sector del Código).

Hay que observar, no obstante, que, como predice el modelo que he venido exponiendo en el trabajo, en ninguno de los dos casos el marco populista opera, dentro los respectivos discursos político-criminales, de manera completamente independiente, sino que la función que cumple dicho marco en cada uno de ellos es la de proporcionar una interpretación política (esto es, una interpretación acerca de la identidad política desde la que la propuesta es formulada y una tesis acerca de por qué es políticamente legítima) a propuestas político-criminales que, en el fondo, están mucho más intensamente conectadas con ideologías (punitivistas) más densas, que –estas sí– poseen propuestas coherentes de políticas públicas en materia penal:[83] respectivamente, con el punitivismo reacciona-

82 Vid. Amnistía Internacional 2018.

83 En términos de análisis del discurso, ambos son ejemplos de discurso (político-criminal) construido sobre la base de la hibridación discursiva (el concepto fue originalmente elaborado por M. M. Bajtin: Morris 1994, pp. 248-249): de la mezcla, en sus proposiciones, de dos tipos diversos de discurso (uno populista y otro punitivista, pero no populista), con estructuras semánticas muy diferentes entre sí. Lo que, inevitablemente, ha de ocasionar algunas veces tensiones internas en la formulación discursiva de las propuestas, no siempre fáciles de resolver: así, por ejemplo, la combinación entre un marco político populista y un programa de política pública inspirado en el punitivismo feminista obliga a los proponentes de la reforma de los delitos sexuales a llevar a cabo, en su retórica, inestables equilibrios: entre "lo que las mujeres demandan" y "lo que mejor las protege" (frente a la violencia sexual): esto es, entre (sedicente) "voluntad popular" y (cuestionable) racionalidad político-criminal. Reproduzco sendos ejemplos de ello: a) enfoque populista: «La cuestión de la desaparición de la distinción jurídico-penal entre abuso y agresión sexual merece una valoración positiva, en línea con el artículo 36 del Convenio de Estambul. Creemos que neutraliza el problema simbólico, que, al margen de las penas impuestas, acababa por negar el delito de agresión en casos de abuso, confundiendo a la opinión pública sobre la gravedad y trascendencia del reproche penal»

rio propenso centrar las penas en la aspiración a una incapacitación y una retribución simbólica prácticamente ilimitadas (en el caso de la propuesta del P.P. sobre prisión permanente revisable);[84] y con el punitivismo feminista (en el caso de la propuesta de U.P. sobre delitos sexuales).[85]

En cada uno de los dos casos, puede ser interesante, para identificar cuál es el papel que el populismo cumple en la discusión, comparar estas dos propuestas político-criminales (punitivistas y populistas) con otras que poseen un idéntico origen ideológico punitivista, pero que, a diferencia de las primeras, no han sido presentadas dentro del marco populista. Sugiero, por ello, en primer lugar comparar la propuesta sobre la pena de prisión permanente revisable con las reformas (introducidas en el Código Penal español por la reforma de 2003) de los delitos patrimoniales de sustracción (introduciendo una forma de multirreincidencia, que convertía faltas de hurto y de hurto de vehículos de motor en delitos sancionados con pena menos grave).[86] Y, en segundo lugar, comparar la propuesta de U.P. sobre delitos sexuales con las propuestas feministas neoabolicionistas en materia de trabajo sexual (que se han llegado a implantar efectivamente en algunos pocos ordenamientos jurídicos y que tiene una importantísima influencia sobre amplios sectores del movimiento feminista español).[87]

(intervención de J. A. Agirretxea Urresti, portavoz del Grupo Parlamentario Vasco EAJ-PNV, en el Pleno del Congreso de los Diputados de 14 de octubre de 2021, Diario de Sesiones, XIV Legislatura, núm. 130, p. 94); y b) enfoque feminista punitivista: «Protección integral frente a las agresiones sexuales a niños, niñas y adolescentes. (...) Para evitar su impunidad, (...) se eliminará la distinción entre agresión y abuso sexual» (Programa de PODEMOS para un nuevo país, p. 29, https://podemos.info/wp-content/uploads/2019/04/Podemos_programa_ generales_28A.pdf [online], acceso: 20/2/2022). ¿Cuál es el verdadero objetivo de la iniciativa, comunicar una determinada impresión a la opinión pública o acabar con la supuesta impunidad generalizada de las infracciones...?

84 «Un sistema de penas (...) en donde la retribución –que es su finalidad principal para nosotros, en efecto– signifique ni más ni menos que aquello que recogía Cela en Pascual Duarte, que el que la haga la pague. (...) Con una prevención general que significa que se sepa por todos que el que la hace la paga... (...) Y una prevención especial que significa que sepan los terroristas, los violadores y los pederastas que causen muerte, que van a tener que arrepentirse cada día de su vida en la cárcel» (intervención de F. Trillo Figueroa, portavoz del Grupo Parlamentario Popular, en el Pleno del Congreso de los Diputados de 11 de marzo de 2010, Diario de Sesiones, IX Legislatura, núm. 146, p. 30). Sobre los orígenes históricos de esta ideología, vid. Flamm 2005.

85 Vid., por todos, Gruber 2021.

86 Arts. 1.10 y 1.11 de la *Ley Orgánica 11/2003, de 29 de septiembre, de medidas concretas en materia de seguridad ciudadana, violencia doméstica e integración social de los extranjeros* (B.O.E. núm. 234, de 30 de septiembre).

87 Vid. Villacampa 2012, pp. 85, 87-91, 107-116, 128-132.

Las diferencias entre unas y otras propuestas punitivistas (entre las que, además, incorporan rasgos de populismo y las que no lo hacen) estriban fundamentalmente en el tipo de razones que se pretenden hacer valer para justificarlas: en uno y otro caso (y puesto que, como más arriba se indicó, no existen políticas públicas –tampoco políticas criminales– que sean puramente populistas) se aducen razones morales e instrumentales en favor de las propuestas; pero solamente en las que se enmarcan dentro de un marco político populista se añaden, además, argumentos puramente políticos (la voluntad de la "mayoría silenciosa", la voluntad de las mujeres) y también apelaciones retóricas principalmente emocionales.

Así, es posible comparar las características del discurso (punitivista y populista) en torno al Proyecto de Ley Orgánica de Garantía Integral de la Libertad Sexual con el que la misma corriente ideológica emplea para defender las iniciativas (punitivista, pero no populistas) para incriminar la solicitud de servicios sexuales voluntarios:

Si tomamos como ejemplo la *Proposición No de Ley núm. 161/001341 relativa a impulsar una Ley Integral contra la trata de seres humanos con fines de explotación sexual, que establezca mecanismos adecuados para la prevención, refuerce la persecución de oficio del delito, evite la publicidad de contenido sexual y ponga en marcha servicios y programas de protección social y recuperación integral de las personas que han sido explotadas* (Grupo Parlamentario Socialista), esta afirma en su justificación que

> Prostitución y Trata son dos fenómenos estrechamente interrelacionados, siendo la prostitución el objetivo principal de la trata de mujeres. El carácter local, incluso individual, que podía tener la prostitución tradicional, ha sido sustituido por algo mucho más complejo y de mayor alcance, por una actividad delictiva que comercia con las mujeres, vulnerando su dignidad y comprometiendo gravemente los derechos humanos"; y, asimismo, que "la legislación española no considera el ejercicio de la prostitución como un delito, tampoco lo es el lucro económico de la prostitución ajena (proxenetismo), solo considera como delito el ejercicio coercitivo sobre la prostitución y la trata. Sin embargo, la Resolución del Parlamento Europeo, de 26 de febrero de 2014, sobre explotación sexual y prostitución y su impacto en la igualdad de género, asegura que la prostitución, forzada o no, constituye violaciones de la dignidad humana contrarias a los principios de los derechos humanos. También señala que considerar la prostitución como un «trabajo sexual» legal, despenalizar la industria del sexo

> en general y legalizar el proxenetismo no es la solución para proteger a las mujeres de la violencia y explotación sino que produce el efecto contrario. Naciones Unidas ha negado a la prostitución la categoría de trabajo porque no reúne las condiciones de dignidad y respeto humano que requiere una actividad laboral. La prostitución, la trata y el tráfico de mujeres y niñas con fines de explotación es una de las manifestaciones más crueles de desigualdad. Suponen una vulneración de los más elementales derechos humanos al atentar contra la libertad, la integridad, la salud, la vida, la seguridad y la dignidad de las personas. Es evidente que la prostitución y la trata de seres humanos con fines de explotación sexual son manifestaciones de la violencia de género y es una prioridad trabajar en la erradicación de una de las más crueles y esperemos últimas formas de esclavitud. Para ello, defendemos la necesidad de aprobar una Ley Integral contra la trata de seres humanos con fines de explotación sexual que establezca mecanismos adecuados para la prevención, refuerce la persecución del delito de oficio –incluido el proxenetismo, aun con el consentimiento de la víctima–, evite la publicidad de contenido sexual.[88]

Como se puede ver, todos ellos argumentos de naturaleza moral (se aducen los derechos humanos como argumento último), sin duda harto discutibles. Pero, en todo caso, no existe ni rastro de alusiones a la voluntad popular, la opinión pública, el punto de vista de las personas afectadas, a la enemistad o corrupción de los "prostituidores", etc.

U obsérvese la forma de argumentar del Partido Popular en torno a la pena de prisión permanente revisable, que veíamos más arriba, con el modo en el que lo hacían para defender su propuesta (punitivista, pero no populista) en favor de la agravación de las penas de la pequeña delincuencia patrimonial:

> Hoy nuestro derecho penal es un auténtico coladero, que permite que haya profesionales de la delincuencia que sean detenidos muchas veces, muchísimas veces, y que no tengan ninguna respuesta penal. Esto, señorías, es una realidad. Las Fuerzas y Cuerpos de Seguridad del Estado realizan una excelente y magnífica labor. Resulta absolutamente desolador que las Fuerzas y Cuerpos de Seguridad del Estado, de las comunidades autónomas que las tienen, puedan llegar a detener una, 50, 100 y hasta 200 veces al mismo delincuente, por cometer 200, 300 ó 400 hechos delictivos, y que la respuesta de nuestro derecho penal sea que el delincuente entra por una

88 *Boletín Oficial de las Cortes Generales.* Congreso de los Diputados, XII Legislatura, Serie D, núm. 107, de 21 de febrero de 2017, pp. 186-187.

puerta y sale por otra puerta, cuando no entra por una puerta y sale por la misma puerta. Esa es una realidad habitual en nuestro sistema jurídico vigente. Es una realidad tan frecuente, señorías, que les doy algunos datos: en la Comunidad Autónoma Valenciana, en la que las Fuerzas y Cuerpos de Seguridad del Estado están haciendo una magnífica labor, se ha detenido en los últimos meses a 1.291 delincuentes en más de 10 ocasiones y han entrado por una puerta, han salido por otra puerta y el ordenamiento jurídico no les ha impuesto ninguna sanción. En esa misma comunidad ha habido 314 personas detenidas por más de 25 delitos, por más de 25 agresiones a los ciudadanos en sus bienes, en su seguridad, en sus derechos y en sus libertades. Pues bien, a esos 314 delincuentes detenidos por más de 25 delitos cada uno de ellos, el derecho no les ha impuesto ninguna sanción. Y ha habido más de 87 delincuentes detenidos por más de 50 infracciones; la policía y las Fuerzas de Seguridad del Estado han hecho su trabajo, han hecho lo que tenían que hacer, que era detenerles; el ciudadano y la víctima han hecho lo que pueden hacer, que es denunciarles, acudir a la comisaría, llevar testigos, contar con la solidaridad de familiares o de amigos que van a la comisaría y acusan del delito cometido y, sin embargo, a esas personas, que han cometido más de 50 infracciones, el ordenamiento jurídico no les impone ninguna sanción. Exactamente igual pasa en Barcelona. El dato sinceramente es alarmante y no es por falta de policías ni por falta de eficacia de la policía ni de los mossos d'esquadra, es porque el Estado no dota de instrumentos adecuados a nuestro sistema jurídico. Tan sólo entre 418 delincuentes, las Fuerzas y Cuerpos de Seguridad del Estado realizaron 12.432 detenciones; 418 delincuentes fueron detenidos 12.432 veces en el año 2002 sólo en la ciudad de Barcelona, lo cual quiere decir que cada detención supone varios delitos. Son pocos los delincuentes que están cometiendo muchos delitos ante el coladero que es hoy nuestro Código Penal, nuestro Estado de derecho. Exactamente igual ocurre en Sevilla, 190 delincuentes habituales profesionales, de manera reiterada, han llegado a realizar 4.700 actos delictivos. Esos 4.700 actos delictivos han sido denunciados por las víctimas, por los testigos, llevados a comisaría, denunciados por la policía, y la consecuencia penal es cero.

¿Saben ustedes, señorías, por qué ocurre esto? Porque en el año 1995 se hizo un pomposo Código Penal, que pomposamente se llamó el Código Penal de la democracia. Y ese pomposo Código Penal, pomposamente llamado Código Penal de la democracia, a estos delincuentes les impone una sanción cero por cometer esos delitos. Al delincuente profesional y habitual, hoy, en nuestro derecho, le sale gratis ser un delincuente habitual y profesional. Fíjense, señorías, a ese delincuente detenido 10 veces, 25 veces, 50 veces o incluso 189 veces, como ocurrió en Barcelona –189

> veces detenido el mismo delincuente por distintos delitos–, ¿saben lo que le impone nuestro pomposo Código Penal de la democracia? Una pena cero. Por cada infracción, por cada hurto, por cada robo de vehículo a motor, por cada lesión, la pena es el arresto de uno a tres fines de semana. Si uno comete 10 lesiones, le pueden poner de 10 a 30 fines de semana; si comete 100 lesiones, le pueden poner de 100 a 300 fines de semana. Pues bien, ¿saben ustedes lo que significa 300 fines de semana de sanción penal? Cero, cero de sanción penal. Porque en nuestro pomposo Código Penal de la democracia no se prevé que el arresto de fin de semana se pueda cumplir, y no se ha cumplido nunca. No hay nadie –y llevo consultadas muchísimas personas– que sepa de algún delincuente condenado por 50, 100 ó 150 infracciones que haya sido sancionado por ese pomposo Código Penal de la democracia, cuando de manera habitual y reiterada es un delincuente profesional. A esa pequeña delincuencia, como se la llamó entonces, cuando se hizo el Código Penal, no se le pone ninguna sanción. Así es imposible defender desde el Estado de derecho los derechos y libertades de los ciudadanos. Cuando un delincuente sabe que le sale gratis ser un profesional de la delincuencia, sabe que el Código Penal no le disuade, cuando la víctima sabe que por más que se esfuerce el derecho no va a traer ninguna consecuencia al delincuente, evidentemente no se puede pedir un esfuerzo ni a las Fuerzas y Cuerpos de Seguridad del Estado –que lo hacen, y magnífico–, ni a los fiscales –que lo hacen, y magnífico–, ni a los jueces –que lo hacen, y magnífico–. En consecuencia, señorías, se trata de hacer que nuestro Estado de derecho, desde la Constitución, desde el respeto a los principios constitucionales, luche con más eficacia contra la pequeña delincuencia. Pequeña delincuencia, señorías, cuya propia expresión puede ser un sarcasmo. Esa que se denominó pequeña delincuencia para quien la padece es una delincuencia de la máxima intensidad. A esa persona que le sustraen el bolso, que le roban su vehículo, que entran en su domicilio, a esa persona que no tiene seguridad para ir por las calles, por determinadas zonas urbanas, que sabe que sus hijos pueden vivir en la indefensión, a esas personas, el ordenamiento jurídico, señorías, tiene que darles una respuesta adecuada.[89]

Otra vez, multitud de argumentos punitivistas (esta vez, tanto de naturaleza moral como de naturaleza instrumental), pero ninguna retórica populista…

---

89 Intervención de J.M. Michavila Núñez, Ministro de Justicia, en el Pleno del Congreso de los Diputados de 10 de abril de 2003. Diario de Sesiones, VIII Legislatura, núm. 245, pp. 12542-43.

REFERENCIAS

Alegre Zahonero L, Serrano García C (2020) *Legitimidad. Los cimientos del Estado social, democrático y de Derecho.* Akal, Madrid.

Alexander JC (2010) *The Performance of Politics.* OUP, Oxford/New York.

Alexander JC (2017) *Poder y performance* (trad: Belmonte M, Pando MJ, Pérez Agote JM). CIS, Madrid.

Alexander JC (2018) *La esfera civil* (trad: J Quesada, N Arteaga). CIS, Madrid.

Alexander JC (2021) Introduction: The Populist Continuum from Within the Civil Sphere to Outside It. En: Alexander JC et al. (eds) *Populism in the Civil Sphere.* Polity Press, Cambridge, 1-16.

Amnistía Internacional (2018) Ya es hora de que me creas. Un sistema que cuestiona y desprotege a las víctimas [online]: https://www.es.amnesty.org/landing/no-consiento [Acceso: 20/2/2022]

Amodio E (2019) *A furor di popolo. La giustizia vendicativa gialloverde.* Donzelli, Roma.

Aslanidis P (2017) Populism and Social Movements. En: Rovira Kaltwasser C et al. (eds) *The Oxford Handbook of Populism.* OUP, Oxford/New York, 305-325.

Barr, RR (2019) Populism as political strategy. En: De la Torre C (ed) *Routledge Handbook of Global Populism.* Routledge, London/New York, 44-56.

Beaud O (2001) Soberanía. En: Raynaud P, Rials S (eds) *Diccionario Akal de Filosofía Política* (trad: Peñalver M, Sarazin MP). Akal, Madrid, 736-745.

Bottoms A (1995) The Philosophy and Politics of Punishment and Sentencing. En: Clarkson CMV, Morgan R (eds) *The Politics of Sentencing Reform.* Clarendon Press, Oxford, 17-49.

Bourdieu P (1988) Los usos del "pueblo". En: Bourdieu P, *Cosas dichas* (trad: Mizraji M). Gedisa, Barcelona, 152-157.

Bourdieu P (2014) ¿Dijo usted "popular"? En: Badiou A et al., *¿Qué es un pueblo?* (trad: González C, Rodríguez F). Eterna Cadencia, Buenos Aires, 21-46.

Browse S (2018) *Cognitive Rhetoric. The cognitive poetics of political discourse.* John Benjamins, Amsterdam/Philadelphia.

Canfora L, Zagrebelsky G (2020) *La máscara democrática de la oligarquía. Un diálogo al cuidado de Geminello Preterossi* (trad: Capella JR, Vassallo VM). Trotta, Madrid.

Centro de Investigaciones Sociológicas (2021) Percepción de los principales problemas de España [online]: https://www.cis.es/cis/export/sites/default/-Archivos/Indicadores/documentos_html/TresProble mas.html [Acceso: 24/1/2022]

Cigüela Sola J (2020) Populismo penal y justicia paralela: un análisis político-cultural. *Revista Electrónica de Ciencia Penal y Criminología* 22-12 [http://criminet.ugr.es/recpc/22/recpc22-12.pdf].

Croft W, Cruse DA (2008) Lingüística cognitiva (trad: Benítez A). Akal, Madrid.

Dahl RA (1974) *La poliarquía* (trad: Moreno J). Guadiana, Madrid.

Dahl RA (1992) *La democracia y sus críticos* (trad: Wolfson L). Paidós, Barcelona.

Della Porta D, Diani M (2020) *Social Movements. An Introduction.* Wiley Blackwell, Oxford (3ª ed.).

Diehl P (2019) Twisting representation. En: De la Torre C (ed) *Routledge Handbook of Global Populism.* Routledge, London/New York, 129-143.

Disch LJ (2021) *Making Constituencies. Representation as Mobilization in Mass Democracy.* University of Chicago Press, Chicago/London.

Donini M (2019) *Populismo e ragione pubblica.* Mucchi, Modena.

Downes D (1988) *Contrasts in Tolerance.* Clarendon Press, Oxford.

Edwards B, McCarthy JD, Mataic DR (2019) The Resource Context of Social Movements. En: Snow DA et al. (eds) *The Wiley Blackwell Companion to Social Movements.* Wiley Blackwell, Oxford (2ª ed.), 79-97.

Errejón I, Mouffe C (2015) *Construir pueblo. Hegemonía y radicalización de la democracia.* Icaria, Madrid.

Flamm MW (2005) *Law and Order: Street Crime, Civil Unrest, and the Crisis of Liberalism in the 1960s.* Columbia University Press, New York.

Garland D (2005) *La cultura del control* (trad: Sozzo M). Gedisa, Barcelona.

Garland D (2021) What's Wrong with Penal Populism? Politics, the Public, and Criminological Expertise. *Asian Journal of Criminology* 16/3: 257-277.

Geertz C (1994) El sentido común como sistema cultural. En: Geertz C, *Conocimiento local. Ensayos sobre la interpretación de las culturas* (trad: López Bargados A). Gedisa, Barcelona, 93-116.

Green DA (2008) *When Children Kill Children. Penal Populism and Political Culture.* OUP, Oxford.

Gruber A (2021) *The Feminist War on Crime: The Unexpected Role of Women's Liberation in Mass Incarceration.* University of California Press, Oakland.

Habermas J (1994) *Historia y crítica de la opinión pública* (trad: Doménech A, Grasa R), G. Gili, Barcelona (2ª ed.).

Hawkins KA (2010) *Venezuela's Chavismo and Populism in Comparative Perspective.* Cambridge UP, New York.

Hawkins KA (2019) The ideational approach. En: De la Torre C (ed) *Routledge Handbook of Global Populism.* Routledge, London/New York, 57-71.

Hogg R (2013) Punishment and 'the People': Rescuing Populism from its Critics. En: Carrington K et al. (eds) *Crime, Justice and Social Democracy.* Palgrave Macmillan, London, 105-119.

Holden Jr M (2006) Exclusion, Inclusion, and Political Institutions. En: Rhodes RA et al. (eds) *The Oxford Handbook of Political Institutions.* OUP, Oxford, 163-190.

Jones R (2010) Populist Leniency, Crime Control and Due Process. *Theoretical Criminology* 14/3: 331-347.

Kazin M (1998) *The Populist Persuasion.* Cornell University Press, Ithaca/London (2ª ed.).

Kelly D (2017) Populism and the History of Popular Sovereignty. En: Rovira Kaltwasser C et al. (eds) *The Oxford Handbook of Populism.* OUP, Oxford/New York, 511-534.

Laclau E (2005a) La razón populista (trad: Laclau S). Fondo de Cultura Económica, Buenos Aires.

Laclau E (2005b) Populism: what's in a name? En: Panizza F (ed) *Populism and the Mirror of Democracy.* Verso, London/New York, 32-49.

Laclau E, Mouffe C (2004) *Hegemonía y estrategia socialista,* FCE, Buenos Aires (2ª ed.).

Lakof G (2008) *Puntos de reflexión. Manual del progresista* (trad: Wells J). Península, Barcelona.

Larios Paterna MJ (2003) *La participación ciudadana en la elaboración de la ley.* Congreso de los Diputados, Madrid.

Lassalle JM (2017) *Contra el populismo.* Debate, Madrid.

Loader I, Sparks R (2017) Penal Populism and Epistemic Crime Control. En: Liebling, A et al. (eds) *The Oxford Handbook of Criminology.* OUP, Oxford (6ª ed.), 98-115.

Madison J (2015) El Federalista nº 10. En: Hamilton A, Madison J, Jay J, *El federalista,* Máiz R (ed). Akal, Madrid, 136-144.

Magre Ferrán J, Martínez Herrera E (2021) Cultura política. En: Caminal M, Torrens X (eds) *Manual de Ciencia Política.* Tecnos, Madrid (6ª ed.), 447-476.

Maraver Gómez M (2015) Consideraciones político-criminales sobre el tratamiento penal de los delincuentes impugnables peligrosos. *Revista Jurídica de la Universidad Autónoma de Madrid* 31: 283-330.

Marxen K (1975) *Der Kampf gegen das liberale Strafrecht.* Duncker & Humblot, Berlin.

McAdam D (1982) *Political Process and the Development of Black Insurgency 1930-1970.* Chicago University Press, Chicago/London.

Moffitt B (2020) Populism. Polity Press, Cambridge.

Moreno Pestaña JL (2015) La lógica de los pequeños capitales: filosofía y sociología del populismo. *El Viejo Topo* 330-331: 88-98.

Morgan, M. (2021) Populism's Cultural and Civic Dynamics. En: Alexander JC et al. (eds) *Populism in the Civil Sphere.* Polity Press, Cambridge, 17-43.

Morris P (1994) A Glossary of Key Terms. En: Morris P (ed) *The Bakhtin Reader.* Arnold, London, 245-252.

Mouffe C (2018) *Por un populismo de izquierda* (trad: Laclau S). Siglo XXI, Buenos Aires.

Mudde C (2017) Populism: An Ideational Approach. En: Rovira Kaltwasser et al. (eds) *The Oxford Handbook of Populism.* OUP, Oxford/New York, 27-47.

Mudde C, Rovira Kaltwasser C (2019) *Populismo. Una breve introducción* (trad: Enguix M). Alianza, Madrid.

Ochoa Espejo P (2017) Populism and the Idea of the People. En: Rovira Kaltwasser et al. (eds) *The Oxford Handbook of Populism.* OUP, Oxford/New York, 607-628.

Ostiguy P (2017) Populism: A Socio-Cultural Approach. En: Rovira Kaltwasser et al. (eds) *The Oxford Handbook of Populism.* OUP, Oxford/New York, 73-97.

Panizza F (2017) Populism and Identification. En: Rovira Kaltwasser C et al. (eds) *The Oxford Handbook of Populism.* OUP, Oxford/New York, 406-425.

Paredes Castañón JM (2013) *La justificación de las leyes penales.* Tirant lo Blanch, Valencia.

Paredes Castañón JM (2016a) Punitivismo y democracia: las "necesidades sociales" y la "voluntad popular" como argumentos político-criminales. *Libertas* 4: 153-202.

Paredes Castañón JM (2016b) La estructura de poder en el procedimiento legislativo español. Trazos de aprendizaje y de experiencia [online]: http://josemanuel-paredes.blogspot.com/2016/07/la-estructura-de-poder-en-el.html [Acceso: 12/1/2022].

Paredes Castañón JM (2018) La interacción entre los medios de comunicación social y la política criminal en las democracias de masas. *Teoría & Derecho* 24: 92-114.

Penna G (2019) Entrevista a John Pratt (II). Populismo penal, democracia y expertos. *InDret* 4/2019 [https://indret.com/entrevista-a-john-pratt-ii].

Pérez Alberdi MR (2013) *El derecho fundamental a participar en los asuntos públicos.* Congreso de los Diputados, Madrid.

Pérez del Valle C (2021) El Derecho penal como instrumento de los populismos. Reflexiones en torno al denominado populismo punitivo. En: Uribe Otalora A (dir) *Nuevos retos para la democracia liberal. Nacionalismos y populismos en Europa.* Tirant lo Blanch, Valencia, 319-349.

Pratt J (2007) *Penal Populism.* Routledge, London/New York.

Pratt J (2008) Penal scandal in New Zealand. En: Freiberg A, Gelb K (eds) *Penal Populism, Sentencing Councils and Sentencing Policy.* Routledge, London/New York (reimpr. 2013), 31-44.

Pratt J, Miao M (2017) Populismo penal: el fin de la razón (trad: Guerra P). *Nova Criminis* 9/13: 33-105.

Pratt J, Miao M (2019) The end of penal populism; the rise of populist politics. *Archiwum Kryminologii* XLI/2: 15-40.

Quitter J (2014) Populism and criminal justice policy: An Australian case study of non-punitive responses to alcohol-related violence. *Australian & New Zealand Journal of Criminology* 48/1: 24-52.

Ramírez Nárdiz A (2010) *Democracia participativa.* Tirant lo Blanch, Valencia.

Rius M, Bretones MT (2021) Comunicación política y opinión pública. En: Caminal Badia M, Torrens X (eds) *Manual de Ciencia Política*. Tecnos, Madrid (6ª ed.), 514-539.

Roberts-Miller P (2019) *Rhetoric and Demagoguery*. Southern Illinois University Press, Carbondale.

Rodríguez Martínez J (1998) Autoridad (Tipos de). En: Giner S, Lamo de Espinosa E, Torres C (eds) *Diccionario de Sociología*. Alianza, Madrid, 48-49.

Rosanvallon, P. (2007) *La contrademocracia. La política en la era de la desconfianza* (trad: Zadunaisky G). Manantial, Buenos Aires.

Rosenfeld S (2011) Common Sense. A Political History. Harvard University Press, Cambridge/ London.

Séneca el Viejo (2005) *Controversias* (trad: Adiego IJ, Artigas E, De Riquer A). Gredos, Madrid.

Simon J (2011) *Gobernar a través del delito* (trad: Boschiroli VA). Gedisa, Barcelona.

Souriau A (1998) Melodrama, en Souriau A (ed) *Diccionario Akal de Estética* (trad: Grasa I, Meilán X, Mercadal C, Ruiz A). Akal, Madrid, 779-780.

Taggart P (2000) *Populism*. Open University Press, Buckingham.

Tamames J (2021) *La brecha y los cauces. El momento populista en España y Estados Unidos*. Lengua de Trapo, Madrid.

Thompson JB (1998) Ideología y cultura moderna. Teoría crítica social en la era de la comunicación de masas (trad: Fantinati G). UNAM, Coyoacán (2ª ed.).

Torrens X (2021) Elecciones y sistemas electorales. En: Caminal M, Torrens X (eds) *Manual de Ciencia Política*. Tecnos, Madrid (6ª ed.), 477-513.

Urbinati N (2019) Antiestablishment and the substitution of the whole with one of its parts. En: De la Torre C (ed) *Routledge Handbook of Global Populism*. Routledge, London/New York, 77-97.

Vallespín F, Bascuñán MM (2017) *Populismos*. Alianza Editorial, Madrid.

Van Dijk TA (1999) *Ideología* (trad: Berrone de Blanco L). Gedisa, Barcelona.

Varona Gómez D (2008a) Ciudadanos y actitudes punitivas: Un estudio piloto de población universitaria española. *Revista Española de Investigación Criminológica* 6 [https://doi.org/10.46381/reic.v6i0.40].

Varona Gómez D (2008b) Opinión pública y justicia penal: resultados de un estudio piloto (I). *Boletín Criminológico* 14: 103.

Varona Gómez D (2008c) Opinión pública y justicia penal: resultados de un estudio piloto (II). *Boletín Criminológico* 14: 104.

Varona Gómez D (2009) ¿Somos los españoles punitivos?: Actitudes punitivas y reforma penal en España. *InDret* 1/2009 [https://indret.com/wp-content/themes/indret/pdf/599.pdf].

Varona Gómez D (2015) Opinión pública y castigo: la investigación sobre las actitudes punitivas en España. En: Summers L et al. (eds) *Crimen, oportunidad y vida diaria. Libro homenaje al profesor Dr. Marcus Felson.* Dykinson, Madrid, 711-735.

Varona Gómez D (2016) *El debate ciudadano sobre la justicia penal y el castigo: razón y emoción en el camino hacia un Derecho penal democrático,* Marcial Pons, Madrid.

Villacampa Estiarte C (2012) Políticas de criminalización de la prostitución: análisis crítico de su fundamentación y resultados. *Revista de Derecho Penal y Criminología* (3ª época) 7: 81-142.

Villacañas JL (2017) *Populismo.* La Huerta Grande, Madrid (2ª ed.).

Weisbord S (2019) Populism as media phenomenon. En: De la Torre C (ed) *Routledge Handbook of Global Populism.* Routledge, London/New York, 221-234.

Weyland K (2017) Populism: A Political-Strategic Approach. En: Rovira Kaltwasser et al. (eds) *The Oxford Handbook of Populism.* OUP: Oxford/New York, 48-72.

Wood WR (2014) Punitive Populism. En: Miller JM (ed) *Encyclopedia of Theoretical Criminology.* Blackwell, Malden/Oxford, 678-682.

Zimring FE, Hawkins G, Kamin S (2001) *Punishment and Democracy. Three Strikes and You're Out in California.* OUP, Oxford/New York.

Capítulo 11
INTERPRETAR DERECHOS FUNDAMENTALES DESDE EL ESCAÑO
Algunas reflexiones sobre la argumentación constitucional en las deliberaciones legislativas en el parlamento español

ALEJANDRO MAGALLÓN MONTAÑÉS*

Resumen – Tradicionalmente el sistema jurídico europeo continental ha confiado en las decisiones judiciales para interpretar el significado de los derechos fundamentales. Muestra de ello es el Tribunal Constitucional español, una de cuyas labores consiste en defender la Constitución frente a cualquier medida o resolución que ponga en peligro su contenido, valores o principios tal y como el tribunal los comprende. No obstante, desde hace ya varias décadas esta situación está siendo discutida con apoyo en los principios de democracia y de soberanía popular. Si el parlamento es la representación de la voluntad del pueblo, ¿qué justifica que las decisiones de un organismo como el Tribunal Constitucional, que no está directamente vinculado con la ciudadanía, ni le tiene que rendir cuentas, pueda invalidar las decisiones que emanan del parlamento? Sobre la base de esta idea se desarrolla una concepción política o deliberativa del constitucionalismo que se contrapone al constitucionalismo jurídico tradicional. Dentro de ese constitucionalismo político-deliberativo encontramos corrientes y propuestas muy diferentes; pero todas ellas coinciden en subrayar el papel del parlamento como órgano interpretativo y configurador de los derechos fundamentales. Apenas existen, sin embargo, estudios empíricos sobre la capacidad real del parlamento y de sus miembros en materia de interpretación

* Este trabajo es parte del proyecto RTI2018-095843-B-I00 (financiado por MCIN/AEI/10.13039/501100011033 y por FEDER - Una manera de hacer Europa).

constitucional, especialmente en lo que a derechos fundamentales se refiere. Este capítulo intenta explorar esta capacidad en el caso del parlamento español: analizaré algunas deliberaciones legislativas para buscar en ellas rastros e indicios de argumentación e interpretación constitucional con relación a derechos fundamentales recogidos en nuestra Constitución, con el objetivo de contribuir, desde un punto de vista práctico, al debate sobre quién debería de tener la "última palabra" sobre el significado de nuestros derechos fundamentales.

1. INTRODUCCIÓN

Poco se ha explorado en los últimos años sobre la capacidad del parlamento español, y de sus miembros como legisladores electos, para interpretar razonablemente los derechos fundamentales recogidos en la Constitución. El objetivo que persigo aquí es intentar cubrir un poco este vacío a través del estudio de varios debates parlamentarios –un estudio exploratorio y con una muestra muy pequeña, sin pretensión de validez general–. He decidido poner el foco de atención en los debates porque aquí es donde se hace pública la justificación de las leyes. Es cierto que al centrarme en los debates dejaré de lado materiales y fuentes previas como informes o trabajos preparatorios. No obstante, los legisladores tienen acceso a estos materiales, por lo que es razonable entender que influirán en los debates, que se convierten así en una especie de «concentrado del proceso social de justificación de la ley» (Oliver-Lalana 2014, p. 493). Con este análisis pretendo aportar un punto de vista empírico al debate constitucionalista sobre quién debería de tener la "última palabra" en materia de derechos fundamentales; debate que enfrenta a los partidarios del constitucionalismo jurídico y el control judicial de la legislación con los defensores del constitucionalismo político y del autocontrol constitucional parlamentario.[1]

En España predominan, en general, las ideas del constitucionalismo jurídico, y aceptamos que los jueces del Tribunal Constitucional tengan la última palabra sobre lo que nuestra Constitución significa, y sobre el al-

1 Como representantes de una y otra tendencia podría citarse, por ejemplo, a R. Dworkin (1992), del lado del constitucionalismo jurídico, y a J. Waldron (2018), R. Bellamy (2010) o G. Webber et al. (2018), del lado del constitucionalismo político.

cance de nuestros derechos fundamentales. Esta idea está tan arraigada en nuestra cultura jurídico-política que hasta los propios legisladores, como se mostrará más adelante, parecen asumir en ocasiones que no les corresponde interpretar la Constitución.

En el otro bando, el constitucionalismo político asigna la interpretación constitucional al parlamento. Aquí las ideas de representación y deliberación pública ganan importancia (Waldron 2006): la Constitución representa la voluntad del pueblo y el parlamento está compuesto por legisladores elegidos a través de un proceso democrático, y por tanto representan la voluntad de los ciudadanos, mientras que los tribunales, aunque expertos en materia de derechos, no tienen vinculación con el pueblo, y sus interpretaciones carecen de esa legitimidad electoral y representativa; están desconectadas de los ciudadanos. El constitucionalismo político no es una corriente homogénea, sino que incluye múltiples perspectivas y puntos de vista al respecto del papel que debería de tomar el parlamento. Algunas propuestas consideran que el parlamento debería de tener la "última palabra", y tomar para sí la función que ahora cumple el Tribunal Constitucional, mientras que otras buscan un camino de colaboración interpretativa entre ambas instituciones. Esta última propuesta es el constitucionalismo dialógico o deliberativo, y esta colaboración que propone supondría que el foco de atención no está en la decisión final, sino en los argumentos que de hecho se han aducido a favor y en contra de dicha decisión (Lazarus y Simonsen 2015). Esta forma interpretativa existe en países de la *Commonwealth* (Melero 2020), y uno de los principales ejemplos es el sistema canadiense, con la llamada cláusula *notwithstanding*.[2] La idea de este sistema colaborativo sería generar un compromiso que uniría la capacidad y el conocimiento de los tribunales para examinar una medida legislativa, con las ideas de democracia y soberanía popular asociadas al parlamento.

Resumiendo, el constitucionalismo jurídico asume que el parlamento no puede interpretar razonablemente derechos fundamentales; mientras que el constitucionalismo político-deliberativo entiende que el parlamen-

2 *Canadian Charter of Rights and Freedoms*, 33: «(1) Parliament or the legislature of a province may expressly declare in an Act of Parliament or of the legislature, as the case may be, that the Act or a provision thereof shall operate notwithstanding a provision included in section 2 or sections 7 to 15 of this Charter. (2) An Act or a provision of an Act in respect of which a declaration made under this section is in effect shall have such operation as it would have but for the provision of this Charter referred to in the declaration.(3) A declaration made under subsection (1) shall cease to have effect five years after it comes into force or on such earlier date as may be specified in the declaration.

to es perfectamente capaz de desarrollarlos e interpretarlos, y que además tiene la legitimación necesaria para ello. Aun así, ninguna de estas posturas se esfuerza por estudiar las implicaciones empíricas de estas asunciones. Por supuesto, con excepciones: hay corrientes minoritarias que defienden, incluso aportando evidencias más o menos amplias, que el parlamento promueve los derechos constitucionales tanto o más que los tribunales (Devins y Fisher 2015; Fisher 1985). A pesar de ello, la mayoría de propuestas dentro de los modelos de constitucionalismo político-deliberativo se hacen en términos más bien abstractos, y la labor de analizar la capacidad de interpretación constitucional parlamentaria, especialmente en materia de derechos fundamentales, ha recibido muy poca atención.

Como consecuencia de esta falta de atención surge la siguiente pregunta: ¿es nuestro parlamento capaz de justificar razonablemente sus interpretaciones de derechos fundamentales? En este capítulo intentaré responder parcialmente a esta pregunta analizando distintos debates legislativos con el objetivo de encontrar rastros e indicios de interpretación constitucional. De momento no entraré a valorar la calidad de estas interpretaciones, sino simplemente si existen y, en su caso, cuál es el motivo que ha traído esa interpretación constitucional al debate parlamentario. Para ello el capítulo se dividirá en cuatro apartados. El primero estudiará las cuestiones relacionadas con la invocación de doctrina del Tribunal Constitucional por parte de los legisladores, qué función cumple y qué consecuencias tiene en el debate. El segundo apartado argumentará sobre qué es la interpretación constitucional y los criterios por los que considero que la misma existe en el parlamento. El siguiente apartado buscará dar una respuesta rápida a una objeción habitual que se hace contra la motivación de los legisladores para votar en un sentido u otro; finalmente, el capítulo concluirá con una breve consideración sobre la capacidad de interpretación constitucional que he podido identificar en el parlamento.

2. SOBRE LAS FUNCIONES DE LA INVOCACIÓN DE DOCTRINA CONSTITUCIONAL EN EL PARLAMENTO

El objetivo principal de los legisladores cuando recurren a resoluciones del Tribunal Constitucional es tener un respaldo institucional que justifique sus posturas de forma similar a un argumento de autoridad. Es importante destacar que esta forma de interpretación es común a prácticamente todos los debates parlamentarios en los que se tratan materias relacionadas con los derechos fundamentales, y además de ello, tiene la peculiaridad de que es un argumento utilizado tanto por proponentes como por detractores de las leyes debatidas. Casi podría decirse que, dentro del debate de los derechos fundamentales, la invocación de doctrina constitucional es un argumento necesario, pero no suficiente, porque siempre está acompañada de la interpretación propia de quien la trae al debate, con el propósito de validar su postura como constitucionalmente correcta. Desde mi punto de vista, tratar al Tribunal Constitucional como argumento de autoridad es algo que trae consigo sus propios problemas, pero trataré esta cuestión con mayor profundidad en el apartado cuarto.

De la misma forma, los legisladores utilizan la posibilidad de interponer un recurso de inconstitucionalidad como baza para desacreditar las iniciativas legislativas de sus adversarios políticos.[3] Muestra de todo esto hay en gran cantidad de debates parlamentarios, y son posturas que adoptan (según el caso) legisladores de todas las afiliaciones políticas. Me centraré principalmente en los debates sobre la *Ley Orgánica 3/2021, de 24 de marzo, de regulación de la eutanasia* (en adelante, Ley de eutanasia),[4] la *Ley Orgánica 4/2015, de 30 de marzo, de protección de la seguridad ciudadana* (en adelante, Ley de seguridad)[5] y la *Ley Orgánica 2/2010, de 3 de marzo, de salud sexual y reproductiva y de la interrupción voluntaria del embarazo* (en adelante,

3 Como observan Appleby y Olijnyk (2018, p. 94-95), la incertidumbre constitucional suele usarse como una espada para neutralizar propuestas legislativas.

4 Se celebraron siete debates, cinco en el Congreso y dos en el Senado, a los cuales me referiré cronológicamente con las abreviaturas $D_{E}1$, $D_{E}2$, $D_{E}3$, $D_{E}4$, $D_{E}5$, $D_{E}6$ y $D_{E}7$. Los diarios de sesiones se pueden consultar en: www.congreso.es: DS Congreso, XIV Leg., Pleno, núm. 7, 11/2/2020, p. 27-44 [$D_{E}1$]; DS Congreso, XIV Leg., Pleno, núm. 43, 10/9/2020, p. 34-54 [$D_{E}2$]; DS Congreso, XIV Leg., Comisiones (Justicia), núm. 249, 10/12/2020, p. 2-16 [$D_{E}3$]; DS Congreso, XIV Leg., Pleno, núm. 72, 17/12/2020, p. 2-17 [$D_{E}4$]; DS Senado, XIV Leg., Comisiones (Justicia), núm. 146, 25/02/2021, p. 2-25 [$D_{E}5$]; DS Senado, XIV Leg., Pleno, núm. 43, 10/3/2021, p. 93-131 [$D_{E}6$] y DS Congreso, XIV Leg., Pleno, núm. 89, 18/3/2021, p. 11-22 [$D_{E}7$].

5 Se celebraron seis debates, cuatro en el Congreso y dos en el Senado, a los cuales me referiré cronológicamente con las abreviaturas $D_{S}1$, $D_{S}2$, $D_{S}3$, $D_{S}4$, $D_{S}5$ y $D_{S}6$. Los diarios de sesiones se pueden consultar en: www.congreso.es: DS Congreso, X Leg., Pleno, núm. 230, 16/10/2014, p. 22-55 [$D_{S}1$]; DS Congreso, X Leg., Comisiones (Interior), núm. 694, 25/11/2014, p. 2-17 [$D_{S}2$]; DS Congreso, X Leg., Pleno, núm. 248, 11/12/2014, p. 71-87 [$D_{S}3$]; DS Senado, X Leg., Comisiones (Interior), núm. 423, 04/3/2015, p.2-13 [$D_{S}4$]; DS Senado, X Leg., Pleno, núm. 147, 12/3/2015, p. 14053-14107 [$D_{S}5$] y DS Congreso, X Leg., Pleno, núm. 269, 26/3/2015, p. 53-67 [$D_{S}6$].

Ley del aborto).[6] La razón por la que he seleccionado estos debates es común a los tres: todos han generado una gran discusión en el parlamento y en la propia esfera pública, lo que prepara un campo perfecto para el análisis al respecto de la argumentación constitucional por parte de nuestros legisladores electos.

En los debates de la Ley de eutanasia podemos encontrar abundantes menciones a resoluciones del Tribunal Constitucional, en referencia a los derechos fundamentales recogidos en la Constitución. Me parece interesante distinguir entre dos tipos de menciones, no por finalidad argumentativa, sino por forma y contenido. El primer tipo es una mera referencia a la doctrina constitucional en general. Por ejemplo, la oposición reprochaba a los grupos que defendían la ley lo siguiente:

> saben que ni la doctrina del TC ni la del Tribunal [europeo] de Derechos Humanos ni los colegios médicos ni los convenios suscritos por España con nadie ni la Constitución Española ni la Organización Mundial de la Salud ni Naciones Unidas está por la eutanasia.[7]

Esta cita muestra cómo, en ocasiones, se considera que la doctrina del Tribunal Constitucional es la brújula que debería de guiar las decisiones del parlamento, dando así la idea de que el mismo no puede tomar sus propias decisiones y ha de inclinarse ante la voluntad de otras instituciones. Por suerte, y como se verá más adelante, los legisladores son conscientes del valor de su trabajo en el desarrollo de los derechos fundamentales, y tienen la capacidad, y la independencia, de tomar decisiones que no estén marcadas exclusivamente por las resoluciones del Tribunal Constitucional.

Otro ejemplo de esta forma de invocar la doctrina constitucional viene de parte de un diputado del gobierno que defendió en el Senado:

> En la jurisprudencia constitucional comparada, y en particular la del Tribunal Europeo de Derechos Humanos (…), se sostiene que no se puede

6 Se celebraron cinco debates, tres en el Congreso y dos en el Senado, a los cuales me referiré cronológicamente con las abreviaturas D_A1, D_A2, D_A3, D_A4 y D_A5. Los diarios de sesiones se pueden consultar en: www.congreso.es: DS Congreso, IX Leg., Pleno, núm. 127, 26/11/2009, p. 24a-41a [D_A1]; DS Congreso, IX Leg., Comisiones (Igualdad), núm. 438, 10/12/2009, p. 2a-18b [D_A2]; DS Congreso, XI Leg., Pleno, núm. 133, 17/12/2009, p. 20b-31a [D_A3]; DS Senado, IX Leg., Comisiones (Igualdad), núm. 275, 17/2/2010, p. 2a-14b [D_A4] y DS Senado, IX Leg., Pleno, núm. 69, 24/2/2010, p. 3583a-3626b [D_A5].

7 D_E1, p.33, Echániz Salgado, Grupo Popular.

imponer el deber de vivir a quien libre y conscientemente rechaza seguir viviendo.[8]

De esta forma buscaba defender la capacidad de decisión de los individuos como un pilar esencial de su argumentación, pero sin ninguna fundamentación concreta, pues no referencia ninguna resolución concreta del Tribunal Europeo de Derechos Humanos, ni tampoco la fuente de esa jurisprudencia constitucional comparada. Considero que esta forma de invocar la doctrina constitucional de forma generalizada, casi como un concepto abstracto, genera varios problemas. He dicho que no iba a entrar en cuestiones al respecto de la calidad de los argumentos, pero me parece importante detenerme aquí para remarcar esta idea. Entiendo que ésta es una forma de citar al Tribunal Constitucional (o por lo menos su doctrina), y también contribuye a la idea de que los legisladores tienen en cuenta la Constitución y los derechos fundamentales cuando argumentan en los debates. Sin embargo, estos debates son la cúspide del proceso legislativo, y un punto clave para poder evaluar el procedimiento de justificación legislativa; por lo tanto, si no sometemos a nuestros representantes electos a exigencias mínimas de calidad argumentativa, y por el contrario aceptamos citas (o en este caso referencias) sin una fuente clara, podríamos acabar con un déficit de calidad legislativa importante.

La segunda forma de invocar la doctrina constitucional es más valiosa, argumentativamente hablando, pues hacen mención específica al contenido de una (o varias) sentencia(s). En la misma Ley de eutanasia vemos cómo el grupo del gobierno hizo una referencia a la STC de 11 de abril de 1985. En esta sentencia se concluyó que «la vida no puede entenderse en ningún caso como un imperativo incondicional»;[9] cita utilizada para defender la autodeterminación sobre la propia vida. Otro ejemplo de estas citas concretas lo encontramos en el Senado, donde se defendió que

> ya el Tribunal Constitucional dictó la Sentencia 37/2011, en la que dice que el consentimiento informado del paciente es la mejor garantía para la *lex artis*.[10]

En este caso, el senador defendía que la solicitud de la eutanasia por parte de un paciente debidamente informado no habría de suscitarle du-

---

8 D_E5, p. 11, De Lucas Martín, Grupo Socialista.

9 D_E5, p. 11, De Lucas Martín, Grupo Socialista.

10 D_E6, p. 124, Martínez Urionabarrenetxea, Grupo Izquierda Confederal.

das al profesional sanitario al respecto de sus deseos. Desgraciadamente, esta segunda forma de invocar la doctrina constitucional es mucho menos común que la primera, pero, cuando se utiliza, la postura queda mejor afianzada. Por el contrario, en la primera variante, la respuesta a la invocación de doctrina constitucional sin una referencia clara suele ser, a su vez, otra invocación de doctrina constitucional sin una referencia clara, lo que congestiona el debate legislativo.

Además de utilizar citas de nuestro Tribunal Constitucional, a menudo se incluyen también referencias a tribunales de otros países. En el caso de la eutanasia, uno de los argumentos de la oposición fue el rechazo por parte del Tribunal Constitucional Portugués de un proyecto de ley de eutanasia, aunque en este caso no aportaron referencia a ninguna resolución.[11] Por el contrario, el gobierno se apoyó en dos sentencias concretas, una de la Corte Constitucional italiana (2018), y otra del Tribunal Constitucional federal alemán (2020). En ambas se hace valer

> el derecho de autodeterminación ante la muerte sobre la base del reconocimiento (...) del derecho fundamental al libre desarrollo de la personalidad.[12]

Una vez más, citas de los tribunales constitucionales como argumento de autoridad que determina cómo se debería de desarrollar un derecho fundamental. En definitiva, estos ejemplos muestran que la doctrina constitucional no se invoca exclusivamente cuando existen dudas sobre la constitucionalidad (o inconstitucionalidad) de una medida, sino que se utilizan primariamente como argumentos de apoyo para reforzar las ideas propias.

Vemos algo similar en los debates sobre la Ley de seguridad. En este caso también encontramos que ambas posturas apoyan varios de sus argumentos en la doctrina constitucional. Sin embargo, y a diferencia del debate anterior, la discusión se centra principalmente en la cuestión de la constitucionalidad del nuevo proyecto de ley. El gobierno defendió su constitucionalidad en múltiples ocasiones y siempre aferrándose a la jurisprudencia del Tribunal Constitucional. Dada la gran cantidad de referencias que hacen a esta

11 A pesar de que no es muy difícil de encontrar el acuerdo 123/2021 del Tribunal Constitucional Portugués donde no declara inconstitucional la eutanasia, sino que únicamente rechaza el texto aprobado por el parlamento, dejando abierta la posibilidad de presentar otro que cumpla con las garantías de su Constitución.

12 D_E5, p. 11, De Lucas Martín, Grupo Socialista.

doctrina, me limitaré a citar algunos de los ejemplos más ilustrativos. El primero de ellos es un fragmento de la intervención del ministro del interior:

> En su capítulo I, (...), define por primera vez en nuestro ordenamiento un concepto legal de seguridad ciudadana, que es el ofrecido por la jurisprudencia constitucional.[13]

El objetivo de esta referencia era defender la validez de la definición que daba la ley del concepto de seguridad ciudadana porque era el mismo que había desarrollado del Tribunal Constitucional. Este es un ejemplo donde se podría decir que en realidad quien está legislando es el Tribunal Constitucional, y no el legislador. Añadiendo a lo anterior el ministerio del interior defendió:

> En síntesis, considero que el proyecto aprobado por el Consejo de ministros hace compatible una política pública eficaz de garantía de la seguridad ciudadana con el pleno disfrute de las libertades públicas que la Constitución garantiza para los ciudadanos.[14]

El tercer ejemplo concluye así:

> Presentamos ahora a esta Cámara un texto que sin duda goza de mayor calidad jurídica, que es profundamente garantista y que tiene un perfecto encaje en nuestro sistema constitucional.[15]

Este ejemplo es muy interesante porque utiliza uno de los cánones interpretativos de los que hablaré más adelante, y es el de coherencia sistemática, pues muestra la voluntad de adecuar el contenido de nuevas medidas legislativas al sistema preexistente. He dicho que estos debates se centraban principalmente en la constitucionalidad de la ley, y esto incluye argumentos de inconstitucionalidad por parte de la oposición. De acuerdo con uno de estos argumentos,

> (...) al concepto anacrónico de orden público que usted incorpora a esta ley, a todos los derechos fundamentales y libertades públicas previstos en la Constitución; una amplificación que no tiene legitimación ni siquiera constitucional ni tampoco está ubicada en la jurisprudencia constitucional, no está reinterpretada así por la Constitución.[16]

---

13 D_S1, p 24, Fernández Díaz, ministro del interior.
14 D_S1, p. 28, Fernández Díaz, ministro del interior.
15 D_S1, p. 23, Fernández Díaz, ministro del interior.
16 D_S1, p. 32, Olabarría Muñoz, Grupo Vasco.

De esta forma se intentaba desacreditar la adecuación constitucional de la interpretación del gobierno del concepto de orden público y seguridad ciudadana. Conviene resaltar que en ninguno de estos ejemplos se hace una cita concreta de la doctrina que se está invocando, por lo que seguirá siendo un punto de discusión a lo largo de los debates.

Otra cuestión a destacar de estos debates es que varias de las referencias al Tribunal Constitucional nos muestran que los legisladores son capaces de interpretarlas para defender sus posturas. Por ejemplo, la oposición argumentaba así en contra del proyecto de Ley de seguridad:

> lo ha reconocido el Tribunal Constitucional en la sentencia 385/1994, donde dice que no se reconoce el derecho fundamental a la seguridad ciudadana, sino que considera que es una función de las Fuerzas y Cuerpos de Seguridad del Estado inseparablemente unida al derecho de libertad individual.[17]

A su vez, el gobierno defendía:

> Se define en esta ley, por primera vez y siguiendo la jurisprudencia del Tribunal Constitucional, el concepto de seguridad ciudadana como un bien jurídico que está al servicio del derecho fundamental de la libertad.[18]

Ambos están de acuerdo en que el concepto de seguridad ciudadana existe en el ordenamiento jurídico español, y que no está a la altura de un derecho fundamental, al estar subordinada a la libertad. Sin embargo, cada postura hace una interpretación distinta de lo que esa subordinación significa con respecto al contenido de la nueva ley. La oposición defiende que la ley es inconstitucional porque coloca la seguridad ciudadana por encima de la libertad; mientras que el gobierno entiende que es perfectamente constitucional porque la seguridad ciudadana está garantizando, y por lo tanto sirviendo, a los derechos fundamentales asociados con la libertad.

De forma similar al debate sobre la Ley de eutanasia, los debates sobre la Ley del aborto pusieron el foco de atención en cuestiones al respecto de la ética, la moral y los valores que estaban en juego con la aprobación, o rechazo, del proyecto de ley. El gobierno, proponente de la ley, quería centrarse en las mujeres que querían abortar bajo determinadas circunstancias, mientras que la oposición buscaba defender los derechos de la persona no

---

17 D_S1, p. 44, Rodríguez García, Grupo Socialista.

18 D_S6, p. 66, Fernández Díaz, ministro del interior.

nacida y la protección que se le debe garantizar. Ambas posturas recurrieron a la doctrina constitucional para defender sus ideas. Según el gobierno,

> El título II del proyecto regula los requisitos y las condiciones de la interrupción voluntaria del embarazo. Proponemos una regulación más segura que la vigente, más equilibrada, que garantizando la autonomía y la libertad de las mujeres, no descuida la protección de la vida prenatal; una regulación que respeta los espacios de autonomía y libertad que nuestro Tribunal Constitucional nos ha marcado.[19]

Más allá de una reiteración de las mismas ideas en el senado, las referencias a la doctrina constitucional son escasas por parte del gobierno y los defensores del texto, no obstante, y como veremos más adelante, esto no implica que su argumentación constitucional sea insuficiente, pues existen numerosas técnicas argumentativas distintas para poder defender una postura conforme a la Constitución. Por el otro lado, la oposición sí que citó en numerosas ocasiones la doctrina constitucional, aunque centró su argumentación en una única sentencia, la célebre STC 53/1985:

> Así lo ha defendido desde su aprobación la Constitución (...) de 1978 en su artículo 15, perfectamente blindado por la sentencia que el Tribunal Constitucional pronunció en abril de 1985 precisamente para aclarar aquellos aspectos de dudosa constitucionalidad que recogía la actual regulación del aborto. La sentencia es muy clara, señorías, estableciendo que el no nacido es un bien jurídico constitucionalmente protegido.[20]

Como se puede ver, el foco de atención y el núcleo de la crítica hacia el texto legislativo es la protección de la vida prenatal y de la persona no nacida, y se trata de vincular este argumento con un pronunciamiento del Tribunal Constitucional hecho veinticinco años antes de la celebración de estos debates. Daré otro ejemplo más de esta forma de argumentación, donde se reitera la misma idea. Los detractores de la Ley del aborto insisten:

> Otro de los fundamentos que ampara nuestra propuesta de veto está relacionado con la doctrina constitucional (...). La reforma promovida choca frontalmente con la doctrina reseñada del Tribunal Constitucional. Ciertamente la sentencia es muy clara al respecto. El no nacido es un bien jurídico protegido constitucionalmente (...). Lo que nos viene a decir el Tribunal

19 D_A1, p. 26a, Aído Almagro, ministra de igualdad.
20 D_A1, p. 32a-b, Moneo Díez, Grupo Popular.

Constitucional es que no es admisible un sistema como el que ahora se pretende implantar, un sistema que deja al margen la vida del no nacido.[21]

Estos argumentos en defensa de la vida del no nacido están presentes en el recurso de inconstitucionalidad que el Partido Popular interpuso en contra de la ley, y se encapsulan perfectamente en el motivo primero:

> En definitiva, en este nuevo supuesto de aborto, el Estado renuncia a proteger la vida del *nasciturus*, y abandona su suerte a lo que decida su madre, sin otra garantía que la de constatar que se le ha entregado una información –que ni siquiera debe constar que haya sido leída–, y que el feto no ha llegado a vivir más de catorce semanas dentro del seno materno.[22]

A su vez, en el mismo recurso reforzaron la otra parte de este argumento referida a la doctrina constitucional incluyendo la STC 212/1996, de 19 de diciembre, y la STC 116/1999, de 17 de junio: ambas reiteraban el contenido de la sentencia de 1985, que sigue siendo la base principal de su argumento en cuanto a doctrina constitucional. La comparación entre los argumentos que fueron utilizados en el parlamento y aquellos que fundamentan el recurso de inconstitucionalidad ilustra la continuidad argumentativa en sede parlamentaria y judicial.

Finalmente, en los debates de la Ley del aborto encontramos también este pasaje:

> Es público y notorio que el proyecto de ley en curso va a ser objeto de varios recursos de inconstitucionalidad. Los argumentos y principios sustentados por el Tribunal Constitucional en su sentencia 53/1985, de 11 de abril, dan base suficiente para pensar en la inconstitucionalidad de la ley o, al menos, de alguno de sus preceptos.[23]

Este es el primer ejemplo que muestra el uso del recurso de inconstitucionalidad como argumento en contra de la Ley, pero lo interesante de este ejemplo es el uso repetido de la misma sentencia del Tribunal Constitucional por parte de la oposición. Se podría pensar que este debate no tiene apenas contenido constitucional, dado que el gobierno apenas hace referencia a la doctrina constitucional, y la oposición utiliza una única sen-

21 D_A4, p.3b, Dueñas Martínez, Grupo Popular.

22 Recurso de inconstitucionalidad del Grupo Parlamentario Popular del Congreso contra diversos preceptos de la Ley Orgánica 2/2010, de 3 de marzo, de salud sexual y reproductiva y de la interrupción voluntaria del embarazo.

23 D_A5, p. 3601b, Caballero Martínez, Grupo Mixto.

tencia de más de veinte años de antigüedad a la fecha de estos debates. Sin embargo, el interés de estos debates no radica en las referencias a la doctrina constitucional, sino en las formas argumentativas que utilizan los legisladores para defender sus interpretaciones del contenido constitucional, las cuales se observarán con mayor detalle en apartados siguientes, y son un mejor indicador de la capacidad del parlamento como institución que interpreta derechos fundamentales.

Volviendo al recurso de inconstitucionalidad, éste es un argumento muy común utilizado por la oposición (independientemente de partidos o ideologías) con el fin de desacreditar la postura del gobierno. No me detendré en esta cuestión, porque no es en realidad una forma de interpretación constitucional, pero sí permite mostrar la fuerte presencia del control judicial de la Constitución en los debates públicos sobre la legislación, donde parece que a veces se trata al Tribunal Constitucional como una institución suprema e intocable en materia de interpretación de derechos fundamentales. Estas formas de invocar la autoridad judicial podrían dar la idea de que los legisladores procuran trasladar al Tribunal Constitucional la responsabilidad de la interpretación final, como si fuera su exclusiva responsabilidad decidir sobre cualquier problema legislativo con implicaciones constitucionales. A pesar de ello, veremos que los legisladores también interpretan y desarrollan el contenido constitucional conforme a sus propios criterios. Ahora, si esta interpretación la hacen porque consideran que es parte de su labor como representantes de la ciudadanía, o bien como defensa ante la posible intervención del Tribunal Constitucional, es una cuestión que de momento podemos dejar de lado.[24] Mi objetivo es determinar si existe interpretación constitucional en el parlamento, y, como hemos podido ver, algunos de estos ejemplos de invocación de doctrina del Tribunal Constitucional traían consigo su propia interpretación por parte de los legisladores.

---

24 Esta es una cuestión que tratan de forma extendida Pickerill (2004) y Tushnet (2009). Pickerill defiende que la existencia del control de la legislación por la *Supreme Court* es un incentivo para fomentar el debate y la deliberación constitucional en el parlamento, pues, entre otras cuestiones, si los argumentos que determinados grupos parlamentarios sostienen son ratificados por la Corte, esto les ayudará en futuras elecciones. Por el contrario, Tushnet considera que la existencia de revisión judicial de las leyes desmotiva a los legisladores, que no tienen así un incentivo para dedicar grandes esfuerzos al debate constitucional, pues la decisión final dependerá de los jueces.

3. ELEMENTOS DE ARGUMENTACIÓN CONSTITUCIONAL EN LOS DEBATES LEGISLATIVOS

Para saber si los legisladores discuten en términos de argumentación constitucional, primero hay que determinar en qué consiste esta argumentación. Manuel Atienza (2007, p. 219) proporciona la siguiente definición: «la argumentación constitucional sería aquella dirigida a justificar los procesos de interpretación, aplicación y desarrollo de la Constitución». A la luz de esta definición podemos establecer ya unos criterios específicos que ayuden a identificar la argumentación constitucional en el parlamento.

De momento hemos podido ver que los legisladores invocan la doctrina del Tribunal Constitucional como forma argumentativa, pero necesitamos más para cumplir con la definición de Atienza. Para ello, en primer lugar, habrá que ver si en los debates parlamentarios se emplean criterios y cánones interpretativos típicos de la doctrina constitucional. En segundo lugar, tendremos que observar si se manejan determinadas estructuras de argumentación (como el análisis de proporcionalidad). Y, finalmente, veremos si, a través de estos cánones interpretativos y estructuras de argumentación, los legisladores son capaces de aplicar y desarrollar la Constitución, lo que requerirá analizar si durante el proceso legislativo tienen presente el contenido constitucional y los derechos fundamentales.

3.1. Cánones interpretativos

En materia de interpretación constitucional, muchos esfuerzos han sido dedicados a estudiar la interpretación judicial y dogmática de la Constitución, junto a los métodos y enfoques interpretativos que siguen los tribunales en materia de derechos fundamentales. Por el contrario, muy pocos esfuerzos se han dedicado a estudiar los cánones interpretativos del parlamento. Con este apartado no pretendo afirmar que los cánones de interpretación del parlamento sean distintos ni superiores a los judiciales; sólo que omitir el estudio de cómo nuestros representantes interpretan nuestra carta magna no está justificado. Por ello haré un breve repaso sobre distintas posturas y criterios interpretativos de la Constitución en términos jurídicos, con el objetivo de ver cómo se han adaptado al entorno parlamentario.

Desde la teoría se discute mucho sobre si existe una diferencia intrínseca entre interpretación jurídica y constitucional (Barak 1992; García Amado 2004; Figueroa 2010). Esta discusión se origina, en gran parte, a partir de la concepción que se tiene de la Constitución. Para unos la Constitución no es más que la ley que está por encima de todas las demás, y por lo tanto su especialidad proviene de su situación jerárquica; este podríamos decir que es un punto de vista más positivista. Por el contrario, otros opinan que para poder darle a una ley el título de Constitución deberá, además, de poseer un contenido específico y determinado; estas ideas podrían asociarse con una concepción principialista de la Constitución (Vela 2021). Por lo tanto, nos encontramos con esta dicotomía entre quienes consideran que el contenido constitucional tiene que interpretarse con criterios distintos y específicos en comparación a normativa de rango inferior como consecuencia de su contenido específico; y quienes entienden que no es necesario hacer esta distinción. Los primeros defienden la especificidad de los criterios interpretativos. Algunos de estos criterios serían los que resumió Savigny (1879) en su *Sistema del Derecho romano actual*, donde distingue cuatro elementos que han de utilizarse simultáneamente: el gramatical, el lógico, el histórico y el sistemático. A estos elementos podemos añadir los principios de unidad de la Constitución, de concordancia práctica,[25] de corrección funcional, de función integradora y de fuerza normativa de la Constitución (Goig 2013). Especialmente cuando estamos hablando de derechos fundamentales, podemos añadir pautas interpretativas concretas, como por ejemplo el principio de no alteración del contenido esencial de la Constitución (que funciona como defensa de los derechos fundamentales) o el principio de armonización (que es un efecto del principio de concordancia práctica).

Por el contrario, aquellos que defienden que los métodos interpretativos deberían de ser los mismos objetan que estos criterios específicos no son más que aplicaciones de criterios generales de interpretación jurídica a la Constitución (Guastini 2008). Los partidarios de esta postura aceptan que la Constitución sea considerada la norma suprema como consecuencia de su posición jerárquica, pero no por su contenido, que también se

25 A grandes rasgos, el postulado de concordancia práctica, como criterio para solucionar conflictos entre derechos fundamentales, exige que el derecho vencido no quede vacío de contenido ni quede sacrificado más allá de las necesidades de realización del derecho vencedor.

puede encontrar en leyes ordinarias, y por lo tanto los criterios interpretativos utilizados deberían de ser los mismos.

De la misma forma que existe esta dicotomía, existe otra discusión transversal, que se divide entre los originalistas y los no-originalistas, y que suele reflejarse en una discusión entre interpretaciones históricas y de la literalidad del texto, frente a interpretaciones con tintes evolutivos y sociológicos. Los partidarios del originalismo defienden el significado original de la Constitución, argumentando que toda interpretación del contenido constitucional habrá de hacerse conforme a la voluntad del constituyente (Goldsworthy 1997). Esta idea se basa en la defensa de la democracia, pues así se asegura que los intérpretes seguirán la voluntad del pueblo que constituyó el contenido de la Constitución en el momento en el que fue ratificada. Argumentan que, si la Constitución ya no representa la voluntad del pueblo, la misma habrá de ser reformada, y no meramente reinterpretada.

En cambio, los no-originalistas mantienen que la Constitución es algo flexible que no debe quedarse atrás en el tiempo. Parten de la idea de que no es permisible que la voluntad de aquellos que constituyeron la carta magna "aten las manos" a futuros intérpretes, pues las circunstancias en las que se creó la Constitución y cuando la misma se esté interpretando no serán siempre las mismas (Gargarella 2000, p. 56). Además, sostienen que la reforma constitucional es importante, y en ocasiones necesaria, pero que la interpretación cumple un papel distinto, pues los valores de la sociedad pueden cambiar muy rápidamente, y la interpretación tiene la flexibilidad necesaria para mantenerse al paso de estos cambios, mientras que la reforma constitucional es demasiado lenta. En estas discusiones, el originalismo tradicional ha recibido muchas críticas, y por ello muchos de sus defensores empezaron a desarrollar una nueva corriente originalista, en la que abandonaban la idea de "intención original del constituyente", y la sustituían por la idea del "significado público original" (Gargarella 2015, p. 46). La controversia entre originalistas y no-originalistas es predominante en Estados Unidos, pero también se refleja en otros países, tanto de Europa como de Latinoamérica, especialmente a medida que las Constituciones empiezan a ser más antiguas.

Al margen de la situación de estos debates, estoy de acuerdo con Waluchow (2012, p. 12) en que «las teorías de la interpretación constitucional tienen diversas formas, pero todas parecen, de una forma u otra, atribuir importancia a varios factores clave: el significado gramatical o semántico, la situación política, social y de historia legal, intención, significado original y teoría política/moral». Por tanto, nos encontramos aquí con algunos criterios comunes utilizados en el ámbito jurídico a la hora de interpretar el contenido constitucional. Por último, no podemos olvidar los criterios hermenéuticos recogidos en el Código Civil español. Estos criterios en principio no fueron más que un reconocimiento en el rango normativo de los criterios genéricos que utilizaban la doctrina y la jurisprudencia, y desde entonces han sido aceptados como criterios de interpretación jurídica que, en ocasiones, son utilizados en materia constitucional y de derechos fundamentales.

A pesar de la ausencia de un interés paralelo por desarrollar teorías sobre interpretación constitucional parlamentaria, el parlamento español ha sido capaz de desarrollar sus propios "cánones interpretativos". En general estos cánones no son más que adaptaciones de los judiciales, pero, al utilizarlos en su propio ámbito, el parlamento es capaz de realizar sus propias interpretaciones de la Constitución que no dependen de los pronunciamientos del Tribunal Constitucional. Un ejemplo muy relevante del uso de distintos criterios fue la ley del matrimonio entre personas del mismo sexo,[26] donde tanto partidarios como detractores de la modificación legislativa recurrieron a múltiples criterios interpretativos que tradicionalmente se han asociado al ámbito judicial. En este caso, la oposición esgrimía argumentos genéticos (conectando la literalidad del texto y la intención de sus redactores) junto a argumentos históricos al respecto del tratamiento de la institución del matrimonio. Por el contrario, los proponentes de la reforma sostenían la necesidad del cambio, a la luz de los principios de igualdad y no discriminación (art. 14 CE), en criterios sociológico-evolutivos y de adecuación social en atención a los cambios sociales (cfr. Oliver-Lalana 2008). Gracias a debates como este podemos ver que el parlamento es capaz de recurrir a los cánones de interpretación habituales, pero quizá destacaría la fuerte presencia del criterio sociológico como forma de interpretación evolutiva de un instrumento vivo como es la Constitución. Ejemplos del uso predominante de este criterio los podemos encontrar cuando un grupo parlamentario defiende la adecuación –o inadecuación– de una postura respecto del ordenamiento jurídico en general, y de la Constitución en particular, argumentando que está –o no– en concordancia con la realidad social actual.

26 *Ley 13/2005 por la que se modifica el Código civil en materia de derecho a contraer matrimonio.*

Buscando ejemplos concretos podemos encontrar cómo en los debates de la Ley de seguridad, el gobierno –quien propuso el texto– argumentaba que:

> el simple transcurso del tiempo (...) debería ser motivo suficiente para abordar una reforma que acercara la ley a la realidad social, a las nuevas formas de amenazar la seguridad y la tranquilidad de los ciudadanos, a los nuevos contenidos de las demandas sociales, y todo ello salvaguardando la compleja relación de equilibrios que debe existir siempre entre la libertad y la seguridad.[27]

En este caso, además de adelantar algunas ideas sobre si los legisladores son capaces de argumentar con la mente puesta en la Constitución, vemos cómo los proponentes defienden la reforma sosteniéndose en un criterio de adecuación social. Un segundo ejemplo, esta vez por parte de la oposición, decía:

> confunden ley con realidad, con política y con moral, como si solo fuera digno de existir lo que es legal y todo lo que la ley permite fuera moral.[28]

Aquí entramos ya en que los legisladores reconocen la diferencia entre legislación y realidad social, y cómo su labor ha de ser adaptar la primera a la segunda. Esta última idea es común a múltiples debates legislativos, y la podemos encontrar en los debates de la Ley del aborto, donde la ministra de igualdad dejó clara la idea de que:

> asumir la realidad social y resolver los problemas de la gente debe constituir la prioridad de cualquier gobernante democrático y responsable.[29]

A lo que añadió:

> Las leyes deben responder a las necesidades reales de la ciudadanía, que es la que nos ha elegido mediante sus votos para que demos respuestas a los pequeños y a los grandes problemas que le afligen.[30]

En la misma línea de razonamiento, pero en la postura contraria, intervino la oposición alegando que:

> es así la realidad justo en un ámbito en el que se incide en valores profundos, que son sentidos por la sociedad española; valores que significan

27 D_S2, p. 15, Cabello de Alba Hernández, Grupo Popular.
28 D_S3, p.84, Trevín Lombán, Grupo Socialista.
29 D_A1, p. 25b, Aído Almagro, ministra de igualdad.
30 D_A1, p. 25b, Aído Almagro, ministra de igualdad.

> convencimientos, convencimientos que en algunos casos significan incluso sentimientos hondos en relación con el sentido mismo que tiene la vida.[31]

Independientemente de cómo se valoren estas afirmaciones, queda claro que, argumentativamente hablando, las ideas de adecuación social y de interpretación del contenido constitucional (en este caso, del derecho a la vida) con base en un criterio sociológico existen y tienen una fuerte influencia dentro del parlamento.

Por supuesto, además de esta línea interpretativa, encontramos otras. En los debates sobre la Ley de eutanasia, los detractores de la ley argumentaron que:

> una votación parlamentaria no modifica la realidad del hombre.[32]

Apoyan así la idea de que el parlamento no puede reinterpretar (supuestos) derechos naturales, sino que debe ajustarse a ellos. Sin entrar ahora en ningún debate teórico sobre la naturaleza de los derechos, este ejemplo sirve para comprobar que dentro del parlamento actual caben no sólo planteamientos iuspositivistas, sino también iusnaturalistas. Pero volviendo al criterio sociológico, entre los argumentos que adujeron los defensores de la reforma encontramos el siguiente:

> Esta ley se adapta a una demanda social creciente, pero es cierto que genera un debate y cierta discrepancia dentro de la sociedad, razón por lo que hay que regular; las cosas que socialmente no nos producen discrepancia y problema no necesitan ser reguladas.[33]

Este argumento reconoce que hay un desacuerdo, no sólo en el parlamento, sino también en la sociedad (dando así validez a la postura contraria), y que ese desacuerdo informa y hace relevante el debate, que de esta forma funcionará como argumentación que legitime la resolución y aprobación de la ley. Con la misma idea, pero desde un punto de vista distinto, intervino el ministro de sanidad recordando que:

> por encima de las [normales] discrepancias de quienes vienen de concepciones ideológicas diferentes, hoy se impone el sentido común y la humanidad acorde con los tiempos y con la realidad social.[34]

---

31 D_A3, p. 26b, Cervera Soto, Grupo Popular.
32 D_E2, p. 43, Echániz Salgado, Grupo Popular.
33 D_E5, p. 21, Ahedo Ceza, Grupo Vasco.
34 D_E4, p. 17, Illa Roca, ministro de sanidad.

Este ejemplo me parece especialmente interesante por dos motivos. En primer lugar, es un ejemplo más del uso que tienen los legisladores del criterio sociológico asociado al concepto de realidad social y al cambio social. En segundo lugar, y en cierto sentido de forma similar al ejemplo anterior, reconoce lo que algunos podrán argumentar que es una de las debilidades del parlamento en lo que a interpretación constitucional se refiere, y es la falta de acuerdo y consenso entre sus miembros sobre cuál es la realidad social actual. Es cierto que la sociedad en conjunto no suele compartir siempre la misma opinión sobre lo que deberían de significar algunos derechos fundamentales, y este desacuerdo es normal, e incluso deseable, que se represente en el parlamento; sin embargo, en numerosas ocasiones parece que los legisladores utilizan el argumento de la adecuación social de forma indiscriminada para defender sus posturas. Definitivamente este podría ser el caso, donde a ningún legislador le importe nada más que avanzar sus agendas políticas; no obstante, el mero desacuerdo no tiene nada de malo, e incluso es defendido como una de las ventajas del parlamento (Rubin 2018), y más análisis y estudios serán necesarios para poder determinar la naturaleza de esta forma de argumentar.

Estos ejemplos son una clara muestra de que la línea de argumentación sociológica es recurrente, especialmente debido a la naturaleza de los legisladores como representantes de la ciudadanía, y del parlamento como sede de la soberanía popular y la democracia. Pero no es el único criterio interpretativo que se utiliza. Ya hemos visto que, en el caso de la ley del matrimonio entre personas del mismo sexo, se utilizaban diversos criterios; un ejemplo más concreto aún lo encontramos en los debates sobre la eutanasia. Una crítica muy fuerte por parte de la oposición fue la forma de presentación de la medida legislativa como proposición de ley, en lugar de como proyecto; crítica que, entiendo, culmina con la siguiente frase:

> La sociedad española se encuentra ante esta ley, señorías, que tiene que tramitarse de esta forma oscurantista y sin garantías por ser un tema de dudosa constitucionalidad por los derechos fundamentales concernidos: el derecho a la vida, el derecho a la integridad física y moral, el derecho a los principios de la dignidad humana y el libre desarrollo de la personalidad y al valor de la libertad.[35]

35 D_E1, p. 29, Echániz Salgado, Grupo Popular.

Este ejemplo muestra cómo los legisladores aceptan el valor intrínseco que tienen los derechos fundamentales, pero además también los valoran como derechos en equilibrio dentro de un sistema. Por lo tanto, según el argumento de la oposición, si se va a introducir un nuevo derecho (como defendían los proponentes de la ley), y este nuevo derecho va a influir en derechos fundamentales preexistentes; el nuevo derecho deberá ser introducido de forma coherente con lo establecido por el sistema, esto es, precedido por estudios y consultas que garanticen el acierto y la legalidad de la norma. Esta crítica sistemática es únicamente un ejemplo de que existen distintas líneas interpretativas y argumentativas dentro del parlamento, aunque la sociológica tenga una presencia mayor.

3.2. Estructuras argumentativas: proporcionalidad y ponderación

Al hablar de interpretación constitucional, no podemos olvidar la proporcionalidad y la ponderación: formas de argumentación casi universales en materia de derechos fundamentales. No voy a entrar apenas en esta materia, debido a su complejidad, ni en las distintas concepciones de proporcionalidad y ponderación.[36] Para el propósito de este capítulo, será suficiente con saber si el parlamento piensa en estos términos. Para ello he buscado usos de estas herramientas interpretativas en los distintos debates. En los debates de la Ley de la eutanasia y la Ley de seguridad, los legisladores hicieron especial hincapié en estas ideas de proporcionalidad y ponderación cuando comparaban los posibles costes con los beneficios de la aprobación de la ley.[37] En el caso de la Ley de eutanasia, los proponentes argumentaron:

> La ley precisa las conductas y el contexto eutanásico en aras de la seguridad jurídica, y lo hace desde la ponderación de derechos fundamentales en concurrencia y en los principios y valores constitucionales, que también están presentes.[38]

36 Véase, por ejemplo, Schlink (2011), así como Alexy (2015), Clérico (2009) y Melero de la Torre (2018).

37 Uno de los errores típicos que se cometen en los debates legislativos es hacer alusiones a la ponderación, pero sin hacer explícitos argumentos ponderativos. Este error es común también en sentencias judiciales, pero, en el caso de los debates legislativos, el tiempo limitado de que disponen los legisladores para defender sus posturas hace difícil que incorporen al debate argumentos ponderativos explícitos, y a menudo les deja tan solo margen para mencionar ideas generales de ponderación y proporcionalidad.

38 D_E5, p. 10, De Lucas Martín, Grupo Socialista.

En primer lugar, este ejemplo nos muestra una interpretación conforme a la Constitución en la forma de coherencia y concordancia práctica; pero también resalta un posible conflicto entre el nuevo derecho que están intentando crear, y derechos que ya existían con anterioridad. Lo que sus defensores *dicen que hace* la ley, para salvar ese conflicto, es ponderar el valor del nuevo derecho con el impacto que tendría o el detrimento que provocaría sobre otros derechos preexistentes, y el resultado es el texto legislativo que proponen.

El segundo ejemplo es una cita de la oposición en la Ley de seguridad, donde mostraron preocupación al respecto de dos derechos fundamentales, y del posible conflicto entre ellos una vez aprobada la ley:

> Lo que merece una consideración general es si el texto consultado [la propuesta de ley] guarda la prudente ponderación y contrapeso entre los valores de libertad y seguridad.[39]

Esta preocupación al respecto del conflicto entre dos derechos fundamentales es relativamente común en estos debates, y el siguiente ejemplo nos muestra un caso mucho más concreto que preocupaba a los legisladores:

> En este último aspecto hay que valorar el difícil equilibrio entre el derecho a la intimidad de los agentes y el riesgo que puede conllevar para ellos su identificación en determinadas ocasiones con el derecho de los ciudadanos de grabar en vía pública.[40]

En los debates de la Ley del aborto seguimos encontrando esta modalidad de argumentación, aunque su presencia no es tan relevante como en los casos anteriores, y no forma parte de los argumentos principales; a pesar de que el núcleo del debate era, precisamente, la discusión sobre si debían prevalecer los derechos de la madre o del *nasciturus*. Aun con esto, los ejemplos dados ilustran que las ideas de ponderación y proporcionalidad son, o pueden ser recurrentes, dentro de los debates legislativos en materia de derechos fundamentales.[41]

---

39 D_S1, p. 45, Fernández Díaz, ministro del interior.

40 D_S2, p. 7, Cantó García del Moral, Grupo Unión Progreso y Democracia.

41 Para dar una muestra de lo presente que está la idea de proporcionalidad en los debates legislativos, he contado el número de veces que aparecen las palabras "proporcionalidad", "proporcionado/a", "desproporción", "desproporcionado/a", "ponderación", "valorar", "equilibrio", "moderación", "sopesar", "peso" y "contrapeso" en los debates sobre la Ley de seguridad: son un total de cincuenta y siete ocurrencias a lo largo de los seis debates. Creo que este número representa adecuadamente la frecuencia de uso de argumentos de proporcionalidad

3.3. Los derechos fundamentales como límite y guía

Ya hemos visto como los legisladores utilizan cánones interpretativos y estructuras de argumentación típicas de la interpretación constitucional, y entre estos ejemplos hemos encontrado rastros e indicios de que, además de interpretar la Constitución, también interpretan conforme a la misma. En este apartado pretendo reforzar esta idea con nuevos ejemplos que nos puedan dar una idea general sobre cómo tratan los legisladores estas cuestiones.

Durante los debates de la Ley de eutanasia, uno de los argumentos del gobierno era la creación de un nuevo derecho basado en:

> (…) la Constitución Española, que regula derechos fundamentales, como la dignidad de la persona, el valor superior de la libertad, el derecho a la vida y a la integridad física y moral, la libertad ideológica y de conciencia, y sobre todo la libertad que envuelve a toda nuestra carta magna.[42]

Se puede ver cómo, partiendo de varios derechos fundamentales recogidos en la Constitución, se argumenta la creación de uno nuevo. Esta inferencia que crea el nuevo derecho es consecuencia directa de la forma en la que se han interpretado los derechos preexistentes, quedando en completa contraposición al anterior ejemplo de la Ley de seguridad en el que parecía que quien estaba legislando realmente era el Tribunal Constitucional. En una línea argumentativa muy similar, una diputada defendió que:

> (…) esta ley no va de crear ningún derecho, va de reconocerlo, y porque el derecho a la muerte digna (…) es un reflejo del derecho a la dignidad.[43]

En este caso, el argumento es que se parte de un derecho (o al menos un valor) explícitamente reconocido en la Constitución, la dignidad (art.10 CE), y de él se infiere la existencia de otro derecho que actúa y se fundamenta en el anterior para justificar la nueva medida. Independientemente de si el objetivo es "crear" o "reconocer" el derecho en cuestión, el argumento sigue siendo el mismo, y parte del contenido constitucional previo, afianzando así la idea de que los legisladores son capaces de fundamentar sus posturas en el contenido de la Constitución, sin necesidad de recurrir o

---

por parte de los legisladores. Aunque algunas de esas palabras puedan tener otros significados, en este recuento únicamente las he considerado cuando se utilizaban dentro del campo semántico que aquí interesa.

42 D_E1, p. 27-28, Carcedo Roces, Grupo Socialista.

43 D_E2, p.52, Telechea I Lozano, Grupo Republicano.

depender del Tribunal Constitucional. Sumado a esto, los legisladores también son conscientes de que tienen una función constitucional: además de promulgar normas y leyes, actúan como defensores de la Constitución. En estos mismos debates, una parlamentaria argumentó lo siguiente:

> nos encontramos ante una propuesta legislativa en la que vamos a tener que trabajar de manera exhaustiva, minuciosa, porque tenemos que respetar derechos constitucionales.[44]

A lo que más adelante añadió:

> (…) se tienen que respetar diversos derechos constitucionales: el derecho fundamental a la vida, el derecho a la libertad y el derecho a la dignidad de las personas.[45]

De esta forma podemos ver el modo en el que los legisladores son conscientes de su función como intérpretes y defensores de la Constitución, pero que además tienen la capacidad, y en determinadas situaciones incluso el deber, de modificar su contenido.

En la Ley de seguridad, el primer ejemplo lo encontramos al inicio de las intervenciones, donde el ministro del interior explicó la razón de ser de la ley con estas palabras:

> el principal objetivo del proyecto que presento es el dirigido a dotar a las Fuerzas y Cuerpos de Seguridad (…), a cada uno en el ámbito de sus competencias, del adecuado marco jurídico para que puedan cumplir con la mayor eficacia el mandato que de manera expresa les confiere la Constitución.[46]

Aquí es el contenido constitucional el que perfila e informa la nueva ley, pero esto no impide que, una vez se entra en detalle sobre el contenido de la nueva ley, surjan distintas formas de interpretar preceptos constitucionales. Por el otro lado, la oposición seguía sin estar de acuerdo con la función que estaba sirviendo el concepto de seguridad ciudadana en la ley, y uno de sus argumentos nos es útil para presentar la labor de defensa de la Constitución que tienen los legisladores:

> En nuestro sistema constitucional (…) los derechos y libertades tienen una concepción expansiva; las limitaciones, cualquiera, incluidas las que

44 D_E1, p.37, Giménez Giménez, Grupo Ciudadanos.
45 D_E2, p. 49, Giménez Giménez, Grupo Ciudadanos.
46 D_S1, p. 22, Fernández Díaz, ministro del interior.

tienen como razón la seguridad, tienen una regulación restrictiva, limitada y reactiva, y solo deben ser autorizadas en una medida proporcionada y absolutamente justificada.[47]

Vemos cómo la oposición defendía el contenido constitucional frente al argumento de la seguridad ciudadana como garantía que proponía el gobierno. Aunque cada postura lo hiciese conforme a sus propias ideas, todas tenían en común el propósito de defensa de la Constitución y lo hacían a través de la argumentación en base al contenido constitucional. Estas ideas sobre si los legisladores españoles respetan la Constitución y argumentan teniéndola en cuenta junto a los derechos fundamentales encuentran uno de sus mejores argumentos en los debates sobre la Ley del aborto, donde una diputada de la oposición defendía que:

> Somos conscientes de la enorme responsabilidad que asumimos con la sociedad española, porque creemos firmemente que quienes tenemos el compromiso de trabajar por y para la defensa de los derechos fundamentales que los españoles nos dimos con la aprobación de la Constitución española de 1978 no podemos dar ni un solo paso atrás en la defensa de estos derechos.[48]

Estos son sólo unos pocos ejemplos de algunos debates legislativos, pero esta pequeña muestra permite concluir que los legisladores tienen capacidad, y aun conocimientos, para manejar cánones interpretativos utilizados tradicionalmente en la interpretación constitucional jurídica; que además esgrimen estructuras y formas de argumentación constitucional típicas; y finalmente, que son capaces de defender el contenido de la Constitución frente a interpretaciones limitativas del mismo, pero a su vez también pueden desarrollar, expandir e incluso modificar su significado. Por lo tanto, y siguiendo la definición de Atienza, estos ejemplos confirmarían que los debates legislativos en el parlamento español contienen elementos significativos de argumentación e interpretación constitucional, especialmente en aquello relacionado con los derechos fundamentales. Sería también interesante distinguir las formas en las que argumentan los legisladores dependiendo del contexto en el que se encuentre la sociedad. Por ejemplo, el contenido de interpretación constitucional sería mayor en los debates legislativos inmediatamente posteriores a la aprobación de la Constitución, en los que nuestros parlamentarios se encontraban desarrollando

47 D_S2, p. 11, Sánchez Amor, Grupo Socialista.

48 D_A1, p. 33b, Moneo Díez, Grupo Popular.

su contenido por primera vez, frente a los debates que tienen lugar en el presente, con varias décadas de interpretación constitucional en las que apoyarse. Pero esto no se limita a la aprobación de la Constitución, pues eventos sociales pueden sacudir algunos pilares constitucionales, incentivando así a los legisladores a argumentar de formas que mejor se adapten al nuevo paradigma social, por lo que los análisis de calidad de debates legislativos deberán tener en cuenta la situación social en el momento del debate para poder evaluar correctamente la labor de los legisladores.

4. SOBRE LA OBJECIÓN DE QUE DECIDEN LOS VOTOS, NO LOS ARGUMENTOS

Uno de los argumentos utilizados en contra del parlamento como institución interpretativa de la Constitución es que su calidad interpretativa y argumentativa es volátil debido a que su composición cambia de una legislatura a otra. A esto añaden que las decisiones que salen adelante no son las mejor razonadas, o las que derivan de argumentaciones más sólidas, sino aquellas que han recibido más votos en función del partido que las haya propuesto y la situación política del momento.

No comparto esta forma de ver la función parlamentaria porque, si prestamos atención al Tribunal Constitucional, veremos que comparte los mismos problemas. Partimos de que, de forma similar al parlamento, el Tribunal Constitucional está compuesto por distintos miembros, cada cual con sus propias ideas, convicciones personales e interpretaciones sobre la realidad social y jurídica, que influirán en su forma de ver o interpretar una determinada situación y los derechos fundamentales involucrados en la misma. Anteriormente he dado algunos ejemplos en los que los propios legisladores reconocían la falta de acuerdo sobre cuál es la realidad social actual, pero este desacuerdo también forma parte de la naturaleza del Tribunal Constitucional, y precisamente por ello es por lo que existe la figura del voto particular discrepante. Por lo tanto, en caso de conflicto, el Tribunal Constitucional lo resuelve a través de un sistema de votación, exactamente de la misma forma que el parlamento (Waldron 2014). Una de las diferencias clave es que el debate previo a la votación es público en el caso del parlamento, y secreto en el Tribunal Constitucional. A esta cuestión se suma la cuestión de la composición, pues de la misma forma que el parlamento, los miembros del Tribunal Constitucional van cambiando con el tiempo y su designación no es ajena a la política. Por lo tanto, ni el desacuerdo entre legisladores, ni el cambio de composición del parlamento son razones suficientes para negar que haya argumentación e interpretación constitucional dentro de las cámaras. Para mostrar esta idea me gustaría traer un ejemplo dado por Alexy al respecto de una decisión del Tribunal Constitucional federal alemán sobre vigilancia de información electrónica, donde un tribunal de primera instancia ordenó la recolección de datos de un grupo social característico, lo que podría haber vulnerado su derecho a la autodeterminación informativa. En este caso el Tribunal Constitucional federal alemán decidió como mayoría que esta queja constitucional estaba justificada, pero un magistrado votó en disidencia. Alexy defiende que el desacuerdo dentro del Tribunal Constitucional es perfectamente admisible, y que la argumentación puede llevar tan fácilmente al acuerdo como al desacuerdo (Alexy 2015, p. 224-225), y lo mismo, entiendo yo, debería de poder decirse del parlamento.

Es importante añadir que, aunque las dos instituciones tengan dentro de sus funciones la interpretación de la Constitución en materia de derechos fundamentales, el Tribunal Constitucional tiene que limitarse a resolver los recursos que le plantean, mientras que los legisladores pueden abordar cualquier cuestión que consideren necesitada de legislación. Por lo tanto, si ambas instituciones comparten características clave en su forma de tomar decisiones, parece contraproducente que el parlamento utilice las decisiones del Tribunal Constitucional como argumento de autoridad, especialmente cuando recordamos la función representativa que cumplen los legisladores. Si además tenemos en cuenta que los legisladores tienen acceso a múltiples herramientas e instituciones, que a su vez tienen conexión directa con los distintos grupos sociales; mientras que el Tribunal Constitucional no tiene acceso más allá de los documentos que se hayan aportado durante el procedimiento en el que conocen de la materia, es aún menos comprensible la cuasi-reverencia que se le tiene a la doctrina constitucional. Insisto, no considero que haya ningún problema en referenciar la doctrina del Tribunal Constitucional como argumento de apoyo; el problema está cuando es utilizado como argumento de autoridad, o cuando la mayor parte de la argumentación se construye sobre el mismo.

La problemática, en mi opinión, del argumento que discuto en este apartado, es que viene directamente como consecuencia de la predominancia de las ideas del constitucionalismo jurídico en las facultades de derecho (Jackson 2016), y de que la mayor parte de la atención de los juristas se dedica a los tribunales, ya sea en el ejercicio práctico del derecho o en disertaciones teóricas. Curiosamente, parte de esta atención está dirigida al intento de legitimar democráticamente la justicia constitucional. Estos son los que se podrían considerar "modelos democraticistas". Una de las ideas clave de estos modelos es que el objetivo de un Tribunal Constitucional cuando interpreta la Constitución es perfeccionar la democracia (Sager 2007; cfr. Ely 1980). A través de esta idea se justifica democráticamente que una institución que no es directamente representativa de los ciudadanos (el Tribunal Constitucional) pueda corregir, o eliminar, las decisiones tomadas por una institución que es directamente representativa de la voluntad de los ciudadanos (Sager 2007). Otro de estos modelos sería el que presenta la teoría de la "representación argumentativa", según la cual el Tribunal Constitucional sería una institución democrática que representa la voluntad del pueblo a través de la argumentación, siempre y cuando esta argumentación sea aceptada como sólida y correcta por los ciudadanos (Alexy 2005). Este tipo de propuestas demuestran una voluntad de *democratizar* los tribunales, pero pocos esfuerzos se han hecho para *constitucionalizar* a los legisladores, en el sentido de investigar si tienen la capacidad argumentativa para interpretar, desarrollar y aplicar la Constitución conforme a los valores que ostentan como representantes de la ciudadanía. El estudio de los métodos y enfoques interpretativos que de hecho utilizan los legisladores en el ejercicio de sus funciones sigue estando, en definitiva, subdesarrollado.

5. CONCLUSIÓN

Existen muchas otras cuestiones a las que me gustaría haber prestado atención (por ejemplo, sobre qué derechos se argumenta más dependiendo de la ideología política; si el Tribunal Constitucional tiene en cuenta las argumentaciones de los legisladores cuando resuelve recursos de inconstitucionalidad; o qué papel tiene la intención expresada por los legisladores en la interpretación judicial), y que pueden contribuir a enriquecer el debate sobre modelos de constitucionalismo, pero el objetivo de este capítulo era modesto, pues pretendía principalmente defender la hipótesis de que en el parlamento español sí existe argumentación e interpretación constitucional; y espero que los ejemplos que he mostrado hayan servido para mantener esta idea. Este es el punto clave, pero también quiero remarcar las ideas de que los legisladores son capaces de argumentar sus posturas fundamentándose en el contenido de la Constitución, y también entienden que tienen la obligación de adaptarla (es decir, de cambiar su significado) cuando consideran que partes de su contenido, o de las normas que lo desarrollan, están anticuadas o no representan la realidad social del momento. Desgraciadamente, en nuestra cultura jurídica y popular, predomina una visión escéptica del parlamento como un lugar en el que sólo tiene cabida el interés y las ganancias personales, donde las luchas ideológicas y partidistas se imponen por encima de las necesidades de los ciudadanos. No defiendo aquí que esta visión sea errónea –ni tampoco lo contrario–, sino que convendría adoptar una aproximación más cautelosa hacia el parlamento y los legisladores. Hace falta aportar este punto de vista empírico al largo debate sobre quién debe de tener la "última palabra" constitucional.

REFERENCIAS

Alexy R (2005) Balancing, constitutional review, and representation. *International Journal of Constitutional Law* 3: 572–581.

Alexy R (2015) Control judicial de constitucionalidad como representación argumentativa. En: Zamora JL, Jaramillo L (eds) *Filosofía del derecho constitucional.* IIJ, Ciudad de México, 219-234.

Appleby G, Olijnyk A (2018) Constitutional deliberation in the legislative process. En: *The Cambridge Handbook of Deliberative Constitutionalism.* Cambridge UP, Cambridge, 88-100.

Atienza M (2007) Constitución y argumentación. *Anuario de Filosofía del Derecho* Vol. 24: 197-228.

Barak A. (1992) *Hermeneutics and constitutional interpretation. Cardozo Law Review* 14: 767-774.

Bellamy R (2010) *Constitucionalismo político.* M. Pons, Madrid.

Clérico L. (2009) *El examen de proporcionalidad en el derecho constitucional.* Buenos Aires, Eudeba.

Devins N, Fisher L (2015) *The democratic constitution.* OUP, New York (2ª ed.).

Dworkin R (1992) *El imperio de la justicia.* Gedisa, Barcelona.

Ely JH (1980) *Democracy and distrust.* Cambridge(Ma.)/London, Harvard UP.

Figueroa-Mejía GA (2010) Duplicidad interpretativa: Interpretación jurídica en general e interpretación constitucional en particular. *Díkaion* 19: 139-161.

Fisher L (1985) Constitutional interpretation by members of Congress. *North Carolina Law Review* 63: 707-747.

García Amado JA (2004) La interpretación constitucional. *Revista Jurídica de Castilla y León* 2: 35-72.

Gargarella R (2000) Los jueces frente al "coto vedado". *Discusiones: Derechos y justicia constitucional* 1: 53-64.

Gargarella R (2015) La interpretación y el diálogo democrático. *Parlamento y Constitución* 17: 37-65.

Goig JM (2013) La interpretación constitucional y las sentencias del Tribunal Constitucional: de la interpretación evolutiva a la mutación constitucional. *Revista de derecho UNED* 12: 257-292.

Goldsworthy J (1997) Originalism in constitutional interpretation. *Federal Law Review* 25: 1-50.

Guastini R (2008) *Teoría e ideología de la interpretación constitucional.* Madrid, Trotta.

Jackson V (2016) Pro-constitutional representation. *William & Mary Law Review* 57: 1717-1788.

Lazarus L, Simonsen N (2015) Judicial review and parliamentary debate. En: Hunt M, Hooper HJ, Yowell P (eds) *Parliaments and Humans Rights.* Hart, Oxford, 385-402.

Melero de la Torre M (2018) Optimización de principios frente a limitación del gobierno: dos concepciones doctrinales del análisis de proporcionalidad. *Revista Española de Derecho Constitucional* 114: 73-102.

Melero de la Torre M (2020) *Legalidad como razón pública.* CEPC, Madrid.

Oliver-Lalana AD (2008) Los argumentos de eficacia en el discurso parlamentario. *Doxa* 31: 533-666.

Oliver-Lalana AD (2014) Normas y razones: un estudio sobre argumentación legislativa. En: Grández P, Morales F (eds) *Argumentación jurídica en el Estado Constitucional.* Palestra, Lima, 491-528.

Pickerill JM (2004) *Constitutional deliberation in Congress.* Duke UP, Durham.

Rubin E (2018) Statutory design as policy analysis. *Harvard Journal on Legislation* 55: 143-183.

Sager L (2007) *Juez y democracia.* M. Pons, Madrid.

Schlink, B. (2011) Proportionality in constitutional law: Why everywhere but here? *Duke Journal of Comparative & International Law* 22: 291-300.

Tushnet M (2009) Is Congress capable of conscientious, responsible constitutional interpretation? *Boston University Law Review* 89: 499-509.

Vela Ávalos MA (2021) El debate sobre la especificidad de la interpretación de la constitución. Una discusión desde cuatro trincheras. *Revista de Derecho Público: Teoría y Método* 1: 53-84.

Von Savigny FK (1879) *Sistema del derecho romano actual* vol. 3. F. Góngora y Compañía, Madrid.

Waldron J (2006) Principles of legislation. En: Bauman RW, Kahana T (eds) *The least examined branch: the role of legislatures in the constitutional state.* Cambridge UP, Cambridge, 15-32.

Waldron J (2014) Five to four; why do bare majorities rule on courts? *Yale Law Journal* 123: 1692-1730.

Waldron J (2018) *Contra el gobierno de los jueces.* Siglo XXI, Buenos Aires.

Waluchow W, Dimitrios K (2012) Constitutionalism. En: Zalta EN (ed) *Stanford Encyclopedia of Philosophy* [https://plato.stanford.edu/archives/sum2022/entries/constitutionalism].

Webber G et al. (2018) *Legislated rights – securing human rights through legislation,* Cambridge UP, Cambridge.

ACERCA DE LOS AUTORES

María José Bernuz Benéitez es profesora de filosofía del derecho en la Universidad de Zaragoza.

Jorge Gracia Ibáñez es profesor en la Escola de Criminologia de la Universidade do Porto y en la Universidad Internacional de La Rioja.

Daniel Jiménez Franco es profesor de trabajo social y servicios sociales en la Facultad de Ciencias Sociales y del Trabajo de la Universidad de Zaragoza.

Alejandro Magallón Montañés es doctorando en el Programa de Derechos Fundamentales y Libertades Públicas de la Universidad de Zaragoza.

Pau Marí Klose es profesor de sociología en la Facultad de Ciencias Sociales y del Trabajo de la Universidad de Zaragoza y diputado por Zaragoza en las Cortes Generales.

José Félix Muñoz Soro es investigador de ARAID (Agencia Aragonesa para la Investigación y el Desarrollo) y profesor asociado de filosofía del derecho en la Universidad de Zaragoza.

A. Daniel Oliver-Lalana es profesor de filosofía del derecho en la Universidad de Zaragoza.

José Manuel Paredes Castañón es catedrático de derecho penal en la Universidad de Oviedo.

José-Antonio Seoane es catedrático de filosofía del derecho en la Universidade da Coruña.

Roberta Simões Nascimento es profesora adjunta en la Universidade de Brasília y abogada del Senado Federal de Brasil.

GRACIAS POR CONFIAR EN NUESTRAS PUBLICACIONES

Al comprar este libro le damos la posibilidad
de consultar gratuitamente la versión ebook.

Cómo acceder al ebook:

- **Acceda a nuestra página web**, sección Acceso ebook (www.dykinson.com/acceso_ebook)
- **Rellene el formulario** que encontrará facilitando, el código de acceso que le facilitamos a continuación así como los datos con los que quiere acceder al libro en el futuro (correo electrónico y contraseña de acceso).
- Si ya es **cliente registrado**, deberá acceder con su **correo electrónico y contraseña habitual**.
- Una vez registrado, **acceda a la sección Mis e-books de su cuenta de cliente**, donde encontrará la versión electrónica de esta obra ya desbloqueada para su uso.
- Para acceder al libro en el futuro, ya sólo es necesario que se identifique en nuestra web con su correo electrónico y su contraseña, y que se dirija a la sección Mis ebooks de su cuenta de cliente.

CÓDIGO DE ACCESO

DYK064855

Rasque para ver el código

Nota importante: Sólo está permitido el uso individual y privado de este código de acceso. Está prohibida la puesta a disposición de esta obra a una comunidad de usuarios.